手続保障論集

本間靖規

手続保障論集

学術選書
111
民事訴訟法

信山社

はしがき

一九七四年に北海道大学法学部を卒業し、研究者を目指して同大学院に入学して以来四〇年が過ぎ去ろうとしている。その間に発表した論文のうち、手続保障に関係するものを集めて論文集を公刊することにした。大学院の入学時に判決効の主観的範囲をテーマとして研究を始めた者として、手続保障論は不可欠の問題であった。そのような私にとって一九八〇年に開かれた民事訴訟法学会大会における「訴訟機能と手続保障」と題するシンポジウムは大きな衝撃であった。ドイツ民事訴訟法を主たる比較法の対象として研究を始めて間もない者に、このシンポジウムは発想の壮大、自由を示し、学問のおもしろさを味わわせてくれるものであった。それと同時に大変な世界に踏み込もうとしていることの緊張感を覚えさせるものでもあった。爾来、龍谷大学、名古屋大学、早稲田大学という極めて恵まれた人的、物的環境の下で、手続保障を根底に置く研究を続けさせていただいている。本論文集はそのうち、名古屋大学時代までの研究成果、すなわち二〇一一年までに発表したものを収録している。

この間、本論文集の収録論文との関係でいうと、一九九六年に民事訴訟法の大改正がなされたほか（一九九八年施行）、二〇〇三年には民事訴訟法の一部改正及び仲裁法が制定され（二〇〇四年施行）、また同じく二〇〇三年に人事訴訟法が制定され（二〇〇四年施行）、長年の懸案であった人事訴訟の家庭裁判所への管轄移管が達成された。これらは、司法制度改革の一環であり、私も改正に一部関与させて戴いた。さらに、二〇一一年には非訟事件手続法、家事事件手続法が制定されるなど懸案であった法の重要な改正が相次いだ（二〇一三年施行）。またドイツにおいても、度重なる民事訴訟法の改正や二〇〇一年の上訴法の根本的な改正（二〇〇二年施行）、二〇〇四年の審問異議法の制定（二〇〇五年施行）、そして極めつけは、二〇〇八年の家事事件及び家事非訟事件の手続に関する法律の制定（二〇〇九年施行）などが重要な改正事項として挙げられる。本来であれば、これらの改正を踏まえて、その前に書かれた論文の改正後の詳細な検証が必要であると思われるが、その余裕もなく、本書では、わずかに改正法の条文をいくつか掲記するに止まっている。

振り返ってみると、学部時代に小山昇先生の民事訴訟法ゼミに出させて戴いたことが、その後の研究者の道を歩むきっかけとなった。法論理を重視する小山先生の学問的手法は私が常に念頭に置いて目指す目標でもあったが、未だに不肖の弟子に終わっていることには忸怩たる思いがある。しかし先生の導きがなければ、本書第一論文は完成せず、研究者としての今の私は存在していなかったであろう。その意味で、すぐれた恩師に巡り会い、指導を受けたことに心から感謝している。また、初めての就職先が関西であったことは、私にとってどれほど有難いことであったか計り知れない。民事訴訟法学会関西支部研究会、京都民訴法研究会（現在の関西民訴法研究会）で山木戸克己先生、中野貞一郎先生、鈴木正裕先生、谷口安平先生、松本博之先生をはじめ多くの優れた先生や実務家の方々と知り合い、先人達の作り上げてきた自由な学問的雰囲気の中で教えを受けることができたことは幸いである。

本論文集の刊行が計画されてから、実現するまでかなりの時間を要した。それはひとえに私の怠慢の故である。これまで辛抱強く刊行を勧めてくれ、ときには厳しい励ましの言葉を与えてくれた信山社の袖山貴氏、稲葉文子氏には、言い尽くせない感謝の気持ちでいっぱいである。

最後に、この本が日の目を見る年に九八歳を迎えられる恩師小山昇先生に本論文集をお献げすることをお許し戴きたい。

本間靖規

二〇一五年七月

目次

18

非訟事件手続・家事事件手続における裁判所の役割 …… 589

文献略語 （五十音順）

井上治典『多数当事者訴訟の法理』（弘文堂・一九八一）、『多数当事者の訴訟』（信山社・一九九二）、『民事手続論』（有斐閣・一九九三）
岩原紳作「株主総会決議を争う訴訟の構造（1）〜（9）」法学協会雑誌九六巻六号〜九七巻八号
大隅健一郎『全訂会社法論（上）（中）』（有斐閣・一九五四／一九五九）
岡垣学『人事訴訟手続法』（第一法規・一九八一）、『人事訴訟の研究』（第一法規・一九八〇）
兼子一『新修民事訴訟法体系〔補訂版〕』（酒井書店・一九六五）、『民事法研究１・２』（酒井書店・一九五〇／一九五四）
小室直人『訴訟物と既判力——民事訴訟法論集（上）』（信山社・一九九九）
小山昇『小山昇著作集1　訴訟物の研究』（信山社・一九九四）、『著作集2　判決効の研究』（一九九〇）、『著作集6　仲裁の研究』（一九九一）、『著作集10　判決の瑕疵の研究』（一九九四）、『著作集12　よき司法を求めて』（一九九三）
新堂幸司『訴訟物と争点効（上）（下）——民事訴訟法研究三・四巻』（有斐閣・一九八八／一九九一）
鈴木忠一『非訟・家事事件の研究』（有斐閣・一九七一）
谷口安平『民事手続法論集1（上）（下）——民事手続法の基礎理論１・２』（信山社・二〇一三）、同『論集2——多数当事者訴訟・会社訴訟』（二〇一三）
中島弘雅「法人の内部紛争における被告適格について（1）〜（6）」判例タイムズ五二四号〜五六六号
中田淳一『訴と判決の法理』（有斐閣・一九七二）
中野貞一郎『民事手続の現在問題』（判例タイムズ社・一九八九）
三ケ月章『民事訴訟法研究　第一・二・四・六・七・八巻』（有斐閣・一九六二〜一九八一）
山木戸克己『人事訴訟手続法』（有斐閣・一九五八）、『民事訴訟法論集』（有斐閣・一九九〇）、『民事訴訟理論の基礎的研究』（有斐閣・一九六一）
吉村徳重『民事判決効の理論（上）（下）——民事手続法研究Ⅰ・Ⅱ』（信山社・二〇一〇）、『民事紛争処理手続——民事手続法研究Ⅳ』（信山社・二〇一一）

〔講座・コンメンタール等〕
小野瀬厚＝岡健太郎編著『一問一答　新しい人事訴訟制度——新法・新規則の解説』（商事法務・二〇〇四）
岡垣学＝野田愛子編『講座実務家事審判法１——総論』（日本評論社・一九八九）

兼子一ほか『条解民事訴訟法』（弘文堂・一九八六）
斎藤秀夫＝菊池信夫編『注解家事審判法』（青林書院・一九八七）
新堂幸司編集代表『講座民事訴訟2 訴訟の提起』（弘文堂・一九八四）、以下同『講座民訴3 当事者』（一九八四）、『講座民訴4 審理』（一九八五）、『講座民訴6 裁判』（一九八四）、『講座民訴7 上訴・再審』（一九八五）
鈴木忠一＝三ケ月章監修『実務民事訴訟講座 第2 判決手続通論第2』（日本評論社・一九六九）、以下同『実務民訴5 会社訴訟・特許訴訟』（一九六九）、『実務民訴6 渉外訴訟・人事訴訟』（一九七一）、『実務民訴7 非訟事件・審判』（一九六九）
鈴木忠一＝三ケ月章監修『新・実務民事訴訟講座1 判決手続通論1』（日本評論社・一九八一）、以下同『新・実務民訴2 判決手続通論2』（一九八一）、『新・実務民訴3 判決手続通論3』（一九八二）、『新・実務民訴8 非訟・家事・人訴事件』（一九八一）
竹下守夫＝今井功編『講座新民事訴訟法1』（弘文堂・一九九八）
田中誠二ほか『三全訂コンメンタール会社法』（勁草書房・一九七七）
南博方編『注釈行政事件訴訟法』（有斐閣・一九七二）
三宅省三ほか編『新民事訴訟法大系』（青林書院・一九九七）
吉村徳重＝牧山市治編『注解人事訴訟手続法〔改訂〕』（青林書院・一九九三）
〔記念論文集等〕
大森先生還暦記念『商法・保険法の諸問題』（有斐閣・一九七二）
兼子博士還暦記念『裁判法の諸問題（上）（中）（下）』（有斐閣・一九六九／一九六九／一九七〇）
木川統一郎博士古稀祝賀『民事裁判の充実と促進（上）（中）（下）』（判例タイムズ社・一九九四）
中田淳一先生還暦記念『民事訴訟の理論（上）（下）』（有斐閣・一九六九／一九七〇）
中村英郎教授古稀祝賀上巻『民事訴訟法学の新たな展開』（成文堂・一九九六）
西原寛一先生追悼論文集『企業と法（上）（下）』（有斐閣・一九七七／一九九五）
松田判事在職四十年記念『会社と訴訟（上）（下）』（有斐閣・一九六八）
山木戸克己教授還暦記念『実体法と手続法の交錯（上）（下）』（有斐閣・一九七四／一九七八）
吉川大二郎博士追悼論集『手続法の理論と実践（上）（下）』（法律文化社・一九八〇／一九八一）
吉村徳重先生古稀記念論文集『弁論と証拠調べの理論と実践』（法律文化社・二〇〇二）

手続保障論集

1　合名会社の受けた判決の社員に及ぼす効力について

一　問題の所在

1　合名会社とその債権者間の訴訟の社員に対する判決の効力をめぐるわが国の従来の議論

(1)　合名会社・債権者間の訴訟における判決が社員に対してその効力を及ぼすか。及ぼすとしてそれは既判力そのものであるのか、既判力の拡張であるのか、反射効であるのか、法律要件的効力であるのか。判決の効力は社員にとって有利にのみ及ぶのか、不利にも及ぶのか。合名会社が受ける有責判決の執行力は社員に及ぶのか、などの問題は、わが国においてはこれを一つの論文で解明されるということはなかった。すなわちこの問題は、従来、判決の効力が当事者以外の第三者に及ぶ場合を実体法上の依存（従属）関係という道具概念を用いて分析し、この概念によって、判決の効力が第三者に及ぶ場合を類型的に考察する際に、論者が好んでとりあげる一事例にとどまっていたのであった。しかし翻ってなぜわが国において合名会社事例がこのように依存関係説を主張する論者によって好個の一事例としてとりあげられたのかと問うならば、そのために重要な二つの契機が存在したからである、と答えることができよう。すなわち、第一に、もともと依存関係説はドイツで産み出された理論であり、ドイツでこの説の論者が好んでこの事例をとりあげたこと。[2] 第二に、ドイツでこの事例がとりあげられる際にその根拠条文として掲げられるHGB一二八条ないし一二九条に相当する規定をわが国は商法八〇条〔現会社五八〇条〕ないし八一条〔現会社五八一条〕に持っていることである。

ところで依存関係説といっても論者によって若干ニュアンスがあるのではあるが、基本的にはAがBのなした実体法上の処分行為の効果を受けるという関係にあるとき、Bの訴訟追行の結果得た判決の効力を受けるとの理論である。したがってこれによればAがBの実体法上の処分行為に服するか否かが、Bの受けた判決の効力をAもまた受けるかの問題に答えるための重要な鍵となる。そこで、わが国において、合名会社の受けた判決の効力が社員に及ぶかの問題を考察するためには、わが国の合名会社と社員の実体法上の地位関係についての規定ないしその解釈を十分に斟酌する必要があった。しかしながらわが国では、合名会社が受けた判決の社員に対する効力を論じる際、論者はわが国の商法八一条をめぐる解釈論にそれほど気をとめることなく、HGB一二九条をめぐるドイツの解釈論をとり入れて、合名会社の受けた判決の効力は社員に有利にも不利にも及ぶと解する説が、依存関係を有する一事例として、有力に主張された。すなわち商法八〇条を根拠として社員の合名会社に対する全面的な従属性により、債権者・合名会社間の判決は社員に有利にも不利にも反射効が及ぶとする説、[3] 商法八〇条、八一条により会社判決の既判力が社員に有利にも不利にも及ぶとする説[4]などがそれである。

しかしわが国の商法八一条をめぐる、実体法上の解釈論としては右に掲げた主張がなされる以前に既にHGB一二九条をめぐる解釈論とは別個の主張が行われていた。すなわち、伊沢博士によれば、「債権者と会社間の合意を以て、社員に不利を及ぼす契約を為すことを得ない。会社は自己の抗弁を放棄しても、これによって社員に不利益を及ぼすことは出来ない。たとえば、会社が時効の利益を放棄し又は期限の利益を放棄するも社員には効力を及ぼさない。[5]」と。このような解釈論は当然依存関係説にとって重要な意味を持つはずであったが、その当否を判断することなく、これを無視したかたちで右に掲げた学説の主張が行われていたわけである。しかしその中にあって、右のような商法八一条一項の解釈論を敏感に把えて、会社判決は社員のために有利にのみ反射効を及ぼすとの説[6]も展開されていたことは注目に値する。しかしながらこの説がその後のわが国の民事訴訟法の学説において追随を見ていない[7]ことは、商法学者の間においては伊沢説がその後次第に浸透しつつあること[8]と対照的である。

(2)　ところで前述した依存関係説はわが国においていまだ定着した地位を占めてはいない[9]。このことは、判決の効力拡張を論じる際の道具概念としては実体法上の依存関係というだけではあまりに抽象的である[10]ということの他に、判決の効力拡張を単に実体法上の処分と訴訟追行の結果の平行（対応）関係（Parallelität）だけで説明することには無理があり、その他になんらかの手続法的要素[11]が顧慮される必要があるのではないかと考えられるからである。さらに近時は当事者以外の、訴訟に関与しなかった者に判決の効力が及ぶ場合にその者の手続権という憲法上の保障（憲法三二条、三二条）を奪うことになりはしないかという観点からの問題提起がなされ、第三者への判決の効力拡張を論じる場合にはこの観点からの吟味も必要とされるに至っている。

そこで右の要請をふまえたうえで、合名会社事例を、従来の会社債務に対する社員の責任の付従性（従属性、依存性）という観点から説明するのではなく、社員間の強い信頼関係から、会社代表者による訴訟追行は社員の訴権利益をも代表するものであり、社員もその結果に全面的に服することを、社員となることによって、第三者に意思表示していると解し得、任意的訴訟担当が当然に行われている関係を認め、会社の受けた敗訴判決の効力は社員に及ぶとする説[12]やあるいは、会社という組織体が訴訟を行っている以上、そこに構成員たる社員の意思が反映されていると見て、合名会社と社員との間には右のような「紛争過程上の依存関係」が存在するとして会社判決の効力が社員に及ぶことを根拠づける説[13]がある。いずれの説も、従来の学説が会社の債務と社員の責任の間に存する実体法上の関係にのみ着眼して議論を行っていたのに反し、会社あるいは（代表）社員と社員という人的関係に着眼する点において共通している。この観点は会社の敗訴判決の効力を社員が受けると解する場合、社員の手続権の保障という一つのいわばチェックポイントにとって重要な視点の提供といえよう。しかし会社の債務と社員の責任の関係を抜きにして、後者の観点のみで判決効論を論じることには不十分さを感じる。

(1) 本稿においては、債権者という場合、いわゆる社員債権者（Gesellschafter-Gläubiger）はこの中に含まれない。社員債権者の地位をどのように考えるかは、争いある一箇の問題であり、現在のところこの争いに関する筆者の態度決定は留保せざるを得ないからである。

(2) ちなみにこの問題は、フランスにおいて、一定の実体関係を持つ数人の中の一人が受けた判決が訴訟に関与しなかった他の者に及ぶかの問題が論じられる際に、「フランスの学者の間で大いに争われている諸問題」の中には入っていないようである。木川統一郎「判決の第三者に及ぼす影響――主として反射効の理論」法学新報六四巻一二号（一九五七年）九〇頁、徳田和幸「フランス法における Tierce-Opposition の機能と判決効」『山木戸還暦㊦』但し一九七四年九月脱稿）一九八頁以下参照。合名会社の法人格を否定するのが判例、多数説であるドイツや、法人格は与えるのであるが合名会社と社員間の連帯債務関係が通説により否定されているわが国とは異なり、フランスにおいては合名会社は法人格を有し、かつ合名会社と社員間の連帯債務関係が肯定されている（早稲田大学フランス商法研究会『注釈フランス会社法第一巻』（成文堂、一九七六年）七八頁参照）ため、あるいは連帯債務事例に合名会社事例が組み込まれると考えているのであろうか。

(3) 中田淳一「判決の効力」法学セミナー一一号（一九五七年）三〇頁、同『法理』所収、一五六頁。兼子一「判決の反射的効果」法協七四巻五・六合併号（一九五七年）六五八頁、なお同『実体法と訴訟法』（有斐閣、一九五七年）一六五頁も同旨。但し合名会社の受ける判決が社員に不利に及ぶ場合を反射効として説明し、有利に及ぶ場合には触れていない。

(4) 鈴木正裕「既判力の拡張と反射的効果㈠」神戸法学雑誌九巻四号（一九六〇年）五二二頁。但し鈴木教授は右稿執筆当時、判決効の種類についての決定を留保していた。しかし後に既判力拡張説に踏み切った（「判決の反射的効果」判タ二六一号（一九七一年）二頁以下、「判決の反射的効力」小山昇他編『演習民事訴訟法㊤』（青林書院新社、一九七三年）四九四頁以下参照）。吉村徳重「既判力拡張における依存関係㈢」法政研究二八巻一号（一九六二年）七二頁〔『判決効㊦』七六頁〕。但しその根拠づけは、単に実体法上の依存関係のみならず、訴訟法上もこれを争う「適格の依存性」があることによる。

(5) 伊沢孝平『註解新会社法』（法文社、一九五〇年）八四頁。大隅健一郎『会社㊤』九七頁ならびに田中誠二他『コンメンタール会社法』（勁草書房、一九五七年）九七頁も同旨。

(6) 木川・前掲注(2)㈢完、法学新報六八巻三号（一九六一年）一八〇頁。

(7) たとえば白川和雄「判決の第三者に及ぼす影響」『実務民訴2』一〇五頁以下（特に一一八頁）は、会社判決の効力を保証事例と同列に置く木川説には無理があると批判する。但しその理由は示されていない。

(8) 服部栄三＝菅原菊志編『逐条判例会社法全書1』（商事法務研究会、一九七三年）一九一頁［柿崎栄治担当］。大隅健一郎ほか編『判例コンメンタール商法Ⅰ㊤』（三省堂、一九七七年）一六五頁［内海健一担当］。田中誠二他『三訂コンメ会社法』一〇三頁。大隅健一郎＝今井宏『新版会社法論㊤』（有斐閣、一九八〇年）一〇三頁。

(9) わが国以上に依存関係説が定着しているかに見えるドイツにおいても、これに対する批判があるが後述（第四章）に譲る。

(10) ちなみに鈴木（正）「既判力の拡張と反射的効果㈠」前掲注(4)五一五頁、によれば、一般債権者は債務者に対し実体法上従属しているから、債務者の受けた判決の効力は一般債権者にもその有利、不利ともに及ぶとし、具体的には配当異議訴訟の原告は、債務者が被告たる他の債権者に対してすでに債務不存在の確定判決を得ているときは、それを自己のために援用でき、また被告がすでに既判力ある債務名義を得ているときは、原告もこれに拘束され、その標準時前債務者について生じた事実に基づいては異議を主張できない、とされているのに対し、中野貞一郎「配当手続の性格」『兼子還暦㊦』三一九頁、同『強制執行・破産の研究』（有斐閣、一九七一年）所収、一八六頁によれば、前訴当事者たる債務者と配当異議申立債権者との間には反射効を認める基盤となるべき実体法上の従属・依存関係はないとされている（宮脇幸彦『強制執行法（各論）』（有斐閣、一九七八年）四八四頁も同旨）。このことは恐らく両教授の観念される依存・従属関係に相違があることにもとづくものであろう。とすれば、依存・従属関係という概念が何人にも共通する概念としてコミュニケーションの手段となるものではなく、このことばを用いるとき、まずその定義を決めなければならないというほどの抽象的なものであるということになる。

(11) すでに依存関係説の内部から、判決効拡張のためには実体法上の依存関係だけでは不十分であり、さらに「当事者適格の依存性」が必要であるとの主張がある（吉村・前掲注(4)六七頁〔『判決効(下)』六八頁〕）。
(12)　新堂幸司『民事訴訟法』（筑摩書房、一九七四年）四四一頁。
(13)　伊藤眞『民事訴訟の当事者』（弘文堂、一九七八年）二一三頁。

2　本稿の意義と叙述の順序

合名会社の受けた判決の効力は社員に及ぶかの問題は、合名会社の債務と社員の責任の実体法上の地位関係を無視してこれを論ずることはできない。すなわち会社の債務と社員の責任の実体法上の関係ないし会社と社員の実体法上の関係の究明は本問題に欠かすことのできない先決問題である。(14) しかるに従来この点についての検討が十分であるとはいえない状態にあった。さらに第一節で見たように、現在わが国において合名会社と社員の地位をめぐる論議は商法学者と訴訟法学者との間で必ずしもかみ合ってはいないように思われる。そこで本稿では、まず会社の債務と社員の責任の関係について立ち入った実体法上の考察をすることから始めることにする。

そして会社と社員の間の実体法上の関係を理解したうえで両者の訴訟法上の地位関係を検討する。会社と社員の実体法ならびに訴訟法上の地位関係が明らかとなってはじめて会社判決の社員に対する効力拡張の肯否についての価値判断が得られる。そこで得られた価値判断どおりの解決を可能とする根拠は何かをさらに探るという順序で本稿を進める。その際、わが国商法の合名会社規定、とりわけ社員の地位をめぐる規定の沿革上の問題、わが国の合名会社事例をめぐる判決効論の状況などから、まずドイツでの議論をひととおり振り返ることが有益であると考えられる。そこで以下の数章では専らドイツの議論を紹介し、(15) その成果を踏まえたうえでわが国における解釈論を考えてみる。

本稿は、本問題を論じる際に、従来十分検討が加えられなかった部分に光をあて、これをやや詳細に考察する点、さらにわが国では提示されていなかった解釈論を提示する点（第五章）に意義を持つものである。

(14)　訴訟に直接関与しなかった第三者に判決の効力を及ぼすべきかの問題に関し、次の叙述は本稿のためにも重要である。「あくまでも訴訟の実効性を高めるために、第三者の利益を不当に侵害することなく最大限に既判力の拡張をはかることである。そのような意味の既判力の限界を定めることが目的であり、そのための作業としては、第一にその問題となる第三者に実体法上どのような地位が与えられているのかまた与えられるべきかを分析することであり、第二に、その地位にふさわしい救済手段は何かを探究することである。……実体法上の地位に見合った訴訟上の地位を定めることがここでの作業のはずである。」(新堂幸司「訴訟当事者から登記を得た者の地位㈠──争点効の主観的範囲に関する試論(その二)をかねて──」判例評論一五二号一一四頁〔『争点効(上)』三二〇頁〕)。

以上のように判決の効力を拡張する者と拡張される者の実体法上の関係を分析する必要性の指摘は重要である。そのことは次のことによっても示唆される。すなわち鈴木正裕教授は、教授の理論すなわち「訴訟当事者間で訴訟物たる権利関係を判決の内容どおり実体法上も処分したと仮定し、そのさい、当該の第三者が実体法上その処分の効果に服すべき地位にあるか否か」(前掲注(4)五一一頁)を判決の効力拡張の規準にした場合、拡張される者に有利にのみであるが判決効の拡張が肯定されていた連帯債務者相互間について、連帯債務の担保的機能という視点から拡張を否定するに至った(「連帯債務と判決効」判タ三九一号(一九七九年)四頁以下)。この改説はいわゆる連帯債務の担保的機能に関する、教授の実体法解釈の改説にもとづいている。すなわち保証、物上保証等の持つ担保的機能はある特定の債務者(主債務者)が現にある一定の債務を履行すべきであるという場合に、その履行を担保する、いわゆる履行の担保(於保不二雄『債権総論〔新版〕』(有斐閣、一九七二年)二五五頁参照)として機能する。したがってここでは主債務者が現に履行すべきであるということが、保証の機能する前提であるという関係が存する。これに対して、連帯債務の担保的機能は、連帯債務者の一人が一定の事由によって履行の必要から解放された場合にこそその機能を発揮するものである。このような担保としての機能の違いが、教授の場合、直ちに判決の効力の拡張の肯否となってあらわれてくるわけである(なお若干の私見を補足させていただきたい。右の、履行の必要から連帯債務者を解放する事由としては、実体法上の事由(消滅の抗弁ないし延期の抗弁)と手続法上の事由(既判力の抗弁など)とが考えられる。鈴木教授の場合、両者を含めて「担保的機能」が発揮することを認めたことになる。もっとも「担保」的機能というからには、現にある連帯債務者が無資力であるなどの理由で、債権者が当該連帯債務者から満足を受けることのできない場合に、他の者から満足を受けるという形で機能するのが本来の姿であるはずである。したがって債権者から請求を受けた連帯債務者が権利消滅の抗弁(弁済、代物弁済など)を提出し、その立証に成功して勝訴した場合にはたして担保として機能させるべきかという疑問が湧く。しかし訴訟手続の中で弁済があった事実が認定され、債権者敗訴の判決が宣告されたということと、実際に弁済があったこととは一応区別される。したがって連帯債務の担保的機能は、手続法的に評価すれば、債権者から請求を受けた他の連帯債務者に再度弁済の事実を主張・立証させ、債権者にこれを争うチャンスを与えるという形で機能することになるがこれは公平妥当であるかという問題が残る）。なお小山教授は債権を不存在・消滅させる事由が認められて一人の連帯債務者に対し債権を主張し得ないことが確定した後に、債権者が前訴判決を援用する他の連帯債務者に債権を主張し得るとすることは、債権の観念に反し理論的ではなく、公平ではないという観点から自説を展開する。小山昇「連帯債務と判決効」判タ四〇四号（一九八〇年）九頁以下。

(15)　ドイツにおけるPersonengesellschaftをめぐる文献はかなり多く、そのすべてを網羅することは現在の私の力を越えている。したがってその数は限定せざるを得なかった。そのため思わぬ見落とし、誤解があることを恐れる。しかし、この点は大方のご批判、ご教示により今後補充していくことを約束し、お赦し戴くほかはない。

二　準備作業としての実体法的考察——ドイツ法——

1　合名会社の権利能力

(1)　自然人に権利能力が認められることは、現在では、問題がない。自然人以外にどのような者（団体）に権利能力が認められるかの問題は、当該団体が法人格を有するか否かによって決すべきであると、一応、考えることができる。そこでドイツにおいては、合名会社に権利能力が認められるかの問題は、とりもなおさず、合名会社に法人格が認められるかの問題に移し変えられて学説上鋭い対立を見せた。すなわち合名会社はその法的性質において民法上の組合であるのか法人であるのかの対立である。しかし合名会社の法的性質を組合と同一であると見ても、すなわち合名会社に法人格を認めないとしても、そこから直ちに合名会社の権利能力を（全面的に）否定すべきかは問題であり、また現に法人格と権利能力を結びつけない説も存在している。さらに合名会社の法的性質をめぐっては、あれかこれか式に法人か組合かというのではなくその中間形体であるとする説もある。このように問題は単純ではない。

そこで本節では、合名会社とはどのような存在であるのかを理解する手掛りとして、合名会社の権利能力の肯否をめぐる議論を眺めてみることにする。その際、叙述の方法としては、ここでは考え方そのものの比較対照を重要視するため、必ずしもそれぞれの説のあらわれた年代順にはこだわらない、すなわち本節はいわゆる学説史的研究を対象とはしないものであることを御了承戴きたい。

(2)　まず本問題に関する導入として、合名会社法人説、非法人説の対立状況を眺めてみよう。(1)

合名会社非法人説、すなわち合名会社は法人格を持たず、その性質は民法上の組合となんら異なるところのない、いわゆる合手的共同体（Gemeinschaft zur gesamten Hand）であると解する説が通説である。(2) この説は通常、合名会社自体を社員とは別個独立の法主体とみることを否定する。したがって合名会社の権利能力は否定される。この説の法規上の根拠は、「合名会社ニ付テハ、本章ニ別段ノ規定ナキ限リ組合ニ関スル民法ノ規定ヲ適用ス」(3) と規定するHGB一〇五条二項〔現三項〕である。(4)

これに対して、少数ではあるが、合名会社を法人とする説がある。(5) この説では合名会社自体に権利能力が認められる。この説の法規上の根拠は、HGB一二四条一、二項、すなわち「①合名会社ハ其ノ商号ニ於テ権利ヲ得、義務ヲ負ヒ、土地ニ付所有権其ノ他ノ物権ヲ取得シ、又裁判所ニ訴ヘ又ハ訴ヘラルルコトヲ得。②会社財産ニ対スル強制執行ニハ会社ニ対スル執行力アル債務名義ヲ必要トス。」ならびにHGB一二四条二項と対をなすHGB一二九条四項、すなわち「会社ニ対スル執行力アル債務名義ニヨリテ社員ニ対シ強制執行ヲ為スコトヲ得ズ。」である。この説によればHGB一〇五条二項はなんら法人説と牴触するものではなく、会社の内部関係を規律することを狙ったものであると説明される。(6) また逆に、この説の挙げる右根拠規定（HGB一二四条一項）は、なんら非法人説と牴触するものではなく、取引行為あるいは訴訟行為を容易にするための便宜をはかったものにすぎないと、反論を受けている。(7)

このように、法人説・非法人説の対立は、立法者意思を絶対視しない限り、法規上の根拠という、いわば形式的側面だけからでは解消されるものではない。そこで次に両説の実質的対立点をみてみることにする。その際、本稿ではわが国で従来からとりあげられていたKohlerとLehmannの論争に即して問題を考えてみる。(8)

Kohlerが法人説を主張する実質的根拠は、(1)もし合名会社の法人格が否定されて、権利義務の主体は社員個人であるとすると、国際法（Völkerrecht）上困難な問題にぶつかること。(9) (2)比較法的にも合名会社に相当する団体に法人格が認められることが多いこと。(3)合名会社を法人と見るほうが法生活の実体（イ)取引制度、(ロ)土地登記制度、(ハ)会社の破産能力、(ニ)訴訟制度、などにおいて合名会社は（individuelle）Einheitとして取り扱われている）に見合っていること、(10)などである。

Lehmannは右のKohlerの挙げる根拠を逐一批判する。すなわち(1)に対しては次のように述べる。なるほど国際法上の問題の解決は統一的なものでなければならない。国際法上の問題の解決は、個々の国家の諸規範の上に存するところの、すべての国家に同等に適用される規律を含むものであるべきであるからである。しかしそこから国家の法制度の性質（ここでは合名会社が法人であること――筆者）を推論することが許されるのは当該国の法規がそれに衝突しない場合に限られる。そして各国の法制度を概観するとき、合名会社の性質は実に多様に規整されていることがわかる。したがって国際法ならびに比較法的考察から合名会社法人説をひき出すことはできない。(11) さらにKohlerの根拠とする(3)(ロ)、(3)(ハ)については次のように説明する。(12) 合名会社がその商号で土地登記を行うことができることは、法人の格別の徴表であるとKohlerは言うが、個人商人（Einzelkaufmann）もまた彼の名前とは異なる商号で登記できることは多くの者の承認するところである。また合名会社に独自の破産能力があることも、法人であることの特徴として存在するのではなく、債権者の利益のために設けられた法制度である、と。

ところでKohlerが合名会社法人説を極力主張した背景にはある国際法上の問題の解決という実際的問題意識があっ

たのであるが、右の問題の解決が法人であるか否かにかかわる性質のものではないとすれば、法人説・非法人説の実際的相違がどこにあるのかが問題となる。Lehmann によれば、比較法的に見れば確かに合名会社ないしそれに相当するものを法人とする法制をとる国は多いが、たとえば法人観念をすべての会社に広くおし及ぼすラテン系の法制の下においても、学者は合名会社に法人に関する理論の適用をまじめに認めようとはせず、ある問題においては実務にドイツと同様の動揺が見られることであり、またフランスの学者が法人であることの帰結として認めている命題の多くを、ドイツの実務は、合名会社を非法人と性格づけた上でなお、不可分の共同的権利（ungeteilte Mitberechtigung）という基礎のもとに認めているということである。(13)

このように見てくると、少なくとも Kohler と Lehmann の論争に即してみる限り、合名会社の性質を法人と見るか非法人と見るかで実際上の問題解決において鋭く異なった結論が導かれるというわけではないように思われる。すなわち Kohler と Lehmann の対立は、法人あるいは非法人の特徴をどこに見出すかという、抽象のレベルでの法人観念の相違に帰することができる。しかるに、ドイツにおいてなお法人説ではなく非法人説が優勢を占めているのは、合名会社の債務をめぐる責任関係が合名会社のみで完結しない点（ＨＧＢ一二八条参照）において法人と相容れないとする考え方が強いからであるように思われる。(14)

(3)　ところで右の Kohler と Lehmann の論争の基盤として次の前提があったことに注意する必要がある。すなわち法人とはそれを構成する個々人から別個独立の法主体として法律関係に関与する存在であるのに対し、組合においては、それを構成する組合員相互の債務法上の関係が存在するのみであって、組合自身には個々の組合員を越える法主体性は認められない。両者は対極に位置する存在である。そして合名会社はいずれかに組み込まれるべきであり、いずれかに組み込まれるや、権利能力をはじめ具体的問題が、組み込んだ存在の法的性質から演繹的に解決される、と。

このような前提に対しては、大きく分けて二つの問題点が考えられる。第一は、合名会社の法的性質をひとたび組合と同一のものと見るや直ちに合名会社の権利能力は否定されるものであるかという問題であり、第二は、具体的問題における解決は法的性質からの演繹で導かれるべきかという問題である。まず第一の問題から見てみる。

Jaegerは、[15] Kohler の法人説を法規（ＨＧＢ一〇五条二項）ならびに立法者の意思に反するものであることを根拠として否定する。しかしそうであるからといって直ちに、合名会社に個々の社員とは別個の Einheit としての存在を認めない立場をも否定する。「真理はその中間にある。[16]」というわけである。合名会社を沿革的に見れば、たとえば父親から相続して得た営業（Handelsgeschäft）を兄弟が共同して継続する事例、あるいはある商人が彼の息子を共同経営者（Teilnehmer）として採用するという事例などがその原初形態であり、それればかりか今日においてもその典型的な適用事例である。これらの事例においては、共同体員（Gemeinschaftsgenossen）自身が、会社財産を構成する権利義務の担い手（Träger）であり、このように密接に結びついた人的結合体としての共同体という観念を基礎として理論構成が行われなければならない。このようにして、Jaeger は、会社の商号の下で遂行される行為の主体は会社自体ではなく、さりとて個々の社員でもなく、その折々の社員の共同体（die Gemeinschaft der jeweiligen Mitglieder）であると主張する。そして会社自体は法人格を持たないが、会社の下に結合する、個々の社員から区別される、社員の共同体が権利能力を持つと主張する。[17]

Jaeger の主張は、法人であるか組合であるか、しかも法人に非んば組合、あるいは法人に非んば個人という二者択一思考を否定することを前提としている。そして法人と組合の間に権利能力を有する存在（折々の社員の共同体）を認める。Jaeger はあきらかに Kohler と Lehmann の論争を意識し、その対立解消をはかる解釈を試みた。[18] しかしなにゆえ法人ではない社員の共同体に権利能力が認められるのであろうか。この疑問は Jaeger のもとでは解明されていないように思われる。もっとも右の Jaeger の主張は必ずしも Jaeger 独自の見解というわけでもない。そこで右の問題の解答を他に尋ねてみることにする。

前述のように合名会社の法的性質を法人ではなくGesamthandと性格づけるのがドイツにおける通説である。しかしその内容、性質をどのように解するかについては論者により意見を異にしている。ところで右の問題（Jaegerの残した問題）はGesamthandをどのように理解するかにより、その解答にニュアンスがある。

まずGesamthandを財産を基準にして規律される存在と考える者がある。[19] すなわちＢＧＢ七一八条一項、七一九条一項はそれぞれ「組合員ノ出資及業務執行ニ依リ組合ノ為ニ取得シタル目的ハ組合員ノ共同財産（組合財産）ト為ル。」「各組合員ハ、組合財産及之ニ属スル各個ノ目的ニ対スル自己ノ持分ヲ処分スルコトヲ得ズ。」と規定しているが、これらの規定（特に後者）により、組合財産は組合員の個人財産（Privatvermögen）から分離した別財産（Sondervermögen）として独立に存在することになる。この別財産については、組合員の個人財産と異なり、全組合員が共同してのみ処分あるいは行使することができる。以上のことはＨＧＢ一〇五条二項を通じて合名会社にも通用する。しかも合名会社のもとでは、会社財産の別財産への独立化をより一層推進する三つの契機が存在している。第一に、社員は会社の商号の下で会社のために権利を取得し義務を負うことができること、第二に、会社がその商号の下で訴訟当事者としてあらわれる能力を有すること、第三に、会社債務のために会社財産が優先的な責任を負っているということである。[20]

このように財産を基準にしてGesamthandを考える立場では、別財産は個人財産とは別個の責任対象となることは理解されるが、主体の面においては社員個人とは異なる、社員全体（Gesellschaftergesamtheit）の法主体性は後景に退くことになる。[21] そこでこのような議論からは合名会社（＝社員全体）の権利能力は否定される結果になっている。[22]

このような議論とは逆に、Gesamthandについて、結合した社員の法主体性を基準とするアプローチがある。

この考え方は、財産を基準とする説がGesamthandを財産法に位置づけていたのに対し、これを人に関する法律（Personenrecht）に位置づけている。Gierkeによれば Gesamthandによって常に人法上の結合（Personenrechtliche Verbundenheit）が生じる。[23] すなわち構成員は一つの単一体（Personeneinheit）を形造る。このようにGesamthantによって結合された単一体は、構成員個人のためにではなく、その結合した状態で、すなわち集合的に（kollektiv）権利を取得し、義務を負う。いわばKollektiv-Einheitである。[24] この集合的単一体自身が権利能力ないし行為能力を持つ。[25] もっともGierkeの場合、Gesamthandが有する権利能力はKollektiv-Rechtsfähigkeitであり、その範囲は共同体の構造と目的に応じて様々に測定されるものである。[26] ところでGesamthandを単一体（Einheit）と見るとき、法人との区別が問題となる。Gierkeによれば、法が（法概念である）人格を認めているのは個人と法人であるが、人が単に自己のためではなく、共同して（gemeinsam）権利を得、義務を負う場合、この、人の複数（Personenmehrheit）に法主体としての地位を与えることができる。[27] そしてこの場合、人の複数が単一の人格を持つことなしに権利能力を有する。すなわち、結合した複数の人（Verbundene Personenmehrheit）としてのGesamthandは団体人（Verbandsperson）としての法人とは区別されるものである。[28]

このようなGierkeの考え方に対しては、Einheitを、いわゆる集合的Einheitと、より高次の理念的Einheit（法人）に分離する二元論は論理に反するとするBuchdaの批判がある。[29] すなわち合手者（Gesamthänder）も法人の構成員もともに、Einheitとされるのであるが、実際にEinheitである場合には、決して同時にVielheitではないはずである。人が合手者を一定の関係においてEinheitとするならば、合手者は同一の関係においてはEinheit以外のなにものでもない。Buchdaによれば、Gesamthandと法人とは同一の段階に置かれるべきもので、その間に質的な区別は認められないとされる。[30] しかし、Gierke流の概念の使い分けは後に継承されていくことになる。

Fabriciusは集合的単一体（kollektive Einheit）と個体的単一体（individuelle Einheit）という分析概念の使い分け、ならびに部分的権利能力を有する集合的単一体（teilrechtsfähige "kollektive" Einheit）という新たな視点の下にGesamthandを把握する。[31] すなわち、Fabriciusは、合名会社規定を見るとき、そこには個体的単一体原理と集合的単一体原理が存在するとする。前者は合名会社が法取引において単一体としてあらわれることを可能にしたHGB一二四条一項に見られる原理であり、これはＢＧＢ七一八、七一九条、ＨＧＢ一〇五条二項による会社財産の拘束性と結びつくことにより強められることになる。他方、合名会社のもとでは資本の確保についても維持についても規定はなく、会社財産は社員の任意の共同的処分権に服する。そこで合名会社の不十分な責任能力の補完のため、社員が会社債務のために連帯責任を負って会社の信用能力を増大させる必要がある。このような社員の責任は Kohler の考えているような保証責任（Garantiehaftung）ではなく、合名会社の構造上必然的にあらわれてくる責任である。したがって社員の責任を規定したＨＧＢ一二八条は集合的単一体原理をあらわす規定と把握すべきである。そしてこの規定はＨＧＢ一二四条に見られる個体的単一体の組織原理と相抵触する。この点において合名会社は完全な権利能力を有する主体であるとはいえず、単に部分的な権利能力を有する主体であるということになる。(32)

以上の Gierke から Fabricius に至る説は、Gesamthand を法人ではないが、単一性を持つ存在とする点で、ドイツにおける一つの系譜を形造っている。もっとも右のいわば単一性概念二元論に対しては批判のあるところであり、(33)右の系譜はドイツにおいては異説ないし少数説に属している。しかし Fabricius によって主張された、相対的権利能力という観念自体は一つの新たな道を切り開いたものであると評価され得よう。もっとも右の観念は少数説からのみ演繹される結論というわけではない。(34)

Hueck は合名会社の法的性質を法人ではなく民法上の組合と同様 Gesamthand であると主張する点においてなんら他の説と異なるところはない。Hueck に特徴的なのは通説と同様、法人と組合を対置した上で合名会社をその中間形態とする点である。

Hueck によれば、合名会社の法的性質をめぐる論争の中で強張されるべきことは、会社財産に含まれる権利義務の管轄（Zuständigkeit ―― 権利義務が誰に帰属するかの問題）に関して議論が行われてきたことである。これに関して法人説の意味するところは、会社の権利が完結した単一体（eine geschlossene Einheit）としての合名会社に帰属し、個人としての社員は法的にはなんらそれに関与しないということである。これに対して非法人説は諸権利は社員に帰属するとする。しかしそこでは互いに全く独立した社員が権利の保持者（Inhaber der Rechte）となるのではなく、社員が共同して彼らに帰属する権利を行使し、それを処分することができるという形で社員の内部的結合が存在する可能性が残る。この内部的結合が強まるとGesamthandは法人に近似する。以上のことが合名会社に当て嵌る。すなわち合名会社においては右の完結性がその外部関係に強くあらわれ、外部に対して、合名会社は単一体として、その商号のもとに権利を取得し、義務を負い、訴えまたは訴えられることができる（ＨＧＢ一二四条一項）。ここから合名会社を相対的法人（eine relative juristische Person）ということばで説明する余地も出てくる。合名会社は独立した個人がただ共同して権利を有する形態から、完全に完結した単一体（法人）としての団体に権利が帰属する姿への移行形態（Übergangsform）をなしているからである。[35]

法人と組合を対置（対極視）するという考え方は、法人でなければ個人、すなわち団体の法人格が否定されるとき、同時に当該団体の単一性（Einheit）も否定されるという思考と結びつくものである。実際、ＢＧＢにおける組合の位置づけは債務法としてであり、そこでは組合員相互の債務法的な関係が存在するのみと考えられている。そこでGesamthandにEinheitを肯定する場合、ＢＧＢにおける組合の体系的位置づけから問題にしなければならなくなる。Gierkeは既にGesamthandを人に関する法（Personenrecht）の中に位置づける主張を行っていた。近時このGierkeの主張を受け継いでGesamthandの独自の性質論を展開する説があらわれている。Flumeの説[36]がそれである。

Flumeによれば、合手者（Gesamthänder）が一定の目的の下に結合し、一つのGruppeを形成するとき、そのGruppe自体が構成員個人から独立して法取引に関与する。Gesamthandとはこのような人々の結合すなわちGruppeとして理解されるべきである。そして個々の合手者はこのGruppeの構成員たるにすぎず、Gesamthandの法律関係に個々の合手者が直接関与することはない。このようにGesamthandはそこに結合した人々のGruppeとして理解されるべきであるから、個々の構成員が機能的構成部分として形造る組織体（Organisation）としての、しかもそれ自体が人として存在する法人とは異なる、いわゆる集合的単一体なのである。[37]

権利能力に関して Flume の説くところは次のとおりである。法律関係が効力帰属者（Wirkungseinheit）としての Gesamthand のみに終始し、その個々の構成員に達しないのであれば、その限りで権利能力ということばを、しかも Fabricius のいう部分的権利能力（Teilrechtsfähigkeit）ということばを使うことができる。しかし権利能力という概念は本来、人に関する概念であり、包括的な性格を持つものである。それは自然人を基準とする概念であるから、法人につき同一の概念を用いる場合、人間に固有の能力は持たないという限定付である。しかるに Gesamthand は人ではなく、一定の目的のために法律関係の担い手たるべく法によって承認された、人の Gruppe である。部分的権利能力という概念は類語反復的な性格のみを持っている。すなわちそれは Gesamthand の法形態によって変化する内容をともなうことを一語であらわしたものである。したがって当該の Gesamthand に法律関係が帰属することを法規が規定しているのと同じだけ、部分的権利能力としての規定ということばを使うことができるにすぎない。[38]

次に第二の問題、すなわち合名会社の法的性質を法人とするか組合とするかを論じることの意義に関する議論を眺めてみる。

既に述べたように Kohler の法人説は、国際法上の具体的問題の解決策という極めて実際的な問題意識に支えられていた。[39] また同様に法人説を主張する Eccius も訴訟法上の問題の解決のための先決問題として合名会社を法人と性格づける必要があったための主張であった。このような主張は、合名会社（= Gesamthand）の法人格が否定されるや否やその構成員個人から区別される単一的存在をも否定する通説的な理解に対して向けられた反論として登場したものである。この通説的理解は今日なお通用している。[40] しかし Kohler と Lehmann の論争に即してみたように合名会社の性格を法人とするか組合とするかで具体的問題が演繹的に解決されるわけではないとすれば、こういった論争の意味自体が疑問とされる。たとえば合名会社の法人格を否定する説も、代表社員の不法行為につき、法人に関するBGB三一条を類推して会社の責任を認める。[41] この場合、合名会社の法人格を否定することと、代表社員の不法行為につき会社の責任を認めることとがつながっていない。そこで合名会社（を含むPersonengesellschaft）の性質論争は具体的問題の解決にとっては意味を持たないとの主張が行われるに至っている。たとえばHueckは、合名会社の法人格の否定によって得られるものはそれほど多くはないのであって、むしろ適用になる法規は、財産がいずれに帰属するかが一定の役割を演じ、かつ法律が明文で規定していない限り、合名会社の特殊な関係を吟味して、個別的に探究されなければならない、[42] と主張する。同様の主張はFischerによっても行われている。[43]

もっともこういった主張にもかかわらず性質論を重視する傾向はなおあとをたたずに現われていることは、Flumeについて見たとおりである。[44]

(1) 以下に論述する問題については、すでに上柳教授による一連の業績がある。上柳克郎「合名会社（法人論）」私法三三号（一九七一年）五五頁以下、「法人論研究序説」法学論叢九〇巻四・五・六号（一九七二年）二一頁以下、「合名会社の法人性」『大森還暦』一頁以下（上二者につき、同『会社法・手形法論集』（有斐閣、一九八〇）に所収）、「会社の社団性と法人性」『商法の争点』（一九七八年）二〇頁以下。本稿がこれらの業績に負うところは大きい。

(2) たとえばHueck, Das Recht der offenen Handelsgesellschaft, 4. Aufl., (1971), S. 32 参照。もっともGesamthandの内容をどのように把握するかは論者により見解を異にしている。また合名会社非法人説＝合名会社合手的共同体説という図式に対しては疑義がないわけではない。合名会社の法的性質をどう見るかは、合名会社の起源をどこに求めるかの問題と深いかかわりを持っており、合名会社の沿革については考え方が分れているからである。合名会社の起源については⑴ローマ法のsocietasをもって合名会社の原型とする説（Societätstheorie）、⑵ゲルマン法の家族団体（Familiengemeinschaft）にその起源を求める説（Gesamthandtheorie）、⑶中世イタリアの諸都市に発達したコンパニアという企業団体が合名会社の起源であるとする説など、学説の対立がある。各説の提唱者ならびにそれぞれの説に対する批判については、田中耕太郎『合名会社社員責任論』（有斐閣、一九一九年）二〇頁以下、大塚久雄「株式会社発生史論」『大塚久雄著作集第一巻』（岩波書店、一九六九年）四七頁以下（特に九〇頁以下、一二〇頁以下）参照。本文に掲げた通説は⑵説の系統をひくものと思われるが、田中博士（前掲書二四頁）によれば、家族団体の法律上の性質は組合ではなく、法人であると認めざるを得ず、その法律行為の方式も複雑であって、合名会社が社員の一人の法律行為によって義務を負担するような状態とはかなりの懸隔があると批判され、むしろ⑶説を妥当とする。したがって法人格を否定した後の問題として、合名会社の性格をどう把握するかの問題は残る。しかし合名会社非法人説自体がドイツの通説、判例であることは疑いない。RGZ 3. 57, 5. 69, 49. 340, 120. 300 ; Wach, Handbuch des Deutschen Civilprozessrecht I（1885）, S. 518ff, Düringer-Hachen-burg, HGB II 2, 3 Aufl.（1932）, § 124. Anm. 6, Schlegelberger, HGB, 4 Aufl.,（1965）, § 124. Anm. 9, Lehmann-Diez, Gesellschaftsrecht, 3 Aufl（1970）, S. 160. Fischer, HGB II/1 3 Aufl.（1973）, § 124. Anm. 2, S. 233 など参照。

（3）訳文は『現代外国法典叢書、独逸商法［I］』（有斐閣、一九五六年）による。なお特にことわりのない限り以下の引用はすべてこれによる。

（4）Denkschrift zum Entwurf eines Handelsgesetzbuchs und Einf. G., S. 80（Hahn, Die gesamten Materialien zu den Reichs-Justizgesetzen（1897）S. 256. による）には「合名会社がその財産の独立性ならびに自己の商号によって取引を行なうことに鑑みて、法人として理解されるべきかの問題は、現在では、学説・判例において、ほとんど一般に否定的に解されている。さらに将来において法人格が承認されそうな誘因も存しないであろう。………それゆえ、この問題に明文で決着をつける必要も存在しない。」とある。立法者の意思としては、合名会社は非法人であると考えていたことがうかがわれる（なおLehmann, Die offene Handelsgesellschaft als juristische Person, Zeitschrift für Handelsrecht（以下ZHRと略す）74, S. 462ff. (insbes. S. 467）は立法者意思を非法人説の有力な根拠として挙げている）。

（5）Eccius, Die Stellung der offenen Handelsgesellschaft als Prozeßpartei. ZHR 32（1886）, S. 1ff., Kohler, Einführung in die Rechtswissenschaft（1905）§ 39. S. 81ff., derselbe, Die offene Handelsgesellschaft als juristische Person, ZHR 74（1913）. S. 456ff., derselbe, Nochmals die offenen Handelsgesellschaft als juristische Person Archiv. Bürg. R., 40（1914）, S. 229ff. 法人説を明示的に主張しているものではないが、同じくKohler, Substanzrecht und Wertrecht, AcP 91（1901）, S. 204ff. も参照されるべきである。なおKohler以後の法人説については、上柳・前掲注（1）「合名会社の法人性」一二頁注（1）参照。なお右に掲げたEccius論文以前にも法人説は主張されていた模様である（Eccius, a. a. O., S. 4）。さらに法人説に立つ判例もあっ

たようである（Gierke, Genossenschaftstheorie und die deutsche Rechtssprechung（1887）S. 49)。

（6）Kohler, ZHR 74 S. 459.

（7）Protokolle der Comission zur Beratung eines allg. deutschen HGB. Würzburg（1858）S. 276（但し Kämmerer, Die Rechtsnatur der offenen Handelsgesellschaft. NJW 19 Jahrg. 18Heft S. 801ff.（802 F. n. 16）の引用からの孫引き）によれば、HGB一二四条一項は、社員名をいちいち列挙する負担を省くという単に便宜的意味を持つにすぎないものである。

（8）上柳・前掲注(1)一〇頁以下参照。

（9）Kohler, a. a. O. 注(6) S. 459f. なお上柳・前掲一二頁注(2)に事案の紹介がある。

（10）Kohler, a. a. O. 注(6) S. 456f. derselbe, Einführung in die Rechtswissenschaft, S. 81.

（11）Lehmann, a. a. O. 注(4) S. 463. なお Kohler の提出した国際（私）法上の問題は、現在では、法人の国籍決定により解決すべき問題であるかは疑問視されている（折茂豊『国際私法（各論）』（有斐閣、一九七二年）三六頁）。なお上柳・前掲一三頁参照。

（12）Lehmann, a. a. O. 注(4) S. 466.

（13）Lehmann, a. a. O. 注(4) S. 465.

（14）Lehmann の次のことばはこのために示唆的である。「もし合名会社に法人格を認めることをまじめにとりあげようとするならば、…合名会社の構造（Verfassung）がかなりの程度に定型化（formalisieren）せられ、かつ強行法規の数が増加しなければならないばかりでなく、個々の社員と会社とが、経済的に願わしいという以上に法的に分離していなければならない。」(a. a. O. 注(4) S. 464. なお上柳・前掲注(1)一一頁、同「合名会社（法人論）」（前掲注(1)）私法三三号六二頁参照)。Lehmann は合名会社と社員とが法的に分離していないことの例証として、合名会社が動産（機械）を取得する際、社員の一人が悪意であれば会社は当該動産を善意取得しない旨を判示した RGZ 9. 143 を挙げている。（但し事案は機械の売主が、同一機械を出資して合名会社の社員となったのに対し、買主が売主の所有にあるとして引渡を求めたというものである)。Laband, Beiträge zur Dogmatik der Handelsgesellschaften, ZHR 30（1885）, S. 468ff.（insbes. 500）も同様に構成員が団体の債務のために無限責任を負う場合に、当該団体を法人とみる可能性を否定する。Vgl. Eccius, a. a. O. 注(5) S. 7

（15）Jaeger, Die offene Handelsgesellschaft im Zivilprozeße, Festgabe der Leipziger Juristenfakultät für Rudolph Sohm zum 8. Juli 1914（1915）この論文については Lehmann, ZHR 78（1916）S. 306ff. の書評がある。

(16) Jaeger, a. a. O. 注(15) S. 3.
(17) Jaeger, a. a. O. 注(15) S. 14.
(18) 但しLehmann (a. a. O. 注(15) S. 309) によれば、Jaeger の主張は合名会社非法人説から出発して、その変形 (Modifikation) を考え出したものと評価されている。しかし後に述べるようにJaeger の主張は Lehmann の主張からあきらかに区別されるべきものである。
(19) この考え方がドイツでは通説とされている。たとえば v. Tuhr, Der Allgemeine Teil des Deutschen Bürgerlichen Rechts, Bd. 1. (1910) S. 78ff., Huber, Vermögensanteil, Kapitalanteil und Gesellschaftsanteil an Personalgesellschaften des Handelsrechts, (1970) S. 61ff.
(20) Huber, a. a. O. 注(19) S. 62. もっとも第三の点については議論の余地があるであろう。
(21) この説の場合、Gesamthand は法人と対置される。そして確かに会社財産に社員を結合する Einheit としての存在が認められるが、社員全体を Einheit と見ることはない (v. Tuhr, a. a. O. 注(19) S. 78ff. は一つの権利関係が複数の権利主体により支配される関係と位置づけている)。
(22) Huber, a. a. O. 注(19) S. 82, v. Tuhr, a. a. O. 注(19) S. 82.
(23) Gierke. O.v., Deutsches Privatrecht I Bd. (1895) S. 675.
(24) Gierke, a. a. O. 注(23) S. 676.
(25) Gierke, a. a. O. 注(23) S. 682.
(26) Gierke, a. a. O. 注(23) S. 684.
(27) Gierke, a. a. O. 注(23) S. 682.
(28) Gierke, a. a. O. 注(23) S. 267f. und S. 682.
(29) Buchda, Geschichte und Kritik der deutschen Gesamthandlehre (1936. Neudruck 1970), S. 2581.
(30) Buchda, a. a. O. 注(29) S. 261.
(31) Fabricius, Relativität der Rechtsfähigkeit, (1963). insbes. S. 163ff.
(32) Fabricius, a. a. O. 注(31) S. 181.
(33) Fabricius に対する総合的批判は、Schünemann, Grundprobleme der Gesamthandsgesellschaft unter besonderer Berücksi-

chtigung des Vollstreckungsrechts（1975）S. 110ff. によって行われている。

(34) Hueck, Das Recht der offenen Handelsgesellschaft, 4 Aufl.（1971）. もっとも、その主張は、Fabricius 以前から行われているものである。ちなみに、第一版は一九四六年、第二版、一九五一年、第三版、一九六四年で、第二版以降のみ参照した。

(35) Hueck, a. a. O. 注(34) S. 33. なお以上の叙述につき Flume（注36参照）によるところが大きい。

(36) Gesamthand の性質ないしそれを基礎とする具体的問題についての Flume の一連の業績は Allgemeiner Teil des bürgerlichen Rechts1/1. Die Personalgesellschaft（1977）に集約されている。なおこれについては書評（を兼ねた論文）がいくつか出されている。Fischer, Neue Wege im Recht der Personengesellschaften? ZGR 1979. S. 251ff., Westermann, Möglichkeiten und Grenzen dogmatischer Erfassung des Rechts der Personengesellschaften, ZHR 144（1980）S. 232ff., Teichmann, Die Personengesellschaft als Rechtsträger, AcP 179（1979）S. 475ff. なお、Gesamthand の性質をめぐる Flume の個別論文としては Gesellschaft und Gesamthand, ZHR 136（1972）S. 177ff. がある。

(37) Flume, a. a. O. 注(36) S. 89. derselbe, ZHR 136, S. 192.

(38) Flume, a. a. O. 注(36) S. 90f.

(39) Eccius, Die Stellung der offenen Handelsgesellschaft als Prozeßpartei, ZHR 32（1886）S. 1ff.

(40) Fischer, Handelsgesetzbuch（Großkommentar, 1973）S. 233.

(41) Hueck, a. a. O. 注(34) S. 274f.

(42) Hueck, a. a. O. 注(34) S. 34.

(43) Fischer, a. a. O. 注(40) S. 10. なお Huber, a. a. O. 注(19) S. 91f. もこれに同調する。さらに Huber によれば、同一の問題は権利能力を有する物的会社（Kapitalgesellschaft）のもとでも生じる。すなわち会社がその構成員とは異なる法主体であるという事実から一定の法律問題解決の鍵がひき出されるかはますます疑問とされるに至っていること、近時の責任透視（Durchgriff）に関する議論や会社の目的への権利能力の制限（ultra-vires-doctorin）などに鑑みて明らかであるとする。さらに人的会社の法的性質如何の問題は単に会社が権利能力を有しないことが正当であるか否か、あるいはこういった命題が制限を要するか否かの問題を提示するにとどまらず、人的会社の権利能力に関する意見表明が果して法的に意味のあるものか否かの問題を提示しているとする（S. 92）。

(44) Flume においても具体的問題の解決にあたっては法の実際に即した、実用的な意見が主張されていることを指摘するのは、Fischer, Neue Wege im Recht der Personengesellschaften, ZGR 1979. S. 251. さらに合名会社の性質につき通説と同じ立場に立ちつつも独自の議論を行うものとして、Kämmerer, Die Rechtsnatur der offenen Handelsgesellschaft, NJW 19 Jahrg. (1966) S. 801f. がある。

2　合名会社の社員の責任[1][2]

(1)　ＨＧＢ一二八条は会社の債務のために負う社員の責任について次のように規定している。「社員ハ会社ノ債務ニツキ債権者ニ対シ連帯債務者トシテ人的責任ヲ負フ。之ニ反スル合意ハ第三者ニ対シテ効力ヲ有セズ。」

(2)　社員の責任は、合名会社が負うすべての債務に及ぶ。すなわち、単に会社が自己の名（商号）で行った契約にもとづいて生じる債務に限定されることなく、債務の発生原因を問わず、法規にもとづく債務（たとえば合名会社の機関（代理権を有する社員）の不法行為による債務（ＢＧＢ三一条の準用））、社員の一人が他の社員の委託なしに行った業務執行によって生じた債務、租税債務など公法上の債務もこれに含まれると解されている[3]。

これらの債務のために会社の構成員たるすべての社員が自己の財産をもって責任を負うのであるが、その態様は、直接に（unmittelbar）、第一次的に（primär）、無制限に（unbeschränkte）、連帯して（gesamtschuldnerische）等である。

(3)　何ゆえに合名会社の社員は会社債務のために右の責任を負うのか。換言すれば会社債務のための社員の責任を定めた規定の目的ないし実質的妥当根拠は奈辺にあるのか。

まず、前節で見たように合名会社の法人格を否定するのが通説であるが、ここから次のように帰結する立場がある。合名会社の法人格が否定される以上、会社が負う債務とはすなわち社員が負う債務にほかならない。債務者としての会社と社員とは異別の存在ではあり得ず、両者の間には一つの単一的な（einheitliche）債務が存在する。この単一的な債務のために、一方では会社財産が、他方では社員の個人財産が責任を負うのである（4）（会社債務と社員の債務との Identität を認める見解）と。

しかしこのような考え方に対しては次のような疑問がある。合名会社の法人格は否定されるとする立場からは、法人格＝権利能力を前提にすれば、合名会社自体が債務の主体であると帰結することはできなくなる。そこで会社というヴェールにおおわれていた社員が債務の担い手として登場する。ここまでは何人も承認するところであろう。しかしここから直ちにその責任が、社員が会社のために提供した会社財産を超えて社員の個人財産にまで広げられることが帰結されるであろうか。少なくともそこにつながって行く論理を明らかにする必要に迫られるであろう。ちなみに合名会社の法人格を否定する説の多くは合名会社の法的性質を民法上の組合と同様であると見るのであるが、合名会社と同様に法人格を持たない民法上の組合のもとでは、組合の負う債務につき組合員が人的責任を負うことを排除することができるとの考えも成り立ち得（5）、また権利能力なき社団についても、法人格を持たず、したがってその権利義務の担い手は社団構成員自体であるが、社団名義の債務につき構成員個人の財産をもって責任を負うことが当然であるとも解されていない（6）。以上のことはある団体の法人格が否定されることと、その団体の負う債務のために団体構成員が人的責任を負うこととが必然的なつながりを持つものではないことを意味する。すなわちＨＧＢ一二八条に規定されている社員の連帯責任は、合名会社の法人格が否定されることからの論理必然的帰結ではない。

このように社員の人的責任が合名会社の法的性質から導き出されたものではないとすれば、その責任を認めるにあたってなんらかの政策的配慮があったものと考えられる。それはどのようなものであったのであろうか。

Hueck は、ＨＧＢ一二八条は合名会社の信用能力（Kreditfähigkeit）を高めるという利益のために社員の人的責任を規定したものであるとする（7）。そしてこのような認識にもとづいて人的責任の本質と範囲がひき出されなければならないとする。すなわちこの規定は債権者の満足をできるだけ得やすく、かつそれを確実にしようと意図したものであり、そのことがひいては合名会社の信用能力を高揚することに貢献する。そしてこの債権者保護という観点をおし進めて行くと、社員の責任は単に補充的なものではなく、第一義的な責任であるべきである。したがって社員は会社の債務不履行の場合にのみ金銭債務を負うと解するのは妥当ではなく[8]、原則として会社と同一の給付義務を負う。ただすべての場合に、会社と同一の給付を社員に要求することは不都合であり、個々の事柄に即してその義務の性質と態様から、社員も会社と同一の給付をなすべきか、会社の不履行の場合の利益のみを請求されるべきかの吟味が必要である[9]。

このような考え方は、合名会社は法人に非ずという命題に対する批判として登場したのではなく、むしろこの命題を前提としたうえで、この命題から必然的に社員個人の責任が帰結されるとの見解を批判して、社員の責任の根拠は債権確保の利益とそれによってもたらされる会社の信用能力高揚の利益、さらにはこれら二つの利益と調和する形でのみ請求を受けるという社員の利益などを総合したうえでの政策的配慮にもとづくものであると解している。

ここで注意すべきことは、右の主張の根底には既に責任主体としての合名会社と社員との截然たる分離があるということである[10]。特に社員の利益の考慮はこれによってはじめて可能となる。もっともこの分離は直ちに合名会社の法人格肯定へとつながるものではない。むしろ分離を前提としたうえでなお会社債務のために社員の責任が認められていることを法人格否定の徴表であるとする見解があることは前述のとおりである[11]。

(4)　合名会社を法人とみる説によれば、社員の個人的責任はどのような性質と目的を持つと解することになるのであろうか。法人説の旗頭とも目すべき Kohler によれば、合名会社は、法人格を持つゆえ、それ自体として債務を負う。他方で個々の社員は会社債務のために Garant として会社とならんで責任を負う[12]。

このような Kohler の主張に対しては次のような批判がある。Kohler のように社員の責任を Garantiehaftung であるとするならば、たとえば会社に対する有責判決の既判力が社員に及ぶことや、会社に対する時効の中断が同時に社員の債務の時効をも中断することをどのように説明するのであるか[13]、と。

この批判に対して Kohler は、社員の連帯責任はあらかじめ定まっている複数の債務のための責任ではなく、会社の営業が行われていくそれぞれの時点で生起する、すべての会社債務のための責任である。したがって判決によって会社が債務を負うことが確定すれば、たとえ観念的には債務が存在しなかったとしても、それ以後債務が発生するという意味を既判力は持っている。その判決によってあらたに生じた債務（eine Schuld ex judicato）のために社員は責任を負う。同様に会社が時効の中断によりさらにあらたな態様で債務を負うに至ったときは、そのために同じ態様で社員も責任を負うことになる。従って Kohler の立場からも結果としては通説と同様の結論が導かれるのであるから、右の批判はあたらないとする。(14)

Kohler によれば、彼のとる既判力本質論 —— 実体法説 —— とHGB一二八条の結びつきにより通説と同じ結論が得られるとされる。しかし有責判決によって判決を原因とするあらたな債務（eine Schuld ex judicato）が発生するという法制度をとらないところでは、たとえ実体法説に立つとしても、会社の有責判決に社員が拘束されることが承認されてはじめて会社判決と同一内容の債務を社員が負うことになるはずである。したがって Kohler の説く結論を導き出すためには、会社判決が社員を拘束することの説明が必要となるはずであるが、この点が Kohler には欠落しているように思われる。(15)

ところで社員の負う責任が保証人としての責任であるとすることと、社員の責任の内容をどのように把握するかは異別の問題である。この点につき同じ法人説の中でも Kohler は —— 明言しているわけではないが —— 会社の義務と同じ内容の義務を社員が負うと考えているようであるのに対し、Wieland は社員の義務は利益責任（Interessenhaftung）であると考えている。(16)

(5)　最後にHGB一二八条に規定されている社員の連帯債務の内容に関する議論を眺めてみる。

まず連帯債務が誰と誰の間に存するかの問題がある。社員間に連帯債務関係が成立することは疑いを持たれていない。問題は会社と社員の間に連帯関係が存するかである。会社と社員の間には連帯関係はない、あるいは真の（echte）連帯債務は存在しないと考えるのが通説、判例である。[17] これに対しては連帯債務関係が存在すると主張する立場がある。[18] 後者は特にその根拠を示していない。否定説もその理由づけには若干のニュアンスがある。

①　合名会社は法人格を持たず、合名会社の商号のもとに取得する権利義務の担い手は個々の社員にほかならない。したがって会社が負う債務と別個に社員が債務を負うわけではない。それゆえ会社と社員との間に連帯債務関係は成立せず、社員相互間にのみこれが成立するとの見解。[19] これによれば、社員相互間にはＢＧＢ四二一条以下が適用になるが、会社と社員の関係には右条文が当然適用になるわけではない。すなわちそこには一個の債務につき二個の責任が存在する関係があり、一方の責任財産からの支出により債務は消滅する。すなわち会社財産ないし社員の個人財産による弁済、供託、相殺により、一個の債務が消滅すると考えるわけである。

②　合名会社と個々の社員の間には真の連帯債務関係は存在しない。しかしその根拠は社員自身が会社債務の担い手であるということにはない。けだし、会社財産の独立性のゆえに社員の総体（Gesamtheit）と個々の社員とはあい並んで存在する別個の債務者として取り扱われ得るからである。したがって連帯債務関係が存在しないといってもそれは会社が法人格を有しないからではない。それは個々の社員に固有の給付義務があるのではなく、会社の給付のために面倒をみる（sorgen）義務があるだけであり、義務の内容如何によっては両者の責任の間に内容上の懸隔がある場合があるからであるとの見解。[20] これによればどの程度ＢＧＢの連帯債務規定が類推適用されるかの判断は個別的にその規定の目的によって吟味されなければならない。

③　会社と社員の間に連帯債務関係が存するか否かは合名会社の義務の内容如何によるとする見解。[21] これは会社債務と社員債務との併存を前提とし、両債務に給付内容上同一性があれば連帯債務関係を肯定し、同一性が欠ける場合にはこれを否定するものである。

④　社員の責任の付従的性格（der akzessorische Charakter）から、両者の対等併存を否定し、従って連帯債務関係を否定する見解[22]、など。

思うに会社・社員間に連帯債務関係を認める説もＢＧＢの連帯債務規定のすべての適用を認める趣旨であるかどうかは疑わしく、連帯債務関係を否定する説もすべての規定の適用を否定するわけではないから、両説の相違はそれほど重大なものではないであろう。そうするといずれにしても個々の規定ごとに適用の是非を判断する必要があるわけである。たとえば会社財産による弁済により社員は責任を免れる（ＢＧＢ四二二条）。代物弁済、供託、相殺についても同様であろう。また社員個人につき生じた右の事由により会社は責任を免れる。会社に対する債権者の遅滞の効果は社員に有利に及ぶ（四二四条）。問題は会社債務を悪化（Verschlechterung）する事情が社員に影響を及ぼすかである。ドイツにおいては、わが国とは異なり、すべての影響は社員に及ぶと解されている。その根拠は社員の責任の会社債務への付従性にあると説明される。したがって逆に社員の責任を悪化する事情が会社に影響を及ぼすことはない。

ドイツにおいて特に争われている問題は、債権者・会社間で社員に対する請求権を留保して行われる債務免除契約の効力如何である。右契約の効力を認める説は次のように論じている。確かに会社債務の消滅は通常社員の債務の消滅をもたらす。しかしそれにもかかわらず社員の債務は留保しておいて会社の債務を免除することも考えられる。これを否定する理由はない。もともと責任を負う社員はこれによってなんらの不利益をも受けないのであるから社員の同意も必要ない[23]。

これに対して右契約の効力を否定する説は、通常の連帯債務とは異なり、会社の持つすべての抗弁を社員が援用することを認めている（ＨＧＢ一二九条一項参照）、会社と社員間においては、会社の持つ債務免除の抗弁を会社・債権者間の契約により社員から奪うことになるのは許されないとする[24]。

これに対しては会社に帰属する抗弁を社員はすべて援用できることにも例外がある（たとえば訴訟係属の抗弁）のであ

るから債務免除契約についても例外を認めることはさほど不当ではないとの反論がなされている。

　このように留保付債務免除契約の効力の肯否をめぐっては不尽の議論が行われている。しかしこの争いにどれほどの意義があるか疑問を提出できる余地がないわけではない。社員に対する債務の追及を留保しての債務免除契約はたとえ有効であるとしても、社員の求償の権利（ＨＧＢ一一〇条）にはなんらの影響もない。そこで弁済をした社員は当然のことながら会社に求償する。会社としてはこれを拒む理由はないからこれに応じざるを得ない。かくして会社としてはせっかく自分の債務を免除してもらっても、社員からの求償を考慮に入れるとそれほどの利点はないということになる。たかだか債権者からの直接の請求を免れる（あたかも債権者との間で不起訴の合意をしたのと同様）という意味を持つにすぎないのではないかと思われる。[25]

　最後に、社員が債権者から請求を受け支払った場合の会社に対する求償については、ＢＧＢ四二六条の適用はなく、ＨＧＢ一一〇条（「社員ガ会社ノ事務ニ関シ事情上必要ト認ムベキ費用ヲ支出シ、又ハ直接ソノ業務執行ニヨリ若ハ之ト不可分ニ結合セル危険ニヨリ損失ヲ被リタルトキハ、会社ハ社員ニ対シテ之ガ賠償ノ義務ヲ負フ。」）により解決すべきであるとするのが通説、判例である。[26]しかしこれに対しては、社員――現社員であれ退社社員であれ――の求償権（調整請求権 Ausgleichsanspruch）の根拠はＨＧＢ一一〇条やＢＧＢ四二六条にあるのではなく、他人の債務のために負う責任（Haftung）の性質にあるとの主張がある。[27]

（1）　退社社員（der ausgeschiedene Gesellschafter）も退社時以前に会社に生じた債務につき責任を負う（Hueck, Das Recht der offenen Handelsgesellschaft, 4.Aufl.（1971）S. 449.）。したがって退社時以前に会社に生じた債務については、現在の社員ならびに退社社員がこれにつき責任を負う。ところでこの場合、現社員と退社社員の責任の性質を同一視してよいかが問題であり、会社債務と社員の責任の法的関係をめぐる議論（後述）との絡みで議論のあるところである（Flume, Allgemeiner Teil des Bürgerlichen Rechts Erster Band Erster Teil Die Personengesellschaft, S. 295ff. 参照）。しかし本稿ではこの問題の詳細に立ち入ることは避け、さしあたっては現社員のみを考慮に入れて検討することにする。もっとも入社時前に会社に生じた債務につき、新たに加わった社員も責任を負うとされている（§ 130 I HGB, Kornblum, Die Haftung der Gesellschafter für Verbindlichkeiten von Personengesellschaften（1972）S. 193f. 参照）。これを含めることはさしつかえないであろう。

（2）社員の責任という場合、いわゆる債務と責任との概念の峻別（さしあたって、加藤正治「債務と責任」法学協会雑誌三三巻七六二頁以下参照）における責任（Haftung, Haftungsverbindlichkeit）に概念上限定しているわけではない。後述のとおり、会社の債務と社員の責任の法律上の関係につき議論があり、社員の負う義務の内容については争いのあるところである。本稿におけるドイツ法の紹介部分ではドイツ法における筆者の立場を決定する必要はないであろう。したがってここにおける責任は概念上限定的意味での責任というわけではない。

（3）Hueck, a. a. O. 注（1）S. 311.

（4）Düringer-Hachenburg, HGB II$_2$, 3. Aufl.（1932）§ 128 Anm. 1. S. 700., Staub, Kommentar zum Handelsgesetzbuch, 1. Band,（1900）§ 128 Anm, 2., Vgl. Wach, Handbuch I, S. 525., Buchner, Gesellschaftschuld und Gesellschafterschuld bei OHG, JZ 1968. 622ff. なお本文同旨の判例として、RGZ 139, 252., RG JW 1916, 1409., BGHZ 5, 37., 34, 293（297）. などがある。

（5）Hueck, a. a. O. 注（1）S. 313. 参照。ちなみにＢＧＢ七〇五条（組合規定）には、組合債務に関する組合員の責任についての規定はない。もっとも組合の法的性質上、組合員の責任は組合債務と不可分のもの（但し、債権者との合意があれば組合員の責任を排除することはできる）との考え方もある。Flume, a. a. O. 注（1）S. 327ff. 参照。

（6）Hueck, a. a. O. 注（1）S. 313.

（7）Hueck, a. a. O. 注（1）S. 313f. もっともこのような考えはHueck の創始にかかるというわけではない。たとえばWach,a. a. O. 注（4）S. 526. 参照。

（8）Müller-Erzbach, Deutsches Handelsrecht,（1928）2. 3. Aufl. S. 205. の主張するところである。なお参照できなかったが、Wieland（Handelsrecht I）も同様の主張をしている（Flume, a. a. O. 注（1）S. 302f.）。判例としてはRGZ 30, 33（35）が社員の責任を、連帯、無限の責任ではなく、会社債務のためのGarantieverpflichtung であると判示しているが同旨であろう。なお社員の責任の性質を右のように考える見解が必ずしも合名会社の法的性質論との関連性を有するものではないことを

Müller-Erzbach が非法人説に与するものであるのに対して Wieland は法人説に与するものであることが物語っている。

(9)　Hueck, a. a. O. 注(1) S. 314ff. 社員の責任が何故認められるのかの問題と社員の責任の性質および内容如何の問題とは同一の問題ではない。しかし両者は密接な関連性を持っている。本稿では前者の問題につき Hueck をしてドイツの学説を代表せしめたが、後者も看過ごすことのできない問題である。そこで次にこの問題につき大ざっぱな学説の概観を試みる。

(一)　会社債務と社員債務（ＨＧＢ一二八条）との同一性（Identiät）を認める立場（したがって会社債務と社員債務とは常に併存しない）から、社員の責任内容は会社債務の内容（それが金銭債務であろうと物の給付債務（Sachleistung）であろうと不作為債務（Unterlassungspflicht）であろうと同じ）と同一のものであるとする見解（たとえば Schlegelberger, HGB Ⅱ, 4. Aufl.（1965）§ 128 Anm. 2. 以下）。

(二)　会社債務と社員の責任の関係は主従（Haupt-Neben）関係であり、社員の責任内容は、会社に要求される本来の履行（die Erfüllung in natura）ではなく単にその利益についてのみ責任を負うとする見解（古くは Wieland 最近では R. Fischer, Großkommentar, Zweiter Band, 1. Halbband（1971）§ 128 Anm. 9ff. S. 289ff.）。

(三)　同一性原則に反対しつつ（蓋し付従する義務は本来の義務と対等関係に立たないがゆえに）、作為ないし不作為債務については原則として社員は債権者に直接の義務は負わないが、物の給付についてはそれが自己の所有に属するものであっても本来の履行の義務を負うとする見解（Flume, a. a. O. 注(1) S. 298ff.）、などに分れている。

なお社員の責任の性質、内容が合名会社の法的性質と論理的関連性を有するかにつき Hueck は否定的傾向を示し、Flume は肯定的傾向を示している。この問題につき否定的傾向を示した判例があるのでここで紹介しておく。BGHZ 23. 302. である。事案は、作為義務に関するものであり、次のとおりである。債権者たる原告は、原告の事務計算（Rechnungslegung）をひき受けた、夫と妻とから成る合名会社がその計算義務を履行しないため、当該合名会社自体ではなく、社員たる夫を被告として義務の履行を求めて訴えを提起した。ＢＧＨは、会社の負う義務をそのまま社員もまた負うかどうかの判断は、合名会社の性質如何にかかる問題ではなく、ＨＧＢ一二八条によって生じる社員の責任の意味如何にかかるとする。そして同条の意味は、合名会社には債権者の利益となる会社財産の充実、維持の規定がないため、債権を確実ならしめるという債権者の利益を保護する必要があり、そのため社員の責任を認めたところにある。このことは同時に信用能力を高められる合名会社の利益になる。さらにＨＧＢ一二八条の解釈の際、個々の社員の保護利益（Schutzinteresse）が顧慮されるべきである。すなわち社員は債権者の担保利益（Sicherungsinteresse）ないし信用能力維持にもとづく会社の利益と一致する限りにおいてのみ自己の私的関係に入り込まれることを許容するのである（既にRGZ 136. 270. の判示するところであった）。そこで右の諸利益を考量して、社員に対し債務の履行を直接請求することができるかどうかが判断されるべきであり、社員が単に補充的に金銭債務を負うと解すべきときは、まず社員のみを相手として請求することはできないと判示した。もっとも本件の結論としては債権者の請求を認容した。

(10) この分離を表明する判例としては、RGZ 136. 266. がある。

(11) Fabricius, Relativität der Rechtsfähigkeit（1963）S. 179f. Fabricius は Silberschmidt の説を引用して、ある経済団体の権利能力は、外部に対する十分な責任の基礎と社員の有限責任が存在すること、とりわけ前者に依存すると主張している。なお Silberschmidt, Gewerkschaft, Gesellschaft, Juristische Person, Archiv für Rechts und Wirtschaftsphilosophie, Bd. 11.（1917/8）S. 239f. 参照。

(12) Kohler, Substanzrecht und Wertrecht, AcP Bd. 91.（1901）S. 204ff. なお同じく法人説に立つ Wieland もまた社員の責任を保証人（Bürge）のそれとみるようである（Flume, a. a. O. 注（1）S. 302. 参照）。

(13) Lehmann, a. a. O. 二一頁注（4）S. 465.

(14) Kohler, Nochmals die offene Handelsgesellschaft als juristische Person, Archiv für bürgerliches Recht, Bd. 40 S. 229ff.（insbes. 248）。

(15) この疑問は第四章でもう一度やや詳しく触れるつもりである。

(16) Wieland の主張ないしそれに対する批判としては Flume, a. a. O. 注（1）S. 302. 参照。

(17) Schlegelberger, Handelsgesetzbuch II 4. Aufl.（1965）S. 1138., BGHZ 47. 379.

(18) Hellwig, Wesen und subjektive Begrenzung der Rechtskraft,（1901）S. 27., Kuttner, Privatrechtliche Nebenwirkungen der Zivilurteile,（1908）S. 100., Güldenagel, JW 1928. 2612 Fn. 2. など。Güldenagel は会社債務と社員債務の単一性（Einheitlichkeit）を認めながらも、社員と会社の連帯債務関係を肯定している。しかも両者は原則として同等の負担部分を有するとする。たとえば社員が二人の合名会社であれば、会社と各々の社員がそれぞれ三分の一の負担部分を持つとする。

(19) Düringer-Hachenburg, a. a. O. 注（4）§ 128 Anm. 5 und 12. S. 704., Schlegelberger, a. a. O. 注（17）S. 1138., RG JW 1928. 2612. など。

(20) Hueck, a. a. O. 注（1）S. 320f.

(21)　Kötter, 但しFlume, a. a. O. 注(1) S. 286. による。

(22)　Flume, a. a. O. 注(1) S. 286f.

(23)　Hueck, a. a. O. 注(1) S. 321., Schlegelberger, a. a. O. 注(17) S. 1138. も同様の結論に達している。しかしその理由は、かかる免責は責任領域（Haftungsbereich）においてＯＨＧをその義務から解放するものであるところにある。Buchner, Gesellschaftschuld und Gesellschafterschuld, JZ 1968. 622. も同旨。また同旨の判例としてしばしば引用されるRG JW 1928. 2612. は債権者・会社間の債務免除契約の脱退社員に対する効力が問題となった事案で、通常の社員に対する効力如何の問題との間には微妙なずれがある。ちなみにSchlegelberger（a. a. O. 注(17) S. 1143.）は脱退社員に対する効力如何の問題を通常の社員に対する効力と区別して取り扱い、両者では結論を異にしている。

(24)　Flechtheim, JW 1929. 577., BGHZ 47. 379（WM 1967. 680）. 後者の判例は本文のような契約が締結された場合、留保部分のみならず免除契約全体が無効になるとして債権者を保護した。Flume（a. a. O. 注(1) S. 293.）もかかる免除契約は無効であるとするが、その根拠はＨＧＢ一二九条の規定によるまでもなく、社員の責任の付従的性格にあるとする。BGH, JZ67. 575.

　なお当該社員の同意がある場合にはかかる免除契約の有効であることはいうまでもない（BGH WPM 75. 974.）。また社員に対する免除は会社に影響を及ぼすことはない（BGH BB 71. 975.）。

(25)　ちなみに、わが国においてもいわゆる相対的免除契約の効力については争いがあり、求償による循環を避けるべきであるとして、このような契約の効力を否定する立場がある（『注釈民法（11）』（有斐閣、一九七〇年）四三七条Ⅲ椿解説、九四頁以下参照）。

(26)　Hueck, a. a. O. 注(1) S. 321., BGHZ 39. 323. もっとも退社社員についてはＢＧＢ四二六条が適用されるとする。

(27)　Flume, a. a. O. 注(1) S. 297.

三 準備作業としての訴訟法的考察――ドイツ法――

1 当事者能力をめぐる諸問題

(1) ある者(人および団体)に当事者能力が認められるか否かの問題は、その者に権利能力が認められるか否かの問題に還元される(ZPO五〇条一項)[1]。合名会社に権利能力が認められるか否かについては争いのあるところである(前述二1参照)。したがって合名会社の当事者能力をめぐっても同様の争いが見られる。

当事者能力をめぐる諸問題を解決するにあたっての解釈の傾向として、まず合名会社の法的性質を決め、その後その性質からの演繹により諸問題の解決にあたろうとするものがある。すなわち合名会社非法人説からは次のような主張がなされている。合名会社訴訟において当事者能力を持つ者は権利能力を持つ者でなければならない。しかるに合名会社は法人格を持たないのであるから独立した法主体であるということはできない。つまり合名会社は権利能力を持たない。したがって合名会社の商号の下に追行される訴訟の主体は社員(の総体)以外のなにものでもない[2]。

このような非法人説の主張に対しては、もし右のように考えるならば手続上の疑問が生じるといわれている。すなわち訴訟当事者はいつの時点をもって決定するのか。もしこれを訴え提起時の社員と解するならば、訴訟係属中に退社した社員も、訴え提起時に社員であったのであれば、尋問を受けるときは当事者尋問の手続によるのか。また訴訟係属中に入社した者は当事者とはならないのか。訴訟係属中の社員の交替は当事者の変更として扱うことになるのか。また会社と社員の共同訴訟あるいは会社訴訟に社員が補助参加することも許されないことになりはしまいか。

以上のような疑問に妥当な解決を与えるためには、合名会社自体を訴訟主体と把握すべきである。そしてその把握に至るためにはまず実体法上の態度決定をする必要がある。それは合名会社に法人格を認めることである。このようにして合名会社法人説から合名会社に当事者能力を肯定すべきであるとの主張がある[3]。

さらに合名会社法人説、非法人説の対立の中で、その解消を試みて、社員の共同体こそが合名会社の商号の下に表象される法主体であり、これに権利能力ないし当事者能力が帰属するという Jaeger の主張があった。(4) この Jaeger の説は右に掲げた法人説からの非法人説に対する批判にこたえるべく提出された第三の道であった。(5) したがって、一応は、非法人説に与しながらも、この説による合名会社と社員の訴訟上の地位関係はむしろ法人説による帰結と一致している。

ところで二1において見たように、右に挙げた法人説、非法人説ならびに Jaeger 説はいずれも合名会社の法的性質をまず決めて、すべての結論をそこから演繹的にひき出すという解釈態度をとっていた。しかしこのような解釈態度自体を批判する立場が権利能力をめぐる議論の中から登場した。(6) すなわち合名会社の法的性質をまず決めて、その後具体的問題の解決を演繹によってひき出すのではなく、合名会社について問題が生じるそれぞれの局面においてふさわしい解決方法を探り出そうとするものである。このような提唱は手続法上の諸問題を解決する場合においても、従来の解釈態度に反省を迫るに至っている。そこで以下において、いくつかの手続的問題をとりあげて、訴訟における合名会社と社員の地位関係を検討することにする。

(2) 具体的諸問題

(a) 訴訟係属の抗弁

債権者が合名会社に対して会社債務の履行を求めて訴えを提起して訴訟係属中、社員に対しても同一の債務の履行を求めて訴えを提起したという場合、社員は会社が持つ訴訟係属の抗弁をもって債権者に対抗することが許されるか。

この問題については右抗弁を認めることにつき肯定説と否定説に分れている。

まず肯定説の論拠を挙げてみよう。合名会社はその商号の下に訴えまたは訴えられることが認められている。しかし合名会社は法人ではなく、社員とは異別の存在ではない。したがって実体法上会社債務は社員の債務とは異なるものではない。両者は一個の債務のために二つの責任が存するという関係にある。そこで訴訟法上、合名会社が訴えまたは訴えられるとき、訴訟当事者は社員自身にほかならない。会社債務の存否に関する訴訟の判決は社員に対しても既判力を及ぼす（ＨＧＢ一二九条一項）。すなわち社員は、債権者の請求に対し、既に会社判決が存在する場合、既判力の抗弁をもって対抗することができる。しからば訴訟係属の抗弁もまた彼に帰属しなければならない。さもなければ後に既判力の抵触が起こり、また社員に二重の労力と費用の負担をかけることになる(7)。

ところで、繰り返しになるが、ドイツにおいては債権者と会社ならびに社員（の債務）をめぐる実体法関係をどのように把握するかについては説が分れている。債務は一個で責任が二個（会社財産と社員の個人財産）と考える説、債務と責任ともに二個存するとする説、さらに会社と社員とは別個の存在であるが社員は会社債務のために責任のみを負うとする説（Flume）などである。第一説によれば、債権者の会社に対する請求と社員に対する請求とは同一訴訟物であることになり、第二説ないし第三説では訴訟物は異なることになる。前述した、社員に訴訟係属の抗弁を認める立場は第一説に立っている。しかしこの説に対しては次のような疑問がある。第一に、この説によっても社員に対する訴訟の判決の既判力は会社には及ばないが、会社に対する訴訟の判決の既判力は社員に及ぶと解されており、一個の訴訟物に関して債権者が会社と社員のいずれを相手とするかにより、判決の効力関係について右の違いが出てくる。第二に、債権者が会社を相手とするか社員を相手とするかにより、攻撃防禦方法が異なる。すなわち会社を相手とする場合、会社は社員に帰属する防禦方法をもって債権者に対抗することはできないが、社員は会社に帰属する防禦方法をもって債権者に対抗することができる（ＨＧＢ一二九条）という関係をどのように説明するのか。第三に、債権者は会社に対する有責判決によって社員の個人財産に執行することはできない（ＨＧＢ一二九条四項）し、また、異論もあるが、たとえ社員全員に対する有責判決を得てもそれをもって会社財産に執行することはできない（ＨＧＢ一二四条二項、ＺＰＯ七三六条参照）との関係をどのように説明するのか。第四に、以上のことからもし会社訴訟と社員訴訟の同時提起（共同訴訟ではない）が二重起訴にあたるとすれば、一方で、債権者は会社に対する訴訟係属中、会社の資力に問題があることがわかっても、会社に対する訴訟が終了しなければ社員に対して訴えを提起することができないというのは、これを俟っていたのでは社員の財産的基礎が危うくなるなどの状態にあるときは、特に不都合が生じる。他方、社員としても会社判決の既判力は自分に及ぶのであるから、これをくい止めるため、自ら参加の手段をとるまでもなく、債権者の訴え提起に応じて会社債務の存否を争うことができることが便利である。しかし二重起訴としてこれが禁止されればこれらは当然認められない。(8)

以上のような不都合は避けるべきであるとの考えがドイツでは圧倒的に強い。(9) そこで法人説はもちろん非法人説の立場からも、会社訴訟における当事者は社員であるという命題からの演繹論はせずに、あるいは合名会社に対する訴訟は社員に対する訴訟とは法的に異なるものである、(10) とか、あるいは会社と社員とで責任財産が異別である以上は、たとえ両者が負う債務は単一であっても両者に対する請求は同一のものではない、(11) などの理由により訴訟係属の抗弁を否定するのが通説である。(12)

(b)　HGB一二四条の解釈をめぐって

HGB一二四条一項には「合名会社ハ其ノ商号ニ於テ……裁判所ニ訴ヘ又ハ訴ヘラルルコトヲ得」と規定され、また同条二項には「会社財産ニ対スル強制執行ニハ会社ニ対スル執行力アル債務名義ヲ必要トス」と規定されている。

ところでHGB一二四条一項について、Düringer-Hachenburg は次のように主張している。「この法文は本来、不必要なものであった。既に一七条二項が『商人ハ商号ニ依リテ訴ヘラルルコトヲ得』と規定しているからである。(13)」と。(14)

総則規定は確かに、HGB六条によって、会社規定に適用される。しかし商人がその個人名で訴えまたは訴えられることができ、またその商号で訴えまたは訴えられることもできるように、合名会社も社員全員の名で訴えまたは訴えられることができ、また会社の商号で訴えられることもできる。したがってその選択は債権者あるいは代理権を有する社員に委ねられている、と解すべきか、それとも合名会社はその商号でのみ訴えまたは訴えられると解すべきか、換言すれば、本条一項が文字通り kann–規定であるか、muß–規定と解されるべきかは争いのあるところである。

Düringer-Hachenburg がＨＧＢ一二四条一項を無駄な、不必要な規定であるとする根拠は、合名会社の商号は社員を包括的に表わす手段であり、会社訴訟における当事者はそれゆえ、社員自体以外のなにものでもない、したがって社員の集合を表わすために商号を使用することの意味は取引行為ならびに訴訟追行を形式的に容易ならしめることである、ということにある。(15) このような考え方はＨＧＢ一二四条一項についての立法者の意見と合致する。(16)

右のような考え方に対しては、ＨＧＢ一二四条二項との関係において整合的に解釈することが可能であるかとの疑問が呈示されている。(17) すなわち債権者が会社に対して給付請求をする場合には、会社財産からの強制執行可能性がその請求を担保するが、会社財産に対する強制執行は会社に対する債務名義を必要とする。社員に対する債務名義を有しているときは、たとえそれが社員全員に対する給付判決であるとしても、会社に対して既判力を及ぼすことはなく、会社財産に対する執行を可能にするわけでもない。したがって会社財産からの強制執行を目指すのであれば、債権者は常に会社の商号によって訴えなければならない、と。この考え方によればＨＧＢ一二四条一項は、同一七条二項とは異なり、muß–規定であることになる。(18)

いずれかといえば後説が有力であると言うことができる。しかし近時は、ＨＧＢ一二四条一項を文字通り kann–規定と解しながら、合名会社に法主体性（Rechtssubjektivität）を与えつつもそれは他人の権利を自己（合名会社）の名において行使することを認めるにとどまり――この現象を法律上の権利担当（gesetzliche Rechtsstandschaft）と呼ぶ――権利義務の帰属主体はあくまでも社員の合手的共同体（die Gesellschafter zur gesamten Hand）であるとする主張がある。(19) この説は前者の変形と評価することができよう。しかしこの説とても、根本的な問題として、なにゆえに社員全員に対する訴えが、会社に対する訴えと同一視され、その判決の効力が会社に及ぶのかを明らかにするものではないように思われる。(20)

(c)　尋　問　形　態

合名会社訴訟において社員を尋問する場合、訴訟追行のために代理権を有する社員につきこれを当事者尋問の方法で行うべきであることは疑いないが、訴訟追行のために代理権を有しない社員の尋問は、当事者尋問の方法により行うべきか、証人尋問の方法により行うべきかについては争いがある。

ＲＧの一貫した立場としては、代理権を有しない社員を証人として尋問することはできないとする立場がとられている。(21) その根拠は、合名会社の法人格が否定される結果、代理権を有しない者も含めて社員全体が当事者であるということにある。

これに対して Jaeger は彼独自の合名会社性質論から、代理権を有しない個々の社員は訴訟当事者ではないとして、その者の証人能力を認めている。(22)

しかし以上の見解に対しては、この問題の解答を合名会社の法的性質からひき出すという方法をとるのではなく、証拠法独自の理念（実体的真実の探究）ないし各個の規定の目的からこれを導き出すべきであるとの主張がある。

Hueck は、ＲＧの立場は代理権を有しない社員の知識をおよそ一般的に訴訟における真実発見の手段として使うことはできないという結果につながるものであって不当であると批判しながらも、結局この問題の解決にとって決定的に重要なのは、社員が実体法上係争権利義務の担い手であるか否かの点であり、この点において代理権を有する社員と有しない社員とで違いはないから、後者もまた当事者尋問の規定に服するとする。(23)

また Fischer によれば、代理権を有しない社員は会社訴訟において証人として尋問を受けるべきか、当事者として尋問を受けるべきかの問題に答えるに際しては、今日の訴訟法における証人尋問あるいは当事者尋問の特殊性ないしその相違に照準をあて、さらに合名会社訴訟においてはこの両方の証拠方法にどのような特殊な関係があるかを吟味すべきである。そしてこれを吟味するときにはまずＺＰＯ一四一条による当事者の聴取（Anhörung）から出発すべきである。

この聴取はなんら証拠方法となるわけではなく、それは当事者の陳述の矛盾、不明確を取り除き、陳述を補完することに寄与するものである。このような当事者聴取は代理権を有する社員に対してのみ行われる。それは訴訟追行過程における一つの行為だからである。代理権を有しない社員には会社訴訟の追行に影響する行為を行う権利がない。このZPO一四一条の解釈はZPO四四五条以上による当事者尋問のためにも単に代理権を有する社員のみが考慮されるべきであるとの結論を示唆する。この帰結は当事者尋問と証人尋問との間に存する本質的相違を考えてみればその確証が得られる。証人尋問とは異なり、当事者には陳述義務がなく、尋問のために設定された期日に出頭することも強制されない。その限りで当事者尋問は一つの証拠方法であるにとどまらず、同時に手続的処分行為でもある。かような手続的処分行為を代理権を有しない社員に委ねることは不可能である。会社訴訟においては訴訟追行の職責はいつに代理権ある社員に任されているからである。したがって当事者尋問手続によるべきは代理権を有する社員についてのみであり、他は証人尋問手続によるべきである、とされている。(24)

(d)　会社訴訟係属中の会社の消滅

合名会社訴訟の係属中に合名会社が消滅(25)（Vollbeendigung）した場合、手続上どのように取り扱われるか。判例(26)ならびに学説の多数(27)は次のように主張している。会社訴訟における当事者は、総体としての、あるいは会社の商号の下に包括される社員である。したがって会社が訴訟係属中に消滅したという場合、会社の商号の下における包括が解かれ、直ちに個々の社員が当事者となる。実際には会社の消滅の以前から社員が当事者であったからである。(28)このようにして訴訟は会社の消滅にかかわらず、社員に対する訴訟として続行する。その際職権で当事者の表示が訂正されるべきである。これによってHGB一二四条にもとづく債権者の訴訟はHGB一二八条による訴えとして続行される。

しかしこのような考え方に対しては批判がある。すなわち、判例、多数説は合名会社の商号の下で行われる訴訟の当事者は社員にほかならないから、会社が消滅しても社員に対する訴訟として続行されるとするが、これは訴えの変更にほかならない。会社に対する訴えないし判決は社員に対する訴えないし判決とは法的に別個のものであるからである。もしそのように解さなければ非常に不当な結果となる。判例が認めている会社と社員との共同訴訟あるいは社員の会社訴訟への補助参加を理論上認める余地がなくなるであろうし、また会社に対する訴訟と平行して他の裁判所に社員に対する訴訟が係属しているときに会社が消滅した場合、社員に対する訴訟との関係がどうなるかも疑問である。さらに会社財産と社員財産は截然と区別されており、前者に対する執行を可能にする債務名義で後者に執行する道を法規（HGB一二九条四項）は閉ざしているのに、職権による当事者の表示の訂正でこれを可能にする道を開くことは妥当ではない。また学説の中には会社に対する請求と社員に対する請求とは別個であることを認めながら、職権による当事者変更を許すと解するものがあるが、そのようなことを許す法規上の根拠は存在しない、などである。(29)

しかし右に掲げた理由により、会社に対する訴訟が会社終了後は社員に対する訴訟として続行されることを否定する説も、それでは訴訟係属中の会社消滅の場合、どのような処置がとられるべきかという段になると意見が分れている。まず会社の消滅によりその時点で係属していた訴訟が終了するとする見解がある。(30)この見解に対しては、ZPO二六五条の根底にある思想すなわち当事者は一方的に公法的関係である訴訟関係から脱け出ることは許されないとの思想に抵触する。したがって会社の代理人が会社の消滅を意図して行う行為は、たとえ民法的には有効であるとしても、訴訟手続に影響を与えることはない、との批判がある。

そこで右の批判にもとづいて、会社は、ZPO二六五条が直接に適用になる場合と同様に、存続するものとして通用し、判決は会社に対して有効に宣告され、送達も会社に対して行われるとする説がある。(31)

しかしこれに対しては、債権者の訴訟追行の目的を貫徹させるために会社が存続すると擬制するための実体法上、訴訟法上の十分な根拠に欠けるとして、あくまでも会社の消滅により、訴訟の続行は不可能となったと解すべきであるとしながらも、それまでの債権者の努力は無駄にしないという必要はあるのであって、そのためには、判例のように会社訴訟から社員訴訟への当然の移行を認めるという方法ではなく、債権者からの申立をまって訴えの変更を認めるべきであり、他方社員としてもその後の訴訟過程において自己固有の抗弁を提出することができるわけであるから、右のように解したとしても社員の保護に欠けるわけではない、との主張がある[32]。

(3) 小　括

以上に見てきたように判例（特にＲＧの判例）およびいくつかの学説に見られる、合名会社の法的性格をまず決めておいてそこから具体的問題を解決しようという解釈態度は必ずしも大方の支持を得ているわけではない。むしろ合名会社の法的性格からの演繹によるのではなく、解決を迫られている具体的問題に適用される条文ないし命題の目的に則した解決により、妥当な解決を探ろうとする態度が近時は有力であるように思われる。このことは合名会社に法人格を認めているわが国において、合名会社をめぐる諸問題を解決する際に、法人格を否定するのが通説、判例であるドイツの議論を参考にすることにとって、法人格の有無の相違が決定的な妨げとなるものではないことを示唆するものである。

(1)「権利能力ヲ有スル者ハ当事者能力ヲ有ス」とされる。

(2) 合名会社に関するＲＧ（ライヒスゲリヒト）の判例を繙くとき、多くの判例が本文に述べた命題を出発点としていることに気づく。たとえばRGZ 3. 57, 17. 367, 35. 389, 45. 341, 49. 343, 141. 280など。もっともその中にあって、合名会社は法人格を持たないことを前提としながらも、「経済的必要性ないし取引の安全のために多くの関係において、（合名会社に――筆者）法人と同様の独立性が与えられるべきであり、特に会社訴訟においてその必要がある。」と判示する判例（RGZ 102. 302）や、「合名会社は確かに法人ではないが、それにもかかわらず社員の個人財産から区別される会社財産の担い手であり、かようなものとして固有の権利が与えられている。」と判示する判例（RGZ 136. 270）がある（但し、これらの判例が合名会社の手続上の地位を実体法上の法的性質に依存せしめない立場（Stein-Jonas, Kommentar zur Zivilprozeßordnung 19. Aufl.（1964）S. 317）に立つものか否かは明確ではない）。

なお合名会社訴訟における当事者は社員にほかならない旨を表明する学説としては、Düringer-Hachenburg, a. a. O. 三二頁注（4）S. 655 § 124 Anm. 6, Schlegelberger, a. a. O. 三四頁注（17）S. 1105 § 124 Anm. 9, Rittner, Kommentar zum Handelsgesetzbuch（1910）S. 168 § 124 Anm. 6, などがある。

（3） Eccius, Die Stellung der offenen Handelsgesellschaft als Prozeßpartei, ZHR 32. 1ff（1886）. もっともこの説は特に手続法上の個々の問題から帰納的に合名会社法人説を導き出したと評価すべきものかもしれない。

（4） Jaeger, Die offene Handelsgesellschaft im Zivilprozesse, Festgabe der Leipziger Juristenfakultät für Dr. Rudolph Sohm zum 8. Juli 1914. なお拙稿・北大法学論集第三一巻（第三・四合併号、上巻）三二九頁以下〔本書一四頁以下〕参照。

（5） Vgl. Lehmann, ZHR 78. S. 306.

（6） 拙稿・前掲注（4）三三五頁〔本書二〇頁〕参照。そこで指摘した Hueck（a. a. O. 三一頁注（1）S. 331ff.）には既にこのような問題意識を持った上での訴訟上の問題についての叙述がある。さらにこの問題意識を明確に表明して訴訟上の局面の考察を行った論稿として Fischer, Die Personalhandelsgesellschaft im Prozeß, Festschrift für Justus Wilhelm Hedemann zum 80. Geburtstag（1958）S. 75ff. がある。

（7） RGZ 49. 343. もっとも本文判示部分は傍論である。事案の解決としては、一方の訴訟がチリ国において係属していたという関係からいわゆる相互主義（ZPO三二八条一項五号）に欠けるとして、訴訟係属の抗弁を否定した。ところで右判決は Wach（a. a. O. 二一頁注（2）S. 523ff.）によるところが大きい。Wach はある意味では、合名会社の法的性質からの論理的演繹による解決を徹底して主張したものと評価することができる。すなわち合名会社の法人格が否定されるのであれば、合名会社とはすなわち個々の社員の集合にほかならないとの認識に立って、会社訴訟が係属中社員に対する訴訟が提起されたならば、社員に訴訟係属中の抗弁が帰属しなければならないと主張する。もっとも Wach の論述の総合的評価からすれば（後述）、右の主張は Wach においては傍論であるということができる。

（8） 訴訟係属については、一九七七年のZPO改正以前においては、被告からの抗弁事由であるかのような規定を置いていた（ZPO二六三条二項一号）。しかし、学説は規定の体裁にかかわらず、これを職権調査事項と解していた（Rosenberg-Schwab, Zivilprozeßrecht 11. Aufl.（1974）§ 101 Ⅲ 1. S. 520）。一九七七年の改正により「相手方ハ裁判所係属ノ抗弁ヲ提出スルコトヲ得」という法文が削除され、職権調査事項である旨が条文上（ZPO二六一条三項一号）も明らかにされた（Rosenberg-Schwab, Zivilprozeßrecht 12. Aufl.（1977）S. 540。

(9) 本文はあくまでも訴訟係属の抗弁肯定説と同様の実体法関係に立っての肯定説に対する批判である。これに対し債務も二個あるとの立場から、会社と社員を肯定説のように同一当事者と解すれば、会社の社員に対する、あるいは社員の会社に対する訴訟も不適法になりはしないかの疑問が提起されている（なお Jaeger, a. a. O. 注(4) S. 41 によれば右の訴訟を不適法とするＲＧの判決があるとのことであるが、Jaeger の掲げた典拠箇所には該当判決に見あたらなかった）。そしてむしろ多くの判例は会社の社員に対する訴訟を適法としている。ROHG 25. 158, RGZ 36. 10, RG LZ 1914. 1030 Nr5, RGZ 47. 16.（おもに会社の清算人から社員に対して貸金の支払を請求する事例が多い）

(10) RGZ 36. 139 (141).

(11) Fischer, a. a. O. 注(6) S. 77.

(12) Düringer-Hachenburg, a. a. O. 三二頁注(4) S. 707 § 128 Anm. 8, Schlegelberger, a. a. O. 三四頁注(17) S. 1147 § 129 Anm. 5, Hueck, a. a. O. 三一頁注(1) S. 326 などがある。

(13) Düringer-Hachenburg, a. a. O. 三二頁注(4) S. 655 § 124 Anm. 6–1。

(14) 商人ニ関スル規定ハ商事会社ニモ亦之ヲ適用ス。

(15) Düringer-Hachenburg, a. a. O. 三二頁注(4) S. 655 § 124 Anm. 6–2。

(16) 拙稿・前掲注(4)三三七頁〔本書二一頁〕参照。

(17) Jaeger, a. a. O. 注(4) S. 9ff.

(18) 同旨の主張は Fischer, a. a. O. 注(6) S. 78f. に見られる。

(19) Kämmerer, Die Rechtsnatur der offenen Handelsgesellschaft, NJW 19. Jahrg. S. 801ff. これによれば合手的社員が権利義務の担い手となる。しかし法律の文言上からいえば、会社は終極的帰属主体（Zurechnungsendobjekt）、したがって一つの組織された社会的統一体（eine organisierte soziale Einheit）である。このことは、立法者は会社に権利能力を認めず、単に権利行使を自己固有の名において行なう Rechtssubjektivität をを与えた、ということを意味する。

(20) 周知のように、Wach（a. a. O. 三二頁注(4) S. 522ff.）はいわゆる形式的当事者概念と実質的当事者概念とを区別し、その区別の有効性をあらわす好個の一例として合名会社訴訟を挙げた。彼によれば合名会社の商号で行われる訴訟においては、当事者は必要的共同訴訟人としての、すべての個々的構成員（alle einzelnen Mitglieder als Streitgenossenschaft）である。合名会社は形式的にのみ当事者であると考えた。この考えは、あるいは Kämmerer 説と一脈相通じるものであるともいえる。しかしこの考えはWachの合名会社観に深く根ざしている。すなわち彼は、合名会社は単に個々の社員の Gesamtheit である、と考えた。そして彼は、会社の債権者との関係でいえば、債権者と各個の社員の間の債権債務関係が第一次的に重要であり、各社員が出資した財産からなる会社財産（Wach はこれが Sondervermögen であるとする）が社員の債務の満足を確実ならしめる担保であると考えた。したがってここでは右のような会社訴訟における判決によって社員の財産ならびに会社財産に対する執行が可能であるのは当然のこととされている。もっともWachのこの主張はＨＧＢ一二四条二項ならびに一二九条四項などが新設された一八九七年（但し施行は一九〇〇年）の改正前、一八八五年のものであることに注意する必要がある。Vgl. Planck, Lehrbuch des Deutschen Zivilprozeßrechts, (1887) S. 211 Fn. 12.

(21) RGZ 17. 365, 32. 398, 35. 388, 82. 131 など。もっとも一九三三年の民事訴訟法改正前に認められていた当事者宣誓については、代理権を有する社員のみこの方法によるとしていた（RGZ 45. 341）。

(22) Jaeger, a. a. O. 注(4) S. 35f. その性質論については、拙稿・前掲注(4)三二九頁〔本書一四頁〕参照。

(23) Hueck, a. a. O. 三一頁注(1) S. 335ff. 本文で述べた根拠のほかにHueckは実際的根拠として、多くの場合会社と並んで社員に対する訴えも提起されることに鑑みて、代理権を有しない社員がたまたま訴訟当事者となった場合には当事者尋問により、訴訟当事者とならなかった場合には証人尋問によるというのは正当ではないことを挙げる。

(24) Fischer, a. a. O. 注(6) S. 81ff. 同旨の学説として Rosenberg, Lehrbuch des Deutschen Zivilprozeßrechts, 5. Aufl. (1951) § 42 II 3 S. 165 がある。

(25) 訴訟係属中に合名会社が解散し、清算手続終了によって商号消滅の登記（ＨＧＢ一五七条）が行われたような場合のこと。なお上柳克郎「合名会社の法人性」『大森還暦』七頁〔『会社法・手形法論集』一二一頁〕参照。

(26) RGZ 46. 39 (41), 64. 77 (78), 124. 146 (150), 141. 277 (281).

(27) Schlegelberger, a. a. O. 三四頁注(17) S. 1111 § 124 Anm. 28, Düringer-Hachenburg, a. a. O. 三二頁注(4) S. 660f. § 124 Anm. 13 その他の文献についてはFabricius, a. a. O. 三四頁注(11) S. 167 Fn. 1 参照。

(28) もっとも判決によって表現方法にニュアンスがある。RGZ 46, 41 は「会社の終了によって当事者としての役割は、共同訴訟人としての従来の全社員に移行（übergehen）する。」と表現し、RGZ 124. 150 は「会社の終了とともに、直ちに会社に替わって（an deren Stelle）社員が活動する……。」と表現する。さらにRGZ 141. 281 は「消滅以前に会社の商号の下で包括的に訴訟追行していた当事者たる社員は、その後も当事者として残る（bleiben）。」とする。その表現にはかような微妙な相違があるが、意味するところにはそれほどの違いはないであろう。Vgl. Fischer, a. a. O., S. 86.

(29) Düringer-Hachenburg, a. a. O. 三二頁注（4）S. 663 § 124 Anm. 17.

(30) Schaefer, Thiele, Wilmowski-Levy など。但し Jaeger, a. a. O. 注（4）S. 56f. からの孫引である。

(31) Jaeger, a. a. O. 注（4）S. 57, Rosenbberg-Schwab 12. Aufl., a. a. O. 注（8）S. 211f. § 43 Ⅲ 2, Fabricius, a. a. O. 三四頁注（11）S. 172.

(32) Fischer, a. a. O. 注（6）S. 85ff. なお Fischer によればＺＰＯ二六五条は Jaeger らの解するように広く解釈すべきでない。広く解するならば、結局包括承継の場合もこれに含まれてしまうからである。しかしそれを含めることはＺＰＯ二六五条の趣旨に反する、とされる。ところで Fischer 説によれば、第二審口頭弁論終結後に会社が消滅したという場合にはどのような処理がなされるべきかの問題が残る。これにつき Fischer は右の事実が上告審段階でわかれば、原判決を破棄して事件を控訴審に差し戻すべきであるとする。

2　訴訟形態

(1)　合名会社の債権者が合名会社とその社員双方に対して訴えを提起する場合、その訴訟形態は通常共同訴訟であるか、必要的共同訴訟であるか（合一確定の必要があるか）。また、合名会社が訴えまたは訴えられている訴訟に社員が補助参加することができるか、できるとすればその参加の態様は通常の補助参加であるか、共同訴訟的補助参加であるか、などが本節で論じられる問題である。

本章第一節で見たように、合名会社訴訟の当事者は誰であるのかについては考え方が分れているところであった。当事者は総体としての社員にほかならないとして、会社訴訟係属中の社員に対する訴訟提起は二重起訴になるとしたＲＧの判例[33]があった。このような立場からすれば理論上、会社と社員の共同訴訟も、会社訴訟への社員の補助参加も（訴訟当事者自身が同時に参加人となることはできないから）認められないことになるはずである。しかし後に見るように共同訴訟ないし補助参加が問題となる局面においては、ＲＧの判例に支配的である、「会社訴訟における当事者は社員にほかならない」との見解はなりをひそめ、会社と社員とは手続法上別個の地位を有するとの判示がなされている。[34]そして他の判例および学説の中に、会社と社員の共同訴訟ないし会社訴訟への社員の参加を否定する見解は見あたらない。このことはとりもなおさず、共同訴訟ないし補助参加の問題を論じる際には、ドイツにおいては、その可能性を論じる必要はないことを意味している。そこで本節においては問題を専ら共同訴訟ないし補助参加の形態に限局して述べることにする。

ところで訴訟形態の問題は判決の効力と密接な関連を有する問題であり、あるいは先決問題として判決効の問題を論じた後に、この問題を論じるほうが順序としては適当であるかもしれない。しかし本稿においては、合名会社と社員の手続上の関係をできるだけ明らかにした上で判決効の問題に入りたいという意図から、この問題をも判決効を論じるための準備的考察の一つに加えることにしたい。

(2)　共同訴訟形態

合名会社と社員の共同訴訟が許されると解する場合、その共同訴訟の態様は通常共同訴訟であるのか、必要的共同訴訟であるのかの問題について、ドイツでは争いがある。

必要的共同訴訟は、ZPO六二条一項によれば「争ニ係ル権利関係ガ共同訴訟人ノ全員ニ対シ合一ニノミ確定セラルコトヲ得ル場合又ハ共同訴訟ガ他ノ理由ニ因リ必要的ナル場合」に認められる。後段はいわゆる訴訟共同の必要を規定したものであり、合名会社との関連でいえば、合名会社解散の訴え（HGB一三三条）は、一人または数人の社員による訴え提起で足りるが、被告となるのは解散に反対すると否とにかかわらず他の総社員であるから、この場合には訴訟共同を必要とする。また社員除名の訴え（HGB一四〇条）は他のすべての社員の共同を必要とするから、この場合もまた訴訟共同の必要がある。業務執行権の剥奪（HGB一一七条）や社員の代表権の剥奪（HGB一二七条）なども同様である。[35]しかし合名会社の債権者が会社債務につき会社と社員の両方に同時に訴えを提起する場合には訴訟共同の必要がないことは明らかである。そこでＺＰＯ六二条一項前段の適用があるか否かがここでの専らの問題である。

債権者と合名会社・社員間の訴訟で判決の統一が必要であるとはいえない場合がある。特定の社員だけが期限の猶予を受けたりするなど固有の人的抗弁が特定の社員に帰属する場合があるからである。そこで必要的共同訴訟を肯定する立場も社員に固有の抗弁が帰属しないという留保を付したうえでこれを認めている。この必要的共同訴訟につき判例(36)、学説(37)とも肯定説と否定説が拮抗している。

肯定説は、訴訟があい前後して（nacheinander）行われる場合に前訴の既判力が後訴に及ぶのであれば、訴訟が同時に（nebeneinander）行われる場合には必要的共同訴訟となるとの定式(38)をここに適用して、合名会社が受ける判決の既判力が社員に及ぶのであるから、合名会社と社員とが共同訴訟人となる場合は必要的共同訴訟であると説明する。もっとも前述のように社員に固有の人的抗弁が帰属する場合が考えられる。そしてその限りにおいては判決の統一は達成されない。そこで社員に固有の抗弁が帰属し、これを社員が提出しない限りでＺＰＯ六二条が適用になるとする。

これに対して否定説は次のように主張している。右のように留保付で必要的共同訴訟を認めるというのでは、社員の訴訟における態度次第で訴訟形態が左右されることになり、手続が不安定になってしまう。これを安定させるためには、社員に固有の抗弁が帰属する可能性がある以上、通常共同訴訟形態がとられるべきである、と。

以上が肯定説、否定説の議論の概観である。ところでＺＰＯ六二条一項前段の要件は「争ニ係ル権利関係ガ共同訴訟人ノ全員ニ対シ合一ニノミ確定セラルルコトヲ得ル場合」と規定されている。前訴判決の既判力が後訴に及ぶ場合には統一した判決が法律上必要になると通常解されているが、前訴判決の既判力が後訴に及ぶという場合、既判力の効果としてどのような内容の効果が後訴に及ぶのかについては説の分れるところである。たとえば、A. Blomeyer は「民事法（Zivilrecht）による既判力の拡張」を認めるのであるが、その際、既判力の効果は後訴の訴訟物自体にではなく、その先決問題（たとえば保証債務に対する主たる債務関係）に及ぶとする(39)。これに対して Schwab は、既判力の効果は後訴においてその訴えを不適法却下する作用を通常は持つはずであるとして、先決関係にのみその効果があらわれるとすれば、それはもはや既判力拡張の効果としてではないと主張する。(40) そこで既判力拡張の効果の及ぶ範囲の中に Blomeyer の挙げる事例をも含めるとすれば、前者の既判力が後訴に及ぶからといって直ちに判決の統一の必要が存するということにはならない。そこで右のような既判力の作用をめぐる議論が共同訴訟形態をめぐる議論とどのように関連するのかが問題となる。そしてこの点の解明は、合名会社と社員とがいかなる態様の共同訴訟として取り扱われるかの問題にとって必須のものである。

Rosenberg によれば、「争ニ係ル権利関係ガ共同訴訟人ノ全員ニ対シ合一ニノミ確定セラルルコトヲ得ル場合」という規定の意味するところは、第一に、本案の裁判が合一に行われなければならないということであり、その結果、一人の共同訴訟人のまたはこれに対する訴えの不適法却下（die Abweisung der Klage als unzulässig）が他の共同訴訟人の訴えを不適法却下するということではないこと。第二に、その意味するところは、基準となる権利関係が、裁判ないし既判力の対象を形成する権利関係であって、先決的権利関係ではないということであるとする。(41)

ところで債権者・社員間の訴訟において会社債務の存否の問題は訴訟物自体の問題であるか、先決関係をなす問題であるかについては論者の認識にずれがあり、これが事態を一層複雑にしている。今これをまとめてみると、①会社訴訟と社員訴訟では訴訟物が同一であり、かつ必要的共同訴訟である。②訴訟物は同一だが必要的共同訴訟ではない。③訴訟物は異なる（先決・後決関係）が、必要的共同訴訟である。④訴訟物は異なるし、必要的共同訴訟ではない。

右の Rosenberg のたてたテーゼからいえば③説は採り得ないから、彼は①説に立つということであろう。②説は Schwab の主張するところであり、③説は Blomeyer の立場である。④説を明確に表明するものは見あたらなかった。

以上がドイツにおける学説の状況である。

ところでドイツにおいては合名会社と社員の共同訴訟の形態をめぐっては、一見学説が鋭く対立し、いずれを選択するかによって訴訟の取扱いが実際上大きく異なってくるかに思われる。しかし実際、本当にそうであるかは疑わしい。ドイツにおいては広く、いわゆる共通の事実（sogenannte gemeinsame Tatsache ― Rosenberg-Schwab, a. a. O., § 49. Ⅲ2a）の理論が認められているからである。この理論は、一人の共同訴訟人が主張した事実が他の共同訴訟人の援用を俟つまでもなく直ちに他の共同訴訟人に対しても顧慮されるべきであるというものである。(42) これを合名会社と社員の共同訴訟に即してみれば、会社に帰属する事実については、それが社員にとって有利なもの（たとえば会社が債権者に対して反対債権を有し、それをもって相殺したという事実）であろうと、不利なもの（たとえば会社が相殺権を放棄したという事実）であろうと社員に対してもいわゆる共通の事実である。(43)

このように会社債権の存否を基礎づける事実が共通の事実と評価されるのであれば、会社と社員の共同訴訟を通常共同訴訟であると解したとしても、社員が欠席判決を受けたり、債権者の請求を認諾したりした場合を除いては、これを必要的共同訴訟と解する見解と結果的には懸隔はないということになるであろう。

(3)　会社訴訟への社員の補助参加形態

ＺＰＯ六六条によれば、補助参加が認められるのは「他人間ニ係属スル訴訟ニ於テ当事者ノ一方ガ勝訴スルコトニ付法律上ノ利益ヲ有スル者」である。そしてこの補助参加人が主たる訴訟の既判力を受ける者である場合には「主たる当事者ノ共同訴訟人ト看過」される（ＺＰＯ六九条）。ところでどのような者がこの「法律上ノ利益ヲ有スル者」にあたるのかは、一義的に決めることはできず、諸説のあるところである。(44) 本稿では補助参加論一般に立ち入ることをせず、(45) 具体的な事例を、判例に即して掲げ、それを手がかりとして会社訴訟に社員が補助参加することの意義を考えるにとどめる。

【例⑴】　ＲＧ一八八一・七・九判決（ＲＧＺ五、六九）

〔事案〕　三名の社員（ＡＢＣ）から成る合名会社（Ｙ）は、その定款に、三名の社員が共同してのみ代理権を有するとの規定を置いていた。しかしそのうちＡのみの懇請により原告（Ｘ）が会社Ｙに対して金員の貸付を行った。本件はその貸金返還請求事件である。被告はＹならびにその社員ＡＢＣである（なお社員の会社訴訟への補助参加の明示的な意思表示はない）。

〔経過〕　この事件で社員Ｂは答弁期日（Klagebeantwortungstermin）に、彼個人のためには訴えに対するなんらの異議も提起しない旨の意思表示をした。これに対し社員ＡＣは共同で弁護士をたてて争った。第一審裁判官は、会社としてはなんらの意思表示もなしておらず、したがって自白したものとして、会社に支払義務有りと判断し、共同被告人ＡＢＣも社員として会社債務の支払のために連帯責任を負うと判示した。ＡＣからの上訴（Appelation）は棄却された。ＲＧはNichtigkeitsbeschwerde(46)（不服申立）にもとづき原判決を無効として、事件を原審に差し戻した。

〔理由〕　会社の受ける有責判決によって社員は自己の個人財産をもって責任を負うに至る。このことは会社に対する請求を棄却する判決が社員に既判力の抗弁（exceptio rei Judicatae）を及ぼすことと対をなしている。これはたとえ会社の責に帰すべき欠席により会社が有責判決を受けた場合でも同様であり、どのように会社が有責判決を受けるに至ったかの過程は問題ではない。ところで確かに定款により会社の代理のために社員が共同する旨の規定はある。しかしこのことは個々の社員が参加人として会社の防禦を引き受けることを排除しない。確かに補助参加の諸規定は参加人が当事者とは異なる第三者であることを前提にしており、合名会社は法人と理解さるべきではないから、個々の社員が会社に対する訴えによって実際にはともに請求されていることになる。しかしあらゆる局面でこのことが通用するのではない。社員の個人財産とその責任に関する限りでは、社員は会社に対する訴えにより請求を受けるわけでも、会社の代理人によって代理されているわけでもない。それにもかかわらず会社に対する判決は社員にとって先決性を有する（präjudizieren）。社員にとって会社債務の存在は攻撃不可能なものとして確定し、そのために法規は社員の責任を定めているからである。それゆえ補助参加（die accessorische Intervention）に関する諸原則が適用になる。

この事例では会社と社員とがともに訴えられ、社員ACは自己のためにのみ争った。ところが第一、二審は会社の自白を擬制するという形式的な判断をしたため、せっかく社員ACが自己の債務を争うべく主張、立証を尽しても、会社の有責判決の効力を受けてしまうことになる。この結果の不当性を争う手段として、RGは一種の当然の補助参加を認めた。なお本事例においては、会社の受ける判決の効力を社員も受けると解されているから、補助参加の態様としては、共同訴訟的補助参加が認められるべきであるが、本判決はこの点を意識していない。通常の補助参加と共同訴訟的補助参加を画する重要な点の一つである、被参加人の行為と牴触する訴訟行為ができるか否かは、[47]本件では問題とはなっていない。したがって参加人が専ら被参加人のために訴訟行為を行うことを認められれば、それで社員を救うことはできたのであり、この点については通常の補助参加と共同訴訟的補助参加とで異なるところはないから、必ずしも両者の区別を意識して両概念を使い分ける必要はなかったのであろう。

【例⑵】　ＲＧ一八九四・一〇・一二判決[48]（ＲＧＺ三四、三六〇）

〔事案〕　社員ABから成る合名会社が社員Bの債務につき債務引受をした。そこで債権者が会社ならびに社員Bに対して債務の履行を請求して訴えを提起した。

〔経過〕　Bが会社と自己のために訴訟代理人を選任し、その代理人は請求を認諾した。右訴訟に他の社員Aが補助参加し、彼自身と会社の名において他の訴訟代理人をたてて請求棄却を申し立てた。第一審裁判所は二人の代理人の意思表示は矛盾し、互いに主張は相殺されるとして欠席判決をなし、請求を認容した。この判決はBによってたてられた代理人に先に送達され、Aによってたてられた代理人にはその一週間後に送達された。後者が欠席判決に対して異議（故障）申立（Einspruch）をしたがLGは、実際には欠席判決は全く存在しなかったという理由で異議申立を不適法として却下した。OLGは控訴に対し、欠席判決の存在は認めたのであるが、異議申立期間は被参加人への送達がなされた日を基準として計算すべきであるとして、期間徒過後の異議申立であるから不適法であるとして控訴を退けた。これに対してAが上告。異議申立期間は補助参加人に送達があったときを基準にすべきであることを理由とする。(49) RGは、一週間後のAの代理人に対して行われた送達が基準となるべきであるとする上告人の攻撃は正当であると判示し、上告人の異議を適法と宣告して事件を第一審に差し戻した。

〔理由〕　Aの参加が全くの補助参加であれば格別、補助参加人が共同訴訟人として通用する場合には、合一確定の必要が生じるのであるから、単に被参加人のみを基準とすることはできない。被参加人たる当事者に対して宣告された判決は、相手方と参加人にとっても基準性（Maßgeblichkeit）を持つことに鑑みて、補助参加人には他の訴訟におけるよりも独立した地位が与えられる。彼は訴訟追行につき共同訴訟人として通用するのであるから、その限りで彼にも送達が行われなければならず、上訴期間も彼に送達された日を基準とする。(50)

例(1)を見てわかるように合名会社訴訟の社員の参加の問題を考える場合、ここでも合名会社の法的性質との関連が問題となる。しかし合名会社の法人格を否定する結果、合名会社訴訟の当事者を社員にほかならないと解したとしても、社員の個人財産の主体としての地位という、会社とは法的に別個の地位を社員が持つことを根拠として、参加が認められている。例(2)では参加の可能性は全く疑われていないのである。

ところで補助参加の要件をどのように解するかは問題であるとしても、相手方・被参加人間の訴訟が参加人にとって法的にも、事実上もなんらの影響がないのに補助参加の利益が認められることはないことは自明である。そこで合名会社訴訟の判決が社員にどのような影響を及ぼすかが問題となる。これは本稿の主題でもあり、次章でこの問題につき詳論するつもりであるが、少なくとも判例は、例(1)例(2)によってもわかるとおり——一、二の例外はあるが——合名会社訴訟の判決は社員に対して既判力を及ぼすとする。この場合参加の態様如何は問題であるにせよ、参加自体を否定する者はいない。特に例(2)のような場合、自己の債務を会社に引き受けてもらった社員のたてた訴訟代理人が請求を認諾するという、一種の馴合ともみられる訴訟追行態度を示しているとき、他の社員が自ら訴訟に参加して自分に不利益が及ばないための主張、立証を尽くす機会が与えられる必要がある。さらにこの場合、被参加人と参加人の主張が対立状況にあるのであるから、被参加人の訴訟行為と牴触する訴訟行為を認めないのは、参加の意義を著しく減殺することになる。したがって被参加人の主張に反する主張を参加人に認める必要がある。すなわち訴訟行為につき参加人に独立した地位を与えるべきである。同様のことは上訴期間についてもあてはまる。一般的には補助参加人にも判決の送達が行われるのであるが、もし例(2)の原審が考えたように被参加人の上訴期間内でしか補助参加人の上訴は許されないとすれば、同日に送達される保障がない限り、送達が遅れれば上訴するか否かを考慮するのに十分な期間が与えられなくなるため、判決の効力を受ける者に補助参加を認めて、自己の権利を保護防衛する機会を与えたことの意味も、送達することの意味もなくなりかねないことになる。(51) ところでＲＧは右の結論を認めるにつき社員は会社訴訟の判決の既判力を受けるのであるから、この場合通常の補助参加とは異なり、参加人に共同訴訟人としての地位を認めるべきであると判示し、上訴期間は独立して算定すべきであるとした。社員に会社訴訟の判決の既判力が及ぶ以上、現に会社を代理している者が他の社員に不利益が及ぶような訴訟追行をするのを、代理権を有しない社員に拱手傍観することを強いるのは妥当ではない。この不利益を回避するために訴訟に参加し、しかも独立した訴訟追行をできる限り認めるべきであるから、ＲＧの判断は正当なものであろう。

ところで社員の参加問題を一般化して考えた場合、社員が会社訴訟の判決効を受けることと、それゆえにできる限りの手続権を社員に保障するという観点からは、社員に共同訴訟的補助参加人の地位が与えられるべきである。そしてこのことは会社訴訟の判決の効力がどのような形で及ぶか（既判力自体、あるいは既判力拡張として及ぶか、反射効ないし法律要件的効果として及ぶか）にかかわらず、およそ会社判決の判断内容に社員が拘束される限り通用すべきである。[52] したがってこの観点からも補助参加の要件を反射効をもって律する説に対する批判[53]は正鵠を射ていると言うことができる。もっとも右の説の創始者であるWachが反射効という概念のもとに把握した諸事例とHellwig, Kuttnerが反射効ないし法律要件的効果という概念のもとに把握した諸事例とは完全に重なり合うものではなく、そこにはずれが存在する。そして合名会社事例は前者には含まれず、後者に含まれる事例であることに鑑みれば、右の批判は後者に対してのみ向けられるべきであるということになる。

(33) RGZ 49. 340.

(34) RGZ 36. 139（141）本判決は――注(33)に掲げた判決と異なる（対立、矛盾する）見解を表明したものと評価されている――合名会社に対する訴えは、個々の構成員に対する訴えとは法的に異なるものであると判示する。しかし法的に異なることの根拠は示されていない。Staubによれば、会社はＨＧＢ一二四条一項により形式的当事者能力を持ち、独立した訴訟当事者として通用するがゆえであるとする（Kommentar zum Handelsgesetzbuch 1. Band（1900）§ 129 Anm. 2. 5）。しかしこのいわゆる形式的当事者能力という概念に対しては批判が強い。そこでHellwigは、合名会社は、民法上の組合と同様に、法人格を持つものではないが、二、三の重要な関係においては法人として取り扱われる点で組合とは異なる性質を有するとし、会社財産の社員の個人財産からの峻別を基礎にして、合名会社の独立した単一体としての地位を導いている（Anspruch und Klagrecht（1924）§ 37 S. 267）。

(35) 高橋宏志「必要的共同訴訟論の試み(2)」法協九二巻六号六三一頁参照。

(36) RGZ 123. 151（154）, 136. 266（268）後者は有名な判例であるのでここで紹介しておこう。事案は、ある合名会社がある株式会社に土地を賃貸し、後者はそこでガソリンスタンドを営んでいた。その賃貸借契約締結の際、合名会社は自分が持っている他の土地（Trennstück）で競業避止義務を負う（この旨は制限的人的役権 eine beschränkte Dienstbarkeit として登記された）としていたところ、合名会社の社員が隣接地にガソリンスタンドを建てたため、株式会社は合名会社ならびに社員を相手に不作為請求をしたというものである。ＲＧはこの訴訟を例外的に必要的共同訴訟にあたるとした。すなわち必要的共同訴訟は通常、裁判の統一を前提とするのであるが、請求原因がすべての被告に対して同一である場合には、例外的に必要的共同訴訟が認められるとし、本件はそれにあたると判示した（なお本判決は社員の責任の内容如何という点でも興味深い。Hueck, a. a. O. 三一頁注（1）S. 316f., Flume, a. a. O. 三一頁注（1）S. 306f.）. BGH, NJW61. 1066 はこのＲＧの判決に従うか否か態度を保留していたが BGH, NJW70. 1740 は否定説に立つことを明らかにした。

(37)　肯定説としては Rosenberg, Lehrbuch des deutschen Zivilprozeßrechts, 5. Aufl. § 95 Ⅱ 1. S. 434, Baumbach-Lauterbach, Zivilprozeßordnung, 30. Aufl. § 62 Anm. 2A S. 131, Seuffert-Walsmann, Kommentar zur Zivilprozeßordnung, 9. Aufl. § 62 Anm. 2A da S. 94 などがある。

否定説（通常共同訴訟説）としては、Nikisch, Zivilprozeßrecht, 2. Aufl. § 110 Ⅱ 2c S. 440, Stein-Jonas-Schönke, ZPO, 17. Aufl. § 62 Anm. Ⅱ 3, Jaeger, a. a. O. 三五頁注（4）S. 19, Hueck, a. a. O. 三一頁注（1）S. 216, Schiller, NJW 1971 Heft 10 S. 410ff. などがある。

(38)　たとえば Rosenberg, a. a. O. 注（37）S. 95 Ⅱ 1 a 参照。

(39)　A. Blomeyer, Rechtskrafterstreckung infolge zivilrechtlicher Abhängigkeit, ZZP Bd. 75（1962）S. 9. 但し Blomeyer は一般論として、既判力は後訴において先決関係としてのみ及ぶといっているわけではない。あくまでも「民事法による既判力の拡張」に事例を限定した場合、右のように言うことができるというにすぎない。

(40)　Schwab, Rechtskrafterstreckung auf Dritte und Drittwirkung der Rechtskraft, ZZP Bd. 77（1964）S. 124ff. Schwab は合名会社と社員の共同訴訟事例は必要的共同訴訟の事例ではないとする。あい前後する訴訟の間に既判力拡張が存しないからである（Die Voraussetzungen der notwendigen Streitgenossenschaft, Festschrift für Lent, S. 293）。もっとも会社訴訟の判決は社員に対して遮断（Präklusion）ないし既判力の第三者効を及ぼすとされているが、これらの効力と共同訴訟形態との関係は明らかではない。

(41)　Rosenberg, a. a. O. 注（37）S. 433. なお Blomeyer は彼のいう既判力拡張の諸事例については必要的共同訴訟を認めるのになんらの困難もないとして、「前後の訴訟の既判力拡張は同時的訴訟の必要的共同訴訟につながる」というテーゼの下に、合名会社事例をも、社員の人的抗弁が問題にならない限り、必要的共同訴訟に含めている（Zivilprozeßrecht,（1963）§ 109

Ⅲ a, S. 616)。

(42) Hellwig, Lehrbuch des Deutschen Zivilprozeßrechts, Bd. 3 (1909) S. 148ff. この問題を詳細に論じているHellwigによれば、この問題は一定の制約の下に肯定されるべきである。すなわち第一に、一人の共同訴訟人のためにおよそあるいはもはや審理が行われない場合と、裁判所が全共同訴訟人によって一致して行われた訴訟行為のみを顧慮しなければならない場合は除かれ、専ら、複数の共同訴訟人が弁論をなし、しかも矛盾した裁判が彼らに対してなされる場合に、その適用が限定される。第二に、主張された事実が、民法上これを提出した共同訴訟人のみならず、他の者との関連においても効力を持つ場合に、この命題は肯定される。どのような場合がこれにあたるかといえば、①判断されるべき権利関係の間に同一性(Identität)が存する場合と②民法によれば一方が他方に対し依存関係(Abhängigkeit)にある場合である(a. a. O., S. 137f.)。以上に該当する事実については、他の共同訴訟人の異議もこれを妨げることはできないし、他の共同訴訟人にとってこれが有利であるか不利であるかもなんらの意味を持たない(a. a. O., S. 150 ―― 新堂教授はこの点に注目し、その根拠を、第一に、客観的には一つの事実であるのに、区々の主張ないし認定になるのはおかしいという考えと、第二に、共同訴訟人独立の原則から他の共同訴訟人が異なる主張をしようとすればそれをなし得たのに、それをしなかったときは、相共同訴訟人の主張がたとえ自分に不利に働いても仕方がないとの考えにあると想像する。「共同訴訟人の孤立化に対する反省」法協八八巻一一・一二号九四七頁注(1)〔『争点効(下)』七一頁〕。しかしHellwigによれば、「民法が、訴訟行為という形態において行われた法律行為(形成行為)が他の共同訴訟人に対しても効力を及ぼすと規定している場合にはそしてその限りでは、他の共同訴訟人の異議(ein Widerspruch)はこれ(一人が行った権利変更を他の者に対しても顧慮すること―筆者)を妨げるものではない。」とされている。したがってHellwigはこの問題を一種の私法秩序維持の立場から肯定しているのであって、これを相共同訴訟人の不作為責任に帰するのは妥当ではないように思われる)。

(43) Hellwig, a. a. O. 注(42) S. 150f.

(44) Wieser, Das rechtliche Interesse des Nebenintervention, (1965) S. 15ff. 参照。なお右論文については井上治典教授の紹介(民訴雑誌一四号(一九六八年)二三五頁以下)がある。

(45) 補助参加論一般については、通常の補助参加と共同訴訟的補助参加の峻別自体に対する鋭い批判の目が向けられるなど、検討すべき問題が多く存する(井上治典「補助参加人の訴訟上の地位について(一、二)」民商五八巻一号二五頁以下、二号一九七頁〔『法理』三頁〕、新堂幸司「参加的効力の拡張と補助参加人の従属性 ―― 争点効の主観的範囲に関する試論(その一）――」『兼子還暦(中)』四〇七頁〔『争点効(上)』二二七頁〕）。また参照すべき文献も多々存する。しかし本稿においてはそこまで立ち入る余裕がなかった。従って問題を極く狭い領域（合名会社事例）におしとどめざるを得なかった。

(46)　この言葉の持つ意味ないしその内容の変遷については、鈴木正裕「上告理由としての訴訟法違反――史的考察」民事訴訟雑誌二五号二九頁以下に詳しく紹介されている。

(47)　Lent-Jauernig, Zivilprozeßrecht, 16. Aufl. (1972), S. 249. § 83 V2 参照。

(48)　井上治典「共同訴訟的補助参加(一)」甲南法学九巻一、二合併号三四八頁〔『法理』一二八頁〕に本判決の紹介がある。

(49)　その他、会社に対する訴訟は判決の送達前に会社ならびに社員Bの財産に関する破産開始により、またそれによって効力が生じた会社の解散によって中断されている旨の理由が付加されている。

(50)　なおついでに述べておくが、CPO六六条（ZPO六九条）が適用にならない限り、当事者に宣告された判決は補助参加人に対して送達される必要はなく、また参加人の上訴期間も当事者に与えられた期間内に限るとする判例がある（RG JW Bd. 23 1894. 542, vgl. RGZ 18. 416）。

(51)　井上治典「補助参加人の訴訟上の地位について（二・完）」民商五八巻二号三九頁〔『法理』三八頁〕参照。

(52)　Hellwig は最初、会社判決の反射効が社員に及ぶとする立場から、会社訴訟における社員の参加形態を共同訴訟的補助参加とすることに反対していた（Lehrbuch des deutschen Zivilprozeßrechts, (1907) II § 135 S. 489）。しかし後に反射効説に対する疑問を呈示するとともに、合名会社と社員につき共同訴訟的補助参加を認めるに至った（System des Deutschen Zivilprozeßrechts Bd. 1 (1912) § 93 S. 230）。私見によれば、反射効か既判力（拡張）かの問題もさることながら、社員が会社訴訟のどのような判断につき拘束されるかが参加形態の問題について重要である。

(53)　たとえば鈴木正裕「判決の反射的効果」判タ二六一号（一九七一年）一三頁以下参照。通常の補助参加の要件を反射効理論で説明しようとする説は Wach (a. a. O. 二一頁注(2) S. 626 § 55 III 2) の創始にかかる。Wach がここで挙げている諸事例は、(a)当事者の一人の有責判決という事実に契約や法規によって第三の義務の発生ないし権利の喪失という効果が結びつく場合。(b)当事者の第三者に対する義務の存続が当事者間で争われた権利によって条件づけられる場合。(c)裁判と参加人の権利の間の条件関係が次のことに存する場合、すなわち参加人のための補償となる財産が裁判によって奪われることになる場合（遺産債権者の相続人に対する訴訟と受遺者）。(d)第三者が敗訴当事者から償還請求される場合。後に見るように(a)の事例に合名会社と社員を組み入れる考え方もある。しかし Wach 自身はむしろそのような意図を持ち合わせていなかったと思われる（a. a. O. 二二頁注(2) S. 529 参照)。

四　合名会社の受けた判決の社員に対する効力——ドイツにおける議論の概観——

1　既判力——反射効その他——

(一)　以上の実体法ならびに訴訟法上の準備作業によって、合名会社と社員の（特に債権者との関係における）実体法ならびに訴訟法上の地位関係が明らかになった。さらに合名会社をめぐる具体的諸問題と合名会社の法的性質論との関わり、およびその解決のための解釈態度を見ることができた。そこで次に本稿の主題である、合名会社訴訟の判決の社員への効力問題を検討することにする。その際の叙述の順序としては、まず関係条文とその立法者意思を調べ、立法に至るまでの議論の状況、立法後の議論の変遷をたどりつつ、ドイツ法が、わが国における同問題の錯雑した状況にどのような解釈論的示唆を与えてくれるかを順次探究することにする。

(二)　ＨＧＢ一二九条一項は「会社ノ債務ニ付請求ヲ受ケタル社員ハ、自己ノ一身ニ基カザル抗弁[1]ハ会社ヨリ之ヲ提出シ得ベキトキニ限リ之ヲ主張スルコトヲ得」と規定している。ところで会社に帰属する抗弁を「会社ヨリ提出シ得」ないときがどのようなときかについては種々の場合を考えることができる。しかし大きく分ければ、実体法上これを提出することができない場合と、訴訟法上これを提出することができない場合とがある。実体法上これを提出することができない場合としては、たとえば会社が時効の抗弁を有しているにもかかわらず債務の承認をした場合（ＢＧＢ二〇八条）、あるいは期限の猶予を受けたにもかかわらず、期限の利益を放棄した場合などが考えられる。訴訟法上これを提出できない場合の典型的な例としては、会社訴訟で合名会社が敗訴し、その判決の既判力によって口頭弁論終結時までに会社が有していた抗弁事由が遮断される場合が考えられる。

ＨＧＢ一二九条一項はこのいずれの場合にも、会社が抗弁を主張し得ないときとして社員もまた抗弁を提出することができないとする趣旨であろうか。あるいは一定の抗弁、たとえば実体法上の抗弁にその適用範囲を限定する趣旨であろうか。あるいはわが国で有力である、会社がその意思で抗弁を放棄しても、社員には影響はないとの趣旨であろうか。

㈢　立法者の意思

ＨＧＢ一二九条はＨＧＢ改正の際（現行ＨＧＢは一八九七年五月一〇日に公布され、一九〇〇年一月一日から施行された(2)）新設された規定である。Denkschrift(3)によれば、「会社の責任と社員の責任との関係については論者の間に争いがあり、その最も困難な点はどの範囲で会社の社員個人に対する独立性が認められるべきかにあった。そのためこれを立法によって解決する必要があった。したがって本条は必要に迫られた立法である。そして本条一項に関しては、社員は彼自身にもとづかない諸抗弁につき、それらが会社によって主張され得る限りでこれを提出することができると規定し、この問題を現時の学説ならびに判例において支配的であった見解と一致する形で立法した。したがって法律上有効な（rechtsverbindliches）会社による債務の承認ならびに会社に対して宣告された確定判決は、会社債務自体を社員に対しても確定する効力を持つ。」と解説し、本条項を会社訴訟で下された判決の拘束力を社員に及ぼす趣旨の規定として位置づけている。そして上記の拘束力につき大方はこれを既判力と解した。このように本条項を根拠として、合名会社が会社債務につき受けた判決は社員に対しても既判力を及ぼすとする考え方がその後も有力に主張されていくことになる。

㈣　判例の状況

ところでわれわれにとって関心ある問題は、右のような結論を妥当とする根拠（ＨＧＢ一二九条一項が立法された後はこの規定の実質的根拠）がどこにあったのかということである。本条項の立法は、Denkschrift によれば、それ以前の学説、判例の支配的見解に見合う形で行われたということである。そこで初めに立法以前の判例、学説に即してその根拠を探り、その後立法以後の判例、学説の検討をとおしてその根拠、理論構成等を考察することにする。

まず判例の検討から始める。もっとも判例といってもそれを最上級審のいくつかの判例に限ることをお断りしておく(4)。なお言うまでもなく一八七〇年以降、一八七九年まではＲＯＨＧの判例であり、一八八〇年以降はＲＧの判例である。

(1)　ＲＯＨＧ一八七二・六・一九 Verordnung(5)（ＲＯＨＧ六・六一四）

この命令は、債権者が清算中の合名会社に対して既判力ある有責判決を得た場合に、清算人として訴訟にあらわれた社員ならびに当事者としては訴訟にあらわれなかった社員に対して会社判決により執行できるかの問題につき、これを否定した判例としてしばしば引用されるものである。本命令はその理由の冒頭で次のように判示している。「合名会社自体に対して争って得た有責判決は、個々の社員に対しても、個々の社員に対する訴訟で社員が有責判決を受けた場合と意義ならびに有効性の点でなんらの違いもないものとして、法的効力（rechtliche Wirkung）を持つことはほとんど争いのないところである。」

この命令のそれ以下の部分からもその根拠についてはなにも得ることはできない。あたかも右の結論は自明であるかのようである。なお「法的効力を持つ」ことの意味が既判力を持つことを意味することは、後の部分で執行力を否定していることから推測される。但しそれが既判力そのものであるのか、既判力の拡張であるのかは明確ではない。ところで合名会社の受けた判決の既判力が社員に及ぶことの根拠をやや明らかに示したのは次に掲げる判例である。

(2)　ＲＧ一八八〇・一二・八判決（ＲＧＺ三・五七）

事案はあまり明確ではないが、合名会社に対して債権を有する者が会社に対する訴訟で勝訴した後、社員に会社債務の履行を求めて訴えを提起したもののようである。ＲＧは、このような場合、社員は会社が前訴において提出しまたは提出し得た抗弁をもはや債権者に対して主張できないと判示し、その理由は「合名会社はなんら特別の人格を有するものではない。会社財産の主体はその社員である。会社の商号は個々の社員が会社関係に関して総括される名称である。合名会社がその商号の下に訴えられるとき、個々の社員が訴えられているのであって、会社を代理する資格を有する社員に対して訴えが行なわれていればその訴訟係属はすべてその時の社員に対して発生する。したがって会社に対して宣告された有責判決はすべての個々の社員に対して、しかもその者たちに対し共同連帯債務者（Korrealschuldner）として宣告されることになる」ところにあるとした。

この判決によってうち出されたルールすなわち、合名会社は法人格を持たない、したがって会社財産の主体ならびに会社の行為主体はその構成員たる個々の社員にほかならない、したがって会社が判決の名宛人となっているとしてもその実、社員が判決を受けるのとなんら異なるところはなく、判決の効力に社員が服するのは当然である、とのルールはこの判決以後も踏襲されて行く(6)（RGZ五・六九(7)、RG　JW二三・五四二(8)）。

(3)　RG一八八四・一一・一九判決（RGZ一三・九六）

本判決は既判力よりもむしろ会社訴訟における判決の執行力が問題となり、社員に会社判決の執行力が及ぶことを否定したものである。しかし既判力については、会社に対する前訴で会社が提出しようと思えばすることのできた抗弁は、後の社員に対する訴訟で社員がこれを提出することはできない、と判示した(9)。ついでに執行力が社員に及ぶことを否定した理由を挙げれば、会社債務の確定は会社債務の確定として社員にも通用するが、それは社員の債務を確定するわけではないということである。このことは会社債務と社員の債務とは別個であることを前提するものであるから、従来の判例とは異なる傾向を示すものである。そして次に掲げる判例は右判例の考え方を踏襲したものである。

(4)　RG一八九三・二・二八判決（Seuffert Archiv 四八・四三一）

本件は債権者の会社に対する請求棄却判決の社員に対する効力が問題となった事例である。RGは、合名会社は個々の社員とは異なる法主体であり、したがって前訴は（後訴とは）異なる当事者間で行われたとみなすべきである、しかしそれにもかかわらず社員の債務は補充性を有し、会社債務の存在を前提として存在するものである、したがって会社債務の存在を確定する判決の効力は社員にも及ぶのであり、また会社債務を否定する判決は個々の社員に有利に基準性を有することは保証の場合と同様である、と判示した。[10] これによると、(2)の判決とは異なり、社員は会社判決の既判力自体を受けるのではなく、会社の受けた判決の既判力の拡張を受けるということになる。

なお特に理由を示すことなく、会社判決の既判力が社員に及ぶ旨を判示した判例としてRG一八九四・一〇・一二判決（RGZ三四・三六一）[11]、RG一八九五・九・二四判決（RGZ三六・六〇）などがある。

ところで現行HGB成立以前の判例で、会社訴訟における判決の既判力が社員に及ぶことを否定した、と評価されているものがある。[12] 次に掲げる判例がそれである。

(5)　ROHG一八七六・七・二六判決（ROHG二〇・一八〇ならびにSA三一・二四〇）

本判決は、第二審の裁判官が、旧HGB一一二条によれば社員は会社の債務のために連帯して責任を負うこと、同一一七条によれば会社はすべての社員（jeder Gesellschafter）によって裁判上有効に代理されること、合名会社は法人ではないこと、会社に対する判決は社員に対しても効力を持つことなどを根拠として、会社に対して有する有責判決で社員の個人財産に対して執行することを認めたことを不当とする。そのため既判力の問題は後景に退き、執行力こそが問題となるべきではあったが、前者についても次のように判示されている。「会社債権者は、(旧) HGB一一二条によって社員が会社債務につき連帯責任を負うのであるから、その全員または数名に対して、訴えを提起することができる。これに対して社員は自己固有の抗弁（たとえばpactum de non petendo）を提出することができる。しかしながら他方、債権者は会社に対しても訴えを提起することができるのであって、この場合代理に関する (旧) HGB一一七条が適用になる。そしてその裁判は、たとえ当該訴訟において会社が一人の社員によって代理されているとしても、単に会社財産の範囲においてではあるが、すべての社員に対して通用する」[13]。この最後の判示部分が何を意味するのかは必ずしも明らかではない。しかしおそらくその趣旨は会社に対する判決の執行力は会社財産の範囲に限定されるということであろう。しかしここでROHGはその目的を達成するためには、会社の有責判決の既判力（res judicata）が社員に及ぶことを否定しなければならないと考えた。もしこれを肯定すれば、社員の個人財産に対して執行しようと思えば判決債務履行請求訴訟（actio judicata）を提起すれば足り、あらためて社員を相手に会社債務履行請求訴訟を提起する必要はなくなる。しかしROHGはこれを不当として、債権者の、社員に対する訴訟は判決債務履行請求訴訟ではないとした。

この判決は二つの方向から批判されている。一つは会社判決の社員に対する既判力（res judicata）を肯定し、債権者の社員に対する判決債務履行請求訴訟（actio judicata）を認めなければ、債権者としては二重の訴え（eine doppelte Klage）を提起しなければならないことになる。これではHGB一一七条による社員の代理権（裁判上の代理権）が、HGB一一四条による代理権（法律行為上の代理権）よりも制限的になること、そして判決によって生じる会社の債務は、法律行為によって生じる会社の債務よりもより軽減されたものになるという誤った判断が本判決の基礎に存するという批判である[14]。他の批判は、本判決が既判力の問題と執行力の問題とを混同しているというものである。すなわち両者は別個の問題であって、前者の肯定は必然的に後者の肯定につながるものではない。しかるに本判決はこの点を誤解し、後者を否定するために前者をも否定してしまったものであって不当であるという批判である[15]。

以上がHGB改正前のおもな判例である。

(2)に掲げた判例と同様の理論構成によって会社判決の既判力が社員に及ぶとする傾向は現行HGB成立以後も続いて行く。

(6)　RG一九〇一・四・一三判決（RGZ四九・三四〇）

本判決の判示するところによれば、合名会社は法人格を持たない、すなわち会社は社員とは異なる人格を持つ存在ではない。そこから実体法上帰結されることとして、会社債務は社員の債務と異なるものではなく、会社債務のために社員は一方では会社財産をもって、他方では自己固有の財産を持って責任を負っている。そして訴訟法的には合名会社が訴えまたは訴えられるとき、訴訟当事者は社員である。それゆえＲＧの確立した判例ならびにＨＧＢ一二九条が認めているように、合名会社訴訟で会社債務の存在あるいは不存在につき判断する判決は、個々の社員に有利にも不利にも既判力を及ぼす。

その後の判例もほぼこれに従う傾向を示していた。たとえばＲＧ一九二一・七・三〇判決（ＲＧＺ一〇二・三〇二）、ＲＧ一九二九・二・一九判決（ＲＧＺ一二四・一四六）、ＢＧＨ一九五一・一一・一六判決（ＲＧＺ三・三八五）など。[16]もっともＨＧＢ一二九条一項成立後においても、会社訴訟における判決の既判力が社員に及ぶことを否定する判決がなかったわけではない。

(7)　ＲＧ一九〇三・四・四判決（ＪＷ一九〇三・二四一）

本判決はＨＧＢ一二九条一項を無視して会社訴訟における判決の既判力が社員に及ぶことを否定しているものではない。むしろ本条項で社員に対する既判力を認めていることを前提としつつもその適用除外例として、社員への既判力を、本件では、否定したものである。事案は会社への貸金債務につき債権者が会社と社員の一人とを共同被告として訴えを提起したところ、一方で会社は原告の請求を認諾し、他方社員は債務の存在を争って請求棄却を、会社が認諾する前に、申し立てたというものである。本判決はこのような事実関係の下では、社員は会社の受けた有責判決の効力を不当に受けるべきではなく、社員は会社債務の存在に関する抗弁を含むすべての抗弁を、ＨＧＢ一二九条一項にかかわらず、留保されるべきであると判示した。

この判決に対しては、たとえ会社が認諾判決や欠席判決を受けた場合でも、社員はこの判決の効力を受けなければならないとする立場からの批判がある。[17]

㈤ 判例のまとめ

これまでの判例においては、会社の受けた判決の既判力が社員に及ぶかの問題につき、これを肯定するものが圧倒的多数を占めている。しかしそれがどのような実質的根拠によって支えられているかを問うならば、多くの判例はあたかもそのことが自明であるかのごとく、あるいは既に確立した判例であることを根拠としてこれを肯定している。その中にあって根拠を示したと評価することができるものとしては⑵の判例が挙げられる。そしてその後の多くの判例は、少なくともその結論において、そして多くはその理論構成においてもこれに追随している。[18] しかしその根拠は、合名会社は法人格を持たないこと、その財産の主体はしたがって社員であり、合名会社訴訟の主体もまた社員自身にほかならないこと、したがって社員は訴訟当事者として判決の既判力を受けるということに尽きている。[19] しかしこのような法的性質からの演繹論は、既に見てきたように、他の諸問題については批判の多いところであり、二重起訴の問題、共同訴訟形態の問題、参加形態の問題等を考え合わせると、果たしてこれが他の諸問題の解決のための理論と調和する妥当な解釈態度であると言えるかは問題であろう。

さて右のような判例の状況に対して、学説はどのような反応を示し、あるいはどのような理論構成で、どのような結論を導き出してきたであろうか。次にこれらを検討することにする。

㈥ 学説の状況

⑴ 学説においても、判例と同様に、会社訴訟の判決の既判力が社員に及ぶ根拠を、合名会社は法人格を持たず、その法主体すなわち訴訟における当事者は個々の社員にほかならない、会社を名宛人とする判決もその実、社員個人に宛てて宣告されるのと異ならない、したがって社員個人は訴訟当事者として判決に拘束されるとするものがある。[20]

しかしもしこの立場を貫くならば、債権者の会社に対する訴訟において、当事者たる個々の社員は、自分が債権者に対して個人的に持っている抗弁を提出して争うことができなければならないはずであり、また会社判決は既判力のみならず執行力をも社員に及ぼすと帰結されることになろう。(21)この結論はしかし当時としても好ましくないと考えられた。(22)けだし合名会社訴訟は多くの場合、裁判上代理権を有する代理人によって追行されるのであるが（旧ＨＧＢ一一七条一項）、この代理人は合名会社の代理人であって、個々の社員の代理人ではない。したがって債権者の請求に対して提出できる防禦方法も、会社に帰属する抗弁に限られると考えられたからである。

(2)　そこで右の不都合を避けるために次のような主張があらわれた。すなわち、確かに会社に対する訴訟と社員に対する訴訟とでは、当事者は同一である。しかしそれぞれ強制執行の対象となる財産が異なる、独立した存在である。したがって会社の商号の下に行われる訴訟は、たとえその当事者が社員個人ではあっても、会社関係に対してのみ向けられるものである。そこから防禦方法も会社に帰属するものに制限されることが帰結される。しかしそうであるからといって会社訴訟において下された判決の効力を社員は受けないというわけではない。社員は会社債務につき債権者に対して連帯して責任を負うのであるから、債権者としては社員の個人財産をも自己の債権を担保する財産として把握できる。それゆえ会社訴訟における判決の既判力は社員に及ぶ、と。(23)

しかし右説のごとく会社関係において、その法主体は社員にほかならないと主張するが、主体の同一性を認めながら、独立した執行対象財産を持つことから会社関係という独立した法律関係を導き出すことはいかにして可能であろうか。このような理論は独立した財産による会社関係という仮面の下で実は合名会社の法人格を認めるものであると批判されている。(24)

(3)　Wach は合名会社がその商号の下に訴えまたは訴えられる現象を、形式的当事者能力という当事者能力概念探究のための好個の例として挙げている。その説くところの骨子は次のとおりである。合名会社は形式的当事者能力のみを持つ。したがって合名会社がその商号で訴えまたは訴えられることを認めることの意義は社員が一つの集合名称（Kollektivname）であらわされるということにある。すなわち実質的な当事者は社員であって、合名会社は法人格を持たない以上、あたかもこれに法人格を付与するような帰結を認めるべきでない。すなわち社員が当事者であれば、執行対象財産の制限は実定法規がこれを認める場合にのみ可能となる(25)。したがって執行対象財産を会社財産に限るか否かは原告の意思如何にかかるのである。しかも原告の意思でこれを社員の個人財産にまで広げるとしてもそれは訴えの追加的変更ではなく、単なる請求の拡張にすぎない。したがって会社財産の独立性をもって執行対象財産の制限は導き得ない。以上が合名会社訴訟の当事者を社員と解する場合の論理的帰結である。しかし問題を解く鍵はむしろ、会社と個々の社員とは異なっているということ、会社の債権債務は社員のそれとは異なるものであるということ、会社の訴えまたは会社に対する訴えは、社員のまたは社員に対する訴えとは異なるものであることなどの認識の中にあり、さらに会社の別財産（Sondervermögen）は個々の社員の個別的処分から免れる、会社の目的に役立てられる財産を形成しているということの中にある。ここから訴えと判決の必然的統一が導かれ、さらに純粋に個人的な性質を持つ防禦方法の不許が導かれる。したがって会社に対して判決が下されてもなお、社員は固有の抗弁を行使できる機会が与えられなければならない。

もっとも右のような制限があるからといって会社に対する判決が社員に対して既判力を持たないとは帰結されない。個々の社員の債務でもある会社債務に関する判決として、後に社員に固有の抗弁が提出されるという留保付で既判力を持つ。社員はもはや会社債務の存在を争うことができない。したがって会社訴訟における棄却判決は社員に直接既判力の抗弁を与え、会社の有責判決は社員の個人財産に対する執行力を与える。

以上がWachの主張である。Wachは会社訴訟においては、社員の個人的抗弁を提出することができないとする反面、抗弁提出の機会は会社に対する判決後も社員に留保されなければならないとしながらも、判決は社員に対して既判力を持つとする。それは個々の社員の債務でもある会社債務に関する判決として既判力を持つのであって、あたかも被相続人に対する判決が相続人に対して既判力を持つことと同様であるとする。ここでWachが考えているのは、明文で既判力の拡張が認められている訴訟係属後の承継人と同様の根拠で社員に対する既判力拡張が認められるということである。しかし社員はその入社が会社訴訟の係属の前後を問わず会社債務のために責任を負う。しかもその責任の根拠は義務の承継にあるのではなく、会社の信用能力を高揚するための法定責任である。そうであるとすれば Wach が相続人に似せて既判力の拡張をはかる根拠は、社員の責任が相続人の被相続人に対する関係と同様、会社の責任とその範囲、態様において一致するということであろうか。しかしそうであるとすればむしろ承継という点に重点が置かれていると思われる明文規定を根拠として、社員に対する既判力拡張を説くことには問題があろう。

ところで会社と社員とは別個の法主体であるとの認識を Wach が持った（前々項(4)判例以前である）ということは注目に値する。しかしながら Wach 以降も、(26) 一方では合名会社の法的性格を個々の社員の総体としての合手的共同体（die Gesamthandgemeinschaft）であるとして、会社訴訟における判決の既判力は有利にも不利にも社員に及ぶとの主張が続いて今日に至っている。(27)

(4)　右の傾向とは逆に合名会社法人説の立場を主張していたのは Eccius,(28) Kohler(29) などである。そこで彼らが会社訴訟における判決の社員への効力についてどのように考えていたかを見てみよう。法人説の立場からは、合名会社の訴訟と社員個人の訴訟とは別個であり、それぞれの訴訟における当事者も、したがって、別個であることが当然の前提である。しかしそれにもかかわらず会社に対する判決は社員にとって意味のないものではない。すなわち「たとえ有責判決が債務の原因（causae obligatonis）とはならず、既に発生している債務を確認するだけであるとしても、なおこの確認は義務を課する（obligatorisch）効力を持つ。判決が不当な根拠によって不当に言い渡されたのであるとしてもなお既判力を有するのであれば、その確定によって債務を負っていなかった者が債務を負うに至る。そこで社員は合名会社のすべての義務のために責任を負うのであるから、判決までに社員であった者、あるいはその後社員となった者に対して、確定判決によって生じた義務が存することになり、その結果社員は判決後に会社が取得するに至った抗弁かあるいは自己固有の抗弁をもってのみ防禦することができるにすぎなくなる。また会社に対する請求を棄却する判決自体としてではなく、会社を債務から解放するものとしてすべての社員のために効力を及ぼす。けだし社員はかつては一度会社が債務を負うに至ったが、今は存在しない債務について責任を負うのではなく、会社が今現に負う債務のためにのみ責任を負うからである。(30)」

右の主張は必ずしも合名会社法人説とのみ結びつくものではない。合名会社非法人説に立ったとしても、会社と社員とが訴訟法上別個の主体であることを認める説に従う者によって繰り返し主張されている考え方である。

この考え方は、会社が確定判決によって一定の債務を負うことを確認された、あるいはなんら債務を負うものでないことを確認されたということを、社員との関係においてはあくまでも実体法のレベルの問題、すなわち社員の責任内容の解釈の問題として評価しようとするものである。しかしこのような考え方に対しては、なにゆえ社員の責任を実体法上そのように解釈することができるのかという素朴な疑問が湧く。換言すれば、なにゆえ会社が不当に有責判決を受けたという場合、社員は会社債務の不存在を主張・立証して責任を免れる道が閉ざされるのかの問題である。社員の責任の性質上、その内容は、会社が有責判決を受けた場合にはその判決内容によって決定されるという帰結は実体法の解釈だけから当然帰結されるものであろうか（HGB一二九条一項を抜きにしてHGB一二八条から当然導き出されるものであろうか）。右の結論を導き出すためには、会社判決の判断内容の社員に対する拘束力を認めることが前提となるのではなかろうか。(31)

(5)　合名会社法人説の有力な論者であったKohlerは同時に、既判力本質論におけるいわゆる実体法説の信奉者であったことは周知のとおりである。この実体法説によれば、確定判決の既判力によって真の実体法的権利関係が変更を受け新たな実体法的権利関係が創り出されるとされる。そして合名会社の社員は会社に現在および将来発生する義務のために責任を負うのであるから、会社に対する判決確定以後は、判決によって生じた債務（Schuld ex judicato）のために責任を負うとされる。(32) ここでも問題はすべて実体法レベルに還元され、社員に対する既判力拡張は問題にはならないかのように説かれている。確かに社員は会社に現在および将来発生する債務のために責任を負う。しかし会社が判決を受けると以後は判決によって生じる債務のために責任を負うとまでいえるかは問題である。訴訟は一定の実体法上の権利義務関係の存在を前提として行われることを認める実体法説の立場からはなお、社員は会社に対する判決内容の不当性を主張・立証して会社の有責判決以後も責任を免れる余地はあるはずである。実体法説といえども判決の相対効は原則として承認するものであるからである。それにもかかわらず社員が会社の有責判決以後は判決内容どおりの債務を負うと解するならば、なにゆえ社員は右判決の不当性を主張・立証することが妨げられるのであるかの根拠が示されなければならない。そして社員が会社債務のために連帯債務を負うことと、会社が判決によりSchuld ex judicatoを負うこととの連絡だけではその根拠として十分とは言えないように思われる。

同様の疑問は他の実体法説論者に対しても向けられる。たとえばMendelssohn-Bartholdyによれば「ＸＹ間の判決の中でＸＹ間に存在する法（Recht）として宣告されたことは、ＸＹ間で法であることを何人も争うことができないということは自明の理である。そこで会社債務を会社に対して既判力を持って確定する判決の既判力効は社員に対しても及ぶ。けだし社員が第三者の抗弁（会社が債権者に対して持つ抗弁）を提出しようとする際には、それに関する第三者の判決を尊重しなければならないからである。」とされる。(33) その結果ＨＧＢ一二九条一項は一種の注意規定であるということになる。

確かに会社が債権者に対して有する抗弁を社員が援用するときこれを第三者の抗弁と評価することができる。(34) しかしその場合、常に、第三者が、当該抗弁を契約あるいは既判力の効果として遮断されることなく、実際に主張できるときに限って援用権者の援用が認められるとする根拠はどこにあるのであろうか。すなわちなにゆえ第三者が判決の既判力により当該抗弁の主張を妨げられるとき、援用権者はこれを尊重しなければならないのであろうか。確かに第三者に属する抗弁ではあるが、これを手続上主張する機会が援用権者に独自に与えられているということが全く認められないと頭から決めつける根拠は認められず、第三者がこれを援用できないとき、直ちに援用権者もこれを主張できなくなることがア・プリオリのものであるわけではなく、そのためにはそれなりの根拠が必要であると考える。(35)

同様の疑問はPagenstecherに対しても向けられる。彼によれば「社員は会社のすべての義務のために連帯債務者として責任を負うのであるから、会社が既判力をもって支払いのために有責判決を受け、会社が現在債務を負うことが確定される場合には、あとは自己の人的抗弁を提出することができるだけである。」とされる。(36)しかも社員は会社が債権者と共謀した場合であっても判決により生じた債務につき責任を負うとする。(37)しかしこの場合、社員がHGB一二八条により当然のこととして責任を負うと解することには疑問がある。

以上において実体法説論者の説くところを概観したわけであるが、これによればHGB一二九条一項は注意規定であるにとどまり、社員に会社判決の内容どおりの責任を負わせるためにはHGB一二八条で足りるということになる。しかし私には右のように言い切ることができるかについて疑問がある。

そこで次に訴訟法説によるHGB一二九条一項の位置づけならびに会社判決の社員に対する効力問題一般を概観してみることにする。

(6)　Hellwigは Wachが否定的評価を与えたROHGの判例理論こそが合名会社の性質を判断する際に重要であるとする。確かに合名会社は法人ではない。しかし同時に合名会社はいくつかの非常に重要な関係において法人と同様に取り扱われ、それによって民法上の組合とは性質を異にする。すなわち合名会社は独自の財産を有し、それは社員の私的財産から完全に分離した単一体（Einheit）として取り扱われ、その主体として会社が考えられている。その会社の持つ別財産（Sondervermogen）により会社は社員から分たれ、実質的にも当事者能力を持つ。したがって会社訴訟は社員の訴訟から完全に独立したものである。しかし会社の権利関係が社員の権利関係のために基準性を持つ限りで、会社の訴訟追行の結果は社員にとっても基準性を持つ。すべての社員は彼の社員関係存続中に発生する債務のために、その発生の態様を全く顧慮することなく、会社とともに連帯債務者として責任を負う。このような視点から自ずと理解されるのであるが、ＨＧＢ一二九条一項は従来存在した疑いを取り除くために――会社が提起することのできないあらゆる抗弁が社員に切断されるというかたちで――次のことを明示的に規定したものである。すなわち会社債務の既判力ある確定もまた社員に対して、社員の債務の確定としてではなく、会社が債務を負うかどうかの問題を不可争とするために効力を及ぼす。しかし社員個人に帰属する抗弁はそれによってなんらの影響を受けることなく残る。他方それに対応して判決による会社債務の否定は社員を利する。(38)

以上がHellwigの主張である。ところで会社債務の会社に対する確定が、それとして社員に対しても効力を及ぼすとする、その効力の内容についてHellwig自身の中にその考え方について変遷がある。彼は最初右の効力を反射効と解していた。すなわち当事者の権利関係に第三者の権利関係が依存する場合に、当事者のために判決が持つ諸効果に関して、当該判決は第三者のためにも効力を及ぼすという一般論をたて、その特徴ある例をＨＧＢ一二九条一項の中に見出していた。(39)彼によれば会社と社員とは連帯債務者の関係にある。しかし会社債務の存在が社員債務の存在の前提問題であるという関係にもある、そこで会社債務の存否という前提問題についての判決が社員を拘束するかを決定するためには、ＢＧＢ四二五条だけでは不十分である。むしろＨＧＢ一二九条一項が同一二八条との結合により特別な法命題を構成するのであって、それは次のように定式化される。「債権者が現在会社から請求することのできるすべてを、社員が人的抗弁を有しない場合には、社員に対しても請求することができる」。このことは、債権者が会社に対して請求することができることは、その義務が判決によって肯定されるときは、誰も疑うことのできない事実であるという根拠によって支えられている。

Hellwigの反射効説の内容は右のとおりである。この説は、私見によれば、既に述べた実体法説の欠陥を、会社が有責判決の効力によりもはや提出することのできなくなった抗弁を社員もまた提出できなくなるとするＨＧＢ一二九条一項を加味することによって補いつつも、実体法説と同様の結論を実体法レベルの議論で導き出そうとする巧妙な理論であった(40)。

しかしこれが Hellwig の既判力の本質に関する基本的立場(41)（訴訟法説）とどのように調和するかは問題であった。彼の基本的立場からすれば、債権者・合名会社間の訴訟における会社債務の存否の判断は、同一当事者間・同一請求の後訴において、裁判所が矛盾する判断を下すことを阻止する効力を持つにとどまる。前訴で会社債務が存在するとの判断が下されたのであれば、それによって会社は債権者からの請求を拒むことができなくなる。そして右の判決が存在するかは事実の問題である。しかし判決の判断内容を社員が争うことができるかはもはや事実の問題ではない。社員・債権者間の後訴で社員が前訴判決の判断内容を争うことができなくなるということは、社員もまた前訴の判断内容に拘束されることを意味する。これは社員に会社判決の既判力が及ぶということにほかならない。ＨＧＢ一二九条一項に前訴判決の効力による会社の抗弁の切断の効果を社員にも及ぼす内容を与えようとする限り、本条項をたとえＨＧＢ一二八条と組み合わせたところで、問題をすべて実体法のレベルにおしとどめることは無理であると言わざるを得ない。かくして Hellwig 自身後にＨＧＢ一二九条一項を反射効（実体法上の効果）規定とすることに疑問を呈するに至った(42)。

しかし Hellwig の反射効説が主張されて以来これを信奉する学説が相次いだ。しかしここでは特徴ある二人の学説を掲げるにとどめる(43)。一人は Kuttner であり、他は Hofmann である。

(7)　Kuttner(44) も Hellwig と同様、合名会社と社員とは債権者に対して連帯債務者として責任を負うと考える。そしてＢＧＢの連帯債務規定の適用、就中、確定判決の相対効を明示した四二五条二項の適用があり、ＨＧＢ一二九条一項はその例外を定めた規定ではないとする。ＨＧＢ一二九条一項は既判力拡張を認めてはいないからである。本条項が認めているのは、会社に帰属する抗弁が、会社に対して生じる実体法ならびに手続法上の根拠によって提出不可能となるとき、社員もまたこれを援用することができなくなるという規範である。たとえば会社が債務の承認により時効の抗弁を放棄すれば、社員は時効の抗弁の援用ができなくなり、会社が敗訴判決を受ければその判決の効果により会社が遮断される抗弁を社員もまた主張することができなくなる。そして後者はあくまでも判決の存在と結びつく実体法上の効果であると主張する。(45)

このKuttnerの付随効（Nebenwirkung）説に対しては、合名会社自身でさえ訴訟法上失うだけの抗弁を社員は実体法上も失うことになるのは、社員の債務の態様は会社債務の態様に従うという社員債務の会社債務への依存関係からいえば背理ではないかとのPagenstecherからの批判がある。(46)

ところでＨＧＢ一二九条一項を判決の存在を要件として抗弁援用権喪失という実体法上の効果を生み出す実体法規範であるとすれば、そこからの当然の帰結として、当該の効果を生み出すための要件たる判決の存在の主張、立証は当事者が行なうことになる。(47)(48)

(8)　Hofmannは、ＨＧＢ一二九条一項を、Kuttnerと同様、純粋に実体法上の内容を持つ規定であるとしながらも、(49)この点に既判力拡張説との重要な実際的相違があるということになる。(50)Kuttnerの付随効説とは異なり、本条項はＨＧＢ一二八条とあいならんで、しかもＨＧＢ一二八条から独立して、社員の責任の範囲を規定したものと解している。すなわちＨＧＢ一二九条一項は社員の責任につき、その特殊な場合の規定であり、その内容は会社に対する有責判決であれば、真実会社が債務を負っているか否かに全くかかわりなく、会社が既判力効により抗弁の主張ができなくなったことのゆえに負う債務のための責任を規定したものである。すなわちＨＧＢ一二九条一項に規定する社員の責任は、会社の有責判決があってはじめて発生するという特殊な責任であるということになる。また同条項の抗弁制限は、社員の責任を会社債務が実際に存在するかどうかの問題から解放する点に意味があるということになる。

これによれば社員の責任は将来会社が有責判決を受けた場合に、会社が負う判決内容どおりの債務と同じ内容、態様で社員が責任を負うというものであるから、判決の存在によって請求権が発生する点に着眼すれば、これを法律要件的効果説と位置づけることができる。(51)

この説の既判力拡張説との相違は次の例によって明白である。債権者がまずはじめに社員に対して訴えを提起する。この訴えは社員が会社に帰属する抗弁を援用することにより棄却された。そこで債権者は会社を相手に訴えを提起し、会社は欠席したため、欠席判決を得た。しかし会社は無資力で破産に陥ったため、債権者はあらためて社員に請求したというとき、社員は自己に対する前訴の既判力の抗弁をもってこれに対抗することができるか。既判力拡張説によれば、確かに会社判決の既判力は社員に及ぶため、会社債務の存在は社員に対して確定するが、社員に対する前訴と後訴とは同一当事者間の同一請求原因にもとづく同一の請求であるから、社員は前訴の既判力の抗弁を自己固有の抗弁として債権者に主張して請求を退けることができることになる。これに対して Hofmann の法律要件的効果（反射効）説によれば、このような場合債権者の請求は認められることになる。ＨＧＢ一二九条一項によって、会社が有責判決を受けたときは、新たな債務を社員が負うことになるからである。しかも Hofmann によれば、右の結論こそが、既判力拡張説による結論よりも社員の責任の全構造に合致しているとされる。(52)

Hofmann の考え方は全く実体法からのアプローチとしては傾聴すべきものがある。会社が有責判決を受けたときに社員の負うべき責任の内容はどのようなものかという問いに対して、彼は、それは判決内容どおりの債務であり、それ以外にはあり得ないとする。すなわち判決の権利状態とかけ離れたところに存在する真の権利状態は、彼によれば、全く問題とはならず、したがってここでは不当判決の評価について議論する必要はなくなるわけである。しかしながらＨＧＢ一二九条一項が Hofmann のいうような法律要件を規定しているかは問題とされる余地があるであろうし、また既判力拡張説との相違で述べた例に関する結論につき Hofmann 説の妥当性が優位に立つかも疑わしい。債権者と社員間の紛争は第一の訴訟で解決済であると考えるほうがより妥当であるともいえるからである。

ところでHellwigが会社判決の社員に対する効力を肯定して反射効としてこれを認めた根拠は、社員の責任が実体法上会社の責任に依存していることであった。この説は一方では、右に述べたように、Kuttner, Hofmannに引き継がれていくが、他方では、会社判決の社員に対する拘束力を実体法的に把えるのではなく、依存関係にもとづく訴訟法上の効果（既判力拡張）を認める説として引き継がれていく流れを見ることができる。[53]

そして後者の流れを形成したのはJaeger, Rosenberg, Bettermann, A. Blomeyerなどである。[54]

(9)　Jaegerによれば合名会社の法的性質は、個々の社員の単なる集合とは異なる折々の社員の共同体である。かようなものとして合名会社は権利能力ならびに当事者能力を持つ。したがって社員個人を相手とする訴訟はたとえ社員全員を、相手とするものであっても会社を相手とする訴訟とは異なる。[55] しかし会社の受ける有責判決は会社債務の存在が肯定される限りで、社員に対しても既判力を及ぼし、逆に会社によって取得された会社債務の不存在の確定は社員に有利に既判力を及ぼす。このことは社員の責任の特性にもとづいている。すなわち社員の責任は会社の責任から法律上必然的に導かれるものである（ＨＧＢ一二八条）。しかし会社と社員とは連帯債務関係になく、むしろＢＧＢ四二五条二項とは反対に、会社の責任が告知、遅滞、有責などによって増減する場合には、社員の責任もまたそれにともなって増減し、会社に対する時効の中断、中止も社員に不利にはたらく。確定判決の相対効も適用されない。[56] 社員の責任の会社の責任に対する依存性がそれを排除するからである。[57]

以上がJaegerの主張である。ところでJaegerのいう「依存性」とはどのようなものであろうか。確かに会社の責任の依存しないところに社員の責任の依存もない。[58] しかしＢＧＢ四二五条二項の会社に対する告知、遅滞、有責、時効の中断、中止などが社員に影響すると解すること自体、その根拠を必要とする。ましてこれらの事由が社員に対しても効力を持つことから会社判決の既判力が社員に及ぶことが導かれるわけではない。告知、遅滞、有責等は法律行為ではなく、単なる事実的行為あるいは事実的行為の法的評価の問題にほかならない。したがって右の諸事由と判決を同列において較べるとき、これを判決の効力についての規定と見ることには躊躇を感じる。むしろ判決の存在という事実の効力のレベルで問題を把えるべきであろう。したがって依存関係の内容として告知、遅滞、有責などの効力が社員に及ぶことを挙げるとしても、判決の既判力が社員に及ぶとするためには、それだけでは根拠としては不十分である。Jaegerは右の叙述に先立つ箇所において社員の受けた判決の効力が会社に及ばないことの根拠として、社員個人の名による法律行為（契約）による義務が会社を義務づけることにならないのと同様、専ら社員個人の名で行う訴訟行為によって会社を拘束することはできないと説いている(59)。ここから逆に会社の法律行為上の義務は社員に義務を課すると同様、会社の訴訟行為の結果としての判決は社員を拘束すると解する趣旨であろうか。

(10)　Bettermannは会社財産の担い手としての合手的共同体（die Gesamthand）たる会社と合手者（der Gesamthänder）たる社員とを別個の法主体としたうえで、会社債務の範囲が社員債務の範囲を規定するということの中に社員債務の会社債務への付従性（die Accessoriät）を見出す。そしてこの付従性が既判力拡張のための基準たる根拠であるとする。他方Bettermannは合手者の債務が合手的共同体の債務に依存しているところでのみ、合手的共同体債務の確定は個々の合手者のために意味を持つことができ、その判決による確定は個々の合手者に対して既判力を及ぼすとする。

権利あるいは義務の伝来的取得の際、その伝来という点に前権利者と権利承継人との間の依存関係を認めるBettermannは、付従性を依存関係の継続とみて、付従性と依存関係を区別するReichelを攻撃している(60)。したがってここでは付従性による既判力拡張というのも、依存関係による既判力拡張というのも同様である(61)。かくして依存関係の内容は、会社債務の範囲が社員債務の範囲を規定するということになる(62)。

(11)　Blomeyer（Arwed）はHellwig, Bettermann流の依存関係説を受け継ぎ次のように説明している(63)。

第三者への既判力拡張が認められるためには、まず第三者の権利関係が、前訴における訴訟当事者の権利関係とは別個の権利関係であることを前提とする。しかしまた第三者の権利関係が当事者の判決による権利関係となんらかの関連があることを要する。この関連は前訴と第三者との後訴とで訴訟物の同一性を欠くことになるのであるから、先決性（Präjudizialität）としてのみ把えられる。この先決性は二つの権利関係の実体法上の関連をあらわす手続的表現であり、それは第一に、一方の存在が他方の存在の前提となっていること、第二に、第三者の権利関係が先決的権利関係に実体的に依存していることをあらわす。

ところでこの先決性だけでは既判力拡張のために十分ではなく、他に手続的適性（prozessuale Zumutbarkeit）が必要である。訴訟当事者、殊に敗訴者に既判力効が適しているのは、彼が訴訟において彼の意見（Auffassung）を陳述し、審理を受ける機会を与えられたからであって、裁判された問題について争い、または争うことができたからである。この観点から第三者に有利な既判力拡張が容易に帰結される。問題は第三者に不利な既判力拡張である。裁判に関与しなかった第三者に不利な既判力拡張が認められるためにはそれなりの根拠が必要である。そこでその根拠として次のことが考えられる。第一に、第三者がたとえ訴訟に関与していたとしても、裁判所が当事者あるいは第三者に依存せずに裁判を行うべき場合、すなわち判決が関与者の処分権主義に服さない場合には第三者への既判力拡張は適する。次に、訴訟手続が弁論主義によるために判決が当事者の処分行為に服する場合、a第三者の権利関係が前提となる権利関係の既判力ある確定の後の時点に発生した場合には第三者は前訴の既判力拡張を受けるに適する。b第三者が先決的権利関係の法律行為による変更によってその地位を悪化されることを甘受しなければならない場合にも既判力拡張は適する。

合名会社事例は右のbにあたる。すなわち会社と社員とでは責任財産が異なっているから、会社に対する前訴と社員に対する後訴とでは訴訟物が異なる。しかも会社訴訟における係争権利関係は社員の権利関係にとって先決的である。そして社員の責任は会社の責任に対して完全な付従性を有するのであるから、会社訴訟の判決の既判力は社員に及ぶ。

このようにBlomeyerは基本的考察方法をBettermannに依拠している。(64)これを端的に言えば、実体法（法律行為）と訴訟法（訴訟行為）の対応関係（Parallelität）で判決効を論じる方法ということができる。すなわち民事訴訟に通用する処分権主義、弁論主義を媒介として、訴訟法を実体法に対応（反映）させる。その結果まず第一に、弁論主義が排除されるところ、したがって職権探知主義が採用される結果、当事者の裁判への影響が薄れるところでは、真実が訴訟に実現すると考えるためか、第三者への既判力拡張が導かれる結果となっている。第二に、弁論主義が適用になるところでは、裁判が当事者の自治に委ねられるため、不当判決の可能性が濃くなるとするためか、実体法の処分に第三者が服さなければならない場合にだけ、第三者への既判力拡張が適するという結論が導かれている。そして合名会社事例に即していえば、Blomeyer においても Bettermann と同様、合名会社訴訟における判決の既判力が社員に拡張される根拠は、社員の地位は会社の法律行為上の処分によって悪化され得るという広範囲にわたる付従性（weiter reichende Akzessorität）に置かれている。

ところで身分訴訟においては職権探知主義が採られ、たとえ実際上は当事者が提出する事実が重要であって、裁判官の釈明権の行使にも限界があるため、職権による真実の探知が必ずしも容易ではないとしても、少なくとも建前としては職権探知主義の採用により、多少なりとも真実発見につとめて、身分関係の画一的確定による法的安定を達成するために対世効を認めようとしていた(65)。しかしこれをいかに実質的に基礎づけようとしても(66)、実際に手続に関与していない第三者の手続権保障という観点からみれば、第三者が現に訴訟に関与するかまたは少なくとも関与する機会を与えられるまでは十分な保障をしたということはできない。そこでドイツにおいては、対世効が認められる身分関係訴訟を中心に、第三者の審尋請求権（Anspruch auf rechtliches Gehör）保障のために、実際に第三者に訴訟関与の機会を与えるべきであるとの解釈論が有力に展開されるに至っている(67)。このような状況に鑑みれば、一般に対世効が認められるために、職権探知主義が採用され、同時に処分権主義、弁論主義が制限される身分関係訴訟においてさえ、判決の効力を受ける者の手続権保障のため、訴訟関与の機会を認めるべきであるとするのであれば、弁論主義が通用する訴訟における判決の既判力を受ける者にはまして手続権のあつい保障があって然るべきではないかとも考えることができる。しかし当事者の法的地位が第三者の法的地位に対して先決性を持ち、後者が前者に依存している場合、すなわち第三者が当事者の法律行為上の処分を甘受し、それに従わなければならない場合の第三者は審尋請求権の保障から除かれるべきであると解されている。(68)(69)

⑿　合名会社訴訟における判決の社員に対する効力を、既判力拡張とは区別された、既判力の第三者効（Drittwirkung）として位置づけるのがSchwabである。(70)

Schwabによれば BettermannやBlomeyerによって「民事法（Zivilrecht）による」既判力の拡張とされた諸事例は、同人によって「手続上の根拠（prozessuale Gründe）による」既判力拡張とされた諸事例とは、その既判力効のあらわれ方において常に異なる一つの特徴を持っている。それは前者においては前訴と後訴とで訴訟物が異なるため、その効力が先決問題における拘束力としてのみあらわれるということである。確かに既判力効が先決性（Präjudizialität）としてあらわれることはある。しかし常にそれとしてのみあらわれるということは、既判力が本来同一訴訟物につき再度訴えを提起されることを妨げる効果、したがって一事不再理説によれば訴えの不適法却下という形でその効果をあらわすこととかみ合わない。むしろ前者と後者とでは、既判力の別個の効果が存在すると考えるべきである。そして既判力拡張のためには前訴と後訴とで訴訟物の同一性が必要であって、(71)それを欠く前者の諸事例においては自ずから別個の考察が必要である。そこでSchwabは前者の諸事例につき、既判力の第三者効という新概念を提唱するが、その内容である相対的確定の絶対的効力（die absolute Wirkung der relativen Feststellung）という考え方は古くから、実体法説ならびに訴訟法説の論者によって認められていたとする。

この既判力の第三者効は三つの方向から根拠づけられる。第一に、既判力の内容（Wesen）を単に消極的なものと決めるのではなく、「裁判内容の基準性」の中にその本質を見出す。すなわち当事者は判決以後はその判決の内容に従った行動をすべきであり、それとは異なる行動をすれば違法となる。この基準性が当事者を拘束し、その結果裁判所をも拘束する。ところがこの基準性が単に当事者だけのものに留まり、第三者に対して主張できないものであれば、それは中途半端なもの（nur eine halbe Sache）になってしまう。したがって第三者に対してもこれを主張できて然るべきである。第二に、一事不再理説が第三者効を支える。たとえば債権者・主債務者間で主債務につき裁判が行なわれた後、債権者から保証人に対して訴訟が提起されたとき、債権者と保証人との間で「同一物（idem）」が問題となるのであるが、この問題については既に裁判がなされているのである。したがって「再びかかわることなかれ」ということになる。このことは前訴の訴訟物が後訴の先決問題をなすとき常に妥当する。そしてこれはいわゆる相対的確定の絶対的効力にほかならない。第三に、「正当な当事者」の理論が第三者効を支える。すなわち訴訟当事者が彼らの間に存する権利関係について訴訟を行なうとき、その訴訟の正当なる当事者（legitimi contradictores）である。彼らだけが当該権利関係に対するすべての主張を持ち出す可能性を持ち、彼らにだけ立法者は当該訴訟に関係する訴訟物を処分する可能性を与えた。このように当事者が彼らの間に存する権利関係について最も緊密な関係を有するがゆえに、彼らが正当な当事者として争った判決もまた第三者に対して効力を及ぼさなければならない。[72][73]

Schwab は第二、第三の根拠を提示することによって「何が審理されたか」の問題と「誰が争ったか」の問題の両側面から第三者効を基礎づけている。しかし第三者に対する判決の効力を論じる際さらに問題となるのは、弁論主義をどのように評価するかということである。というのは弁論主義を私的自治の手続的表現であるとすれば、第三者への効力拡張は容易に導かれ得ないからである。Schwab は Kuttner に従い、弁論主義はむしろ真実発見のための有効な手段なのであるから、第三者への効力拡張と調和しないものではないとする。さらに訴訟が共謀（Kollusion）によって行なわれた場合の手当てとして、まずＢＧＢ二四二条（信義則）を根拠として第三者効が及ばない旨の抗弁を第三者に認めるという方法と、第三者に損害賠償請求権を認める方法とが考えられるが Schwab 自身は前者に傾いている。[74][75][76]

以上が Schwab の説く第三者効の一般論である。そこで Schwab が合名会社事例につきどのように考えているかというと、彼はこの問題を、会社に対する前訴と社員に対する後訴とで訴訟物は客観的に同一ではあるが、前訴の当事者と後訴の当事者との間に、包括的権利承継も特定権利承継もなく、ただ継続的依存関係が存在する場合と把握し、合名会社訴訟と社員に対する訴訟とでは訴訟物が客観的に同一であることは疑いないのであるが、ただ後訴が不適法却下される場合ではないため、制限的既判力拡張（eingeschränkte Rechtskrafterstreckung）もしくは遮断効（Präklusionswirkung）――両者には結果的に差異はない――とするかあるいは訴訟物の客観的同一性にもかかわらず既判力の第三者効を認めるべきであるとする。いずれにしてもＨＧＢ一二九条一項は前訴判決の基準性を争わせない趣旨の規定である。(77)

なおこの Schwab の第三者効については、Bettermann によって「既に久しい以前に克服された、第三者効と既判力拡張を区別する図式は、論理的に可能なものでも、法規上正当化されるものではない」(78)と批判され、Fenge もまた両者の区別の意義を疑っている。(79)

なお合名会社事例に限っていえば、会社訴訟と社員訴訟とで訴訟物が客観的に同一であると考えている点で依存関係による判決効拡張説と立場を異にしている。この見解はドイツにおいてなお一部に有力に主張されているところではあるが、それを果して手続法上貫徹できるかは、Eccius に見られたように久しい以前から疑問視されてきたところであり、右に見た Schwab の判決効に関する迷いもこの根本的問題の解決を見ないまま同一説をとったことに帰因するものと推測する。

以上が会社訴訟における判決の社員への効力をめぐる学説の状況である。

(七)　小　括

(1)　合名会社の法的性質論と合名会社訴訟における判決の社員への拡張論との関連

前述（第一章）のように合名会社の法的性質に関しては争いのあるところであり、およそ合名会社と第三者の法律関係、合名会社と社員の法律関係さらに社員と第三者の法律関係について論述する際には、まずこの点についての解釈者の態度を決定しておくのが実際であるように思われる。しかし他方において、合名会社の法的性質から演繹的に具体的問題についての解決をひき出すという解釈態度も批判されるところである。Fischerをして「訴訟法においてはいまだに合名会社の法的性質論からの演繹論が行われている」(80)と嘆かせた状況はこの判決効論においてはどのようであるか。まずこの点から考察をはじめることにする。

この問題に関して叙述するどの学説、判例も合名会社と社員の関係に関して、明示または黙示的に各自なりの態度を持っているということができる。それが微妙にそれぞれの説に反映していることをわれわれは見ることができた（たとえばBlomeyerとSchwabとでは両訴訟の訴訟物の関係につき考え方が異なっていることを想起されたい）。

既に見たように判例は、少なくともその初期において、合名会社の性質から直ちに会社訴訟の判決の既判力が第三者たる社員に拡張されるというのではなく、合名会社は法人格を持たず、社員の集合(81)にすぎない、したがって合名会社訴訟における当事者は社員個人にほかならないから社員は、当事者として判決の効力を受けると解していた。この考え方は学説の一方においても有力であり（Behrend, Binder, Walsmannなど）、現在主として商法学者の間で主張されている（Flechtheim, Schlegelberger, Lehmann-Diezなど）。しかしもしこの立場を貫くとすれば、既判力の問題と密接な関連を有する訴訟係属の抗弁の問題について、会社を相手とする前訴と社員を相手とする後訴とでは、前訴における当事者たる者を後訴で相手にすることになるわけであるから、この抗弁（現在では職権調査事項）を容れざるを得ないことになろう。しかし判例の中にもこれを否定する趣旨の判示をするものもあり、学説に至ってはWachを除いてはこれを肯定する(82)ものはなく、抗弁認容説は完全に凌駕されたと指摘されている(83)。同様の疑問は会社と社員の共同訴訟や会社訴訟への社員の参加の問題につきこれを認める判例の態度とどのように調和するかという形であらわれよう。

以上のことだけからでも合名会社が法人格を有せず、権利義務ならびに訴訟の担い手は個々の社員（の集合）であるとの法的性質論から直ちにあらゆる具体的問題を演繹的に解決するという解釈態度には問題があると結論することができる。このことは既判力（拡張）問題においても、会社訴訟の当事者は社員自身であるという根拠づけに対して疑念を抱かしめるものである。

もっとも右に挙げた非法人説の問題点を回避できるからといって一足跳びに合名会社法人説が妥当であると言い切ることもできない。ＨＧＢ一〇五条二項をどのように解するかという問題や、社員の無限責任との理論的調和が問われるからである。そしてそれ以上にいったい法人説をとる必要があるのか、法人であることのどのような効果を狙うものか、またその効果を与えるためには法人格を有する必要があるかなどの問題につき十分な検討が加えられるべきであると考えるからである。

ところで法人説に対しては、この説では社員に対して既判力が及ぶことを説明できないのではないかとの批判があった。この批判に対して Kohler は判決によって会社債務があらたに創造され、従来の権利義務関係が判決内容どおりの変更を受けることと、社員が会社債務のために連帯して責任を負う（ＨＧＢ一二八条）こととの結合により、非法人説と同じ結論（確定された内容どおりの債務につき社員は責任を負う）に達することができると考えた。しかし判決によって変更を受けた権利義務関係を社員に通用させることが果たして実体法のレベルだけで導かれるかにつき疑問が残った。むしろ右の結論は、会社と社員を別個の法主体とすれば、会社の受けた判決の効力が社員に及ぶ根拠を俟ってはじめて可能になるように思われる。

ところで Wach は、合名会社が法人格を持たないのであれば、あたかも法人格を持つかのような解釈も許されないとして、合名会社財産と社員の個人財産との区別から合名会社の受けた判決の効力（執行力）が社員に及ぶことを否定したＲＯＨＧの判決を批判した。しかし逆にＲＯＨＧの判示の中にこそ問題の正しい核心があると Hellwig が主張して以来むしろ後者が主流を占めるに至る。すなわち責任財産の異別性こそが法主体の異別性にとって重要な要素となってくる。(84) しかもそこでは Wach とは全く逆の表現がなされている。「合名会社は法人ではないが、一定の関係において手続的にも法人として取扱われる」[85]と。そこで合名会社は会社財産との結びつきにおいて最終的には会社財産からの満足を目的とする訴訟における当事者であるとみなされる。そしてここに至って合名会社と社員ならびに債権者との実体法上の関係にも変容があることに注意する必要がある。すなわちWachによれば――そしてその後も繰り返し主張されるのであるが――債権者は会社と社員に対して単一的な債権を有しており、そのひきあてとなる財産が会社財産と社員の個人財産という二種類の財産から成っているとされる[86]。したがってその場合債権者が会社財産のみをあてにして会社を相手に訴訟を提起し、後に社員に対する請求を追加しても、請求の変更はなく、単に請求の拡張があるにすぎないことになる。しかし責任財産の相違により、法主体としての会社と社員の区別が行われるようになると債権者は会社財産の主体としての会社と個人財産の主体としての社員に対し別個の債権を有することになる。したがって会社に対して有責判決が下されたとしても、それは会社財産にのみ関係することであるから、その判決は会社に対する権利のみを認めるものである。したがって当該判決の効力を受けるのは原則として会社のみである。逆に会社訴訟で会社に対する権利が否定されるとしても、社員に対してもその主張が許されなくなるわけではない。したがってもし社員に対する判決効の拡張を認めようとするならば、その法的根拠を探る必要があるわけである。

(2)　会社訴訟の社員に対する判決効と依存関係

独立した財産を一つの法主体とする立場から、法主体としての合名会社と社員を区別することは既にＲＯＨＧの判例に見られるところであるが、同時にそれはHellwigの出発点であった。もっともHellwigは会社判決の社員に対する効力を反射効とするか既判力拡張とするかについては迷いを見せている。しかし拡張を認める基礎理論については、一貫した理論が展開されている。すなわち「会社の権利関係が社員の権利関係のために基準性を持つ[87]」。この依存関係にもとづく判決効の拡張は、Hellwigによれば、会社の訴訟追行の結果もまた社員の権利関係のために基準性を持つ限りで、事物の本性（die Natur der Sache）にもとづくものである[88]。

確かに社員の責任の範囲は、会社のその折々の債務の範囲によって決定されると解されている。その意味で、右に掲げたHellwigの命題の前段は妥当である。しかしそこから必然的に会社判決の社員への既判力拡張が導かれるものであろうか。右のような意味での付従性ないし依存関係からは、会社が有責判決の効力によって失った抗弁事由を社員もまた切断されるということは必然的に帰結されるものではなく、その趣旨の政策目的による立法あるいは特別の法的根拠が必要なのではあるまいか(89)。少なくとも単に債務の範囲についての付従性（Bettermannの所説参照）というだけでは、仮りに実体法説に立ったとしても、社員への既判力拡張は帰結され得ないと考える(90)。

さらに依存関係説は、法律行為と訴訟行為の対応関係（Parallelität）をその基盤に捉えている。しかしこの対応関係については、ドイツにおいても――転貸借関係事例を挺子としながらも一般論として――浅薄な議論と批判されているところである(91)。

近時は判決効を拡張される者の手続権の保障が問題とされている。この手続権保障という視点はBlomeyerにおいては手続的適性（prozessuale Zumutbarkeit）という視点に置き換えられて考慮されていた。Blomeyerによれば、第三者に有利な既判力拡張は問題にならない。しかし不利益を受ける第三者については、第三者から審問請求権を奪う根拠が必要であり、これを正当化する理由が、第三者は当事者の行う法律行為上の悪化（Verschlechterung）を甘受しなければならないというところにあるとした(92)。この部分については前述のように批判のあるところであり、また有利な既判力拡張についても、これでは債権者は一回の取得機会で二重の喪失危険を負う（einfache Gewinchance, doppelte Verlustrisiko）ことになるから、債権者の保護利益の保障に欠けるとの批判がある(93)。

(3)　既判力拡張か反射効か法律要件的効果か

合名会社訴訟における判決の社員に対する効力は既判力拡張である（Jaeger, Rosenberg, Bettermann, Blomeyer）のか、反射効である（Hellwig）のか、法律要件的効果である（Kuttner, Hofmann）のかという問題があった。この問題はＨＧＢ

一二九条一項をどのように解するのかという問題と密接な関連を有していた。

一般に既判力拡張は手続法上の効力であり、反射効ならびに法律要件的効果は実体法上の効力であるといわれている[94]。

ところで社員は「会社の義務のために」会社とならんで責任を負う（HGB一二八条）。会社の義務の存在、内容が社員の責任の存在、内容を規定するのであるから、会社の義務の存在、内容が社員の責任の存在、内容にとって前提問題となる。そこで問題は会社の義務が訴訟という手続の経過をへて、その存在、内容を確定判決の中に示されたとき、社員はいかなる内容の責任を負うかということである。

(イ)　既判力拡張説によれば――既判力本質論における実体法説と訴訟法説とで表現に相違はあるが――社員は会社判決の既判力を受ける結果、会社判決が不当であって、既存の権利関係は判決内容とは異なる旨の主張・立証の余地がなくなる。その結果、会社判決の判示内容どおりの債務につき社員は責任を負うということになる。その根拠づけは、実体法説においてはHGB一二八条（これのみで足りるかは疑問であるが）であり、訴訟法説の中でも依存関係説は社員の債務の会社債務への実体法上の依存関係であり、また端的にHGB一二九条一項は会社判決の社員への既判力拡張規定であるとするものもあるなど様々である[95]。

(ロ)　反射効（法律要件的効果）説といっても論者によりその内容が異なっている。Hellwig や Hofmann はHGB一二九条一項に積極的意味を与えるのに対し、Kuttner は同条項に消極的意味のみを与えている。

Kuttner は、会社債権者が会社に対して得た有責判決によって社員は会社に属する抗弁を奪われる、すなわち会社有責判決の存在が抗弁を奪うという付随的効果をもたらす。この効果はたとえば会社が自己に属する抗弁を放棄すれば社員もまた当該抗弁を主張できなくなるのと同じ効果であって実体法上の効果である、とする。これに対しては Pagenstecher により、もし訴訟法説に立てば会社は自己の敗訴判決によって、一定の抗弁を手続法上主張することができなくなるだけであるのに、社員は実体法上もこれを主張することを禁ぜられるのは、会社が失う以上のものを社員が失うという意味で会社債務への社員の債務の完全な付従性という性質に反すると批判されている。しかし翻って考えてみると、これはさほど手痛い批判のようには思われない。実体法上の抗弁事由であれ、手続法上の抗弁事由であれ、訴訟という場面では、抗弁の提出という一つの訴訟行為としてその主張が行われることに変わりはない。たとえ会社がある抗弁を手続法上でのみ失い、実体法上はこれを有しているといっても、それを訴訟で主張することが封じられるのであれば実際的意味はない。むしろここで Kuttner が意図したことは、判決の存在が一定の効果をもたらすということ、つまりその効果を実現するためには判決の存在の主張・立証で足りるという法規の存在の認識にあったように思われる。ところで Fenge によれば反射効（法律要件的効果）と既判力拡張との実際的相違は、前訴判決の存在が職権調査事項であるか、当事者の主張を俟って斟酌すべき事項であるかにあった(96)。そうであるとすれば Kuttner は後者を選択したということになり、彼の説の存在意義もその点に見出すことができよう。

(ハ)　これに対して Hofmann の法律要件的効果説では、会社が判決内容とは異なる観念的既存債務を負っているか否かは全く問題とはならない。したがって Pagenstecher の批判はここではあたらないという利点がある。しかしこの説に対しては別の角度からの批判がある。それは Kuttner の Hellwig に対する批判の中にある。Hellwig（そしてそれを受けた Hofmann）の見解は「社員の責任が会社の有責判決によってはじめて発生するものではなく、既にそれ以前に存在していたことを充分に尊重してはいない。この見解は会社の有責判決を債権者の社員に対する訴えにとって権利発生の基礎（rechtserzeugende Fundament）とするものであって正当ではない(97)」と。すなわち Hellwig-Hofmann 流の法律要件的効果説によれば、社員の責任の発生時期、履行期の到来時期、従って時効進行の起算点はすべて判決確定時とすべきことになる。その場合、会社債務の発生時ならびに履行期と社員の責任の発生時ならびに履行期との間にずれが生じることになる。そしてこのずれの存在は会社債務に対する社員の責任の付従性との調和を欠くことにつながるのではないかが疑問である。この疑問に対して Hofmann は次のように説明している。会社が売買契約にもとづいて一〇〇支払うべしとの有責判決（しかも不当判決）を受けたとき、会社は、真実債務を負うか否かを顧慮することなく、債権者に対して一〇〇支払わねばならない。そこでＨＧＢ一二八条、一二九条一項により社員も一〇〇につき責任を負う。会社と債権者との間には実際には売買契約が存在しなかったという場合、会社が有責判決を受けたという事実にもとづいて社員の債務は発生する。しかし右の場合、債権者の社員に対する訴えは判決にもとづくのではなく、あくまでも実在しない売買契約にもとづくものである、と。(98) しかし実在しない売買契約によって社員の責任が発生するとの擬制を用いなければ理論的に筋が通らないこと自体、この説の破綻を示すものではあるまいか。少なくともＨＧＢ一二八条、一二九条をそこまで読み込むことには疑問を感じる。

ところで従来、判決の法律要件的効果といわれたものは、判決の判断内容を問題とせず、その外在性が一定の実体法上の効果を生み出す現象の総称であった。しかし右に述べた法律要件的効果はいずれも判決の判断内容を不可争とするものである。このような内容を含みながらなお法律要件的効果といわれるのは、判決の存在が判決の対象となる法律関係とは別個の実体法上の請求権を生み出すという側面を有するからであった。(99) したがってＨＧＢ一二九条一項に抗弁の切断という消極的意味しか認めない Kuttner の所説を法律要件的効果と呼ぶのは適当でないかもしれない。そこで当事者ないし第三者の判決の存在に関する主張を俟って、判決の判断内容を不可争とする効力を通常の法律要件的効果と区別する意味で反射効と呼ぶことが考えられる。もっともその場合、判決の存在の考慮が当事者の主張にかかるというだけであって、判決の判断内容の不可争力という点において既判力拡張となんら異なるものではない。(100)

(二)　最後に若干の感想をつけ加えることにする。そもそもＨＧＢ一二九条一項は、立法者の意図によれば、会社と債権者との間の訴訟で会社債権が確定するとき、その裁判による確定を社員にも通用させることを目的として規定したものであった。他方で同時に裁判外での債務の承認の場合でも、承認された債務の存在を社員にもはや争わせないことも意図された。すなわち立法当初はＨＧＢ一二九条一項は、手続規定と実体規定の両方を含むものであった。そして学説においても同様に解するものがあった（Hellwig, Jaeger）。ところがその後右条項を専ら実体規定と解する学説があらわれ（Kuttner, Hofmann）、また逆に全くの手続規定と解する者もあらわれた（Blomeyer）。しかしいずれにしても判決による会社債務の確定を社員にも不可争にする効力を持つものであることにかわりはない。そこでＨＧＢ一二九条を手続規定と解するか実体規定と解するかの争いにどのような意味があるのかが問われなければならない。私見によれば、Kuttner 説の意義は会社債務の存否の判断を職権調査事項からはずすことにあるわけであるが、手続規定と解したからといって必然的に職権調査事項となるとは限らない。債権者・会社間で会社債務を確定する判決が下された場合、会社が既判力によって切断される抗弁を社員も切断されるという規定がある場合に、これを「債権者が前訴判決を援用すれば」という条件にかからせることはなんら妨げないからである。そして判決の判断内容の拘束力をもたらす規定はこれをむしろ手続規定と解すべきであろう。

ところで会社と債権者との間の訴訟で債権者の請求が棄却された場合はどうであろうか。Schlegelberger-Gessler はＨＧＢ一二九条一項の規定の体裁を問題とし、その趣旨は社員が会社に属するすべての抗弁を援用できることにあると主張し、Düringer-Hachenburg-Flechtheim もまた右条項は、保証人が主債務者に属するすべての抗弁を援用することができる旨を定めたＢＧＢ七六八条一項と同趣旨であるとする。右のＢＧＢ七六八条一項につき、この抗弁事由の中に主債務の不存在を確定する判決の存在を含むことを認めるＢＧＨの判例がある[101]。この判例は、債権者・主債務者間の債権者の請求棄却判決の保証人への既判力拡張を認めた。したがってこれによれば、保証人による前訴判決の存在の主張を俟たずに、極端な場合たとえ保証人が欠席しても（欠席判決制度を外して考えれば）、後訴裁判所は保証人勝訴の判決をすることになろう。この結論は果して妥当であろうか。私はむしろＢＧＢ七六八条一項を文字通り kann-規定と解して、右の場合にも保証人の援用を俟つべきではないかと考える。そこでＨＧＢ一二九条一項も会社債務不存在を確定する判決がある場合、社員は会社に属する既判力の抗弁を援用することができる。そしてその援用があれば債権者に会社債務の存在を根拠づける主張が禁止され、その結果、債権者の社員に対する請求は棄却されると解すべきである。[102] したがって会社債務を確定する判決の存在についても同様に債権者の主張を俟って裁判所は斟酌すべきである。[103] このような見解を当事者の主張を俟つ点に既判力拡張との差異を見出し、これを特に反射効説と呼ぶことも意義があると考える。[104]

(1)　原語は Einwendungen であるが、狭い意味での抗弁をも含む趣旨で用いられている。
(2)　立法の経緯ならびに概観については『現代外国法典叢書、独逸商法［1］』（前掲二一頁注(3)）序説参照。
(3)　Hahn, Die gesamten Materialien zu den Reichs-Justizgesetz VI, Materialien zum Handelsgesetzbuch, S. 267 による。
(4)　Hahn, a. a. O. 注(3) S. 267 によれば Entwurf の一一七条（現一一九条）一項については「学説、判例で近時既に支配的な見解に一致して」とあり、四項（執行力）については「最上級審の判例と一致して」とあるところから、一項については審級を限らない趣旨とも解することができるが、判例上は――これから見るように――既判力の問題と執行力の問題とは重なり合う事例が多く、立法者としては特にそのような区別をする意図を持ちあわせていたわけではないと考える。
(5)　一応「命令」と訳しておく。
(6)　なお本判示の後半部分すなわち「(社員は) 共同連帯債務者として宣告される」の意味が必ずしも判然としない。既に第二章第二節で見たように、「社員は会社のすべての義務のために連帯して責任を負う。」(旧ＨＧＢ一一二条) というとき、連帯関係が社員と会社との間にも存するかについては議論があった。ところで会社を名宛人とする訴訟＝社員全員に対する訴訟であるという本判決の立てたルールからの論理的帰結としては会社と社員間には連帯関係は成立し得ない。しかし他方ＲＧは一貫して会社を名宛人とする訴訟における判決の執行力が社員に及ぶことを否定している。このことからすれば会社に対する訴訟と社員個人に対する訴訟とではなんらかの区別が存することになる。とすれば本判決が「(社員は) 共同連帯債務者として云々」と判示するとき、あるいは（会社財産と社員財産との区別にもとづく）会社と社員の連帯関係を意味していたとも考えられよう（けだし特に共同連帯債務というとき、連帯債務者間には単一の債務が存する場合も指し示すことを想起されたい）。さらにこの前提に立てば、判示部分は会社判決の効力を社員も受ける根拠としての役割をも担っていると思われる（共同連帯債務者間の絶対効――もっとも一般論としては共同連帯債務者間の絶対効を肯定しつつも、判決の効力につきこれを否定する者が少なくない。たとえばFitting, Die Natur der Korrealobligation,（1859）の否定の根拠は、判決が訴訟当事者とその承継人の間にのみその効力を及ぼすことは自明の理であり、このことは連帯債務者間でも貫かれるべきである、けだし連帯債務者の一人が争点決定（Litiscontestation）を受けることによって他の連帯債務者も終極的な免責を受けるのであるから、その後に判決の効力を問題にする余地はなくなるということにある。さらにKuntze, Die Obligation im römischen und heutigen Recht（1886），§23 Ⅲ Die Korrealobligation, S. 141ff. は肯定説が債務のEinheitから結論を導き出すのに対し、債務のEinheitであるかMehrheitであるかによって結論を導き出すのは詭弁であり、むしろ個々の共同債務者（correus）が彼固有の債務を持ち、それぞれに干渉も保証もせず、その性質が共有や共同相続に似るところにあるとする。さらにMitteis. L, Die Individualisierung der Obligation（1886）も否定説に立つ。理由は、判決の効力を争点決定や宣誓の絶対効といっしょくたにすることはできない、むしろ個々独立した訴訟が行なわれているのである。ＲＣＰＯによれば判決の効力が及ぶのは、同一当事者の同一物についての訴訟に限られる、とするところにある。さらにBinder. J, Korrealität und Solidarität im römischern Recht（1898）は、否定説に立つ理由を、既判力効が及ぶのは常に当事者と第三者との間に論理的関係がある場合であるが、共同連帯債務にはそのような関係は存在しない、というところにおいている。さらにDernburg, System des römischen Rechts Ⅱ, 8. Aufl.（1912）は、その理由を、肯定説のように考えるには、判決の中で共同連帯債務（の存在）が否定されるという場合でなければならないが、これによって一人の連帯債務者に対する債務が否定されるだけであり、既判力の相対効をまげる理由はここからは出て来ない、保証ともその性質が異なるので保証関係の類推もできない、というところに置いている。序ながら、この否定説が次第に有力になり、肯定説にとって代わる勢いを持つに至り、肯定説の有力な主張者の中にはWindscheidがいたにもかかわらず、ＢＧＢ制定の際には、その第一草案の段階から、連帯債務者間の判決の絶対効は否定されたという次第である）。しかし本件の場合、「共同連帯債務者として云々」が根拠として妥当であるかは問題である。というのは共同連帯債務者間に判決の効力が及ぶのは、債権者が共同連帯債務者の一人に対して債務の履行を請求したが奏効せず、請求棄却判決（Freisprechendes Urteil）を受けた場合に限るとするのがRibbentrop以来の学説であり、判決の絶対効肯定論者の中で債務者の一人に対する請求認容判決の効力が他の債務者に及ぶと解する者はいない（たとえばRibbentrop, Zur Lehre von der Correal Obligation（1831），Windscheid, Lehrbuch des Pandektenrechts, 8. Aufl.（1900），Unger, Passive Correalität und Solidarität im römischen und heutigen Rechte, Jahrbücher für die Dogmatik des heutigen römischen und deutschen Privatrechts, Bd. 22.（1884）S. 207ff., Waldner, Die Korreale Solidarität,（1885）, Savigny, Das Obligationen Recht, Bd. 1.（1851）S. 188ff. など参照）。本件では、債権者が合名会社に対して勝訴した判決の社員に対する効力が問題となっているのであるから、このような場合に、共同連帯債務者として判決の効力を受けるというのは、当時の議論の状況からいっても、問題である。なおWachは、社員が会社の債務につき責任を負うのは、社員として負うのであって、共同連帯債務者としてではないと主張している（a. a. O. 二一頁注（2）S. 526）。

（7）第三章第二節(1)の判例。

（8）事案は明らかではないが、これもまた会社訴訟への社員の補助参加の事例である。ここでは、参加の態様が共同訴訟的補助参加（CPO六六条）であることの前提として、本判決は、RGの確立した判例によれば、会社に対して下された判決は、会社債務の確定が問題である限り、個々の社員に対しても既判力を及ぼすとして合一確定の必要を肯定した。その際、個々の社員は、通説によれば、会社訴訟の当事者とみなされている、と判示している。

（9）事案は次のようである。商人であるALが、いずれも銀行家である社員BBとEHからなる合名会社B&Hに対して、一八七四年四月二四日に提起した訴えにもとづいて、一八七六年一月一八日に判決（Purifikationsurteil）を得、被告は原告に対して二七〇〇マルクを一八七三年三月一一日より五%の利息を付して支払えとの旨が確定した。その後一八七七年に合名会社B&Hが解散。本訴はALが社員BBに対して、一六〇〇マルクを一八七三年三月一一日より五%の利息を付して支払えとの申立てをしたものである。第一審は原告の申立てどおりの判決を下した。そして被告による控訴ならびに上告は棄却された。その際RBは前訴で看護された事実として、ALとB&Hとの取引の際B&HからALに手交された三〇〇マルクの前金があり、それが勘定に入れられるべきであったと抗弁したが、本文判示のごとくこの抗弁は退けられた。

（10）なお本判決は、この事例においては共同連帯債務に関する命題（棄却判決が他の債務者に効力を及ぼす）は問題とはならない、けだし社員は会社に対して共同連帯債務者の地位に立つわけではないから、と判示している。

（11）第三章第二節(2)の判例。

（12）たとえばKuttner, Die Privatrechtliche Nebenwirkungen der Zivilurteile（1908）, S. 99, Fn. 33参照。

（13）Makower, Das allgemeine deutsche Handelsgestzbuch, 11.Aufl.（1893）S. 119もまた本判決と同様に「会社に対する訴訟が単に一人の社員によって代理されている場合でも、その裁判はすべての社員に、共同連帯債務者として、会社財産の範囲で通用する」と説明している。この見解もその真意は必ずしも明らかではない。もっとも彼はKommentar, § 129. Anm. 1で会社判決が社員へ既判力を及ぼすこと肯定している（但し、Jaeger, a. a .O. 四五頁注（4）S. 63による）。

(14) Hahn, Kommentar zum Handelsgesetzbuch I (1887), S. 404f.

(15) Mendelssohn-Bartholdy, Grenzen der Rechtskraft (1900), S. 366f.

(16) しかし近時は「会社に対すると社員に対するとで請求が同一であるかはさておき、両請求権は責任対象が異なるのである」ことを理由に会社訴訟から社員訴訟への移行を当事者変更とみる判決（ＢＧＨＺ六二・一三二）もあり、判例の今後の理論構成に関する見とおしも予断を許さない。

(17) Hueck, a. a. O. 二〇頁注（2）S. 323, Fn. 39.

(18) その意味で(2)判例はこの問題におけるリーディングケースということができる。但しその挙げられた根拠のうち、社員が会社に対して共同連帯債務者（Korrealobligation）の地位に立つことを根拠とすることには問題があることは既に述べたとおりである。

(19) 判例(4)は会社判決の社員に対する既判力拡張の根拠として、社員債務の会社債務への付従性を挙げたが、これはその後の判例の追随をみていない。

(20) Römer, Die Haftung für die Gesellschaftschuld der offenen Handelsgesellschaft nach dem A.D. H.G.B. und dem Gemeinen Recht, S. 149f. 但し Hahn, a. a. o. 注（14）S. 406による。
Römerによれば合名会社の商号の下における訴訟は、社員に対する訴えの競合（eine Häufung der Klagen gegen sämtliche Gesellschafter）として理解されるべきであるとのことである。

(21) 現にRömer自身は本文に述べた帰結を肯定している。

(22) 現行ＨＧＢでは、一二九条四項により明文でこの結論は否定されている。

(23) Hahn, a. a. O. 注（14）S. 407. なお執行対象財産の違いから防禦方法の制限を導くものとしては他にPetersen, Civilprozeßordnung für das deutsche Reich (1899), S. 539がある。

(24) Wach, Handbuch I, S. 525.

(25) このような規定は、Wachがこの本を公刊したときには存在していなかった。しかし後に（一八九七年）ＨＧＢ一二九条四項に会社判決の執行力の範囲を会社財産に制限する旨の規定が設けられた。もっともWach自身は右規定の新設に終始反対していたことは本章第二節で後に述べるとおりである。

(26)　この説は(1)(2)説とは合名会社の性質に関する理解が異なっていることに注意されたい。

(27)　Behrend, Lehrbuch des Handelsrechts (1886), S. 516ff., Binder, Die subjektiven Grenzen der Rechtskraft (1895), S. 77ff., Walsmann, Streitgenössische Nebenintervention (1905), S. 178f., derselbe, ZZP Bd. 39 S. 546 (Kuttner, Die Privatrechtliche Nebenwirkungen der Zivilurteile の書評), Schlegelberger, a. a. O. 三四頁注(17) S. 1109, § 124 Anm. 21.; Lehmann-Diez, Gesellschaftsrecht, 3 Aufl. (1970) S. 160.

Binder, Walsmann によれば会社訴訟において社員はその Gesamtheit に包括されているゆえ、Gesamtheit に対する判決は社員に及ぶとする。また Schlegelberger, Lehmann-Diez は会社訴訟の当事者は Gesellschafter in ihrer gesamthänderischen Verbundenheit であると解しその判決は個々の社員に既判力を及ぼすとする。両者ともその趣旨に大差はないであろう。

(28)　Eccius, Die Stellung der offenen Handelsgesellschaft als Partei, ZHR Bd. 32 S. 1ff. が発表されたのは、Wach の Handbuch I が出された翌年、一八八六年である。

(29)　Kohler のいくつかの著作の中で特に Nochmals die offenen Handelsgesellschaft als juristische Person, Archiv für bürgerliches Recht Bd. 40 S. 229ff. は、法人説によれば、判例・通説が認めている、合名会社判決の社員への既判力が否定されるのではないかとの Lehmann の疑問に答えたものである。

(30)　Eccius, a. a. O. 注(28) S. 13.

(31)　もっとも私とてあらゆる場合に、判決の判断内容を実体法上、訴訟当事者以外の第三者がその責任のために基準としなければならないと解釈しうることを否定しようというわけではない。たとえば BGH (Versicherungsrecht, 1959, S. 256) は責任訴訟における、被保険者に対する損害賠償請求権の存在と範囲に関する確定判決は、原則として、保険訴訟のためにも基準性を持つが、このことは責任判決の既判力から生じるのではなく、保険者は被保険者を既判力を持って確定された責任義務から免責させるという責任保険の性質から生じる、と判示している。合名会社の社員の責任の性質からあたかも責任保険における保険者の責任と同種の責任内容が帰結されるかが私にとっては疑問であるわけである。

(32)　Kohler, a. a. O. 注(29) S. 248.

(33)　Mendelssohn-Bartholdy, Grenzen der Rechtskraft (1900), § 29 S. 480ff.

(34)　この場合、会社と社員とは別個の法主体であって、会社債務と社員債務も別個のものであることを前提とする。

(35)　債権者の主たる債務者に対する訴訟で主たる債務者は敗訴しても、保証人は主たる債務者が持つ抗弁を援用して主たる債務の存在を争うことができなくなるわけではない。

(36) Pagenstecher, Zur Lehre von der materiellen Rechtskraft (1905), S. 77.

(37) Pagenstecher, a. a. O. 注(36) S. 78.

(38) Hellwig, Anspruch und Klagrecht, § 37 Ⅲ1. 但し初版は参照できず、第二版（一九一〇年）ならびにNeudruck der Ausgabe Leipzig（1924), S. 270ff. による。

(39) Hellwig, Wesen und subjektive Begrenzung der Rechtskraft,（1901）S. 27f. Neudruck der Ausgabe, Leipzig 1967, による。

(40) 本文のような視点から見れば、このHellwigの反対効説に対するPagenstecher（a. a. O. 注(36) S. 75）の反論、すなわち「Hellwigのたてた法命題は HGB一二九条一項を俟たずにHGB一二八条だけで処置できる」との反論は正鵠を射たものではないといえよう。

(41) Hellwig, a. a. O. 注(39) S. 19.

(42) Hellwig, System des deutschen Zivilprozeßrechts,（1912）S. 804.

(43) 他に反射効を主張するものとして、Nikisch, Zivilprozeßrechts, 2. Aufl.（1952）S. 432f. がある。Nikischは既判力拡張のためには訴訟物の客観的同一性が必要であるが、反射効は請求が異別であり、一方が他方に依存する関係にある場合に認められるものであるとする。この点、既判力拡張のために訴訟物の客観的同一性を要求せず、第三者に対し判決による確定の不可争性が問題となるところでは、第三者に対する既判力拡張が生じるとするHellwig（Wesen und subjektive Begrenzung der Rechtskraft, S. 42）とは見解を異にする。

(44) Kuttner, a. a. O. 注(27) S. 98ff.

(45) Kuttnerの所説一般については既に、木川統一郎「判決の第三者に及ぼす影響(二)」法学新報六五巻一号（一九五八年）一八頁以下に詳細な紹介がある。さらに鈴木正裕「判決の反射的効果」判タ二六一号（一九七一年）三頁以下に紹介と批判がある。

(46) 鈴木(正)・前掲注(45)七頁および九頁注(2)参照。

(47) Kuttnerは会社が敗訴した場合のみを論じ、勝訴した場合を論じていない。Kuttnerにとって重要であったのは、社員が会社に属する抗弁をどのような場合に喪失するかという問題であり、会社が勝訴した場合は、依然としてこれを援用することが認められるため問題にはならないと考えたためであろうか。

(48) 他にKuttnerの挙げる既判力拡張説との相違については批判のあるところである。鈴木(正)・前掲注(46)参照。

(49) Hofmann, Über das Wesen und die subjektive Grenzen der Rechtskraft, (1929) S. 123ff.

(50) Hofmannによれば、HGB一二九条一項が実体法上の抗弁の遮断と手続法上の抗弁の遮断の両方を含むものであるとすれば、立法者は同一規範の中に、同一の文言によって二つの異別の現象を言い表わしていることになる。しかしこれは次の範例によって見ればわかるように奇異なことである。すなわち会社が時効の抗弁を放棄し、その後債権者が社員に対して会社債務の履行を請求した場合、当該訴訟で社員が時効の抗弁を提出すれば、債権者から会社の抗弁放棄を持ち出さない限り、請求は棄却される。しかし時効の抗弁が先行する会社の訴訟の判決によって遮断される場合には右のような結果にはならない。時効の抗弁の不適法性は既判力効として職権で顧慮されるからである(a. a. O. 注(49) S. 125)。

(51) Hofmannは、Hellwigの主張した反射効説は、実はHofmannと同様の趣旨であったと評価する(a. a. O. 注(49) S. 127)。

(52) Hofmann, a. a. O. 注(49) S. 131.

(53) 既に見たようにHellwig自身、合名会社判決の社員に対する効力について反射効説を改めるに至った。もっとも明確に既判力拡張説に立つに至ったものではなく、反射効説に疑問を抱くにとどまった(System des deutschen Zivilprozeßrechts, S. 804)。

(54) ある者の地位が他の者の地位に依存するというとき、両者は法的に別個の地位を有することが当然の前提となる。法人説の立場からはこのことは自明である。しかし非法人説からはその性質をどう解するかの判断に迫られる。しかし既にWach以来、その根拠づけに若干の相違はあるが、非法人説からも会社と社員とは別個の法主体であるとする流れを見ることができる。

(55) 同旨の学説としてFischer, Die Personalhandelsgesellschaft im Prozeß, Festschrift für Justus Wilhelm Hedemann zum 80 Geburtstag, S. 78がある。逆にKämmerer, Die Rechtsnatur der offenen Handelsgesellschaft, NJW 19 Jahrg, S. 802は、彼の法的性質論から逆の結論を導いている。

(56) 仮に連帯債務規定の中に確定判決の絶対効が含まれていたとすると(ちなみに日本学術振興会編、法典調査会議事速記録第一九巻九四頁以下によれば、わが国の民法制定の際に、第四四〇条として「前五条ニ掲ケタル事項ニツキ債権者ト連帯債務者ノ一人トノ間ニアリタル確定判決ハソノ各条ニ定ムル範囲ニ於テ他ノ連帯債務者ニ対シテモ効力ヲ生ス。連帯債務者ノ一人カ為シタル弁済ニ関スル確定判決モ又他ノ債務者ニ対シテ効力ヲ生ス。」と規定されていたが、法案として議会に提出される直前に削除されるに至ったという経緯がある）、そのことが意味するのは一人の連帯債務者の債務不存在を確定する判決の存在が他の債務者の債務をも消滅させるということである。このことは連帯債務者の一人の債務不存在の確定がそれとして他の連帯債務者にも通用するかとは別の問題である。後者は一人の連帯債務者に対する判決の既判力（反射効）の他の連帯債務者への拡張の問題であり、後者はＢＧＢ四二五条二項によっては否定されていない。両者の混同は避けるべきである（鈴木(正)「既判力拡張と反射的効果(一)」神戸法学雑誌九巻四号五二四頁以下参照）。

(57)　Jaeger, a. a. O. 四五頁注（4）S. 61.

(58)　このことは会社債務の存否の判断が社員の債務の存否の判断にとって先決性（Präjudizialität）を持つことを意味するが、後者の前者に対する依存性（Abhängigkeit）を意味するわけではない。しかも先決性を有するということだけからは既判力拡張は導かれない（Bettermann, Die Vollstreckung des Zivilurteils in den Grenzen seiner Rechtskraft, S. 101f. 参照）。

(59)　Jaeger, a. a. O. 四五頁注（4）S. 60.

(60)　Bettermann, a. a. O. 注（58）S. 79.

(61)　鈴木(正)・「既判力の拡張と反射的効果(一)」前掲注（56）五一二頁参照。

(62)　社員の債務の会社債務に対する付従性は既にHellwigの認めるところである（Anspruch und Klagrecht, Neudruck der Ausgabe Leipzig, 1924, S. 273. Fn. 23）。そしてそれ以前に判例の中に社員の責任は法規によって課せられたGarantieverpflichtungであることを表明するものがあった（ＲＧ一八九二・一一・三〇判決　ＲＧＺ三〇・三三（三五））。しかしこのように社員の責任を会社の責任から截然と区別して、前者の後者に対する付従性を認めることは、合手的共同体としての合名会社の法的性質に反するとして、右判決はその後のＲＧの判例により批判を受けている（ＲＧ一九一六・七・一二判決　ＪＷ一九一六・一四〇九）。そこでBettermannは、合名会社事例につき、付従性＝依存関係による既判力拡張を認める際、慎重を期して、付従性を認めることが決して合名会社の法人格肯定につながるものではないことを強調している（a. a. O. S. 169. Fn. 143）。したがってBettermannの説くところは、合手的共同体債務たる会社債務への合手者債務たる社員債務の付従性である。

(63)　Blomeyer, Rechtskrafterstreckung infolge zivilrechtlicher Abhängigkeit, ZZP Bd. 75（1962）S. 1ff.

(64)　Blomeyer, a. a. O. 注（63）S. 1.

(65)　小室直人「形成訴訟における処分権主義・弁論主義の制限」『西原追悼(上)』三四五頁〔『既判力』二〇五頁〕参照。

(66)　その努力として、当事者適格者の充実した訴訟追行への期待による実質的根拠づけを試みるものとして、谷口安平「判決効の拡張と当事者適格」『中田還暦㊦』（有斐閣、一九七〇年）五〇頁〔『論集2』二〇一頁〕ならびに同「会社訴訟における訴の利益」法学論叢八二巻二・三・四号（一九六八年）三〇二頁（特に三一七頁）〔前掲一五七頁〕参照。

(67)　フリッツ・バウァー「第三者の訴訟関与」『中田還暦㊦』三〇三頁以下。Schlosser, Urteilswirkungen und rechtliches Gehör, JZ 1967. S. 431ff., Bettermann, JZ 1962. S. 673ff., Röhl, Das rechtliches Gehör, NJW 1953. S. 153ff., Wolf, Rechtliches Gehör und die Beteiligung Dritter am Rechtsstreit, JZ 1971. S. 405ff. これを受けたわが国の解釈論としては、吉村徳重「判決効の拡張と手続権保障——身分訴訟を中心として——」『山木戸還暦㊦』一一八頁〔『判決効㊦』二一三頁〕参照。

(68)　たとえば Grunsky, Grundlagen des Verfahrensrechts, 2. Aufl.（1974）§ 25 II 2. S. 228 und § 47 VI 2 c）S. 544. Zeuner もまた裁判によって権利を害される者のすべてに審尋請求権が与えられているのではないことは、形成判決や既判力効、既判力の対世効のことを考えてみればわかるとする（Der Anspruch auf rechtliches Gehör, Festschrift für Nipperdey I 1965. S. 1038）。

(69)　Hellwig から Blomeyer に至る依存関係による既判力拡張に対しては近時（もっとも同様の主張は以前からたとえば Hofmann などに見られたが）、手続保障とのからみＺＰＯ三二五条以外の依存関係による既判力拡張の法的根拠を疑う見解が出されている。Calavros, Urteilswirkungen zu Lasten Dritter, 1978, S. 84ff.（その紹介として池田辰夫、民事訴訟雑誌二八号二八〇頁がある）もっとも合名会社事例に限っていえば Calavros もＨＧＢ一二九条一項を根拠に会社判決の社員への既判力拡張を肯定している（S. 109ff. insbes. S. 111）。この Calavros の見解全体の検討は別の機会に譲りたい。また依存関係による既判力拡張説に対するその後の学説の攻撃、非難については後述する。

(70)　Schwab, Rechtskrafterstreckung auf Dritte und Drittwirkung der Rechtskraft, ZZP Bd. 77. S. 124ff.
　なおこの論文の紹介として、坂口裕英「シュワプ『第三者に対する既判力拡張と既判力の第三（者）効』(1)(2)(3)」名城法学一四巻六八頁以下、一五巻三五頁以下、一六巻一二〇頁以下（一九六六年）がある。さらに上村明広「確定判決の反射効と既判力の拡張」中村宗雄先生古稀祝賀記念論集『民事訴訟の法理』（敬文堂、一九六五年）三八二頁以下（特に三九七頁以下）参照。

(71)　Nikisch, a. a. O. 五八頁注(37) S. 433 は同旨。

(72)　主たる債務の存否。

(73) この理論については、鈴木(正)「既判力の拡張と反射的効果(二)」神戸法学雑誌一〇巻一号四七頁、同「判決の反射的効果」判例タイムズ二六一号一二頁注(1)参照。
(74) Kuttner, Urteilswirkungen außerhalb des Zivilprozesses, (1914) S. 9.
(75) Schwab, a. a. O. 注(70) S. 141. もっとも周知のごとくこの点は評価の分れるところである。Schwabと同旨の主張者としては、Böttcher, Die Bindung der Gerichte an Entscheidungen anderer Gerichte, S. 536, Martens, Rechtskraft und materielles Recht, *ZZP* Bd. 79. (1966) S. 404f. (insbes. S. 429) などがある。またこれに反対するものとしてはGrunsky, a. a. O. 注(68) S. 548参照。
(76) Schwab, a. a. O. 注(70) S. 141.
(77) Schwab, a. a. O. 注(70) S. 152.
(78) Bettermann, Streitgenossenschaft, Beiladung, Nebenintervention und Streitverkündung, *ZZP* Bd. 90 (1977) S. 121ff. (insbes. S. 128)
(79) Fenge, Rechtskrafterstreckung und Streitgenossenschaft zwischen Hauptschuldner und Bürgen, NJW 1971. S. 1920 Fn. (11). なおCalavros, a. a. O. 注(69) S. 171ff. も批判的である。
(80) Fischer, a. a. O. 四五頁注(6) S. 76.
(81) あるいは合名会社を合手的共同体とするものもある。
(82) Wach自身果して肯定説に立っているのかすら疑問である(a. a. O. 一二頁注(2) S. 528f.)。
(83) Fischer, a. a. O. 四五頁注(6) S. 77.
(84) Hellwigは独立した財産自体に法主体性を認めるようである(Anspruch und Klagrecht, S. 273.)。なおわが国でも兼子博士は、破産財団自体に法主体性を認めている(「破産財團の法主軆性——目的財産論を背景として」法協五八巻七号七八一頁、八号九八七頁〔『研究1』四二一頁〕)。
(85) Hellwig, a. a. O. 注(84) S. 269f.
(86) この場合社員は債務を負うのではなく、単に責任だけを負うと解するか、会社と同一の(zwei aber identisch)債務を負うと解するかで実際上差異はあるかは疑問である(Hueckによればドイツにおける通説は後者である。しかしたとえばFlumeは前者に立ち、しかも責任の付従性により実際的問題解決をはかろうとする。たとえば会社訴訟の既判力が社員に及ぶ根拠を右のように説明している Allgemeiner Teil des bürgerlichen Rechts 1 Bd. S. 291)。なおこのような議論は民法上の組合に関してわが国でも行なわれている。我妻栄『民法講義V_3』（岩波書店、一九六二年）八一〇頁は、組合員は債務がなく責任のみを負うとする。これに対し上田徹一郎「組合と訴訟、執行」『契約法大系V』（有斐閣、一九六三年）一四五頁は、組合員は債務をも負うとする。

(87) Hellwig, a. a. O. 注(84) S. 272.

(88) Hellwig, a. a. O. 注(84) S. 256. Fn. 3).

(89) Hellwig, a. a. O. 注(84) S. 126 は民事上の関係はせいぜい既判力拡張のための法政策的根拠となり得るにすぎないとする。小山昇「口頭弁論終結後の承継人の基準に関する学説の展開について」北大法学論集三一巻三＝四合併号（小山教授退官記念特集）上巻一一九四頁〔『著作集2』二四七頁〕も同旨。

(90) 小山教授は、債権者対主債務者の訴訟において債務者が敗訴の確定判決を受けた場合、この敗訴判決の存在という「事実をあてはめるべき法規としていかなるものが存するかを探究すべきであろう。筆者は、既判力により債権者が主債務者に対して債務（債権）の存在を主張しえないときは債権者は保証人に対しても主債務の存在を主張しえないとの法規が存すると解するのである。」（「債権者・主債務者間の判決と保証人——実体法と訴訟法その二——」民商七六巻三号三三七頁〔『著作集2』二六四頁〕とし、「この規範は債務が消滅したときは保証債務も消滅するという実体規範と同じではない。」（同、三三八頁注2）〔『著作集2』二六八頁〕とする。小山教授の主張される法規の存在の必要性は合名会社事例においても同様に存する。しかし従来の依存関係説は、依存関係という概念のあいまいさとあいまって、会社債務の増加減少が社員債務の増加減少をもたらすことから、その他の手続法的根拠を欠いたまま、会社判決の社員への既判力拡張を導いてきたように思われる。

(91) Stein-Jonas, Kommentar zur Zivilprozeßordnung, 19. Aufl.（1972), Bd. II S. 1390. 他に Calavros, a. a. O. 注(69) S. 92., Münzberg, ZZP Bd. 80. S. 496f., Sinaniotis, ZZP Bd. 79 S. 83ff., Olshausen, Rechtskraftwirkung von Urteilen über Gegenforderungen bei der Forderungszession, JZ 1976 S. 85ff. 理由とするところはそれぞれに多少のニュアンスがあるが、法律行為と訴訟行為では、一方は純粋に私的意思にもとづき、他方は国家的意思にもとづくものであるがゆえに両者に同価値を与えることができない（Calavros の紹介による J. Blomeyer の見解）とか、判決の既判力の意味するところは、形成判決を別にすれば、単に判決による確定の不可取消性のみであって、実体法的意味における処分ということばを使うことは許されない

（Sinaniotis）とか、あるいは不当判決の場合の救済に重きを置く立場（Münzberg）にもとづくものもある。

(92) Henckel, Parteibegriff und Rechtskrafterstreckung, *ZZP* Bd. 70（1957）S. 448ff.（insbes. S. 462）もほぼ同旨。

(93) Stein-Jonas, a. a. O. 注(91) S. 1390.

(94) Bettermann によれば、反射効は法律要件的効果の下位事例（Unterfall）であって判決の存在が実体法規範の中での法律要件的徴表となって訴訟外で実体法上の効果をひき出す場合（Kuttner によれば民事判決の私法上の付随効）にほかならないとする。またこれは既判力拡張と混同されてはならず、後者が実体法関係の手続法への反映であるのに対し、前者は判決の存在の実体法への反映であるとする（a. a. O. 注(78) S. 114）。

(95) Stein-Jonas, a. a. O. 注(91) S. 1391, Calavros, a. a. O. 注(69) S. 110f.

(96) Fenge, a. a. O. 注(79) S. 1920.

(97) Kuttner, a. a. O. 注(74) S. 106.

(98) Hofmann, , a. a. O. 注(49) S. 129.

(99) もっとも典型的な法律要件的効果の規定（たとえばＢＧＢ七七五条一項四号）と較べてこれを明文による法律要件的効果ということができるかは問題とされている（鈴木(正)「判決の反射的効果」判タ二六一号四頁参照）。なお、上田徹一郎教授が責任訴訟における責任判決の拘束力を法律要件的効果（構成要件的効果）とされるとき（「責任判決の準参加的効力と構成要件的効力」民事訴訟雑誌二三号一七三頁〔『判決効の範囲』（有斐閣、一九八五年）一九一頁〕）、その意味は Hofmann 流の法律要件的効果に近似する（Kuttner も保険事例を法律要件的効果と位置づけている。a. a. O. 注(74) S. 12）。しかしドイツの判例は責任訴訟の判決の保険関係への拘束力を責任保険の性質から導いている（BGH Versicherungsrecht 1959. S. 256）。

(100) 既に鈴木(正)・前掲注(99)のつとに指摘するところである。本間義信「反射効と依存関係に依る既判力拡張」島根大学論集（人文科学）一五号一三九頁以下も同旨。

(101) BGH NJW 1970. S. 279.

(102) Stein-Jonas, a. a. O. 注(91) S. 1391 は同旨。

(103) 結果として Kuttner, Hofmann 説と同じことになる。しかしＨＧＢ一二九条一項を手続規定と解する点では両説とは異なる。

(104)　但しドイツでは本文の意味で反射効説は見あたらない。

2　会社訴訟における判決の社員への執行力

(一)　法的規整

ＨＧＢ一二四条二項は「会社財産ニ対スル強制執行ニハ会社ニ対スル執行力アル債務名義ヲ必要トス」と規定している。(1) 合名会社はその商号で訴えまたは訴えらえることができる（ＨＧＢ一二四条一項）。この規定が文字通りkann-規定であるのか、すなわち合名会社に対して有効な債務名義となる判決を得るためには、合名会社の商号で訴えを提起する方法のほかに、社員全員に対して訴えを提起するという方法をとることもできるかについては、前述（第三章第一節二(2)）のとおり考え方が分かれている。(2) そしていずれの立場をとるかで合名会社判決の社員に対する執行力拡張の問題につき相違がもたらされる。ここでは、社員全員に対する判決で会社財産に対する執行ができるかの問題はさておき、会社の商号の下で行なわれた訴訟における判決の社員への執行力（拡張）の問題をとりあげる。

ところでドイツにおいては会社訴訟における判決の社員への執行力（拡張）を明文で否定している。すなわちＨＧＢ一二九条四項で「会社ニ対スル執行力アル債務名義ニヨリテ社員ニ対シ強制執行ヲ為スコトヲ得ス」と規定している。(3) この規定もまた既判力に関する同条一項と同様、当時の最上級審の判例において通用していた原則を条文化したものであると説明されている。(4)

したがって合名会社の債権者が会社財産に対して執行するためには、会社に対する判決を得る必要があるとともに、会社に対する判決で社員の個人財産に対して強制執行することができないという法的規整をドイツ法は選択したということができる。そこでＨＧＢ一二九条一項に対応する規定（商法八一条一項）を持ちながら同条四項に対応する規定を持たないわが国において、会社判決の社員に対する執行力拡張を論じるために、右の規定がどのような実質的根拠に支えられているのかを検討しておく必要がある。

(二)　立法以前の判例、学説の状況

沿革的には社員の財産と会社の財産とが区別されなかった時代もあったようであるが、(5) やがて両者は截然と区別されるに至り、今やこの区別を疑う者はいない。(6) たとえ会社判決の社員に対する執行力（拡張）を認めるとしてもこの区別を前提としてのことである。

ところでＨＧＢ一二九条四項の立法以前の判例は会社判決の執行力は社員に及ばないと判示していた。たとえば、ＲＯＨＧ一八七二・六・一九判決（ＲＯＨＧ六・四一六）、ＲＯＨＧ一八七六・六・二六判決（ＲＯＨＧ二〇・一八〇）、ＲＧ一八八四・一一・一九判決（ＲＧＺ一三・九六）などがそうである。執行力が社員に及ばないとする根拠は、右諸判例によれば、①合名会社の性質は法人ではない。しかし合名会社の財産は社員の財産とは法的に全く別個の財産である。すなわち社員は会社とは別個の責任財産をもって会社の債務につき責任を負う。そこで債権者が社員の財産からも満足を受けようと思えば、会社とならんで社員に対しても訴えを提起すればよいのであって、その選択は債権者に委ねられる。債権者がその意思によって社員に対する訴えを提起しなかったときに、あたかも社員に対する訴えを提起したと同一の結論を導くのは妥当ではない。②債権者が代理権を有する社員あるいは清算人に対して訴えを提起する場合、これらの者は一個の社員として行動するのではなく、あくまでもその職務行為として訴訟を追行する。しかもこれらの者は専ら会社に属する抗弁をもって債権者に対抗するのであって、たとえ彼ら自身が債権者に対して固有の抗弁をもっているとしても、それを持ち出す必要もないし、またそうすることもできない。したがって会社に対する有責判決をもって社員の個人財産に執行できるものとすれば、それがたとえ代理権を有し、訴訟追行をした社員に対するものであっても、社員に属する固有の防禦権（Verteidigungsrecht）を奪うことになって妥当ではない。以上が判例による社員への執行力否定の根拠である。

これに対して執行力拡張肯定説を強力に主張したのはWachであった。[7] Wachはまず否定説の根拠①に対して次のように反論している。合名会社の性質を法人ではないと把握し、会社訴訟において当事者たる地位を有するのは社員にほかならないとするならば、会社財産を社員の財産から独立した、それ自体完結したものと見ることによって結局は合名会社に法人格を認めるような解釈をすることは正当ではない。会社財産が社員の財産から区別されるものであるとしても、それは別除された債権充足対象（ausgesondertes Befriedigungsobjekt）とみるべきである。すなわち債権者が会社を相手に訴えを提起する場合と、社員を相手に訴えを提起する場合とでは同一人（いずれも社員）に対する、同一の請求原因にもとづく訴訟が存在している。右の事情の下で、執行の対象を会社財産に限るというようなことは実定法規によってはじめて可能となることであるが、そのような規定は（一八八五年当時——筆者）存在しない。したがって社員の個人財産から区別される会社財産の存在は、債権者からの請求に対する限定責任という目的を持つのではなく、債権のための、より強化された担保を目的とするのである。論理的整合を保とうとすれば、判例の基本的な立場からは右の結論が導かれるべきであった。しかるに実質的当事者は社員である会社訴訟における判決により社員に対する執行力を認めなかった判例の態度は首尾一貫を欠く。[8] さらに根拠②については、社員の抗弁主張の機会が執行手続にないということから直ちに会社判決の社員に対する執行力が否定されるのは妥当ではない。執行力を受ける社員に固有の抗弁が帰属する場合には執行文付与に対する異議（CPO六六八条、現行ZPO七三二条）を提起すればよいしまたいざとなれば請求異議の訴え（CPO六八六条、現行ZPO七六七条）を提起することによって執行を妨げることができるとする。[9] そして社員に固有の抗弁が帰属することが稀であることを考えれば、社員に右に掲げた抗弁主張の機会が与えられれば足りるとする。

以上のように会社判決の執行力が社員に及ぶかをめぐっては意見が対立していた。そこでこの対立を立法によって解決すべく、判例の見解に合わせるかたちでHGB一二九条四項が設けられたわけである。

㈢　法人格と執行力

合名会社の起源を何に求めるかによって合名会社の性質についての把握のし方に差異があるのであるが、合名会社の法人格が否定される結果、合名会社訴訟における当事者は社員個人であるとするのがＲＯＨＧならびにＲＧの判例の立場であった。しかしもしこれを社員個人であるとするならば、会社に対する訴訟と社員に対する訴訟とは明確な区別なく、会社に対する判決は即ち社員に対する判決ということになって、技術的問題は別として、会社（商号）に対する判決で社員の個人財産に対する執行が認められるべきであるということになろう。現に会社訴訟の主体（当事者）は社員であるとしながら、会社判決による社員の財産への執行を認めないのは明らかな矛盾であると主張するものがある。(10)しかし会社の性質を組合と同一に見るとしても、会社財産への責任の制限を認めることも可能であり、この可能性を認める立場から、ＨＧＢ一二九条四項は合目的的な責任制限規定であると解するのが一般である。(11)しかしこのような責任制限を法律によって行うことができることは当然であるとしても、それがなにゆえ合目的的であるのか、その論拠を論者は明確に示してはいない。(12)

ところで合名会社に法人格を認める立場、ならびに法人格を認めないにしても、訴訟という局面では法人と同様の取り扱いをすることを認める立場からは、執行力拡張の否定は容易に導かれ得る。会社は会社財産の主体として、社員から区別される存在であって、会社と社員が別個の責任財産の主体であるとき、一方に対する執行力が他方の責任財産をも把握することは、当然のこととしては、許されることではないからである。ちなみに会社判決の社員に対する執行力拡張を否定したＨＧＢ一二九条四項は法人説の有力な根拠条文であった。もっとも法人説は必然的に執行力否定説につながるものではない。Lehmann とは逆の意味での合目的的考慮によって会社判決の社員に対する執行力拡張を認めることもできる。けだし執行力拡張は、既判力拡張とは異なり、合目的性をその指導理念とするからである。(13)とはいえ、会社判決の社員への執行力拡張を認めることは、ＨＧＢ一二九条四項が存在する現在、立法論としてのみ論じられる。

㈣　立法に対する批判 —— 執行力拡張の基準と合名会社事例の特殊性

(1)　右に見てきたように Wach の力説にもかかわらず、執行力（拡張）否定説が採択され、ＨＧＢ一二九条四項に結実した。しかしそれ以後も立法に対する批判としてではあるが、合名会社判決の執行力は社員に及ぶと解すべきであるとの主張がないわけではない。そこでまずこの批判に耳を傾けることにする。

(2)　右の批判は Bettermann によるものである[14]。彼によれば、権利関係が確定されずに執行力が拡張される根拠は、拡張を受ける者に対する請求権が、確定された請求権と同一であるか、これに広く依存しているかのいずれかである[15]。そして社員の債務は合名会社の債務に対して完全な付従性（vollständige Akzessorität）を有しており、ここに広い依存関係（weitgehende Abhängigkeit）を認めることができる。しかも社員の債務にとって先決関係たる会社債務が判決によって確定され、これにつき法的確実性（Rechtsgewißheit）が存するとき、その判決の既判力は社員に対しても及ぶ（ＨＧＢ一二九条一項）。ところで社員に固有の抗弁が帰属していて、これによって債権者からの請求を免れることができる場合がある。それで問題は起訴責任（Prozeßlast）を社員に課することができるほどに社員に固有の抗弁は稀少（selten）であるかということである。Bettermann は、社員には権利承継人や相続人、財産引受人（Vermögensübernehmer）、営業譲受人（Geschäftsnachfolger）ならびに用益権者など[16]が頻繁にかような抗弁を有するわけではなく、右に掲げた諸事例と同様に、会社債務が存在するとき社員の債務もまた存在するという事実上の推定がはたらくと判断する。これによって起訴責任をむしろ社員に課することが正当化される。社員がもし固有の抗弁を有するのであれば、社員の側から請求異議の訴え（ＺＰＯ七六七条）を提起すればよい。そしてＺＰＯ七六七条二項の文言にかかわらず、社員が会社訴訟の口頭弁論終結時前に有していた抗弁をもって請求異議事由とすることができることは既に Wach の説くとおりであるとする[17][18]。

このように立法に対しては鋭い批判があるわけであるが、通説はこれに正面から反論を加えることなく原則論を繰り返している状況にある。

(1)　この規定は同条一項とは異なり、一八九七年の改正の際新設されたものである。

(2)　kann-Vorschrift と解するのはたとえば Kämmerer, NJW 1966. S. 801f., muß-Vorschrift と解するのはたとえば Jaeger, a. a. O. 四五頁注(4) S. 10, Fischer, a. a. O. 二五頁注(44) S. 78 などである。

(3)　この規定もＨＧＢ一二四条二項とともに一八九七年の改正で新設されたものである。

(4)　Hahn, Materialien zu den Reichs-Justizgesetzen, Bd. VI S. 267f.

(5)　Cosack, Lehrbuch des Handelsrechts, (1898) 4. Aufl. S. 537 参照。

(6)　但し、合名会社の起源をローマ法のソキエタスに見る場合には、社員の個人財産から次第に会社財産が独立したものと認められるに至ったと説明されるのに対し、これをゲルマン法の合手的共同体に見る場合には共同体財産から次第に社員の個人財産が分けられていったと説明される。前者によれば会社財産が担保的性格を有し（Wach, a. a. O. 二一頁注(2) S. 526）、後者によれば社員の個人財産が担保的性格を有する（Cosack, a. a. O. 注(5) S. 537）。

(7)　Wach, a. a. O. 二一頁注(2) S. 525ff., derselbe, Verhandlungen des 19. Deutschen Juristentages, Bd. II. (1888), S. 69ff.

(8)　もっともWach自身の見解は本文において紹介した反論の中に展開された立場とは異なっている。繰り返しになるが、Wachによれば、会社は社員個人とは同一ではなく、会社の債権債務も社員のそれとは異なる。さらに会社に対する訴えもまた社員に対する訴えと同一ではない。このように解してはじめて会社訴訟において社員が純粋に個人的な抗弁を提出できないことや、会社が社員の、債権者に対して有する反対債権で相殺できないとの結論が導かれる。しかしこのことから会社に対する判決の執行力が社員に及ばないと解すべきことにはならない。右判決は会社債務に関する判決として社員に対して既判力を持ち、また社員の個人財産に対する執行力を持つ。そして実際に執行する場合には、社員に対する執行文の付与手続（ＣＰＯ六六五条以下、現行ＺＰＯ七二七条以下）によるとする。

(9)　ＺＰＯ七六七条二項によれば請求異議の訴えを提起する際の異議事由としては、「本法ノ規定ニ従ヒテ遅クトモ異議ヲ主張スルコトヲ要スベキ口頭弁論ノ終結後始テ異議ノ原因ヲ生ジ且故障ヲ以テ之ヲ主張シ得ザルトキニ限リ之ヲ許ス」と規定されている。そこで社員が会社訴訟の口頭弁論終結時前に発生した自己固有の抗弁をもって異議事由とすることができるかが問題となる。Wachはこれを肯定する。彼はまず一般論として、当事者が口頭弁論において使用することのできなかった実体的防禦方法を訴訟の経過後、喪失してしまうことはないから、それらについては判断が留保されていると考えるべきであるとする。このことは法理（ratio legis）上明白である。そして右の防禦方法はＣＰＯ六八六条（現行ＺＰＯ七六七条）に規定された形式で主張されるべきである。そこで会社訴訟については会社訴訟の特性によって使用することのできなかった防禦方法が問題である。会社に対して下される判決は会社財産を充足対象とするものであり、社員に固有の抗弁は会社財産からの満足を妨げることはできないからである。それゆえその判決はたとえ実質上は社員に対する判決であっても社員固有の抗弁を切断してしまう（präjudizieren）ものではない。しかし他方で社員にかような抗弁が帰属し得るからといって、債権者にあらためて社員に対する訴えを提起させる必要はない。あらゆる判決の執行は被執行人（Exequendus）に執行時までになお抗弁が帰属する可能性をもっており、その主張方法として請求異議の訴えが認められているからである（Deutscher Juristentag 19. S. 75）。

(10) Saenger, JW 1929. S. 1578.
(11) Wach, Handbuch I, S. 526が既に示唆していたところである。Lehmann, ZHR 74. S. 467はこの規定を実際上の合目的的考慮にもとづく規定であるとする。なおFabricius, Relativität der Rechtsfähigkeit, S. 166参照。
(12) 責任制度が合目的的であるいうときの目的は社員の利益保護という価値判断であろう。これと相対立する価値判断は債権者保護であろう。合名会社においては何故前者が優先すべきかの論拠が明らかにされていない。もっともこの問題は執行力拡張を認める規準をどこに置くかに関連するので後述する。
(13) 中野貞一郎「執行力の客観的範囲――承継執行と転換執行――」『山木戸還暦㊦』二八八頁以下（特に二八九頁）〔『現在問題』二五八頁〕参照。
(14) Bettermann, a. a. O. 一〇三頁注(78) S. 236ff. なおBettermannの所説（依存関係説）ならびにその批判については、中野（貞）、前掲注(13)二九四頁以下参照。
(15) Bettermann, a. a. O. 一〇三頁注(78) S. 43.
(16) いずれも明文により執行力拡張が認められている。ＺＰＯ七二七条以下参照。
(17) Bettermann a. a. O. 一〇三頁注(78) S. 237.
(18) Bettermannのいわゆる依存関係説一般については中野教授（前掲二九六頁以下）の批判がある。ところでこのBetter-

mann の結論については、中野教授の提示された起訴責任転換説からは次のように評価されるのであろうか。すなわち執行力拡張を認める根拠は「債権者の既得的地位の維持の必要性」がある場合である。債権者が会社に対してせっかく債務名義を得ても、「その後の責任主体の変動によって容易に債務名義が形骸化」されることを阻止するために執行力拡張という手段が用いられる。「従って債務名義に表示された請求権自体の執行になんの支障もないところでは、承継執行を問題にする余地は本来ないはずである」。合名会社判決によって会社財産に対する執行が可能となった債権者の地位は社員の存在によって少しも揺らぐものではなく、会社に対する債務名義で会社財産に対する執行が確保される以上、もはや執行力を社員に拡張する余地はない。「あくまで、名義のない請求権については強制執行を認めないのが裁判機関と執行機関の分離の上に立つ現行法の建前であ」るからである、と（もっとも中野教授自身は合名会社事例についてはなんらの言及もされておらず、右はあるいは私の曲解かもしれない）。なお中野教授とは執行力拡張の規準を異にしているが、Schultze (Alfred) も、合名会社の負う債務と社員の負う債務の同一性を認めながらも事柄（die Sache）の特定性、明確性が係争性概念（der Streitbefangenheitsbegriff）の本質的要求であるとして、合名会社判決で社員に対して執行文を付与することを否定している(Die Vollstreckbarkeit der Schuldtitel für und gegen die Rechtsnachfolger, 1891, S. 100)。

しかしこれに対しては次のような反論も可能であろう。確かにＨＧＢ一二九条四項の立法者は社員に固有の抗弁が帰属する可能性がある以上、これを主張して債権者からの請求を拒絶するための手続が保障されねばならず、そのためには、あらためて債権者の社員に対する訴えの提起を俟つという道をとり、あくまでも起訴責任を債権者が負うのが妥当であると考えたと思われる。しかし果してこの考慮は真に合目的的であったかは疑わしい。Lehmann が主張しているように、合名会社においては、株式会社などとは異なり、その財産的基盤が制度上充分に確保されているとはいえない。それにもかかわらず合名会社の取引活動を円滑に行なわせているのは会社債務について社員が全面的に責任を負うからである。このことがとりもなおさず合名会社の社員に無限かつ人的責任が認められる所以である。すなわち合名会社と取引関係に立つ債権者としては、はじめから会社財産のみならず、社員の個人財産をも引き当てとする期待を持っているのである。ここに社員に対する執行力拡張を肯定する実際的必要性ないし社員に起訴責任を転嫁することを正当化する契機が存する。しかし他方で、社員に固有の抗弁が帰属することが頻繁であれば、債権者の右のような利益にかかわらず、社員に対する執行は多くの場合、社員からの請求異議訴訟の提起により不奏効に終わる。それならばむしろはじめから社員に対する執行力拡張を否定して、債権者からあらためて社員に訴えを提起させる方途をとるほうが賢明であろう。しかし社員に固有の抗弁が存すること稀少であって、債権者の社員に対する給付請求が認容される蓋然性が高いというのであれば（新堂幸司「訴訟当事者から登記を得た者の地位(二)」判例評論一五三号一一四頁〔『争点効(上)』三四一頁〕）、執行力拡張を認めたうえで、社員に固有の抗弁主張のための機会は請求異議訴訟など社員からの主張を俟って考慮すればよいことになる。したがって問題は右の蓋然性の高低にかかってくることになる。このことについてはWach, Bettermannの主張に正面から反論を加える者はいないというところに通説のもの足りなさをおぼえる。ただ、WachやBettermannの主張の核となっている、社員からの独自の抗弁提出の稀少性という認識はいったい何を基準として決められるものであるのか、もう一つその点が不明確であるという感じは払拭できない。したがって右の理論を執行力拡張の一般的規準とすることが果して適切であるかはさらに検討を要するように思われる。

五　わが国の解釈論のあり方

1　合名会社の法的性質と法規整

本節においては、第四章までに述べたドイツ法の議論とわが国の議論とがどのようにかかわってくるのかを念頭におきつつ、まず合名会社の法的性質をめぐるドイツの判例、通説の見解とわが国における合名会社の法的性質に関する立法政策の相違が、わが国の解釈論を探る際に、ドイツ法を参考とすることの決定的な妨げとならないかを考察し、次いで判決効論を論じる際に重要ないくつかの法規の比較検討を行なうという順序で叙述を進めていくことにする。

(一)　合名会社の法的性質をめぐる議論、すなわち法人格の有無が解釈論を左右するものではないことについて述べる。

ドイツにおいては合名会社法人説が有力に主張されていたにもかかわらず、合名会社の法人格を否定するのがROHG以来の判例の基本的立場であり、また通説である。そしてこの合名会社の法的性質から具体的問題における解決を演繹的に導き出す傾向があった(1)。これに対してわが国では、ドイツにおける判例、通説とは逆に、合名会社、合資会社を含めて会社はすべて法人格を有するものとされている（商法五四条一項〔現会社三条〕）。(2) そこでドイツとわが国の合名会社の法的性質をめぐる立法政策の相違は具体的問題の解決にどのような差異をもたらすのであるかが問題となる。私見によれば、法人格の付与が一定の法的効果を導き出すための法技術であるとしても、本稿の主題である、合名会社判決の社員に対する効力問題について、直ちに合名会社非法人説をとるドイツ法と異なる結論が得られるわけではない。(3)(4) 第一に、一方で合名会社を非法人とするドイツにおいても、合名会社法人説が有力に主張されているという状況が示しているように、ＨＧＢ一二四条一項（わが国の旧商法七三条に近似する規定である）、同一二九条四項の規定によって法人説をとるのと実質的には径庭のない取扱いがなされていること、他方でわが国の商法においても、合名会社に法人格が付与されているとはいえ、内部関係については民法上の組合に関する規定の準用が認められており（六八条〔現会社五八二条に相当する〕）、さらにドイツにおける非法人説の有力な根拠である会社債務に対する社員の連帯責任規定が存する（八〇条一項〔現会社五八〇条一項〕）(5) などに見られるように、法人格の付与＝法人の責任と構成員の責任の峻別という図式がわが商法では貫かれておらず、結局法人格の存否は単に形式的な差異にとどまっており、実質的構造においてドイツとわが国で重要な差異は存在しないことが挙げられる。第二に、会社判決の社員に対する効力如何の問題は、ドイツにおいてもＨＧＢ一二八条ないし一二九条一項のゆえに法人説と非法人説とで結論を異にしなかったように、合名会社の性質が法人であるか非法人であるかによって一義的に解答が決まるという類の問題ではないことが挙げられる。確かに法人格が否定される結果、法主体としての会社と社員の区別はなくなり、会社訴訟における当事者は社員にほかならないという観点からは、会社判決の社員への効力が直ちにひき出され得た。しかし同じ否定説でも会社と社員の責任財産の区別からあたかも会社が法人格を有するかのように取り扱う立場があり、また法人格肯定説からも会社判決の社員への拘束力を認める結果となる主張が行われているなど、いずれの立場からも同じ結論が導かれていたことは既に見たとおりである。

㈡　判決効を論じる際に重要な諸規定の比較

この項では一で述べた法人格の有無が解釈論を左右するものではないとの結論をふまえた上で、より具体的、実質的に個々の法規に即して日独の合名会社に関する法規上の構造の差異の有無について検討する。

⑴　合名会社の当事者能力

ＨＧＢ一二四条一項は、会社訴訟において会社はその商号で訴えまたは訴えられることができると規定している。この規定が会社に単に形式的当事者能力のみを与えたものか、実質的当事者能力をも与えたものか、本条項がkann–規定であるか、muβ–規定であるかは争いのあるところであった。しかしいずれにせよ合名会社自体に会社訴訟における当事者能力が認められている。

わが国においては合名会社に法人格が与えられている以上、会社は裁判上、社員とは別人格のものとして、独立して訴訟追行をする地位が与えられている。商法五四条〔現会社三条〕は旧商法七三条を受け継ぎ、会社の法人たることを明確にする意図の下に規定されたものであることは前述（注⑵参照）のとおりである。したがって会社が当事者能力を有する点においてドイツ法と差異はない。もっともわが国においては会社と社員とは別人格を有するものであるから、会社が受ける判決は、社員とは別個独立の、会社自体に宛てられるものであり、社員が会社訴訟の当事者として既判力に拘束されると解する余地はない。この点ドイツの一部の説とは異なっている。したがってわが国においては問題は社員が会社に宛てられる判決の効力の拡張を受けるかということに限定される。

⑵　会社と社員の責任関係

ＨＧＢ一二八条は、社員が会社債務につき連帯責任を負う旨を規定している。前述のとおりこの連帯責任の意味については、会社債務につき社員間に連帯責任関係が存することにつき争いはないが、会社と社員の間に連帯責任関係が存するかについては考え方が分れている。もっとも後者につき連帯責任関係を肯定する説もＢＧＢの連帯債務規定のすべてが準用されると考えているわけではなく、またこれを否定する説も真の（echte）連帯債務関係は存在しないと主張するのであって、ＢＧＢの連帯債務規定のうちいくつか（特に絶対効規定）の準用は認めているなど学説の対立はそれほど深刻であるとはいえない。

わが国の商法八〇条〔現会社五八〇条一項〕は次のように規定している。「①会社財産ヲ以テ会社ノ債務ヲ完済スルコト能ハザルトキハ各社員連帯シテ其ノ弁済ノ責ニ任ズ　②会社財産ニ対スル強制執行ガ其ノ効ヲ奏セザルトキ亦前項ニ同ジ（昭和一三年改正法により新設）　③前項ノ規定ハ社員ガ会社ニ弁済ノ資力アリ且執行ノ容易ナルコトヲ証明シタルトキハ之ヲ適用セズ（昭和一三年改正法により新設）」

ドイツにおいては社員の責任は第一次的（primär）なものであると解されていたのに対し、わが国ではこれに補充的ないし従属的性格を与えている[6]。その点でわが国の合名会社の社員の地位は通常の保証人の地位に類似しているということができる。しかし社員の責任と保証人の責任とはともに補充性ないし従属性を有するということができるとしても、種々の点で社員と保証人とは異なっており[7]、社員の責任は保証債務またはその変態ではなく、また社員の責任を法律によって保証債務が生ずる場合であると解するのは誤りであるといわれている[8]。

右規定は債権者の社員に対する請求が「会社財産ヲ以テ会社ノ債務ヲ完済スルコト能ハザルトキ」という要件にかかっている点でＨＧＢ一二八条とは体裁を異にしている。しかしこの要件は債権者が社員に債務の履行を請求する場合に証明すべき事項をつけ加えるという意味しか持たず、社員の責任の内容が、債権者に対する関係で、直接責任であり、人的責任であり、無限責任であり、連帯責任であることはドイツ法とは異ならない[9]。連帯責任の意味についてはドイツにおいて会社と社員間にこれが存在するかにつき争いがあったが、わが国ではこれを否定的に解するのが一般である。もっともわが国においても合名会社・社員間に民法の連帯債務規定のいくつかが類推適用されることも考えられ（特に負担部分とかかわらない絶対効規定）、真の連帯債務関係とは言えないまでも、連帯債務に類似する関係が存在するということができる。しかしこのような合名会社と社員の責任関係から直ちに会社判決の社員に対する効力如何についての解答は得られないであろう。(10)

(3)　会社に帰属する抗弁と社員の援用の関係

会社に帰属する抗弁を社員は援用することができるか、できるとすればどの範囲までかの問題についてHGB一二九条一項ないし三項がこれに答えている。これらの条項にあたる規定を、わが国では、商法典成立当時（明治三二年）、まだ知るに至っていなかった。しかし昭和一三年の商法改正の際、次のような規定が設けられた。八一条「①社員ハ会社ニ属スル抗弁ヲ以テ会社ノ債権者ニ対抗スルコトヲ得　②会社ガ其ノ債権者ニ対シ相殺権、取消権又ハ解除権ヲ有スル場合ニ於テハ社員ハ其ノ者ニ対シ債務ノ履行ヲ拒ムコトヲ得。(11)」〔現会社五八一条〕

本条はHGB一二九条一項ないし三項と同趣旨の規定として設けられたものである。HGB一二九条一項の立法目的は従来の争いに決着をつけることであった。すなわち会社による法律上有効な債務の承認（ein rechtsverbindliches Anerkenntnis）を会社債務の承認として社員もまたこれを認めなければならないかの問題および会社に対して言い渡された会社債務を確定する判決は社員に対しても確定されるという効力を持つかの問題につき、いずれをも肯定し、しかもこれを一つの規定の中に表現しようとしたのがHGB一二九条一項である。ところがこれを受けて規定された商法八一条一項の解釈としては、第一にこれを手続法規定を含むと解するものは見あたらず、第二に実体法規定としての解釈もHGB一二九条一項の立法者の意図に反する形で展開されるに至っている。すなわち、社員の債務の成立、存続は会社債務の成立、存続を前提としており、会社債務の成立によって社員の債務も成立し、会社債務が消滅すれば社員の債務も消滅する。会社債務が不存在であれば社員の債務も不存在であったことになる。この関係は社員の債務の会社債務に対する従属性（Akzessorität）と呼ばれる。(12)このように社員の債務が会社債務に対して従属的な関係を有する結果として、社員は会社が債権者に対して持つ抗弁を援用することができる。(13)したがって商法八一条一項は社員の債務の従属的性格からすれば当然の規定（注意規定）ということになる。[14] しかし債権者と会社の合意をもって社員に不利益を及ぼすような契約をすることはできない。したがって会社が、たとえば時効の利益や期限の利益を放棄してもその効力を社員に及ぼすことはできない。[15] ただ会社が法律の規定によって自己の抗弁を失う場合、たとえば除斥期間を経過し、あるいは債権譲渡を異議を留めずに承諾した場合には、社員もまた抗弁権を失う。[16] 右のような解釈の当否については次節に譲ることにし、本項では右の解釈論が当然会社判決の社員への拡張論にも影響を与え得ることに鑑みて、ＨＧＢ一二九条一項についての解釈論と商法八一条一項についての解釈論の相違が彼我の合名会社の法的性質ないし法規整の構造の差異にもとづくものであるかについて検討を加えるにとどめる。

既に一で合名会社の法人格の有無が解釈論を左右するものでないことを述べたが、そのことは商法八一条一項をめぐる解釈論においても通用すると考える。[17] 確かにわが国の商法においては合名会社が法人格を有することと社員の責任が補充性を有することとが結びついている。[18] その限りでドイツ法に較べて社員の利益保護によりあついということができる。しかしこのことは、社員の地位について、あたかもこれを保証人と同様に見るべきであるという価値判断をする一つの誘因にはなり得ても、会社の抗弁放棄が社員に影響を及ぼさないと解釈するための根拠とはなり得ないであろう。むしろわが国の合名会社の法人性は対外的法律関係処理の単純化のための法技術として採られたものであって、それにともなって社員の責任につき補充性が認められはしたものの、[19] 社員に保証人類似の地位を与えようとしたものではない。しかも合名会社の実質は各社員の組合的共同企業であることに鑑みれば、社員の責任規定は右の実質に見合った処置であってこの点ドイツとなんら異なるところはない。[20] 以上のように考えれば、会社の抗弁放棄に社員が従うべきか否かについてのドイツ法とわが国法における解釈の相違は、合名会社の法人格の有無ないし社員の補充責任を認めた法規の有無を根拠にして直ちに導かれ得るというものではない。

(4)　会社判決の社員への執行力拡張規定について

HGB一二九条四項は明文で会社判決の執行力が社員に及ぶことを否定している。これに対してわが国の商法には、HGB一二九条四項にあたる規定は存在しない。これはわが国においては合名会社に法人格が与えられている以上、執行力が社員に及ばないことは当然であって、あらためて規定を置くまでもないと考えられたためであろう(21)。そのせいであろうか、わが国においては会社法の教科書類で会社判決の社員に対する執行力拡張につき論及しているものはあまりない(22)。

しかしドイツにおいては立法論にとどまっていた執行力拡張説は、逆に法規定の存在しないわが国において、解釈論としては主張されるに至っている(23)ことは興味深い。

(1)　もっとも法的性質からの演繹によって具体的問題の解決を導き出すという解釈態度に対して批判があることは前述のとおりである。

(2)　会社を法人とする立法政策は、わが国の商法典を歴史上、一貫して採られてきた立場である。ただ明治二三年法三二(明治二四年一月一日施行の予定であったが、延期された)、七三条は次のように規定していた。「会社ハ特立ノ財産ヲ所有シ又独立シテ権利ヲ得債務ヲ負ヒ動産、不動産ヲ取得シ又訴訟ニ付キ原告又ハ被告トナルコトヲ得」(なお、日本学術振興会編、商法草案議事速記(明治二十年十二月七日)によれば本条(右資料当時は七四条)二項として次のように規定すべきかの問題があった。「会社ノ通常ノ裁判管轄ハ其住所ヲ管轄スル裁判所ニ属ス。」しかしこの項については、「此商法ヲ議定シマス時分ニハ訴訟法モ御座イマセン、民法モ御座イマセン、委員長カラ御注文ガ御座イマシテ独立シテ発布ノ出来ル様ニシテ呉レト云フ御注文ガ御座イマシタ今日ニ至リマシテハ置ク必要ハアリマセン」(本尾報告委員発言、商法一ノ一〇一)として削除された模様である)。この規定が明治三二年三月九日法律第四八号で「会社ハ之ヲ法人トス　会社ノ住所ハ其ノ本店ノ所在地ニ在ルモノトス」と修正され、今日に至っている。その間の事情を起草委員の発言によって見ると、「梅委員ノ説明ニ曰ク本条ハ旧商法七十三条ト同一ナリト雖モ右第七十三条ハ其書方悪シキヲ以テ従来議論多シ乃チ「会社ハ特立ノ財産ヲ所有シ又独立シテ権利ヲ得債務ヲ負フ又訴訟ニ付キ原告又ハ被告トナルコトヲ得」トアリ是二様ニ解シ得ルヲ以テ不可ナリ或ハ会社ヲ法人トセリト云フアリ或ハ又非法人ナリト云フアリ「ロエスレル」氏原案ニ於テハ法人ト見ストアリ（草案ニ其他トアルハ故意ニ入レタルモノナラン）固ヨリ法人ノ観念ハ人々之ヲ異ニスト雖モ民法ニ於テハ法人ヲ広義ニ採リスベテ財産ノ主体トナリ訴訟ノ主体トナルモノハ皆法人トセリ併シ之ハ程度論ニシテ常ニ之ヲ自然人ト同様ニハ見ズ自然人外ノモノハ皆法人トセリ本条モ斯クセルナリ」（日本学術振興会編、法典調査会商法委員会議事要録、明治二十九年七月六日一ノ一二四）。すなわち旧商法七三条には既に会社が法人格を有することを、その実質的効果の側面から規定していたのであるが、これでは会社が非法人であるとの解釈（ロエスレル）も可能であったため、そのような誤解を取り除く必要から、法人の観念を広義に解して、会社を法人とすることを明定したというわけである。

（3）上柳克郎「合名会社の法人性」『大森還暦』一〇頁以下は、「法人格が承認されている日本商法のもとでと、法人格を否定する見解が支配的であるドイツ法のもとでとで、合名会社をめぐる具体的法律関係の処理に若干の点で可成りの程度の差があるが、その差異は著しく大きいものではないといえよう。」と指摘している。法人であるか否かが合名会社をめぐる具体的な問題の解決にとって決定的な違いとなってあらわれる局面はそれほど多くはないことを示すものとして興味深い。

（4）会社の性質が societas であるか Universitas であるかによって構成員への既判力（拡張）問題は結論を異にするとの立場から、会社が法人格を有するのであれば既判力は構成員には及ばないとの見解がある（Binder, Die subjektiven Grenzen der Rechtskraft, S. 79）。しかしこの図式は単に原則論としての意味を持つにすぎず、あらゆる場合の結論がこの図式へのあてはめによって得られるというものではないと考える。

（5）周知のように合名会社の性質を社団と見るか組合とみるかにつき学説の対立がある。しかしこれを社団とみることにより形式的法人性を貫くことができるとする説も社員の連帯責任規定は実質的な組合性の反映であり、その限りで完全な法人格を有するとはいえないとする（鈴木竹雄「会社の社団法人性」松本先生古稀記念『会社法の諸問題』（有斐閣、一九五一年）七一頁参照）。

（6）ドイツにおいても社員は会社と同一内容の給付義務を負うのではなく、会社が債務不履行に陥った場合の損害賠償債務につき責任を負うとの説（Wieland, Müller-Erzbach）があったが少数説にとどまっている。この説によれば社員の責任は補充的（subsidär）な性格を持つことになるが、その内容はわが国で社員の責任が補充性を有するという場合の補充性とは異なるものである。

（7）合名会社の社員の責任と保証人の責任の異同については、田中耕太郎『合名会社社員責任論』（有斐閣、一九一一年）二五〇頁以下に詳しい。

(8)　田中(耕)・前掲注(7)書二五五頁。

(9)　それぞれの責任の意義については、田中(耕)・前掲注(7)書二二九頁以下参照。ただし連帯責任であることはＨＧＢ一二八条ならびに商法八〇条一項の明定するところであるが、連帯債務規定については、ＢＧＢとわが国の民法とで若干の相違があることに注意する必要がある。

(10)　確かに本文で述べたごとく合名会社と社員の間には真の連帯債務関係は存在しないということができる。一般に会社の義務に関して生じたすべての事由が同時に社員にもその効果を及ぼすと考えられていること、および逆に社員の義務について生じた事由は、債務を消滅させる事由を除いて、原則として会社にはその効果が及ばないと考えられているからである。しかし会社の義務と社員の義務との間に厳密な意味での連帯債務関係は存在しないとしても、そこには連帯債務規定のうちのいくつかが類推適用されるべき基盤が存在している（一方による弁済や、会社の受ける債務免除は他方の債務をも消滅させるなど）。そこで連帯債務者の一人に対する判決の効力が、他の連帯債務者に及ぶかという一般論の中に、合名会社が受けた判決の効力が社員に及ぶかの問題を包摂解消することができるかが問題となる。しかしこれは否定されるべきである。というのは会社の義務と社員の義務との関係が、後者の成立、存続が前者の成立、存続を前提にしている点で通常の連帯債務とはその義務関係を異にしており、しかもこの相違点は判決効論にとって重要な要素となり得るからである。ちなみに依存関係による既判力拡張を連帯債務者間にも肯定する説（鈴木(正)「既判力の拡張と反射的効果(一)」神戸法学雑誌九巻四号五二四頁、ただし同「連帯債務と判決効」判例タイムズ三九一号一四頁で改説）も合名会社事例は別個に考察の対象としており、しかも依存関係の程度を異にするという理由の下にそれぞれの事例で結論を異にしている。

ところで商法八〇条の立法者は本条制定の際、判決効の問題まで既に考慮に入れていたことが立法資料から窺える。すなわち旧商法一一二条には「会社ノ義務ニ付テハ先ツ会社財産之ヲ負担シ次ニ各社員其全財産ヲ以テ不分ニテ之ヲ負担ス」と規定していたのを「会社財産ヲ以テ会社ノ債務ヲ完済スルコト能ハザルトキハ各社員ハ連帯ニテ其弁済ノ責ニ任ズ」という現行法とほとんど同じ（「連帯ニテ」が現行法では「連帯シテ」に変わっただけ）条文に改めるにあたり、次のような発言があった。「田部（芳――筆者）君ノ説明ニ曰ハク本条ハ旧商法第一一二条ノ文章ヲ改メタルニ過キス故ニ其主意ニ至テハ彼我同一ナルヲ以テ敢テ説明セス次手ニ一言スヘキハ会社ニ対スル判決ノ効力カ当然社員に及フヤ否ヤノ点ナリ余輩ハ及フヘキモノト信スレトモ玆ニ疑問トシテ述ヘ置クト」（日本学術振興会編、法典調査委員会、商法委員会議事要録第弐巻二ノ

十四、明治二十九年七月二十四日）。ここに述べられた「判決の効力」が既判力を指すのか、執行力を指すのか、いずれをも含むものかは明確にすることはできない。しかし、この発言が行われた翌年に現行ＨＧＢが公布され、そこにおいては、少なくとも立法者の意図としては、会社判決の社員への既判力ならびに執行力について明文による規整が行われたわけである。

(11)　商法改正要綱には本条二項のみが改正要綱第三十五として新設されることになっていた（商法改正要綱については、立法者の一員であった松本烝治『常識としての商法改正の話』（千倉書房、一九三一年）参照）。改正要綱第三十五についての立法者の解説（松本烝治「商法改正要綱解説㈡」法協四九巻一〇号（一九三一年）一八四六頁）によれば、「会社がその債権者に対して相殺権、取消権、解除権を有して居る場合であっても、社員は是等の権利を行使することを得ないことは理論上当然である。然しながら此結果は社員を保護する所以でなく且実際上不便であるから、独逸商法第一二九条の趣旨を採って、此場合に於ては社員に給付拒絶の抗弁権を与へようと謂ふのである」。すなわち本条二項は社員保護のためＨＧＢ一二九条二項ないし三項（ただし会社が解除権を有する場合についてはＨＧＢに規定はなく、わが国独自の立法である）に範をとって規定されたものである。ところで本条一項は要綱が公にされた当時は存在しなかったが、法案として提出されるときに付加されたものである。そして本条一項もまたＨＧＢ一二九条一項を模範として設けられたものである（烏賀陽然良他「商法改正法案を評す㈢」法学論叢三四巻三号、一九三六年、一二六頁参照）。

要綱を含めて商法改正法案が公にされ、広く世の意見が求められたが、本条について反対意見は全くなかったようである。松本、前掲はもちろんであるが、烏賀陽他、前掲は本条を正当であると評している。横田正俊「商法中改正法律の質疑応答（一七）」法学志林四一巻三号（一九三九年）には本条に関する質疑応答はない。高窪喜八郎「商法改正要綱に対して反対すべき点（一―四）」法学新報四二巻三―六号（一九三二年）には本条に関する反対意見は述べられていない。野津務「商法改正要綱―その第一編に就いて」法政研究二巻二号、一九三二年、七五頁以下には、当然のことながら本条についての言及はない。佐々穆「商法改正法律案略注㈡」法学新報四六巻三号（一九三六年）は本条に反対していない。

(12)　この抗弁は Einwendung ならびに Einrede の両方を含む意味に用いられる。

(13)　松本烝治『日本会社法論』（巌松堂、一九二九年）五三五頁、田中耕太郎『会社法概論』（岩波書店、一九三〇年）二〇五頁など。

(14)　司法省民事局編纂「商法中改正法律案理由書（総則・会社）」（昭和一二年）によれば、「前条（八〇条―筆者）ノ如キ弁済責任ヲ認ムル以上社員ニ於テ会社ノ有スル抗弁事由ヲ以テ債権者ニ対抗スルコトヲ得ベキモノトスルハ権衡上当然ナリト謂フベク云々」とある。

(15) 伊沢孝平『註解新会社法』（法文社、一九五〇年）八四頁、大隅『会社(上)』九七頁、同『新版会社法論(上)』（有斐閣、一九八〇年）一〇三頁も同旨、田中誠二他『コンメンタール会社法』（勁草書房、一九五七年）九八頁、なお同『三訂コンメ会社法』一〇三頁に至るまで同旨の解説がなされている。その他、大隅健一郎編『判例コンメンタール「商法Ⅰ(上)」』（三省堂、一九七七年）［内海健一担当］一六五頁など。

(16) 伊沢、前掲注(15)書、八四頁。

(17) もっとも何をメルクマールにして法人格を認めるかの考え方につき、ドイツの多数説とわが国の立法者意思との間にずれがあることに注意する必要がある。上柳・前掲注(3)一二頁参照。

(18) 上柳克郎「合名会社（法人論）」私法三三号六三頁参照。

(19) 石井照久『会社法(下)』（勁草書房、一九六七年）四〇五頁ほかわが国の通説である。

(20) ＨＧＢ一二四条一項は、立法者によればまさに対外的法律関係の簡便な処理を意図したものであり（Kämmerer, Die Rechtsnatur der Offenen Handelsgesellschaft, NJW 19 Jahrg. S. 802）これをわが国では法人格の付与により行っていることに鑑みれば、法人格の有無は社員の責任を規整する上で決定的相違をもたらすものではない。

(21) ＨＧＢ一二九条四項が合名会社法人説の有力な根拠であったことは前述のとおりである。わが国の立法者はわが国においては合名会社に法人格が認められる以上、もはや執行力が社員に及ばないことは争う余地がないと考えたのではないであろうか。昭和一三年法改正の際、ＨＧＢ一二九条一項ないし三項まで採り入れられ、四項が顧みられなかったのはこれを必要なしとして意識的に排除したと考えるほうが自然であろう。

(22) 松田二郎『新会社法概論』（岩波書店、一九五七年）三七六頁および『注釈会社法(1)』（有斐閣、一九七一年）三〇八頁が執行力拡張を否定しているのが目につく程度である。

(23) 吉村徳重「既判力拡張における依存関係(三)」法政研究二八巻一号七三頁〔『判決効(下)』七六頁〕参照。

2　会社判決の社員に及ぼす効力

㈠　合名会社の受けた判決の既判力は社員に及ぶか否か、執行力は社員に及ぶか否かを論じる際の叙述の方法としては二通りの方法が考えられる。一つは会社債務と社員の債務との関係（付従性ないし依存関係）に着眼して、一般論としての実体法上の依存関係による既判力拡張説等との結びつきで論じる方法あるいは会社と社員の実体法上の地位関係ないしその手続法への投影（たとえばIdentität説）という視角でこれを論じるという方法であり、他は商法八一条一項から本問題の結論を導き出すという方法である（ＨＧＢ一二九条一項につきStein-Jonas, 19. Aufl. 等の採る立場）。私としては一般論としての依存関係説に疑問を持つものであり、会社と社員の実体法上の関係をいかにつきつめても他に既判力拡張のための（手続）法規範上の根拠なくこれが導かれることはないのではないかと考えるものであるから、結局後者の立場を妥当とし、これをもって本稿の基本的立場とすることにする。しかしながらこれはあくまでも基本的な立場であって、第一の方法と第二の方法とは密接に関連し合うことから、でき得る限り、会社債務と社員債務の関連ないし会社と社員の地位関係に立ち入って結論を妥当ならしめる実質的根拠を探ることが重要であると考える。このことはＨＧＢ一二九条一項とは異なり、商法八一条一項〔現会社五八一条一項〕が、社員の援用することのできる抗弁という側面のみを語り、社員が遮断される抗弁について語っていないことからくる形式的な結論（会社判決は社員に有利にのみその効力を及ぼす）の是非を検討する際にはどうしても必要な作業であるからでもある。叙述の順序としては、したがって、まず商法八一条一項が判決の効力拡張の根拠となることを述べ、次に本論として会社判決の社員に対する拘束力を検討し、さらに判決効の種類を決定する。そしてさらに社員訴訟が先行する場合の若干の問題を考察し、最後に簡単にではあるが、会社判決の社員に対する執行力拡張問題を検討する、という順序をとることにする。

㈡　商法八一条一項を会社判決の社員への効力拡張の根拠規定とすることについて

⑴　実体法規定としての商法八一条一項〔現会社五八一条一項〕の解釈

商法八一条が新設される以前から社員は会社が債権者に対して有する抗弁（Einwendung ならびに Einrede）を援用して債権者からの請求を拒むことができるとの主張があった。(24) これに対しては、従属性あるいは付従性といっても、そこには二つの意味があり、権利不発生ならびに権利消滅の抗弁（Einwendung）は明文の規定を俟たずに事柄の性質上当然に援用が認められるが、狭義の抗弁権（Einrede）――たとえば同時履行の抗弁権、期限の猶予の抗弁権など――を援用できるとするには明文の規定による根拠が必要であるとの主張がある。(25) しかし商法八一条一項が明文をもって社員に会社に帰属する抗弁の援用を認めるに至り、少なくとも合名会社と社員の関係においては右の対立の意味は失われたということができる。

右は抗弁が会社に属する限りの問題である。そこで次に会社に帰属しなくなった抗弁――たとえば会社が当該抗弁を放棄したという場合――社員は会社が（放棄した結果）失った抗弁を援用することができるかについては、ドイツではほとんど疑いなくこれが否定的に解されているのに対し、わが国では逆にこの問題について論及する学説はほとんどこれを肯定的に解している。この相違を積極的に根拠づけようとする説によれば、この相違はＨＧＢ一二九条一項と商法八一条一項の規定の体裁の違いに見ることのできる、社員の債務の付従性の程度の違いに由来するものである。すなわち、わが商法八一条一項は「社員ハ会社ニ属スル抗弁ヲ以テ会社ノ債権者ニ対抗スルコトヲ得」と定めるにとどまるのに対し、ＨＧＢ一二九条一項は「社員ハ会社カ尚提出シウル限リニ於テノミ抗弁ヲ主張シウル」と規定しており、会社の抗弁につき社員が会社の地位に全面的に付従する趣旨が明白である。この趣旨の明瞭でないわが商法八一条一項の解釈としては、一般原則に立ち戻って、会社が契約または単独行為で抗弁を放棄しても社員の地位を害することができないと解するのが穏当である、と。(26) しかし右に掲げたＨＧＢ一二九条一項と商法八一条一項の規定の体裁の相違から、ドイツでは社員の地位の全面的付従性が認められるが、わが国ではそれが認められない、したがって会社の抗弁放棄に社員が服するかの判断の相違が正当化されるという結論が導き出されるものかは疑問である。まずＨＧＢ一二九条一項の体裁であるが、この規定が、一定の抗弁は単に限定的にのみ主張され得るとだけ規定されているのは適切な規定のし方であるとはいえない（die Fassung der Vorschrift ist nicht glücklich）との批判があり[27]、また社員は債権者からの請求に対して、およそ存在するすべての抗弁を防禦のために主張することができるのであって、その趣旨はＢＧＢ七六八条一項（「保証人ハ主タル債務者ニ属スル抗弁権ヲ実行スルコトヲ得」）に近似すると解されている[28]。それにもかかわらず批判を加えている論者自身、社員の地位の全面的付従性を全く疑っていない。このことは、単に規定の体裁だけを較べて付従性の範囲の相違が導かれるわけではない、したがって規定の体裁の相違から、会社による抗弁放棄の社員に及ぼす影響についての判断の相違を正当化することができないことの証左となるであろう。

そこで会社による抗弁放棄に社員が服すべきかをもう一歩立ち入って分析してみると、会社債務と社員債務に関し次の図式が成り立つ。

Ⅰ　会社債務
- 1　範囲……増減
- 2　態様……抗弁の得喪
  - ①債権譲渡の異議の放棄
  - ②時効の抗弁の放棄

Ⅱ　社員債務
- 1　範囲……(i)、Ⅰ1に従って増減するか。
- 2　態様……(ii)、Ⅰ2に従って抗弁を得喪するか。抗弁の種類によって区別があるか。

通常(i)の問題と(ii)の問題を合わせて、社員債務の会社債務に対する付従性の有無、程度の問題として括られることが多いが、両者は一応区別することのできる問題である。

(i)の問題、すなわち会社の行う債務負担加重（軽減）契約に社員は服するかにつき、通常は次のように解されている。「社員はその折り折りの会社の債務と同じ内容の債務について責任を負うのであるから、保証債務の範囲に関する民法四四七条の規定や、保証債務は主たる債務の法律行為による拡大に従わないという命題を適用される機会も、おそらく、まずあるまい。[29]」すなわち右の図式でいえばⅡ1はⅠ1に全面的に服することになる。この結論はドイツにおいては全く疑いのないところであり、わが国においても直接この結論を否定する趣旨の叙述はない。

問題は(ii)である。もっともどのような抗弁であれ、会社が抗弁を取得した場合には商法八一条一項により、社員もまたこれを援用して給付を拒絶することができることは明らかである。そこで問題は会社が抗弁を放棄した場合の社員への影響如何に限られる。この場合の考え方としては、①会社の抗弁放棄は社員に影響を及ぼさない（大隅他）、②原則として会社が抗弁（たとえば時効の抗弁、期限猶予の抗弁）を放棄しても社員には効力を及ぼさないが、会社が法律の規定により自己の抗弁を失った場合（たとえば除斥期間の経過、債権譲渡の異議なき承諾による抗弁の喪失）には社員も抗弁を喪失する（伊沢（孝））、③すべて社員に影響する、などに分けることができる。このうちいずれの考え方が妥当かの問題を解く鍵は、商法八一条一項で会社に属する抗弁の援用をなにゆえ社員に認めたかにある。私見によれば、商法八一条一項は同八〇条と密接な関連を有する。確かに合名会社は法人格を有するゆえに法律上、一個の独立した存在として法律関係を形成することができる。しかしその財産的基礎の弱さのゆえに債務関係においては、合名会社だけで法律関係が完結せずに、財産的基礎を補充して会社の信用能力を高めるという政策的配慮のもとに社員の人的責任が存在する。したがって債務関係においては、会社と社員とは法的には別個の存在であっても、「経済実質的」には一個の存在である。この実質的同一性を法的に評価して、別個の存在である会社に属する抗弁の社員による援用が認められたのである。この実質的同一性から、会社に属する抗弁の援用を認めるのであれば、同じ理由で、会社が抗弁を喪失すれば社員もまたこれを喪失すべきである。さもなければ実質的同一性と論理的に矛盾する結論が導き出されるからである。もっとも会社と社員が実質的に同一の存在であるとしても、法的には別個の存在であるから、実質的同一性に法的地位を与えようとすれば、立法政策的配慮が必要である。そこで規定されたのが商法八一条一項である。そしてこの条項によって会社と社員の実質関係が法的に評価されるに至ったことに鑑みれば、社員の抗弁援用と表裏一体をなす、会社の抗弁喪失についても、抗弁の種類を問わず、すべて社員に影響が及ぶと解すべきである。また形式論からいっても、会社が放棄、喪失した抗弁はもはや会社に属する抗弁ということはできないから、社員はこれを援用することはできないということになる。

以上のように考えると、私としては、③説がもっとも妥当であるように思われる。

(2)　手続規定としての商法八一条一項の解釈

(ア)　会社・債権者間の訴訟で、会社債務の存否が確定するとき、確定判決の既判力によって、判決に示された命題と矛盾する内容の命題の主張が妨げられ、またそれにともなって矛盾する命題を理由あらしめる事由の主張もできなくなる(30)。すなわち債権者の会社に対する請求が棄却された場合、会社は債権者からの再度の請求に対して前訴判決の既判力をもって対抗することができる。これを既判力の抗弁ということができる(31)。この抗弁を社員が援用することが許されるか。また債権者の会社に対する請求が認容された場合、会社はその判決の既判力により判決の基準時までに有していた、給付拒絶のための抗弁を喪失（手続法上主張することができなくなる）する。社員は、この会社が喪失した抗弁を援用することが許されるか。右の問題と商法八一条一項とはどのようなかかわりを持つかが問題となる。

(イ)商法八一条一項は右の問題を解決するために設けられたと説明する教科書、注釈書等が、ドイツにおけるのとは異なり、わが国においてはほとんどないことに注目する必要がある。ただわずかに商法八一条が新設される以前ではあるが、次のような論述が、なされている。「本来会社ニ属スル抗弁ヲ社員カ行使スルコトヲ得ルヤ否ヤト謂フニ原則トシテ社員ハ会社カ抗弁ヲ為シ得ル範囲内ニ於テノミ之ヲ主張スルコトヲ得ヘキモノト謂ハサルヘカラス即会社カ拘束力アル債務ノ承認ヲ為シタル場合又ハ会社ニ対シ判決カ確定シタルトキハ会社ノ債務ハ社員ニ対シテモ確定セラレ社員ハ之ニ対シ抗弁ヲ提出スルコトヲ得ス独逸商法第一二九条一項ハ此点ニ関シ規定ヲ設ケタリ此点ハ保証人カ主タル債務者ノ抗弁ヲ用フルコトヲ得ルヤ否ヤノ問題ニ関シテテト略同一ニ之ヲ論スルヲ得ヘシ(32)」。最後の部分、すなわち社員の抗弁援用権の問題と保証人の抗弁援用権の問題とを同一に論じることができるとする点は問題であるとしても、ドイツにおいてＨＧＢ一二九条一項によって法規上の解決が試みられた、会社判決の社員への効力の問題をわが国においても解釈論として、しかもＨＧＢ一二九条一項と同じ趣旨で認めようとする試みが行われていたことは興味深い。それにもかかわらず、立法者が自らＨＧＢ一二九条と同趣旨の規定として設けたと説明している商法八一条につき、その後この規定を手続規定として取り扱う者はなかったというのが従来の学説の状況である。[33]

(ウ)私見によれば、商法八一条一項は会社に帰属する既判力の抗弁を社員が援用することができる旨、ならびに会社に対する既判力の抗弁を社員に対して援用することができる旨を認めたものである。

まず、商法八一条一項が実体規定たる側面を持つことは、少なくともわが国においては、異論がない。[34] そこでこれを認めることを前提にする。その際確かに「他人の実体権（抗弁権）を援用する権能を有する者が、他人の訴訟法上の権能をも当然に行使しうると結論するのは飛躍である」[35]。またある者が他人の実体法上の抗弁を援用する権能を有するとき、その他人が当該抗弁を主張することが手続法上できなくなったからといって、その抗弁の援用権者も直ちに援用権を喪失するわけではない。右に述べたことは実体法上の抗弁と手続法上の抗弁とは法的に別個の存在であって、一方が存在するからといって他方も存在し、一方を喪失したからといって他方も失われるというように形影相伴う関係にはないことを意味する。したがって商法八一条一項が手続法上の抗弁を含むとすれば、その根拠ないしそのように解さなければならない必要性が存在することを要する。そして私見によれば右の必要性は存在する。それは会社と社員の実質的関係に由来する。この点についてはここではこれ以上立ち入らず、後述（三の(3)）に委ねたい。ところで右の結論を支える補強的な根拠としては次のことを挙げることができる。すなわち商法八一条一項が社員の会社に属する「抗弁」の援用について規定を設けたのは、わが国独自の立法の必要に迫られたからというわけではなく（けだし社員の地位が従属的である以上、会社に属する抗弁を社員が援用できるのは当然と解するむきが多かったからである）、ＨＧＢ一二九条二・三項と同趣旨の規定を設ける際、念のため一項に相当する規定も置いておこうとしたためであると思われる。しかし採り入れられた当のHGB一二九条一項は、ドイツにおいては、会社判決により会社債務が確定されれば、社員に対しても確定されたものとするという重要な役割をも担っていたのであり、立法者の意図としては、HGB一二九条一項は実体規定ならびに手続規定を制定するために両規定に共通する「抗弁」ということばが用いられたわけである。そしてHGB一二九条一項の解釈としては、異論もあるが[36]、両規定を含むと解するのが多数である[37]。

㈢　会社判決の社員に及ぼす効力

(1)　債権者の会社に対する訴訟において、債権者の請求を認容する判決あるいは請求を棄却する判決は社員に対してどのような効力を及ぼすであろうか。わが国では、ドイツとは異なり、合名会社は法人であると規定されたことにより、合名会社と社員とは別個の責任財産を持つ、別個の権利義務主体であることは疑われていない。したがって合名会社の負う債務と会社債務のために社員が負う債務（責任）とは単一の債務ではない。それゆえドイツに見られた両債務の単一性から導かれる種々の帰結は直ちにわが国において通用するわけではない。そこでわが国においては両債務がどのような関係にあるかが先決問題となる。

(2)　わが国においてはドイツにおいて有力であるところのいわゆる依存関係説（Abhängigkeitstheorie）を受けて、会社債務に対する社員の債務の付従性、従属性から会社判決の社員に対する効力を認めようとする説がある[38]。しかしその際、付従性の範囲、判決効の種類について争いがある。すなわち付従性を片面的にのみ認める立場から社員に有利な判決についてのみ反射効が及ぶとする説、会社債務と社員債務間の完全な付従性を前提として債権者、会社間の判決は社員に対して有利にも不利にも既判力を拡張するという説に分かれている。さらに近時は依存関係という概念で合名会社事例を分析することをやめ、社員間の強い信頼関係から当然の任意的訴訟担当が行われている関係にあるとして会社判決は社員に有利にも不利にも既判力を及ぼすとする説、会社と社員との間に紛争過程上の依存関係を認めて、会社判決は有利にも不利にも社員に及ぶとする説など学説は多岐に分れている。

(3) 私　見

① 実体法的考察

ドイツにおいては合名会社の法人格が否定される結果、債権者と合名会社および社員の実体法関係につき次のような見解があった。債権者は合名会社および社員に対し一個の債権を有し、この一個の債権のために会社財産および社員の個人財産が責任財産を構成する、と。しかし合名会社に法人格が与えられているわが国においては、会社は社員とは別個の債務者たる地位を持つ。すなわち会社が債権者に対して負う債務と社員が債権者に対して負う債務とは別個のものである。別個の債務であることを前提にしたうえで両債務の関係が問題となる。

ところでなにゆえ会社債務のために社員が責任を負うのかについて、ドイツにおいては、会社といっても個々の社員から切り離された存在ではあり得ないからであるという、いわば当然の理としてこれが認められるとする見解と、会社は個々の社員から切り離された存在ではないとしても、会社財産と社員財産とは截然と区別されるのであって、社員が個人財産をもって責任を負うのは当然の理とは言えず、合名会社については資本の確定、充実のための制度的保障が欠け、その結果会社の財産的基礎が弱い。それにもかかわらず、会社の信用能力を高めるために政策的、技術的配慮にもとづいて社員の責任が認められるのであるとの見解の対立があった。しかしわが国においては、ドイツと同様、会社の財産的基礎が薄弱であるにもかかわらず、会社はそれ自体完結した法主体として取り扱われるのであるから、会社債務のための社員の責任は当然の理とは言えず、商法八〇条一項は、法人格の付与とはあい容れないが、合名会社の信用能力を高揚するための政策的規定と解することになろう。すなわちわが国においては合名会社に法人格が付与される結果、合名会社は一個の法主体（individuelle Einheit）として、個々の社員とは別個の存在として活動することができる。しかしその活動によって生じた会社の債務が問題となるや、債権者との関係においては会社という一個の法主体のみで法律関係は完結せず、会社の信用能力高揚のためという政策的配慮のもとに、同一内容を持つ社員の責任が登場するというわけである。したがって会社の債務関係という局面においては合名会社はあたかも各社員の集合的結合（kollektive Einheit）という性質をもってあらわれ、この場合会社は個々の社員から切り離された存在ではなくなることになるのである。(39) 以上のことから社員の債務はその範囲、態様において会社の債務と同一であるとの結論が導かれる。すなわち会社債務と社員の債務の間には、会社債務の存在しないところに社員の債務も存在しないという関係、換言すれば、会社債務の無効ないし消滅は直ちに社員の債務の無効ないし消滅につながり、また会社債務の増減は直ちに社員の債務の増減につながるという関係が存在する。これを保証債務について使われる付従性ということばで表現することもできようが、それは単なる比喩的な意味を持つにとどまり、むしろ会社と社員の間の実質的同一性ないし不可分一体性から右の結論が導き出されると考えるべきである。そしてこの社員の責任は、社員が会社の営業活動によって生じる利益を直接享受することができることと対をなしているわけである。

もっとも定款に特別の定めがない限り、各社員が業務を執行する権利義務を有する（商法七〇条〔現会社五九〇条〕）のであるから、社員は他の社員の業務執行によって得た利益を享受する反面、他の社員の業務執行によって生じた債務につき責任を負う。これを可能にしているのは、社員間が強い信頼関係によって結合しているからであるといえよう。

② 手続的考察

①に見たように債権者の合名会社に対する債権と社員に対する債権とは強い関連性を有するにもかかわらず、法律上両者はあくまでも別個の債権として存在する。したがって債権者が会社に対して請求する場合と社員に対して請求する場合とでは訴訟物は異なる。会社に対する訴訟における訴訟物は会社債務であり、社員に対する訴訟における訴訟物は社員の債務である。しかしかように訴訟物が異なるとはいえ、会社に対する請求と社員に対する請求とでは同一の原因（たとえば会社と債権者との契約、会社の不当利得、不法行為など）にもとづいており、ただ社員に対する請求は商法八〇

条一項〔現会社五八〇条一項〕を根拠とするため、被告が会社に帰属する構成員（社員）であること、ならびに会社財産をもってしては債務を完済することができないことの証明の必要が加わるということになる。ところで同一の原因にもとづく二個の請求権を債権者が有するというだけでは、会社に対する訴訟によって得られた判決が社員をも拘束する根拠にはならない。同一原因であっても、それについての判断が裁判所によって異なることが可能であるからである。したがって社員が会社判決の判断内容に拘束されるという場合、そのための根拠が必要である。①で見たように社員の債務は会社債務の成立、存続を前提として成立、存続するものである。したがって会社に対する債権の存否は社員に対する訴訟における先決関係をなしている。しかし単に先決関係であるというだけでは会社訴訟の判断内容が社員を拘束するための十分な根拠たり得ない。

私見はそのための根拠として商法八一条一項〔現会社五八一条一項〕が存在するとするものである。けだし、ドイツにおいて会社判決が社員を拘束するかの問題につき立法による解決の必要性が存在していたように、わが国においても立法による解決の必要性が存在しており、ドイツにおいてHGB一二九条一項がその必要性に応じた規定であったように、わが国においてもそれと同趣旨の商法八一条が存在しているからである。すなわち、(ア)既に見たように会社と社員とは法律上別個の存在であり、したがって会社債務と社員の債務も法律上別個である。社員は自己の債務の存在を争うために、その前提たる会社債務を会社とは別個に与えられてよい。また債権者としても社員の債務を社員に対して追求する際に、会社に対する敗訴判決によって、社員に対しても会社債務の不存在を争い得なくなる、いわゆる二重の喪失危険（das doppelte Verlustesrisiko）を当然のこととして負うわけではない。以上のことから会社債務の存否について会社に対すると社員に対するとで別個の判断がなされるとも考えられる。(40) (イ)しかし他方で、①で検討した社員の債務が債権者に対して担う役割に立ち返ってみると、債権者の会社に対する請求が判決によって確定したとすると、社員の債務の存在理由からすれば、会社財産をもってしては債権の充足が得られないのであれば、会社判決の内容どおりの責任を社員は負う。すなわち前訴たる会社敗訴判決に社員は拘束されるという結論が導き出されてよいであろうし、逆に社員の債務は会社が債務を履行すべき場合に同一内容で履行すべき債務であり、会社が債務を履行する必要がない場合には原則として社員も履行の必要を免れるべきである。社員の債務は会社が履行する必要がなくなったときに備えて履行すべきものであるという性質を持つものではないからである。そうであるとすれば実体法のみならず手続法上の事由によって会社が履行の必要を免れるのであれば、社員もまた右事由を援用して債権者の請求を免れるのである。換言すれば会社が債権者に対して勝訴判決を獲得すれば、社員は会社に属する既判力の抗弁を援用して債権者の請求を退けることができるべきであるとも考えられる。そして(ア)、(イ)を較べた場合、(イ)の見解が①で考察した会社債務をめぐる会社と社員の密接な関係に合致した見解であると評価され得よう。そこで(ア)説と(イ)説の対立相剋の中で、(イ)説に軍配を挙げるべく商法八一条一項が規定されたものであると考える。

ところで商法八一条一項は「社員ハ会社ニ属スル抗弁ヲ以テ会社ノ債権者ニ対抗スルコトヲ得」と規定したが、その意味は右に述べたように実体法上の抗弁、手続法上の抗弁を問わず「会社ニ属スル抗弁」で債権者に対抗することができるということである。この規定はＨＧＢ一二九条一項と同趣旨でありながらその体裁に若干のずれがある。ＨＧＢ一二九条一項は実体法、手続法を問わず会社が主張することのできない抗弁を社員もまた提出することのできない旨を明らかにしようとしたものであるし、またそのように解されている。これに対し商法八一条一項の文言からその趣旨を読みとることは難しい。しかし商法八一条一項を制定する際、ＨＧＢ一二九条一項と右の点で殊更区別しようとしたものでないことは前述のとおりである。しかも社員が会社に属する抗弁を援用することができると規定された実質的根拠が、会社債務をめぐる会社と社員の密接不可分的存在に根ざしていることに鑑みれば、債権者が会社との訴訟で会社債務を確定する判決を得た場合には、会社に対して得た会社債務の確定を社員に対しても通用させることが会社と社員の実質的関係に見合った解決であるということができる。

ところで本章本節二(1)で検討したように、実体法上の抗弁については、会社に属する抗弁に関する限り、その取得の場合のみならず、その喪失の場合においても、社員の援用権は常にその運命に服するものである。しからば、会社と社員との債務の関係をめぐる実質的同一性に鑑みて、債権者・会社間の訴訟における会社敗訴判決のゆえに、会社が手続法上その抗弁を提出することができない（＝喪失した）場合にも、社員はその運命を甘受すべきである。したがって債権者は会社に対抗することができるのと同一の手段（方法）で社員に対抗することができて然るべきである。すなわち、債権者は会社との後訴（たとえば会社からの請求異議訴訟）で会社の抗弁提出に対し、それが前訴の口頭弁論終結時前に発生したものであれば原則として、前訴判決の既判力の効果としてこれを遮断することができるのであるから、社員との訴訟において右抗弁の社員による提出に対して、会社に対する前訴判決の既判力の効果が会社に及ぶことにより当該抗弁は遮断されることを、社員に対しても、前訴判決を援用することによって主張することができると解すべきである。以上のことは規定の形式に即して見れば、社員が対抗することのできる「会社ニ属スル抗弁」とは実体法上、手続法上の原因によって会社がこれを喪失している場合には、もはや「会社ニ属」さない抗弁となったのであるから、社員の債権者に対する対抗手段とはなり得なくなった、と形式論理的には評価するべきであるということになる。この結論は会社に対して敗訴した債権者が「会社ニ属スル」既判力の抗弁をもって社員に対抗されることとの関係で公平にかなっている。

③　手続権保障の観点から見た右の結論の評価

定款に別段の定めがなければ各社員は業務を執行する権利義務を有し（商法七〇条〔現会社五九〇条〕）、業務を執行する社員は各自会社を代表する（商法七六条〔現会社五九九条〕）。そして会社を代表する社員は会社の営業に関する一切の裁判上の行為を為す権限を有する（商法七八条一項〔現会社五九九条〕）。他方定款または総社員の同意があれば、業務執行社員中特に会社を代表すべき者を定めることができる（商法七六条〔現会社五九九条〕）。また同様にして数人の社員が共同して会社を代表すべき旨を定めることができる（商法七七条一項〔現削除〕）。

定款または総社員の同意がなく各自代表するという場合には、一人の社員あるいは、代表社員を定めている場合には代表権を有する社員の業務執行により会社が負った債務につき他の社員は連帯責任を負う。一人の社員が為した行為によって生じた債務につき会社財産のみならず、他の社員が彼の個人財産をもって責任を負うことは、一面では財産的基礎の弱い合名会社の信用能力を高めることになるが、他面、他の社員は自己の個人財産を犠牲にするという危険を負う。このことが可能であるのは合名会社が社員間の信頼関係によって結合する人的会社であるからである。ところで代表権を有する社員は裁判上の行為を為す権限も与えられている（商法七八条一項〔現会社五九九条四項〕）。その訴訟追行はあくまでも会社が負う債務につき会社の有する防禦方法によってのみ行なわれる。しかし会社債務が判決によって確定すれば社員は会社債務の存在を会社訴訟の口頭弁論終結時前に会社に属していた抗弁をもって争うことができなくなるというのが私見による結論であった。すなわち会社債務の存否については、これを争うことを代表社員に委ねたと評価することができる。社員の債務にとって先決関係を有する会社債務の存否については代表社員の訴訟追行に委ねるというのは、社員の一人のなした行為により会社が債務を負えば、その債務のために社員が責任を負うに至るのと同様、これを社員間の強い信頼関係による結合ということで説明しようと思えばすることができる。

ところで前述のとおり、会社と社員とは別個の責任財産を有する別個の法主体である。確かに社員は会社の債務のために連帯責任を負うのであるが、会社の債務の履行を請求して会社に対して提起する訴訟と商法八〇条一項にもとづく社員に対する訴訟とは別個の訴訟であり、社員は自己に対する訴訟で先決関係としての会社債務の存否を争う手続上の地位を有している。代表社員が会社に対して提起された訴訟を追行する場合、それは社員個人に対する訴訟とは別個の会社訴訟を追行するのであって、他の社員は、会社債務の存否を争う権限を代表社員に委ねたとしても、このことから代表社員に他の社員個人の訴訟における訴訟追行まで委ねたということは、当然のこととして、言うことはできないはずである。したがって代表社員と他の社員との間に当然の任意的訴訟担当の関係があるとはいえないのではないだろうか。少なくともそれは比喩的な意味を持つにとどまるのではないか。しかしそのような関係にはないということと、代表社員による訴訟追行の結果たる会社債務の確定を社員も争うことができなくなる、すなわち会社訴訟における判決の効力が社員に及ぶということとは別である。後者については商法八一条一項のゆえに、代表社員の訴訟追行の結果たる判決の効力を社員が受けることになり、その結果会社に帰属していたが会社が提出することができなくなった抗弁を社員が自分に対する訴訟において自己を防禦するために提出することができなくなるのである。以上のように考えると、商法八一条一項は、社員が自己の訴訟において自己を防禦するために会社債務の存在を争う手続上の権利と債権者が会社に対して獲得した会社債務の確定をでき得る限り実効性のあるものとすることとをはかりにかけ、両者の均衡点を一方では会社に属する既判力の抗弁を社員も援用できることを認め、他方では会社に対する既判力の抗弁を社員に対しても援用することを認めることの中に見出したと解することができる。もっとも代表社員が追行する訴訟の判決の効力を受ける社員の利益を保護すべきことも場合によってはあり得るのであって、そのための方策としては、まず事前の措置として共同代表の定めを定款に掲げることが考えられる。これがない場合には会社訴訟に社員が参加する方法がある。その際、社員に会社の訴訟行為に抵触する訴訟行為を認めないのでは社員の利益保護に欠けるから、社員が会社訴訟に参加する場合には共同訴訟的補助参加人の地位を与えるべきである。[41][42][43]

㈣　判決効の種類の確定

⑴　商法八一条一項によって、会社が債権者との訴訟において判決を受けたとき、債権者からの請求に対して社員はどのような抗弁を提出でき、またどのような抗弁を遮断されるかを考察するという私の立場からしてもなお社員は会社・債権者間の判決の既判力を拡張されるのか、それとも反射効とも呼ぶべき効力を受けるのかという問題が残る。もっとも既判力拡張といっても、先決問題として既判力の本質をどのように考えるか、既判力の作用をどのように見る

かなどの問題の解決に迫られることであり、また反射効といっても論者によって様々な使われ方がなされているため、私としてどのような内容を持つ効果として反射効ということばを使うかを明らかにする必要がある。しかし既判力の本質および作用をどのように考えるかについては、結論を後日の検討に俟たせていただきつつ、当面、現在わが国で有力多数である訴訟法説をとることにし、また既判力の作用については、これを前訴判決の判断内容に対する矛盾判断の禁止として作用すると考えることにする(44)。

(2)　反射効については次のように考える。およそ判決の存在と内容が問題となる場合は大きく四つに分類することができる。

1　判決の判断内容に立ち入ることなく、判決の存在といういわば外在的事実が一定の実体法上の効果をひき起こし、あるいは訴訟物とは異なる実体法上の請求権を発生ないし行使可能にする場合(45)。

2　判決の存在が一定の実体法上の効果をひき起こし、あるいは訴訟物と異なる実体法上の請求権を発生ないし行使可能にするのであるが、その際この効果を受け、あるいは請求を受ける者が判決の判断内容に拘束される場合(46)。

3　判決の存在というよりはその判断内容の拘束力の問題ではあるが、この拘束力を後訴裁判所が認めるためには、当事者の主張（援用）が必要であるという場合(47)。

4　判決の判断内容の拘束力の問題であり、かつこれを当事者の主張（援用）を俟つまでもなく、後訴裁判所が職権で調査すべき場合。

1は通常判決の法律要件的効力と呼ばれるものであり、4は通常既判力拡張と呼ばれるものである。問題は2および3である。2については判決の存在という外在的事実から一定の実体法上の効果（ないし請求権）が導かれるという側面に着眼すれば、これを法律要件的効果と呼ぶことができるであろうし、判決の判断内容の拘束力という面に着眼すれば既判力拡張と呼ぶことができる。あるいはこの場合も当事者の主張（援用）を俟って前訴判決の内容を斟酌することになるであろうから、この点に既判力拡張との相違を見てこれを反射効と呼ぶこともできよう。3については、これまた当事者の主張を俟ってはじめて裁判所が前訴判決の内容に拘束される点に既判力拡張との相違を見出し、両者をあくまでも区別するためにこれを反射効と呼ぶことができるであろうし(48)、これをもまた既判力拡張として位置づけることも可能である(49)。

しかしより重要なことはこれらの場合の名称を何と呼ぶかという問題ではなく、具体的事例がどこに組み入れられるかである。それによって判決の存在を争うことができるか、判決の存在を争うことはできないとしても判決の判断内容と矛盾する主張が許されるか、判決の判断内容に拘束されるとしても判決の存在を当事者の主張を俟って斟酌すべきか、裁判所が職権で調査すべきか等の実際的な相違があるからである。

(3)　そこで合名会社判決の社員に及ぼす効力について、それが前記1〜4のどれに組み入れられるかの検討を要する。その際商法八一条一項（HGB一二九条一項）をもって会社にあらたな債務発生の原因を判決が与えた規定であると見るHofmann流の法律要件的効果説は商法八一条一項の解釈としてかなりの無理があり、したがってこれを採用することはできないと考える。そこで問題は3に組み入れられるべきか4に組み入れられるべきであるかに絞られる。

結論から言えば、この事例は3に組み入れられるべきではないかと考える。その理由は第一に、商法八一条一項は「社員ハ会社ニ属スル抗弁ヲ以テ会社ノ債権者ニ対抗スルコトヲ得」と規定しており、「対抗スル」か否かの判断を社員に委ねる形式をとっていること。第二に右のことは単に形式にとどまらず次のことを意味している。すなわち社員が自分に属する固有の抗弁をもって債権者に対抗することができることは当然のこととして掲げず、会社に属する抗弁については実体法上の抗弁であれ、手続上の抗弁であれ、「抗弁」として「会社ニ属スル抗弁ヲ以テ債権者ニ対抗」することができること、あるいはこれとの公平上、実体法上の抗弁であれ、手続上の抗弁であれ、会社が喪失した抗弁は主張できず、あるいは会社に対して相手方が取得した抗弁をもって社員は対抗され得るということを表明したものである。

すなわち本条はある者と他の者の間で手続上確定した事柄であることを第三者が援用して自らに対する請求を拒むための抗弁事由とすることができる旨を規定したものである。このことはなんらかの法規範の存在なしには行われ得ないであろう。そして本条はこれを可能とするための規定である。第三に、社員が右抗弁をもって対抗しないとしても裁判所の威信にかかわるわけでも、法的安定性を欠くわけでもないこと、等が挙げられる。以上はいささか粗雑かつ素朴な考え方であり、その基礎づけは今後の検討課題であるが、合名会社判決の社員に対する効力を、当事者から適格性あるいは紛争主体としての地位を受け継いだ承継人と判決内容の拘束力をともに受けるということから、他のあらゆる点でも同日に論じなければならないかについては疑問なしとしない。(50)

以上のような考え方を反射効説と呼ぶか、当事者の主張（援用）にかかる既判力拡張説と呼ぶかはもはやことばの問題であって重要ではない。しかしここでは抗弁によって前判決の内容を後訴の当事者間で不可争とする場合を便宜上（制度の本質上既判力拡張と異なる機能を有するものではないという意味で）反射効と呼ぶことにする。

㈤　社員訴訟が先行する場合の若干の問題

(イ)　債権者の社員に対する訴訟において、社員が会社に属する抗弁をもって争ったが奏効せず、請求が棄却された後、債権者の会社に対する訴訟において請求が棄却された場合、社員は債権者からの強制執行に対して、会社に対する棄却判決の存在を理由として請求異議の訴えにより執行をくい止めることができるか。

(ロ)　債権者の社員に対する訴訟において、社員が会社に属する抗弁をもって対抗し、請求棄却の判決を得た後、債権者が会社に対して訴訟を提起し、請求が認容された場合、社員は債権者の再度の請求に応じなければならないか。

(1)　(イ)、(ロ)の問題を具体的に論じる前に次のことを明らかにしておく必要があろう。

①　まず会社債務と社員債務の実体法的論理関係を考えてみると、社員債務は会社債務の存在を論理的前提として存在する。したがって会社債務の存在しないところに社員債務が存在することは実体論理的にはあり得ないことであ

る。他方、会社債務が存在する場合には、常に社員債務が存在すべきであるとは言えない。社員は自己に固有の抗弁（たとえば債務免除）を提出することによって会社債務の存在にもかかわらず、自分に対する債務の履行を免れる旨を主張・立証することにより自己に対する請求を免れることがあり得るからである。

② 手続的関係、債権者・社員間の判決は会社を拘束することはない[51]。しかし債権者・会社間の判決は社員を拘束する（商法八一条一項）。社員を拘束するということの意味は、判決によって新たな債務が発生し、その新たな債務のために社員が責任を負うということではなく、債権者・会社間の判決の判断内容に矛盾する主張を社員は、あるいは社員との関係において債権者は禁じられるということである。したがって債権者・会社間の判決は、債権者・会社間の実体法関係ならびに債権者・社員間の実体法関係になんらの影響も与えない。

(2) (イ)の問題は社員に対する債権者の請求が認容された後、債権者の会社に対する請求が棄却されたという場合である。

この結論を端的に表現すれば、社員は自分の債務を履行すべし、会社はその債務を履行する必要なしということになる。これは会社債務がないところに社員債務が存在するということであって(1)①の論理からすればあり得べからざることである。しかしこれに手続的論理を加味すればどうか。

社員に対する訴訟において追求されるのは社員債務であり、会社に対する訴訟において追求される会社債務とは別個の債務である。したがって社員に対する訴訟の訴訟物は、会社に対する訴訟の訴訟物とは異なる。しかし前述（(1)①）のとおり、社員債務は会社債務の存在を前提として存在するものであるから、社員に対する訴訟において会社債務の存否の判断は先決問題である。この先決問題につき既に会社に対し裁判所の判断が下されていれば社員はその判断に従う（(1)②）が、会社に対する裁判所の判断がない場合には社員は独自に会社債務の存在を争う地位を有する。しかも社員のこの独自の地位による訴訟追行の結果は会社になんらの影響も与えない（(1)①）。したがって社員に対すると会社に対するとで統一的判断の手続的保障がない限り、異なる判断が下されることがあり得る。しかも(1)①の論理とは逆に、社員に対しては会社債務が存在し、また社員の債務も存在すると判断され、会社に対しては会社債務が存在しないと判断されることも可能である。この判断のそごを回避するためには常に会社訴訟を先行させるか、社員に対して訴訟を提起する場合には常に同時に会社に対する訴訟共同を必要とすることに依ることになる。いずれも否定されるということは、(1)①に述べた実体論理に反する結論を手続論理上認めるということにほかならない。ところで(1)②に述べたごとく会社に対する訴訟で会社債務の不存在を認めると判決することは、実体法上会社債務は不存在であることとは一致しない。以上のことから、(イ)の問題において社員は請求異議訴訟で、後続する会社に対する棄却判決を異議事由とすることはできないと考える(52)。

(3)　次に(ロ)であるが、先行する社員の訴訟においては社員が勝訴し、後行する会社訴訟においては会社が敗訴したというものである。

会社債務が存在しても社員債務は存在しないということはあり得ることであるから、右の結果は(1)①の論理に反するものではない。しかも手続論理からいっても、(2)で述べたごとく、社員に対する請求棄却判決は会社に対する請求を妨げるわけではなく、したがって会社に対しては認容判決が下ることも可能である。確かに社員は会社敗訴判決に拘束される。しかし会社債務が社員に対しても確定されるとしても、社員は自己固有に帰属する社員債務を履行する必要なしとの既判力ある判断をもって債権者に対抗することができる。さらに会社敗訴判決によってあらたな、判決を理由とする債務が発生するとの立場をとらない私見(1)②にあっては、(ロ)の問題において社員は債権者の再度の請求を、債権者・社員間の前訴判決の既判力により退けることができると考える。

(六)　会社判決の社員に対する執行力拡張

(1)　昭和一三年の商法改正の際、HGB一二九条一項ないし三項まではわが国に採り入れられ、商法八一条に結実した。しかし会社判決の社員に対する執行力拡張を否定したＨＧＢ一二九条四項が右商法改正の際、顧りみられなかったのは、わが国の合名会社には、ドイツにおける判例、通説とは異なり、法人格が与えられている結果、あらためて明文の規定を設けるまでもなく、執行力拡張は否定されると考えられたためであろうことは想像に難くない。しかし、ドイツとは異なり執行力拡張否定の趣旨を明文で規定しなかったために、わが国においては執行力拡張肯定説が解釈論として主張されるに至っている。

(2)　会社判決の社員への執行力拡張を肯定するか否定するかは、執行力拡張の規準をどのように考えるかにかかっている。そして執行力拡張の規準をどのように考えるかについては説が分れている。(53) しかしいずれの説に立つにせよ執行力拡張を認めることの目的は、前訴の被告に対して得た執行力の実効性を最大限に確保することにあるといえる。(54) そこで債権者が合名会社に対して得た給付判決の実効性を最大限に確保するということの意味が問題である。

第一次的には会社財産からの執行による満足を目的として会社を相手に訴訟を提起した債権者は、給付判決を取得することによって会社財産に付する執行力を確保することで、会社に対する給付判決は最大限の実効性を確保したということができる。したがってそれ以上、社員の財産からの執行を会社に対する債務名義と社員に対する執行文を得ることによって確保する必要はないと考えられる。(55)

しかし翻って考えてみると執行力拡張を受ける場合に社員が蒙むる不利益――会社債務が既に判決によって確定しているのであるからあとは社員に固有の抗弁を主張するための手続（通常は請求異議の訴えであろう）開始のための起訴責任を負担するという不利益――と社員が会社債務のために無限責任を負うことで信用能力が高められている合名会社の債権者が、社員に対してあらためて訴訟を提起しなければならないという債権者の側で蒙むる不利益との間のバランスがとれているかは問題である。ここでドイツにおいて、合名会社の法人格が認められるためには「現在ある規定よりもその構造が定型化され、強行法規の数が増加され、それればかりではなく、個々の社員が、経済的に望ましいと思われるよりはるかに鋭く、法的に会社から分離していなければならない。[56]」との主張があったことを想い起こすべきである。確かにわが国においては合名会社に法人格が与えられている結果、法的には会社と社員が分離されといるといえる。しかし経済的にも分離しているといえるかは疑わしい。株式会社とは異なり、資本充実、維持の原則ならびに資本確定の原則などが強行法規によって確保されていない合名会社にあっては、[57]株式会社などと較べてその財産的基礎が薄弱である。しかも合名会社においては社員の債権者が社員の持分を差し押えて営業年度の終わりにその社員を退社させ、社員の持分を自己の債権の満足に充てることが認められている（商法八九条〔現会社六一一条〕、九一条〔現会社六〇九条〕参照）ことに鑑みて、その財産的基礎はますます弱められていると言わざるを得ない。それでもなお合名会社の取引活動を円滑に行うことを可能にしているのは会社債務のために社員が自己の財産をもって無限責任を負うからである。このような事情に即してみれば、前述した社員の蒙むる不利益と債権者の蒙むる不利益を比較するとき、むしろ後者を重要とみて債権者に有利な判断をすべきである。すなわち起訴責任を社員が負担することにして、債権者が得た会社有責判決の執行力を社員に拡張する（会社に対する債務名義で社員に対する執行文の付与を受け社員の個人財産に執行する）ことができると考えるべきではないであろうか。[58]

もっとも社員が債権者に対して有する固有の抗弁が提出されること頻繁で、社員が請求異議訴訟で勝訴する蓋然性が高いのであれば、起訴責任の転換を認めることは適当ではない。したがって右の結論は社員の有する抗弁の稀少性によって支えられるものである。[59][60][61]

(3)　社員の責任についてドイツ法と異なっているのは、社員の責任に補充性がある点である。そこでこの補充性を執行段階でどのように評価するかが問題である。[62]

債権者が会社財産に対して執行したが奏効せずに終わったため社員に対して執行しようというときは（商法八〇条二項）、会社に対する執行が奏効しなかった旨は裁判所に明白であろうから、債権者は民執法二六条により社員に対する執行文付与を受けることができよう。(63) 社員が会社に弁済の資力があり、かつ執行が容易であることを証明できるときは（商法八〇条三項）、執行文付与に対する異議の訴え（民執法三四条）によってこれを行うことができる。債権者が会社に対して債務名義を得たが、会社に対して強制執行することなく、社員に対して直接責任を追及する場合には、会社が債務超過の状態にあるという条件を証明する必要がある（商法八〇条一項）。この証明は通常貸借対照表などを用いて行われることであるが、会社が債務超過の状態にあるか否かは実体判断の問題であり、社員の利益に密接なかかわりを持つ判断であるから民執法二七条によって処理されるべきである。

(24) 田中(耕)・前掲注(13)二五九頁以下。

(25) 石坂音四郎「保証人抗弁論」『民法研究2』（有斐閣、一九一三年）四二四頁以下。これによれば付従性には二義がある。一つは、一方の債務が不存在あるいは消滅すれば、他方も不存在あるいは消滅するという関係。他は一方の持つ狭義の抗弁権を他方も援用できるという関係。保証においては前者は明文による根拠なく事柄の性質上導き出されるが、後者についてはこれを認める規範が存在していることが必要であるとする。後に述べるようにBGBはこの両者を区別している。すなわちBGB七六七条は主債務と保証債務の範囲の関連の問題を、そして七六八条は抗弁の援用の問題を規定している。わが国では従来とかく前者の問題から後者の解答をひき出すことが行われてきた。しかし両者は密接な関連を有しながらも別個の問題であることに注意する必要がある。

(26) 木川統一郎「判決の第三者に及ぼす影響（三・完）」法学新報六八巻三号一八一頁。なお本文中のHGB一二九条一項は木川博士の私訳。

(27) Schlegelberger, Handelsgesetzbuch II, S. 1146, § 129 Anm. 1 u. 2.

(28) Düringer-Hachenburg, HGB II 2, 3. Aufl. S. 720, § 129 Anm. 1. なお『現代外国法典叢書、独逸商法〔1〕』前掲二一一頁注（3）一二九条解説（四五頁）参照。

(29) 『注釈会社法(1)』前掲注(22)三〇一頁参照。なお、ちなみにBGB七六七条一項一文は「保証人ノ債務ニ付テハ、主タル債務ノ其時時ノ現状ヲ以テ標準トス」と規定して、保証契約成立後の債権者・主債務者間の契約による影響が保証人に及ぶことを明示している。その趣旨は合名会社社員の債務についても同様に通用する。ただ保証については保証契約成立時に保証すべき債務額が定まっており、一定の債務額についての保証人の期待を保護する必要性が認められる。そこでBGB七六七条一項一文に対する例外として同第三文に「主タル債務者ガ保証ノ引受後ニ於テ保証人ノ債務ハ之ニヨリテ拡張セラルコトナシ」と規定した。しかしながら社員の責任については、保証人のように一定の債務額についての期待ということをその性質上考えることはできないから、むしろ同条項第一文の原則どおり広汎な付従性が認められる。

(30) 小山昇「既判力の客観的範囲について」中村宗雄先生古稀祝賀論集『民事訴訟の法理』(敬文堂、一九六五年) 三五九頁〔『著作集2』七頁〕参照。

(31) Stein-Jonas, 19. Aufl. S. 1381. 参照。

(32) 田中(耕)・前掲注(13)書二六〇頁。

(33) HGB一二九条一項とBGB七六八条一、二項とを比較されたい。

(34) HGB一二九条一項についてはこれを全くの手続規定(既判力拡張規定)であると解する説がある(A. Blomeyer, a. a. O. 五八頁注(39) S. 25)。

(35) 木川、前掲注(26)一六四頁注(五)。

(36) HGB一二九条一項を全くの実体規定であると解する説(Kuttner, Hofmann)、ならびに全くの手続規定であると解する説(A. Blomeyer)がある。

(37) Hellwig, Anspruch und Klagrecht (1924), S. 272, F.n. 21, Jaeger, a. a. O. 四五頁注(4) S. 62, Düringer-Hachenburg, a. a. O. 注(28) S. 720f. § 129 Anm. 1, Schlegelberger, a. a. O. 注(27) S. 1147 § 129 Anm. 6. など。

(38) わが国における議論の状況は既に本書三頁以下で紹介したので、ここでは以下の叙述に必要な限度でのみ紹介にとどめる。

(39) 『注釈会社法(1)』前掲注(22)二九九頁によれば「会社に対して社員が法律形式上別人であるとしても、経済実質的には同一人である」と説明されているのは本文の内容を指すものであろう。

(40) 新堂幸司『民事訴訟法〔第二版〕』(筑摩書房、一九八二年) 四四一頁参照。

(41) 新堂・前掲注(40)四四二頁。

(42) 上田徹一郎「判決効の主観的範囲拡大における法的安定と手続権保障との緊張関係の調和点」判タ二八一号四七頁〔『判

決効の範囲』（有斐閣、一九八五年）一一四頁）参照。

(43) その他ドイツにおいて問題となっていた審尋請求権保障のための法技術（必要的呼出、告知を義務づける等）の準用については、ドイツではいわゆる依存関係事例にそれが必要であるとの認識が薄い。実体法上の処分に服するということだけで、そのように解するべきかはなお検討を要するように思われる。但しこの点についての詳細は別稿に譲らせていただきたい。

(44) 鈴木忠一『非訟事件の裁判の既判力』（弘文堂、一九六一年）二〇頁参照。

(45) たとえば民法一七四条ノ二（確定判決の存在が確定した権利の時効を十年にするという実体法上の効果をひき起こす）、同四五九条一項（受託保証人に対する確定判決の存在が、保証人の主債務者に対する求償権の行使を可能にする）などが挙げられる。その他の事例については、鈴木正裕「判決の法律要件的効力」『山木戸還暦㊦』一四九頁以下参照。

(46) たとえば民事執行規則一〇条一号は「銀行等は、担保を立てるべきことを命じられた者のために、発令裁判所が定めた金額を限度として、担保に係る損害賠償請求権についての債務名義又はその損害賠償請求権の存在を確認する確定判決若しくはこれと同一の効力を有するものに表示された額の金銭を担保権利者に支払うものであること」と規定している。すなわち裁判所によって担保を立てることを命じられた者が、銀行等と支払委託契約を締結する方法で担保を立てたという場合、担保義務者に損害賠償請求義務を確認する確定判決があれば、銀行等に保証金支払債務（これは右の損害賠償債務とは別個の原因にもとづく別個の債務である）が発生し（あるいは抽象的には既に発生していた債務が具体的に行使可能となり）、しかも損害賠償義務の内容（額）が保証金支払債務の内容を規定するというものである。これによって保証金支払請求を受ける銀行等は損害賠償債務の範囲はより少ないものであることを立証して保証金支払義務を免れることはできなくなる（もっとも保証金額を限度とすることは当然である）。この点でたとえば確定判決を受けた受託保証人が主債務者に対し求償権を行使する際、主債務者は、債権者・保証人間の判決の効力を受けるものではないから、あらためて保証債務の存否、内容を争うことができるのと著しく異なっている。なお本条項については、最高裁判所事務総局編『条解民事執行規則』（法曹会、一九八〇年）三七頁以下参照。

(47) イギリスにおけるレス・ジュディカータの拘束力が効果を発揮するためには、当事者の援用を必要とする（住吉博「イギリス法における民事判決の拘束力」法学新報七五巻四＝五号一〇二頁以下参照）。さらにドイツにおいてAGBG二一条は、抗弁としての援用を前提とする片面的（第三者に有利な）判決効拡張規定を置いたことは注目に値する。もっともこの判決効拡張を体系上どこに位置づけるかをめぐっては争いがある（Schlosser, AGBG, § 21, 4, S. 418f.）。

(48) 小山教授の反射的効力（『民事訴訟法〔三訂版〕』青林書院新社、一九七九年、四〇九頁）はこれにあたるものであろう。

(49) Schlosser, a. a. O. 注(47) S. 419. なお既判力拡張の弾力化については、三ケ月章「わが国の代位訴訟・取立訴訟の特異性とその判決の効力の主観的範囲」『研究6』六〇頁参照。

(50) 抗弁に依存するにもかかわらず、この点はAGBG二一条の判決効を既判力拡張と把えるSchlosserの見解は首肯できる。もっともこの点については批判もある。たとえばGaul, Die Erstreckung und Durchbrechung der Urteilswirkungen nach §§ 19, 21 AGBG, Festschrift für Beitzke, S. 1035ff.

(51) この命題はあくまでも原則論である。たとえば社員が提出した相殺の抗弁を容れて債権者の請求を棄却する判決の効力が会社に及ぶかの問題は別途考察の余地がある。

(52) 社員が後に不当利得返還請求（訴訟）を債権者に対して行なうことが考えられるが、債権者の社員に対する債権の満足は判決を債務名義として為された執行によるものであって、右訴訟に前訴の既判力は及ばないとしても、債権者の満足は法律上の原因なくして行なわれたものであるということはできないから、右請求による循環も考えられない。

(53) 諸説について、中野貞一郎「執行力の客観的範囲――承継執行と転換執行――」『山木戸還暦㊦』二八八頁以下参照。

(54) 新堂幸司「訴訟当事者から登記を得た者の他位㈡」判例評論一五三号一〇八頁〔『争点効㊤』三四〇頁〕。

(55) 中野(貞)・前掲注(53)三〇四頁参照。

(56) Lehmann, ZHR 74, S. 464. なお上柳克郎「合名会社の法人性」『大森還暦』一一頁参照。

(57) 昭和一三年の商法改正前には、資本維持のための配慮がなされ、次のような規定が置かれていた。即ち商法六六条は「社員ノ出資ノ減少ハ之ヲ以テ会社ノ債権者ニ対抗スルコトヲ得ス但本店ノ所在地ニ於テ其登記ヲ為シタル後二年間債権者カ之ニ対シテ異議ヲ述ヘサリシトキハ此限ニ在ラス」と規定し、同六七条は「会社ハ損失ヲ塡補シタル後ニ非サレハ利益ノ配当ヲ為スコトヲ得ス　前項ノ規定ニ違反シテ配当ヲ為シタルトキハ会社ノ債権者ハ之ヲ返還セシムルコトヲ得」と規定していた。これらの規定が債権者の保護を目的とするものであることは明らかであった。もっとも右規定の前身である旧商法一一九条は「社員ノ持分ヲ減シタルタメ会社ノ債権者カ其会社財産ヨリ得ヘキ弁償ヲ減損セラレ又ハ支障セラレタルトキハ減少ノトキヨリ二个年内ニ在テハ其減少ニ対シテ異議ヲ述フルコトヲ得」と規定していたが、その趣旨は予め会社の資本を確定しておいてそれを維持することによって債権の引き当てとなる財産を確保しておこうとするものではなく（日本学術振興会編、法典調査会、商法草案議事速記　第貳巻ノ一七　松岡発言参照）、債権者が引き当てとなることを期待した財産につき、あたかも詐害行為により責任財産の減少が行なわれた場合に債権者保護の必要があるのと同趣旨で、しかも詐害の意思を問題にしないという形で（前掲、二ノ一三、本尾発言ならびにロエスレル、商法草案上巻　第一三〇条解説二九八頁参照）、設けられたものであった。

昭和一三年改正まで右に掲げた諸規定（六六、六七条）が保持されてきたのであったが、同時に他方で、一定の条件にかかりこそすれ、社員の無限責任も認められていた（六三条）。そこで社員が無限責任を負うのであれば、会社財産を確保して債権者の利益をはかる必要はないと考えられた結果、昭和一三年の改正の際、六六、六七条は削除されるに至ったという経緯がある（鳥賀陽他「商法改正法案を評す㈢」法学論叢三四巻三号四九八頁参照）。

(58)　執行力拡張の前提として会社判決の既判力が社員に拡張されることを要する（民執二三条の文言からは合名会社判決の社員に対する拡張が含まれることが一義的には明確ではない）。しかしこれは判決の判断内容の不可争力があればよいと解すべきであって、私見による反射効が及ぶ場合もこれに準じて取り扱うことができると考える。

(59)　Bettermann は執行力を否定することが実際上の必要性（das praktische Bedürfnis）と全く合致すると説明する Denkschrift の考え方には全く賛成できないと主張して暗に執行力肯定の実際的必要性を示唆している。

(60)　社員に起訴責任が転換されることが認められると解した場合の、社員の抗弁主張の方法が問題である。私としては社員は固有の抗弁をもって請求異議事由とすることができると考える。確かにわが国においては、ドイツと同様、請求異議事由の発生時期について制限が設けられている（民執三五条二項）。しかし Wach や Bettermann の主張するとおり、わが国においても社員に固有の抗弁はその発生時期が会社訴訟の口頭弁論終結時前であったとしても請求異議事由となると解すべきである。すなわち請求異議事由に時的限界が認められているのは既判力の時的限界と密接な関連を有するのであり、訴訟物との関連で、口頭弁論終結時前に主張した、あるいは主張しようと思えば主張することのできた事由を後訴ないし請求異議訴訟で主張することを許すならば、訴訟の紛争解決機能は働かなくなり、それまでに費した労力、時間、費用が無駄になってしまう。そこで既判力ある判断の実効性を確保するためにはどうしても時的限界を設けて、それ以前に生じた事由の主張を遮断する必要があるわけである。しかし事柄の性質によっては基準時前に生じた事由（あるいは主張しえた事由）を基準時後に主張することを認める必要がある場合がある（たとえば相殺の主張について、通説、判例は基準時前に相殺適状が生じていても基準時後の相殺の意思表示によって債務が消滅したことを主張することができるとするなど）。まして社員の固有の抗弁については、そもそも債権者・合名会社間の訴訟における訴訟物は社員の債務とは法律上異なる会社債務の給付であり、前訴において社員の抗弁をもって債権者に対抗する余地は全く与えられていなかったのであるからたとえ当該抗弁事由が会社訴訟の口頭弁論終結時前に生じたものであるとしても民執三五条二項の趣旨から判断してこれを請求異議事由にすることにはなんらの妨げもないはずである。このように債権者の会社判決による社員への執行力拡張に対して、社員が固有の抗弁を有する場合には請求異議の訴えによることができるわけであるが、これを債権者からの執行文付与の訴えにおいて主張することができるかは問題である。執行文付与の訴えに対して請求異議事由をもって対抗することができないとする判例（たとえば最判昭和五二年一一月二四日民集三一巻六号九四三頁他）、学説（たとえば中野貞一郎「執行文付与に関する訴訟と請求異議」『中田還暦㊦』一六九頁、同『強制執行破産の研究』（有斐閣、一九七一年）五四頁以下）などその他の文献についてはジュリ臨時増刊六六六号（昭和五二年度重要判例解説一三〇頁以下参照）がある。これに対しては有力な反対説（たとえば兼子一『増補強制執行法』（酒井書店、一九七一年）一〇〇頁）がある。筆者の見解はここでは留保させていただきたい。

(61)　既に述べたように（本稿（三）北大法学論集三三巻二号三八八頁（本書一〇八頁）以下）、社員からの抗弁提出の稀少性という規準についてはその不明確さと相まって疑問が存するのではあるが、この点については後日の検討を俟つことにし、とりあえず本稿では本文のように解することにする。

(62)　既に述べたように、この社員の責任の補充性は債権者の社員に対する請求権の行使条件であってそれ以上の意味を持つものではない。したがってこの性質によって社員への起訴責任の負担転嫁が妨げられるものではないと考える。

(63)　社員が商法八〇条二項にもとづいて弁済すべき額が会社財産をもって満足を受けられなかった額に限られるか、会社債務全額であるかは争いがある。しかし後者が判例、通説である（田中誠二他『三訂コンメ会社法』一〇〇頁参照）から、これによれば、会社に対する執行が奏効せずに社員に対し執行する場合でも、会社に対する債務名義をもってそのまま社員に対する執行文の付与を受けることができる。

六　おわりに

(1)　従来依存関係説が合名会社事例を好個の一事例として取り扱う際、合名会社事例においては社員の責任が会社債務に対して完全な付従性を持つとして、保証事例などと較べた場合、そこに付従性の程度の差が存在するとして、付従性の程度という視角から、保証事例においては保証人に有利な判決の効力のみが及ぶが、合名会社事例においては合名会社社員には有利、不利を問わず会社判決の効力が社員に及ぶという結論の差異をひき出した。ところで付従性という概念は、合名会社社員の責任の性質をあらわす固有の概念というわけではなく、保証債務の性質につき使われていたものを合名会社社員の責任に借用したものである(1)。そして付従性という概念は多義性を持つものである(2)。私は本稿の準備作業を通して、合名会社事例を保証事例と同類のものとして程度の差はあるが付従性という概念で括ることができるかについて疑問を持つに至った。繰り返しは避けるが合名会社事例は合名会社の本質自体に即して判決効(拡張)のあり方が論じられるべきであると考える。

ところでBGBは、主たる債務と保証債務との関係について、主たる債務の範囲が保証債務の範囲に与える影響の問題(七六七条)と主たる債務者の持つ抗弁を保証人が援用することができるかの問題(七六八条)とを截然と区別している。そして近時BGHは後者の問題として主たる債務者が獲得した勝訴判決(債権者の請求を棄却する判決)の既判力が保証人に拡張すると結論した(3)。私見によればこれを既判力拡張とするか、反射効とするかは議論の余地がある(第五章第二節四参照)ことになるが、前訴判決の判断内容を争わせないために、前訴判決(の効力)を後訴で保証人が援用できる抗弁の一つとして評価するという観点は、合名会社判決の社員への効力問題を考察するうえで有用であった(商法八一条一項)。もっともある者が他の者の抗弁を援用することができるという関係が存在するとき、いかなる場合にも判決の存在を抗弁事由とすることができるかは問題である。これを肯定するためには事例ごとにもう一歩立入ってその論拠を探る作業が必要であると思われる。したがって合名会社事例における私見の持つ普遍性についての判断は今のところ留保せざるを得ない。

(2) 本稿では随所に未検討の箇所が残った。私見による反射効の充分な基礎づけ、一般化の問題の検討の他、執行力拡張についての論述に不足が目立つ。しかしとりあえず本稿を公にして大方のご批判を仰ぎつつ、先に進みたく思い敢えて本稿を発表する次第である。

(1) 『注釈会社法(1)』前掲一二四頁注(22)三〇七頁参照。
(2) 石井照久『会社法(下)』(勁草書房、一九六七年) 四二四頁参照。
(3) BGH v. 24. 11. 1969, NJW 70, 279.

2　形成訴訟の判決効

※　本稿は、一九八四年に公刊された。そのため民法（旧三九五条但し書き等）、商法（会社関係訴訟は会社法に規定されるに至っている）、民事訴訟法、人事訴訟手続法（現人事訴訟法）、非訟事件手続法（現非訟事件手続法）、仲裁に関する民事訴訟法上の規定（現仲裁法）、ドイツのＺＰＯにおける人事訴訟規定（現FamFG）など参照した規定がすでに改正や廃止などによって変更されているものがある。しかし叙述が煩雑になることを避けるため、これを全面的に刷新することはしていない。また引用文献も同じ理由から執筆当時のままにとどめている。

一　はじめに

訴訟類型としての形成訴訟が定着するのは今世紀に入ってからのことである。その際形成訴訟という類型の下に包摂された諸事例は、一定の包括概念から演繹的に抽出されたものではなく、個別的、具体的な政策的配慮の下に規定されたものであった(1)。それゆえ、形成訴訟においては、諸事例を貫く統一的な理念ないし制度目的といったものは観念しにくく、むしろ個別事例ごとにそれを探究する必要すらあるといえる。したがって制度目的に照らして構成されるべき訴訟概念（訴訟物、判決効の客観的・主観的範囲等）もまた、まず各事例にあたって考えてみることが必要である。そして現にそのような方向での研究が進められている。しかし他方、右の必要をふまえながらもなお個別事例全体を見渡した上で、個別に構築された概念構成の他事例への通用性を検討するという体系志向的研究も学問上、意味がないわけではない。ただその際留意すべきは、構築された形成訴訟一般に関する体系を頑としてくずさずに個別事例に当て嵌めるという解釈態度は厳に慎むべきであるということである。(2) 本稿では形成訴訟一般の判決効論が論じられるのではあるが、一般的論義に意義を認めつつも、それには前述の意味での限界も存するのである。

さらには、従来形成訴訟中に含ましめられていた諸事例の中から、それでは論じきれない部分を取り出し、新たな訴訟類型を設定する試みも見られる。(3) 訴訟類型論はいうまでもなく流動的たるを免れない。(4) そこで本稿のテーマを論じるにあたり、まず、形成訴訟類型の下でどのような事例が取り扱われるかをひととおり見渡しておくことが有意義かと思われる。以下では、はじめに形成訴訟の種類を概観し、その後、形成力と既判力、形成力の主観的範囲と論述を進めていくことにする。

(1)　三ケ月章「権利保護の資格と利益」『研究1』四頁。形成訴訟の類型概念の成立過程については、Schlosser, Gestaltungsklagen und Gestaltungsurteile, 1966, S. 17ff. 参照。

(2)　この点で従来の議論が必ずしも望ましい方向になかったことを指摘するものとして、岩原紳作「株主総会決議を争う訴訟の構造（9・完）」（以下「構造9」と略す）法協九七巻八号一〇五六頁以下参照。

(3)　三ケ月教授の救済訴訟説（『研究2』四七頁以下・『研究7』一九頁以下）。竹下守夫教授の命令訴訟説（「第三者異議訴訟の構造」曹時二九巻五号七四三頁〔『民事執行における実体法と手続法』（有斐閣、一九九〇年）三三五頁〕）など。

(4)　訴訟類型の存在意義の相対性ならびにその手段的性格を指摘するものとして、小山昇『訴訟物論集』（有斐閣、一九六六年）一六三頁〔『著作集1』一五二頁〕、霜島甲一「総会決議の取消・無効を主張する訴訟の訴訟物」『実務民訴5』二一二頁参照。

二　形成訴訟の種類

1　形成訴訟の特質

(1)　形成訴訟とされる事例は、立法政策的配慮により、個別的、具体的に規定されている。しかしこれらの個々の事例をもって形成訴訟と称するためには、形成訴訟を他の訴訟類型から区別する判断基準が必要である。形成訴訟の特質を個々の事例を掲げる前に論じなければならない所以である。

(2)　特に確認訴訟との関係で通常説かれているところによれば、形成訴訟の特質は、形成判決の確定によってもたらされる法的効果を、他の訴訟の前提問題として主張することができない点にあるとされる(5)。この特質はしばしば対世効をもって形成訴訟の特質とする説(6)と対置して論じられ、対世効は形成訴訟に独自の特質ではなく、確認訴訟にも見られるものであるとの理由で前説の優位が主張される(7)。確認訴訟が対世効を持つと説かれる場合があることは確かである(8)。また対世効＝形成判決と見ることも誤りである(9)。しかし形成訴訟の特質に関する両説にそれ程の開きがあるものでもない。けだし権利変動の効果を、他の訴訟の前提問題として争うことのできない根拠は、法的確実性の保障や画一的処理の要請にあるのであって、そのためには多くの場合対世効を必要とするからである。対世効を形成訴訟の特質とする説も、これを論理必然的結びつきにおいてみるのではなく、量的問題としてのみ捉えているのである(10)。

(3)　それでもなお、前説をもって形成訴訟の特質とすべきである。後述のごとく、対世効は形成判決による紛争解決の実効性担保の第二次的手段にとどまるからである。しかしここでも前説をもって絶対的基準と言えるかはなお問題であり、これもまた量的問題にすぎないと考える(11)。

2　形成訴訟の種類

(1)　実体法上の形成訴訟　(イ)　身分訴訟　①婚姻の無効もしくは②取消〔民七四二条・七四三条、人訴一条〔現人訴二条参照〕〕③離婚または④その取消〔民七七〇条、人訴一条〔現人訴二条参照〕〕、⑤離婚無効〔規定なし〔現人訴二条参照〕〕、⑥縁組の無効もしくは⑦取消〔民八〇二条・八〇三条、人訴二四条〔現人訴二条参照〕〕、⑧離縁または⑨その取消〔民八一四条、人訴二四条〔現人訴二条参照〕〕、⑩嫡出否認〔民七七五条、人訴二七条〔現人訴二条参照〕〕、⑪認知〔民七八七条、人訴二七条〔現人訴二条参照〕〕、⑫認知の無効もしくは⑬取消〔人訴二七条〔現人訴二条参照〕〕

(ロ)　社団関係訴訟　①合名会社の解散〔商一一二条〔現会社八三三条〕〕、②設立無効〔商一三六条・四二八条〔現会社八二八条〕〕、③合併無効〔商一〇四条・四一五条〔現会社八二八条〕〕、④新株発行無効〔商二八〇条ノ一五〔現会社八二八条〕〕、⑤資本減少無効〔商三八〇条〔現会社八二八条〕〕、⑥株主総会決議取消〔商二四七条〔現会社八三一条〕〕、⑦株主総会決議無効、⑧不存在〔商二五二条〔現会社八三〇条〕〕

(ハ)　行政訴訟　本稿との関係では、抗告訴訟〔行訴三条〕のうち特に処分・裁決の取消訴訟が重要である。

(ニ)　短期賃貸借解除訴訟〔民三九五条但書〔現削除〕〕

(ホ)　債権者取消訴訟〔民四二四条〕

(2)　訴訟上の形成訴訟　①請求異議〔民執三五条〕、②第三者異議〔民執三八条〕、③再審〔民訴四二〇条〔現三三八条〕〕、④仲裁判断取消〔民訴八〇一条〔現仲裁四四条〕〕

(3)　形式的形成訴訟　①共有物分割〔民二五二条〕、②境界確定、③父を定める訴え〔民七七三条、人訴二七条〔現人訴二条参照〕〕

(4)　右のそれぞれにつき立ち入った検討を加える余裕がないので若干のコメントを付するにとどめる。

(イ)　(1)(イ)①⑤⑥の性質につき、確認か形成かの争いがある。[12] 後者の理由は画一的処理の必要性は②③と同様であるとするところにある。これに対し前者は、たとえば②については訴えによる旨の規定（民七四四条）があるが、①につき民法は沈黙していることを根拠とする。[13] この理由は形式的にすぎる。確かに形成訴訟は別個規定をまって存在する。したがってそれ以外の方法（例えば当事者の合意）によって新たに形成訴訟を創り出すことや既にある規定の類推適用は認められないと言われている[14]（numerus clausus 原則）。しかしこれに対しては、類推なのか解釈なのかの限界を設定するのは困難であるし、個別的例外規定であっても一律に論理上、類推が不可能でもない。例外規定といえどもその根底にある原理の類推は可能であるからであるとの反論がある。[15] 右の原則だけを盾にとっての主張は今日の理論状況から言って無理であろう。

なお⑩⑪⑫についてもその性質につき争いがあるが詳細は省略する。[16]

(ロ)　(1)(ロ)⑦⑧につき周知のように確認か形成か救済か性質論をめぐっての争いがある。[17] 今ここで議論の方向だけを示すと、右訴訟の性質をいずれかにふり分け、性質からの演繹でその属性を論じるやり方から、決議の実質的内容に応じた性質、属性を付与する方向――その際、決議内容を有効に分類する判断基準論が重要である[18]――、さらに決議の効力をめぐって、誰がどのような形でそれを争うことができるかの議論の精緻化が行われるに至っている。[19]

(ハ)　(1)(ハ)についてもその性質につき確認か形成か救済か考え方が分れている。[20] この訴訟の制度目的は、処分と不可分に結びついた処分の効果ないし事実上の結果が違法であるとしてその排除を求めることであり、[21] 処分の効力を争う方法としては抗告訴訟が唯一の手段であり、さらに判決の第三者効が明文で定められている（行訴三二条一項）ことからすれば、これを形成訴訟に組み入れ本稿の考察対象とすることは誤りではないであろう。[22]

(ニ)　(1)(ニ)の解除は判決によって行われることから、これを形成訴訟とするのが通説である。[23] もっとも解除の訴えと同時に抹消登記手続請求が許されることからすれば、(1)(ホ)の場合と同様、解除の効果を先決問題として主張することが可能との考え方も出て来よう（その場合の問題については⑤参照）。

(ホ)　債権者取消権の性質[24]ならびに(1)(ホ)の訴訟の性質については争いがある（形成か給付か両性か）。ところで形成訴訟説からすれば、債権者は取消判決の確定まで取消の効果を主張することはできない。しかし第三者異議の訴えに対し、詐害行為取消の反訴が提起されているときは両訴の判決を同時になし得るとする判例がある[25]。学説の中にはさらに詐害行為取消が別訴で行われていたとしても、弁論ないし判決の併合が行われるべきであるとし[26]、その上、取消権の行使を、否認権同様、抗弁で行い得るとするものがある[27]。これに従えば形成訴訟の特質は奪われ、給付訴訟説へ移行することになろう。ただ、その際取消訴訟が独自に行われた場合の給付訴訟との判断の齟齬を防ぐため別訴、反訴の提起を妨げる手だてを考える必要が出て来ようし、これで果たして取消をめぐる法律関係の画一的処理の要請に答えられるかの問題も残る[28]。

(ヘ)　(2)については第一に、諸訴訟の法的性質を形成訴訟と捉えることに対し批判があり[29]、第二に、いずれの訴訟類型に組み入れるかは一応別としても、それらを一律に何々訴訟として括ることができるほどその内容に同質性が見られるかも問題である[30]。したがって(1)(2)を同列に並べた上での単一的議論は不可能であって、本稿でも原則的には(2)一般を考察の対象からはずすべきであろう。ただ個別的に他事例との比較が可能な限りでこれに言及する。

(ト)　(3)の諸事例は、法が要件、効果を明定しておらず、したがって裁判所は法律的判断をするわけではないし、当事者の主張内容にも拘束されずに判断を行うのである。その判断作用は司法作用ではなく、行政処分であるとされる所以である[31]。即ちこれらは非訟事件に属する。もっとも非訟事件と形成訴訟とが厳格に区別され得るかは問題であるし[32]、また右の諸事例を一括して形式的形成訴訟＝実質的非訟事件と取り扱うことに対しては反論もある[33]。しかしいずれにせよ右諸事例は本稿の対象外のものとすべきと考える。

（5）兼子一『民事訴訟法体系』一四六頁、谷口安平「株主総会決議の不存在」鈴木竹雄等編『新商法演習1』（有斐閣、一九七四年）二七一頁、Schlosser, a. a. O. 注（1）S. 26. 東京地判昭和五六年七月二七日判時一〇二九号一〇〇頁等参照。
（6）三ケ月章『民事訴訟法』（有斐閣、一九五九年、以下『全集』）五三頁、同『民事訴訟法〔補正版〕』（弘文堂、一九八一年、以下『双書』）五八頁。
（7）Schlosser, a. a. O. 注（1）S. 25. は婚姻の存在・不存在確認判決を引き合いに出して、後説の不当の理由とする。Goldschmidt, Hat das ordentliche Gericht bei späteren Rechtsstreitigkeiten ein Nachprüfungsrecht hinsichtlich der Würdigung der Rechtsnatur eines gemäß den Bekanntmachungen von 16. /17. Dezember 1916 (RGBl, 1396, 1398) aufgelösten Vertrages durch das Reichsschiedsgericht für Kriegswirtschaft? AcP 117, 1ff.（23）も同旨。
（8）婚姻無効の訴え（人訴一条一項〔現人訴二条一号〕）を確認訴訟と性格づける場合（同一八条一項〔現人訴二四条一項〕との関連）などがそれにあたる（我妻栄『親族法』（有斐閣、一九六一年）五五頁、その他の文献につき山木戸克己『人訴法』（有斐閣、一九五八年）二二頁参照）。最一判昭和四四年七月一〇日民集二三巻八号一四二六頁参照。
（9）Binder, Prozeß und Recht, 1927, S. 305.
（10）三ケ月『全集』四六頁。
（11）三ケ月『全集』五三頁、小山昇「株主総会の決議を争う訴訟の訴訟物について」鈴木竹雄先生古稀記念『現代商法学の課題(上)』（有斐閣、一九七五年）二七六頁〔『著作集1』二二六頁〕は、債権者取消訴訟に則し、ある行為の効力否定を訴えによってのみ主張できる場合でも、そのことによりその訴えは当然に形成の訴えという性格を持つわけではないことが指摘されている。逆に形成訴訟とされながらも、その効果を抗弁として主張できるとの見解もある（RG112, 280）。なお Schlosser, a. a. O. 注（1）S. 115ff. 参照。
（12）確認訴訟説――我妻・前掲注（8）五四頁以下、中川善之助『親族法』（青林書院新社、一九五九年）一八二頁以下など。形成訴訟説――山木戸・前掲注（8）一七頁、兼子『体系』一四六頁、三ケ月『双書』六二頁以下によればこれが通説である。判例については、山木戸・前掲注（8）二二頁注（七）参照。
（13）我妻・前掲注（8）五五頁。
（14）類推の禁止はしばしば行政法学者により厳格に要求されている。しかもそれは類推による国家の権利侵害の拡大を許さないとの行政法上の特殊性（法治国家原理）に基づくものではなく、あらゆる例外は類推によって拡張することを、理論的に認められないことを理由とする（Forsthoff, Lehrbuch des Verwaltungsrechts, Bd. I, 10. Aufl., 1973, S. 164., Schlosser, a. a. O. 注（1）S. 280）。

(15) Schlosser, a. a. O. 注（1）S. 279ff.（285), また Schlosser によれば、ドイツの実務では、類推適用による形成判決の宣告は今日全く日常的法現象である（具体的については S. 277f. 参照）。

(16) 山木戸・前掲注（8）書五八頁・六七頁・七三頁、我妻・前掲注（8）書一二〇頁参照。

(17) 岩原・前掲注（2）論文六八二頁以下参照。

(18) 決議の実質的内容からその属性（無効たる効果を抗弁としても主張できるか）、ひいては性質（確認か形成か）を決定する判断基準の呈示として、決議が組織法に属するか行為法に属するかにかからせる鴻教授の見解（鴻常夫『商法研究ノートI』（日本評論社、一九六五年）一三六頁以下）ならびに小山教授の見解（前掲論文）がある。後者によれば、決議の効力否定が団体と《組織者》という団体内部における否定であるのか、相手方たる第三者との対外的社会関係における否定であるかを区別する。団体内部においては、法的価値の有または無が一義的であることが重要であり、多数決原理によって決定される団体意思は一義的でなければならない（二五六頁）。そのためには総会決議の効力の有無を訴訟物とする訴えを例外的に認め、かつ、これについての判決の効力を会社内部に対世的にする必要がある。他方でこの争点を訴訟において争う方法をこれを訴訟物とする訴えに限らなければならない（二五八頁）。ただし、団体内部における問題解決に任せるべきか否かは瑕疵の程度如何によるのであって（二五六頁）、不能ないし公序良俗というような一般法上の無効原因が存するときは、無効を前提問題として主張することができ、利益さえあれば、いつでも誰でも主張できる。会社外の第三者は、決議を争う訴えの原告適格を認められる必要はなく、反面において、無効又は不存在を攻撃防禦方法として主張できる（二八四頁）。結論同旨、中島弘雅「ドイツにおける株主総会決議を争う訴訟手続の変遷」県立盛岡短期大学法経論叢第一号六九頁（一一〇頁）。

(19) システム論の応用による岩原助教授の分析は、従来の性質論再考に新たな局面を開くものとして注目に値する。

(20) 南博方編『注釈行政事件訴訟法』（有斐閣、一九七二年）二二頁参照。

(21) 田中二郎「抗告訴訟の本質」菊井先生献呈論集『裁判と法(下)』（有斐閣、一九六七年）一一四五頁。

(22) 南編・前注(20)書二二頁は三二条一項につき立法者は形成訴訟説をとるとする。ドイツにおいても取消訴訟は行政行為の排除を目的とするものであり、形成訴訟に属するとされている（Eyermann-Fröhler, VwGO, 7. Aufl. 1977, SS. 227, 229.）。

(23) 兼子『体系』一四六頁、小山昇『民事訴訟法〔三訂版〕』（青林書院新社、一九七九年）九六頁、我妻栄『新訂担保物権法

（民法講義Ⅲ）』（岩波書店、一九六八年）三四五頁など。したがって抵当権者は賃借権登記抹消請求の先決問題として解除の効果を主張できないと解すべきことになる。もっとも解除請求と併せて登記抹消請求を提起することは認められよう。栗田隆「短期賃貸借解除の判決の効果」関西大学法学論集三二巻三・四・五合併号三三〇頁（三四六頁・三五一頁注（8））参照。

(24) 学説の分布については、松坂佐一『債権者取消権の研究』（有斐閣、一九六二年）一三〇頁以下、下森定「債権者取消権に関する一考察㈠」法学志林五七巻二号六五頁以下、中野貞一郎「債権者取消訴訟と強制執行」『訴訟関係と訴訟行為』（弘文堂、一九六一年）一六〇頁以下など参照。なお形成権説は、①債務者・受益者間の譲渡行為自体を取り消す権利とする説（石坂音四郎『民法研究㊦〔改纂〕』（有斐閣、一九二〇年）八二頁）、②詐害行為の処分権的効果には触れず取消の効果として詐害行為によって債務者の財産の責任に生じた変動が遡って消滅すると解する説（中野・下森）に分れる。

(25) 最二判昭和四〇年三月二六日民集一九巻二号五〇八頁、最二判昭和四三年一一月一五日民集二二巻一二号二六五九頁。

(26) 本間義信「判批」民商六一巻三号一〇〇頁、新堂幸司「判批」法協八七巻四号五二一頁。

(27) 本間（義）・前掲注(26)判批一〇一頁、新堂・前掲注(26)「判批」五二三頁、上田徹一郎「判批」『続民事訴訟法判例百選』（一九七二年）一九一頁、中務俊昌「判批」『民事訴訟法判例百選〔第二版〕』（一九八二年）二五三頁。

(28) 新堂・前掲注(26)判批五二五頁は別訴、反訴は訴えの利益を欠くとし、また抗弁事由であっても争点効なり参加的効力の活用によりこれに対処しうるとする。

(29) これらの訴訟の法的性質自体の再検討を迫る角度からの批判（三ケ月―救済訴訟説、竹下―命令訴訟説など。なお再審につき、確定判決の取消しに照準を合わせた訴訟物構成に対する批判として、小山昇「再審の訴えの訴訟物について」小室直人＝小山昇先生還暦記念『裁判と上訴㊦』一三六頁〔『著作集1』二四四頁〕と法的効果の主張の手段という角度からの批判（新堂幸司『民事訴訟法〔第二版〕』（筑摩書房、一九八一年）一四八頁）とがある。

(30) 中野（貞）「請求異議訴訟の法的性質」（以下「法的性質」と略す）『吉川追悼㊦』四〇一頁〔『現在問題』三四九頁〕は、執行関係訴訟につき、「各種の訴訟の内容は、必ずしも均質ではなく、判決による執行関係のコントロールの仕方も一様ではない」ことを指摘している。

(31) 兼子『体系』一四六頁。

(32) 三ケ月『全集』四六頁は両者の理論的限界づけは困難であり、むしろ理論的区別をたてることを断念するのが通説であるとする。しかし実際にいずれとして取り扱うかによって手続上の差が大きく、手続保障との関連で問題となり得る。したがって両者の区別の基準をたてておく必要があり、またその努力を続けられている。さしあたって鈴木正裕「非訟事件と形成の裁判」『新実務民事訴訟講座8』（日本評論社、一九八一年）三頁以下参照。

(33) 佐々木吉男「形式的形成訴訟の上訴」小室直人＝小山昇先生還暦記念『裁判と上訴(中)』（有斐閣、一九八〇年）六一頁以下参照。

三　形成判決の効力

1　形　成　力

(1)　形成力の二義性　(イ)　形成判決の確定により、当事者間の実体的法律関係が変動（創設・変更・消滅）する。一定の法律関係の変動については、法が法的確実性を期するため、裁判所に形成要件の存否を審理判断させた上で、判決による形成宣言にゆだねた。形成力はまずこの判決による実体的変動力を指す。この点に異論はない。

(ロ)　形成訴訟が一定類型の紛争に終局的解決を与える手段であることに鑑みて、判決により招来される法律関係の変動は通用力を持たねばならない。すなわち同一当事者間の後訴で判決による形成の結果と矛盾する主張を禁止する必要がある。この矛盾主張禁止という訴訟上の効果が、形成力の第二の意義である(34)。

この(ロ)の意義については、①右はまさに既判力の果たす役割であるとの立場ならびに②既判力ではなく形式的確定力によるとの立場から異議が唱えられている。そこで項をあらためて、既判力、形式的確定力と形成力の関連を論じることにする。

2　形成力と既判力

(1)　後訴において形成の効果を争おうとする者は、前訴で認定された形成権ないしは形成要件の存否を争う。そこで権利変動の適法性（Rechtmäßigkeit）あるいは有効性（Rechtswirksamkeit）が既判力をもって確定されるとの立場から、後訴における右の争いを遮断しようとの主張がある。

Hellwig によれば、既判力の作用は原告に権利変動を求める権利（形成権）が存在したこと、したがって権利変動が適法に（rechtmäßig）行われたことを確定することにある。(35) また Goldschmidt によれば、形成判決の有効性（Rechtswirksamkeit）は国家による形成行為の適法性に依存しており、これを欠く場合には権利形成の有効性が争われ得る。この適法性判断は国家に形成権が帰属するかにかかるところ、形成権は既判力により確定するのであるから、既判力が及ぶ限りで形成の適法性そして有効性を争うことはできない。(36) 両者は形成権の捉え方、帰属者、形成判決の本質、形成力の範囲など(37)に相違点を持ちながら、既判力の作用面で共通するものがある。この既判力の作用面から見た場合、次の Krusch の説も既判力による形成の結果の法的安定を狙うものとして右両説と類似するところがある。もっとも Krusch においては形成の結果そのものを既判力の対象とする点にその特異性が存する。

(2) Krusch によれば、形成された法律関係の法的安定性を得るためには、形成を形成原因の存在、不存在にかからせない必要があり、既判力はそのために存在する。すなわち既判力の役割は形成力の形成原因からの永続的抽離（die dauernde Loslösung）にある。ところで彼によれば既判力の対象は一定の法的効果であるが、形成訴訟においてはそれは、当事者の要求の対象である形成の効果にほかならないとして「既判力の対象＝形成の結果説(38)」と呼ばれている。(39)

(3) 右に述べた諸見解は、形成の結果の永続的安定性ないし形成の有効性（＝形成要件の不可争性）保障の手段として既判力に意義を見出していた。しかし形成の安定性（終局性）そのものの必要は当然としても、その役割は既判力が担うものかについては批判が呈示された。すなわち永続的抽離は判決の有効要件であって、有効な判決の一効果たる既判力発生の前提問題となりこそすれ、両者は一致するものではない。たとえば上訴期間の徒過により、判決が取消不可能となった時点で抽離は達せられる。しかしこれは原則として形式的確定力の保障するところであって、判決の判断内

容の拘束力たる既判力とは別個の問題である。以上はLentの主張するところである。(40)

形成の有効性は、形成の不可争性（Unangreifbarkeit）によって保障され、形成の不可争性は、判決の形式的確定力によって達成せられる。しかも形成の安定性にとって重要なのは、この不可争性の保障であるとするLentにとって既判力はもはや不必要な存在となる（既判力否定説）ことはむしろ当然の帰結であったといえよう。(41)

確かに形式的確定力により、永続的抽離が得られ、判決の有効性が保障される。しかしそれは当該の形成判決の存立が不動、取消不可となるというだけであって、他の訴訟における矛盾主張を禁止する効力まで得られることになるかは疑問である。(42)しかしながら抽離そのものは既判力とは別個の問題であるし、しかも形成の効果は後訴においても通用しなければならないとすれば、後述のように実体法の拘束力による承認義務は疑問であるから、形成力の訴訟法的効果に右の役割を期待すべきではないかと考える。

(4) それでは形成判決の既判力は否定されるべきであるのか。Lentの既判力否定説に対しては夙に、この理論からは形成判決による権利変動が法律上正当に招来せられたことを確定し、将来における争いを阻止する根拠はひき出されないとし、これこそ既判力の果たす役割であるとして疑問が呈示されていた。(43)即ち形成の存立自体は争わないが、その前提要件である形成原因に関する判断と牴触する権利主張がなされることを阻むために形成権ないし形成要件の存在を既判力を持って確定しておく必要があるのではないか。(44)この問題は具体的には、(イ)形成判決確定後の、敗訴被告あるいは第三者からの、形成権の不存在＝形成の不当を理由とする損害賠償・不当利得返還請求、(ロ)取消判決後の同一瑕疵ある行為の繰り返しをめぐって論じられている。

(イ) 損害賠償・不当利得返還請求　①妻の夫に対する、夫の不貞を理由とする離婚訴訟で妻の勝訴確定後、離婚原因の不存在を理由とする夫の損害賠償請求、②詐欺・強迫を理由とする婚姻取消判決による財産移転（民七四七条）後の、詐欺・強迫の事実不存在を理由とする不当利得返還請求、③請求異議訴訟における請求棄却判決確定後の、執行債務者による、執行債権不存在を理由とする損害賠償・不当利得返還請求、④行政処分取消訴訟における請求棄却判決後の、当該処分の違法性に基づく国家賠償請求等[45]。

右の諸事例において、損害賠償・不当利得返還請求を基礎づける主張を禁止するという目的を既判力によって達成するためには、民訴法の一般原則に従えば、それが訴訟物についての判断であることを要する[46]。④につき近時の学説の多数に従って、取消訴訟の訴訟物は処分の違法性であるとすれば[47]、国家賠償請求訴訟において違法性は前提問題であることを考えると、前訴の違法性判断と矛盾する主張禁止は既判力により達成される。しかし①②③についてはなお問題が残る。①②においては個々の形成事実が、後訴における争点として再び審理の俎上に乗せられようとしているのであり、これを既判力をもって遮断しようとすれば、右の一般原則による限り、請求原因事実を訴訟物とするほかはなく、それでは単なる事実判断が訴訟物＝既判力になじむかとの非難を受けることになるからである[48]。また③においては、請求異議訴訟の法的性質をどのように捉え、その訴訟物をどう設定するかは問題であるが[49]、少なくとも伝統的な形成訴訟説に従い、「執行力の排除」という形成に着目した概念を立てる限り、執行債権の存否の問題は判決理由中の判断にとどまり、後の損害賠償・不当利得返還請求を阻止しえないと思われる。

そこで①②では、個々の形成原因事実よりも抽象のレベルの一段高い形成権ないし形成要件を訴訟物に据え、③では右の訴訟物構成をとる限り、右請求を基礎づける事実につき前訴判断と矛盾する主張を禁ずるためには、従来の遮断効理論に対しなんらかの理論的補完が要請される。そのために考えられる方策としてはさしあたり次の二つがある。

(a)　争点効理論　前訴において個々の形成原因事実が主要な争点をなしていたことを前提として、後訴における当該争点の蒸し返しを禁ずる効力（争点効）を認める見解[50]。これによれば①②③における敗訴被告の主張は禁じられ、所期の目的は達せられる。しかしながらこの理論自体いまだ定着しているとはいえず[51]、今後どの方向に収斂して行くのかも予断を許さない状況にある。恐らく、遮断効論の精緻化とともにその適用領域は狭められつつも、なお、信義則の一適用場面としてその存在価値を見出していくものと思われる。[52]

(b)　矛盾関係の遮断効理論　前訴請求と後訴請求との間に訴訟物が同一であるという関係はなく、先決・後決関係にあるわけでもなく、したがって前訴判決の既判力が当然に後訴に及ぶという関係にないが、しかし実体法的には後訴請求の認容が前訴判決を無力なものにする関係がある場合、後訴請求を矛盾的反対要求として前訴判決の既判力の遮断効を及ぼす見解がある。[53]

矛盾関係にある請求として前訴の既判力に抵触するとされる事例のうち、本稿との関連で興味をひくのは、通常典型例として挙げられる、有責判決を受けた被告が、確定判決に基づいて取り立てられたものを、不当利得として返還請求する場合である。[54]これによれば、②の後訴請求での前訴被告の主張は前訴判決の既判力により遮断されよう。さらに③につき中野教授は、請求異議訴訟は、債務名義の執行力排除により被告たる債権者が実体上求め得ない給付結果を取得する可能性を奪うことを目的としているから、これを排斥する棄却判決は、逆に、強制執行による給付の実現を実体法に照らし容認する趣旨である。その確定後の原告の損害賠償・不当利得返還請求における強制執行の違法ならびに法律上の原因不存在の主張は、前訴の訴訟物たる法的地位の不存在の確定判断と矛盾するものであって、既判力によって遮断されるとする。[55]もっとも中野教授の場合、執行力の排除を求める地位の主張は執行債権の存否の主張と不可分一体に密着していることから、前者の判断のみならず後者についても、矛盾関係を持ち出すまでもなく、前提問題として既判力が及ぶとするものであり、右に引用したところは教授の論調からすれば、補助的論拠をなすにすぎない。このことはとりもなおさず、矛盾関係の遮断効論は訴訟物構成の広がりとともにその適用範囲を狭めるという関係に立つのであって、訴訟物構成の確定を先決事項としてその適用領域が決まる（構成の仕方如何によってはその存在意義を失って前提問題の既判力論に解消される）[56]ものであることを意味する。それだけに右理論の諸事例への適用も、軽々に判断し難いものがある。例えば、①についてはこの理論は使えまい。それにもかかわらず、夫からの後訴における離婚原因不存在の主張を禁ずるためには、その主張が信義則違反と評価される限りで、あるいは前訴の手続過程を事後的に評価して形成原因の存否についての前訴裁判所の判断の後訴での通用性を認めても前訴敗訴被告に不意打ちとならない限りで、主張禁止の効果を認めるべきことになろう(57)。いずれにせよ確たる結論は遮断効論、訴訟物論の一層の深化をまたねばならない。

(ロ)　形成対象の繰り返し　①株主総会決議取消判決確定後の、同一瑕疵を帯びた決議の繰り返し(58)、②違法な行政処分取消判決後の、同一行政処分の繰り返し、③第三者異議訴訟で請求が認容され、執行の停止、執行処分の取消確定後の、同一債務名義による同一執行対象に対する執行の繰り返し(59)。

諸事例における後行行為の効力につき、実体法的アプローチと訴訟法的アプローチが考えられる。まず前者から検討する。

(a)　取消判決後の同一内容の後行行為は実体法上当然無効との見解がある(60)。この説の問題点は、取消判決後の同一行為の再施が実体法上無効となる根拠が不明確である点である。この点につき西ドイツ連邦通常裁判所は第二の訴訟が形式主義であるとか、不必要な訴訟の重複による費用負担を根拠に挙げるが、これは後行行為の効力を否定すべしとの価値判断をする誘因にこそなれ、根拠にはならないと考える。

(b)　特に事例②に関し、行訴法三三条一項の解釈としていわゆる特殊拘束力説が主張されている。これによれば、右条項の「拘束」力は、判決によって行政庁がその趣旨に従って行動する義務を生じさせ(61)、これに反して繰り返された同一処分は違法とする(62)。この違法が無効原因であるか取消原因であるか争いがある(63)。しかし、いずれにせよそれらは実体法上の行為義務ないし不作為義務違反の行為に対する評価の問題であるから、評価基準たる行為義務の存在を前提とする。ところで判決によって実体法規範が創造されるわけではないし、判決の存在自体が無効原因を構成したり、取消原因を付加する規範も存在しない。そこで論者は拘束力を法律要件的効果ないし反射効と位置づけ、その根拠を行訴法三三条一項に置く(64)。

行訴法三三条一項は右の趣旨を明示していない。しかし同条の解釈として、同一内容の処分の再施による同一違法状態の作出禁止を読み込むことは不可能ではないであろう(65)。ただそのような解釈には次の二点で疑問がある。第一に法律要件的効果はいわば特殊例外的効果であるから、明確な規定を要するのではないかという点。第二に通常法律要件的効果という場合、判決の外在的存在に結びつけられる実体法上の効果であるのに対し、右条項では判決の内容的効果が問題である点。これらの疑問が残る限り拘束力＝法律要件的効果説にはにわかに賛同できない。

(c)　前述の如く、判決の実体法的効果からのアプローチは十分満足のいくものではない。そこで次に判決の手続法上の効力からのアプローチを検討してみよう。まず前訴（取消）判決の既判力のゆえに後行の繰り返し行為は無効となるとの見解がある(66)。しかしこれに対しては、既判力は当事者に実体法上の義務を課するものではないことからして、特殊拘束力＝無効説に対して述べた批判がここでも当て嵌る。

(d)　したがって後訴裁判所に対する判断効としての既判力説がここで主にとりあげられることになる。ところで前訴形成判決の主文は「……の決議」あるいは「……の処分」を取り消す旨の宣言から成る。決議、処分を特定する要素は、その行われた日時、主体、対象である。したがって主文に包含するものに限り既判力が生じるとの原則（民訴一九九条一項（現一一四条一項））を厳格に貫けば、特定要素、殊に日時を異にする後行行為に前訴既判力は及ばないことになる。しかし既判力の範囲は、主文の文言だけから確定されるわけではなく、それによって表現されるものを判決全体から解釈することによって確定される。むしろ問題は、日時の要素が右諸事例の訴訟物構成にとってどれほど意義を有するかにある。繰り返し行為に対処する訴訟物論という形で議論が進められてきたのはいわば当然のことと言えよう。

Böttcher は、原告が形成権を行使して従来の法律関係に変動をもたらすための形成訴訟と、相手方によって招来された形成を排除し、それ以前の関係を回復するための形成訴訟とを区別し、①②③は後者に属するものとした。(67) ここでの訴訟物はなされた形成を覆すための反対形成権ではなく、被告の形成権能（①では会社の決議権能、②では行政行為の正当性、③では執行行為の正当性）である。したがって既判力もこれらにつき生じる。すなわち前訴判決の既判力により被告の形成権能の不存在が確定し、これにより同一行為の再施が排斥される。(68) しかし形成権能ということで両行為間の同一性が肯定されるかは疑問であるし、決議・処分の違法性判断との関連など、既判力が及び繰り返し行為が排斥される過程が必ずしも明確ではないとの非難も免れない。(69) この点の解明に寄与したのが、①に関するArens説(70)と、②に関する小山説(71)である。

両説は考察の主な対象を異にしながらも、取消訴訟に決議・処分の客観的適法性遵守のコントロール作用を見、時間的要素を超えた客観的違法性を訴訟物の定点に据える点で共通性を有する。そして前訴における違法性判断は、訴訟物あるいは訴訟物の重要構成要素に関する判断として、同一事情、同一内容を前提とする繰り返し行為に対する取消訴訟において通用性を有するとする。これにより後行の決議・処分の維持は不可能となり、第二行為の取消判決が容易に得られることになる。(72)

(5)　右に述べたように形成の有効性を争わず、却ってそれを前提とした上でその結論を無力なものにされることから前訴原告を保護しようとの配慮から形成訴訟に既判力を認めるのが多数であり、また理論的にも形成権ないし形成要件の存在を確定しておくことは不可能ではない。既判力否定説はあるいはこれをも形成力の内包に組み込まれる効果として、形成力をもって、実際的必要に応じようとするのかもしれない。そうであるならば、既に述べた形成力の意義とは異なる機能を形成力に付加しようというものであって既判力というか形成力というかはもはや言葉の問題にすぎなくなり、却って混乱を招くことになりかねない。

(34)　小山『民訴』前掲注(23)四〇七頁、Calavros, Urteilswirkungen zu Lasten Dritter (1978), S. 128ff.（池田辰夫「紹介」民事訴訟雑誌二八号二八〇頁）。後者は、(イ)の効力を単に「形成」とし、(ロ)を固有の「形成力」とする。

(35)　Hellwig, Wesen und subjekive Begrenzung der Rechtskraft（以下 Wesen と略す）, 1901, S. 3ff., Anspruch und Klagrecht（以下 Anspruch と略す）, 1900, S. 480., System des deutschen Zivilprozeßrechts, Bd. I 1912, S. 773f.

(36)　Goldschmidt, a. a. O. 注(7) S. 13ff.

(37)　Goldschmidt は、法律関係の形成は国家による、国家に帰属する形成権の行使（国家の意思表示）の効果であるとする(a. a. O. 注(7) S. 16)。なお Goldschmidt によれば、形成力発生の要件は、①権利変動招来のための権利の存在と、②その行使である。これはいわゆる Seckel の二重要件論に近似する（Die Gestaltungsrechte des Bürgerlichen Rechts, Festgabe der Juristischen Gesellschaft in Berlin für Richard Koch, S. 239ff. Seckel 理論については鈴木正裕「形成判決の効力」（以下「効力」と略す。）法学論叢六七巻六号三八頁註⑪参照）。Seckel は訴え提起という形で行われる私法上の形成権行使と判決という形での国家行為の二重の要件が揃って形成が有効となると主張した。しかし彼はその理論的貫徹のため、訴え提起による形成権行使過程の瑕疵に基づく判決無効の理論を主張したため、後の学説に容れられなかった Goldschmidt も Seckel との実際的相違としてこの点を挙げている（一六頁、特に注(五二))。

形成力の範囲については、Hellwig が既判力＝相対効、形成力＝絶対効説に与していたのに対し Goldschmidt は既判力の範囲＝形成力の範囲説をとる。前者によれば既判力拡張を受けない第三者は、形成の適法性を争うことができるものの、形成の効果そのものは争うことができず、その間の齟齬は損害賠償請求によって埋められることになる（Wesen, S. 4 Fußn. 13)。後者は一応相対効説といえようが、純粋にはそう言い切れないことは次章で述べる。

わが国では兼子博士が、形成判決は国家（裁判所）の意思表示であるとの見解に反対し、形成関係の確定という判断行為にとどまるとしながらも、形成の有効性を適法性にかからせる立場に立っている（「行政処分の取消判決の効力」『研究2』一〇六頁以下）。

(38)　鈴木(正)・前掲注(37)「効力」三五頁。

(39)　Krusch, Das Wesen des Vergleichs zur Abwendung des Konkurses, 1933, S. 42ff.

(40)　Lent, Die sachliche Rechtskraft der Gestaltungsurteile, *ZZP* 61, 271ff. (287).（小野木常「紹介」法学論叢三九巻五号八一七頁以下、なお中田淳一「形成判決の既判力」『訴訟及び仲裁の法理』（有信堂、一九五三年）一九一頁以下参照)。

(41)　既判力否定説はわが国でもかつて三ケ月教授の主張するところであった。その基礎づけはLentとは異なっている。即ち教授によれば形成訴訟においては、判決の確定と同時に形成が生じ、同一の権利関係についての再度の裁判は論理的に考えられず、したがって一事不再理の理念の働く余地はない。また形成権は形成という目的の達成とともに消滅してしまうからその存否が再度問題になることはないし、形成要件が既判力をもって確定されるとの考え方は、一般の既判力理論に反する(『全集』三三頁・五一頁)。

(42)　Lentとても形成が後訴で争われた場合の前訴判決による形成の基準性の問題に眼をつむっていたわけではない。彼は、それは既判力とは本質的に異なる承認義務の問題として取り扱われるべきであり、その根拠は実体法の拘束力にあるとする(a. a. O. 注(40) S. 304)。なお、本間義信「形成力について」民事訴訟雑誌一四号八一頁以下も同旨であろう。

(43)　中田・前掲注(40)二一四頁。

(44)　三ケ月教授も、形成機能と確認機能を併有する救済訴訟を形成訴訟の原型とするに至り、既判力肯定説に移った(『研究7』六九頁注(一))。その場合既判力は基準時における形成権の存在を確定し、他の訴訟で前提問題としてそれが争われることを防ぐ機能を果たすものとする(『双書』六一頁)。

(45)　諸事例については、鈴木(正)・前掲「効力」四一頁、Schlosser, a. a. O. 注(1) S. 407f. 中野(貞)・前掲「法的性質」四〇九頁などを参照した。

(46)　小山昇「行政処分取消判決の効力について」(以下「効力」と略す)田中二郎先生古稀記念『公法の理論㊥』(有斐閣、一九七六年)一二一九頁〔『著作集2』一五二頁〕参照。

(47)　南編・前掲注(20)二九三頁参照。

(48)　小山『民訴』三八六頁、鈴木正裕「形成訴訟の訴訟物(以下「訴訟物」と略す)」民訴雑誌六号一三一頁以下。

(49)　救済訴訟説、命令訴訟説によれば、執行債権の存否が既判力の対象となり、問題も解決されよう。なお両説の批判として、中野(貞)・前掲「法的性質」三九九頁以下。

(50)　新堂『民訴』一四九頁。近時に至る判例の分析については、菅原雄二「判決理由中の判断の拘束力」判タ四八二号三七頁以下参照。

(51)　争点効の基礎づけについて学説は、信義則の一発現として捉えるもの(小山昇「いわゆる争点効について」ジュリ五〇四号八二頁、中野(貞)『過失の推認』(以下「推認」と略す)(弘文堂、一九七八年)二〇九頁など)と制度的効力として定着させるべく要件の精緻化を目指すもの（吉村徳重「判決理由中の判断の拘束力」法政研究三三巻三＝六合併号四四九頁〔『判決効㊤』八九頁〕、住吉博「『争点効』の本質について㈠㈡」民商六一巻二号一七五頁・五号七五四頁など）に分れる。なお信義則説に立ちながらこれを矛盾挙動の禁止の原則によるものと失権効に基づくものとに分類し要件化をはかるものとして、竹下守夫「判決理由中の判断と信義則」『山木戸還暦㊦』七二頁がある。

(52)　既に新堂教授自身（「訴訟物概念の役割」（以下「役割」と略す）判時八五六号〔判評二二三号〕一一六頁〔『争点効㊦』一四六頁〕）、争点効を遮断効論に位置づけるに至っている。なお争点効と遮断効の交錯状況については、『民事訴訟法の争点』〔吉村徳重〕二七八頁、同「判決の遮断効と争点効の交錯」『新実務民訴2』三五五頁〔『判決効㊤』一四五頁〕参照。

(53)　Rosenberg-Schwab, Zivilprozeßrecht, 13. Aufl. S. 939., A. Blomeyer, Zivilprozessrecht, Erkenntnisverfahren, S. 459 など参照。西ドイツでの議論については柏木邦良「西ドイツ民事訴訟法学の現況⑻⑼」ジュリ五三一号七五頁・五三二号六頁参照。

(54)　Rosenberg-Schwab, a. a. O. 注(53) S. 939. 中野(貞)・前掲『推認』二一〇頁参照。

(55)　中野(貞)・前掲「法的性質」四一四頁。

(56)　矛盾関係事例を別個に取り扱うことなく、先決関係の一事例に位置づけるものもある。Gaul, Materielle Rechtskraft, Vollstreckungsabwehr und zivilrechtliche Ausgleichsansprüche, JuS 62, 7., Zeiss, Zivilprozeßrecht, 4. Aufl. S. 201 など。

(57)　新堂・前掲「役割」一二一頁参照。

(58)　BGHZ 21, 34 ドイツ判例百選〔鈴木正裕〕一五六頁参照。本件では決議の繰り返しが行われたのは、控訴審係属中であり、しかもその際、前決議に付着していた瑕疵が治癒されていたというものである。本文事例は右判決を契機に決議訴訟の訴訟物、既判力が論じられるに至ったという経過の中から提出された問題である。

(59)　諸事例については Bötticher, Besinnung auf das Gestaltungsrecht und das Gestaltungsklagerecht（以下 Besinnung と略す）Festschrift für Dölle, Bd. I, S. 41ff.（本間義信「紹介」民訴雑誌一二号二〇六頁）、上村明広「形成対象の繰返しと既判力」民商五五巻一号二八頁（四二頁以下）を参照した。

(60)　①につき西ドイツ連邦通常裁判所のとった立場。

(61)　雄川一郎『行政争訟法』（有斐閣、一九五七年）二二二頁、最三判昭和三〇年九月一三日民集九巻一〇号一二六二頁など。

(62)　田中二郎ほか著『行政事件訴訟特例法逐条研究』（有斐閣、一九五七年）四三〇頁、南編・前掲注(20)三一二頁、吉川正

昭「判決の拘束力」『実務民訴8』二五九頁、なお拘束力の性質をめぐっては行訴法三三条の前身である行特法一二条につき議論があった（前掲『行政事件訴訟特例法逐条研究』四三二頁）。しかし現行三三条に移行する過程で右の議論に決着がつかずそのままひき継がれている（南編・前掲注(20)三〇四頁参照）。

(63)　吉川・前掲注(62)二七一頁以下参照。

(64)　中田淳一『民事訴訟法判例研究』（有斐閣、一九七二年）二〇八—九頁、鈴木(正)・前掲「効力」四三頁（いずれも行特一二条について）。

(65)　小山教授によれば、行訴法三三条一項が「その事件につき」と定めている以上、当該処分の取消の訴えにより、その処分が取り消されたことが関係行政庁を拘束するのであって、たとえ後の処分がその処分と同一事情のもとで同一理由に基づき同一内容でなされる場合であっても、これはその処分とは別の処分であるから、前処分の取消判決の拘束力は及ばない。拘束力はむしろ、ある処分が裁判上取り消された場合に、その処分の執行と直接に両立しない状態を覆滅して原状を回復する必要に応じるためのものである（前掲「効力」一二一五頁以下）とする。確かに三三条一項の解釈としてはこの方が抵抗が少ない。しかし法律要件効果説論者のような解釈が全く不可能とも言えないのではないか。

(66)　田中・前掲注(21)一一四五頁。

(67)　Bötticher, Besinnung, S. 41ff. なお Bötticher は以前、既判力否定説に与していた（Kritische Beiträge, S. 25）が、後にその実際的必要性を認めて肯定説へ移った（前掲論文の他、Die Bindung der Gerichte an Entscheidungen anderer Gerichte（以下 Bindung と略す）, Festschrift Deutscher Juristentag, 1960. S. 517）。

(68)　本間(義)・前掲注(21)二一三頁。

(69)　上村・前掲注(59)三八頁。

(70)　Arens, Streitgegenstand und Rechtskraft im aktienrechtlichen Anfechtungsverfahren, 1960.（井上正三「紹介」立命館法学三七号九〇頁、上村明広「紹介」岡山大学法経学会雑誌三四号九五頁）。

(71)　小山・前掲「効力」。

(72)　もっとも小山教授は「行政処分の違法取消性」を訴訟物にするにあたり、行政処分が法律による行政のもとでそれ自体法適用上の判断であり、取消訴訟は行政庁の法判断に対する裁判所の review という性格を持つことに着眼した。したがってそのような性格を持たない決議取消訴訟ではその訴訟物は取消の要求にとどめて足りないとはいえないとした（一二二一頁)。確かに個別特定行為の違法性判断にとどまらず、一定類型の行為の違法性を訴訟物の構成部分とすることは、既に上訴において認められているところであるから、ある国家機関の法判断に対する、他のあるいは上級国家機関による判断の正当性審査という点で基盤を共通にする行政訴訟につき、上訴理論の類推は容易である。しかし株主総会決議もそれが法律、定款に従って行われるべきことは法の要求するところであり、法が取消訴訟に法令遵守のコントロール機能を与えていることは同様であるから、両者の同列的取扱いは許されないことではないと考える（Schlosser, a. a. O. 注(1) S. 418f. は取消対象が国家行為でない場合にも、瑕疵ある行為に対し国家法上一応の有効性が与えられることにより通常の私法的法律行為とは異なるがゆえに、法主体間の武器平等原則から弱者に対し防禦権が与えられなければならないという点では国家行為と同等の取扱いを要するとする)。

なお兼子博士も、行政処分の繰り返しに対し、上訴理論の類推で、違法性判断に既判力が生じるとする（「上級審の裁判の拘束力」『研究2』八一頁以下)。しかもそこでは違法性判断は個々の形成原因事実たる瑕疵からはなれた違法性一般についての判断であり、主文中の判断たる「取消」と論理的に不可分一体関係にあるがゆえに、単に理由中の判断にとどまらないとされている。ただ兼子説の場合、形成要件の存否をもって訴訟物とする点で小山説と異なる。しかし、第二の処分につき前訴違法性判断が通用性を持つ（九三頁）点で共通するものと考える。

四　形成力の主観的範囲

1　形成力の対世効

(1)　対世効の意義

形成力は法律関係の創設・変更・消滅を含む法律関係の変動力であり、かつ形成の結果を不可争にする効力である。訴訟当事者が、後訴において、判決による形成を争うことができないのはこの形成力による。ところで形成判決により当事者以外の、訴訟に関与しなかった第三者もまたこの形成を争うことができなくなるとの主張がなされてきた。いわゆる形成力の対世効と呼ばれる現象である。

(2)　対世効の必要性

対世効の主張は次の必要に基づいている。すなわちそれは法律関係が訴訟当事者間でのみ変更を受け、他の第三者がこれを争うことが社会観念上好ましくない、あるいは団体法上の行為につき既成事実尊重や画一的処理の必要性といった公益的見地からの要請による。例えば婚姻関係が取消訴訟の適格者間で区々に判断されては社会生活に混乱を招くことになろうし、株主総会決議も取消訴訟ごとに有効・無効の判断が異なれば会社としては矛盾する判決の間で身動きがとれなくなる。このような事態を避けるために、関係者間で画一的処理を達成しようとすれば対世効が必要になる。

(3)　対世効達成の手段

(イ)　形成力　根拠について後述するが、形成判決の本質上、形成力は対世効を持つとの見解がある。

(ロ)　一般的承認義務　判決により形成された法律関係を何人も承認しなければならないとの見解。その内容および基礎づけは論者によって異なる。Lent は形成力を判決の存在を要件としてこれに結合する法的効果と解し、これを規定する実体法規範への万人の拘束力と捉えるのに対し[73]、Nicklisch は形成力が相対効（相対的権利形成）を持つ場合の、第三者に対する拘束力肯定の機能をこの義務に持たせている[74]。したがって後者ではその作用は形成力の絶対効となんら異なるものではなく、それだけにその根拠も明確ではない。鈴木教授の唱える一般的承認義務は国家法の存立それ自体を根拠とする。その際この義務が認められるのは正当適法かつ有効に権利変動が行われた場合であり、この点は既判力の確定するところであるので、既判力の拡張を受けない者は権利変動の瑕疵を攻撃できることになる[75]。

(ハ)　依存関係に基づく形成力拡張　A. Blomeyer は形成力の根拠を法律要件的効果としながら、第三者に対する拘束力をここからひき出すことなく、既判力の人的範囲に関する彼の原則――当事者自治の通用する領域では民事法上の依存関係ある場合に、当事者自治が剝奪されるところでは対世効――を準用する[76]。

形成力の対世効・相対効の議論は、形成力の根拠如何といった極めて理論的な角度からなされてきた。しかしそのいずれかにより実際的意義が鋭く異なるものであるかは疑問である。独自の立場から既判力＝相対効、形成力＝対世効のシェーマに批判を加えた論者(77)（Krusch, Nicklisch）も一般的承認義務に基づいて第三者の拘束力を認めており、また相対効とはいえ職権探知による身分判決の対世効は認めるという見解（Goldscmidt）(78)もある。したがって対世効・相対効の実際的意義は失われているという状況に鑑みれば、根拠論の理論的意義はともかくとして、拘束力を受ける第三者の側から見れば、形成力の対世効に基づくものであれ、一般的承認義務に基づくものであれ、既判力拡張根拠に基づくものであれ、その受ける効果は同一である点が重要である。そこで筆者は右の各々を拘束力達成の手段として同列に並べ、むしろ第三者の拘束力自体の根拠を問うということがなされるべきであると考える。

(4)　拘束力の根拠

(イ)　実体法拘束力説　　例えば次のような見解がある。形成力は確定判決の存在という外在的な事実を実体法規範が一定の法的効果の発生要件としたがゆえの効力であって、一般には法律要件的効果と呼ばれる効果類型と基本的に一致する。そしてこの効力が万人に及ぶのは、事実としての判決の存在は何人もこれを承認しなければならない以上、この事実を要件として生じる法的効果もまた何人に対しても通用しなければならないからであって、有効妥当な契約あるいは根拠ある契約の取消がすべての者に効力を及ぼすのと軌を一にする。かくして形成判決の拘束力は各人の実体法への服従から生じる(79)。確かに法律関係の形成は実体法規範が形成判決の存在に結びつけた効果である。しかし単にこの現象的側面を捉えてこれを法律要件的効果の一類型と位置づけることは、通常の法律要件的効果との関連で却って議論を混乱させることになりはしまいか。通常の法律要件的効果においては、判決の存在によって、権利関係の当事者は権利関係の変動ないしは請求権の発生を争うことができなくなる。しかしこの場合重要なことは、これらの者は決して判決の判断内容の拘束力を受けるわけではないことである。例えば民法四五九条一項の受託保証人による求償請求において判決の存在は求償権発生の要件たるにすぎず、主債務者はその判断内容にまで拘束されるわけではないから、主債務の不存在＝保証債務の不存在を主張、立証して保証人の請求を拒むことができるはずである。[80] ところが形成力を法律要件的効果としても、拘束力は単に判決の存在という事実のレベルにとどまらず、判決の内容たる判断自体に及ぶことになる。この相違は無視し得ない。判決の判断内容に第三者を拘束するにはそれなりの手続法上の根拠が必要であって、実体法への服従義務をもってこれを説明しきれるものではない。[81]

(ロ)　既判力拡張説　　前記(3)(ハ)説は形成力の主観的範囲を既判力の主観的範囲で画そうとしたものであり、形成判決の判断内容の拘束力の根拠を手続法理論に求めようとしたことは評価される。しかしそもそも民事法上の依存関係というだけで他に手続法的根拠なく既判力拡張が是認されるかが疑問であり、[82] したがってその形成力拡張への類推にも問題がある。

(ハ)　形成力本質説　　既に初期の学説において、形成力の絶対効は判決の形成的性質から導き出されると主張されていた。[83] しかしそれはどのような性質によるものか。近時の学説によれば、法律関係の形成を裁判所に委ねたことの中にあるとする。[84] すなわちそれは立法者の恣意によるのではなく、法律関係が特定の人的範囲を超えて広範囲に及ぶことを前提にして、形成を裁判所の事前の要件審理にかからせる公的利益があるとの判断に基づいている。ここでは形成を裁判にかからせたことは対世効を予定してのことであるということになる。しかし形成訴訟と雖も争いある当事者間での紛争解決の一手段であることは他の訴訟類型と異なるところはない。したがって裁判上形成への公的利益といってもそれは第一次的には当事者間における法律関係形成自体への関心に基づくものであり、形成力の第三者への拡張は当事者間での形成を実効あらしめる補助手段にすぎない。[85] すなわち形成を裁判所の事前のコントロールにかからせることと、形成された法律関係を他の第三者との関係で不可争とするかは別個の問題であって、後者は形成訴訟に限らず、給付訴訟でも確認訴訟でも共通に問題となり得る。[86] そしてそれはそのための手続規範上の根拠があってはじめて可能となるのである。そうであるとすれば形成判決が必然的に対世効を伴う（効力拡張規定は単なる注意規定にとどまる）わけではなく、また裁判上形成の性質上対世効が導かれるわけでもない。

ところで形成判決の対世効を認めるとこれを受ける第三者は訴訟に関与する機会を与えられることなく、他人間の訴訟の結果に拘束されることになる。これは第三者のいわゆる手続権を侵害することにならないか検討が必要である(87)。

対世効の正当化根拠として従来主張されてきたのは、①処分権主義、弁論主義の排除と職権探知主義の採用(88)、②当事者適格者の充実した訴訟追行への期待などである(89)。これらはいわば判決内容の正当化を保障することによって、その結果への第三者の服従を正当化しようというものである(90)。しかしまず①については、職権探知によって弁論主義下におけるよりかなり高い程度に合真実性が得られるものか疑問であるし(91)、たとえそれが得られたにしても第三者の訴訟関与にとって代わり、これを不必要とするものかは問題である(92)。むしろ職権探知は真実性担保の単なる補助的手段の域を出ず、これを対世効の正当化根拠とすることには無理がある(93)。②説についてもほぼ同様のことがいえる。けだしこれ非当事者の手続権が保障されたとすることはあくまでも擬制にすぎないからである(94)。

2　相対効説

(1)　以上に述べたとおり、対世効の理論的根拠とされてきた事由はいずれも十分納得のいくものではないし、また形成訴訟とされるすべての事例にそれが必要であるというわけでもない。他方身分訴訟、社団関係訴訟、行政訴訟など対世効がいわゆる公益的に要請されるところでは、紛争解決の実効性を確保するために形成力拡張規定が置かれている。それらは単に注意規定にとどまるものではなく、形成力拡張の手続規範として存在するものである。以上のことから形成判決も他の判決類型と同様、原則として相対効を持つものと考えてなんらさしつかえないものと思われる(95)。少なくともなんらの規範的根拠なしに形成判決であるという一点をもって対世効を主張することは許されない。

(2)　右の結論は手続保障の観点からも是認される。ドイツにおいてこの観点から相対効が主張されたのは相続欠格訴訟（Erbunwürdigkeitsklage § 2342 BGB）の如き事例においてである[96]。そこでは遺産債権者の関与なしに訴訟が行われるのであるが、その結果は右の者に重大な利害をもたらす。しかし、この者には判決効の拡張に際してなんら実体法上の保護手段は存せず[97]、手続法上も最低限の保障たる職権主義すら採用されておらず、それは基本法に反するものであるから、この者に相続欠格事由の存否につき再審理を求めることを許すべきであるというものである[98]。

右の例に見るように手続保障論は相対効の是認根拠という以上に、対世効規定がある場合でも、手続保障が欠けるところでは相対原則にひき戻そうとする機能をも担うものである。しかしそれでは却って紛争解決の実効性が後退を余儀なくされ、また区々の判断による混乱の懸念を生じる。そこで対世的紛争解決の根拠となるべき対世効規定を活かすため、あくまでもこれを不動のものとし、その達成のために第三者の手続保障の手段を整備するという方向で議論が展開されるに至っている。

3　手続保障の手段

(1)　形成訴訟による他人間の法律関係の変動に利害関係を持つ第三者の手続保障として現行法の枠の中で考えられるものは、まず第三者を共同訴訟人とすることである（固有必要的共同訴訟）。第三者が提起する婚姻の無効・取消の訴えにおいては夫婦をもって相手方とすることが法定されている（人訴二条二項〔現一二条二項により一般化された〕、養子縁組の無効・取消訴訟も同様、二六条）。このことは法定の場合に限らず、一般に「他人間の法律関係の消滅的形成を目的とする訴訟――例えば、抵当権者による短期賃貸借解除の訴え（民三九五条但書〔現削除〕）――において認められるべきである[99]。これは一般に、法律関係の形成に際し、当事者と対等の関係にある実質的利害関係人については正当な関与手段であろう[100]。

しかし右の基準であらゆる場合に共同訴訟人となるべき第三者の範囲が画定できるかは問題であるし[101]、当事者と直接の法律関係はなく、当事者と同等の訴訟追行権が与えられる必要もないが、なおかつ重大な利害関係を持つ第三者の訴訟関与の必要性も考えられる。後者の場合、固有必要的共同訴訟になじまないとしても、あとは当事者からの訴訟告知のみをもって訴訟係属通知の手段とするというのでは、十分な保護手段たり得ない。

(2)　そこで固有必要的共同訴訟か訴訟告知かの二者択一的発想ではなく、その間に中間的訴訟関与型態を設定して柔軟な対応を可能にする必要があると主張されている[102]。例えば父子間の嫡出否認訴訟における非嫡出子の母となる者、父子間の認知取消訴訟における子の母など、請求認容の場合、対世効によって自己の身分関係に重大な影響を受ける者に訴訟関与の必要がある[103]。そのための方策として西ドイツにおいては、以前からVwGO六五条二項の必要的呼出（die notwendige Beiladung）の民事訴訟への類推適用が提案されており[104]、またＺＰＯ自身、従前から対世効との関係で疑問視されてきた右の事例などの親子関係事件につき必要的呼出の制度を導入した[105]。この制度は親子関係事件にとどまらず、「手続に関与しなかった第三者の身分が、判決の対世効により害されることは許されない」との一般原則にひき直され、婚姻事件――例えば婚姻関係不存在確認と子――にも準用されるべきであるといわれている[106]。なおこの呼出に応じて参加した利害関係人の訴訟上の位置づけは、共同訴訟的補助参加人（ＺＰＯ六九条）とされている[107]。

わが国においてもドイツにおける右のような解釈傾向の影響を受けた解釈論の展開が見られる。身分訴訟に関し、吉村教授は、訴訟による自己の身分関係に影響が及ぶほど密接な利害関係を持つ者と相続権や扶養権など財産権を害されるおそれのある第三者とを区別して、前者には当事者による第三者の呼出（民訴七四条〔現五〇条〕、民執一五七条一項）を類推して必要的呼出を認め、後者には義務的訴訟告知（商二六八条三項〔現会社八四九条三項〕、非訟七六条〔現八八条二項〕）の類推により訴訟係属の通知を当事者に課することを提唱している[108]。両者の手続上の取扱いの相違は、前者では訴状送達、期日への呼出が必要であるのに対し、後者では訴訟係属の程度の通知で足りるという点にある[109]。

また株主総会決議を争う訴訟に関し、岩原助教授は、行訴法二二条の類推により、当事者もしくは訴訟の結果により権利を害される第三者の中立または裁判所の職権による第三者の訴訟参加を認め、その際の参加型態は共同訴訟的補助参加の性格を有すると解している(110)。そして第三者に対する右の手続の懈怠の効果としては、相対効（人訴一八条二項〔現二四条二項〕）ないし再審（民訴四二〇条〔現三三八条〕、行訴三四条）が任意に選択されることが許されるとする(111)。

ところで右のように、対世効の及ぶ第三者につき、なんらかの形での手続関与の機会を保障する必要があるとしても、その者の範囲は常に画定されるとは言えないし、またそれが可能であるとしても人数によってはその訴訟関与により訴訟が煩雑となり、混乱を招くことになりかねない(112)。そのような事態にどう対処するか、あらかじめ措置を講じておく必要があろう。吉村教授は第三者の法的地位の密接性と第三者関与による訴訟手続の繁雑化、費用、労力の負担増など比較考量して第三者の手続関与権が具体化されるとする(113)。その基準は必ずしも明確ではなく、また比較考量の結果、訴訟外に置かれることになった第三者に対する効力、手続保障の手段如何も明かされてはいない。Schlosser ははじめ関与者の範囲が類型的に（typischerweise）可視的か不可視的かの基準を立て前者においてのみ必要的呼出を要するものとした(114)。しかし後にはこの基準を放棄し、具体的状況の下で、範囲があまりに大きく、これらの参加により手続が混乱する場合には、比例原則（Verhältnismäßigkeit）により、呼出を行うべきではないとするに至った(115)。そして呼出が不可能である限りで、処分権主義の制限、弁論主義にかわる職権探知主義の導入を必要とした。しかし範囲が不可視の場合、あるいは具体的事例で関与が否定される場合、再び職権主義の擬制に戻るというのは疑問である。そこでドイツでは、その対策として、訴訟に関与できない多数の利害関係者を一つのグループと見て、その中の一人を代表者（Repräsentant）として訴訟に関与させる方法が主張されはじめているが(116)、いまだ立法論にとどまっている。いずれにせよこの問題の解明が今後の課題である。

さらに第二の問題は、手続保障の必要性と対世効との衝突に関するものである。対世効を受ける者の手続保障を強調し、第三者の訴訟関与の機会が保障されてはじめてその者に対する効力拡張が是認され、その保障に欠ける場合には対世効が制限されるということは、とりもなおさず対世効の否定につながる。訴訟に関与する機会が保障されたがゆえに判決の効力を受けるというのではもはや効力拡張ではなく、自己責任として効力自体を受けることにほかならない。逆に効力拡張規定は効力を受ける者が訴訟に関与しないことを前提としてはじめて意味をもつものである。なんらかの手続保障を必要とするぎりぎりのところまでつきつめてなおかつ保障なしに対世効が及ぶ第三者が存するとすれば対世効規定も意味をもってくる。あるいは単に一般公告で手続保障として足るという場合があれば、手続保障があったというか、対世効を受けたというかはことばの問題にすぎなくなり、その限りで対世効に意義があるといえるかもしれない。しかしそれらは果してどのような場合か。この点の解明も別稿に譲らなければならない。

(73)　Lent, a. a. O. 注(40) S. 306f.

(74)　Nicklisch, Die Bindung der Gerichte an gestaltende Gerichtsentscheidungen und Verwaltungsakte, 1964, S. 86ff. 彼は、形成される権利が絶対権であれば対世効、相対権であれば相対効とし、後者の場合の補完作用を一般的承認義務が担うとする。

(75)　鈴木(正)・前掲「効力」三一頁。

(76)　A. Blomeyer, *Zivilprozeßrecht*, 1963, § 94 II, S. 497f. Grunsky, Grundlagen des Verfahrensrechts, 2 Aufl. S. 550ff も同旨。Grunsky は、身分訴訟など公益的見地からの対世効事例をそれ以外の形成訴訟から区別し、後者では既判力の及ぶ範囲で形成力が及ぶとし、このように例外的に形成力の第三者効が及ぶ場合は必要的呼出による手続権保障がはかられるべきであるとする。

(77)　本文シェーマの確立者として Kipp, Die Verurteilung zur Abgabe von Willenserklärungem und zu Rechtshandlungen, 1892, S. 29ff., Hellwig, Anspruch, S. 480., Wesen, S. 3f., Mendelssohn-Bartholdy, Grenzen der Rechtskraft, 1900, S. 485., Kuttner, Die privatrechtliche Nebenwirkungen der Zivilurteile, 1908, S. 177ff., Binber, a. a. O. 注(9) S. 329f.

(78)　Goldschmidt, a. a. O. 注(7) S. 23.

(79)　Böttcher, Bindung, S. 541ff. Lent, a. a. O. 注(40) S. 306ff. 本間(義)・前掲注(42)「形成力について」七六頁。

(80)　中田淳一「保証人に対する判決と主債務者」『法理』一六五頁以下参照。

(81)　上村・前掲論文五一九頁、Calavros, a. a. O. 注(34) S. 126, S. 162ff. なお Hellwig, Wesen, S. 4 は anerkennen しなければならない第三者は Rechtsänderung が不適法に行われたことの主張を妨げられないとする。そうであれば、anerkennen しなければならない内容は、判決の存在という事実のレベルにのみ限極されるということであろうか。

(82)　拙稿「合名会社の受けた判決の社員に及ぼす効力について㊂」北大法学論集三三巻二号三六三頁〔本書八八頁〕参照。

(83)　Hellwig, Wesen, S. 71. 池尻郁夫「身分判決の対世効とその制限(1)」六甲台論集二九巻四号六九頁。

(84)　Calavros, a. a. O. 注(34) S. 124ff.

(85)　谷口安平「判決効の拡張と当事者適格」『中田還暦㊦』五一頁〔『論集2』二〇一頁〕参照。

(86)　株主総会決議無効確認訴訟をかりに確認訴訟とする場合、それでも画一的処理の要請からいわゆる対世効は必要とされるであろう。しかしそのためには法規範上の根拠が必要であり、右の確認訴訟の性質から当然対世効がひき出されるわけではない。

(87)　西ドイツでは審問請求権の保障（GG一〇三条一項、但し同一九条に基づくとの主張もある）の問題として論じられてきたところである。さしあたりバウァー（鈴木正裕訳）「ドイツ法における審尋請求権の発展」神戸法学雑誌一八巻三＝四号五一二頁、紺谷浩司「民事手続における審問請求権について(1)(2)」政経論叢一八巻一＝二号五一頁・三＝四号九一頁、特に第三者の訴訟関与についてはバウァー「第三者の訴訟関与」『中田還暦㊦』三〇三頁、Schlosser, JZ 67, 431., Bettermann, JZ 62, 673., Röhl, NJW 53, 153, Wolf, JZ 71 405., わが国では憲法三二条の保障するところである（三ケ月「裁判を受ける権利」『研究7』一頁以下）。

(88)　小室直人「形成訴訟における処分権主義・弁論主義の制限」『西原追悼㊤』三四五頁〔『既判力』二〇五頁〕、A. Blomeyer, ZZP 75, 11.

(89)　谷口・前掲「判決効拡張と当事者適格」五一頁ほか、同「会社訴訟における訴の利益」法学論叢八二巻二＝三＝四号三一七頁〔『論集2』一七二頁〕。

(90)　吉村徳重「判決効の拡張と手続権保障」『山木戸還暦㊦』一一八頁〔『判決効㊦』一一三頁〕、因みに人訴法一八条一項制定に際しては検察官の介入が訴訟の結果の正当性を担保することが判決効拡張の根拠として主張されていた（岡垣学『人訴法』三五七頁参照）。

(91)　広中俊雄「『合意に相当する審判』の制度(下)」ジュリ二七一号二〇頁以下参照。

(92)　西ドイツにおいても婚姻関係訴訟に職権探知主義が通用する（ＺＰＯ六一六ー七条〔FamFG 一一三条〕）にもかかわらず、婚姻取消訴訟につき、これが子の審尋請求権の保障に代わり得るものではないとの判例（BVerfGE7. 57）があり、また同じく右六一六ー七条が準用されている親子関係訴訟においても、訴訟に関与しなかった配偶者、子は口頭弁論期日に呼び出されるべき旨の規定（六四〇ｅ条）が置かれている（池尻郁夫「身分判決の対世効と第三者の手続保障」六甲台論集二九巻一号四六頁参照）ところからすれば、これのみで第三者の手続権が保障されたとはいえないことは明らかである（Thiere, Die Wahrung überindividueller Interessen im Zivilprozeß, 1980, S. 177f.）。

(93)　吉村・前掲注(90)一二二頁、なお補助手段としては他に詐害判決に対する再審等が考えられる。これにつき鈴木(正)「効力」五三頁参照。

(94)　特にわが国の場合、決議取消・無効認容判決の効力が第三者（債権者）にまで拡張される（岩原「構造9」一〇九三頁注(8)参照）ことを考えると、代理ないし代表説的擬制をとることも困難であるし、株主と債権者は必ずしも利害が一致するわけではないから前者の充実した訴訟追行を後者が期待できる関係にもないのではないか。

(95)　小山・前掲「訴訟物」二九一頁、同・『民訴』四〇七頁。

(96)　Brox, Der Schutz der Rechte Dritter bei zivilgerichtlichen Gestaltungsurteilen, FamRZ 63, 392ff（396ff）.

(97)　Dölle はこの場合損害賠償請求をもって保護手段たり得るとする（ZZP 62, 289）が、故意・過失の立証が困難であることを考えるとそれが保護手段として十分かは疑問である。

(98)　立法論としては Brox も、①当事者支配の制限、職権主義・職権探知主義の導入、②第三者の範囲が画定可能な限りでの職権による訴訟関与を提案する。また第三者の範囲が多数に及ぶことが予想される相続欠格訴訟においては、全債権者のための管理人（Treuhänder）を設定し、その者に訴訟関与の道を開くべしとする（a. a. O. 注(96) S. 398）。

(99)　小山・『民訴』四八三頁、新堂・『民訴』四七二頁、三ケ月・『双書』二六六頁、栗田・前掲注(23)論文三三八頁参照。なお転借人については共同訴訟とする必要はないであろう（小山昇『民訴判例漫策』（判例タイムズ社、一九八二年）二八七頁以下）。

(100)　Henckel, Parteilehre und Streitgegenstand, 1961, S. 106.

(101) 岩原・前掲「構造9」一〇九二頁参照。

(102) 吉村・前掲注(90)一三四頁以下参照。

(103) 吉村・前掲注(90)一三五頁、Schlosser, a. a. O. 注(1) S. 210ff., Calavros, a. a. O. 注(34) S. 149ff.

(104) Schlosser, a. a. O. 注(1) S. 213.

(105) ＺＰＯ六四〇ｅ条「両親の一方が当事者として訴訟に関与しない場合、その者は訴えの通知を受けて口頭弁論期日に呼出されなければならない。母が父子関係の認知を取消す場合、子は訴えの通知を受けて口頭弁論期日に呼出されなければならない。……」

(106) Calavros, a. a. O. 注(34) S. 153f. この規定は基本法一〇三条一項を受けたものとするCalavrosからすれば、この規定の準用は望ましいものであり、逆に「父子関係の存在を確認する確定判決は、非嫡出父子関係を主張する第三者に対し、その者が訴訟に関与しなかった場合でも効力を及ぼす」とする六四一ｋ条は違憲である。

(107) Stein-Jonas-Schlosser, 20. Aufl. S. 211. BverfGE 21. 123ff.（137ff.）.

(108) 吉村・前掲注(90)一三八頁。両者の区別についてはCalavros, a. a. O. 注(34) S. 157も同旨。これに対しSchlosser, ZZP 93, 348はこの区別を疑問視し、後者にも必要的呼出を認めるべきであるとする。池尻・前掲注(20)五七頁参照。

(109) 教授も指摘されるように（一四四頁注(25)）、ドイツでは第三者が手続に参加しなかった場合、将来の期日への呼出、当事者の提出する書面、裁判所の書面上の通知などがなされない（Stein-Jonas-Schlosser, a. a. O. 注(107) S. 211.）。その限りでは両者に実質的区別はないことになる。

(110) 岩原「構造9」一〇九二頁。

(111) 吉村・前掲注(90)一三六頁、岩原「構造9」一〇九三頁。なおドイツでは対世効を貫き、あとは憲法訴願によらせるとの見解（Schlosser, a. a. O. 注(1) S. 219f, Calavros, a. a. O. 注(34) S. 154ff.）と相対効説（Zeuner Materielles Recht und Urteilswirkungen, S. 50ff. Grunsky a. a. O. 注(76) S. 484）とに分れている。

(112) 違法配当決議を争う場合などがそれにあたるであろう。Vgl. OLG Münster, Verw Rspr. 7, 637, A. Blomeyer, ZZP 75, 18.

(113) 吉村・前掲注(90)一三〇頁。

(114) Schlosser, a. a. O. 注(1) S. 214f.

(115) Schlosser, JZ67, 432f.

(116)　Calavros, a. a. O. 注(34) S. 143ff., Thiere, a. a. O. 注(92) S. 181f.

五　おわりに

形成訴訟の判決効につき従来は漠然と対世効を了解して論じてきた感がある。しかしその根拠として主張されてきた事項には疑問が残った。また対世効が必要とされてきた領域においても近時の手続保障論のインパクトを受けて強固と思われた対世効の壁も崩されつつある。議論の成り行きによっては、それが遂に対世効の神話と化するときが来るかもしれない。しかしそのためにはなお第三者の利害関係の実体法的、手続法的分析、それに見合った手続保障の手段の整備など残された課題が多い。本稿ではそこまで立ち入ることはできなかった。また形成訴訟一般につき論ずる難しさは、その傘下の個別事例研究の進展にともないむしろ増大の傾向にある。しかも筆者自身その研究の緒についたばかりである。したがって「形成訴訟の判決効」の結論はかくの如くであるとの断定は本稿では到頭できなかった。今後の課題とするほかはない。

3　判決の対世効と手続権保障――社団関係訴訟を中心として――

※　以下の3つの論文（3、4、5）は、一九八五年から一九八七年にかけて公刊されたものである。3、4は、一九八六年に行われた日本民事訴訟法学会における私の報告「判決の対世効と手続権保障」の準備のために用意したものであり、5は、3、4をまとめたものである。現在は、当時の法律が改正ないしは新しく制定され、人事訴訟法、会社法に生まれ変わった。またドイツにおいても、この間に東西ドイツが統一化され、またその後、ＺＰＯの中に存在していた人事訴訟に関する法規定が、二〇〇九年に施行されたFamFGの中に家事非訟事件とともに統合的に規定されるに至った。以下の論文では、現在の規定を必要最小限度で補ったが、同一の問題を現行法ではどのように取り扱っているかの問題がある。これは補遺の類いでは十分ではなく、いずれこれを明らかにする論稿を別に執筆することを考えている。そのような意味で、以下の論文は、過去の法制を題材とするものということになるが、執筆当時の問題状況は現在の問題解決のために色褪せることなく通じるものを含むと思われることから本論文集に収録することにした。

一　問題の所在

(1)　民事訴訟における当事者の手続権保障という問題は――ネイミングの問題は別として――古くから存在していた。(1)　しかしこの問題が右の名称のもとに意識的にとりあげられトータルなかたちで議論されるようになったのは比較的近時のことである。ところがひと度これが議論の対象となるや否やたちまちのうちに「発展」を遂げ、今日のわが国の民事訴訟法学のあらゆる領域において、解釈のあり方に再考を促す根本的な問いかけを行うに至った。(2)　今日わが国では手続権保障問題になんらかのかたちで態度決定することなしに民事訴訟法学を論じることはできないと言ってもあながち誇張とはいえないであろう。手続権保障は裁判所へのアクセスの問題（手続的保障）、訴訟手続過程の種々の問題、判決効から上訴、再審に至る訴訟のあらゆる過程において生起する諸問題を貫く法原則であるからである。

この傾向はひとりわが国にとどまるものではない。わが国民事訴訟法の母法国たる西ドイツにおいても基本法一〇三条一項の審尋請求権の有効な適用をめぐって活発な議論が行われてきたわけであり[3]、右規定と西独現行民事訴訟法の諸規定との関連も詳密に探られ[4]、さらにに一九八三年、西独ヴュルツブルクで開催された訴訟法国際会議においても「効果的な権利保護と憲法秩序」の統一テーマの下に、「憲法と民事訴訟」に関して全体会議が持たれたが、「訴訟手続における裁判上の審尋」がひとつの項目として全体報告の一翼を担っており、これに関して各国から国別報告が寄せられた[5]。手続権の充全な保障のための民事訴訟手続の整備は裁判を受ける権利等の基本的人権保障の貫徹との関連で今や世界的重要課題となっていると言っても過言ではないであろう[6]。

以上のような趨勢の中にあって本稿で考察する判決効（の第三者への拡張）論はまともにその大波の影響を受けている領域であることはまちがいない。判決効、特に既判力の客観的限界、即ち遮断効の範囲、遮断効と争点効との関連、さらには既判力の制度根拠それ自体の問い直しなどをとおしての根元に遡っての訴訟機能の検討が必須とされ、またそれが進められている[7]。判決効の主観的限界、すなわち既判力、執行力、形成力の第三者への拡張、判決の反射的効果、法律要件的効果、そして判決の対世的効果（対世効）ももちろんこの局外に立つものではない。本稿ではこのうち主として判決の対世効と手続権保障（論）との関連が考察の対象となる。そしてその手始めとしてまず社団関係訴訟をとりあげてみる[8]。個別問題をとおして全体を見る一つの視点でも得られれば幸いと思ってのことである。

(2)　ところで右の検討を進め、解釈論上一つの帰結へとたどり着くためには幾多の問題点の処理が待ち受けている。ここでは考えられ得るいくつかの問題点をおおまかに指摘しておきたい。第一に、手続権保障といってもその内容が従来の議論の中で一義的に明確なものとして取り扱われてきたわけではなく、また今後そうなりつつあるという状況にあるかは疑問である。というのは手続権保障の整備があらゆる裁判手続[9]にとって重要な課題であることは疑問の余地なしとしても、手続権を保障することによって何が目指されているのか、換言すれば裁判における手続権保障の機能をどのように見るべきであるのか見解の分れるところであり、そのため裁判手続において誰の、どのような権利が、どのようなかたちで保障されるべきであるのかについて意見の一致が見られないからである。手続(権)保障の機能については既に谷口教授により①真実発見機能・権利保護機能と②正統性確保機能とに分類され[10]、これが通用しているようであるが両機能の関係が必ずしも明瞭ではない。①に対し②が排他的に作用するのか、補完的に作用するのかで解釈論もおのずから異ならざるを得ないであろう。特に前者の立場に立ちしかも手続過程を重視し、当事者・裁判所間の規律よりも当事者間の訴訟における行為の規律こそが手続(権)保障の内容を成すとの立場[11]をどのように評価すべきであるのか、それと判決効の第三者への拡張論との関連はどのようであるのか気になるところである[12]。また本稿で検討する判決の対世効をもたらす訴訟は形成訴訟の類型に属するものが多いが、形成訴訟の特質として当該の問題を他の訴訟の前提問題として争うことを許さない、言い換えればその問題については判決をもって確定しておいたうえで種々の波及問題の解決をはかるということが挙げられる[13]。つまり判決志向が強くあらわれる領域であるが、これと前述の手続志向型の手続権保障論とがどのようにつながるのかも問題となろう。さらにわが国会社法、民事訴訟法の母法を持つ西ドイツとの比較に際して、彼の審尋請求権が裁判所（=国家）と当事者の規律問題であることに鑑みて手続保障の機能面、内容面でのわが国との懸隔が問題となろう[14]。

第二に社団関係訴訟の判決効拡張をめぐる従来の議論を概観して感ずることは、そこにはいくつかの異なった議論が錯綜しているということである。大別すればそれは議論の方法における局面と対象における局面に分けることができよう。前者について言えば、たとえば社団関係訴訟における当事者適格をめぐっていわば本質論と機能論とも言うべき二つの系譜が存在しているように思われる[15]。そしてこの相違が判決効の主観的範囲に関して微妙な影を落としている。筆者の考える本質論とは株主総会決議の本質を実体法の分析からひき出し、そこから演繹的に決議の瑕疵論、決議を争う訴訟の訴訟物論、当事者適格論、判決効論を考察する立場であり、機能論とは総会決議を争う訴訟の社会的実態に着眼し、そこから充実した訴訟追行能力者を選び出し、判決効拡張の正当化理由とする立場ないしは右の立場を基本的に承認しながら判決効論との関連で誰を当事者適格者として立てるのが効率的かという観点からアプローチを試みるものである。両者の相違をつきつめてみなければ議論がうまくかみ合ってこないであろうし、当事者適格論や共同訴訟論においても歯切れの悪いものになってしまうのではないかと思われる。次に対象面であるが、従来の議論は総会決議を争う訴訟を考察の対象とするものと、社団の理事等代表者の地位を争う訴訟を考察の対象とし、総会決議により代表者が選任された場合の決議の効力を争う場合をその一事例として位置づけるにすぎないという考察方法とに分れていた。そしていずれの場合にどのような理論で対処するかを明確に意識することなく議論される傾向があった。これはあるいは右に掲げた本質論抜きの機能論が行われているためではないかと推測されるが、筆者としては前者と後者が常に同一の理論で割り切れる問題であるかにつき疑問を持っている。もっともわが国の会社法には決議を争う訴訟の他に対世効を有する訴訟の類型（たとえば取締役解任の訴え（商法二五七条三項（現会社八五四条））、新株発行無効の訴え（同二八〇条ノ一五（現会社八二八条一項二号））、資本減少無効の訴え（同三八〇条（現会社八二八条一項五号））、合併無効の訴え（同四一五条（現会社八二八条一項七号八号））、設立無効の訴え（同四二八条（現会社八二八条一項一号））など）が存し、各々について個別に関係者の利害の検討を要するが、同時にそれらを含めた総合的考察にも意義が存すると考える。本稿は右に述べた区別を前提にしたうえで社団の代表者の地位を争う訴訟を視野に入れた全体的な考察を目指している。

(3) 右のような過程を経て得られた結果により、仮りに判決の拘束力を受ける当事者以外の第三者が存在するとすれば、その者への拘束力の根拠が問題となろう。その際当事者と第三者の実体法上の関係のみから第三者の判決への拘束力を正当化することはできず、なんらかの手続(法)上の根拠を要すると考える。(16) さらにそれが憲法上の手続権保障の要請を十分に満足させているかの検討が必要であろう。その場合問題になるのは第一に手続権の侵害があったか否かの評価の基準を何に求めるかであり、さらに侵害の予防手段として何が考えられるか、そして侵害が既に存した場合の事後的救済手段をどのように講じておくかである。

(4) 本稿における叙述の順序としてはまず総論としての手続権保障論を概観したうえで一定の見通しをたてておく作業を第一に行い、次に社団関係訴訟という個別事例研究を分析的に行い、さらに右によって得られた結果と手続保障論との関連を探り、最後に判決の対世効と手続権保障問題を展望するための視点を析出するという具合に進めて行きたい。

（1） 訴訟における両当事者の審尋を求める権利（Das Recht auf Gehör）は正義の要請、裁判の正当性に役立つ原理として古くから知られ、承認されていた。Schwartz, Gewährung und Gewährleistung des rechtlichen Gehörs durch einzelne Vorschriften der Zivilprozeßordnung, 1977, S. 10., Baur は audiatur et altera pars（他方の当事者もまた聞かれるべきである）の法諺を挙げてこの点を指摘している。Baur, Der Anspruch auf rechtliches Gehör, AcP 153（1954）S. 393.（derselbe, Beiträge zur Gerichtsverfassung und zum Zivilprozeßrecht, S. 83ff. 1983, 所収）

（2） この問題をめぐるわが国の議論の展開、現在の議論状況については、さしあたり、伊藤眞「学説史から見た手続保障㈠㈡」法学教室二一号二七頁、二二号二三頁以下（一九八二年）、ならびに井上治典「手続保障の第三の波㈠㈡」同二八号四一頁、二九号一九頁以下（一九八三年）〔『民事手続論』二九頁〕参照。

（3） フリッツ・バウアー（鈴木正裕訳）「ドイツ法における審尋請求権の発展」神戸法学雑誌一八巻三・四合併号（一九六九年）五二頁以下、紺谷浩司「民事手続における審問請求権について(1)(2)」（広島大学）政経論叢一八巻一・二号五一頁、三・四号（一九六八年）九一頁、同「審問請求権の保障とその問題点」民事訴訟雑誌一八号（一九七二年）一四三頁以下等参照。

（4） Schwartz, a. a. O. 注(1) S. 10.

(5) Habscheid (Hrsg.), Effektiver Rechtsschutz und verfassungsmäßige Ordnung, (1983), Die Generalberichte und die Diskussionsberichte, S. 1ff. なお本テーマについてのわが国の報告書は三ケ月章博士によって提出されている。

(6) 各国の議論の状況についてはさしあたり、マウロ・カペレッティ（小島武司＝大村雅彦訳）「手続保障の比較法的研究」（日本比較法研究所、一九八二年）参照。

(7) その嚆矢となったのが周知のように、一九八〇年の民事訴訟法学会大会で行われたシンポジウム「訴訟機能と手続保障」（民事訴訟雑誌二七号一三三頁以下）であった。

(8) 対世効が法律上規定されている訴訟類型としては他に身分関係訴訟（人訴法一八、二六、三二条〔現二四条〕）行政訴訟（行訴法三二条）などがある。これらについても続稿として順次考察を進めていくつもりである。

(9) 手続権保障論議の第一期を画する重要論文とされている（井上(治)・前掲注(2)㈠参照）。山木戸克己「訴訟における当事者権」民商法雑誌三九巻四・五・六号七六九頁以下（一九五九年）〔同『基礎的研究』五九頁以下〕が非訟事件と訴訟事件における当事者権（弁論権、異議権等）の差異を浮き彫りにすることによって非訟における当事者権の確立をはかるとともに、訴訟の非訟化傾向に警鐘を打ち鳴らすという意義を持つものであった（この点につき佐上善和「当事者権という概念の効用」『民事訴訟法の争点』六六頁以下（一九七九年）参照）。なお非訟事件における当事者権についてはさらに鈴木忠一「非訟事件に於ける正当な手続の保障」法曹時報二一巻二号一頁以下（一九六九年）〔同『研究』二五頁以下〕参照。またあらたな視点すなわち当事者間の水平関係における武器平等＝対等討論ルールの確保こそ手続保障の意義であるとの立場から、この原則の非訟事件への適用を説く見解として、佐上善和「家事審判権における当事者権」『新・実務民訴8』七三頁以下（一九八一年）。

(10) 谷口安平「手続保障の基礎理論のために」前掲注(7)一三九頁以下、同「手続的正義」『基本法学8』（岩波書店、一九八三年）、四二頁以下（一九八三年）〔『論集1㊤』二〇九頁、二二八頁〕。

(11) さしあたり井上正三「訴訟内における紛争当事者の役割分担」前掲注(7)一八五頁以下参照。

(12) 井上(治)・前掲注(2)㈡二五頁は対世効が及ぶ場合といわゆる第三期の手続保障論（第三の波説）との関連を示唆しているが詳論はされていない。

(13) 拙稿「形成訴訟の判決効」『講座民訴6』二八五頁〔本書一五五頁〕。

(14) 田中成明教授によれば、わが国で主張されている手続（過程）志向はフラーの「参加テーゼ」やペレルマン、フィーヴェックなどに代表されるレトリックの復権などと軌を同一にするものとして評価されるべきものである（たとえば「法的思考の現代的課題」神奈川法学一七巻一号七五頁以下（一九八一年））。確かに田中教授の紹介される哲学的趨勢とわが国のいわゆる第三期の手続保障論とは手続過程重視という点でその主張が類似している。しかし教授が「手続保障による判決の正統化機能も、手続保障や弁論の活性化が内容的により正しい判決の追求を促進するという機能を抜きにして考えられるべきではなく、その正統化機能の作用条件や限界は、このような機能と有機的に関連づけて統合的に見定められるべきであろう。」（「法哲学・法律学・法実務」長尾龍一＝田中成明編『現代法哲学』（東京大学出版会、一九八三年）二八頁）とされるのに対し、第三期派の井上治典教授は真実発見機能を排除することによって当事者間の水平関係を極度に重視する（「民事訴訟」同二三八頁以下）。この相違をわれわれはどのように評価したら良いのであろうか。また田中教授の論調からすれば近時西ドイツで議論されているいわゆる法的対話（Rechtsgespräch）や裁判官の法的観点指摘義務（ＺＰＯ二七八条三項〔現一三七条二項〕）の積極的活用はむしろ歓迎されることとなろうが、この点でも西ドイツの議論状況と第三期派の懸隔は顕著である（ペーター・ギレス＝井上正三＝小島武司「協働主義（Kooperationsmaxime）をめぐって㊤㊥㊦」判タ五三三号三一頁、五三四号三三頁、五三五号五五頁以下参照）。

(15)　大雑把な分類であるが本質論の系譜として筆者が考えているのは松本烝治－中田淳一－石井照久－鴻常夫－小山昇とつながる系譜であり機能論のそれとしては谷口安平－岩原紳作を代表する系譜である。他にも重要な論者が存するが後に詳述する。

(16)　拙稿「合名会社の受けた判決の社員に及ぼす効力について㈢」北大法学論集三三巻二号（一九八二年）三六三頁〔本書六一頁以下〕参照。

二　手続権保障の意義

1　審尋請求権――西ドイツの議論の概観

ここでは本稿のテーマから関心のある論点に絞って西ドイツの議論の概観を試みる。それらをあらかじめ列記してみると、(ア)審尋請求権が基本権として認められる根拠は何か、人間の尊厳（基本法一条）か、法治国家原理か、あるいはそのいずれでもあるのか、それによって判決の効力を受ける第三者の関与の形態に相違があり得るのか、(イ)審尋請求権の保障は司法行為請求権（Justizgewährungsanspruch）を含むか、その議論は第三者の関与にとって意義を有するか。(ウ)審尋請求権の及ぶ人的範囲如何。(エ)審尋請求権を保障される第三者の手続関与形態はどのようであるか、関与形態についての段階分けの議論はあるか。(オ)審尋請求権を侵害された場合の救済手段はどのように講じられているか等が挙げられる。順次検討してみよう。

(ア)　審尋請求権は正当かつ公正な裁判の要請に応えるものである。裁判の目的は真の事実関係への正しい法適用による実体的正義の実現である。事実関係の真実性はすべての手続関与者の聴聞の下でのみ可能である。審尋請求権は裁判の正当性と正義に役立つものであり、それゆえ法治国家原理にその基礎を置くものである、との見解は西ドイツにおける伝統的な考え方である(17)。ところで近時右の根拠のみならず人間の尊厳にもその拠り所を求める見解があらわれた(18)。これによれば個人は人格を持つ者とみなされねばならず、裁判の単なる客体として取り扱われることは許されない。それゆえ人は実際上の意見表明の権利を持ち、それによって手続の経過と結果に影響を及ぼすことができる(18a)。このような立場から、Baur のいわゆる不正防止目的（Unrechtabwehrtendenz）をもってしては審尋の実体法上の基礎を十分に根拠づけ正当化することはできないと主張されている(19)。このように人間の尊厳に審尋請求権の根拠を求めることによって単に法治国家原理からはひき出されないどのような内容をこれに盛り込むことが可能となるのであろうか。ここから裁判所は今に至るまでなんらの解釈論的な帰結もひき出してはいないとの指摘もあるが(20)、次のような Arndt の見解が注目されよう。裁判所は関係者がそれについて態度決定することのできた事実ないし証明結果のみを判決の基礎にすることができるとの命題が審尋請求権の保障内容として通用してきた。しかし関係人の意見表明の機会を事実レベルに限定すべきではない。関係者の裁判手続における関与は法律問題にまで及ばねばならない。関係人としてはどのように裁判所が事実関係を確定し、どのような法的観点を選択するかによって、どの事象が重要であり、どのようにそれを正当な法理解から評価すべきなのか、その決定過程に関心を持つのである。裁判は所与の権利（法）を発見する手続なのではなく、法創造作用なのである。そしてその法創造は裁判所と当事者との協働作業によるものである。審尋請求権の保障はまさにこの法発見＝法創造に手続関係人が加わることをその内容とするのである。したがって法的観点の選択も裁判官の専権に属するのではなく、また当事者に不意打ちを与えないためにも、採用すべき法的観点についての裁判所と当事者との法的対話（Rechtsgespräch）が必要なのである。(21) この Arndt によって提唱された法的対話の内容は必ずしも明確ではなく、その後のこの概念をめぐる西ドイツの議論によって必ずしも明確にされてきたわけでもない。(22) 裁判官が Rechtsgespräch につき義務を負うとの見解が強い批判に会っている所以である。(23) 特に簡素化法によって導入された法的観点指摘義務（ＺＰＯ二七八条三項、〔現一三九条二項〕）を含む釈明権との限界設定が問題となろう。(24)

審尋請求権の根拠を人間の尊厳に求める見解は形式的訴訟関係者の正義ないし真実にかなった判決形成にむけての事実・法律両側面における関与（＝裁判官の法的対話義務）という広がりを持った。それでは実質的訴訟関係者とも言うべき判決の効力を受ける第三者にとってどのような意味を持つのであろうか。手続における主体たる地位の確立という面を押し詰めて行けば、第三者の手続関与の保障の必要性へとつながることになろう。その場合の関与の形態（直接関与か間接関与か）が問題となる。この点を論者は必ずしも明らかにしてはいない。しかしこの立場からは手続へのなんらかの形での関与あるいは関与の機会の保障なしに第三者の判決への拘束を認めるという例外を一切排除することになりかねない。したがってこの問題の持つ広がりについては本稿の関心から看過することは許されないと思われる。もっともこれは審尋請求権を持つ第三者の範囲の問題と密接に関連するので項をあらためて(ウ)で検討する。

(イ)　基本法一〇三条一項が司法行為請求権（Justizgewährungsanspruch）をその内容として含むものかについては争いがある。この争いは右の請求権（＝裁判所へのアクセス権）がいずれにしろ基本法上肯定されるものであることを前提にしてその基本法上の根拠規定如何（一九条四項か一〇三条一項か）を問う様相を呈していることからすれば司法拒絶に対する憲法訴願（Verfassungsbeschwerde）を認めるという実際上の意義において差異はない。この論争に本稿で立ち入る必要はないと思われるが、次のBaurの見解は掲げておくに値しよう。(25) 国家は自力救済を禁止し、裁判権を独占するに至った見返りとして司法行為義務を負わなければならない。この義務は他方からいえば国民の国家に対する権利として把握される。これは基本法九二条（司法権の裁判所による独占）によっても、同一九条四項（公権力による権利侵害に対する裁判の保障）によっても遺漏なく保護されるものではない（詳細省略）。むしろ一〇三条一項がこれを保障していると考えるべきである。これは同条項の規定の体裁にもよるが（双方審尋ではなく裁判上の審尋を保障している）、むしろ歴史的には係属裁判手続における審尋の剝奪よりもそもそも裁判所への接近が閉ざされたことが重大であったことによる。したがって一〇三条一項はヨーロッパ人権規約六条(26)と軌を同一にするものと考えるべきである。(27) Baurは関係人の裁判所へのアクセスの問題と裁判手続における審尋とを密接に関連づけ、一〇三条一項に両方の内容を内包せしめたと評価できよう。(28) もっともここから直ちに個々の手続領域で誰がこの権利を有する関係人たるかはひき出されず別途考察を要する。またたとえ第三者がこの請求権を有すると認められたとしても当該第三者が当事者間の訴訟とは別個に同一権利関係について訴訟を提起することをこの規定が認めることにはなり得ないこともあきらかであろう。それだけになにゆえ基本法一〇三条一項に司法行為請求権を内含させるべきかが今一つ明らかではない。Baurの見解が批判される所以である。

(ウ)　基本法一〇三条一項は「各人は裁判所において審尋を請求する権利を有する」と規定している。(29) 右の各人（jedermann）がどこまでの人的範囲を指すのか議論がある。(30) 西ドイツでは民衆訴訟は認められておらず、そのような意味内容を持つ第三者の訴訟関与もしたがって認められない。また審尋請求権を有する第三者が判決の効力を受ける者に限定されることについても意見は一致している。(31) 問題は判決の効力を受ける第三者のうち誰が（どのような人的範囲に属する者が）審尋請求権を有し、訴訟に関与することができる（anhörungsberechtig）かである。Baurは訴訟の目標を正義にかない、真実の事実関係を反映した裁判に置きながらも、審尋請求権の根拠を関係者の視点から定めようとする。関係人からすれば裁判が真の権利関係を反映しているか否かにかかわらず、自己の法的地位に影響する。裁判手続は常に自らの権利喪失や人格的、財産的領域への侵害の可能性を伴う。これを回避しようとするのは関係者として当然の反応である。このような関係者の視点からすれば審尋は不法防止目的（Unrechtabwehrtendenz）に対応するものである。ところでこの請求権を有するのは、形式的、実質的関係人であり、前者は民事訴訟においては原告、被告、主参加人、補助参加人を指し、後者は自己の法的地位が将来の裁判によって左右される可能性のある者を指すとした。(32) Baurのおもな狙いは非訟事件における審問権利者の確定にあったが、そのためか右の見解では第三者の範囲が明確ではなかった。そこでこの範囲を限定するための基準を析出するのがその後の課題となった。まず連邦憲法裁判所の判例は、行政裁判上の取消訴訟にならってその原告適格者の範囲を被告適格者に応用し、「裁判がその権利に関係する者」（BVerfGE9, 95）、「裁判がその法的地位に干渉を加える者」（BVerfGE7, 98; 8, 255/6）、「裁判手続によって直接関係させられる者」（BVerfGE12, 8）等の定義を行ったが、このような定義を行うに至った判例の考え方に対しては疑問が呈されている。(33) Bettermannは判決効の及ぶすべての第三者が審尋を受けなければならないとすればおよそ判決効の第三者への拡張は許されないことになり、また拡張を定めたすべての規定が基本法一〇三条一項に抵触するものとして憲法違反になりかねないが、連邦憲法裁判所がそのような事態をひきおこそうとしたとは考えられないとする。一〇三条は訴訟によって利益を害されるおそれのあるすべての者を想定しているわけではない。結局行政訴訟法が規定している必要的呼出の制度にならい、単なる利害関係人であれば任意的呼出、既判力、執行力、形成力が自己に及ぶ者については必要的（義務的）呼出を提唱した。(34) Bettermannは同時に義務的呼出を受けるべき者の中にも自ずから数的限界があると見てとったが、その場合の措置については詳論していない。この点についてSchlosserは関与者の人的範囲が類型的に可視的か不可視的であるかを区別し、前者に限ってのみ必要的呼出を要するものとした。(35) その後 Schlosser はこの基準を必ずしも貫徹することなく、具体的状況の下で範囲があまりにも大きく、これらの者の参加により手続が混乱する場合には比例原則（Verhältnismäßigkeit）により呼出を行うべきではないと主張するに至った。(36) そして呼出が不可能な限りで、処分権主義の制限、弁論主義にかわる職権探知主義の導入を主張した。このような見解によれば審尋請求権にもとづく訴訟関与者の範囲は結局裁判官の裁量に任されることになりかねないし、関与が否定される場合、はたして職権主義手続により第三者の権利保障が十分であるかも疑問である。そこで近時はその場合の対策として訴訟に関与できない多数の利害関係者を一つのグループとみて、その中の一人を代表者として訴訟に関与させる方法が主張されている。(37) ところでそもそも右の Schlosser の見解が第三者の範囲をあまりにも広く認めすぎていることを批判し、これになんらかの基準でしぼりをかける試みがなされている。まず実体法の観点からの基準づくりに貢献するものとして Zeuner と Grunsky が挙げられる。Zeuner は審尋請求権と基本法一条の人間の尊厳との密接な関係を認める。そしてそれは自己固有の法的諸関係の自由な担い手としての人格が尊重されることを意味する。もっともこのことは審尋がどの手続においても一律一様に行われなければならないことを意味するわけではなく、各々の手続に見合った審尋の態様を設定することを排除するものではない。審尋請求権の実質的内容を決定する出発点となる考え方は関係者の共同関与（Mitwirkung）が裁判関与（Mit-Entscheidung）権を意味するものではないということである。裁判は裁判所の仕事である。関係人にとっての問題は裁判の前提となる手続への関与である。それはまず裁判の基礎となる事実についての意見表明の機会を意味する。これは裁判所にとって十分に解明された事実についても及ぶ点ならびに関係人の意見表明が行われた事実についても釈明権の行使の余地が残る点において、釈明権の問題と区別される。次に審尋請求権は法律問題の領域においても保障される。もっともそれはどのような事実関係要素が重要であり、それゆえ指摘義務の対象となり得るのかが法律問題によって規定されるからである。関係者はその限りで法律問題につき意見表明ができるのであって、いわゆる法的対話

(Rechtsgespräch)の義務を裁判官が負うということは適当ではない。また法律問題をめぐる関係人どうしの対話も認められるべきであるとはいえない。要するに審尋請求権は裁判所と関係人とは従来の法原則の枠の中でそれぞれの持ち分を十分に発揮すべく関係人にも手続への有効な関与を保障するものである。ところでこの審尋請求権の人的範囲決定の基準は人の権利主体たる地位(Rechtsträgerschaft)にある。特に当事者、参加人以外の第三者については、手続と裁判がその権利関係にかかわるすべての者が右の請求権を持つわけではなく、これを有するのは手続と直接かかわる関係に自己固有の権限(eigene Zuständigkeit)という意味で法的に関与する者である。これは固有の権利関係の手続上の展開への関与権という意味で実体法と関連を有するものである。もっとも訴訟係属中の係争物の譲渡に際しての譲受人の地位をみてもわかるように、判決の効力を受けながらも必ずしも審尋を受けずに固有の権限が奪われることをZPOは排除していない。審尋請求権の手続法上の機能もあわせて顧慮されるべき所以である(38)。

Grunsky は右の Zeuner の見解に基本的に賛意を表し、実体法に第三者の範囲を決定する基準を求めている。すなわち審尋請求権は手続への形式的な関与を保障するものではなく、請求権者の実体権を保護するものである。したがって当事者の法律行為上の処分を甘受しなければならない第三者はこれから除外されるし、その地位が当事者の処分に服さず、しかも判決により影響を受ける場合には審尋が保障されなければならない(39)。

Wolf は右のように第三者の範囲に実体法的側面からしぼりをかける見解(特に Zeuner の見解)は第三者の範囲をあまりに狭く解するおそれを生じさせるとし、Baur の不法防止目的を範としながら、関与の基準を、侵害を受ける権利が第三者に属するか否かに置き、この場合は第三者に防御の機会が与えられなければならないとする。もっともこの第三者の関与の利益は当事者の迅速な裁判を求める利益と対立するものであるから両者間の調整を必要とする。その際第三者関与の許容性はいずれの利益保護の必要性が大きいかによって決せられるが、第三者の権利が当事者の処分に服するとか他に適当な救済手段が第三者に存する場合には当事者の利益が優先するとして、第三者の手続関与利益と当事者の

権利保護利益との利益衡量論を提唱している。(40)

右のように審尋請求権者、特に第三者の範囲論が基本法一〇三条一項をめぐる中心的存在をなしている感があるが、その範囲を規定する基準についてはさまざまな提唱があってどれも決定打とはなり得ていないように思われる。その理由の一つとなっているのは議論がかなり高い抽象のレベルで行われていて各々の立場が具体的事例においてどのような帰結の違いとなってあらわれるのかが必ずしも明確にはされていないことにあるように思われる。

(エ)　ZPOは従来訴訟当事者以外の第三者の関与形態として、補助参加（六六条）、共同訴訟的補助参加（六九条）を用意していた。(41)これらはいずれも訴訟当事者による訴訟告知（七二条）がない限り、参加人の訴訟係属の知悉を前提としている。しかし判決の効力を受け、自己の法的地位に影響を受ける第三者に基本法が審尋請求権を保障していることに鑑みて、果たして基本法の要請にZPOが十分応える措置を講じているかが問題となる。このことはZPOの基本法上の権利保障の手段が不十分な場合、基本法の直接適用が認められるとの解釈が有力であることからして尚更問題であった。他方、西独行訴法六五条二項は利害関係人の必要的呼出を規定し、ZPOには見られなかった第三者の参加形態を整備した。同様の措置は財政訴訟や社会訴訟手続においても規定されるに至り（§§ 60 Abs. 3 FGO, 75 Abz. 2 SGG）、ZPOにおいても一定の身分事件につき規定（六四〇e条〔現削除〕）が置かれるに至った。右の行訴法六五条二項の必要的呼出は基本法一〇三条一項との関連でその民訴法への準用が議論され、大方はその導入に意欲的であるが尚慎重論も一部では存している。行訴法上の右規定の意図した訴訟（争訟）状況と民訴法のそれとがどこまで同一基盤を有し、他の諸規定と有機的に関連する右条項の民訴法への適用がどこまで可能か、慎重な議論を要するところであろう。

第三者が判決の効力を受けることにより自己の権利ないし法的利益が侵害を受ける場合、ZPOの規定の枠の中で従来とることのできた措置としては補助参加ないしは共同訴訟的補助参加があった。後者は第三者に当事者間の判決の既判力が及ぶ場合に認められるものである（六九条）。第三者が判決の形成力を受ける場合にもこの規定が適用される。

本稿の関心からは後者もその対象として重要である。ところでこの共同訴訟的補助参加の規定の存在でもって基本法が保障する審尋請求権の要請に十分応え得るものであろうか。[42] 確かに共同訴訟的補助参加人は、通常の補助参加人とは異なり、主たる当事者の意思に反する訴訟行為を行うことができる点等でその地位が強化されている。しかし参加の時点での訴訟状態を甘受しなければならず、証拠調べや証人尋問をあらためて要求して自己の見解を表明することが許されない点で必要的呼出の場合と比較してその立場が弱い。もっともこの点は基本法上の要請に合わせるかたちでの解釈により強化され得るものであるから、共同訴訟的補助参加人として参加が実現すれば第三者の手続上の地位は保障されたといえよう。その限りにおいて共同訴訟的補助参加は、必要的呼出と同一の機能を果している。問題は第三者に訴訟の存在が通知されそれにより参加の道が開かれるような措置が講じられていないことにある。Schlosser はこれを民事訴訟法上の構造的欠陥とし、この点を補完して基本法にもとづく審尋の要請を充全ならしめる必要があると説く。そのために第三者関与の手段として考えられるのは、第一に必要的共同訴訟の活用、第二に職権による通知、第三にVWGOの必要的呼出の民事訴訟への導入（類推適用）であるとする。手続対象の実質的関係人のすべてを被告側の必要的共同訴訟人と見ることは Henckel 理論すなわち形成に直接関係する権利関係について処分権を有する者が正当な被告であるとの理論が示唆するところである。しかし右の理論は土地の共有者や合手協同体の構成員等同列に立つ者の間では有効であるとしても、対世効をもって処理することが予定されている多様な関係人（たとえば相続欠格訴訟における相続分の譲受人や買主、差押債権者等）間に適するものではない。したがって第三者の関与形態としては原告、被告というカテゴリー以外の可能性が探られなければならない。第二に訴訟物と実質的な関係を持つ第三者に訴状を送達し、職権で弁論に呼出して共同訴訟的補助参加を促す方途をZPOは二つ用意している。一つは禁治産宣告取消訴訟において宣告申立人を呼出す旨を規定した六六六条三項であり、他は差押の競合があり、債権者のいく人かが訴えを提起した場合に原告に加わらない債権者の呼出しを規定した八五六条三項である。両者いずれについても呼出は初回期日のみで足りると解するのが通説である（Schlosser）が、前者についてはそれで問題がないとしても後者については続行期日にも当事者同様呼出すべきであると解するのが憲法適合的である。そうするとこの規定はまさに第三の行政裁判手続上の呼出の導入という意味を持つ。そして一般にこの行訴法上の必要的呼出の民訴への類推は類推適用についての一般理論によっても適法である。

右のようにSchlosserにおいては行政裁判上の必要的呼出の類推の必要性は民事訴訟法に欠けている第三者への通知機能の補完にあった。しかしこの制度を民事訴訟へ導入するという場合、呼出制度の行政訴訟手続において持つ意義ないし機能を全体として把え、共同訴訟や共同訴訟的補助参加との関係を立ち入って検討する必要があると思われる(43)。呼出は裁判所によって第三者を他人間の訴訟に引き込むことである。呼出によって第三者は裁判が自分に不利に及ぶことを妨げるため、手続に介入する可能性を持つことになるという第三者の利益と、同一訴訟物をめぐる矛盾した裁判の回避による法的安定性ならびに訴訟経済を得るためのものである。第三者は呼出によって当事者となるわけではなく、他人間の訴訟における第三者にとどまり、いずれの当事者を支援する必要もなく、自己の利益において他の利益のためにまたはこれに対して戦うのである(44)。呼び出された第三者は当事者の申立範囲内で独立して攻撃防禦方法を提出し、すべての手続行為を有効に行うことができる。必要的呼出の場合にのみ異なった事実の主張が可能である(45)（六六条）。呼び出された者は他人間の訴訟における第三者であり、当事者間の訴訟状態と処分に拘束され、なされた裁判を正当と受け容れなければならない点で補助参加（ZPO六六、六九条）と訴訟告知（ZPO七二条）に似るが、呼出はあくまでも裁判所の決定によって行われる点、呼出を受けた者は一定の当事者につくことなく、両当事者を同時ないし交互に相手にすることができる点でこれとは異なる。さらに民事訴訟においては実体法上、訴訟法上の規定により第三者に既判力、形成力、執行力が及ぶ場合に共同訴訟的補助参加が許されるが、公法には原則として訴訟に関与しなかった第三者への既判力拡張規定が存しない。したがって第三者への判決効の拡張は必要的呼出によってはじめて達せられる

（一二一条参照）。すなわち民事訴訟においては共同訴訟的補助参加人の不参加にもかかわらず判決は有効であるが、行政訴訟においては必要的呼出の懈怠があった場合、当該判決は形式的確定力により取消不可となっても、判決の内容的効力は、第三者に対する既判力拡張（＝必要的呼出）によってのみ合一的権利関係につき裁判がなされ得るのであるから、発生し得ないことになる。もっともこれは無効な判決ではなく、必要的呼出の懈怠という重大な手続的瑕疵の存する場合に当たるため上訴によって取消可能な判決であるにとどまる。但し控訴審で呼出が行われれば瑕疵は治癒され、この場合は差戻しの必要はない。判決が確定した場合でも既判力、形成力は生じないから、当該訴訟物は同一当事者、関係人の下で新訴の対象となり得る。(46) 呼出は単純呼出と必要的呼出とに分れるが、後者の場合にのみ第三者は、判決が第三者の法的利益のみならず直接第三者の権利に関するがゆえに、呼出を求める法的請求権を有する。

以上見てきたように行政裁判手続の必要的呼出の制度は民事訴訟上の共同訴訟的補助参加と訴訟告知を兼ね備えた制度とも言うべきものであり、呼出を受けた参加人と共同訴訟的補助参加人とはほぼ同一の手続的地位に立つと言ってよいであろう。(47) それにもかかわらず必要的呼出の民事訴訟への導入が主張されるに至ったのは、審尋請求権の充全な保障の動きと相俟って、他人間の訴訟の結果により権利侵害を受ける第三者に防禦を尽させるべく訴訟係属、当事者の主張等（どの内容的範囲が盛り込まれるべきかは議論の余地があろうが）を通知する手段が民事訴訟では完備されていなかったからである。関係人とその権利承継人にしか既判力が及ばない行政裁判においては呼出制度は不可欠であるとしても、単に通知機能をもたせるだけのことであれば、第三者による再審の提起を認め、これを当事者に示唆することによって訴訟告知を促すべく釈明権を行使すれば足りるのであって、必要的呼出を導入することによって当事者支配に変更をもたらし、弁論主義とも合致せず、しかも呼出懈怠という好ましからざる可能性をもたらすことになり却って民事訴訟に混乱を招くとの Stahl の意見も傾聴に値しよう。(48) しかし釈明権の行使をもって常に裁判所に判決によって権利侵害を受ける第三者への通知を義務づけたと同様の結果が得られるかは疑問であるし、そもそも職権による通知の不存在は権利保護体系たる民事訴訟法における構造的欠陥（Schlosser）とも言えるのであって基本的には導入説に賛成すべきであろう。したがって親子関係事件に関してこの制度の導入が実現した（ZPO六四〇e条〔現削除〕）ことは歓迎されるべきである。もっとも会社訴訟におけるように訴訟の存在につき公告が当事者に義務づけられている（AktG二四六条四項参照）ところではどこまで右の制度の必要性があるかは問題である。また通知を行うべき人的範囲についても必ずしも明確ではないこと前述(ウ)のとおりである。

(オ)　最後に審尋請求権侵害の場合の救済手段について西ドイツの議論を簡単に見てみる(49)。

審尋請求権を侵害するかたちでなされる裁判もそのことのみをもって無効とはならず、手続上の瑕疵ある裁判にとどまる。この瑕疵ある裁判は上訴によって取消可能である(50)。もっとも審尋請求権の侵害は、たとえその根拠が基本法一条の人間の尊厳におかれるとしても、その存在自体がただちに上訴理由を基礎づけるのではなく、それが判決において当事者に不利益をもたらす場合にのみ上訴理由となるにすぎない(51)。控訴裁判所は審尋の拒絶（不存在）が重大な手続上の瑕疵をなしているとして、ZPO五三九条により、第一審裁判所に差し戻すことも可能であるし、事案が許す限り控訴審での審尋の保障によって自ら裁判を行うこともできる。これによって第一審の瑕疵は治癒される。上告ももちろん可能であるが、これが絶対的上告理由となるかは問題である。Henckelによれば、審尋拒絶が絶対的上告理由となるかはZPO五五一条五号（適法な代理の不存在）の類推適用があるかに依存する。絶対的上告理由とされる根拠はいくつか挙げられるが、そこに掲げられた瑕疵が存する場合、必ずそれが不当な裁判へとつながるわけでもない。むしろ誤った事実認定が行われるような瑕疵を個々的に探究することを節約するために右事由が絶対的上告理由として掲げられているのであって、それは手続をコントロールするという特別な必要にもとづいている。ところで審尋拒絶といってもその程度には差があろうが、もし審尋が完全に拒絶されたのであれば、それは五号に該当する。しかしその場合判決の正当性を審理することなく上告が認められるのは、代理の欠缺のゆえに当事者が審尋を受けられなかったことによる。したがって当事者がおよそ訴訟に引き入れられなかったかあるいは適法に代理されなかった場合には五号により絶対的上告理由が存することになるが、有効な呼出ないし適法な代理がありなおかつ審尋が拒絶されたという場合（たとえば裁判官が重要な陳述を看過したり誤解したという場合や失権規定を誤って当事者の陳述を拒絶する場合）には相対的上告理由のみ存し、もし審尋が行われていれば異別の裁判となったかの審査を要するものと解すべきである。[52]

上訴の手段が尽された後は憲法訴願（Verfassungsbeschwerde）が認められる[53]（憲法訴願の補充性 Subsidiarität）。

審尋請求権侵害が再審を許容することになるかは問題である。たとえば当事者への書類の送達が公示送達によって行われ、当事者が訴訟の存在を知らず、欠席判決がなされた場合、当事者はこれに対して異議を述べることができるし、右の判決も公示送達によってなされ、当事者が帰責事由なくして異議申立期間を徒過した場合はＺＰＯ二三三条以下により当該当事者は原状回復を申立てることができる。また適法な代理の不存在というかたちで審尋拒絶が行われたときはＺＰＯ五七九条一項四号により当事者は無効の訴を提起することができる。しかし右事由は完全なかたちで行われることを要し、適法な代理があったが訴訟過程で個別的に瑕疵ある訴訟行為や懈怠があっても再審事由にはあたらない、など再審については従来厳格に解される傾向があった。[54]

しかし近時、基本権の訴訟（法）による有効な保護の提唱のもとに基本権保護（逆に基本権たとえば審尋請求権侵害はそれ自体重大な手続上の瑕疵と評価されることになる）のために訴訟（法）が果たすべき役割への期待が高まるにつれて右のような訴訟法規定の厳格な解釈の態度がくずれつつある。それとともに連邦憲法裁判所の負担過重解消のための訴訟法規定の活用への期待とが相俟って、立法論を含んだ解釈論が展開されている。まず Braun は歴史的には審尋権侵害があってなおかつ Appelation が許されない場合に無効の訴え（Nichtigkeitsklage）ないしは無効抗告（Nichtigkeits-beschwerde）[55]が認められていたのに一八七七年のＣＰＯではもはやこれが見られなくなり、せいぜいこのこれはＺＰＯ五七九条一項四号の特別な場合となった。しかし訴訟法規定、たとえば判決の更正（ＺＰＯ三一九条）や上訴を含めた審級の拡大で事後的審尋の保障は十分に得られないのであって、解決は審尋侵害の特別な場合を再審事由としたＺＰＯ五七九条一項四号の類推による無効の訴えを許容することによって行われるべきであるとした(56)。これに対しては右の類推解釈は類推の限界を越えるものであって適切ではないし、再審という新訴の提起は費用もかかり迂遠であるとして、むしろ弁論の再開を利用した、審尋義務を怠った裁判官に対する審尋違反にもとづく異議（Gegenvorstellung, Anhörungsrüge）により事の解決をはかるべきであるとの提案がなされている(57)。再審事由の類推は依然として反対が強いが、通常裁判所手続内での審尋補完をめぐる議論が今後も続くものと思われる。

(カ) 小　括

一九四九年五月二三日に制定された基本法（一〇三条一項）によって裁判上での審尋請求権は憲法上の基本権にまで高められた。しかも右条文は単なる綱領規定にとどまらず、手続規定の不備によって当事者が裁判の基礎となる事実関係や法的観点につき充全な意見表明の機会が与えられない場合には直接右規定の適用があると解するのが一般である。また審尋権侵害にもとづく裁判につき上訴手段が尽された場合には憲法訴願が許される（ＧＧ九三条一項4a）。

審尋請求権は人間の尊厳の裁判手続上の発露として、当事者は裁判手続における真実発見の手段（客体としての地位）に堕せしめられるべきではなく、むしろ主体たる地位を保持すべきであるとの見解（Baur）があった。これに対しては右の後半部分は問題がないとしても審尋請求権の根源を基本法一条に求めたのでは——たとえば審尋を受けることなしに判決効の拡張を受ける等の——例外が一切許されなくなるのではないかとの疑問が呈示された（Schwartz）。しかしその後の議論を見る限り、右の根源論は解釈論上一つの指標とはなり得ても結論を左右する決定的視点とはなり得ていないように思われる。なお人間の尊厳論は当初から法的観点の選択を含めた上での裁判官と当事者間の法的対話（Rechtsgespräch）義務の承認を伴って展開された（Arndt）。しかしこの議論は法的対話概念自体のあいまいさと相俟って解釈論としては未だ実りあるものとなり得ていない。むしろ簡素化法によって規定された法的観点指摘義務（ＺＰＯ

二七八条一項、〔現一三九条二項〕を含む釈明権の範囲論として議論が詰められるべきであろう（Seelig）。

本稿に最も関係が深いのは審尋請求権を有する第三者の範囲論である。これについて西ドイツの議論は決着を見ていない。大まかに言えば「判決によって自己の権利ないし法的利益を害される者（実質的関係人）」ということになろうが、これでは具体的事例解決の基準としては漠然としすぎている。そこで第三者の範囲に絞りをかける方向が模索されている。まず実体法的視点からの基準として裁判手続上問題となっている法律関係に自己固有の権限（eigene Zuständigkeit）という立場から関わりを持つ者（Zeuner）とかいわゆる当事者と依存関係にある第三者は請求権者からはずされるとの見解（Grunsky）がある。これに対しては逆に手続法上の視点から、判決の対世効の及ぶ第三者を含めて判決効の拡張を受ける第三者はすべて右請求権を有するとした上で第三者の範囲が類型的に可視的か不可視的か、第三者の関与によって手続が煩雑になり混乱を招くかによって比例原則を適用し、排除される第三者が現われる場合には職権主義を導入する見解（Schlosser）、右によって排除される第三者については代表者による訴訟追行を認めるべきであるとの見解（Calavros, Thiere）、第三者に実定法上他に保護手段が用意されている場合にはそちらに委ね、それ以外の場合については当事者の迅速な裁判等の利益と第三者の関与利益との比較衡量によって決せられるとの見解（Wolf）などが主張されている。いずれにしても判決効拡張規定はすべて審尋請求権の前に意味を失うとの極論は見あたらず、拡張を前提としたうえで、訴訟に引き込まれるべき第三者の範囲を限定して行こうとの方向については軌を一にしているといえよう。

第三者に手続関与権を保障するためには第三者が当該裁判手続の存在を知悉していることが前提となる。従来の民事訴訟法は告知を当事者のイニシャチブに任せていたため、義務的通知を欠き不都合な場合が生じ得た。そこで以前からこの点を補うためＶｗＧＯ六五条二項の必要的呼出規定の類推適用が提唱され、後に親子関係訴訟につきＺＰＯ六四〇e条〔現削除〕でこの制度が民事訴訟に導入された。行政訴訟と民事訴訟では既判力拡張規定の存否という点で相違があり、必要的呼出制度の必要性はそれだけ行政訴訟においては高いといえる。しかしそれにもかかわらず民事訴訟法に第三者への義務的通知の手段を欠くことは民事訴訟法上の構造的欠陥として右規定の類推適用は現在のところは必須のものと主張されている。

審尋請求権侵害の場合の救済手段について近時あらためて活発な議論が行われている。それは審尋権侵害を理由とする憲法訴願の増大に伴う連邦憲法裁判所の負担過重と裁判手続内部でのより適切な審尋権の保障要求が相俟って出現したことによる。具体的にはＺＰＯ五七九条一項四号の類推による再審の許容、審尋義務に違反した当該裁判官（judex a quo）に対する異議申立（Gegenvorstellung, Anhörungsrüge）等の審級の拡張などが提案されている。これについては今後の議論の進展が期待される。[58]

(17)　Schwartz, a. a. O. 注（1）S. 11f. 異論なく受け容れられている見解と言えよう。

(18)　Maunz-Dürig-Herzog-Scholz, Grundgesetz, III Bd. Art 103 Abs. 1, RZ 5,（Dürig）, Rosenberg-Schwab, Zivilprozeßrecht, 13. Aufl.（1981）S. 461. その他そこに引用されている文献、判例参照。

(18a)　近時では審尋請求権の内容として、さらに裁判所に訴訟関与者の主張を知り、それを顧慮する義務（Berücksichtigungspflicht）が課せられるとされている。BVerfG, NJW 1979, S. 414, 1980, S. 277, Deubner, 注（49）参照。

(19)　Maunz-Dürig, a. a. O. 注（18）.

(20)　Schwartz, a. a. O. 注（11）S. 12.

(21)　Arndt, Das rechtliche Gehör, NJW 1959, S. 6fl. ders, Die Verfassungsbeschwerde wegen Verletzung des rechtlichen Gehörs, NJW 1959, S. 1297ff. Arndt は Rechtsgespräch を基本権にもとづく裁判所の義務と解したが、審尋請求権がその内容として Rechtsgespräch を含むかにつき争いがある。Vgl. Rosenberg-Schwab, a. a. O. 注（18）S. 463.

(22)　この点については、吉野正三郎「手続保障における裁判官の役割」立命館法学一七九号（一九八五年）一頁以下〔『民事訴訟における裁判官の役割』（成文堂、一九九〇年）四三頁〕参照。

(23) Schwartz, a. a. O. 注(11) S. 57ff.

(24) 法的観点指摘義務（ZPO二七八条三項）の実務での運用につきSeelig, Die prozessuale Behandlung materiellrechtlicher Einreden－heute und einst－, (1980) が参考になる（龍谷法学一七巻三号（一九八四年）一二一頁以下に筆者による同著の紹介がある）。この問題についての近時の論稿としてHermisson, Richterlicher Hinweis auf Einrede und Gestaltungsmöglichkeiten, NJW 1985, S. 2558ff. がある。

(25) Baur, Der Anspruch auf rechtliches Gehör, AcP 153, S. 393ff.（1954）. 基本法一〇三条一項に司法行為請求権を含めることに反対する説としてはたとえばMaunz-Dürig, a. a. O. 注(18) Art 103 Abs. 1 RZ 88.

(26) ヨーロッパ人権規約六条一項は次のように規定している。「何人も、その民事上の権利及び義務、又は自己に対する刑事上の問責の決定にあたって、法律によって設けられた独立の公平な裁判所による合理的な期間内の公正な公開の審理を受ける権利を有する。……」（訳は芹田健太郎編『国際人権条約資料集』（有信堂高文社、一九七九年）四二頁による）。

(27) Baur, a. a. O. 注(25) S. 396ff.

(28) この点を鋭く批判する論稿としてZeuner, 後掲注(30)S. 1016f.

(29) rechtliches Gehör は「法律上の審問」と訳されるのか通常であるが rechtlich は rechtshängig の recht と同様、gerichtlich を指すと考えるべきであり（Baur, a. a. O. 注(25) S. 398. 三ケ月章「裁判を受ける権利」『民事訴訟法研究第七巻』（有斐閣、一九七八年）一二頁）、Gehör については注(3)の鈴木正裕教授訳にしたがう（中野貞一郎「民事裁判と憲法」『講座民事訴訟1』（弘文堂、一九八四年）、一二頁注(20)を援用させて頂く）。

(30) Baur, a. a. O. 注(25) S. 401ff. ほか、Schlosser, Gestaltungsklagen und Gestaltungsurteile, 1966, S. 164ff. ders, JZ 1967, S. 431ff. Grunsky, FamRZ 1966, S. 642, ders, Grundlagen des Verfahrensrechts, 2. Aufl., 1974, § 25, S. 226ff., Zeuner, Der Anspruch auf rechtliches Gehör, Festschrift für H.C. Nipperdey I. 1965, S. 1013ff., ders, Rechtliches Gehör, materielles Recht und Urteilswirkungen, 1974, Lerche, Zum „Anspruch auf rechtliches Gehr", ZZP 78, S. 1ff. 1965, Brüggemann, Rechtliches Gehör im Zivilprozeß, JR 1969, S. 361ff., Maunz-Dürig, a. a. O. 注(18) Art 103 Abs. I. Rn 91. Wolf, Rechtliches Gehör und die Beteiligung Dritter am Rechtsstreit, JZ 1971, S. 405ff. Calavros, Urteilswirkungen zu Lasten Dritter, 1978, S. 21ff. 紺谷浩司「西ドイツ民事訴訟法における第三者の訴訟関与」政経論叢二四巻三号三七頁以下（一九七四年）参照。

(31) Wolf, a. a. O. 注(30) S. 405.

(32) Baur, a. a. O. 注(25) S. 401ff.（insbesondere S. 407f.）
(33) 以上につきJZ 1962 S. 677（判批）を参照した。
(34) Bettermann, a. a. O. 注(33) S. 677.
(35) Schlosser, Gestaltungsklagen, a. a. O. 注(30) S. 214ff.
(36) Schlosser, JZ 1967, a. a. O. 注(30) S. 432f.
(37) Calavros, a. a. O. 注(30) S. 143ff., Thiere, Die Wahrung über individueller Interessen im Zivilprozeß, 1980, S. 181ff.
(38) Zeuner, a. a. O. 注(30)（besonders, S. 1038f.）
(39) Grunsky, Grundlagen, 注(30) S. 227ff.
(40) Wolf, a. a. O. 注(30) S. 405ff.
(41) ＺＰＯ六四条の主参加訴訟は独立の訴え提起であるから第三者の他人間の訴訟への関与とは言えない。
(42) 以下の叙述はおもにSchlosser, Gestaltungsklagen, 注(30) S. 207ff. に依る。
(43) 以下の叙述についてはEyermann-Fröhler, Verwaltungsgerichtsordnung, 7. Aufl. 1977, Martens, Streitgenossenschaft und Beiladung, Verwaltungsarchiv, 60. Bd. S. 197ff., 1969, Stahl, Beiladung und Nebenintervention, 1972, Ule, Verwaltungsverfahrensrecht, 1977, 高橋宏志「必要的共同訴訟論の試み(2)」法学協会雑誌九二巻六号六六〇頁以下（一九七五年）などを参照した。
(44) Eyermann-Fröhler, a. a. O. 注(44) S. 473.
(45) Martensは異なった本案の申立てもできるとするが（a. a. O. 注(44) S. 252.）、一般には参加人は当事者自体ではなく有責判決の名宛人でもないので独自の本案申立はできないと解されている（Eyermann-Fröhler, a. a. O. 注(44) S. 498）。
(46) Eyermann-Fröhler, a. a. O. 注(44) S. 485f. もっともこのような判決の内容的効力を一律に否定する考え方に対しては批判がある。Stahl（a. a. O. 注(43) S. 147ff.）によればＶｗＧＯ一二一条は既判力と呼出の効力について定めたものであり、判決の法律要件的効果としての形成力を規定したものではない。後者は同一一三条に依る。判決の形成力は形成に関係するすべての者に対する既判力を前提とするものではない。呼出を受けなかった第三者には確かに一二一条の拘束力は及ばないが形成力は受けるのである。Stahlはこの場合形成力を受ける第三者は適法に代理されなかった場合の類推により再審の訴えを提起することができるとする（一五三条参照。Schlosser, a. a. O. 注(30) S. 195ff. も既判力と形成力の峻別から呼出を受けなかった第三者にも形成力が及び、この場合第三者には適法に代理されなかった場合に準じて上告、再審が可能であるとする)。Martensは訴訟当事者が他の者の不参加というだけで彼らに対して生じた既判効から免れるためのなんらの法的根拠も存在せず、必要的呼出の懈怠があっても当事者間では判決は形式的、実質的確定力を有するとする。ただそれは後の第三者の挙動によって影響を受けるという浮動状態にあるにすぎないとする(a. a. O. 注(43) S. 257f.)。以上につき高橋、前掲参照。

(47) 因みに行政訴訟では民事訴訟法の(共同訴訟的)補助参加の規定と訴訟告知の規定の準用はないと解されている(Eyermann-Fröhler, a. a. O. 注(43) S. 475.)。その目的は呼出制度により達せられるからである。

(48) Stahl, a. a. O. 注(43) S. 157f.

(49) 注(30)に掲げた文献の他、Henckel, Sanktionen bei Verletzung des Anspruchs auf rechtliches Gehör, *ZZP* 77, S. 321ff. (1964), Arndt, Die Verfassungsbeschwerde wegen Verletzung des rechtlichen Gehörs, NJW 1959, S. 1297ff., Deubner, Die Verfassungsbeschwerde wegen Verletzung des Anspruchs auf rechtliches Gehör als Rechtsbehelf im Zivilprozeß, NJW 1980, S. 263ff., Braun, Verletzung des Rechts auf Gehör und Urteilskorrektur im Zivilprozeß, NJW 1981, S. 425ff., Schneider, Nochmals: Verletzung des Rechts auf Gehör und Urteilskorrektur im Zivilprozeß, NJW 1981, S. 1196f., Seetzen, Die Anhörungsrüge kraft Verfassungsrechts, NJW 1982, S. 2337ff., Rosenberg-Schwab, a. a. O. 注(18) S. 464f.

(50) 審尋請求権侵害が審級の伸張をもたらすか(抗告で特に問題となる)、責問権放棄の対象となるか、弁論の再開との関係等については Henckel, a. a. O. 注(44) S. 327ff. 参照。なお弁論再開の要件については加波眞一「口頭弁論再会要件について(一)(二・完)」民商法雑誌九一巻三号三五三頁(一九八四年)、九一巻五号七三〇頁(一九八五年)以下で詳しく論じられている。

(51) Henckel, a. a. O. 注(44) S. 324f.

(52) Henckel, a. a. O. 注(44) S. 344ff. 連邦憲法裁判所も審尋違反を絶対的上告理由とはせず、裁判が審尋拒絶にもとづいているものかまたもとづいている可能性があるかを審理しているようである。Rosenberg-Schwab, a. a. O. 注(18) S. 464. 参照。

(53) もっとも近時審尋請求権侵害にもとづく憲法訴願が増加し全体の約七五%の割合を占めるに至った。このため連邦憲法裁判所の負担過重が問題となり、連邦憲法裁判所は控訴額(Berufungssumme　現行七〇〇ドイツマルク　ZPO五一一条

a）に満たない訴訟つまり簡易事件の憲法訴願は取り扱わないというかたちである時期対応するに至った（BVerfGE 47, 102, もっともあとでもとにもどしてこれを憲法訴願の対象とした）。憲法訴願の数の増加原因のひとつが控訴額の増加傾向にあるからである。このことがあらたに審級伸張（いわゆる Anhörungsrüge の設置）や再審（無効の訴）の見直しの議論を生み出すに至ったことについては後述。以上につき Hübsch, DRiZ 1980, S. 140., Braun, NJW 1981, S. 425ff., Seetzen, a. a. O. 注(49) S. 2337f. 参照。

(54) Henckel, a. a. O. 注(49) S. 368ff.

(55) Nichtigkeitsbeschwerde を含む普通法時代の上訴制度については、鈴木正裕「上告理由としての訴訟法違反――史的考察」民訴雑誌二五号二九頁以下（一九七九年）、同「上告の歴史」小室直人＝小山昇先生還暦記念『裁判と上訴㊦』（有斐閣、一九八〇年）一頁以下参照。

(56) Braun, a. a. O. 注(49) S. 425ff.

(57) Seetzen, a. a. O. 注(49) S. 2337ff., なお Schneider, a. a. O. 注(49) S. 1196., も再審事由の類推に反対している。なお五号の無効事由は職権調査事項であるのに対し、審尋請求権侵害については当事者の主張が必要という違いもある（Stein-Jonas, 20. Aufl., §§ 579 Ⅳ, 551 Ⅱ 5 c)）。この点につき紺谷浩司「確定判決の無効と詐取（騙取）」『講座民訴7』三六八頁参照。その他、五一三条二項の類推適用について Kahlke, Zulassung der Berufung wegen Verlezung des rechtlichen Gehörs, NJW 1985, S. 2231ff. 参照。

(58) 近時の西ドイツにおける議論のうち、いわゆる協働主義（Kooperationsmaxime）をめぐる議論、いわゆる法的対話（Rechtsgespräch）をめぐる立ち入った議論、裁判官の指摘義務と釈明権の範囲をめぐる議論、それらの背後にある弁論主義の評価の議論、さらに民事訴訟における裁判官と弁護士の役割分担についての論争（Birk, Wer führt den Zivilprozeß ―― der Anwalt oder der Richter? NJW 1985, S. 1489ff., Brinkmann, Dasselbe, NJW 1985, S. 2460f.）等、それぞれ密接なつながりを持ち、かつ本稿にとっても興味深い諸テーマについてここで立ち入った検討を加えることはできなかった。他日を期したい。

2　わが国の手続権保障論議

(1)　本稿ではわが国の手続権保障論議全般を見渡すということはせず、判決効拡張論と手続権保障をめぐって行われて来た議論に焦点を絞って取り扱うことにする。そのうえでこの議論の持つ広がりから必要な限り他の領域における手続権保障論議を検討の対象とする。もっとも社団関係訴訟をめぐる、おもに判決効の対世的効果と手続権保障については三で詳しく考察する予定である。したがってここでは、判決効の拡張と手続権保障をめぐってのわが国の議論のおおよその方向を概観するにとどめたい。

(2)　手続権保障が裁判の基礎となる事実関係ないし法律関係についての関係人の意見表明の機会保障を意味することに鑑みれば、このような機会を持たなかった裁判外の第三者になにゆえ判決効の拡張が許されるかが鋭く問われることになったことは見易い道理である。

第三者に訴訟関与の保障なしに判決効拡張を正当化する理由としてまず考えられるのは訴訟当事者と第三者の実体法関係である。

これについては、まず口頭弁論終結後の承継人、目的物の所持者（民訴二〇一条一項（現一一五条一項））への既判力拡張ないし第三者に反射効が及ぶ場合を、これらの者と訴訟当事者の実体法上の依存関係によって根拠づける見解、訴訟担当の場合の被担当者への既判力拡張を担当者の実体法上の管理処分権をもって根拠づける見解などが挙げられる。

(一)　実体法上の依存（従属）関係といっても訴訟当事者あるいは前主と第三者の実体法関係について、ある場合には後者の権利の前者からの伝来性を指し示すものであったり、ある場合には後者が前者の処分行為に服することをもって依存関係と称したり、ある場合には後者の占有権限が前者のそれを前提としている（占有の依存関係）ことをもって右の名称が付されていたりで、その概念の内容は従来必ずしも一義的に確定されて議論が進められて来たわけではないことから、なにゆえこれが既判力拡張や反射効の根拠となるのかについて、従来の学説は明確にしてこなかったという内在的批判がある。(1) このことは実体法上の依存関係のみをもってしては訴訟関与のなかった第三者に対する判決効拡張を正当化することができない、少なくともそのための充分な根拠たり得ないことを意味するものであった。このことはさらに近時の手続権保障論の台頭に伴う依存関係説の変容によっても確証され得る。これを依存関係説の主張者であった、上田徹一郎教授(2)と吉村徳重教授(3)に即して見てみよう。

(ア)　上田教授は判決効の主観的範囲決定問題は範囲拡大による法的安定要求と効力を受ける第三者の手続保障要求との二元論で捉えなおされるべきであり、両者の緊張関係における調和点を見出すのが解釈者に課せられた任務であるとする。この立場から「依存関係説は、二〇一条自体からは承継人の範囲が明確でないところから、十分な手続保障を欠いても判決効を拡張されても仕方のない第三者の範囲を確定するための努力の所産と評価」する。(4) ところで上田教授は右の基本的立場から、既判力は制度的効力としての性質を維持しつつもその範囲は単に法的安定要求＝抽象的手続保障プラス例外的調整で決せらるべきではなく、訴訟物たる権利関係をめぐる当事者間および当事者と判決効拡張が問題となる第三者間の、客観的で予見可能なかつこれら各主体間の法的関係を規制する、実体関係を基準として手続保障（実体関係的手続保障）の具体化をはかるべきであるとする。(5) そして判決効が第三者に拡張される場合につき、拡張を受ける者の別個独自の手続保障の必要性の有無という観点から、形式的当事者と実質的には同一の地位に立ち、既判力の拡張ではなく既判力自体に拘束される者＝実質的当事者と、本来は独自の手続保障要求が存在するのであるが、相手方当事者、裁判所・公共の側からの法的安定要求との緊張関係から第三者固有の抗弁以外の攻撃防御方法を切断される者とを区別する。(6) 前者に含まれる例としては目的物の所持者、法人格否認のいわゆる形骸事例、通謀虚偽表示による登記名義人（大阪高裁昭和四六年四月八日判決、判時六三三号七三頁、判タ二六三号二二九頁参照）、訴訟担当の利益帰属主体など(7)が挙げられ、後者の例としては口頭弁論終結後の承継人が挙げられる。後者については拡張を受ける第三者につき代替的手続保障は充分ではないからこれを補完するために直接的手続保障の道（詐害再審、訴訟係属を目的物につき取引関係に入る第三者に公示する制度の充実など）が開かれるべきであるとする。なお反射効や参加的効力を受ける者についても、これらを既判力とは一線を画し、したがって既判力とは異なる限定された効力であることをその手続保障の態様から導き出しながら、代替的手続保障と直接的手続保障（この場合七一条〔現四七条〕参加や共同訴訟的補助参加が加わる）の併用（反射効）あるいは後者の充実（参加的効力）を主張する。(8)

ところで右の上田教授の主張は実体法上の依存関係とどのようにかかわるのであろうか。上田教授によれば、実質的当事者とされる者（形式的当事者と同一の地位を有する者）＝別個独自の手続保障を要しない者に該当するか否かの判断基準の一つとして挙げられるのが当事者と第三者との実体法上の完全な依存関係である。(9)それでは依存関係が完全であるか否かは何をもって判断されるのであろうか。前述のように依存関係そのものの概念が必ずしも明確なものではなく実体法上のいくつかの現象の総称にすぎない（その限りで比喩的表現にすぎない）。したがってその完全性といっても比喩の域を出るものではない。もし独自の手続保障を要しないとの判断が先にあって、その説明のために実体法上の依存関係概念を使うのであれば、もはやこれは根拠を呈示するものではない。その場合には実質的当事者の判断基準の問題は依然として残る。(10)

口頭弁論終結後の承継人についても上田教授は依存関係説＝実質説に立つ。この場合は依存関係が代替的手続保障を充足するものでないことからこれに対応して様々な処理により妥当な結論が得られるとする。(11)

以上のように上田教授は手続保障の充足の程度に応じた範囲論を展開し、その決定基準となるのが実体法上の依存関係（もちろんこれにとどまるものではない）であるとし、この態様＝実体関係の探究により客観的で予測可能な判断基準が得られるとする。

(イ)　吉村教授は既判力の根拠を処分権主義、弁論主義にもとづく、訴訟物たる権利関係の特定とこれについての攻撃防御方法の自由な選択、提出の機会の保障による自己責任に置く。これは同時に右の機会を保障されない第三者への拡張禁止（相対効）の根拠ともなる。このことは自己の権利関係について自由な意思決定による処分行為に関して責任を負うとの私的自治の原則に対応する。そしてこのことは民事訴訟が私人間の権利関係をめぐる紛争処理や取引交渉過程の一環として基礎づけられることからして当然のこととする。

右の原則にもかかわらず既判力が一定の第三者に拡張されるのは、第三者が訴訟当事者の実体法上の処分に服さざるを得ない地位にあり、訴訟物たる権利関係について独自の法的利益を持たず、したがって独自の手続保障を要求する基盤を失うことにもとづく。以上が既判力拡張の実体的根拠であって、権利関係についての独自の法的利益の有無という観点から口頭弁論終結後の承継人、目的物の所持者、訴訟担当の利益帰属主体に関し共通の理論的基盤が得られるとする。

吉村教授はさらに既判力拡張の訴訟上の根拠として主張されてきた適格承継や訴訟追行権概念を訴訟手続過程を展望的にみる行為規範として機能するものと評価する。さらに適格概念は実体的依存関係に拘束されずに紛争解決の期待できる第三者を捉えて判決効を拡張する道を開いたとする。そして既判力拡張の訴訟的根拠づけの方向として、一方では形式化・抽象化された適格概念に実体関係ないし手続的手当てを組み入れることによってこれを具体化・実質化するとともに、他方ではこの実体関係自体を展望的な手続過程において手続内在化する方向が考えられるとする。(12)

吉村教授はたとえば前主の実体的地位の、基準時後の伝来的取得→独自の法的利益の喪失→独自の手続保障の不要→既判力拡張という図式をたて、従来の実体的依存関係→既判力拡張という図式に対する批判を逃れている。吉村教授の論述の中に依存関係概念の使用が慎重に避けられていることが右の証左となる。しかし基準時後の実体的地位の伝来的取得がなにゆえ第三者の独自の法的利益の喪失を結果するのか。この点が明確ではない。教授は攻防過程の手続保障の確保とその結果の自己責任は瑕疵なき自由な意思決定を有効要件とする私法上の処分行為に対応することを既判力拡張の重要基準とするが、果してこれで有効要件の存否を判決効により不可争とすることが正当化されるであろうか。教授はまた「甲乙間の訴訟追行を通じて訴訟状態として形成された甲の物的責任者としての実体的地位は、丙が口頭弁論終結後に係争物の占有を乙から伝来的に取得することによって、丙に承継されると評価されるのであって、この場合には、丙が既判力の拡張を受けても、丙の利益を損うことはないと考えることができる（圏点筆者）」とされる。右は要するに既判力拡張をめぐる甲丙間の利益衡量のさいの評価をあらわすものであり、既判力拡張を正当化する法的根拠を呈示するものではないように思われる。ところで吉村教授にとっては既判力拡張にとってより重要なのは訴訟的根拠である。しかし教授の主張する訴訟過程における当事者の攻防レベルでの手続保障ないし行為責任の分担を媒介とする既判力拡張の実体的基礎と訴訟的根拠の統一的把握の具体的内容が今一つ明確ではないように思われるのでここでは論評を避けることにする。

㈡　管理処分権

法定訴訟担当の一つの場合として法律上の財産の帰属主体以外の第三者に管理処分権が付与され、これにもとづいて訴訟追行権が与えられることがある。この場合、担当者の訴訟追行の結果たる判決の効力は利益帰属主体に及ぶとされている（二〇一条二項〔現一一五条一項二号〕）。右の例として従来は破産管財人による破産財団に関する訴訟、代位訴訟（民四二三条）、取立訴訟（民執一五七条）、株主の代表訴訟（商二六七条〔現会社法八四七条〕）等が挙げられていた。(13)これに対して右のうち代位訴訟、取立訴訟における担当者と利益帰属主体の利害が対立・拮抗状態にある場合には債権者の代位着手により本来の権利義務主体（債務者）の管理処分権が制約を受けるものと解すべきではないとして債権者による代位訴訟、取立訴訟の敗訴判決の効力は債務者には及ばない（片面的既判力拡張）との見解があらわれた。(14)ところで第三者への判決効拡張を正当化する実体法上の関係を折出、検討するという本項の課題に照らして右の見解が呈示した重要な視点は「管理権の段階的強弱」という考え方である。すなわち従来管理権概念は一定不動のものとされ、その段階的差等に思い及ばなかったため右の諸事例のすべてに民訴法二〇一条二項の適用が認められていた。しかし管理権の第三者への移動といっても破産の場合のように債務者の財産管理権が全面的に奪われてそれが破産管財人に移るという場合もあれば、国家の差押命令によって、債権者のために債務者の財産処分が一定限度禁止され、更に債権者に取立権が裁判上付与されることによって、債権者が債務者の財産上に相対的な管理権を取得すると観念される場合もある。また債権者代位権のように債務者の権限行使に対する制約を明文で規定することなく、本来の制度の建前としては、補充的なかたちで債権者の管理権を認めるに止まる趣旨のものもある。そこでこの管理権の段階的強弱に応じた訴訟追行権、判決効拡張論が要請されるに至った(15)。この管理権の強弱という発想はとりもなおさず判決効拡張を受ける債務者の手続権保障の強弱という観念に移し変えることができる。管理権が強い段階にある訴訟担当においては債務者の利益は担当者の訴訟追行に吸収されるからあたかも代表的訴訟追行という形で債務者の手続権保障が確保されていると目することができるが、管理権が弱い段階においては右のような関係にはなく債務者の手続権保障に薄いと評価されることになる。そこでここからの帰結として、前者においては全面的な判決効拡張が肯定されるが後者では債務者に不利な判決効の拡張が否定されるとの結論が得られた。それと同時に右の観念はもう一つの可能な帰結を暗に示すものであった。すなわち管理権の段階が低く、したがって債務者の手続権保障が弱いところでは、なんらかの手続的手当を債務者に施すことにより、債務者の手続権保障を強化したうえで債務者への判決効の全面的拡張を肯定しようとの発想である(16)。この結論はこれによって二度の応訴を強いられずに済む第三債務者の利益との調整をもはかることができるとの利益衡量によっても支えられるものである。

右の第二の方向は当然のことながらどのような態様の手続保障のための措置が、どちらの当事者によって講じられるべきか、またそれは従来の解釈論レベルでカバーしきれるものかの問題に直面することになった。そしてその際の有効な手続的手当として取立訴訟の参加命令（民執一五七条三項）と訴訟告知の活用がクローズアップされてきた。その後の議論はかくて第二の方向と手続権保障の態様の検討というかたちで進んできている。この点は次々項にあらためて論じることにする。[17]

㈢　代表的適格理論

当事者適格を認められた者が他に利益を同じくする者を代表する（あるいは代表が擬制されることの中に判決効拡張の根拠が存する）との見解がある。一定の問題をめぐって複数（多数）の利害関係人が存在し、これらすべての者が原告あるいは被告として訴訟の場にあらわれることが実際上不可能であり、しかもこれらの者につき画一的紛争処理の要請があるという場合（これを集団訴訟[18]と名づけることができよう）、その中の少数者による訴訟追行の結果たる判決の効力に（直接的）訴訟関与がなかった第三者を服させるための説明の概念として「代表性」は一定程度有効であることは否めない。問題は果してどのような場合に当事者と第三者との間に代表関係が認められるかである。小島教授は選定当事者制度（民訴四七条〔現三〇条〕）がその鍵を握るものとする。[19]すなわち学説、判例[20]により認められている任意的訴訟担当は、選定当事者制度の選定手続＝授権の方式が厳格である（民訴五二条〔現民訴規一五条〕）ゆえに活用に難点があったのに対し、授権手続が緩和された方式で可能であるところに存在意義を有する。しかし多数の入会権者や掛戻債権者たる未落札講員などのように多数者間に緊密な団体的結合が存する場合には授権の手続を緩和する方向をより大胆に進めてよいはずであり、このような場合は選定者の訴訟追行権は個別的授権にもとづくのではなく、「十分な代表関係」を肯定しうるだけの利害の一致と緊密な関係の存在に基づくとする。そして代表者の判定にあたっては、集団におけるその者の地位、代表する者の割合、利益の典型性、訴訟追行能力などが考慮されるべきであるとする。[21]小島教授の理論の特徴は団体的規律の存在、利害の一致と緊密性から代表関係を肯定し、個別的授権行為なしに代表的訴訟追行→判決効拡張を肯定するところにある。しかし、選定当事者制度から出発しながらも、任意的訴訟担当を媒体として、選定当事者規定（特に五二条）を脱却するものであるだけに解釈論としての可能性が問われよう。

谷口教授は、中田博士が会社訴訟では画一的確定が要請され、それゆえ全面的利害を持つ者が原告とならねばならないと推論するが、これは実は逆であり、全面的利害を持つからこそ、問題の法律関係に干渉する権限が認められ、これが訴えの利益の根拠となるが、このような干渉権限を認めた以上は、単に相対的な判決効を認めるのみでは「干渉」という訴えの目的を達することができず、したがって訴えの利益もまた認められないことにならざるをえないので、判決の効力を第三者に拡張することによってかような干渉権限を認めたことの実質を確保しているのだと解すべきであるとする[22]。そして全面的利害関係を持つ者はそのことのゆえに他の同等の立場に立つ者と同程度に充実した訴訟追行を行うことが期待され、それが他の当事者適格者に判決効を拡張することを実質的に正当化するとする。この谷口説は、中田博士の代表（理）説を批判するものであるから、これを代表的適格理論に加えることは適当でないかもしれない。しかし原告の訴えを有意義ならしめるための判決効拡張要請と非当事者たる利害関係人の手続権保障の調和点を後者保護のため当該問題にできるだけ密接した利害関係を有する者の関与の要求に求めている点、小島教授の「十分な代表関係」と軌を一にするものと評価できよう。谷口説については後に三で詳しく検討する予定だが、敢てここで問題点を指摘すれば、この説がどこまで一般化されるのかが問題である。教授が当面論じている会社訴訟については、判決効が片面的にのみ拡張されるのであり、他の当事者適格者は原告敗訴の負担を負うことがないから問題はない。教授の説はさらに進んで、たとえばSchwabの既判力の第三者効理論[23]、そしてその中核を成している普通法のlegitimus contradictorと判決効拡張理論にまでつながり得るものなのであろうか[24]。右の疑問は一応さしおくとして、谷口理論はおもに集団訴訟において、実体法的当事者適格論の硬直性を脱することによって訴訟への道を開くことに寄与する理論として評価することは許されよう[25]。しかし、右の集団訴訟理論の中での本稿の対象たる形成訴訟の位置づけは必ずしも明確ではない。後者においては――特に会社訴訟、身分訴訟では――当事者（原告）の法定、判決効の拡張規定が存在するため、右理論の妥当領域はそれほど広いものではないであろう。そのせいか後者における右の理論をめぐる議論は、同じ形成訴訟類型の中でも当事者が法定されていない、会社訴訟における被告適格の問題（後述）、行政訴訟の原告適格（行訴法九条）

をめぐってのものが多い(26)。

当事者適格と判決効拡張の関係については、当該法律関係をめぐる利害関係人の対立がそのまま訴訟に反映しうるような当事者適格の構成が望ましいとしても、実体法関係を無視してそのような構成を行うことはできないであろうし、実定法が当事者適格者を法定している場合もそれに反することは適当ではない。いったい判決効拡張の根拠を当事者適格にのみ負わせることには無理がある。第三者の関与の必要性、関与の態様に関する手当の要請される所以である。

㈣　第三者の手続関与

前述のように西ドイツにおいては、判決効の拡張を受け、しかも審尋請求権が保障されるべき者の手続関与の方法として、必要的共同訴訟、訴訟告知と結びつく共同訴訟的補助参加のみが民事訴訟法の規定（ないしはその解釈）するところであった。しかし判決の対世効の及ぶ場合など必ずしも必要的共同訴訟で対処できない場合があり、またすべての第三者を原告または被告の地位につけなければならないわけでもない。そうかといって第三者の関与を当事者の意思に委ねたのではその手続権の保障に充分ではない。そこで裁判所に職権で第三者を呼出す義務を課する必要的呼出の制度（VwGO六五条二項）の民事訴訟への導入（類推適用）が主張されており、親子関係訴訟では立法的解決がなされた（ZPO六四〇e条〔FamFGへの移行に伴い現削除〕）。

わが国の議論状況はどのようであろうか。吉村教授によれば、係争法律関係に利害関係を有する者のために最も篤い手続権保障の方法はこの者を固有必要的共同訴訟の当事者とすることにより、その関与のない訴えを不適法と取り扱うことである。しかしたとえば①母子間の母子関係の存否に関する訴訟における父のように右訴訟で当事者適格を与えられる必要はないが、母子関係の不存在が確定すれば嫡出父子関係の嫡出性を失うという身分関係上重大な変更を受ける者の手続権保障手段如何の問題を考えてみれば明らかなように、固有必要的共同訴訟か任意的訴訟告知かの二者択一で対処できる範囲を越える利害関係人の登場と手続権保障の必要が存する場合がある。また②他人間の身分関係の確定によって相続権や扶養請求権を害される者のように判決によって直接自己の身分関係に影響を受けるわけではないが、財産権の侵害を受ける可能性がある以上、なんらかの手続権保障の必要性が存する場合がある。このように多様な利害関係に対処するための柔軟な手続権保障手段の拡充が要請される。教授は、①の父のように密接な利害関係を有する者には当事者による必要的呼出（民訴七四条〔現五〇条〕、旧法六二三条三項〔現民執一五七条一項〕の類推適用）を、②の場合には当事者による義務的な訴訟係属の通知（商法二六八条三項〔現会社八四九条三項〕、旧法六一〇条〔現削除〕の類推適用）を提唱する。そして右の呼出ないし通知がなされなかった場合の措置として、①については利害関係人による身分判決の効力の否定、その手段として再審の提起（民訴四二〇条一項三号〔現三三八条一項三号〕の類推）あるいは後訴における判決効の否定の選択を認め、②については利害関係人が自己の財産上の請求の先決事項として、相対的に身分判決の効力を争う余地を認める。[27] また吉村教授は取立・代位訴訟における債権者、債務者、第三債務者の関係についても問題を債権者、第三債務者のいずれの当事者がどのような手続的手当をとる責任をいかに分担し、その結果いかなる効果を生ずるかとして捉え、結局債務者に対して債権者が訴訟告知をするか、あるいは第三債務者が引込参加の申立をすれば、既判力が全面的に債務者に拡張されるが、いずれの手続もとられないかぎり相対効にとどまると解する。[28]

吉村説は裁判所の職権による参加命令（行訴法二二条の類推）を否定する点、既存の民事訴訟法規内で第三者の引込を実現しようとする点、その際呼出ないしは通知を受けなかった者による判決の事後的効力否定を解釈論として認める点、それがまた当事者による呼出ないし通知のインセンティヴになることを示唆する点、右のことを充全ならしめるための釈明権行使に期待を寄せる点などを特徴とする。この説は前述の Stahl の見解と一致する点が多い。したがって西ドイツにおいて Stahl の見解がなにゆえその後賛同を得られていないかを考えることが吉村説の評価の一つの鍵を握るものと思われる。

ＶｗＧＯ六五条の呼出制度の民事訴訟への導入が要請されたのはどのような理由にもとづくものであったか。確かに訴訟告知の制度を持たない行政訴訟にあって呼出は民事訴訟における告知の役割を果すこと、必要的呼出を受けた参加者の訴訟上の地位は共同訴訟的補助参加人とされていること、既判力拡張規定を持たない行政訴訟においては呼出のみが参加者（ないしは呼出を受けた非参加者）に判決の拘束力を及ぼすことができる等の事情が存し、民事訴訟においてはこれらをある程度判決効拡張規定ならびに訴訟告知制度の活用でカバーできるという相違がある。しかし基本法が要請する審尋の保障は判決に拘束される第三者の訴訟関与を窮極的には当事者の任意に任される訴訟告知に委ねることをもって満足するものではない。このような場合裁判所による義務的通知という措置が必要であり、それを一般的に規定したのが、ＶwＧＯ六五条二項である。したがって右規定の民事訴訟への類推適用は必須である、というのが西ドイツで有力な見解であった。ところでここでは憲法上、訴訟関与＝意見表明の機会が保障されるべき第三者にとって重要なのは告知がなされることであって、それが職権によることにあるわけではないから、そのような場合に当事者からの告知が義務的になされることが保障されるのであれば職権による義務的呼出の導入の必要はないといえる。吉村教授の提唱される当事者による必要的呼出はまさにそれを狙ったものと思われる。そこで問題は吉村教授の提起された解釈論が理論的にどれほど支持可能なものであるかというところにある。

教授の説の理論的基盤となっているのは民訴七四条〔現五〇条〕、旧法六二三条三項〔現民執一五七条一項〕を法律上の根拠とするいわゆる当事者引込の理論である(29)。この理論は論者によりその対象とされているケースに相違はあるが、要するに当事者の一方または双方と訴外の第三者との実体法上の関係により、この者を含めた紛争の解決を一個の裁判によって実現することが、当事者の一方または双方にとって有益である場合に、そのための道を開くことを目的とする理論であるといえよう。その前提となっているのは、当該第三者の訴訟関与なしにはこの者に対して判決の効力を及ぼすことができず、したがってこの者を含めたかたちでの紛争の合一的確定が得られないことであり、これを回避するためには訴訟告知による参加的効力をもってしては十分ではないかあるいは第三者を当事者とすることが現当事者にとって格段に効率的であるという場合である。したがってこの場合第三者は当事者として請求の主体となるものである。これに対し吉村教授の挙げられる事例では手続権保障を要するとされる第三者は当該訴訟の請求との関係でその当事者適格を有する者ではなくまたこの者に対し当事者の一方または双方からあらたな請求がたてられるという関係にあるわけではない。当該第三者が当事者として裁判に登場することはこの場合必要でもないし可能でもない。さらにいえばこのケースでは第三者が訴訟に引き込まれることが従前の当事者にとって便宜であるというものではなく、当該訴訟の判決によって第三者の身分関係に重大な影響が及ぶゆえに、むしろ第三者にとって当該裁判の場で自己の意見を述べることが有益であるという関係にある。右の場合、当事者に第三者を訴訟に引き込んだり、訴訟告知をするインセンティヴが欠けることが多いであろう。それでもなおかつ判決により拘束される第三者の手続権保障のための措置をいかに講じておくかがここでの問題となるわけである。(30) さらに訴訟告知→参加というルートでは——当該訴訟物について当事者適格を持たず、詐害防止参加（民訴七一条前段〔現四七条前段〕）の要件にも該当しない場合——第三者に判決効（既判力・形成力）が及ぶことになるため、共同訴訟的補助参加が唯一の参加形態となる。この場合被参加人への従属性が緩和されるとはいえ、一方の当事者につくことが前提となるから、呼出（Beiladung）の場合とは異なり、一方または双方の当事者を同時または交互に相手とすることができず、それだけ手続上弾力性を欠くことになる。(31) このように見てくるとわが国においても職権による呼出を認めることが参加制度の欠缺をさらに補充するものとして必要なのではないかの検討を要することになる。もっともわが国では西ドイツにおけると多少事情が異なっており、職権による参加を認めた行訴法二二条の解釈として、行訴法にも民訴法上の参加規定の適用がある（ただし民訴七一条〔現四七条〕参加の可否については議論がある）と解されているためか、(32) 職権参加の場合も参加形態としては共同訴訟的補助参加と同一の取扱いをすることになる。これはまた参加を申立てる第三者としても行訴法二二条にもとづく参加申立てと民訴六四条〔現四二条〕にもとづく参加申出とで訴訟追行権能に異同なく、敢て職権参加の場合の取扱いを異にすることによる混乱を避けるという点で妥当と解すべきであろう。将来もしたとえば身分訴訟に必要的呼出規定を設けることになった場合には参加形態をどのように規律するか、（共同訴訟的）補助参加人の訴訟上の地位についての解釈の動向とも関連するが、考慮しておく必要があろう。それまでのつなぎとして行訴法二二条の類推を認めるという場合は参加人の訴訟上の地位も右条文の解釈と一致させておく必要があると考える。

ところで呼出ないし義務的告知を受けるべき者の範囲については、西ドイツにおけると同様わが国でもその基準設定には困難が伴うものと思われる。結局のところ個々の類型化されたケースのタイプに合わせた人的範囲の決定基準が必要となるべきで、ここで抽象的にこれを論ずることの意義は疑わしい。ただ判決の対世効といってもその中味は一様ではなく、身分関係や組織内での地位に直接影響を受ける者から、相続権や扶養料請求権等の財産上の権利に影響を受ける者、判決によって形成された法律状態を事実上承認しなければならないにすぎない者(33)に至るまで多様な第三者が存する。後者については訴訟関与の機会を保障する必要性が薄い。前二者については――その侵害の程度が特に後者について段階があろうが――なんらかの訴訟関与の措置が講じられるべきであろう。しかしその段階に応じた適切な処置が果していかなるものか、またそれがどの程度可能か、個別事例に即して検討する必要がある。

㈤　訴訟関与の機会が保障されなかった場合の第三者の救済手段

第三者に訴訟関与の機会が保障されるべきであったのに呼出、告知等の適切な処置がとられなかったためにこれが行われなかったという場合は手続上の瑕疵と評価される。しかしこれがために判決が当然無効となることはない。第三者は第一審の弁論終結後でも参加して弁論の再開を申立てることができるであろうし、判決言渡後であれば控訴も可能である。控訴審で十分な意思表明がなされ得るのであれば控訴審裁判所としては第一審への差戻しの必要はないであろう。右瑕疵が絶対的上告理由（三九五条一項四号〔現三一二条一項四号〕）に当たるか否かは、西ドイツにおいて議論のあったところである。また西ドイツでは同瑕疵が再審事由（ZPO五七九条一項四号）に当たるかにつき争いがあり、これを肯定するのはむしろ少数であった。彼国においては憲法訴願という最終手段が存在していることに鑑みてこの議論をそのままわが国に持ち込むことには慎重を要する。わが国ではむしろ再審事由に当たるとの解釈が有力な所以である。もっとも再審事由の類推がどこまで許されるかについては第三者の手続権保障が単に裁判所へのアクセスを意味するにとどまらず、手続内での「当事者権」を含むものであるだけに、慎重な検討が必要と考える。立法論としては商法二六八条の三〔現会社八五三条〕や行訴法三四条のような再審事由を一般化することも考慮に値しよう。解釈論として詐害再審の許容（旧々民訴法四八三条）が唱えられているが、(34)「詐害の目的」という主観的要件との関連で第三者にとって適用困難な場合が生じ得る。

㈥　相対的解決

手続関与の保障がなされなかった第三者の保護手続として、もしこの者に権利変動の効力が及ばないとすれば、その目的は十分達せられる。西ドイツにおいては相続欠格訴訟（Erbunwürdigkeitsklage）を手がかりとして、実体法上（たとえば遡及効の制限規定）、手続法上（たとえば職権主義の導入）の救済手段を持たない第三者（相続債権者）に、権利形成以前の彼の権利の手続的保護の保障がない以上、事後の手続的保障がなされるべきであるとして、このような第三者に対する不利な判決効の拡張を否定する見解が存する。(35)しかしこれに対してはもし相対的解決を許すと事後の調整問題で解決し難い困難に立ち向わねばならないことになるとの批判がなされている。(36)この問題に関する限り、できれば絶対的効力説が望ましく、またそれを支える手段の解釈論的模索も重要である。もっとも第三者保護の手段として終極的には憲法訴願の認められている西ドイツとわが国では単純な比較は難しいことも心得ておくべきである。(37)

吉村教授も身分関係に重大な影響を受ける第三者が参加の機会を持たなかったときは、人訴法一八条二項〔現二四条二項〕を類推して身分判決の効力を否定でき、後訴を提起して前訴の結論を覆すことができるとする。また単に財産権の侵害を受ける者については、通知が怠られた場合、独立の訴えを提起することを許す必要はないが、自己の財産上の請求の前提事項として、相対的に身分判決の効力を争う余地を認めることはできるとする。(38)前者については少なくとも実際上は問題はなかろうが、後者につきはたして Schlosser が懸念したような事後的調整問題で困難が生じないか個別事例に即した吟味が必要であるように思われる。(39)

(七)　職権主義の導入

人事訴訟においては基本的身分関係の持つ社会秩序の基盤としての意義から、訴訟物についての任意処分性が奪われ、また判決が対世的効果を持つことのゆえに、弁論主義が制限され（人訴法一〇条〔現一九条〕）、職権探知主義が採用されている（同一四条＝現二〇条）。(40) 行政訴訟においても行政作用の適法性の保障、多数者の利害への影響等の公共の福祉の見地から職権証拠調べを認める規定（行訴法二四条、なお破産法一一〇条二項〔現八条二項〕も職権調査を認めている）。が置かれている。(41) そこで会社訴訟においても判決が対世的に及ぶことから弁論主義の制限、職権主義の導入が提案されてきた。(42) 訴訟関与なしに第三者に判決効を及ぼすことを是認する根拠として職権主義がどの程度有効か検討する必要がある。

西ドイツにおいては、特に関与すべき第三者の範囲が不可視（unüberschaubar）ないし関与が却って訴訟を煩雑化し、当事者の迅速な裁判を受ける権利を著しく侵害するため比例原則により第三者の関与が排除されるべき場合につき職権主義の導入が提唱された（Brox, Schlosser）。職権主義により、より高度の真実性が担保されることを期待してのことであった。職権探知の真実発見機能という観念については二つ問題がある。一つはわが国の実務の実情からしてはたして職権探知により右の目的が十分達せられるかということであり、二つは訴訟関与による判決の正当化機能と職権探知の関連である。処分権主義・弁論主義の制限（認諾、放棄、和解、自白が認められるか）の問題は右とは一応別個である。これについても検討を要しよう。

職権探知主義は当事者の主張しない事実についても裁判所が自らその発見につとめこれを斟酌するものであるから理

論上はこれにより真相に近いかたちでの事実認定が可能となる。そこで公益性の強い人事訴訟でこれが採られているわけである。しかしわが国の実情は、理論どおりにはいかず、人事事件においても訴訟資料の収集について当事者が主導的役割を果たしているといわれている。その理由は利害関係人である当事者（参加人を含む）のほうが、主張・立証に関し熱心であるし、人証の把握においても優れているからであるとされるが、(43)家庭裁判所とは異なり通常裁判所においては調査能力が行き届かないことがその背後にあるものと思われる。そうすると職権探知主義の導入によりどの程度合真実性が得られるかは問題である。さらにわが国の民事裁判所の条件が整備されて職権探知により相当程度合真実性が得られるに至ったと仮定しても、訴訟関与のない第三者への判決効の拡張が正当化されるものであるかは疑わしい。この点西ドイツの審尋請求権をめぐる議論に即して見たように、当事者は真実発見のための単なる手段＝客体に堕せしめられるべきではなく、手続形成の主体として、訴訟において自己の意見を表明する機会が与えられるべきであるとの理念が議論の底流にれていたことを想起すべきであろう。職権探知の採用により、被告の審尋なしになされた裁判がその合真実性のゆえに正当化されることがないように、自己の法的地位が侵害される第三者もまたこの場合、訴訟関与の機会が保障されるべきである。(44)(45)もっとも右は職権探知主義が第三者の訴訟関与の代替保障をなし得る地位にあるとはいえないことを明らかにしたにとどまり、当事者の優越的利益等のゆえに第三者の訴訟不関与を結果せざるを得ない場合の存在を否定するものではないし、そのような場合の最低限の手続的保障として職権探知主義を採用することを全く排除してしまうものでもない。(46)要するに谷口教授のことばを借りていえば、手続保障が一方で真実発見機能を持つとしても、同様の機能が期待される職権探知によって代替されるものではないということになる。

ところで会社訴訟における処分権主義、弁論主義の制限をめぐって前述の議論があることは周知のとおりである。(47)対世効を慮っての認諾、自白の制限については訴訟当事者と判決効の及ぶ第三者との実体法上、手続法上の関係を詰めて後にはじめて効果的な議論が可能になると考えるので、ここでは問題の指摘のみにとどめさせていただきたい。

(1) 小山昇「口頭弁論終結後の承継人の基準に関する学説の展開について」北大法学論集三一巻三・四合併号上巻（一九八一年）一一八一頁（一九八一年、『著作集2』一二三六頁）は、「依存関係があるという説明は、実体法上の承継だからであるという説明と同旨であり、実体法上の承継だからという理由は、実体法上の承継の場合になぜ訴訟法上の既判力が及ぶかという問いに対する答にならないものである」と批判する。

(2) 上田徹一郎『判決効の範囲』（有斐閣、一九八五年）所収の諸論文（以下「範囲」と略）の頁数のみで示す）、同「判決効の範囲決定と実体関係の基準性」（以下「基準性」と略）民商九三巻三号三一七頁以下（一九八六年）。

(3) 吉村徳重「既判力の第三者への拡張」『講座民訴6』一三九頁（『判決効㊦』一七五頁）。

(4) 上田・前掲「範囲」一〇八頁以下、特に一一二頁注(4)参照。

(5) 上田・前掲「基準性」三五五頁以下。

(6) 上田・前掲「範囲」一六二頁、一八一頁等本書の随所に見られる上田教授の基本的見解。

(7) もっともこの場合は訴訟担当だから被担当者は当然に実質的当事者だというわけではなく、要は、その者に、形式的当事者と別個に独自の手続保障要求が存在するかどうかにより決せられるとする（上田・前掲「範囲」一七七頁）。

(8) 上田・前掲「基準性」三四一頁以下。

(9) 上田・前掲「基準性」三三四頁。今一つの基準は完全な手続保障充足すなわち実体法上の管理処分権をはじめ多様な観点から当該訴訟物につき適正な訴訟追行が期待される者に依ることにもとづく（この点は後述）。

(10) 私見によれば、実体関係が手続権保障の必要性、その態様、それに応じた判決効の内容の判断において基準性——これは評価の方向を示すものであって判決効拡張の直接の根拠となるものではない——を有するとの認識は正当である。しかし実体関係の中味は、拡張の対象となる第三者が、訴訟当事者が相手方に対して有する実体法上、訴訟法上の抗弁権を援用することが許されるか、あるいは第三者が相手方に対してどのような実体法上、訴訟法上の抗弁権を持ちそれが訴訟法上どのように評価されるべきかを意味するものと考える（たとえば訴訟当事者が遮断効によって主張できなくなった実体法上の抗弁を第三者も援用できなくなるか否かは当事者と第三者の実体関係にもとづく立法政策上の問題であろう）。拙稿「合名会社の受けた判決の社員に及ぼす効力について」本書一二五頁以下参照。

(11) 勝訴、敗訴を問わず承継の認められるべき一般の場合、対抗問題のある場合、善意者保護の諸場合。条件付譲渡のある場合など依存関係の片面的切断の生じる場合等。上田・前掲「基準性」三三九頁。

(12)　吉村・前掲一六三頁〔『判決効(下)』一九九頁以下〕。
(13)　たとえば兼子一『体系』一六〇頁参照。
(14)　三ケ月章「わが国の代位訴訟・取立訴訟の特異性とその判決の効力の主観的範囲」(『兼子還暦』三四一頁以下〔『研究4』、一頁以下所収〕以下「第一論文」と略)、同「取立訴訟と代位訴訟の解釈論的・立法論的調整」法学協会雑誌九一巻一号一頁以下（一九七四年）〔『研究7』、九三頁以下所収以下「第二論文」と略〕。
(15)　三ケ月「第二論文」一三八頁以下。
(16)　池田辰夫「債権者代位訴訟における代位の構造(一)－(六)」判時九八六号八頁以下、九九四号三頁以下、九九六号一〇頁以下、九九九号一三頁以下、一〇〇五号三頁以下、一〇一一号三頁以下（一九八一年、『債権者代位訴訟の構造』〔信山社、一九九五年〕一頁）、同「債権者代位訴訟の構造・機能とその周辺」民訴雑誌三一号五七頁以下（一九八五年、前掲一五四頁）。
(17)　当事者適格の基準を実体法上の管理処分権に求める考え方に対しては批判がある。福永有利「当事者適格理論の再構成」『山木戸還暦(上)』三四頁以下〔『民事訴訟当事者論』（有斐閣、二〇〇四年）一二六頁〕。当事者適格論の一般的構成は本稿にとっても重要な問題であるが、現在のところ立ち入った検討を行う余裕はない。この点は後の研究を俟つことにし、ここでは判決効拡張原理としての実体法上の管理権の意義をめぐる近時の議論を検討するにとどめた（なお福永教授も当事者適格の基準としての管理処分権説を排しながら、判決効拡張基準としてのそれは有効であるとする。前掲書六八頁）。
(18)　集団訴訟という概念は近時頻繁に使われるに至っているが、その内包、外延ともに確たる統一的理解がなされているかは疑問である（その類型化の試みとして高田裕成「集団的紛争における判決効」『講座民訴6』一七七頁参照）。
(19)　小島武司「共同所有をめぐる紛争とその集団的処理」ジュリ五〇〇号三二八頁（一九七二年）。
(20)　民法上の組合の業務執行組合員につき最大判昭和四五年一一月一一日民集二四巻一二号一八五四頁、頼母子講の講元につき、大判昭和一一年一月一四日民集一五巻一頁、大判昭和一一年一二月一日民集一五巻二一二六頁、最判昭和三五年六月二八日民集一四巻八号一五五八頁など。
(21)　小島・前掲注(19)三三二頁。
(22)　谷口安平「判決効の拡張と当事者適格」『中田還暦』五一頁以下〔『論集2』二〇一頁〕。五二、五三、五四、六〇頁。
(23)　Schwab, Rechtskrafterstreckung auf Dritte und Drittwirkung der Rechtskraft, *ZZP* 77, S. 124ff.〔本書八三頁参照〕

(24) たとえば債権債務の存否あるいは債務履行に関して最も密接な利害関係を有するのは債権者・債務者であるから、当該問題についてこれら両者が最も充実した訴訟追行をなすことが期待されるとして、その判決効を勝敗に関係なく保証人に及ぼすことは実質的に正当化されるというところまで行くのであろうか（詐害訴訟は別途手当てを考えるとして）。谷口説の一般化には疑問なきを得ない。

(25) 谷口安平「集団訴訟の諸問題」『新・実務民訴3』一五七頁参照。

(26) 行政上の集団訴訟については小早川光郎「集団的訴訟――行政上の集団的紛争と訴訟理論――」『行政訴訟の構造分析』（東京大学出版会、一九八三年）二四三頁参照。

(27) 吉村徳重「判決効の拡張と手続確保障」『山木戸還暦㊦』（『判決効㊦』二三〇頁）一一八頁以下（一三四頁以下）。なお教授はいずれの場合にも利害関係人には一般の再審事由が存する限り再審の提起と詐害再審による取消の途が開かれているとする（一四一頁）。

(28) 吉村・前掲注(27)一四〇頁、同・民訴雑誌三一号一二四頁。教授によれば申立のインセンティヴは、実際には訴訟状況が自己に有利になった者が債務者との間でも決着をつけておこうとすることにあるとする。これに対して池田辰夫助教授は右申立は口頭弁論の第一期日までになされるべきであるとする（同・民訴雑誌三一号一二六頁）。

(29) 兼子・前掲注(13)三八八頁、山木戸克己「追加的共同訴訟」（『基礎的研究』（有斐閣、一九六一年）七三頁）、井上治典「被告による第三者の追加」（『法理』五三頁）、同「第三者の訴訟引込み」小山昇ほか編『演習民事訴訟法㊦』（青林書院新社、一九七三年）一一三頁、霜島甲一「当事者引込みの理論」判タ二六一号一八頁。伊藤眞「第三者の訴訟引込み」『新実務民訴3』一四三頁。

(30) 訴訟告知の意義は、広く訴訟参加の利益を有する第三者に参加の機会を求める点にあるとする見解がある（たとえば佐野裕志「第三者に対する訴訟の告知」『講座民訴3』二七五頁以下、徳田和幸「補助参加と訴訟告知」『新実務民訴3』一二七頁以下（一三三頁）〔『複雑訴訟の基礎理論』（信山社、二〇〇八年）二四四頁〕）。当事者が第三者に対して訴訟告知をなすのは一に参加的効力を狙ってのこととはいえず、たとえば自己の主張、立証を補充するための資料、証拠方法の確保等多様な思惑が働いてのことであろう。しかしいずれにせよ告知をなすか否かは当事者の任意に委ねられているのであるから、当事者のインセンティヴという観点から見れば、告知規定（七六条以下〔現五三条〕）を第三者のための手続権保障手段と評価することには疑問がある。思うに告知を義務づけている諸規定（商法二六八条三項〔現会社八四九条三項〕、同一〇五条四項〔現削除〕、非訟法七六条〔現八八条二項〕、旧民訴法六一〇条〔現削除〕など）の背後にある思想（これはまさに第三者の参加の機会の保障と評価できよう）と民訴七六条以下〔現五三条〕の告知規定の考え方とは同一視できないのではないであろうか（中野＝松浦＝鈴木『民事訴訟法講義〔補訂版〕』（有斐閣、一九八〇年）〔井上治典〕五四五頁以下は「告知者のための告知」と「被告知者のための告知」とを区別し、判決効拡張にさいしての後者の意義を正しく見据えている。もっとも教授のいうよりトータルな視点からの訴訟告知制度の見直しがどのような姿になるのか興味深いところである）。義務的訴訟告知ということまで行けばもはや職権による参加とその機能において変わるところはないであろう。しかし訴訟告知制度の複線化（池田辰夫・前掲注(28)一一七頁参照）がはたして一般論として可能かは疑問である。

(31)　もっともこの点は「争点ごとの補助参加」（福永有利「複数賠償責任者と訴訟上の二、三の問題」判タ三九三号（一九七八年）一六三頁）や「争点ごとの上訴」（新堂幸司「参加的効力の拡張と補助参加人の従属性」『兼子還暦』四〇七頁（『争点効(上)』二二七頁）を認めることによりかなりの程度解消されようがそもそもそれらが現行法の解釈として無理なく受け容れられるか疑問なしとしない。なおSchlosserはＺＰＯ六四〇ｅ条が配偶者あるいは子は当事者の一方若しくは他方にその援助のために参加することができると規定しているが、この規定の文言は打ち破られねばならず、第三者に当事者の一方を援助することを強いることなしに参加の権利が与えられねばならない。けだし六四〇ｅ条は第三者の固有の権利の手続的伸長にすぎないからであるとする。Stein-Jonas-Schlosser, 20. Aufl.§ 640 e IV 2, S. 212. ここに規定されたBeiladungは文言上（三文）は一種の（共同訴訟的）補助参加の如き体をなしているが、ＶｗＧＯ六五条同様、当事者とは一定の距離をおいたかたちでの第三者の訴訟追行形態を定めたものと理解することができ興味深い。参加形態としてはわが国民訴七一条の独立当事者参加、就中詐害防止参加に似るが、当事者類似の地位（必要的呼出、ＶｗＧＯ六五条二項）につきながらも、当事者とは異なる第三者である（参加までの訴訟状態に拘束される点、判決の名宛人にならない点、固有の請求を提起できない点など参加人としての制限を受け、その他の訴訟行為については必要的共同訴訟人に準じた取扱いを受けることで当事者類似の地位につく（Eyermann-Fröhler,Verwaltungsgerichtsordnung, 7, Aufl. § 66 I, II S. 492ff. 参照）点、独立当事者参加とは懸隔を有する。

(32)　判例（最判昭和四〇年六月二四日民集一九巻四号一〇〇一頁）、通説、南博方編『注釈行政事件訴訟法』（有斐閣、一九七二年）二〇〇頁〔上原洋允担当〕参照。なお補助参加規定と呼出の重畳が認められるＺＰＯにおいても両者の関係が問題となる（一つの興味ある事例としてBGH, ZZP 99, 98 参照）。

(33) たとえば歩道橋の設置取消判決と付近住民との関係がこれに含まれる。原田尚彦「歩道橋反対訴訟の訴訟要件」『訴えの利益』（弘文堂、一九七三年）一二一頁参照。もっとも第一と第二の区別は身分関係が同時に相続権や扶養義務と結びつくものであるから、その区別の意義は疑わしい。なお身分訴訟については別稿を草する予定である。

(34) 鈴木正裕「既判力の拡張と反射的効果(一)」神戸法学雑誌九巻四号（一九六〇年）五四四頁、なお兼子・前掲四一三頁参照。

(35) Brox, Der Schutz der Rechte Dritter bei zivilgerichtlicher Gestaltungsurteilen, FamRZ 63, 392ff.（1963）, なお判決効の拡張を肯定しながら本文の第三者に新たな訴訟の提起を許すという見解も存する。Guldener, Die Wirkungen von Urteilen über den Personenstand gegenüber Dritter, Zeitschrift für Schweizerisches Recht, 69, S. 325ff., もっともBroxもこの場合、当事者主義の制限、職権主義の導入、必要的呼出、第三者集団のための管理人（Treuhänder）の訴訟追行などを立法論として提唱している（a, a, O., S. 398）。

(36) Schlosser, Gestaltungsklagen und Gestaltungsurteile,（1996）S. 228f.

(37) Grunsky は Schlosser 流の手続上の欠缺を充塡させることが憲法訴願の任務であるのではないとする。現行手続規定が基本法一〇三条一項によって変容を受けた限り、そこから生じる諸問題は手続法自らによって克服されねばならない。憲法訴願は単に学説、判例によって展開された欠缺補塡の態様を基本法一〇三条一項に照らして審理するのみである。たとえ現行法上憲法訴願の制度が存在しなかったとしても、救済は疑いもなく直接個々の訴訟法規定からなされねばならないであろう。最上級審としてなお連邦憲法裁判所が存在することによって、この職責になんらの変更もきたすものではないとする（FamRZ 66, S. 643.）。さらにGrunskyは、夫婦間の婚姻不存在の確認判決によって非嫡出子の地位を余儀なくされる（ZPO六三八条）子につき、子の嫡出性の確認という目的を達するために必然的に不可避な限り、前判決は無視されるべきであるとして相対効を主張している（a. a. O. 二一一頁注(30) S. 643f.）。また一般論としても、身分上の地位は何人に対しても統一的に確定しなければならないという原則はなんらドグマではあり得ず、結論に重大な影響がない限り、判決効を主観的に制限し得るものでなければならないとする（a. a. O. 二一一頁注(30) S. 643, ders, Grundlagen des Verfahrensrechts, 2. Aufl. S. 203.）。

(38) 吉村・前掲注(27)一四〇頁以下。

(39) 岩原助教授も総会決議取消判決の効力を受ける第三者につき、相対効ないし再審の可能性を認めている（「株主総会決議を争う訴訟の構造9・完」法協九七巻八号一〇九二頁)。これについては後に検討する。

(40) 右規定の沿革、解釈について岡垣学『人訴法』一八二頁以下、同『研究』一七五頁以下参照。

(41) 行政訴訟においては人事訴訟と較べて公益的観点は後退するものとされ、職権探知までは認めないと解するのが多数である(南編・前掲注(32)二一三頁以下参照)。

(42) 加藤正治『民事訴訟法要論』二〇三頁(有斐閣、一九四六年)、但し会社訴訟に限らず形成判決一般に職権主義の適用を認める理由は判決の対世効にあるとするもの。兼子一『条解民事訴訟法(上)』(弘文堂、一九五五年)五二九頁、同『民事訴訟法体系』(酒井書店、一九六五年)三四七頁、理由は代表的当事者適格にあるとするもの。三ケ月章『民事訴訟法』(有斐閣、一九五九年)一五七頁。同『民事訴訟法〔第二版〕』(弘文堂、一九八五年)一九二頁、但し立法論として。小山昇『民事訴訟法〔四訂版〕』(青林書院新社、一九八四年)二六五頁、理由は対世効。中野＝松浦＝鈴木『民事訴訟法講義〔補訂版〕』(有斐閣、一九八〇年)三六一頁、三六五頁、理由は対世効。新堂幸司『民事訴訟法〔第二版〕』二四七頁(筑摩書房、一九八一年)。但し少数株主による会社解散請求における認諾の不許。大阪地判昭和三五年一月二二日下民集一一巻一号八五頁も認めない(自白につき肯定判例がある。最判昭和三八年八月八日民集一七巻六号八二三頁)。

(43) 菊井＝村松『全訂民事訴訟法Ⅰ〔追補版〕』(日本評論社、一九八四年)七一〇頁参照。奈良次郎「訴訟資料収集に関する裁判所の権限と責任」『講座民訴4』(弘文堂、一九八五年)一二六頁によれば、人事訴訟などにおいても、資料の収集・提出は裁判所の釈明ないし示唆等による当事者の責任とされ、この点通常の民事訴訟と異なることなく、職権探知が文字どおり行われることはほとんどなく、あるとしても異状な事態であるのが訴訟の実状であるとする。

(44) Vgl. Grunsky, a. a. O. 二一一頁注(30) S. 642.

(45) 人事訴訟では検察官の一般的関与が規定されている(五、六条〔現二三条に引き継がれているが同一ではない〕)。その趣旨は公益擁護と実体的真実の発見にある(岡垣・前掲『研究』一一頁以下)とされている。しかし実際の運用上検察官の関与がなされることが稀有であることからすれば(岡垣・一五二頁以下、鈴木忠一「非訟事件における検察官の地位」『研究』九七頁(一一三頁以下))、右規定は意義を失っており、第三者の手続権保障の役に立つものではないことは明白である。なお検察官の関与の本来の母法国の状況につき、北村一郎「フランスにおける公的補佐(ministére public いわゆる検察)の概念」野田良之先生古稀記念『東西法文化の比較と交流』(有斐閣、一九八三年)七一〇頁以下参照。また公益に関する訴訟への第三者の関与問題一般については、Koch, Prozeßführung im öffentlichen Intetessen, 1983, S. 111ff. が参考になる。

(46) 職権探知主義の採用では第三者の手続権保障にとって不足であるとするCalavrosは手続から排除される第三者をグループ化し、グループ毎に代表者を参加させる方途を提案している（Urteilswirkungen zu Lasten Dritter, S. 143）が、クラスアクションの導入が一般に疑問視されている西ドイツにおいて右の見解はあまり支持されていない（Thiere, Die Wahrung überindividueller Interessen im Zivilprozeß, S. 181. はこれを支持しているが、Wolf, AcP 180, S. 432 はこれを疑問視している）。なおわが国においても、行政手続法研究会による行政手続法律案要綱（案）が提案されているが参考になる。すなわち「行政庁が処分をしようとするときは、原則としてその処分につき法律上の利害関係を有する者すべてに対して事前の告知をし、それによって何らかのかたち（聴聞、意見申述等）での事前関与の機会を与え」る。「ただし、場合によっては、公告をもって個別の告知に代えることもできる」とする（第〇六〇一条—第〇六〇五条、ジュリ八一〇号四七頁、一九八四年）。また聴聞を受けるべき当事者が多数の場合は、「一方における手続の円滑な遂行の要請と、他方における当事者の聴聞を受ける権利の保障の要請の調整を図るものとして、代理人又は代表者の選任に関する規定」（第一二〇一条—第一二一〇条）を置いている（同、五六頁）。これらは行政処分を争う訴訟における手続権ではなく処分をなすに際しての手続権保障の問題であるという相違はあるが、その趣旨はCalavrosの意図するところと軌を一にするものであろう。なお杉村敏正「行政処分と適正手続」民商法雑誌創刊五十周年論集Ⅰ『判例における法理論の展開』（有斐閣、一九八六年）三二八頁以下参照。この問題をめぐる西ドイツの状況についてはKoch, a. a. O. 注(45) S. 114. 参照。

(47) 小室直人「形成訴訟における処分権主義・弁論主義の制限」『西原追悼㊤』三四五頁〔『既判力㊤』二〇五頁〕参照。

三　社団関係訴訟における判決の効力と手続権保障

1　問題の提起——中田説と谷口説に即して

(1) 中田博士は株主総会決議無効確認訴訟（商二五二条〔現会社八三〇条〕）につき、これを通常（個別）型の確認訴訟——争いのある権利関係を、単に当該訴訟の原告・被告間において、相対的にのみ確定することを目的とするもの——

とは区別し、特殊（合一）型の確認訴訟――利害関係人全員の間で一律に確定することを目的とするもの――と位置づけた。(1) このことはいくつかの意義を有していた。第一に決議取消訴訟（商二四七条〔現会社八三一条〕）＝形成訴訟、決議無効確認訴訟＝確認訴訟との従来の図式にもとづく両訴訟の理論上、実際の取扱い上の区別(2)（当事者適格者、提訴期間、判決効拡張規定の理論的意義等）を克服し両訴訟を統一的理念（決議の手続上、内容上の瑕疵を攻撃することによって会社の適正な運営を維持することに資する）の下に把握することを可能にしたことが挙げられる。すなわち右訴訟は身分訴訟と同様、関係者の一人の提起した訴えの判決が関係者全員に既判力を及ぼし、権利関係を一律に確定することを必然的に要請する。この特殊性から、原告の訴えの利益は、単に個人的、直接的利害では足りず、社団関係への介入、支配干渉をなすに足る全面的利害でなければならないとする。したがって決議無効確認訴訟の当事者適格者は、取消の訴えに準じ、当該会社の株主又は取締役に限られ、被告は常に会社である。その他の者の間で決議の無効が争われ、確定したとしてもそれは相対的効力のみ有する。中田説の第二の特徴は、判決効の及ぶ人的範囲に存する。すなわち決議無効確認判決の効力のうち既判力拡張の対象となるのは当事者以外の、当事者適格者たる株主であり、その他の一般第三者の蒙る効力は事実効（反射効）であると解する点にある。右の第一、第二の特徴の底を流れている観念は、株主総会決議は会社内部での統一的意思を決定するものであり、これは同時に社団構成員の行為基準を設定するものであるから区々たることを許さないとともに、社団内部者のみがこれにつき全面的利害関係を有するとするものであろう。この点は後に中田説の系譜をたどることによってより明確となる。

このような総会決議の社団における意思決定としての本質から決議を争う訴訟の当事者適格、判決効の範囲等をひき出す解釈方法（私はこれを本質説と名づける）とは異なるアプローチでこの問題に臨んだのが次の谷口説である。

谷口教授は、中田説が身分関係、社団関係訴訟では当事者ごとに区々の判断がなされたのでは法律的な安定性を甚だしく害する結果となるので、関係者全員に既判力を及ぼして権利関係を一律に確定する必要があり、そのためには原告の訴えの利益は社団関係の適正な運営を維持するための全面的利害でなければならないとするのに対し、法律関係の画一的確定の要請が前提となり、それゆえ全面的利害関係者が原告適格を持つというのは論理が逆であり、全面的利害を持つからこそ社団関係への干渉権限が認められ、これが認められる以上は、単に相対的な判決効では「干渉」という訴えの目的を達することはできず、したがって判決の効力を第三者に拡張することによって干渉権限を認めたことの実質を確保していると解すべきであるとする。(3) 谷口教授はさらに被告適格者についても、中田説がこれを会社とし、その理由を決議が会社の意思決定であることにおくのを批判し、決議に対する攻撃においてその効力を守るのに最も関心があるのは提案者たる取締役会であり、その利害を代表する立場にある代表取締役であるから、取締役等が選任決議以外の決議においては代表取締役を被告とするのが合理的であり、選任決議を争う訴訟においても当該取締役に加えて代表取締役を共同被告とすべきであるとする。(4)

(2)　中田説と谷口説を比較してみた場合、谷口説の特徴は中田説の本質論的アプローチに対する機能論的アプローチをとる点にある。谷口説は社団関係訴訟を身分訴訟との関係でのみ捉えるのではなく、「多数当事者紛争における当事者適格と判決効の関係」(5) の一環として考察する。その結果、谷口説の功績として、画一的確定の要請と判決効を受ける非当事者の裁判を受ける権利との衡量という、中田説にはなかった解釈の柔軟性が得られた。もっとも両説はアプローチの方法が異なるだけに真にかみ合った議論となり得ているかについては反省の余地がないわけではない。中田説の持つ硬直性は谷口説によってのみ解消可能なものか、中田説的アプローチをとったうえで、近時の手続権保障論をとおした修正というものが可能なのではないかが問われるべきであると考える。そこでまず決議を争う訴訟の位置づけとの関連で中田説のアプローチの方法そのものの是非の検討が必要である。第二に、谷口説の登場のきっかけとなった二つの最高裁判決――一方は合資会社の社員が他の社員を被告としてなす、被告が会社の無限責任社員でないこと等の確認訴訟（最判昭和四二年二月一〇日民集二一巻一号一一二頁）、他方は宗教法人の前代表役員たる原告が後任者および宗教法人法二条二号にいう包括宗教法人の両者を被告としてなした自分が代表役員であることの確認訴訟（最判昭和四四年七月一〇日民集二三巻八号一四二三頁）――はいずれも社団内部の紛争であることは確かではあるが、決議を争う訴訟ではなかったことに注意する必要がある。あるいはこれらを含めて統一的視点の下に問題を捉えることを可能にした点に谷口説のメリットがあるといえようが、中田説と考察の対象を異にしたことは両説をつき合わせてみる場合に不可欠の視点でもあろう。私見によれば決議を争う訴訟と社団内部の理事ないしは構成員の地位を争う訴訟とは異なる性質を有し、別個の考察を要するものである。

(3)　そこで以上の諸点について社団関係をめぐる紛争――といってもその中味については別々に考察を要する諸対象が存するのであるが[(6)]――における判決効の拡張（対世効）と手続権保障の関連を以下に検討する。まずその前提作業としてわが国の会社訴訟法制の母法ともいえる西ドイツの法制を概観し、わが国の法規整の沿革をたどることにする。

2　西ドイツにおける社団関係訴訟

(1)　株主総会の決議を争う訴訟

西ドイツにおける株主総会の決議を争う訴訟の法規整に関し、その沿革、現行法制については既に詳細な研究がなされているので[(7)]、本稿ではそれらを参考にしながら本稿にとって関係の深い諸問題、すなわち瑕疵主張の訴えの類型とその原因、原告適格者、被告適格者、判決効拡張の態様、拡張を受ける者の範囲、拡張を受ける非当事者の手続権保障手段等を概観するにとどめる。

西ドイツ株式法は二四一条以下に株主総会決議の無効（取消による効力否定を含む）規定を置いている[(8)]。株主総会決議の効力を争う訴訟の類型としては決議取消訴訟（Anfechtungsklage 二四六条）と無効訴訟（Nichtigkeitsklage 二四九条）が認められている。それでは両訴訟はどのように区分されるのであるか。無効確認訴訟は法律違反の場合に認められ[(9)]、しかもその原因は列挙され、それらは限定的である。すなわち(a)招集に関する瑕疵（二四一条一号）、適法な招集権者（取締役会）による招集ではない場合（一二一条二項）、招集につき適法な公告がなされない場合（一二一条三項）。(b)裁判官または公証人による適法な議事録作成に関する瑕疵（二四一条二号、一三〇条一、二、四号）、(a)についてはこの瑕疵が存するときは、株主が総会の存在も知り得ず、これに参加して、なされた決議を取り消すための最低限の保障すら存しないことになるし、(b)は総会の存在とその適法性を担保するための一般予防的効果を狙ったものとされている。[10] (c)総会決議が株式会社の本質に反する場合、あるいは決議の内容が専らないし圧倒的に会社債権者の保護さもなくば公益のために存する規定に違反するとき（三号）、(d)決議の内容が良俗に違反するとき（四号）。以上は決議の内容上の無効事由である。沿革上、総会決議取消訴訟の原告適格者が総会に出席して異議を留めた株主、取締役に絞られるに至り、会社債権者や将来の株主等を保護する必要に迫られ、これらが無効事由を認める原因となったといわれている。[11]

右以外の法律、定款違反は取消事由とされている（二四三条一項）。[12] わが国の取消（商二四七条一項〔現会社八三一条一項〕）、無効（商二五二条〔現会社八三〇条〕）事由と比較して、法律違反の内容を持つ瑕疵につき、無効事由をかなり限定していること、手続面についても無効事由を規定している点で相違がある。

取消訴訟の原告適格者としては、(a)株主総会に出席し、議事録に異議を留めた株主（二四五条一項）、(b)総会に出席しなかった株主で彼が不法に出席を許されなかったかあるいは総会への招集が適法に行われなかった、ないしは決議の対象が適法に通知されなかった場合（二四五条二項）。(c)取締役（会――取締役が複数の場合）（二四五条四項）、(d)取締役、監査役で決議の執行により取締役、監査役の構成員が可罰行為あるいは秩序違反を行うことになるかまたは賠償義務を負うことになる場合（二四五条五項）である。株主に取消権が認められるのは、取消権が株主の構成員として持つ権利の一部を成すものであるからであり、取締役にこれが認められるのは、実体法上は会社がこの権限の担い手とみなされるのであり、取締役はその常設機関であることによる（この場合の被告適格者は監査役である。二四六条）。この場合取締役に課せられた責務は会社の利益侵害を除去するにとどまらず、総会の議決行為のコントロールをする可能性が与えられる。取締役員、監査役員に取消権が認められるのは、単にこれらの者の個別的利益においてのみならず、機関の義務間の相剋の中で決議を実行したり、実行をコントロールする可能性を与えるためである。それゆえこの場合も会社の有する取消権の行使を取締役員、監査役員に認めたものとされる(13)。

総会決議無効確認訴訟（二四九条一項）の原告適格者も法定されており、株主、取締役会、取締役会ないし監査役会構成員が提起権限を持つ。これらの者が会社を相手とすることなく第三者に無効訴訟を提起する場合、第三者から会社ないしは右の者に訴えを提起する場合は、右規定の決議無効確認訴訟には当たらず、通常の確認訴訟が存する(14)。なお訴え以外の方法（たとえば抗弁として）で無効を主張することは妨げられない。

取消訴訟の被告適格者は会社であり（二四六条二項）、会社は取締役会ならびに監査役会により代理(表)される。無効確認訴訟の被告適格者も会社とされ（二四九条一項）、それ以外の者を相手にする場合は二四九条の訴えにはあたらないと解されている(15)。被告たる会社を誰に代理させるかに関し取締役会のほか監査役会を加えたことは非当事者たる株主の手続権保障と密接な関連を有することは後に見るように確かであるとしても、被告適格者をたとえば多数派株主とせずに会社としている根拠は奈辺に存するのであろうか。

Henckelはあらゆる形成訴訟における正当な被告は、利益が訴えの目標を基準にして向けられ、しかも直接関係する諸権利を処分することのできる者であるとし、株式法上の形成的取消・無効判決は直接会社の存続に影響を与えるのであるから、会社を相手に訴えが提起されねばならないとする(16)(17)。

争訟の内容からいえば、決議を行った多数派の行為の取消が求められているということができるにもかかわらず、わが国の谷口説のように、多数派ないしは取締役をもって被告適格者であるとする見解が、少なくとも現在では(18)、主張されていないのは、取消訴訟の性格が多数派ないし取締役と（少数派）株主との個人的な利害をめぐるレベルでの争いではなく、これら取消権限を有する者の間で決議の法律、定款適合性につき決着をつけておかないと、決議が会社の生活基準を設定するものであることに鑑みて、会社の活動が困難になるがゆえに、会社こそが決議につき利害を有する主体であるからである。(19) それゆえ取消訴訟において代表者は認諾、自白を制限されるのではないかが議論され、(20) また法定代理人も、通常の会社訴訟とは異なり（七八条一項）、多数派に対する取締役の偏見と取締役、原告間の詐害的訴訟追行を予防する目的から監査役がこれに加えられているのである(21)（二四六条二項）。このように西ドイツにおいては取締役の位置づけ、選任、解任手続がわが国におけるとはかなり相違していることに注意する必要がある。

決議が確定判決により無効と宣言される限り、判決は全株主ならびに取締役会、監査役会の全構成員に、これらの者が当事者とならなかった場合でも、効力を及ぼす（二四八条一項）。判決効が拡張されるのは取消判決についてのみであり、取消訴訟の棄却判決については一般原則どおり当事者間にのみ効力を及ぼす。したがって他の取消権者はなお取消訴訟を提起することを妨げられないが、出訴期間、弁論の併合規定（二四六条二、三項）により無効宣告をめぐる区々の判決の可能性は薄い。またこのような矛盾判決を回避するため、上訴の提起等取締役（会）は会社の利益を守る義務を負う。(22)

取消判決は二四八条に規定されている人的範囲を越えて第三者に効力を及ぼすか否か争われている。(23) いずれをとるかにより、右を否定した場合には非当事者たる株主につき、肯定の場合は第三者を含めて、それらの手続権がどのように保障されているのか、また保障されるべきかが問題となる。

まず非当事者たる株主の手続権から見てみよう。ドイツにあってこの問題に関する伝統的ともいえる考え方は、会社が被告となることにより原告以外の非当事者たる株主の利益は会社によって代表されているとの見解である。(24) このような認識は何にもとづいているのであろうか。西ドイツにおいては、わが国とは異なり、取締役員としては、総会によってではなく、監査役会によって、会社を指揮するにふさわしい者が選ばれるのが原則である。したがって総会の多数が直接取締役を選任する仕組にはなっていない。しかも一九七六年の共同決定法施行以来、場合によっては労働者取締役が加入するのであるから（八四条四項）、多数派の意思が直接取締役に通じるとはいえない。[25] 取締役と総会（多数派）には一定の距離が置かれている（八三条一項参照）。それゆえ特に総会決議をめぐる訴訟においては、比較的多数派の意思が反映されやすい、監査役会が代理人に加えられているのである。[26] このように取締役会と監査役会との相互抑制による共同代理のシステムは、法律、定款の遵守に向けての会社の適正な訴訟追行の方向へと働くことが期待される。[26a] これは特に一般株主にとって重要なことであろう。以上のような認識にもとづいて会社＝株主代表説が主張されているのではなかろうか。ところが右のような認識の甘さが指摘され、批判されている。

Brandisによれば、業務執行機関の構成員の地位はしばしば多数派株主（Großaktionär）の影響に負うところであり、その結果、実際上は、多数派株主の利益優先に傾きやすい。それゆえ少数派株主の利益が十分に顧慮されないことになる。少数株主の権利が侵害され、取消訴訟が提起された場合でも、業務執行機関の利益は、多数派のために請求棄却判決を得ることになる。全株主が、会社の意思が法律、定款に従ってのみなされることを要求する権利を有するにもかかわらず、この権利は右の場合、訴訟において、取締役により守られることはない。他方、多数派としても決議時と訴え提起時とで構成や見解が異なることがあり、業務執行機関としても多数の利益がいったいどの方向にあるのか不分明な場合がある。このように被告たる会社を代表する業務執行機関が対立する様々な利益を一律同様に代表することは決してあり得ないのである、と。[27]

いずれの認識を是とすべきか、今のところにわかには決し得ないが、審尋請求権の充全な保障の確保という観点からは、代表説の認識は多少オプティミスティックにすぎる面があることは否定できないであろう。

取消判決の効力を規定以外の第三者にも及ぼすべきであるとの見解に立った場合、この者の手続権が問題となる。特に会社債権者が問題である。ところで資本の充実、維持に向けての債権者の関心からいえば、これを害するような決議を維持する方向に対しては債権者として救済手段が必要であり、またドイツ法は「会社債権者の保護に必要なシチュエーションと範囲で会社行為の効力を否認したり責任を発生させ、彼等の保護のために適切な救済手続を設ける」[28]ことによってこれに対処している。したがってこのような決議の取消訴訟に関しては片面的対世効を前提とする限り、債権者の手続的保護を問題とする必要はない。問題は増資決議取消判決であろう。ところが、西ドイツでは、増資決議取消判決によって、増資による財務強化を信頼して取引関係に入った債権者を害さないために、新株引受人は、判決によって新株が無効となっても、二七七条三項の類推適用によって、会社債権者に対する弁済に必要な範囲で払込をする義務を負うと解されている[29]。このように西ドイツでは会社債権者については別途救済の手だてがなされている。その他の第三者としては、合併決議と相手方会社、Brandis の挙げる、特別検査役、特別代理人、決算検査役、設立、事後設立、一一七条にもとづく損害賠償請求権の放棄、和解の無効に関係する加害者、事後設立契約の相手方、企業契約の相手会社、三六一条による財産譲渡契約の相手方などがある[30]。

ところで株主や右に掲げられた第三者は、自己の権利を侵害するような訴訟の結果を避けるために、既に提起されている訴訟に補助参加することが認められる。しかも片面的とはいえその判決の効力を受けるのであるからここでの参加形態は共同訴訟的補助参加（ZPO六九条）である[31]。もっともこのことは参加人が、訴訟告知を受けたのでない限り、自ら訴訟の存在を知っていることを前提とする。そのために法が認めた手段として公告がある。二四六条四項は「取締役は訴えの提起と口頭弁論期日を遅滞なく会社公告紙に公告しなければならない」と規定している[32]（二四九条一項で無効訴訟にも準用されている）。そこでこの公告がどの程度株主ないし第三者の手続権保障にとって有効かが問題である。

Brandis は右規定の公告をもって株主、取締役員、監査役員の手続権保障に充分であるとする[33]。けだし株主は、無記名株主がほとんどであるため、総会の招集や確定年度決算を知るために、通常は会社公告紙を読まねばならないからである。また株主は今日、会社に関する諸情報を、株券を保管している銀行から得るのが一般であり、信用機関は株式法一二八条一項に従って、同一二五条により取締役から得た総会の招集、議事日程、諸提案を遅滞なく株主に通知する義務を負っている。信用機関をとおして株主が訴訟の存在を知ることも可能である。取締役員、監査役員については彼らに訴状が送達されるのであるから、訴訟の存在を知り得ないとは考えられない。以上のことから見て右の者の手続権保障にとって会社公告紙への公告をもって足りるとBrandisは結論づける。(34)このような立場からすれば、形成効が及ぶ株主にもVwGO六五条二項の必要的呼出が類推適用されるべきであるとのSchlosserの立場は、その必要性を問われることになる。またSchlosserは呼出されるべき者の人的範囲が不可視である場合ないしその数の多数ゆえに比例原則に照らして呼出が行われるべきでない場合の例として会社訴訟を考えていることは既に見たとおりであるが、たとえ株主の数が少ないとしても無記名であれば呼出すことは不可能であるとして、その立場が理論的に誤っているとの帰結が導かれることも肯ぜられよう。(35)さらにこの立場からすれば、多数ゆえに参加できない株主を利害関係にしたがってグループに分け、その代表を呼出すべきとするCalavrosやThiereの見解は当然のことながら否定されることになろう。

ところでBrandisも公告を見て情報を得ることを期待することのできない第三者については裁判所による呼出を提唱している。そのような者として前述の第三者が掲げられている。また合併の相手会社については以前から必要的呼出の必要性が議論されていたところであった。(36)もっともBrandisは裁判所がこの通知を怠った場合の効果については言及していない。(37)

以上のように見てくると西ドイツにおける総会決議取消訴訟における手続権保障問題に関しさほどこれが鋭く問われるという場面は多くなく、せいぜい合併決議取消と相手会社やBrandisが掲げる第三者につき裁判所による呼出が問題となるにすぎない。その原因は第一に公告の機能が前述のようにかなり高く、株主、債権者等が会社の情報を知り得る状況にあること、(38)第二に債権者保護のための救済手段が個別的にかなり整備されていることが挙げられよう。

(2)　監査役の地位を争う訴訟

西ドイツにおいては、わが国と異なり、取締役は総会によって選任、解任されることがなく、監査役のみがそのような地位にあるので、総会における監査役員の選挙の無効、取消のみが規定されている（二五〇条、二五一条）。それによれば、原告適格者として、(1)の訴訟における者の他、経営協議会、労働組合、その最高組織（Spitzenorganisation）が加えられているのが特徴的である。(39) 被告適格者はここでも会社である。当該の監査役員をもって被告とする、あるいはこの者を被告に加えるべきであるとの見解は見出せなかった。問題となっているのは、原告自身が会社の代表者であることが認められ、この者に送達がなされるという場合である。これを避けるためには取締役のみを代表者とすべきであるが、これでは規定の趣旨に反することになるので、無効を求められている監査役も会社の代表者として残ると解されている。(40) これらの訴訟の判決効は、選挙の無効が確定した場合のみ、全ての株主、会社の被用者、取締役、監査役の構成員、経営協議会、労働組合とその最高組織に及ぶとされている（二五二条）。会社の被用者については、監査役の法的行為が被用者に対する直接的効果をともなったかたちで行われることは実際上ないことに鑑みて、規定の意義が疑われている。(41)

(3)　機関同士の訴訟（Organenstreit）

取締役の定款違反の行為に対する株主または監査役による不作為請求訴訟が、西ドイツにおいて、二つの判決(42)をきっかけに議論されるに至っている。(43) 本稿ではこの問題に立ち入ることはできないが、その訴訟構造は「人的会社の理論的構造をめぐる近時の困難な議論(43a)」の中に加えられるとされながらも、機関権利能力（Organfähigkeit）が否定され、会社を被担当者とする訴訟担当構成を是とする学説が有力であることがわが国の議論との関係で興味深い。(44)

(4)　宗教法人の管長、理事の地位をめぐる訴訟

宗教法人の管長、代表役員の地位をめぐる一連の判決がわが国に存在する。(45) 西ドイツでは宗教団体の組織に関しては

純粋な内部自治の問題とされ、裁判所がこれに介入することは許されない（ＧＧ一四〇条によるワイマール憲法一三七条）。たとえば、教会内部の綱紀部で解職された牧師からのＧＧ一四条、三三条五項違反を理由とする憲法訴願に対し連邦憲法裁判所は、実質上、事物の本性ならびに目的関係に照らして教会内領域に属する事項については、たとえそれが牧師の経済問題という財産関係と係わりがあろうとも、憲法訴訟の対象とはならないとして、抗告を却下した。(46) わが国の宗教法人法にあたるものを有しない西ドイツでは、聖職者の地位を宗教的側面と世俗的側面に分離することはできないのであるから、宗教法人の代表者の地位を争う訴訟が通常裁判所において審理・判決されることもできないわけである。(47)

3　株主総会の決議を争う訴訟の法規整の沿革

株主総会の決議を争う訴訟についての法規整は明治三二年法において初めて行われた。(48) その一六三条は「総会招集ノ手続又ハ其決議ノ方法カ法令又ハ定款ニ反スルトキハ株主ハ其決議ノ無効ノ宣告ヲ裁判所ニ請求スルコトヲ得」「前項ノ請求ハ決議ノ日ヨリ一ケ月内ニ之ヲ為スコトヲ要ス」「取締役又ハ監査役ニ非サル株主カ第一項ノ請求ヲ為シタルトキハ其株券ヲ供託シ且会社ノ請求ニ因リ相当ノ担保ヲ供スルコトヲ要ス」と規定していた。しかしこの規定では右請求を訴えによって行うことを要するか否かが明らかでなく、この点疑義があったので、明治四四年改正法により、一六三条が改正されたほか、一六三条ノ二ないし四が新設された。これにより決議無効は訴えによってのみ行われ得ることがあきらかにされ、取消権者たる株主については「総会ニ於テ決議ニ対シ異議ヲ述ヘタルトキ又ハ正当ノ理由ナクシテ総会ニ出席スルコトヲ拒マレタルトキニ限リ又株主カ総会ニ出席セサル場合ニ於テハ自己ニ対スル総会招集ノ手続カ法令又ハ定款ニ反スルコトヲ理由トスルトキニ限リ」訴え提起が可能とされ、また判決は非当事者たる取消権者に拡張される旨、取締役の公告義務などが規定された。かくしてわが国における株主総会決議取消訴訟の態様がドイツ法の影響を強く受けるかたちで確立してきたわけであるが、そこにもなおわが国の特徴として、決議の成立態様についてこれをすべて取消訴訟の対象とするとともに、決議内容についてはこれから除外するとのいわゆる形式主義が採用されていく。(49)このような立場から昭和一三年の改正では決議の内容上の瑕疵にもとづいて総会決議を攻撃する方途として「決議無効確認の訴え」の規定（二五二条）が設けられた。松本烝治博士の言をもってすれば、「此訴は形成の訴ではなく、依然として確認の訴であるが、其無効確認の判決は対世的の効力を有する点において特色ある」(50)とされる。もっとも松本博士のいう対世効とは「当事者以外の株主等に及ぶもの」を意味するものであったが、昭和一三年改正の二五二条の準用する一〇九条では「判決ハ第三者ニ対シテモ其ノ効力ヲ有ス」と規定された。また取消権者たる株主についても旧法一六三条二項の要件が削除され、取消権の共益権的性格が強く打ち出されることになった。これにともなう濫訴をおそれたためか、二五一条で裁量棄却の制度が規定され、昭和二五年の改正で削除されるまでこれが続いた。(51)さらに二五三条として不当決議取消し又は変更の訴えが新設された。昭和二五年改正では、右の二五一条が削除され、取消訴訟の提起期間が一カ月から三カ月にのびたほかさしたる変更はなされなかった。昭和五六年に至り、取消訴訟における取消事由が列挙され、あらたに、「決議ノ内容カ定款ニ違反スルトキ」（二号）、「決議ニ付特別ノ利害関係ヲ有スル株主ガ議決権ヲ行使シタルコトニ因リテ著シク不当ナル決議ガ為サレタルトキ」（三号）が追加され、それにともなって無効事由が決議内容の法令違反に限定されることになり（二五二条）、二五三条（不当決議取消、変更の訴え）が削除された。二号については、定款は内部自治規範であるからそれに違反する内容は会社構成員たる取消権者によってのみ主張されることを適当としたことによる。(52)また判例を追認するかたちで裁判所の裁量棄却の規定が復活した(53)（二五一条）。

4　中田説の系譜

中田博士は、昭和一三年改正によって規定された商二五二〔現会社八三〇条〕条よりもむしろその基礎となった要綱一二〇が正しい考え方に立っていたとする。[54] そこでは株主と会社間の無効確認の訴えのみを規定しようとし、無効確認判決は他の株主等をも拘束する（対世効）とされていた。立案者の松本烝治博士によれば、内容自体の違法な決議は当然無効として取扱われるべきであり、したがって無効の主張方法ないし主張権者を限定すべきではないが、これが株主、会社間で提起された場合は、会社内部の法律関係を画一的に確定せしめる必要上、その無効判決に対世的効力を付することにしたとされる。[55] 松本博士は他の所で、[56] 決議の性質について、これを法律行為とする見解を排し、次のように主張する。「（決議の――筆者）効力タルヤ単ニ団体内部ニ於テ其意思ノ決定ヲ生シ従テ団体ノ組織者ヲ覊束スルニ止マルモノトシテ即チ団体対組織者ノ法律関係ヲ生スルモノタルニ過キス然ルニ決議ノ当事者ハ其決議ニ与リタル団体員ニ外ナラス故ニ決議ニ於テハ直接行為者ト他人トノ間ノ法律関係ノ発生ヲ目的トスルモノニ非ス。……」。松本博士は決議を会社意思の決定という会社、株主間の会社内部の関係に限定し、内部意思の区々たることを許さないという性質にもとづいて、会社内部でその効力が争われた場合には内部の法律関係の画一的確定の必要から、内部者全員を拘束するという意味での対世効が付されるべきであるとした。もちろん決議内容に違法があるときは対外関係においてもその効力が問題となるが、これは一般の無効の処理と同一に取扱われることになる。[57] ところで松本博士は次のようにも説いている。曰く、「社団法人ニ在リテハ外部ニ対シテハ法人カ法律関係ノ主体ニシテ社員ハ之ニ与ルコトナシ内部ニ対シテハ法人ト其組織分子タル社員トノ間ノ社員権関係存スレトモ社員相互ノ間ノ法律関係ヲ存スルコトナシ之ニ反シテ組合ニ在リテハ外部ニ対シテハ組合員カ法律関係ノ主体ニシテ之ト別個ノ団体ヲ表スル人格者ナシ内部ニ対シテハ組合員相互間ノ法律関係ヲ存スルニ止マリ組合員ニ対立シテ団体ヲ表スル人格者ナシ果シテ然ラハ組合員相互間ノ法律関係ノ発生ヲ目的トスル組合契約ヲ社員ト法人トノ間ノ社員権関係ノ発生ヲ目的トスル社団法人設立行為トカ其法律上ノ構成ヲ異ニセサルヘカラサルヤ瞭然タルヘシ」と。[58] これによって我々は決議を争う訴訟の被告適格者を会社とする理論的根拠を知ることができるのであり、西ドイツにおいて株式会社の機関同士の争いの訴訟構造をめぐって苦心の理論構成が試み

られているのも理解できるのである。(59)

右の松本説は決議が果たして法律行為なのか否かをめぐって行われた、かつての議論の否定説を表明するかたちで唱えられた。その後右の議論の意義が疑われるに至ったが、それにもかかわらず松本説の核をなしていた部分、すなわち決議が社団の内部においてその団体組成員を羈束する効力を有する会社の意思表現であることについては疑われておらず、(60)少なくとも第一義的には会社とその構成員（株主等）の関係を規律する効力を有することは当然のこととされていた。

もっとも右の松本説も、それを受けたかたちで主張された中田説も無効と取消の限界につきなんら内容的限定を加えることなく、手続的瑕疵＝取消、内容的瑕疵＝無効との条文の図式に従ったため、無効の決議の中で公益ないし会社債権者の利害に関する決議、たとえば公序良俗に違反する決議・違法配当決議・会社債権者の利益を害する減資決議などについては訴え提起権者を取消権者に限定することは適当でないとの批判を浴びた。(61)しかし右の批判は裏を返せば、会社債権者を害する決議、会社の本質に反する決議、公序良俗違反の決議を争う訴訟を除く決議無効確認訴訟については中田説を通用させてかまわないことを示唆するものである。

石井博士は、法がある行為を無効とし、あるいは取消とするかは立法政策の問題であり、いずれに配分するかは決議の効力なきことについてのイニシアティブを特定の者に留保することを許容すべきか否かの実質的価値衡量に存するとして、いわゆる実質主義の立場から、決議に関する瑕疵は原則として取消の訴えの事由とし、例外として無効とせざるを得ない場合を拾う立場への転換をはかるべきであるとし、このようにすることが会社意思の決定に関する瑕疵の処理として優れているとする。(62)中田説の提唱する特殊（合一）型確認訴訟がその内包する諸事例として石井博士の主張する無効事由を含まないものであるとすれば、それらを特殊型確認訴訟というか、それらを取消訴訟へ移行させるかの違いのみ存することになり両説の実質は異ならないことになる。そして同時に、この場合、前述の中田説批判も当たらないことになる。とすれば無効事由を石井説のように絞らないことにのみ中田説批判が妥当するということになろうか。もっとも中田説といえども株主、取締役以外の一般第三者は商法二五二条〔現会社八三一条〕以外の方法と効力をもって内容違法な決議の無効を主張することは妨げられないことを認めるものであり、第三者は会社の内部関係に介入してこれに支配干渉する権能を持たないゆえに、会社の内部関係者に対世効を及ぼす二五二条の訴えの原告適格を有しないとするに止まることに鑑みて右の非難は当たらないと考える。

小山教授は、取消、無効、不存在の各訴えはそれぞれ訴訟物を異にするものではなく、訴訟物としては決議の効力否定の請求のみであって、右の否定の原因はその攻撃防御方法にすぎないとするいわゆる一元論(63)を展開するにあたり、株主総会決議は多数の株主による会社の団体意思の決定であり、団体意思は単一であるからその無効は団体とその構成員のすべてとの関係において一義的でなければならないことをその立論の出発点とする(64)。決議の効力につき会社内部で争いがある場合は、これを訴訟物とする訴えを認め、かつその判決の効力を会社内部に対世的にする必要がある。そのさい右の訴えを争点たる効力の有無の原因たる不存在・無効・取消に応じて別々の訴えを認める必要はない。また当事者適格者についても、いずれの原因を主張するにせよ株主、取締役、監査役に限るべきである。けだし総会の決議は会社の構成員たる株主の多数決による会社の意思決定であり、上記の者以外の第三者に会社内部に対世効を及ぼす判決を求める必要はないからであるとする(65)。この説を中田説の同一系譜の延長線上で捉えることが許されるであろう(66)。

今井教授も決議無効・不存在確認の訴えが決議の効力否認を目的とする立場から、第三者の原告適格を否定する。総会の決議は会社内部の意思決定であって、その無効を争う利益は、会社行為の違法是正を求めること自体についての会社内に固有の利益であるからである(67)。

5　谷口説をめぐる議論

前述のように中田説批判から出発した谷口説は、実のところ、中田説とは考察の対象を異にするものであり、同じように法人の内部紛争としてくることのできる問題とはいえ、法人の機関の地位をめぐる争いがその検討の材料となっていた。(68) この視点は従来の議論の中で谷口説の評価をめぐって必ずしも意識的にとりあげられることがなかったように思われる。すなわち谷口教授が問題にしたのは、総会決議をめぐる訴訟一般の当事者適格、判決効拡張ではなく、社員間の無限責任社員たる地位をめぐる争い(69)、法人の理事者の地位をめぐる争い(70)（自称者間の争いを含む）のそれである。これらについては、前項(4)で考察した決議の本質から導かれる当事者適格論ないし判決効の主観的範囲論が、たとえ右の諸事例において原告適格者に絞りをかけたり、対世的な判決の確定が必要であるとしても、ストレートに妥当するというものではなく、別途検討する余地のある問題といえるのではあるまいか。けだし第一に、決議を争う訴訟についてもは前述のように法人論とかかわりが強く、これにつきわが国においても相当の蓄積があってこれを無視できないこと、第二に、第一との関連で法人格の技術性は谷口教授の説くとおりであるが法人の内部問題に関しこれが全く問題とならないわけではないこと、第三に決議を争う訴訟についてはおもにドイツ法とのかかわりで立法がなされ、その訴訟構造もこれにならって議論され、法が制定、改正、整備されてきた。これに対し、会社内の社員の地位を争う訴訟、理事の地位を争う訴訟については、いわゆる自称者訴訟(71)（Prätendentenstreit）としてこれと同一平面で取扱われるかが問題とされうるのであるし、これと法人格を持たない人的会社の内部紛争との関連も問題になり得る。さらにアメリカにおいても会社役員の地位を争う訴訟はいわゆるクオ・ワラント(72)に起源を持つ制度として、決議を争う訴訟（株主直接訴訟・代表訴訟）とは別個に発展を遂げて来ており、両者は必ずしも理論的統一がはかられていないことがある。したがって法人の理事、役員の地位をめぐる訴訟においては、争われている地位にある者をもって、その第一次的利害関係人として、当事者適格者（被告適格者）とすべきであるとの見解が十分に成り立つ余地がある。現にアメリカのクオ・ワラント訴訟においては、その訴訟の性質上、「排除の対象たる当該役員を被告とすべきことは当然と考えられてきた」[73]と指摘されており、右の前提の下にその排除判決の効力は会社に及ぶか、及ぶとすればその根拠は何か、及ぶとすれば会社の手続権保障の方法は何か、という議論の成行になっているのである。わが国においても取締役解任の訴え（二五七条三項〔現会社八五四条〕）における被告適格者は当該取締役であるとの見解が、異論のあるところであるが、有力である。[74]もっともこの場合とても、法人は「正当に選任された役員によってのみその業務を実行することを許すべきであり、クオ・ワラント訴訟で排除判決が出れば、侵奪者を追放し、役職について権限ある者のみをその地位に就かせなければならない。組織の実質的な全ての管理者の排除は、その業務の崩壊を招くであろう。これらの事情の下において、法人が訴訟の開始時及び係属中に正当な当事者と解釈されるに足る法的に充分な利益を有していることは明らかであると思われる」として会社自身が当事者となる利益を有する旨を判示するアメリカの判例があり、また「『将来の訴訟を避ける目的で』会社は不可欠当事者である」とする判例も報告されている。[75]わが国でも、取締役解任の訴えを会社等団体関係における機関の地位をめぐる訴えという実体法上の特異性をもった訴えと位置づけ、この訴えは、実質的には、機関たる取締役につき、その機関としての地位を奪うものであり、いわば組織法的性格を帯びるものであるから、被告は、実質的には機関たる取締役であるが、形式的には会社を被告とすれば足りると解すべきである、との見解が存する。[76]会社を被告適格者とする説は、会社が右訴えにつき重大な利害関係を持つという実体法的側面の他に、会社を被告とすることによって法律関係の画一的確定の要請が充足される（対世効が得られる）という目的も達成することになる（したがって会社を被告としない場合は逆に右の要請が満足されず、訴えの利益なしとされることになる）。[77]このように見てくるとわが国の解釈としては取締役の選任決議を争う訴訟においてはもちろんのこととして、解任の訴え、法人の理事の地位確認訴訟においても株式会社ないしは当該法人をもって、その第一次利害関係人であるがゆえに、被告適格者とするのが至当のように思われる。実体法上の第一次利害関係人をもって当事者適格者とすべきであるからである。[78]しかしこのことは当該取締役ないし理事が訴訟に関与することを排除するものではない。この者によってのみ充実した訴訟追行が可能となることが多いであろうし、この者は自らの地位が訴訟物としてかけられているのであるから、むしろこの者の手続権は必ず保障されねばならないと考える。第二に会社を被告とすることは直ちに会社構成員に対する判決効を正当化するものではない。これらの者の手続的利益は常に会社によって代表されているとは限らないからである。要するに判決効の及ぶ者の手続権保障の方途は別途講じられるべきものであり、これをすべて当事者適格（論）のレベルに解消することは適当ではないと考える。(79)

6　小　括

以上右に検討したところをまとめてみよう。中田博士が考察のおもな対象とした株主総会の決議を争う訴訟と谷口説のそれ、すなわち会社、法人の役員ないし理事の地位を争う訴訟とは一応性質を異にする二種類の訴訟と考えるべきである。したがって両者はその当事者適格論、判決効論につき一応別個に取扱われるべきである。決議を争う訴訟については決議の本質から当事者適格者が決定されるべきである。特に被告適格者につき、わが国で従来から議論のあったところであるが、これを会社と解すべきである。法人格は対外的にのみ有効な技術であって対内的には意味を持たないとの見解は妥当ではない。法人は内部構成員に対しても一個の意思を持つ存在としてあらわれるからである。したがって法人は社会生活における活動基準としての総会決議の効力に利害関心を持つのである。理事ないし役員の地位を争う訴訟においても、実は、それが法人の機関としての地位に関するものであり、法人の組織にかかわる問題であるから、法人が当事者適格を持つ。このことは対世効規定を持たない訴訟における法律関係の画一的確定に資すると学説、判例上解されている。しかし当該理事ないし役員も訴訟の結果により自己の地位を侵奪されるおそれがあり、その結果に重大な利害関係を持つ者であり、しかもこの者により充実した訴訟追行が可能になる場合も多いと思われる。したがってこの者の訴訟関与（の機会）なしに右訴訟は行われるべきではない。さらに判決の効力を受けるとされる法人構成員についても、その利益は常に会社によって代表されているとはいえないから、これまた訴訟関与の機会が保障されるべきである。ところで会社、法人内部関係者以外の第三者についてはこれらの者に右訴訟の判決効が及ぶか、及ぶとしてどのような効果か、手続権保障の必要はあるか、あるとすればその態様は何かが問題となる。まず判決効が及ぶかについて検討し、続いて右に手続権保障が必要とされた全ての者についてその保障態様を考察する。

7　第三者の受ける判決効の態様

中田博士は商二五二条〔現会社八三〇条〕の原告適格者を商二四七条〔現会社八三一条〕と同様、限定的に解するとともに、無効判決の既判力の人的範囲も当事者適格者に限定されるとする。[80] そして一般第三者が蒙むる効力は、既判力ではなく、むしろ事実効（又は反射効）であるとする。つまり一般第三者としては、会社、株主等の間で無効判決が確定した以上、決議が無効であることを認めなければならないとする。[81] そしてこれらの者の保護は、登記（商二五二条、二五〇条〔現会社九三七条〕、一二条〔現会社九〇八条〕）などの方法が考えられるとする。確かに無効判決以後に会社と取引関係に入った第三者（債権者）については右のように言ってさしつかえないであろう。しかしたとえば増資決議を信頼して会社と取引関係を結んだ債権者、合併決議の相手方会社についても同様といえるであろうか。西ドイツでは規定上（二四八条）は判決効の及ぶ範囲が当事者適格者に限定されているが、解釈上はそれ以外の右の第三者にも及ぶと解するのが有力であった。ただその場合の第三者については第一に実体法上別途救済方法が講じられていること、第二に公告が比較的有効に機能していることから保護されることがあった（もちろんその手当てで充分な保障を受けられない第三者の保障手段が議論されていること、前述のとおりである）。

わが国ではこの点いかがであろうか。岩原助教授は、決議の瑕疵の主張権者としての第三者について、これを四つのグループに分けて検討している。[82] 第一は純然たる第三者のグループで、営業譲渡決議に関していえば、営業譲渡によって譲渡された債権の債務者、二重譲受人、それを担保している抵当権の後順位抵当権者等がそれにあたる。しかしたとえば債務者の二重弁済等の危険は民法四七八条によって解決されるべきであり、右の者に決議の瑕疵の主張を許す必要はないとする。第二のグループは決議の目的となっている会社行為——例えば営業譲渡——の直接の相手方及びその承継人・債権者である。これらの者は確かに決議の無効の主張についての会社の選択権が行使されない限り、不安定な地位に立つ。しかしこれはむしろ会社側の無効の主張の制限というかたちで処理されるべきであるとする。第三のグループは会社債権者である。これも結論だけをいえば、会社債権者は決議の目的となった会社行為を、資本維持・充実原則違反あるいは債権者取消権で攻撃しうるのみであるとする。第四のグループは会社の承継人である。承継人は会社の主張権を受け継ぐが、無効の主張権の特定承継人といえる場合がそれほどあるかは疑問であるとする。そして以上の検討から原則として現株主保護法規違反による決議無効の主張は、会社外の第三者には認められないとする。岩原助教授自身は決議の瑕疵の主張権者の問題と判決効の拡張を受ける第三者の範囲の問題とを分けているが、右の検討は後者にとっても有益であると思われる。右の検討は瑕疵の主張権を会社外の第三者に認めることはこれらの者の保護にとって適当な手段とはいえず、むしろそれは実体法上の保護に委ねるべきであることを示唆するものであるからである。ある者が判決効（の拡張）を受けるという場合、その者の手続権保障が問題となるといわれている。その保障手段としては通常手続関与の機会の保障と考えられている。右の検討はしかし、手続に関与させることが本人の実体権の保護にとって適切有効な手段であるかの考慮が必要であることを示唆している。西ドイツの審尋請求権を概観した際に見たように、彼国では判決の効力を受ける者すべてについて手続権保障手段を講じるという見解（その最たるものはCalavrosの見解）の行き過ぎが批判され、実体法上の救済手段があれば手続権保障の必要なしとの意見（Wolf）があった。右の検討によってあきらかなように、判決の効力を受ける者にむしろ実体法上の直截的な救済方法を講じるべきで、必ずしも訴訟関与の必要がない場合の存在が明瞭に示されたのではないかと考える。たとえば会社債権者は資本の維持・充実につき利益を有するが、減資決議がなされる場合も、減資無効の訴え（商三八〇条〔現会社八二八条一項五号〕）によりその保護をはかるのが唯一有効適切な手段かについては問題である（西ドイツ株式法は、債権者保護手続に反した減資そのものの有効性を前提に、会社資産が現実に流出することを防ぐというかたちで債権者保護をはかっている）[83]。前述の増資決議（わが国の場合は取締役会決議ということになる。二八〇条ノ二第一項〔現会社一九九条一項五号〕参照。但し、同条第二項も参照）を信頼して会社と取引関係に入った債権者についても、新株発行無効の訴え（二八〇条ノ一五〔現会社八二八条一項二号〕）のさいにその保護のためにこの者への訴訟の通知により訴訟関与の機会を保障することがどれほど有効か考慮の余地があるし、これまた西ドイツのように他に実体法上の保護手段（ＡｋｔＧ二七七条三項の類推適用）を講じるという方法が、わが国でもとることはできないか実体法上の解釈努力を要するところであろう[84]。

以上のように見てくると、会社外の第三者については判決効の拡張を認め、その保護は実体法の解釈に俟つというのが原則的に正当であろう。その際判決効を事実効というかどうかはことばの問題であるが、これを会社の内部関係者に対する効力と殊更区別する必要もないのではないかと考える。

8　社団関係訴訟における手続権保障の手段について

(1)　株主総会の決議を争う訴訟における株主

右に考察したように、決議をめぐる訴訟においては、原則的には、会社の内部関係者のみの手続権保障が考えられれば足り、会社外の第三者については別途実体法上の措置として救済が講じられるべきである。その方が決議に関与しなかった、あるいは関与することのできない第三者の保護にとってベターであろう。そして決議を争う訴訟が原理的当事者間で、追行されることを確保することにもなる。

株主の手続権保障について第一に確認されるべきことは、片面的対世効が維持されるべきであることである。その手続権保障的意義については既に谷口教授の指摘するところであった(85)。決議の瑕疵を主張する権利は、法令、定款に従った会社の運営を求める権利、すなわち各々の株主の共益権に属するものである。決議の方法ないし内容に瑕疵があると認定されてその効力が否定される場合、株主の右の権利が害されることにはならないが、逆の場合は株主の共益権が害されることになりかねないからである。

Schlosser は株主総会決議取消訴訟において、本来は少なくとも決議に賛成した全株主が呼び出されるべきであるが、このことは実際上不可能であるし、株主の多数の信任を受けて機関の地位についた者によって代表されるのであるからその必要もないとする(86)。ただこの場合どちらかというと前者、即ち比例原則的考慮が強く働くからであり、これに代わって職権探知主義が導入されるべきであるが、その際通常の身分訴訟にならって決議維持に向けての片面的職権探知であるべきであって、したがって処分権主義も取下げ、放棄のみに限って認められるとする(87)。しかし西ドイツにおいては株主への判決効拡張が是認される根拠を、株主の訴訟係属の知悉、公告の充全な機能に置く見解が一般的であること前述のとおりである。

ところでわが国においても公告の制度が存在する（商一〇五条四項、一三六条三項、一四二条、二四七条二項、二五二条、二五三条二項、二八〇条ノ一六、三八〇条三項〔いずれも現削除〕など）が、その効果については意見が分れている。これは法制度が予定するいわば建前の部分と現実の実効性との間にギャップが生じていることによる。確かに決議を争う訴訟の存在を株主に知悉させる手段としては通知の方法によるのがベターであろうが、これではそのコストがかさんで会社に過重負担をかけることになりかねない。株主にとって重大な利害関係を有する新株発行に際しても会社は公告と通知の任意選択権を有している（二八〇条ノ三ノ二〔現会社二〇一条三項四項〕）ことからすれば、商法は公告に通知と同一の効果を持たせているわけであるから、決議を争う訴訟についても公告をもって訴訟係属通知に代えての、株主への手続権保障の手段として妥当すると考えるべきであろう。

以上のように解するとしても、多数の利害関係を有する株主の存在が予想され、しかもこれら全ての者が訴訟に関与することが実際上不可能な場合も肯定されるから、会社の側に弁論主義（自白）、処分権主義（認諾、和解）の制限を課して馴合訴訟を事前に防ぐ方途が考えられるべきである。(88)

(2)　会社・法人の理事、役員の地位を争う訴訟

会社・法人の理事、役員の選任、解任をめぐる訴訟ないしはそれを前提とする理事、役員の地位確認ないしは消極的確認は、たとえそれが総会の決議にもとづくものであっても、通常の決議の効力を争う訴訟と一応区別して取扱うべきことは前述した。そこでは当該理事、役員の訴訟上の取扱いがとりわけ問題であるからである。ところでこの訴訟においても、会社・法人が第一次的当事者適格を持つことも既述のとおりである。それは会社・法人の組織法上の問題であって、会社・法人自身がこれに密接な利害関係を持つことと、会社・法人を当事者とすることによって法律関係の画一的確定が得られるという実際上の必要にもとづくものであった。それでは当該の理事、役員はどのような訴訟上の地位につくべきか。法人の理事の地位をめぐって自称者間の争いが存する場合、前述のように、形式的には当該法人が当事者となるが、実質的な紛争主体が自称者同士であることに鑑みて、この者を除いたところで果たして充実した訴訟追行を法人が行うことが可能か問題であろう。そこでこの場合、両者を共同被告とすべきとの見解があらわれる。(89)取締役解任の訴え（商二五七条三項〔現会社八五四条〕）についても、会社・取締役共同被告説が有力であった。当該理事、役員を共同被告とすることによってこの者の手続権は最も篤く保護されると言えよう。しかしこれに対しては、右のような解釈をとると被告にすべき第三者の範囲に疑問を生じる余地があり、また多くの者を被告にしなければならない場合もあり得るために、現在の厳格な固有必要的共同訴訟理論の下では、原告に重い負担をかける危険が存するとの批判がある。この批判は決議を直接の先決問題とする権利を持つ第三者（たとえば商二四五条〔現会社四六七条〕の営業譲渡・企

業契約や二四六条〔現会社四六七条〕の事後設立の承認決議を争われている会社の相手方など）を視野に入れてのものである。ただ理事、役員等その地位の存否がかけられている訴訟ということに限れば、その特殊性、人的範囲の明確性ゆえに右の批判は当たらないであろう。しかしながら共同被告説の難点は会社と当該役員とが常に共同被告となるのが適切かにある。(90)ここでの問題は要するに、取締役選任決議を争う訴訟が提起される場合――取締役解任の訴えにおいても状況は同様であろうが――当該取締役は仮処分により職務の執行を停止され、代行者が選任されていることが考えられ、右代行者が当該訴訟における会社代表者として訴訟を追行することになる。(91)この場合代行者は会社の事情に精通しているとは限らず、当該訴訟で充実した訴訟追行が期待できないことがある。(92)被選者の訴訟関与はこれを補塡するためであり、またこれにより当該被選者の個人的利益も擁護されるのである。しかしそのために当該被選者を共同被告とまでする必要は存するであろうか。

ところで株主・会社間の選任決議の無効、不存在確認訴訟に被選任者たる取締役が民訴法七一条前段（詐害防止参加〔現民訴四七条〕）の参加を申立てるケースがある。(93)選任決議取消、無効、不存在確認訴訟に被選任者たる取締役が七一条によって参加する利益ないし適格性を有するかにつき争いがある。(94)もっとも否定説といえども被選任者の共同訴訟的補助参加は認めている。今この問題に立ち入って筆者の態度を決する余裕はないが、ここで指摘されるべきは、個人的権利ないし利益とはいえ、被選任取締役のそれが会社・株主間の馴合訴訟により侵害される可能性があること、それゆえ被選任取締役に訴訟関与の機会が保障されるべきこと、その場合右の者に独立した訴訟追行権が認められるべきことである。このことを最低限保障するのが共同訴訟的補助参加を右の者に認めることであり、訴訟関与の機会の保障、さらには充実した訴訟追行を可能にするためには右の保障をもって足りると考える。(95)ただこの場合右の者に訴訟関与の機会を保障することが前提となる。通常は右の者が訴訟係属を知悉していることが予測されるので殊更そのための訴訟上の措置を講じておく心配もいらないのかもしれないが、馴合訴訟に当該被選任者や被解任者が気づいていない場合もあり得るであろうし、裁判所が当該者を訴訟に引き入れることによってより充実した訴訟追行が可能となることが予測されるから、職権による通知をなすべきである（行訴法二二条一項の類推）。そしてこれが怠られ、右の者の権利が侵害された場合には、判決効の拡張を前提として、再審の提起（行訴法三四条の類推）が認められるべきである。(96)

以上のことは宗教法人ないし学校法人の理事の地位をめぐる訴訟についても同様と考える。

(1) 中田淳一「確認訴訟の二つの類型」法学論叢六〇巻一・二号（一九五四年）『法理』二九頁以下。

(2) 周知の如く株主総会決議無効確認訴訟の法的性質をめぐっては、これを形成訴訟と解する考え方が存する（その代表的主張として松田二郎「いわゆる株主総会決議無効確認の訴について──その形成的性格を中心として」岩松裁判官還暦記念『訴訟と裁判』（有斐閣、一九五六年）一八七頁以下）。ここではこの議論に立ち入ることはしないが、中田説は右訴訟の法的性質につき通説的理解を出発点としながら、右訴訟の持つ特殊性を浮彫にしたものと評価できる。

(3) 谷口安平「判決効の拡張と当事者適格」『中田還暦』五一頁〔『論集2』（日本評論社、一九八一年）二〇一頁〕。なおこのような論理をたてることによって実際上中田説とどのような異別の結果が得られるのか、順序が異なっても実際上それほどの違いがないのではないかが問題となる（この点につき福永有利「法人の内部紛争の当事者適格」『新・実務民訴1』三二一頁〔『民事訴訟当事者論』（有斐閣、二〇〇四年）三八四頁〕参照）。しかし本稿ではむしろ理論のたて方、アプローチの方法を問題にしたいので右の点は検討の対象とはしないことにする。

(4) 谷口・前掲注(3)六〇頁。

(5) 谷口・前掲注(3)五一頁。その点で前掲論文は教授の前後の論稿「多数当事者紛争とデュープロセス」法学論叢七八巻五号一頁以下（一九六六年）、「集団訴訟における諸問題」『新・実務民訴3』（日本評論社、一九八二年）一五七頁以下〔『論集2』一九頁、三〇三頁〕など、と連続性を有する。

(6) 法人の内部紛争の多様性を指摘するものとして、福永・前掲注(3)参照。

(7) 沿革については、石井照久『株主総会の研究』（有斐閣、一九五八年）七五頁以下、大藤潔夫「株主総会決議無効確認の訴──その性質について──」法学論叢七三巻三号五八頁以下（六九頁以下）、岩原紳作「株主総会決議を争う訴訟の構造

（7）」法協九七巻三号三七四頁以下（一九八〇年）、現行法規整については岩原・同⑻法協九七巻六号七九二頁以下を参考にした。

（8）現行法は一九六五年の改正法であるが、これは一九三七年株式法（一九九条以下）をほぼそのまま引き継いでいる（岩原・前掲注（7）論文⑻七九五頁以下、Schilling, in Großkommentar AkzG § 246 Anm. 1. 参照）。

（9）したがって定款に反する場合は無効確認訴訟の対象とはならない。ただし二五六条一項四号――その確定に際して公然の準備金への金額の組入または公然の準備金からの金額の引出に関する定款の規定に違反するとき（訳語は慶応義塾大学商法研究会訳『西独株式法』（慶應義塾大学商法研究会、一九六九年）による）が唯一の例外である（Schilling, a. a. O. 注（8）§ 241. Anm. 10.）。

（10）岩原・前掲注（7）論文⑻八〇〇頁、Schilling, a. a. O. 注（8）Anm. 13.

（11）岩原・前掲注（7）論文⑺四一四頁、なお大藤・前掲注（7）七二頁以下参照。

（12）その他純粋な定款違反ではないが、多数株主が自己または第三者の特別利益をはかる決議をなした場合も取消の対象となる（二項）。石井・前掲注（7）一二〇頁参照。

（13）以上につきZöllner, Kölner Kommentar zum Aktiengesetz, § 245 Anm. 6, 59, 69. なお岩原・前掲注（7）論文⑺四一二頁によれば、一八八四年法成立までは判例が株主の法律、定款を遵守した経営を求める権利という観点からその権利拡大をはかってきたのに対し、一八八四年商法により株主救済の枠を狭められ、それとともに右の意味での株主の権利が否定されて、取消権の根拠も瑕疵ある決議は真の会社の意思ではないから取消が認められると説明されるに至った。しかし第二次大戦後、前述の意味での株主の権利が再評価されるに至ったとする。

（14）Zöllner, a. a. O. 注（13）§ 249. Anm. 3.

（15）Zöllner, a. a. O. 注（13）§ 249, Anm. 23. なお沿革的には、一八八三年の草案では取締役が訴訟を受けることが自明の理とされていたが、その訴訟上の資格は明確ではなく、一八八四年草案では取締役が会社を代表する資格で訴訟の相手とされるとともに、全ての株主の利益のために、監査役をも相手に加えたとされている（岩原・前掲⑺四一八頁）。

（16）前後の文脈からすれば、直接的には会社の無効宣言判決（二七五条）を指すものと思われる。

（17）Henckel, Parteilehre und Streitgegenstand im Zivilprozeß, 1961, S. 105., Brandis, Der Anspruch der Aktionäre und Gläubiger auf rechtliches Gehör im Anfechtungsverfahren um die Nichtigerklärung eines Hauptversammlungsbeschlusses,

1971, S. 76. も会社の権利能力により決議が会社に帰属する（zurechnen）がゆえに、会社のみが正当な被告であるとする。

(18)　被告適格者をめぐるドイツの学説史ならびに判例については、中島「被告適格㈣㈤」判タ五四四号三〇頁、同五五三号四一頁以下で詳しくフォローされている。

(19)　Schilling, a. a. O. 注（8）§ 246. Anm 7., Hueck によれば、（取消訴訟の）実態から見れば、株主の多数派に攻撃がなされているのであるが、この者は当事者能力を持たない。それゆえ会社のみが被告たり得るのである。このことは訴えが、その活動および特にその将来のために基準となる、会社の決議に関するということによって是認されるとする。Die Vertretung von Kapitalgesellschaften im Prozeß, Festschrift füs Böttcher, 1969, S. 197ff.（S. 203）.

(20)　代理人の認諾、自白につき肯定 ── Godin-Wilhelmi, Aktiengesetz, 3. Aufl, § 246, Anm. 8., Baumbach-Hueck, Aktiengesetz, 13. Aufl. § 246, Anm. 8., 但し、会社は自ら決議を取り消すような和解をすることはできないとする。RG, JW 38, S. 750 否定 ── Schilling, a. a. O. 注（8）§ 246, Anm. 7.

(21)　Hueck, a. a. O. 注（19）S. 203f. によれば、監査役は、株主総会の構成員が選ばれる限り、多数派株主の信頼機関であり、また株主総会は総会によって選任された監査役員をいつでも四分の三の多数で解任できる。Schilling, a. a. O. 注（8）§ 246. Anm 8, なお西ドイツでは、わが国とは異なり、取締役員は、総会により選任されるのではなく、監査役会により選任ないし解任される（八四条）。取締役は自己の責任において会社を指揮するものであり、その能力は総会によるよりも監査役会においてよく判断できるものとされたことによる（『西独株式法』一一五頁参照）。なお監査役員は総会において選任されるが、労働組合も構成員を監査役会に派遣する権利を有する点（一〇一条）ならびに経営組織法七六条で企業の従業員より選挙される場合がその例外をなしている。

(22)　Schilling, a. a. O. 注（8）§ 248. Anm 2.

(23)　Zöllner によれば、判決は一律に第三者に及ぶ。したがって合併決議取消における相手会社、増資決議取消における新株引受人なども決議が有効である旨の主張を遮断される（a. a. O. 注（13）§ 248, Anm. 16）。これに対し Wilhelmi は、判決確定後の第三者についてはその善意、登記の有無にかかわらず決議は無効となるが、過去に生じた法律関係については決議の効力は維持されるべきであるとする（a. a. O. 注（13）§ 248, Anm. 3, § 249, Anm. 4）。Hueck は判決の既判力は第三者に及ばないとしながら、第三者には無効の事実は通用されねばならず、判決が決議を少なくとも将来のために除去した事実を認めなければならないとする（a. a. O. 注（13）§ 249 Anm. 4）。以上につき岩原・前掲注（7）論文⑻八五五頁以下参照。

(24) 中島・前掲注(18)㈤四一頁以下に詳しい。Brox, a. a. O. 二三五頁注(35) S. 398.

(25) 奥島孝康「ヨーロッパにおける労働者経営参加の現状と展望㈤」国際商事法務二巻一〇号四七七頁（一九七四年）参照。

(26) これは同時に取締役、監査役間の対立、分裂をひき起こすことを予測させる。法はこれを想定してこのような場合の代理人を規定して右の事態に対処している（二四六条二項）。

(26a) 逆にわが国の（代表）取締役と多数派の関係からすれば、取締役は忠実義務を負うとしてもそれは株主に対する義務ではなく会社に対するそれであるから、代表取締役の代表者としての訴訟追行に一般株主の手続権保障を代替させることには無理があるのではないかと思われる。

(27) Brandis, a. a. O. 注(17) S. 68ff. 岩原・前掲注(7)論文⑻八五〇頁、中島・前掲注(18)㈤四三頁以下参照。

(28) 岩原・前掲注(7)論文⑻八二二頁。

(29) 岩原・前掲注(7)論文⑻八三〇頁参照。

(30) Brandis, a. a. O. 注(17) S. 114., 岩原・前掲注(7)論文⑻八五七頁を参照した。

(31) Zöllner, a. a. O. 注(13) § 246 Anm. 91, Godin-Wilhelmi, a. a. O. 注(20) § 246 Anm. 7.

(32) この公告は第一回期日のみで足り、二回以降についての公告の義務はないと解されている（Zöllner, a. a. O. 注(13) § 246 Anm. 101）。また公告懈怠は判決に影響なく、単に取締役に損害賠償義務が生じるにすぎない（Zöllner, a. a. O. 注(13) § 246 Anm. 102, 103）。

(33) Brandis, a. a. O. 注(17) S. 102ff.

(34) Hueck, Anfechtbarkeit und Nichtigkeit von Generalversammlungsbeschlüssen bei Aktiengesellschaften, 1924, S. 176f. も同旨。

(35) Brandis, a. a. O. 注(17) S. 113.

(36) 肯定 —— Schlosser, Gestaltungsklage, a. a. O. 二三五頁注(36) S. 216, 否定 —— Wolf, Rechtliches Gehör und die Beiliegung Dritter am Rechtsstreit, JZ 1971, S. 408.

(37) Brandis, a. a. O. 注(17) S. 114ff.

(38) 訴え提起、弁論期日の公告が義務づけられていない有限会社において、社員の一人が会社に対して提起した会社解散訴訟（Auflösungsklage）で解散判決が確定した後、これを知らなかった他の社員から審尋請求権違反を理由に憲法訴願がなされたという事件がある。連邦憲法裁判所は、判決によって右社員の権利が直接侵害される場合、この者が共同訴訟的補助参加人として訴訟に加入する機会が保障されねばならず、このことはたとえ訴訟法にその旨の規定がなくてもGG一〇三条一項から直接ひき出されるものであるところ、地裁は右社員に訴え提起を通知する義務を怠ったとして、右社員の憲法訴願を容れ、事件を地裁に差戻した。BVerfGE 60. 7. この場合、訴えを提起した社員と不仲であった他の社員は訴訟を知ることがなく、また知る手段もなかったにもかかわらず、この者が解散判決に服さねばならないのは審尋請求権違反とするもので、その際基本法一〇三条一項から直接、裁判所に訴え提起の通知義務が生じるとする点興味深い。なおBecker, Typologie und Probleme der (handelsrechtlichen) Gestaltungsklagen unter besonderer Berücksichtigung der GmbH-rechtlichen Auflösungsklage（§ 61 GmbHG), ZZP 97, S. 314ff. は形成訴訟を、裁判所のみが形成行為を行うそれ（したがって仲裁不可）と当事者間の法律行為によって形成可能なそれ（仲裁能力を持つ）とに分け、前者を真正形成訴訟、後者を不真正形成訴訟と名づける。そして有限会社の解散訴訟（形成訴訟）を後者と位置づけ、しかも解散に肯じない社員への同意請求がその実質的内容であるとする。この場合会社自身は訴訟の結果になんら関心を持たない。会社はいわば訴訟担当者である。この点でむしろ人的会社の解散訴訟と性質が近似する。このような内容の訴訟であるから解散に反対する社員の手続権（共同訴訟的補助参加人としての訴訟関与の機会）の保障は当然であり、連邦憲法裁判所の判断は妥当であるとする。

(39)　但し取消訴訟においては個々の取締役員、監査役員には取消権限がない（Baumbach-Hueck, a. a. O. 注(20) § 251 Anm. 8)。

(40)　Zöllner, a. a. O. 注(13) § 250 Anm. 5.

(41)　Zöllner, a. a. O. 注(13) § 252 Anm. 5.

(42)　LG Mainz, WM 1977, S. 904（AG 1978, S. 320), OLG Hamburg, DB 1981, S. 74.

(43)　Mertens, AG 1978, S. 309., Hommelhoff, Der aktienrechtliche Organstreit, ZHR 143, S. 288., Häsemeyer, Der interne Rechtsschutz zwischen Organen, Organmitgliedern und Mitgliedern der Kapitalgesellschaft als Problem der Prozeßführungsbefugnis ZHR 144, S. 265., K. Schmidt „Insichprozesse"durch Leistungsklagen in der Aktiengesellschaft? ZZP 92, S. 212., Lewerenz, Leistungsklagen zwischen Organen und Organmitgliedern der Aktiengesellschaft, 1977, Teichmann, Strukturüberlegungen zum Streit zwischen Organen in der Aktiengesellschaft, Festschrift für Mühl, S. 663., Bauer, Organklagen zwischen Vorstand und Aufsichtsrat der Aktiengesellschaft, 1986,（但し、未入手）、わが国では商法二七二条、〔現会社三

六〇条〕二七五条ノ二〔現会社三八五条〕で処理されることになろうが、西ドイツ株式法にはこのような規定が存在せず、しかも株主は総会においてのみ発言が許されるとの伝統的理解があったため、このような問題が起きた。判例はいずれも株主に、不作為、請求権の存することを肯定し、学説も概ねこれに賛意を表している。

(43a) さしあたり拙稿「合名会社の受けた判決の社員に及ぼす効力について㈠」北大法学論集三一巻三・四号上巻一二四九頁〔本書三頁〕以下、同「株式会社の内部紛争と民事訴訟」『中村古稀』七三一頁〕参照。

(44) Häsemeyer, Teichmann など。なお岩原・前掲(8)八三八頁は谷口説と人的会社の各種訴訟における訴訟構造との比較で評価している。人的会社における社員間の訴訟については人的会社の構造論との関係で別途考察の必要があろう。

(45) 中島「被告適格㈡」一一頁以下ならびに高地茂世「法人の内部紛争をめぐる当事者適格」法律論叢五六巻五号一〇一頁以下に詳しく紹介されている。

(46) BVerfG, Beschl, v 28. 11. 1978, NJW 1980. S. 1041, もっとも解職された牧師が教会に対し財産権にもとづいて提訴することは許される。

(47) BGHZ 22, 383 (391) は “Unzulässigkeit des Rechtswegs” と表現している。

(48) それ以前、すなわち明治二三年商法には株主総会の決議を争う訴訟についての規定は存在しなかった。石井・前掲注(9)一二二頁。当時は決議に法令定款違反の瑕疵があるとき、決議は無効とされていた。石井・前掲注(9)一二三頁、梶山純「株主総会決議瑕疵の訴」蓮井良憲先生還暦記念『改正会社法の研究』(法律文化社、一九八四年)二三六頁注1。

(49) 石井・前掲注(7)二〇八頁以下。

(50) 松本烝治「会社法上の訴」『商法解釈の諸問題』(有斐閣、一九五五年)二五四頁。

(51) もっとも削除の後も合理的な範囲の裁量棄却まで認められないものではないと解されていたし(鈴木＝石井『改正株式会社法解説』(日本評論社、一九五〇年)一三九頁)、これを認める判例もある(最判昭和三〇年一〇月二〇日民集九巻一一号一六五七頁、最判昭和三一年一一月一五日民集一〇巻一一号一四二三頁、最判昭和三七年八月三〇日判時三一一号二七頁、最判昭和五五年六月一六日判時九七八号一一二頁など)。

(52) 竹内昭夫『改正会社法解説〔新版〕』(有斐閣、一九八三年)一三二頁、元木伸『改正商法逐条解説〔改訂増補版〕』(商事法務研究会、一九八三年)一一〇頁、なお本改正によりいわゆる実質主義に一歩近づいたことになる。石井・前掲注(7)二一五頁。なお梶山・前掲注(48)二三〇頁参照。

(53) 竹内・前掲注(52)一三二頁、鴻常夫他『株主総会改正会社法セミナー2』(有斐閣、一九八四年)二〇六頁以下参照。
(54) 中田・前掲注(1)三九頁以下。
(55) 松本・前掲注(50)二五六頁。
(56) 松本「会社設立行為性質論」『私法論文集　第二巻』(巌松堂書店、一九一九年)六一九頁以下。なお本論文の所在を小山昇「株主総会の決議を争う訴訟の訴訟物について」鈴木竹雄先生古稀記念『現代商法学の課題(上)』(有斐閣、一九七五年)二四五頁〔『著作集1』二〇四頁〕で知った。
(57) 小山・前掲注(56)二五六頁。
(58) 松本・前掲注(50)六一四頁。
(59) 前掲注(43)の諸文献参照。
(60) 石井・前掲注(7)八二頁以下参照。
(61) 大隅健一郎『会社(中)』(有斐閣、一九六五年)七三頁。なお本文の批判は、決議無効確認の訴えを一般の確認訴訟と解する立場に立っているが、このように考えた場合でも第三者が総会の決議自体の無効確認を求めるについて直接的・具体的利益を有する場合は実際上ほとんど考えられないとの再批判がなされている。今井宏「株主総会決議の瑕疵」大隅先生還暦記念『商事法の研究』(有斐閣、一九六八年)一四三頁。
(62) 石井・前掲注(7)二一九頁以下。
(63) 坂井芳雄「株主総会決議不存在確認の訴は許されるか」判例タイムズ七〇号、七二号、同「株主総会の決議を目的とする訴の性質」『松田四十年(上)』二七九頁、霜島甲一「決議を争う訴訟の訴訟物」民訴雑誌一一号一二六頁、同「総会決議の取消無効を主張する訴訟の訴訟物」『実務民訴5』三頁などが既に主張していた。
(64) 小山・前掲二四五頁以下。
(65) 小山・前掲二八四頁。小山教授も団体内部において処理しうべき事項を越える問題、すなわち不能な内容ないしは公序良俗違反というような一般法上の無効原因が存するときは、一般法の原則に従い、無効を訴訟において、前提問題として主張することができ、その利益さえあればいつでもだれでも主張することができる。これらは多数決原理による意思決定に固有の無効原因ではなく、また、会社内部で処理すべき事項(たとえば定款違反、株主平等原則違反、株主固有権侵害)にかかるものではなく、意思決定一般につき存する無効原因が問題であるからであるとする。小山・前掲注(56)二六一頁。

(66) 但し棄却判決の効力については意見を異にする。小山・前掲注(56)二五九頁注(3)。

(67) 今井・前掲注(61)一四二頁以下。今井教授によれば実際上も第三者が総会の決議自体の無効確認を求めるについて直接的・具体的利益を有する場合はほとんど考えられないとする。たとえば利益配当決議の違法（商二九〇条一項違反〔現会社四六一条に相当〕）の場合、会社債権者は違法な利益処分に対して違法配当額の返還請求（商二九〇条二項〔現会社四六三条に相当〕）をするにあたり、その利益配当の違法であることを主張すれば足り、必ずしも決議そのものの無効を争う必要はないし、減資決議の無効の場合も、減資無効の訴えが具体的な減資の効力否認の訴えとして一定の会社債権者に認められている（商三八〇条二項〔現会社八二八条〕）こととの権衡からすれば、債権者には減資の効力発生前の段階で、その手続の一段階である減資決議のみの無効を主張する利益はない、とする（同、一四三頁）。反対、岩原・前掲(9)法協九七巻八号一〇六一頁。

(68) 谷口安平「判決効の拡張と当事者適格」中田還暦五一頁、同「団体をめぐる紛争と当事者適格」ジュリスト五〇〇号三二二頁〔『論集2』二〇一頁、二二八頁〕。

(69) 最判昭和四二年二月一〇日民集二一巻一号一一二頁。

(70) 最判昭和四三年一二月二四日裁判集民事九三号八五九頁（宗教法人の主管者たることの地位確認）、最判昭和四四年七月一〇日民集二三巻八号一四二三頁（包括宗教法人および後任代表役員を相手とする宗教法人の代表役員たる地位確認）、大阪地判昭和二七年一二月五日下民集三巻一二号一七三二頁（学校法人の元理事長による現理事長や理事を被告とする理事長たる地位確認）、東京地判昭和三三年一一月一七日判時一七〇号二八頁（罷免された住職に対する後任住職および本山による代表権限不存在確認）、千葉地判昭和四一年一二月二〇日下民集一七巻一一・一二合併号一二五九頁（学校法人の前理事による現全理事および学校法人を相手とする、原告の理事たること、後任理事選任決議の無効確認）、静岡地判昭和四三年七月三日判タ二二六号一六八頁（現住職および宗教法人を相手とする、原告の代表役員たること、現住職が代表役員でないことの確認）など。

(71) たとえば自称相続人間の相続権確定訴訟（Erbprätendentenstreit）、自称債権者訴訟など。鈴木正裕「既判力の拡張と反射的効果(一)」神戸法学雑誌九巻四号（一九六〇年）五一八頁参照。

(72) 谷口安平「会社訴訟のための手続構造(二)」民商法雑誌五六巻一号四五頁〔『論集2』一〇三頁〕、岩原・前掲(6)法協九七巻一号八七頁など参照。

(73)　岩原・前掲(6)一二四頁以下。

(74)　大隅・前掲注(61)九六頁、松田二郎＝鈴木忠一『条解株式会社法』（弘文堂、一九五一年）二七一頁、服部栄三『会社法提要〔改正版〕』（ミネルヴァ書房、一九五六年）二一七頁など。なお浜田一男『注釈会社法(4)』三一四頁に議論が概観されている。

(75)　岩原・前掲(6)一二五頁以下。

(76)　鴻常夫「取締役解任の訴」『松田四十年(上)』三九四頁以下。鈴木竹雄＝竹内昭夫『会社法』（有斐閣、一九八一年）二〇三頁は、取締役の機関としての地位の剝奪を求めるものであるが、それを株主総会の決議の判決による修正であることを理由に会社被告説に与する。

(77)　鴻・前掲注(76)三九一頁。

(78)　福永有利「当事者適格理論の再構成」『山木戸還暦(上)』（『民事訴訟当事者論』（有斐閣、二〇〇四年）一三七頁）四五頁以下は、既判力拡張を前提とし、そのためには誰を当事者適格者とすべきかとの考察方法は論理が逆であり、むしろ当事者適格者をそれとして決め、第三者の手続権保障を別途講じたうえで判決効拡張を認める方向を示唆している。私見によれば社団関係訴訟においては少なくとも右の方向が妥当である。

(79)　高地・前掲注(45)一六二頁も既にそのように考えているが賛成である。なお中島・前掲(六)判タ五六六号五一頁は当該役員、理事をもって第一次的当事者適格者とし、さらに会社、法人をもってその構成員の利益代表者として当事者に加えるべきであるとするが、本文の理由により賛成できない。

(80)　中田・前掲注(1)四五頁。

(81)　小山教授も同様に、判決の形成力の機能は、原告適格を有するすべての者に対する関係において形成を争いえないとするものにほかならず、一般第三者に対しては形成の事実的効果が生ずるとする。前掲注(56)二九〇頁。確かに形成力という観念には二義があり、一つは原告・被告間の法律関係の発生、変更、消滅をもたらす効力を指す。これが当事者適格者間にのみ直接かかわりを持つことは疑いない。しかし形成力の第二義は形成された法律関係の適法性、不当性をもはや争うことはできないことを意味する（拙稿『講座民訴6』三〇五頁〔本書一六四頁〕参照）。ところで対世効規定により、形成判決が、当該訴訟物をめぐる当事者適格者以外の者にその効力を及ぼし、しかもそれが効力を受ける者の法律関係に一定の意味を持つ場合が存する（たとえば親子関係の存在をめぐる訴訟とそれによって自己の相続権に影響を受ける者）。このような場合、右の者が形成の結果を単に事実として受け容れることを義務づける根拠はどこに存するであろうか。右の者の手続権を問う余地は充分あるものと考える。

(82) 岩原・構造(9)法協九七巻八号一〇六九頁以下。
(83) 岩原・構造(8)八二二頁以下。
(84) 西ドイツにおけるとは異なり、債権者保護のための実体法規定が充分ではないところでは、新株発行無効の原因をしぼるという方法が考えられよう。たとえば新株発行差止の仮処分決定違反の新株発行につき有効説・無効説が対立しているが、債権者保護の立場からこれを有効とすべき説が主張されていることが注目される。森本滋「新株の発行と株主の地位」法学論叢一〇四巻二号一八頁。債権者保護の実体法的手当が充分ではないという場合に限って、自己の不利益が及ぶ新株発行無効訴訟に債権者が参加できる道を、少なくとも、債権者保護のための第二次的手段として、開いておくべきであろう。その際右の訴訟係属を債権者に通知する手段として公告で足りるか後に考察する。
(85) 谷口・前掲五五頁。
(86) Schlosser, Gestaltungsklagen, S. 216f.
(87) Schlosser, a. a. O. 注（86）S. 231.
(88) 小室・前掲注(47)三六三頁〔『既判力(上)』二二三頁〕。三ケ月章「民事裁判における訴訟指揮」『研究8』六六頁。反対、中田・前掲四六頁。
(89) 新堂幸司『民事訴訟法〔第二版〕』（筑摩書房、一九八七年）二〇〇頁。
(90) 会社内部が二派に分かれ、自派の取締役が解任されたという場合の取締役解任決議を争う訴訟では、当該取締役はむしろ原告の側に立つという点は暫く措いて考える。
(91) 最判昭和五九年九月二八日民集三八巻九号一一二一頁。飯塚重男「判批」ジュリスト八三八号（五九年度重判）一四九頁。
(92) もっとも取締役の職務執行停止、代行者選任の仮処分後、執行裁判所は、当該代行者に職務を続行させるのが不当であると認めた場合等には職権をもって右執行命令の変更をなし得るものと解すべきであるとの判例がある。東京高決昭和五六年一〇月二七日判時一〇二二号一一九頁。森淳二郎「判批」商事法務一〇三六号三二頁。
(93) 最判昭和四五年一月二二日民集二四巻一号一頁。下級審判例については、井上治典「独立当事者参加」『新実務民訴3』

七六頁以下に、下民集登載分につき網羅されている。なお同「共同訴訟的補助参加論の形成と展開」『法理』一三六頁参照。

(94) 肯定、山木戸克己「株主総会決議取消訴訟と決議の有効を主張する者の訴訟参加」商事法務一四九号九頁(『民事訴訟法判例研究』(有斐閣、一九九六年)一〇五頁)、五十部豊久、「判批」ジュリ二三六号八九頁、中田淳一、「判批」民商法雑誌四六巻五号八九二頁など。いずれも広島高裁岡山支判昭和三三年一二月二六日高民集一一巻一〇号七四三頁の判批。否定、瀧川叡一「株主総会決議の効力を争う訴訟における訴訟参加」『松田四十年(上)』三四一頁。

(95) もっとも七一条前段の参加と共同訴訟的補助参加の区別の不分明であることについては既に指摘のあるところであり(井上治典「独立当事者参加論の位相」前掲書二六七頁以下)、筆者とても前者の可能性を排除してしまう必要はないと考える。むしろ西ドイツの呼出理論が、参加人がいずれかの当事者についてこれを補助する立場になく、いずれかないしは双方を相手に訴訟行為を行い得る立場としていたことを想起すると、独立当事者参加をより活用する方向を考えてみるのも有益と思われる。

(96) 岩原「構造(9)」一〇九二頁。

四　結　語

(一)　判決効の拡張論にとって手続権保障論はどのような意義を持つか。判決効の拡張を受けるすべての者について手続関与の保障が与えられねばならないのか。あらゆる場合について、手続関与の保障があってはじめて判決効を受けることが正当化されるのであれば、もはや判決効の拡張はなくなり、すべて判決効自体の問題となるが、手続権保障論はそこまでの厳格さを要求するのか。以上のような問題意識の下に、判決効の広がりが最も大きい、したがって手続権保障の立場から最も問題視されるであろう、判決の対世効と手続権保障の関係をさぐるのが本稿の目的であった。西ドイツにおいては審尋請求権なる基本法上の権利(GG一〇三条一項)の判決効拡張にとって持つ意義について、その存在は既判力拡張規定や対世効規定を無意味にするものではないとされながらも、VwGO六五条二項の必要的呼出を睨んで、対世効の及ぶ者を含んだ第三者の審尋請求権を最大限に保障しようとの解釈努力が積み重ねられてきた。そしてその一つの帰結として、上田教授の言葉を借りて言えば、法的安定要求と手続保障要求の緊張関係の中でぎりぎりの妥協点を見出すべく、比例原則の適用を認める説（Schlosser）やさらにそれを一歩飛び越えて審尋請求権の保障を優先させる（Calavros）が説あらわれた。しかし学説の多数はむしろ右の説の行き過ぎを戒めながら、当事者と第三者の実体法関係や実体法上の救済手段などを睨み合せたかたちでの第三者の範囲論につき妥当な限界を模索している状況にある。したがって未だこの議論は結着を見ていない。しかしながら、審尋請求権保障の手段としてはＺＰＯが持つ従来の参加形態の他、ＶｗＧＯの必要的呼出規定の類推適用が主張され、論者の多数はこれを肯定している。ＺＰＯに欠ける後者の義務的通知機能に着眼してのことである。もっとも右義務の懈怠の効果については種々議論があり、再審説、同一審級内での審問異議（Anhörungsrüge）説、憲法訴願説と分れている。いずれにせよＶｗＧＯにおける必要的呼出懈怠の効果たる全面的無効説を唱える者はいない。

㈡　本稿では対世効を持つ判決のうち社団関係訴訟に対象をしぼって考察を進めた。社団関係訴訟の態様は多様である。そして態様ごとに検討する必要がある。それにもかかわらず態様ごとの特殊性を必ずしもきっちりと意識して議論が進められてきた状況にあったか筆者は疑問を持った。そこで本稿では決議を争う訴訟と、会社・法人の理事、役員の地位を争う訴訟とを一応区別して論じることにした。一応という限定をつけたのは両者は区別すべきではあるがなお社団（法人）の持つ共通性を共有しているからである。したがって共通性と特殊性に見合った理論のたてかたが必要である。

㈢　社団関係訴訟の判決と手続権保障の関係につき結論のみをここに示しておくことにする。第一に片面的対世効という考え方は維持されるべきである。第二に、総会決議を争う訴訟においては対世効の及ぶ者のうち株主と会社外の第三者を区別してその手続権保障が考えられるべきである。前者については公告にその機能をもたせるのが妥当である。

そしてその機能を増大させるような公告のあり方が模索されるべきである。後者については手続権保障手段よりもまず実体法的救済手段がとられるべきである。しかしこのことは後者の訴訟関与を排除するものではない。しかしそれは後者に制度として訴訟関与の道を開かねばならないことを意味しないと考える。次に会社・法人の理事、役員の地位を争う訴訟について、特にここでは、当該の理事、役員の手続権保障手段を考える必要がある。しかしそのための措置としてはこれらを（必要的）当事者の位置につける必要はないと考える。これらによってはじめて実質的な充実した訴訟追行が可能になるとしても、これらはあくまでも原理的な当事者にはあたらず、また右の目的はこれらが共同訴訟的補助参加することによって達せられるからである。しかしこのようなかたちでこれらの訴訟関与を保障する手段が常に存在していなければならない。そのためには裁判所による義務的通知が有効である。当事者には判決の対世効のゆえに、訴訟告知へのインセンティブが働かないからである。特に馴合の場合はそうであろう。

㈣　以上のように見てくるとわが国でも必要的呼出の持つ通知機能に鑑みてこの制度を活用する必要が存すると考える。社団関係訴訟においては実際上の必要性は薄いかもしれない。しかしそれにしてもなおこれを認めて通知機能の補完をはかる必要性はわが国においても否めないと考える。

4　身分訴訟の判決効と手続権保障

一　問題の所在

㈠　身分訴訟（婚姻関係、養親子関係を含む親子関係をめぐる訴訟）の判決は、原則として、第三者に対しても効力を有する（人訴法一八条一項〔現二四条一項〕、二六条、三二条）、すなわち対世効が認められている。その理由は通常、身分関係の画一的確定の必要性（当事者適格者ごとに異なる身分関係が存在することによる耐え難い混乱を防ぐ）にあるとされている。[1]もっともこれは判決の相対効原則からみれば例外をなしているため、効力を受ける第三者の保護が立法時から問題とされていた。そのために立法者が用意した制度は、公益代表者としての検察官の関与（人訴法五条〔現二三条〕、二六条、三二条一項）と弁論主義の適用排除（同一〇条〔現一九条〕、二六条、三二条一項）ならびに職権探知主義の導入（同一四条〔現二〇条〕、二六条、三一条一項）であった。[2]すなわち身分事件は公益にかかわるものであるため実体的真実が探究されねばならず、そのために右規定が定められた一方、実体的真実に合致した判断が保障される以上、これを第三者にも及ぼすことが是認されると考えられたわけである。

㈡　しかしこれに対してはまず、検察官の関与規定は実際のところほとんど機能しておらず、[3]したがってこれによって真実が得られるという保障もないこと、第二に職権探知についても現実には、訴訟資料の収集、提出は当事者の責任においてなされ、裁判所は釈明、示唆をなすにとどまるのが常態であるから、主張、証拠方法の提出は通常の民事訴訟と異なることがないことが指摘されている。(4) このように第三者保護のために定められた規定は、現実の機能からみて、その目的にどれほど役立つものか疑問である。

さらにより根本的な問題として、およそ手続に参加しなかった者が異なった主張をする機会を奪われるのは憲法三二条に違反すると評価され得る事態であるし、このような事態をひき起こす原因となっている身分関係の画一的確定の要請が絶対的なものかも問われている。げんにこのような疑問から人訴法一八条一項は憲法三二条に違反する無効の規定とみるべきであるとの説も存する。(5)

㈢　右の議論にも見ることのできる、判決の効力を受ける第三者の手続権保障問題は近時の手続（権）保障論議の昂まりの中で重要な一項目をなしている。(6) そしていわゆる「第三の波」説の論者から、(7) 身分訴訟の判決効も第三者の手続関与のある場合に限ってこの者に効力が及ぶ（人訴法一八条二項（現二四条二項））のを原則とすべきであると主張されている。(8) このような相対効が第三者の手続権保障にとって充全であることはいうまでもない。しかし身分関係が当事者ごとに異別に確定されることは社会秩序に混乱を招くことになりかねない。そこで対世効を原則としながらも自己の法的地位に影響を受ける第三者の手続権保障の道を開くという方向での議論の展開が望まれるということになる。そしてそのための道具だてとして訴訟告知の活用、必要的呼出の導入、これらが怠られた場合の再審の可能性などが、場合によっては相対効をおりまぜながら、探られている。(9)

㈣　本稿は右のような議論の動向をにらみながら、判決の対世効と手続権保障という一般論の中に身分訴訟事例を位置づけ、身分訴訟における判決効と第三者の手続権保障に関する筆者なりの考え方を提示することを目指すものである。

まず、前述のわが国の議論に入る前に、比較法的に見てわが国の解釈論に最も大きな影響を与えてきた西ドイツの法規整ならびにその解釈をめぐっての議論を眺めておくことが便宜かと思われる。そこで叙述の順序としてはまず西ドイツの議論の概観を行い、その後にわが国の議論の詳細を検討し、私見を述べるということにする。(10)

〔主要文献〕

① 池尻郁夫・身分判決の対世効とその制限——若干の比較法的考察——(1)(2)・六甲台論集二九巻四号五六頁（一九八三年一月）、同三〇巻一号八四頁（一九八三年四月）

② 同・身分判決の第三者に対する効力・月刊法学教室四六号六三頁（一九八四年七月）

③ 同・人事訴訟についてなされる判決の第三者に対する効力——わが国の裁判例を中心として——(一)(二・完)・愛媛法学会雑誌一二巻一号九三頁（一九八五年七月）、愛媛大学法文学部論集　法学科編一八号一頁（一九八五年一一月）

④ 岡垣学『研究』

⑤ 同『人訴法』

⑥ 兼子一・親子関係の確認・『研究1』三四一頁（初出一九三七年一二月）

⑦ 高田裕成・身分訴訟における対世効論のゆくえ・月刊法学教室六六号四三頁（一九八六年三月）

⑧ 奈良次郎・検察官を当事者とする人事訴訟と手続保障——最近の裁判例を中心として——㊤㊥㊦・ジュリ八五六号九四頁（一九八六年三月）、同八五七号七八頁（一九八六年四月）、同八五八号一〇一頁（一九八六年四月）

⑨ 吉村徳重・判決効の拡張と手続権保障——身分訴訟を中心として——『山木戸還暦㊦』一一八頁〔『判決効㊦』二一一頁〕

⑩ 同・訴訟機能と手続保障——判決効拡張との関連——民訴雑誌二七号一五七頁（一九八一年二月）〔『民事紛争処理手続』六五頁〕

⑪ 山木戸克己『人訴法』

(1) 文献⑤三五九頁以下、⑪一三七頁。なお⑤三五四頁以下によれば、立法者は対世効の根拠を明示してはいないが、本文に述べた趣旨を当然の前提としていたようである。

(2) 文献⑤三五五頁以下参照。わが人訴法制定にあたり強い影響を与えたドイツ民訴法の検察官関与規定(現六三四条)の趣旨は、第三者に対しても利害関係を持つこと、当事者間の馴合を防いで真実を探究することにあったとされている。Hahn-Mugdan, Die gesamten Materialien zu den Reichsjustizgesetzen, 1880, S. 399f., S. 748ff. 鈴木忠一「非訟事件における検察官の地位」『研究』(有斐閣、一九七一年)九七頁(一〇〇頁)参照。なおドイツの右規定に影響を与えたフランスの検察の沿革、現在の機能については、北村一郎「フランスにおける公的輔佐(ministère public いわゆる検察)の概念」野田良之先生古稀記念『東西法文化の比較と交流』(有斐閣、一九八三年)七〇一頁参照。

(3) 文献④一一一頁(一五二頁以下)、鈴木・前掲注(2)一一三頁以下参照。

(4) 奈良次郎「訴訟資料収集に関する裁判所の権限と責任」『講座民訴4』一二五頁(一二六頁)(一九八五年三月)参照。

(5) 広中俊雄「『合意に相当する審判』について・その二」『民法論集』(東京大学出版社、一九七一年)二六四頁(二七〇頁)。

(6) 手続権保障を訴訟内での当事者権保障と同義とし、これに訴訟への関与権を含めた保障をこれと区別して手続保障と呼ぶことも考えられる。周知のように西ドイツでは基本法一〇三条一項に訴訟へのアクセス権が含まれるかにつき議論がある(拙稿「判決の対世効と手続権保障㈠」龍谷法学一八巻四号三一頁以下〔本書一九五頁〕参照)が、本稿で手続権保障という場合、両者を意識的に区別しての用語法を使っているわけではなく、むしろいずれをも含む意味で用いることにする。なお「手続保障」という表現のあいまいさへの批判から「手続権保障」という語を訴訟内での当事者権と同権と同義に用い、裁判所へのアクセスの保障を制度的保障として「手続的保障」という語を用いるべきであるとの提案もある。住吉博「民事訴訟による救済と既判力」『訴訟的救済と判決効』(弘文堂、一九八五年一二月)二四四頁(二七三頁)。

(7) さしあたり井上治典「手続保障の第三の波㈠㈡」法学教室二八号四一頁、二九号一九頁(一九八三年)〔『民事手続論』二九頁〕参照。

(8) 吉村＝竹下＝谷口編『講義民事訴訟法』(井上治典担当)(青林書院、二〇〇一年)三〇〇頁。

(9) 文献①②③⑦⑧⑨⑩参照。

(10) 本稿は前稿3「判決の対世効と手続権保障」〔本書一八九頁以下〕の続稿をなす(初出・龍谷法学一八巻四号二四頁、同一九巻一号三四頁)。したがってできる限り前稿の議論との重複を避けている。前稿も併せてご一読いただければ幸いである。

二　西ドイツの身分訴訟

1　婚姻関係事件（Ehesache）

現行西ドイツ法は婚姻事件の判決効につき、(1)婚姻無効訴訟（ZPO六三六a条〔現削除〕）と(2)婚姻関係の存在・不存在確認訴訟（ZPO六三八条〔現削除〕）に関してのみ規定している(1)。すなわち(1)では「無効の訴えにもとづいて下される判決は両配偶者の生存中に確定したとき、あるいは検察官が無効の訴えを提起した場合は、生存配偶者の生存中に確定したとき、すべての者のためにまたはこれに対して効力を及ぼす」と規定され、(2)では「婚姻の存在あるいは不存在を確認する判決は、両当事者の生存中に確定したときは、すべての者のためにまたはこれに対して効力を及ぼす」と規定されている。つまりいずれの場合も判決の効力は対世的に及ぶとされている。婚姻の無効宣言があるまでは何人も無効を援用することができず（EheG二三条〔本法は一九九八年に廃棄され、BGBに統合された〕）、無効判決は遡及効を持たない(2)（同二六条一項）。また婚姻の存在・不存在確認訴訟は原則として配偶者あるいはその外観を持つ者によってのみ提起され得、第三者は他の訴訟の前提問題として婚姻の存在・不存在の主張を許されるものの、右訴訟の提起はできないと解されている(3)。当事者適格者を限定し、弁論主義を排除しながら、対世効という公益上の要請に応えるという法制度を採っているわけである。なお(1)については、無効原因について実質的審理がなされた限りで、棄却判決も対世効を持つと解されている(4)。

婚姻の不存在の確定によって非嫡出子となる子については基本法一〇三条一項の審尋請求権が保障されなければならない。そのためにZPO六四〇e条〔現削除〕の呼出（Beiladung）規定が準用される(5)。これが怠られた場合の効果については争いがあり(6)、相対効を主張する見解と右の場合にも対世効を子に及ぼし、事後的救済方法として憲法訴願を認める見解が対立している(7)。なお再審規定（ZPO五七九条一項四号）の類推の可能性も採られているが、大方はこれに批判

的である。(8)

2　親子関係事件（Kindschaftssache）

親子関係事件として、西ドイツ現行法は、⑴認知の有効・無効の確認を含む親子関係の存在・不存在確認、⑵子の嫡出性の取消（嫡出否認）、⑶認知（父子間）の取消、⑷親の監護（elterliche Sorge）の存在・不存在の確認を挙げている（ZPO六四〇条〔現FamFG一六九条〕）。そしてこれらの訴訟の判決効については、「判決は、当事者の生存中に確定した限りで、すべての者のためにまたはこれに対して効力を及ぼす。親子関係あるいは親の監護の存在を確認する判決は、親の関係あるいは親の監護を自己のために請求する第三者に対しては、この者が訴訟に関与した（teilgenommen hat）場合に、効力を及ぼす」（ZPO六四〇h条〔現FamFG一八四条〕）と規定している。また父子関係については、特に、「非嫡出子においては、父子関係は認知あるいは対世効を伴う裁判によって確定される。父子関係の法的効果は、法律が他に規定していない限り、右の確定の時点から主張され得る」（BGB一六〇〇a条〔現一六〇〇d条〕）と規定され、さらに「父子関係の存在を確認する確定判決は、非嫡出父子関係を自ら主張する第三者に対し、この者が訴訟に関与しなかった場合にも、効力を及ぼす」（ZPO六四一k条〔現削除〕）と規定されている。右を総合すると西ドイツ現行法の立場は、親子関係訴訟の判決は原則として対世効を有すること、嫡出親子関係、親の監護の存在については、他にそれを主張する者がいる場合、この者の関与がこの者に対する効力拡張の要件となること、父子関係に限っては右の者の関与を要することなく判決効の拡張が認められることである。

ところでこれとは別にZPO六四〇e条〔現削除〕は「訴訟に親の一方が当事者として関与しない場合、この者は訴えの通知の下に、口頭弁論に呼出されなければならない。母が父子関係の認知を取消す場合、子は訴えの通知の下に口頭弁論に呼出されなければならない。親の一方または子は当事者の一方または他方にその援助のため参加することができる」と規定している。また同六四一b条〔現削除〕によれば「敗訴の場合第三者を父として請求することができると考える子は、当該訴訟の裁判確定に至るまで、その第三者に裁判上、訴訟告知をすることができる」。そこで現行法は、親子関係訴訟の判決に原則として対世効を与え、これを基本としつつも、効力を受けることにより自己の身分関係に変更を受ける者については職権による呼出制度によってその審尋請求権の確保をはかる。他方嫡出親子関係を自己のために請求する第三者については現実の関与を判決効拡張の要件とし、これがなければ判決は右の者に及ばない。ただ非嫡出父子関係の存在を認める判決については、自己のためにこれを請求する第三者が訴訟に関与しなくても判決効がこの者に及ぶとして子の保護をむしろ第三者の手続関与権に優先させる建前をとっているのである。子の敗訴の場合を慮って後訴で被告となるべき第三者に対する子からの訴訟告知を特に認めたのも子の保護に資するためと考えられる。このように立法者の立場はかなり明確なものであるが個々的にはなお問題がある。

まずZPO六四一k条〔現削除〕が、非嫡出父子関係を請求する第三者の訴訟関与なしに父子関係の存在確認判決の効力拡張を受けるとするのは違憲との見解がある。すなわち立法者は他の者の認知あるいは確認判決の獲得をもって、自ら父と称する者に優先させることを実体法においても訴訟法においても許してはいないから、手続に関与しなかった第三者のために特に第三者の拘束を命ずる規定はGG一〇三条一項に反し違憲とするわけである(9)。そしてこの場合にも六四〇e条〔現削除〕を準用して父として顧慮される者への呼出しがなされねばならないとする。これに対しては、右の第三者は適時に認知できるわけであるし（BGB一六〇〇b条〔現一五九二条〕）、子の同意が得られなかったとしても父子関係の確認を求めようと思えばできたはずである。このようなかたちで第三者は審尋の可能性を持ったのである。それゆえ第三者と子と認知者の各利益を衡量したうえで子の利益を優先させた立法者の決断は支持され得るのであるとの見解が対立している(10)。すなわち子と認知者間の血統関係ならびに家族法上の結合を安定させるという子の利益の前に第三者の利益を後退させるというのが立法者の判断というのであればそれもまた良しとすべきであるとの考えである。

次に呼出（Beiladung）についても種々の問題がある。

（1）　呼出の機能

ＶｗＧＯ六五条の呼出は二つの機能を持っている。一つは呼出の通知機能であり、これによって通知を受けた者は当該訴訟の存在を知ることができるとともに訴訟に参加する道が開かれる。呼出の機能の第二は呼出を受けた者が関係人（Beteiligte）たる地位を獲得する（ＶｗＧＯ六三条三号）とともに、この者に対し確定判決の拘束力が働くことである（同一二一条）。既判力の拡張が原則として認められない西ドイツの行政訴訟においては、判決効の確保のために右の第二の機能が重要である。これに対して、身分訴訟における呼出（規定）の機能としては、身分判決の対世効を原則とする（ＺＰＯ六四〇ｈ条〔現FamFG一八四条二項〕）ため、むしろ第一の通知機能が、審尋請求権保障の手段として重要ということになる。Stahl はＶｗＧＯ六五条二項の必要的呼出を民事訴訟に導入することは民事訴訟の当事者主義をくずすことになるとしてこれに反対した[11]。しかし呼出制度の持つ通知機能にのみ着眼すれば、憲法上の要請にもとづく義務的通知と必要的呼出の許容とはほんの一歩のところにあると指摘されている[12]。ＺＰＯ六四〇ｅ条〔現削除〕の持つ機能はしたがって通知機能にあるということがいえよう。

（2）　呼出を受けた者の地位

ＺＰＯ六四〇ｅ条〔現削除〕は「親の一方または子は当事者の一方または他方にその援助のため参加することができる（圏点筆者）」と規定している。この場合の参加は共同訴訟的補助参加（ＺＰＯ六九条）であり、参加人は証人として尋問を受けるのではなく、当事者として陳述を行わねばならないことに争いはない。問題は第三者に当事者の一方を援助することを要求すべきかである。Schlosser はこれを否定する。けだし六四〇ｅ条〔現削除〕は第三者の権利の手続上の伸張であり、審尋の保障は、参加人がその権利防御を当事者の一方または他方への強制的依存によって狭められるべきではないからであるとする[13]。これに対して Roth-Stielow は、右の Schlosser の見解は認められないとする。立法者は一義的文言と明確な理由づけによって一方のみへの参加を決断したのである。参加者には誰を援助するかについてのはっきりとした決断が要求される。その場合にだけ彼は当事者たり得るすなわち参加者は原告あるいは被告に味方する（敵対する）ことができるからである。(14) したがって参加人は共同訴訟的補助参加人の地位に就く。

(3)　呼出の効果

呼出を受けた者が実際に訴訟に参加した場合は前述のように共同訴訟的補助参加人として訴訟行為をなすことができる。この場合右の者に対する判決効拡張は全面的に、つまりZPO六四〇h条二文〔現 FamFG 一八四条二項〕に規定されている者に対しても、肯定される。これに対し、呼出を受けた者が参加しなかった場合はどうか。行政訴訟においては呼出について任意的な場合と必要的場合とに区別されていた（VwGO六五条一項二項）。後者は当該訴訟の判決が統一的にのみ下されるべき者にあてはまり、前者は単に判決によって自己の権利が侵害される場合に認められるものであった。したがって呼出がなされた場合の判決の効力の内容も右の区別によって異なり、前者については既判力、後者については参加的効力類似の呼出効（Beiladungswirkung 判決理由中の事実的、法的判断への拘束力）が働くと解されている。(15) ZPO六四〇条〔現 FamFG 一六九条〕に規定されている親子事件については、ZPO六四〇e条〔現削除〕が想定しているような事例（親子間の諸関係の存在・不存在と親の一方または子の呼出）における親の一方または子は、当該の関係を形成する共同関係人（Mitbetroffene）であり、呼出を受けて参加するにせよ、しないにせよ、当該訴訟で確認ないしは形成された身分関係の通用力はそのまま関係人に及ぶため、参加の有無はこの場合問題とはならない。問題はしたがってZPO六四〇h条二文〔現 FamFG 一八四条二項〕に規定されている第三者についてである。このような第三者は訴訟に関与しない限り、判決効を受けることができないとされているため、単に呼出を受けただけで参加しなかった場合、果たして「関与した（teilgenommen hat）」といえるか問題であるし、呼出を受けて参加しなかったことはあたかも訴訟告知を受けて参加しなかった場合に比せられるため、参加的効力類推の呼出効を受けるのではないかが問題となるからである。

このような場合、呼出を受けて参加しなかった者にも既判力（Rechtskraft）が及ぶとの見解がある。(16) これに対しては、「関与した」ということと関与なしの呼出を受けたということは同一視されるものではなく、既判力拡張は排除され、訴訟告知による参加的効力と同等の呼出効は生じないとの見解もある。(17) 後説は第三者の身分関係の厳格な保護を重視しているわけである。なおいずれにしても呼出とは別に当事者が訴訟告知をして第三者に参加的効力を及ぼすことは妨げられないとされている。(18)

(4)　呼出を受けるべき者の範囲

ZPO六四〇e条〔現削除〕に規定されている者以外にも、憲法上保障された審尋請求権が存する諸事例には右規定が準用される。(19) しかしその範囲は必ずしも明確ではない。とりわけ問題となっているのは、父子間の嫡出否認訴訟と婚外の父（Erzeuger）である。このような者は嫡出否認の判決効を受け、その後非嫡出父子関係を子から主張されるおそれがあり、またそれゆえに子から扶養料を請求されることが充分予測されるからである。それゆえもし右の者が嫡出否認訴訟に参加する場合、その参加形態は共同訴訟的補助参加であるとの見解が存する。(20) しかし判例は嫡出否認訴訟において確定するのは子の非嫡出身分のみであり、その基礎となる事実には既判力は及ばないから、右参加人は右訴訟の原告たる父の父子関係を援用することは妨げられないとの理由の下にこれを否定している。(21) そして判例とは既判力の範囲に関し見解を異にしつつも参加人の権利関係から判例の結論を支持するものもある。(22) そして呼出の必要性についても右と同様の議論が可能であるが、(23) 呼出の義務は手続法から生じるのではなく憲法上の考慮によるとして潜在的な父（potentieller Erzeuger）にこれを認める見解が存する。(24) 右の見解の相違は基本法一〇三条一項の保障が原則として判決効の拡張を受ける者すべてに及ぶのか、それとも当事者と第三者との実体法上の関係によって第三者の範囲が画されると考えるかによる。西ドイツでは後者が一般的見解といえよう。(25)

(5)　呼出懈怠の効果

職権による呼出がなされるべき場合であるにもかかわらずこれが怠られた場合、判決はただちに無効とはならず手続上の瑕疵ある判決となる。この判決は呼出を受けるべき者にも送達されねばならず、送達がなされたときから上訴期間が走る。[27] 控訴審は審尋請求権違反を理由に第一審に差戻すこともできるし、控訴審段階で審尋が尽され得る（nach-holen）場合には、差戻しを行わないと判断することもできる。審尋請求権違反が絶対的上告理由となるか否か議論のあるところであるが、[28] いずれにせよ上告審段階での審尋の回復は不可能なので、上告裁判所は事件を差戻さざるを得ない。呼出が行われないまま判決が確定した場合の判決の効果をめぐっては争いがある。第三者の事後の手続的保護を重視して、呼出懈怠の場合第三者に不利な判決効の拡張を否定する（相対効）見解も有力であるが、[29] 事後の調整の困難への懸念から、この場合もＺＰＯ六四〇ｈ条一文〔現 FamFG 一八四条二項〕の対世効を是認し、[30] 第三者の保護はむしろ憲法訴願（Verfassungsbeschwerde）をもってはかられるべきであるとの見解が多数を占めている。[31] 後者においては憲法訴願が奏効しても、判決全体が取消される必要はなく、憲法裁判所は第三者の法的地位にも関係する効力を取り除くだけで充分であると解されている。[32]

呼出懈怠の場合、適法な代理がなされなかった場合と趣旨を共通にすることを理由に、再審（無効）の訴え（ＺＰＯ五七九条二項四号の類推）が許されるか争われている。近時の基本法一〇三条一項違反を理由とする憲法訴願の増大による連邦憲法裁判所の負担軽減ならびに訴訟手続内での憲法保障の達成の動きなどとの関連で、再審の活用が主張されているが、[33] 一般には右規定の類推については消極的に解されている。[34] なお他人間の訴訟の判決効を受ける第三者による再審の提起が認められるかが問題である。この問題は再審手続と前訴との関係をどのように見るかにかかるところが大きい。ＺＰＯ六六条二項が「裁判の確定に至るまで」補助参加を行うことができると規定していること、再審訴訟は上訴とは看做され得ず、確定終了した終局判決を前提としていることを理由に、前訴に参加しなかった第三者による再審を不適法としたＲＧの判例が存する。[35] 当時の学説にはこれに従うものが多かったが、右のように形式的理由だけで否定するのは第三者の保護という観点からは満足な結果とはいえず、また再審訴訟の上訴類似性からもむしろ右の第三者に再審提起を許すべきであるとするのが Hellwig 以降現在の有力説となっている。[36] そしてその際の再審原因はＺＰＯ五七九条一項四号（適法代理の欠缺）であると解されている。[37]

(1)　わが国のように婚姻の取消、離婚、離婚の取消判決の対世効規定（人訴法一八条一項）を西ドイツは持っていない。婚姻の取消についてのＥｈｅＧ二八条以下、離婚についてのＺＰＯ六二二条以下参照。ところで婚姻取消訴訟の原告適格者は常に配偶者とその法定代理人のみであると解されている（Beitzke, Familienrecht, 23. Aufl. 1983, § 11 Ⅳ 3, S. 59）。したがって離婚の場合と同様、当事者適格者が当該夫婦（とその法定代理人）に限定されており、しかも取消判決に遡及効がない（Beitzke, a. a. O. S. 57）ため財産権の侵害を受ける第三者も存在しない。それゆえ判決の牴触のおそれもなく、対世効規定の必要もないからであると推測される。なお岡垣学⑤三五九頁は、離婚訴訟の判決については既判力および形成力の第三者への拡張を考える必要がない、けだし当事者以外に適格者が存在せず、適格のない第三者は適格者間の判決のあった事実のみならずその効果を承認しなければならない立場にあるからであるとする。

(2)　Zöller-Philippi, ZPO, 14. Aufl. 1984, § 636a Ⅰ, S. 1567.

(3)　Zöller-Philippi, a. a. O. 注（2）§ 638 Ⅰ 1), S. 1568.

(4)　Zöller-Philippi, a. a. O. 注（2）§ 636a Ⅱ, S. 1567.

(5)　Zöller-Philippi, a. a. O. 注（2）§ 638 Ⅱ, S. 1568.

(6)　Grunsky, FamRZ 1966, S. 642ff.（S. 643）, ders, Grundlagen des Verfahrensrechts, 2. Aufl. 1974, § 25, S. 226ff.

(7)　Schlosser, JZ 1967, S. 431ff. ders, Gestaltungsklagen und Gestaltungsurteile, 1966, S. 219f.

(8)　拙稿「判決の対世効と手続権保障㈠」龍谷法学一八巻四号（一九八六年）四三頁〔本書二〇七頁〕参照。

(9)　Stein-Jonas-Schlosser, 20. Aufl. 1977, § 641k, S. 251f. 同旨 Calavros, Urteilswirkungen zu Lasten Dritter (1978), S. 153f. なお Schlosser はＢＧＢ一六〇〇ｂ条三項ならびに一六〇〇ｂ条一項が、認知取消訴訟の棄却判決に他の父と称する者への拘

束を認めているのもＧＧ六条二項の親の権利に反し違憲であるとする。

(10) Roth-Stielow, Der Abstammungsprozeß, 2. Aufl. 1978, S. 31f. Vgl. Odersky, NeG, 4. Aufl. 1978, § 641k, S. 676f.

(11) Stahl, Beiladung und Nebenintervention, 1972, S. 157f. 右の書評として Habscheid, ZZP 86, S. 101ff.

(12) Becker, Typologie und Probleme der (handelsrechtlichen) Gestaltungsklagen, ZZP 97, S. 334.

(13) Schlosser, a. a. O. 注(7) § 640e, S. 211f., ders, Gestaltungsklagen und Gestaltungsurteile, 1966, S. 198ff.

(14) Roth-Stielow, a. a. O. 注(10) S. 27f.

(15) Stahl, a. a. O. 注(11) S. 67f. S. 122ff. 参照。

(16) Odersky, a, a. O. 注(10) § 640 h 3, S. 647f., Rosenberg-Schwab, Zivilprozeßrecht, 13. Aufl. § 170 II 9, S. 1062, Stein-Jonas-Schlosser, a. a. O. 注(7) § 640e III 3, S. 212.

(17) Zöller-Philippi, a. a. O. 注(2) § 640h IV, S. 1593, § 640e III 1), S. 1589, Roth-Stielow, a. a. O. 注(10) S. 30f. Stein-Jonas-Schlosser, a. a. O. 注(9) S. 212. は既判力拡張を肯定しながら呼出効を否定する趣旨であろうか。

(18) Zöller-Philippi, a. a. O. 注(2) S. 1593.

(19) Stein-Jonas-Schlosser, a. a. O. 注(9) § 640e II 5, S. 210.

(20) OLG Celle, FamRZ 1976, S. 158, Baumbach- Hartmann, Zivilprozeßordnung, 43. Aufl. 1985, § 69 1) A, S. 177.

(21) BGHZ 76, S. 299. Zeuner, Zur Tragweite negativer Abstammungsentscheidungen, Festschrift Schwind, 1978, S. 390ff. はＺＰＯ六四一ｂ条〔現削除〕の存在をも根拠として挙げている。なお父と称する者すべての呼出が実際上困難であることも否定的にはたらく。

(22) Deneke, ZZP 99, S. 98ff.

(23) Deneke は同一の理由で呼出の必要性を否定する。ter Beck, Außerehelicher Erzeuger und Ehelichkeitsanfechtungsverfahren, Festschrift für Otto Mühl, 1981, S. 85ff. (101), Zöller-Philippi, a. a. O. 注(2) § 640e I, S. 1588, BGHZ 83, S. 391ff. も同旨。

(24) Stein-Jonas-Schlosser, a. a. O. 注(9) § 640e II 5, S. 210. Baumbach-Lauterbach-Albers, Zivilprozeßordnung, 43. Aufl. 1984, § 640e 1) B, S. 1367.

(25) 拙稿・注(8)三四頁〔本書一九八頁〕以下参照。

(26) 呼出を受けるべき者が既に自ら当該訴訟に参加している場合や、法定代理人として訴訟行為を行っている場合はこれにあたらない。

(27) BGHZ 89, S. 121 (125). はこれはＺＰＯ六四〇ｅ条〔現削除〕の、当然の、憲法適合的解釈から生ずる帰結であるとする。Zöller-Philippi, a. a. O. 注(2) § 640e Ⅱ 2), S. 1589.

(28) Henckel, Sanktionen bei Verletzung des Anspruchs auf rechitliches Gehör, *ZZP* 77, S. 321ff. (344). なお拙稿、前掲注(8)四二頁以下〔本書二〇六頁〕参照。

(29) Grunsky, FamRZ 1966, S. 642ff. (643f.), Zeuner, Rechtliches Gehör, materielles Recht und Urteilswirkungen, 1974, S. 50f.

(30) Zöller-Philippi, a. a. O. 注(2) § 640e Ⅱ 2), S. 1589, Stein-Jonas-Schlosser, a. a. O. 注(9) vor § 606, Ⅳ 2. Rdnr. 20, ders, JZ 1967, S. 431. なおこの立場からは一定の場合に相対効を認めるＺＰＯ六四〇ｈ条二文〔現 FamFG 一八四条二項〕は相対効説に根拠を与えるものではない。けだし右条文は嫡出父子関係を自ら主張する者の訴訟参加を要求していないからであるとする（Stein-Jonas-Schlosser, a. a. O. 注(9)）。

(31) この点でＶｗＧＯ六五条二項の解釈として呼出懈怠の場合絶対無効とされるのと対称的である（Eyermann-Fröhler, VwGO, 7. Aufl. § 65 Ⅲ Vgl. Wilde, Unterschiedliche Ansichten oberster Gerichtshöfe des Bundes zur unterlassenen notwendigen Beiladung, NJW 1972, S. 1262ff. 1653.）。

(32) Stein-Jonas-Schlosser, a. a. O. 注(9) vor § 606 Ⅳ Rdnr 20.

(33) Braun, NJW 1981, S. 425ff. Stahl, a. a. O. 注(11) S. 155ff. 拙稿、前掲（8）四三頁〔本書二〇六頁〕以下参照。

(34) Zöller-Philippi, a. a. O. 注(2) § 640e Ⅱ 2), S. 1589, Henckel, a. a. O. 注(28) S. 370, Habscheid, a. a. O. 注(11) S. 106. Seetzen, Die Anhörungsrüge kraft Verfassungsrechts, NJW 1982, S. 2337ff.

(35) RGZ 89, S. 424ff.

(36) Hellwig, Lehrbuch des deutschen Zivilprozeßrechts Ⅱ, S. 479f. ders, System des deutschen Zivilprozeßrechts Ⅰ, S. 865, Schiedermair, Zum Verhältnis von Wiederaufnahmeverfahren und Vorprozeß, Festschrift für Hans Dölle, BdI, 1963, S. 329ff. (347ff.) ＲＧ当時の学説については Schiedermair を参照した。

(37) Stahl, a. a. O. 注(11) S. 155ff.

三　わが国の解釈論

1　吉村説

身分訴訟の判決効と手続権保障の関連につき鋭い問題提起を行い、この問題についての議論に先鞭をつけたのは吉村教授である(1)。そこで本稿では教授の見解の検討からはじめることにする。

吉村教授は身分関係の画一的確定の要請にもとづく判決の対世効（人訴法一八条一項（現二四条一項））とそれを正当化する現行法の様々な措置（処分権主義・弁論主義の制限、(片面的)職権探知主義の導入）は第三者の保護にとって充分ではないし、当事者適格者による熱心な訴訟追行にそれを期待することも一種の擬制であって対世効を一律に正当化するものではないとする(2)。さらにこれらは第三者の手続関与権を判決内容の実体的正当性に代替させるものであるが、そもそも第三者の手続関与権は判決内容の正当性の担保によってとって代わられうるものではない(3)。身分判決によって自己の身分関係に直接影響を受ける密接な利害関係人にはしたがって現実の手続関与権が保障されなければならない。これに対して身分判決によって相続権や扶養義務その他の財産権を左右されるような利害関係人については一般的に訴訟関与権を認めるのではなく、当事者適格者の迅速な訴訟追行や司法運営の機能を果たさせるという利益とのバランスをとる必要があるとして両利益の比較考量によって第三者の手続関与権が具体化されるとする。

ところで第三者の訴訟関与といっても、すべての場合に第三者を必要的共同訴訟人とする必要はなく、かといって任意的訴訟告知による補助参加に委ねるというのも妥当ではない。むしろ従来の理論の択一的選択では不十分であるとして、吉村教授は西ドイツの必要的呼出にならうことを提唱する。もっともわが国では職権による呼出は問題であるとして当事者による必要的呼出を主張する。すなわち係争身分関係に密接な利害関係を有する者（母子関係不存在確認における父、父子間の嫡出否認における子の母、非嫡出父子間の父子関係存否確認や認知取消・無効の訴えにおける子の母など）には当事者による第三者の呼出（民訴法七四条、旧六二三条三項〔現五〇条〕）を類推適用し、相手方との共同訴訟または三面訴訟として訴訟に引き入れる。これに対し相続権や扶養義務その他の財産権を害されるおそれのある者については当事者による義務的な訴訟係属の通知（商二六八条三項〔現会社八四九条〕、旧六一〇条）の類推適用により第三者に参加の機会を保障すべきであるとする。

右の保障がなされなかった場合の救済手段として吉村教授は、前者については人訴法一八条二項〔現二四条二項〕の類推による相対効にもとづく独立の訴えないしは再審（四二〇条一項三号〔現三三八条一項三号〕の類推）を第三者に選択させ、後者については独立の訴えや再審を認める必要はなく、自己の財産上の請求の先決事項として相対的に身分判決の効力を争う余地を認める。

2　吉村説の評価

(1)　わが国の手続権保障論の特徴

西ドイツの審尋請求権をめぐる議論が憲法上の権利の民事手続内での実現を目指すものであったため、それは終始司法権という国家権力の発現形態の中での、当事者の裁判所（の権力作用）に対する主体性の確保という枠組において行われてきた。法的対話（Rechtsgespräch）、協同主義（Kooperationsmaxime）、そして職権による呼出（Beiladung）などはすべて右の枠組の中で現われた議論である。これに対してわが国の手続権保障論議は、その初期の段階、すなわち山木戸教授の「当事者権」[4]論や鈴木忠一元判事の「正当な手続の保障」[5]論が西ドイツと同一の枠組の議論であったにもかかわらず、その後そこからの乖離が見られるところにその特徴がある。わが国では手続権保障問題が、右の議論の枠組からはずれて、裁判所・当事者間の規律問題としてではなく、当事者同士の訴訟内での行為を規律する問題として把える見解が主張されている。このいわゆる第三の波説全般についてここで検討する余裕はないが[6]、吉村説はこれと親近性を

有するものであるように思われる。(7)

(2)　必要的呼出の二つの機能と吉村説

吉村教授は係争身分関係に対し密接な利害関係人と副次的利害関係人という二種類の第三者を区別した。そして前者には当事者による必要的呼出を、後者には場合に応じて義務的訴訟告知を当事者に課した。吉村説はここで、西ドイツで行われている必要的呼出の二つの機能を使い分けていると評価できる。すなわち彼国においては、ＶｗＧＯ六五条二項の必要的呼出は第一に呼出された者を当事者（関係人 Beteiligte）の地位に就ける機能を持つと同時に、第二に呼出を受けた第三者に訴訟係属を通知する機能を持つものであった。呼出された者を当事者の地位に就けるということの西ドイツ行政訴訟が持っていた意味は、対立する利益を有する者を訴訟に引き込むことによって活発な訴訟追行が期待されるということ以上に、そもそも当事者とその承継人以外には既判力を受ける者はいない（ＶｗＧＯ一二一条）という彼国の法規整を前提としてのことであった。この点は対世効規定を有する身分訴訟との重要な前提の違いであった。それゆえこの点に着眼した Stahl はＶｗＧＯ六五条二項の民事訴訟への導入に反対した。しかし逆に右規定の導入に賛成する者が多かったのは必要的呼出の第二の機能に着目してのことであり、しかも通知が職権によって行われるという、民事訴訟法には存在しなかった、しかしそれ自体有意義な機能に期待してのことであった。そこでＺＰＯ六四〇ｅ条〔現削除〕は右の誤解を避けるため、呼出を受けた者は必ず当事者の一方に参加するという規定をおいたわけであり、当事者による訴訟告知と職権による呼出の併存を認めて怪まないのも右のゆえであると思われる。(8)そうであるとすれば吉村説に対する第一の疑問は、少なくとも身分判決の対世効を前提とする限り、前者を当事者の地位につけることが必要なのかということであり、(9)後者についても訴訟告知についての従来の理解を前提とする限り、判決効の内容について齟齬が生じるのではないかということである（もっとも後の点については訴訟告知の機能についての議論の展開如何によっては疑問が解消される余地があるので後にあらためて検討することにする）。(10)

吉村説を貫徹させようとすれば、したがって、前者については、呼出懈怠の場合、相対効とする方が筋が通る。それゆえ救済手段として再審が掲げられていることには疑問が残る。

(3)　第三者の分類についての疑問

吉村説は第三者の範囲を密接な利害関係人と相続権、扶養義務その他の財産権の侵害を受けるおそれのある副次的利害関係人とに区別してそれぞれに応じた手続権保障のあり方を模索している。しかしこの点については既に指摘されているように[11]右の分類がしかく分明なものか疑問がある。確かに吉村教授の二つの分類のうち前者においては参加すべき者の財産法上の地位が判決によって左右されない点で後者とは一応区別が可能である。しかし逆に後者においては財産関係に影響を受ける者が単にそれにとどまるものではなく、たとえば第三者の認知により相続関係に変動が生じると同時に兄弟姉妹等の関係が成立するという身分関係の変動をもともなうのである。また実際の関与の必要性、つまり第三者の関与により充実した審理が行われる可能性が高まることは、後者が問題になる事例類型が、父の死亡後の認知請求がほとんどであり、検察官が被告の地位につくということと相俟って、むしろ後者のほうに、少なくともわが国では、妥当するとも考えられる[12]。そうであるとすれば、前述の必要的呼出の二つの機能に即してみても、通知機能においても、関与機能においても両者を殊更区別すべきほどであるかは疑問である。むしろ両者を区別せずに、正面から必要的呼出ないしは義務的訴訟告知をなすべき第三者の範囲を議論するほうが実り豊かなように思われる。したがって吉村教授以後の論稿がこのようなかたちで議論を進めていることには私としても賛意を表する次第である。

3　第三者の範囲

(1)　高　田　説[13]

高田助教授は身分訴訟における身分関係の画一的処理の要請を満足させるためには、必ずしも判決効拡張の必要はないとの考えを視座に据える。そして身分判決の持つ実体法上の効果（形成・確認された身分関係が第三者に対しても通用力を持つ＝対世効）を認めたうえで、第三者に後訴（再審を含む）の提起を認めることによって前訴の判決内容をなす身分関係を争うことを許す（訴訟法上の効果としては相対効）という立場をとる。[14] そして第三者の範囲問題を後訴の原告適格者如何として捉える。高田助教授は、実体法上保護される第三者をここから除き、その他を三つのグループに分類する。①前訴の身分関係を争う資格を有する者、②判決で確定された身分関係をそのまま承認することを要し後訴の原告適格を有しない者、③権利を害されたと主張して自己への判決効拡張を否定しうる者、がそれである。

右の分類のうち、③については前訴で形成・確認された身分関係自体を争う者ではないから、これを原告適格からはずすことに問題はない。ただ③にどのような範囲の者が含まれるのか、もし吉村説の分類の後者とその範囲が一致するのであれば吉村説に対する疑問が向けられよう。②についてはいささか疑問が残る。そもそも前訴で形成・確認された実体身分関係の基準性を後訴で争うことが妨げられるという効果を実体法から導くことは可能であろうか。後訴で争わせるべきではないとすれば訴訟法上の拘束力を認めるほうが素直な解釈なのではなかろうか。ただこの点はおそらく既判力の本質論ともかかわってくるであろうし、形成の結果の通用性の根拠をめぐる議論[15]ともつながってくるであろうから、ここではこれ以上立ち入らない。問題は①の範囲である。高田助教授は、係争身分を確認・形成する訴えにつき当事者適格を有し得る者、自らがその身分関係の主体であると主張する者、当該身分関係につき固有の権限を有する者等が挙げられ、当該身分関係と密接な利害関係を有する者を拾い上げる作業が続けられている旨を指摘するにとどめている。

(2)　奈　良　説[16]

奈良判事は検察官を当事者とする人事訴訟について、再審訴訟（四二〇条一項三号〔現三三八条一項三号〕を含む広義の）を提起することのできる第三者と判事のいう義務的訴訟告知をなすべき第三者の範囲を区別する。前者については、判決により相続権の存否、順位、相続分の割合につき影響を受ける者のほか、扶養の法的関係に影響を受ける者、法的に親族関係の存否、順位に影響を受ける者などを含めて広く、人事訴訟に補助参加することのできる利害関係と解し、このような利害関係を有する者は、前訴の確定判決に対する再審の訴えを提起するとともに、補助参加の申出をすることができるはずであるとする。これに対し後者については、より狭く限定的に解するべきで、その者が現実に補助参加することを目的とすることから、その者の関与により適切、妥当な訴訟追行が期待される場合に限るべきであるとする。そしてそのような者として、認知訴訟ならば亡父の妻および子、その他の人事訴訟であれば当該判決により相続権の存否・範囲に直接影響を受ける者を挙げる。そして民訴法四二〇条一項三号〔現三三八条一項三号〕の再審事由の類推してこれを拡張することに疑問を持つ判事としては、後者において告知が怠られた場合にのみ右条項の類推適用を認めるように見受けられる。

(3)　私　見

親子事件に職権による呼出の規定（ZPO六四〇e条〔現削除〕）を置くに至った西ドイツにおいても呼出を受けるべき第三者の範囲をめぐってはいまだ一致を見るに至っていない状況にあること前述のとおりである。ことほどさように問題は簡単ではない。まず確認しておかなければならないことは、高田助教授も指摘しているように、実体法上保護される第三者は右の範囲から除かれるということである。このことは実体法上の保護をもって手続権保障に代替しうるということを意味するのではないと考える。むしろ第三者の権利保護からみれば、訴訟への関与権を保障することをもって充全な保障がなされたとはいえず、実体法上の保護こそが適切な権利保障につながることを意味する。たとえば日本ではケースとしては稀であろうが、無効な婚姻から生まれた子に婚姻無効訴訟に関与させることが子の嫡出性確保にどれほどの意味があるかを考える必要がある。その他実体法上遡及効の制限をしている場合に、これに代えて手続関与権を保障することはほとんど意味がないであろう。このように考えると右のような場合にはむしろ実体法上の保護こそが適切な権利保護になるのであって、これを第三者の範囲から積極的に区別して実体法上保護を与えるべく解釈論、立法論が展開されてしかるべきなのである。(17)

(i)　呼出を受けるべき第三者としては第一に、親子関係事件における他方の親が挙げられる（ZPO六四〇e条〔現削除〕参照）。父子関係、母子関係をめぐる訴訟において他方の親は当事者適格を持たない。(18) しかし父子関係ないし母子関係が否定された場合、子は嫡出子としての身分を失うことになる。このことはその子の親にとって重大な身分上の影響を与えることになる。(19) それゆえ親子事件における当事者適格を有しない他方の親も当該手続に関与できてしかるべきである。もっとも他方の親が子の法定代理人として既に当該訴訟に関与している場合にはあらためて手続権保障の機会を与える必要のないことはいうまでもない。

(ii)　身分判決の存在により相続権（存否、順位、相続分の割合）を害せられる者についてはどうか。奈良判事も指摘しているとおり、判例で問題となったのはほとんど父死亡後の検察官を相手とする認知訴訟（人訴法二条三項〔現四二条〕）における父の相続人である。(20) この場合は検察官に実際上は充実した訴訟追行を期待できないということもさることながら、既に具体化した自己の相続権を直接侵害するような訴訟が行われているということにむしろ着目して右の第三者の手続関与権を保障することが必要であると考える。したがって相続権が単に期待権にとどまる場合、すなわち生存している父に対する認知訴訟における父の相続人となるべき者は、判決によりあるいは兄弟姉妹の身分関係が創設されることになるとしても、必要的呼出の対象となるとまで考える必要はないのではないかと思われる。(21)

(iii)　自称権利者についてはいささか問題である。西ドイツでは嫡出親子関係を尊重する立場から、嫡出親子関係の存在確認ならびに親の監護の存在確認訴訟についてのみ、自称権利者の現実の訴訟関与なしにこの者に対する拘束力が及ぶことはないと規定した（ZPO六四〇h条二文〔現FamFG一八四条二項〕）。そして同時に非嫡出父子関係の存在を確認する判決は、他の自称権利者の訴訟関与なしにも後者に拘束力が及ぶとして右の旨を強調した(22)（ZPO六四一k条〔現削除〕）。これを一つの立法政策として評価することができる。わが国では、重婚を理由とする婚姻取消訴訟の棄却判決が前配偶者の訴訟関与なしにこの者に対し効力を及ぼすことはないと規定する（人訴法一八条二項〔現二四条二項〕）のみである。右規定をどこまでの広がりで評価すべきかは考え方が分れる。(24) ここで注意すべきは自称権利者のうち誰を呼出の対象とするかの問題とその者に対しては例外的に相対効とすべきかは区別されるべきであるということである。(25) 両者の違いは西ドイツにおいては、通常、呼出懈怠の場合、前者では憲法訴願による前訴判決の取消という方向、後者では自己の権利を主張する第二の訴訟を提起しうるという方向がとられるということであった。彼国では重婚を理由とする婚姻無効の訴えにおける前配偶者は前者から後者に組み替えられることにより、前者の範囲はその分だけ狭められるに至った。言葉を換えていえば右の分だけ対世効の範囲が広がり、だからこそ前配偶者の手続権保障の必要が出て来たということもできる。ところで西ドイツにおいて前配偶者を相対効の範囲からはずし呼出を受ける者の範囲にとり込んだという背景には重婚を理由とする婚姻無効訴訟における前婚配偶者は、呼出すべき者の範囲としては確定が容易であるという考慮もあったと推測する。これに対し親子関係存在確認訴訟における他の自称権利者の範囲は比較的確定しにくいのではあるまいか。これをも呼出を受けるべき第三者の範囲に含めるとすれば裁判所の負担が大きくなり過ぎよう。とすれば範囲を確定しにくい第三者のうち特に立法政策上保護に値すると考える者については相対効を明記するという西ドイツの立法の方法は参考になろう。いずれにせよわが国でも人訴法一八条二項〔現二四条二項〕の前婚配偶者には呼出がなさるべきと考える。それ以外の第三者については右に述べた見地から立法論を含めてその範囲が確定されるべきであるが今後の問題としたい。

4　必要的呼出か義務的訴訟告知か

第三者の訴訟関与への道を職権により切り開くべきか、当事者の規律に任せるべきか。吉村教授は西ドイツの

Beiladung の制度に示唆を受けながらも、教授の基本的な立場にもとづく当事者間の弁論規範による規律としての位置づけからか、呼出を当事者に委ねるという方向をとった。このことはまたこの問題を従来の民事訴訟理論の中で位置づけることによりこれとのつながりを持たせ、職権による呼出という制度の持つある種の違和感をとり除くという効果をも有していたと思われる。しかしそれによって「手続権」の憲法上の位置づけが弱くなったことは確かであり、また当事者間での告知義務の配分問題も生じることになった。当事者としては第三者の関与を必ずしも好まない場合もあろうし、いずれかの当事者に告知へのインセンティブが常に生じるとも限らないからである。この場合裁判所の釈明権の行使に期待を寄せたり、釈明義務違反として問題を促えることは教授としては本意ではないであろう。とすれば教授の理論に無理が生じないであろうか。奈良判事は検察官を当事者とする人事訴訟で、訴訟告知の活用を主張する。そこでは訴訟告知は当事者（検察官）がなすべきものとしながら、裁判所も「検察官と連絡を密にして、早期かつ適格に訴訟告知の手続をとることができるように訴訟指揮する」べきことを説いている。そしてこの訴訟告知は義務的なものであり、しかもそれは裁判所の義務と考えているようである。(26) 奈良判事のようにもしこれを裁判所の義務として把握するのであれば、吉村教授との懸隔は明らかであり、職権による呼出と径庭はないというべきである。

思うに職権による呼出と義務的訴訟告知（吉村説）との違いは、単に両制度の持つ技術的側面の相違にとどまるものではない。確かに民事訴訟に必要的呼出（ＶｗＧＯ六五条二項）を導入するという場合、そのことの持つ意味は西独行政訴訟における意味とは異なり、その通知機能に重点が置かれてのことであった。その意味では訴訟告知の有する機能と差はないことになる。(27) 現に呼出を受けた第三者は民事訴訟に（共同訴訟的）補助参加人として関与するわけである。しかし手続権保障をめぐる議論の中での両者の違いは大きい。なぜならそこには手続権保障を第三者をもとり込んだかたちでの当事者の規律問題として捉えるか、国家に対する権利義務関係として手続権の憲法上の保障という側面を強調するかの違いが存するからである。いずれの方向をもって是とすべきか。私は今のところ後者に傾いており、その立場から職権による呼出（行訴法二二条一項の類推適用）[28]を民事訴訟においても認めるべきであると考えている。

5 呼出懈怠の効果

福岡高判昭和五九年六月一九日判時一一三八号九三頁は、Yが戸籍上の両親であった亡甲亡乙に対し親子関係不存在確認、亡丙男に対し認知請求をなし、いずれも検察官が被告となって訴訟が行われ、Y勝訴の後に、亡丙の相続人であるXらが民訴法四二〇条一項三号〔現三三八条一項三号〕、四二五条〔現三四二条三項〕の類推適用を主張してYならびに検察官を被告として再審請求を行ったのに対し、前訴確定判決の効力はXらの相続権の範囲に変動を生じさせること、XY間に兄弟姉妹の関係が生じ、それにもとづいて扶養関係等法律上の効果が生じること、これらの事情を考えると行訴法三四条の趣旨を類推して、責めに帰すべき事由なくして前訴の係属を知らず、参加その他の方法で右事件の審理に関与する機会を与えられなかったXらについて再審事由の存する限り再審によって前訴判決を争うことを認めるのが相当であるとして、結局四二〇条一項三号〔現三三八条一項三号〕、四二五条〔現三四二条三項〕類推適用により再審事由の存在を認めた[29]。

憲法訴願という方途が認められていないわが国においては、手続権の侵害を受けた第三者の救済手段としては、再審ないしはあらたな独立の訴えが、前訴で確認・形成された身分関係を解消するために、残されていることになる。後者はしかし前訴判決の拘束力が第三者に及ばないことを前提としてはじめて可能であり[30]、対世効を前提とする限り、前者のみが理論的に一貫した救済手段ということができよう[31]。その際再審事由としては民訴法四二〇条一項三号〔現三三八条一項三号〕の類推が考えられる。しかし右規定の類推適用を認めれば、再審提起権者がいかなる主張、証拠方法にもとづいて前訴判決を覆そうとしているのかとはかかわりなしに、一律に前訴判決が取り消されることになる。ここでは西ドイツにおいて審尋請求権違反が相対的上告理由になるとの議論を想い起こし、行訴法三四条の類推をからませたうえで再審を認めるべきである。(32) 前記福岡高判のそのような配慮をしたとも受けとれる判示に賛成したい。

(1) 文献⑨〔同『判決効(下)』二一三頁〕、⑩〔同『民事紛争処理手続』六五頁〕。

(2) 谷口安平「判決効の拡張と当事者適格」『中田還暦(下)』五四頁〔同『論集2』二〇一頁〕が会社訴訟に即して展開した理論。

(3) 西ドイツでBaurが審尋請求権を将来の不当判決による権利侵害からの保護（Unrechtabwehrtendenz）として機能させようとしたのに対して、審尋請求権の根拠を、法治国家原理のみならず、基本法一条一項の「人間の尊厳」に求める立場から、Baurの見解では、人格を持つ主体は訴訟の場で単なる客体たる地位に甘ずべきではないとの思想を貫徹させ得ないとの批判があった。Maunz-Dürig-Herzog-Scholz, Grundgesetz, Ⅲ Bd. Art. 103 Abs. 1. RZ 5, 拙稿・前掲注(10)三一頁（本書一九六頁）参照。

(4) 山木戸克己「訴訟における当事者権」『基礎的研究』（有斐閣、一九六一年）五九頁。

(5) 鈴木忠一「非訟事件に於ける正当な手続の保障」研究二五九頁。

(6) 井上(治)・前掲ほか。井上正三教授、井上治典教授の諸論稿は既に周知のところであるのでその他の論者を含めてここではいちいち文献を列挙することはさし控えたい。なお第三の波説の哲学的、社会学的基礎づけの必要を説く論稿として、佐上善和「裁判の正当性についての一試論――ルーマンの『手続による正当性』をめぐって――」立命館法学一九八五年五・六号九九七頁がある。また第三の波説批判として、新堂幸司「提出責任効論の評価――既判力の時的限界に関連して――」『法学協会百周年記念論文集第三巻』（有斐閣、一九八三年）二四九頁〔『争点効(下)』二五九頁〕、吉野正三郎「民事訴訟における新当事者主義の台頭――『手続保障の第三の波』理論の批判的検討――」判例タイムズ五二二号四頁（一九八四年）、小林秀之「『手続保障の第三の波』説への一疑問――弁論主義・文書提出命令を主として」判例タイムズ五二四号（一九八四年）一七頁、住吉博・前掲二七八頁注(6)1論文、8論文。なお柏木邦良「訴訟物概念の機能」『講座民訴2』、一八一頁も既判力の根拠についての手続保障説に疑問を呈している（一九九頁、二一六頁）。

(7) 吉村教授は当事者同士の訴訟内での行為の規律は実体法と共通の価値に基づく弁論規範によって行われるとし、これによって適時に攻撃防御が行われて裁判に達するのであり、またこれによって活発でわかり易く納得のいく裁判過程が期待されるとする。吉村徳重「訴訟促進と弁論の充実・活性化」井上正治博士還暦祝賀『刑事法学の諸相㊦』（有斐閣、一九八三年）三〇一頁（三二九頁）、同「弁論の活性化と訴訟促進」ジュリスト七八〇号二四頁（一九八二年）〔『紛争』二〇五頁以下〕。

(8)　わが国の行政事件訴訟法も職権による参加の規定を置いている（二二条）が、他方民事訴訟法による訴訟告知も認められると解されている。『注釈行訴法』二〇一頁、室井力編『基本法コンメンタール行政救済法』二七八頁（日本評論社、一九八六年）。

(9)　文献⑧㊤九九頁は当事者適格のない者を当事者適格を有する者と同一に取り扱うとすることは解釈論として無理であるとする。

(10)　代位訴訟をめぐる議論の中で出てきた訴訟告知機能の複線化の提唱は注目に値する。ミニ・シンポジウム「債権者代位訴訟・取立訴訟をめぐって」民事訴訟雑誌三一号五七頁（特に池田報告とそれをめぐる討論参照）。

(11)　文献③㈡四頁。

(12)　文献⑧㊥が特に検察官を相手とする認知訴訟において充実した訴訟追行を可能にするために、利害関係人の補助参加を強く要請していることが注目される。なお諸事例については、文献②③⑧に詳しいので本稿では判例を列挙することは差し控える。

(13)　文献⑦。

(14)　既判力の第三者への拡張をめぐる議論におけるいわゆる形式説と同様の発想といえようか。

(15)　さしあたり拙稿「形成訴訟の判決効」『講座民訴6』二八三頁（三〇四頁）〔本書一五五頁（一七六頁）〕参照。

(16)　文献⑧㊥。

(17)　フランスの誤想婚（mariage putatif）は彼国の婚姻無効原因の中にわが国の取消原因が含まれていることからすれば子の保護にとって重要な役割を果たすことになる。山口俊夫『概説フランス法㊤』（東京大学出版会、一九七八年）四〇三頁、文献⑦四七頁参照。わが国でも無効の婚姻による出生子に民法九四条二項の「善意ノ第三者」としての地位を認める等の子の保護をはかる解釈が提唱されている。青山道夫編『注釈民法⒇』（有斐閣、一九六六年）二八七頁［沼正也］参照。

(18)　最判昭和五六年六月一六日民集三五巻四号七九一頁は嫡出親子関係不存在確認の訴えにおいて父子関係と母子関係の各不存在を合一にのみ確定する必要はない旨判示した。これにより親子関係は父子関係と母子関係から成る二つの法律関係をあらわすにすぎないことになった。細川潔・ジュリスト七六八号一三一頁参照。佐上善和「第三者提起の親子関係存否確認の訴えと被告適格」民商法雑誌五十周年記念論集Ⅰ『判例における法理論の展開』（有斐閣、一九八六年）二二二頁は親子関係存否確認の訴えの訴訟物をめぐる「合一説」から「個別説」への推移を評価しながらも、当事者適格者とならない他方の親の手続参加の確保を主張する（二四〇頁）。

(19)　BVerfGE 21, 132は、離婚した妻の申立による嫡出否認（離婚した夫は当時外国滞在中で検察官が原告となって行われた）の訴えにもとづく否認判決が夫の審尋請求権を侵害したとして提起された憲法訴願にもとづき、基本法一〇三条一項から直接右の者の審尋義務（Anhörungspflicht）を認めて、右の者が共同訴訟的補助参加人として訴訟に関与すべく通知を受けるべき地位にあったのにこれが怠られたとして離婚した夫の抗告を是認したものである。このような場合手続法に通知規定がなくても、その義務が直接基本法から生じると判示している点が注目に値する。

(20)　文献②③⑧参照。なお文献②③の指摘する第一類型、すなわち詐害的分身分判決と対世効の制限問題については別途の考察を要するものと思われるのでここでは検討の対象からはずすことにする。

(21)　最判昭和五六年一〇月一日民集三五巻七号一一一三頁の事案につき鈴木正裕教授は、第三者の提起する親子関係不存在確認訴訟で親子のうち一方のみが死亡し他方が生存しているときには、第三者は生存している者のみを相手方として右訴えを提起すれば足り、死亡した者について検察官を相手に加える必要はないものと解するのが相当であるとの判旨に賛成しながらも、右事件の被告Yの実母（A）とその子供たちは、Y敗訴の判決の対世効によって、実際上必然的にYはAの子であることを認めなければならなくなり、それゆえAの子供たちの相続分、扶養義務関係に重大な影響が及ぶことを理由に、Aやその子供を必要的呼出の対象とする旨を示唆している（鈴木正裕「判批」民商八六巻六号九四二頁参照）。しかし前訴におけるYの敗訴は単に当該親子関係の不存在を確定するにとどまり、AY間の親子関係がそれによって確定するわけではないことに鑑みれば、Cとその子供の権利侵害が前訴判決から直接ひき出されるわけではない。呼出すべき者の範囲を間接的に侵害を受ける者にまで拡大することには疑問を感じる。ちなみに西ドイツにおいても父子間の嫡出否認訴訟で子の敗訴により非嫡出父子関係を認められ、扶養義務者となる者に対する呼出を否定する判例（前述）があることが参考になる。

(22)　子の保護を優先してのことであると説明されている。これに対しては違憲の疑いがあるとされて議論のあることは前述した。

(23)　本規定の沿革ならびに西ドイツで削除されるに至った理由については文献①(1)六六頁、七一頁参照。

(24)　本条項をむしろ人事訴訟の判決効の原則とすべきであるとの見解（井上(治)・前掲二七八頁注(8)）から本条項の類推は厳に慎しむべきであるとの見解（文献⑤三六五頁）まで存する。

(25)　文献①(1)七一頁は西ドイツにおいてわが国の人訴法一八条二項〔現二四条二項〕にあたる規定（ZPO六二九条一項二文）が削除されたのは「重婚を理由とする婚姻無効の訴えを棄却する判決は、前婚が無効で存在しないということを判決理由中で判断するにすぎず、その点について既判力は生じない。したがって前婚配偶者は自己固有の権利によって婚姻無効を求める訴えを提起できる」と考えられたからであるとする。しかし婚姻無効訴訟の棄却判決に対世効をもたせるということは、当該無効原因（事由）の不存在を争わせないことを意味するのであるから右の解釈には無理があるのではないであろうか。Stein-Jonas-Schlosser, a. a. O. 二八六頁注(9) § 636a I 3, S. 167. によれば右規定削除の理由は「純粋に理論的な考慮にもとづくものであり、それは重婚の前配偶者は基本法一〇三条一項により審尋請求権を持ち、それゆえ当該無効訴訟において呼出を受けるべきである。呼出が懈怠された場合、それにもかかわらず判決は対世効を持つ。前婚配偶者には憲法訴願のみが残される」というものである。

(26)　文献⑧㈣八四頁、八七頁。単に裁判所の釈明義務違反であれば再審事由とならないから、判事の論旨を一貫させて認めば、訴訟告知を裁判所の法的義務として認める（非訟法七六条一項〔現八八条二項〕）ということであろうか。

(27)　検察官を当事者とする人事訴訟においては、単に通知がなされることをもって満足すべきではなく、実際の補助参加による現実の訴訟追行が望ましいこと奈良判事指摘のとおりである（文献⑧㈣八四頁）。これを関与機能と表現したとしても、これはVwGO六五条二項の持つ第二の機能（関係人の地位につける）とは異なるものであることに注意されたい。

(28)　BVerfGE 21, 132, 60, 7. はいずれも裁判所の通知義務を基本法一〇三条一項の直接適用により認めている。民事訴訟への憲法の直接適用を認める見解としてわが国では、中野貞一郎「公正な手続を求める権利」民訴雑誌三一号一頁〔同・『現在問題』二七頁〕がある。

(29)　判批として三谷忠之・批評三一七号二一六頁、文献⑧参照。

(30)　高田助教授は、前述のとおり、確認・形成された実体身分関係の通用性のみを（暫定的）対世効と解し、訴訟法上はあくまでも相対効との立場をとる。このような見解に立ってはじめて独立の訴え提起が可能となる。この立場からはむしろ再審は認めるべきでないことになるのではないだろうか。西ドイツにおいて第三者による独立の訴えが許されるのは既判力拡張のない行政訴訟においてと、ZPO六四〇条h二文〔現削除〕の該当者のみである。Vgl. Habscheid, ZZP 86, 101 (105-

106).

(31) 最判昭和二八年六月二六日民集七巻六号七八七頁参照。

(32) 文献⑧㊦一〇四頁によれば既にその旨を盛り込んだ立法的動きが存在している。

四 結 語

対世効の規定が手続に関与しなかった者にも一律に及んではじめて意味を持つものであるとすれば、近時の手続権保障論のインパクトを受けて、身分訴訟の判決の対世効もその意義の変動を余儀なくされている。これを「相対化」傾向と呼ぶとすれば、現在のところ身分訴訟の判決効論はその道を歩んでいるといえよう。しかしその行きつくところが完全な相対化かと問われれば、否と答えざるを得ない。確かに西ドイツにおいても判決効を受けるすべての者の原則的訴訟関与を説く見解が存する(Schlosser, Calavros)。しかしこのような学説が現在大方の支持を得ているわけでもないし、また将来そうなるという方向にあるかも疑問である。あるいはすべてを相対効にして、判決効を及ぼすに必要な限りで第三者を訴訟に引き入れていくという、いわば発想を転換するのも手続権保障論の一つのあるべき姿といえるかもしれない。しかしわれわれは、少なくとも身分訴訟に関していえば、右の転換された発想に習熟してはいないし、またそのことが却って事後処理で混乱を招くことにならないかも心配である。

とすれば、わが国の解釈としては、対世効を前提として認めたうえで、手続権の保障がなされるべき第三者の範囲を決め、これに適切な関与手段とそれが懈怠された場合の事後的救済の措置を用意しておくのが穏当でそれゆえ妥当というべきである。本稿はそのための試論を提起したにすぎない。したがって第三者の確たる範囲の決定等残された問題もある。またそのための立法論的措置も呈示していく必要もあるであろう。それらはすべて今後の課題としてひとまずここで筆を擱くことにする。

〔付　記〕

本稿は、前稿（「判決の対世効と手続権保障――社団関係訴訟を中心として――（一）（二・完）」龍谷法学一八巻四号、同一九巻一号）と同様、一九八六年五月一七日、大阪大学で開催された、第五六回民事訴訟法学会大会における筆者の報告「判決の対世効と手続権保障」の準備論文として草されたものである。そのようなわけで前稿同様本稿は論説というよりは研究ノートの体裁を成しているが、都合により論説として掲載させていただいた。また学会大会の席上、多くの貴重なご質問、ご意見を頂戴したが、本稿は脱稿時そのままで発表させていただくことにした。いずれ前稿と本稿をにらみ合わせた、対世効と手続（権）保障論を草する予定でいるが〔本書三〇五頁〕、右のご質問、ご意見はその際に活かさせていただくつもりでいる。

一九八六年六月一〇日

5 対世的判決効拡張と手続保障
——第三者関与の意義をめぐって——

一 はじめに

(一) 近時の手続保障論議の昂まりは、訴訟手続の全過程にわたっての議論を手続保障の観点から再検討することを要求する勢いを見せている。判決効論とてその局外に立つものではない。否、むしろここにおいてこそ右の検討の必要度は高いといえるのであって、既判力制度の根拠論は別としても、訴訟主体たる当事者ないし判決効を受ける人的範囲に属する者の手続保障の吟味の重要性については言うを俟たないであろう。ところで本稿のテーマである判決の対世効と手続保障については、対世効事例の多様性ということもあって、従来、多少の個別類型的考察は進められて来たものの、類型を越えた共通視点の析出ないしは総合的考察に欠けるきらいがあった。本稿は、わずかに社団関係訴訟と身分訴訟という二つの事例を通してではあるが、右テーマについての多少なりとも普遍性をもった理論の抽出を目指すものである。

(二) 判決の対世効と手続保障を考察するに際して一番の難問題は、対世効を受ける第三者のうち手続的保障を要する人的範囲の画定である。右問題の検討にあたっての本稿の基本的課題は、第三者が訴訟に関与する場合の第三者の果たすべき役割を明らかにすることである。すなわち第三者は当該訴訟に関与して、当事者のどちらが立証責任を負うどのような事実につきどのような主張、立証活動を行うのか、またそのことと当事者間の実体法関係がどのように関連するのか、要するに第三者関与の手続法的、実体法的意義を明確にする必要がある。このことから逆に手続的保障(裁判所へのアクセス権の保障)を受けるべき第三者が特定されることも期待される。どのような範囲の第三者が訴訟関与の保障を受けるかの問題とこの機会を保障された第三者の訴訟活動の具体的内容の問題とは密接不可分のものと考える。換言すれば第三者の手続的保障と手続権保障とは二つながら明らかにされるべき不可分のものである(1)。ところで右の問題を解明するためには手続保障が実体的権利保護にとってどのような意義を有するかの認識が重要である。

西ドイツの審尋請求権をめぐる議論に先鞭をつけたBaurは審尋請求権の存在根拠を法治国家原理におき、その目的を自己の権利領域への侵害を回避する不法防止目的(Unrechtabwehrtendenz)に求めた(2)。しかしこれに対しては、右の見解では当事者および第三者の実体法上の権利保護のための手続保障という面がなお拭いきれず、手続参加という意味での手続的保障は他の保護手段によって代替可能なものになる。これでは訴訟手続における当事者(関係人)の客体化からの解放、主体性の確保という面が弱くなるということで審尋請求権の根拠をGG一条一項の人間の尊厳に求める見解が主張された(3)。審尋請求権の根拠をめぐる両説の対立は、判決効を受ける第三者のうち審尋請求権を保障されるべき人的範囲をなんらかの基準で限定しようとする解釈方向と、右のすべての者に原則として審尋請求権を保障すべしとしその方策如何を探る解釈方向(4)とに分れて現在に至るまで解釈論の二つの底流をなしていると思われる。もっとも後説については、訴訟に関与すべき第三者の範囲が広がりすぎるとの批判がなされ(5)、少なくとも後に問題とする通常の対世効事例との関係でいえば、それほど現実味を帯びた議論とも思われない。したがって今後の議論の方向についての予測としては、関与すべき第三者の範囲に絞りをかけるべく合理的な関与基準をいかに確定していくかが重要となろう。この点についてはこれまでのところ、Zeunerの固有の権限説(eigene Zuständigkeit)、すなわち審尋を受けるべき第三者は、手続と直接かかわる関係に自己固有の権限という意味で法的に関与する者に限られ、これは固有の権利関係の手続上の展開への関与権という意味で実体法と関連を有するとの見解ならびに Grunsky の見解[(6)]、すなわち審尋請求権は手続への形式的な関与を保障するものではなく、請求権者の実体権を保護するものであるから、当事者の法律行為上の処分を甘受しなければならない第三者はこれから除外されるし、その地位が当事者の処分に服さず、しかも判決により影響を受ける場合には審尋が保障されなければならないとの考え方[(7)]が実体法からの基準設定として注目される。さらにこれに対しては Baur の不法防止目的を範としながら、関与の基準を侵害を受ける権利が第三者に属するか否かにおき、この場合は第三者に防御の機会が与えられなければならないとしながらも、この第三者の関与利益を当事者の迅速な裁判を求める利益と衡りにかけ、第三者関与の許容性は前者の利益保護の必要性が重い場合に限られるとして、手続的調整を行う Wolf の見解[(8)]にも見るべきものがある。Wolf の見解はこの種の判断が必ずしも第三者の実体法関係で割り切ることができない、多分に手続法的（ないしは手続政策的）判断が入り込む余地があることを示唆する点で興味深い。

㈢　第三者の手続権保障問題はまた第三者の手続関与の形態問題にも波及する。手続権保障を受ける第三者の関与形態としては、第三者を共同当事者とすべき場合の他は、判決効の第三者への拡張を前提とする限り、共同訴訟的補助参加ないし独立当事者参加が挙げられる。第三者の手続関与形態については西ドイツにおいても、西独行訴法六五条二項にいわゆる必要的呼出（notwendige Beiladung）の民事訴訟への導入をめぐっての議論との絡みで、共同訴訟的補助参加人の地位で手続権保障に充分かに関し見解の対立があった[(9)]。わが国では補助参加人の地位をめぐって周知の議論がある他、西ドイツにはない独立当事者参加という参加形態が存するため、これと補助参加ないし共同訴訟的補助参加との関係も問題である[(10)]。これらの諸議論と手続権保障との関連を検討する必要が存する。

㈣　以上のことを踏まえて本稿ではまず、対世効事例の比較検討をとおして第三者の一応の類型化を試み、これらに対する手続的保障の方法、手続権保障の内容を探究し、さらに第三者の関与形態を検討して、本テーマ全般にわたっての展望を得たいと考える。

（1）本稿は一九八六年五月一七日（土）、大阪大学において開催された、第五六回民事訴訟法学会大会における筆者の報告「判決の対世効と手続権保障」に基づいて作成されたものである。席上、住吉教授より用語法について貴重な示唆を受けた。即ち、手続権保障を手続内での訴訟活動の保障（山木戸教授のいう当事者権）の意味に限定し、裁判所へのアクセスについては、憲法上規定された制度的保障という意味で手続的保障という用語を使うべきであると（住吉博『訴訟的救済と判決効』（弘文堂、一九八六年）二七三頁参照）。本稿は基本的にこの用語法に従い、両者を統合する意味で手続保障ということばを用いる。もっとも憲法が手続的保障を規定しているからといって手続権保障がそこに含まれてはいないとは考えるべきではない。西ドイツにおいては逆にＧＧ一〇三条一項が審尋請求権（手続権）を保障しているが、手続的保障なしの右規定の存在は無意味であるとして、右規定に手続的保障をも含める見解（Baur, Der Anspruch auf rechtliches Gehör, AcP 153 (1954) S. 396ff. "Beiträge zur Gerichtsverfassung und zum Zivilprozeßrecht" 1983 S. 83ff. 所収）が存するが興味深い（拙稿「判決の対世効と手続権保障㈠」龍谷法学一八巻四号（一九八六年三月）六七五頁〔本書一九六頁〕参照——以下拙稿「第一論文」と略）。

（2）Baur, a. a. O. 注（1）S. 401ff.

（3）BVerfGE7, 53 ; 7, 275 ; 9, 89 ; Maunz-Dürig-Herzog-Scholz, Grundgesetz, III Bd. Art. 103 Abs. 1, RZ5, Arndt, Das rechtliche Gehör, NJW 1959, S. 6ff., ders, Die Verfassungsbeschwerde wegen Verletzung des rechtlichen Gehörs, NJW 1959, S. 1297ff. など。

（4）Schlosser, Gestallungsklagen und Gestaltungsurteile,（1966）S. 223ff.（紹介、鈴木正裕・民訴雑誌一三号二〇九頁）。但し第三者の範囲が不可視的であったり、訴訟が煩雑になり混乱を招くとの理由で比例原則（Verhältnismäßigkeit）により例外的に第三者関与が排除されることを認める。ただその場合は代替措置として職権主義が導入されるべきであるとする(ders, JZ 1967, S. 431ff.)。Calavros, Urteilswirkungen zu Lasten Dritter,（1978）S. 143ff., Thiere, Wahrung überindividueller Interssen im Zivilprozeß,（1980）S. 181f. はSchlosserをさらに徹底させ、第三者が已むを得ず手続から排除される場合でも、第三者の利益ごとにグループ分けをし、代表者を訴訟に関与させるべきであるとする。

（5）　Rosenberg-Schwab, Zivilprozeßrecht, 13. Aufl.（1981）S. 481. 参照。

（6）　Zeuner, Der Anspruch auf rechtliches Gehör, Festschrift für H. C. Nipperdey I.（1965）S. 1013ff., ders, Rechtliches Gehör, materielles Recht und Urteilswirkungen,（1974）S. 21ff.

（7）　Grunsky, Grundlagen des Verfahrensrechts, 2. Aufl.（1974）S. 227ff.

（8）　Wolf, Rechtliches Gehör und die Beteiligung Dritter am Rechtsstreit, JZ 1971, S. 405ff. なお以上につき拙稿「第一論文㈠」六七八頁〔本書二〇一頁〕以下参照。

（9）　ＺＰＯ六四〇ｅ条〔現削除〕は親子関係事件につき当事者でない他方の配偶者や認知取消請求における子に対し、呼出（Beiladung）を裁判所に義務づける旨を規定した。その際この場合の参加形態については、当事者の一方を援助する旨を明記して共同訴訟的補助参加とした（Baumbach-Lauterbach-Albers, Zivilprozeßordnung, 43. Aufl.（1985）§ 640e 2）, Zöller-Philippi, Zivilprozeßordnung, 14. Aufl.（1984）§ 640 e III 3）, Stein-Jonas-Schlosser, Kommentar zur Zivilprozeßordnung, 20. Aufl.（1977）§ 640e, Anm. 10, Odersky, NeG, 4. Aufl.（1978）§ 640e, Anm. 4. しかしこれを文字通り共同訴訟的補助参加と解することに異を唱える見解がある（Schlosser, Gestaltungsklagen, S. 198ff.）。この説は参加人を当事者への強制的依存から解放して自由な訴訟追行を認めることを狙いとしている（Vgl. Roth-Stielow, Der Abstammungsprozeß, 2. Aufl.（1978）S. 27ff. は立法者の決断を尊重すべしとの立場から右のSchlosserの見解を批判している）。なお拙稿「身分訴訟の判決効と手続権保障」龍谷法学一九巻二号（一九八六年九月）一九一頁（以下拙稿「第二論文」と略す）一九一頁〔本書二八二頁〕参照。

（10）　井上治典『法理』所収の諸論文ならびに同「独立当事者参加」『新・実務民訴3』四五頁以下〔同『訴訟』三一頁〕、山木戸克己「訴訟参加と訴訟承継」『民事訴訟法講座㈠』（有斐閣、一九五四年）二七三頁以下、桜井孝一「共同訴訟的参加と当事者適格」中村宗雄先生古稀記念『民事訴訟の法理』（敬文堂、一九六五年）二一九頁以下等参照。

二　第三者に対する手続的保障——適切な権利保護と第三者関与の意義——

1　序　論

対世効の及ぶ第三者のうちどの範囲の者に訴訟関与の道が開かれるべきかについては、これを一義的に明らかにするような一律の基準をたてることは困難であり、対世効事例ごとにこれを検討する必要がある。さらに右を検討するにあたっては、次の三つの点に留意しなければならない。第一に訴訟に関与すべき第三者の範囲を確定するにあたっては、当該訴訟における第三者関与の意義、すなわち第三者の主張、立証内容、訴訟物との関係等がある程度明確になっている必要がある（もっともこの点は第三者の手続権の内容、参加形態論と関連するので次節とも密接に関連する）。第二点は、第三者に手続的保障を与えるべきかを検討する際には、手続的保障の段階分けが必要であるということである。この点も第三者関与の意義にかかわって来るが、第三者関与の意義は多様であり、審理内容の充実という点、訴訟にかけられる第三者の利益の重大さという点、当事者適格者の適切な訴訟追行のためのコントロール機能など濃淡様々な関与の意義が考えられる。そのための手続的保障の手段にもある程度の段階分けが必要であろう。西ドイツの行政裁判所法が必要的呼出と任意的呼出の区別を設けていることが参考になる。第三点は、対世効の及ぶ第三者の権利保護にとって訴訟関与という方法が最も適切かを検討してみることを要するということである。場合によっては後に見るように、訴訟関与が第三者の権利保護にとって最適の手段とはいえない場合があると考える。かように訴訟関与を第三者の効果的な権利保護体系の中に適切に位置づけることによってその意義を相対的に捉える必要があると考える。以上のことを踏まえたうえで以下に事例ごとの第三者の範囲確定を試みてみよう。

2　社団関係訴訟

(1)　株主総会の決議を争う訴訟（商二四七〔現会社八三一条〕、二五二条〔現会社八三〇条〕）、新株発行無効訴訟（商二八〇条ノ一五―一六〔現会社八二八条一項二号、同八三八条〕）、資本減少無効訴訟（商三八〇条〔現会社八二八条一項五号〕）、合併無効訴訟（商四一五条〔現会社八二八条一項七号八号〕）等に関しては、法律上少なくとも請求認容判決に対世効が与えられている。さらに宗教法人の代表役員の地位をめぐる訴訟、取締役解任の訴え（商二五七条〔現会社八五四条〕）等

についても法人を一方の当事者とする限り、判決に対世効が認められるべきであると解されている。(1)

(2)　当事者適格者の確定

右に掲げた各訴訟の判決の効力を受ける第三者のうち手続的保障がなされるべき第三者を確定するためには、各訴訟における当事者適格者が定まっていることが前提となる。しかしながら各訴訟における当事者適格者を誰とすべきかについて見解が分れている。まず原告適格者については様々に意見があるが私見によれば次のように考えるべきである。原告適格者が法定されている場合は別として、原告適格者が法定されていない株主総会決議無効確認、同不存在確認訴訟（商二五二条）においても、会社外の第三者に損害賠償請求等、直接的請求を認め、その前提問題として決議の瑕疵の主張を認める他、殊更に右の訴えを提起する利益が存在するかは疑問である。また会社債権者等、会社外の第三者については、決議に参加する機会が与えられない以上、決議の効力を争う機会を与えることが必ずしもその権利保護にとって有効適切とはいえず、むしろ決議の効力の存否にかかわらず、その地位が保障されるべく、実体法上の手当てによる権利救済がはかられるべき場合があろう。(2)したがって右訴訟における原告適格者を会社内部の者（株主、取締役、監査役等）に限定したとしても第三者の権利回復が困難になるわけではないばかりでなく、このことは後述の株主総会決議の法的性質（本質）に合致するものと考える。(3)

被告適格者についても見解が鋭く対立している。まず株主総会決議を争う訴訟の被告適格者をめぐっては争いがあり、これを会社とする考え方と(4)原則として代表取締役とし、選任決議を争う訴訟においては被選任者たる取締役と代表取締役を共同被告とすべきとの考え方に分れている。(5)また、取締役解任の訴えについても、その被告適格に関し、会社被告説、取締役被告説、会社・取締役共同被告説が呈示され、争いがあること周知のとおりである。(6)

ところで当事者適格者の確定にあたっては、何人が当該訴訟物との関係で訴訟を追行するのが適当かという実体法との関連が重要である。(7)しかしながら本稿の考察対象となっている事例を見てわかるように、当該当事者適格者の訴訟追行の結果たる判決が対世効を持つという場合、その正当性確保機能を当事者適格者の選定に求めようとすれば、いきおい右に述べた原理的当事者適格者の選定基準に対しては他の手続的要素を持ち込まざるを得ないことになる。谷口教授が会社訴訟に多数当事者紛争の原型を見出し、対世効正当化のための当事者適格論を提唱したことはこのような議論の方向を指し示したという意味で画期的なものであったのであり、これによって我々に判決効の拡張を受ける第三者の利益の考慮の必要があきらかになった。その後の会社被告説が単に請求との関係を示すだけでなく、むしろ一般株主等の利益代表としての性格を強調するようになったのも、結論は逆であるにしろ、谷口説の功績といえよう。

確かに会社の意思決定という決議の法的性質だけから当事者適格者を確定し、無反省に対世効を容認することには飛躍が感じられる。単に立法的決断ということで第三者から裁判を受ける権利を奪うことは許されない。この点で谷口説の問題提起の鋭さを認めるに吝かでない。しかし逆に第三者への判決効拡張の根拠を当事者適格の問題に集約させることにも無理があるのではないだろうか。むしろ請求との関係で決まる原理的当事者適格者はそれとして固定し、第三者の手続的保障については別途措置を講じるほうが、社団関係訴訟の当事者適格論に無用の混乱をもたらさない点で妥当と考える。(8) そこで私見によれば原理的被告適格者としては会社をもってこれに当てるべきである。けだし決議の本質が団体内部における意思決定であり、団体とその構成員の法律関係を生ずるにとどまるものであって、構成員間の法律関係を形造るものではなく、この点で組合たる性質を有する人的会社とは本質的に異なるものであり、さらに決議が会社の社会生活上の行為基準を措定することに鑑みてその効力の存否については会社が第一次的利害関係人たる地位を有するからである。(9)

取締役解任の訴えにおける被告適格者確定についても当該請求の法的性質をどう捉えるかが基準となる。紛争の実体からいえば取締役被告説も理解できなくはないが、株主、取締役をつなぐ直接の実体法関係に欠ける点で難があるし、(10) 取締役・会社共同被告説についても、会社と取締役間の委任関係の解消という実体関係の理解が成り立つとしてもそれ自体は当然には株主総会による当該取締役の選任決議そのものの有効な存在を否定することにはならないとの批判があり(11)、また当該取締役に手続的保障が必要としても、そのために共同訴訟人たる地位まで保障することを要するかには疑問がある(12)。訴えの性質を取締役という機関たる地位の剥奪を求める訴えと解し、会社をもって被告適格者とする見解に従うべきであろう。このことは取締役の選任決議の効力を争う訴訟においても妥当する(13)。

(3)　第三者の手続的保障

中田博士は総会決議無効確認訴訟の原告適格者を、取消訴訟におけると同様、社団内部の構成員に限定するとともに、無効確認判決の既判力の人的範囲も当事者適格者に限定した(14)。そして一般第三者が蒙る効力は、既判力ではなく、事実効（又は反射効）であり、一般第三者としては、会社・株主等の間で無効判決が確定した以上、決議が無効であることを認めなければならないとした(15)。そしてこれらの者の保護は、登記（商一五二条、二五〇条〔現会社九三七条一項一号ト(1)〕、一二条〔現会社九〇八条〕）などの方法が考えられるとした。確かに無効確認判決以後に会社と取引関係に入った第三者（債権者）等については右のように言ってさしつかえない。しかしたとえば増資決議（わが国では取締役会の決議、商二八〇条ノ二〔現会社一九九条〕）を信頼して会社と取引関係を結んだ債権者、合併決議の相手方会社についても同様といえるであろうか。事実効（反射効）といえどもその中味は決議の無効を争うことができず、事実としてこれを認めなければならないとすれば、これらの者の利益が害されること著しい。もっとも、たとえば右の債権者の権利保護にとって新株発行無効訴訟への参加の道を開く（手続的保障を与える）ことがどれだけ有効かは問題である。西ドイツでは法規定上（ＡｋｔＧ二四八条）は判決効の及ぶ範囲が当事者適格者に限定されているが、解釈上はそれ以外の第三者にも及ぶとするのが有力である(16)。ただ会社外の第三者については個別的に実体法上の救済方法が講じられている。右の例でいえば債権者保護のためにＡｋｔＧ二七七条三項の類推適用を認め、判決により新株発行が無効となっても、会社債権者に対する弁済に必要な範囲で新株引受人は払込をする義務を負うと解されている(17)。わが国でも取引の安全保護の精神から無効原因をできるだけ少なくする方向で解釈されている。[18] このような実体法上の保護が右の者にとって最も手厚いことはいうまでもない。その他の会社外の第三者にも同様にできる限り実体法上の保護手段が講じられるべきである。逆に実体法によって保護される第三者には決議の瑕疵を主張して前掲の各訴訟を提起する資格ないし利益は存せず、判決効の拡張を受けることも是認される（もっとも右の保護手段ないし解釈論がさしあたって存在しない場合、特に決議の内容上の瑕疵を問題とする取消ないし無効確認訴訟では相手方、ないし相手会社参加が有意義であり、それゆえ手続的保障がなされるべき場合が存するであろう）。これを殊更事実効（反射効）として会社構成員と区別して取り扱う必要もないと考える。[19]

右に考察したように、決議をめぐる訴訟においては、原則として会社の内部関係者の手続的保障が考えられれば足りる。このことはまた会社内部者こそが決議をめぐる訴訟において資料の提出等、充実した訴訟活動が行われる上で役立つものであるし、これらの者が会社に対するコントロール機能を果すことに関心を持つ場合があり、またそのことが期待されることからして望ましいことといえる。そこでまず株主が問題である。株主の手続的保障について第一に確認されるべきことは、片面的対世効が維持されるべきであることである。[20] 決議の瑕疵を主張する権利は、法令、定款に従った会社の運営を求める権利、すなわち各々の株主の共益権に属するものである。決議の方法ないし内容に瑕疵があると認定されてその効力が否定される場合、株主の右の権利が害されることにはならないが、逆の場合に対世効を認めることは株主の共益権を害することになるからである。ところで決議の効力を争う訴訟において、決議に賛成した株主に対しては本来は呼出（Beiladung）がなされるべきであるとの見解がある。[21] しかしこのようなかたちで株主に対する手続的保障がなされるべきかについては疑問がある。株主が訴訟に関与するためには、訴訟係属の知悉が前提となるが、そのためにの方途として公告（商一〇五条四項、一三六条三項、一四二条、二四七条二項、二五二条、二五三条二項、二八〇条ノ一六、三八〇条三項など〔訴訟に関する公告制度は廃止された。他については、現会社九三九条以下参照〕）が用意されているからである。もっともその実効性については問題があろうが、これに代えて通知を義務づけるのは会社に経済的な過重負担をかけることになりかねない。新株発行に際しても法が会社に公告と通知の任意選択を認めていることからすれば（商二八〇条ノ三ノ二〔現会社二〇一条〕）、商法自ら公告に通知と同一の効果を持たせている以上、決議を争う訴訟における株主の手続的保障の機能を公告に期待することもあながち不当とは言えないであろう。また公告が懈怠された場合でも判決を相対効とする必要はなく、後述の手続的保障懈怠の場合の救済手段がとられれば足りる。もっともこれを事前に防ぐためにできる限り公告が現実に、かつ有効に行われるための工夫が必要と考える。

以上のように手続的保障の必要な場合を会社内部者に限定し、しかも公告にその機能を持たせるということであれば、会社内部者は公告により訴訟関与の道が開かれるがゆえに、処分権主義、弁論主義の制限の必要はないかに思われる。しかし公告等で訴訟係属を知悉した株主でも土地管轄等により常に実際上も訴訟関与が期待できる事情にあるとは限らない。そのような株主を馴合訴訟による不利益から保護するため会社側に弁論主義（自白）、処分権主義（認諾、和解）の制限を課すべきである。さらに職権探知主義を採るべきかは、わが国の職権探知主義の実効性からいってそれほど重要とは思われないが、右の趣旨を貫徹するという観点からは、少なくとも理論的にはこれを肯定すべきである。(22)

会社・法人の理事、役員の選任、解任をめぐる訴訟ないしはそれを前提とする理事、役員の地位確認ないし消極的確認は、たとえそれが総会の決議に基づくものであっても、通常の決議の効力を争う訴訟と区別して取り扱うべきである。そこでは当該理事、役員の訴訟上の取扱いがとりわけ問題であるからである。判例上も右の問題をめぐっての被選任取締役等の訴訟関与のケースが圧倒的に多い。(23) 株主総会の決議取消、無効・不存在確認、取締役解任訴訟における右の者の訴訟関与形態を検討することは次節に譲るとして、ここでは右の者の訴訟関与の意義、手続的保障の必要の有無を考察するにとどめる。

まず株主総会における取締役・監査役の選任ないし解任決議の取消、無効確認、不存在確認に被選任取締役が参加する場合、その参加の目的の殆どが原告、会社間の馴合訴訟を防ぐことにある。[24]さらに右の目的以外にも、被告たる会社が職務代行者により訴訟追行されている場合、右の者による訴訟追行の補充としての参加もある。[25]もっとも自白等の処分行為による馴合を防ぐことはそもそも右の行為を制限することによっても達成できるのであるが、しかしそれにしても会社が積極的な訴訟活動を行わないことにより被選任取締役等の蒙る不利益も考えられるから処分権主義、弁論主義の制限をもって右の者の参加に代替させることはできない。そうとすれば参加の目的のうち前者は後者の意味をも合せ持つことになる。ところで本節の関心事である被選任取締役等の手続的保障については、自己の地位がかけられている訴訟の存在を当該被選任取締役等が知らないケースは稀であろうし、公告も行われることであるから呼出ないし義務的訴訟告知の要請も薄い。しかし特に職務代行者による訴訟活動の充実という点からは、右の者に参加を促す必要が存することとあたかも人事訴訟における検察官の訴訟追行と同様の考慮（後述）を要することもあろうから敢えて右措置の必要性を排除するのも妥当ではないであろう。取締役解任の訴えにおける当該取締役の処遇についても同様に解すべきである。[26]

3　身分訴訟

身分訴訟（婚姻関係、養親子関係を含む親子関係をめぐる訴訟）の判決効は、原則として、対世効を有する（人訴法一八条一項、二六条、三二条一項〔現二四条に統合された〕）。右の効力を受ける第三者のうち手続的保障を受けるべき範囲確定が本項の課題である。ここでも前述の基本的視点の下に右の検討を行うことにする。

(1)　婚姻関係事件につきわが国人訴法は、婚姻無効・取消、離婚、離婚取消の訴えを挙げている（同一条〔現二条参照〕）。さらに離婚無効、夫婦関係の存否確認もこれに含められるべきである。[27]

右各訴訟の当事者適格者に関しては、被告適格者についてはは人訴法二条〔現一二条〕の適用ないし類推適用によって処理され得、原告適格者については、特に第三者による訴え提起の許容性ないし第三者の範囲をめぐって議論がある[28]が、ここでは立ち入らない。ところで対世効を受ける第三者のうち手続的保障がなされるべき者如何に関し、二つのケースが問題である。一つは婚姻の無効ないし不存在の確定によって非嫡出子となる子であり、今一つは重婚を理由とする婚姻取消の訴え（民七三二条、七四四条）における前配偶者である。前者については、子の充全な権利保護をはかるためには子の嫡出子たる地位を維持する必要がある。しかしそのために子に婚姻無効ないし存否確認訴訟に関与させることが子の権利保護のための適切なる方途とはいえないであろう。けだし婚姻の維持にむけての主張、立証を尽くすことを子に期待することには無理があり、さらにたとえ婚姻が無効または不存在ということになってもこの場合子の嫡出性が維持されるべきであるからである。むしろこの場合子の保護は右訴訟の結果如何にかかわらず、実体法上の解釈[29]ないしは立法措置[30]によってはかられるべきである。

後者については、人訴法一八条二項〔現二四条二項〕の規定自体の当否の問題があるほか、対世効のいわゆる相対効化の動きの中で本条項の持つ広がりについても見解が分れている[31]。憲法三二条の裁判を受ける権利の解釈、すなわち本条は例外を許さないほどのものなのか否か、さらに、これは身分事件の画一的確定の要請がどの程度強固なものか各人の認識が異なることになる。私見によれば憲法三二条は訴訟関与なしに第三者が判決効を受けることを許さないものと解すべきではなく[32]、画一的確定の要請を睨み合せた上で、関与すべき第三者の数、第三者探索の難易なども考慮し、関与する道を開いたうえで対世効を及ぼす者、関与がなければ相対効とすべき者、関与なしに対世効を及ぼして構わない者等を政策的に判断すべきである[33]。その際、後婚の取消訴訟においては、前婚の有効な解消が主要な争点になることに鑑みて訴訟の効率、充実度の見地、右の諸ファクターも考え合わせると、前婚配偶者に手続的保障を与えたうえで対世効を及ぼすことが少なくとも立法論的には望ましいと考える[34]。

(2)　親子関係事件で特に問題とすべきは、(ア)父子関係ないし母子関係の存否確認訴訟と他方の親、(イ)父死亡後の認知請求と相続人である。(ア)に関しては、嫡出親子関係不存在確認の訴えにおいて父子関係と母子関係の不存在を合一にのみ確定する必要はないとするのが最高裁の立場（個別説と称される）であり[35]、その根拠は現行法における嫡出性の意義の稀薄化におかれている[36]。このような見解に対しては、親子関係存否確認の訴えにも人事訴訟として対世効を認める限り[37]、たとえば嫡出父子関係不存在確認判決により必然的に非嫡出母子関係となる母に不利益となることを理由に、個別説に立つとしても母の手続関与なしに母に右の効果が及ぶべきではないとの批判がある[38]。しかしながら嫡出性の意義の変化を理由に個別説を妥当とするのであれば、非嫡出母子関係の反射的創設を母に対する不利益（権利侵害）とみて手続関与の必要を説くことには疑問がある。しかし、だからといって母に手続的保障の必要なしとは思われない。手続的保障の必要性は単に父子関係不存在確認判決の効力を受けることによる不利益のみによって基礎づけられるものではなく、当該訴訟物との関連で母が関与することの意義によって根拠づけられなければならないというのが本稿の基本的立場である。ところで嫡出父子関係の不存在が通常意味するところのものは婚姻中の父母間の性的交渉による懐胎の存否である。これを対象とする訴訟において母の関与なしに嫡出父子関係を不存在とする判決の効力が母に及ぶこと自体が問題である[39]。ここで母の参加の必要は訴訟物に関する母の直接的利害関係にもとづくものであり、単に反射的に自己の法的地位に不利益が及ぶというにとどまらない。ただ私見の立場はこの場合母を必要的共同訴訟人とすべしとの見解（合一説と称される）に与するものではない[40]。右最高裁の事案を見てわかるように父子関係と母子関係を別個とみてさしつかえなく、場合によっては母の関与が必ずしも自他共に期待されるわけでもないケースが存する。要するに関与するか否かは他親の判断に委ねられるが、関与の道は常に開かれている必要があるというにすぎないと考える。個別説をとったうえで他親に手続的保障を与えるべきであろう。同様の考慮は嫡出否認、認知無効・取消訴訟においても必要であると考える。(イ)に関しては、検察官を被告としてなされた認知請求の認容判決に対する相続人からの認知無効、再審請求の頻発に接し、事前の救済策の必要が説かれている[41]。立法当初予定していた検察官による公益代表としての充実した訴訟追行に期待できない現状で、現実化した相続権を害される者の訴訟関与なしに認知判決の効力をこの者が受けることは妥当でないばかりか、資料の蒐集、提出等、充実した訴訟活動を行ううえで相続人参加の意義は大きい。この者に手続的保障を与えるべき所以である。逆に父生存中で、相続権が単に期待権にとどまる場合には、認知判決により兄弟姉妹の関係が創設され、扶養義務が生じるとしてもこれらに手続的保障を与える必要性は薄い（任意の参加に委ねることで足る）と考える。(42) ついでに、わが国ではあまり議論されていないが、西ドイツでは「親子関係あるいは親の監護の存在を確認する確定判決は、親の関係あるいは親の監護を自ら請求する第三者に対しては、彼が訴訟に関与した場合にのみ効力を及ぼす」（ZPO六四〇h条二文〔現 FamFG 一八四条参照〕）、「父子関係の存在を確認する確定判決は、非嫡出父子関係を自ら請求する第三者に対しては、彼が訴訟に関与しなかった場合でも効力を及ぼす」（同六四一k条〔現削除〕）と規定している。自称権限者については子の保護を加味したうえ、なお第三者探索の難易の考慮の下、相対効、絶対効の区別をしていることが参考になる。すなわち自称権限者のうち探索の難易ないし訴訟物との係わりで裁判所に呼出を義務づけることが適当でないが、しかしその権利は保護に値するという者については相対効をもって処するが、非嫡出父子関係を自称する者については子の保護の見地から参加なしに絶対効を及ぼすという法規整は立法政策的に見て合理性を有する。これらの者が参加する場合、前者についても共同訴訟的補助参加を認めるというのも必ずしも奇異ではないであろう。(43)

以上を要するに身分訴訟の審理の対象たる身分関係の形成に直接かかわった者、当該身分関係の形成により直接自己の財産権が侵害される者については訴訟係属につき知悉する権利を有する。ただ親子関係については子の保護の視点、その他手続的考慮の下、呼出ないしは通知を要する者の適切な範囲を立法政策的に決定する必要がある。しかるにわが国人訴法は人事訴訟における第三者の手続的保障に関する規定を欠き、相対効、絶対効の振り分けについても必ずしも妥当な規整が存するともいえない状況にある。他国の法制を参考にしながら根本的に法規定を整備する必要に迫られているように思われる。

4　小　括

以上二つの事例を検討したにとどまるが、判決の対世効の及ぶ者の中で手続的保障を受ける第三者といってもその中味は多様であり、(1)判決の効力を及ぼすべきだが実体法上の保護を必要とする者、(2)効力が公告等既に実体法上、関与の考慮が講じられている者、(3)関与なしに効力を及ぼさせることが是認される者、(4)効力を及ぼすが関与の手続を講じる必要のある者（関与手続懈怠の場合、事後の救済が必要）、(5)関与手段を講じることが困難なため関与なき場合は相対効とすべき者等が考えられる。それぞれの組み合わせをどのケースでどのように行うか適切な解釈論、立法論が今後の他事例を含めて展開される必要がある。

(1)　最判昭和四四年七月一〇日民集二三巻八号一四二三頁、鴻常夫「取締役解任の訴」『松田四十年㊤』三七一頁以下（三九三頁）等参照。

(2)　具体的事例については、岩原「構造（九・完）」法協九七巻八号（一九八〇年）一〇六九頁以下参照。なお資本減少ならびに合併の際の債権者については、債権者保護手続が用意されており、減少手続そのものに債権者関与の可能性が存するところから原告適格者として債権者が加えられている（商三八〇条一項、一一六条一項）ことには合理的根拠が存する。

(3)　なお無効な決議によって取締役に選任され、その後この者が代表取締役に互選されてその旨が登記され、業務執行を行ってきたという事情が存する場合、右の者の解任決議取消（不存在確認）訴訟において、この者に取締役に準じて原告適格を認めるべきである。松山地判昭和二六年七月九日下民集二巻七号八六二頁参照。また後任取締役選任決議取消訴訟における前任取締役も同様である。東京高判昭和三四年三月三一日下民集一〇巻三号六五九頁参照。

(4)　中田淳一「確認訴訟の二つの類型」法学論叢六〇巻一・二号（一九五四年）『法理』二九頁以下、北沢正啓『会社法〔新版〕』（青林書院新社、一九八二年）三〇五頁、最判昭和三六年一一月二四日民集一五巻一〇号二五八三頁、岩原・前掲注

（2）一〇八六頁等、通説、判例である。ただその根拠づけについてはニュアンスがある。会社の被告適格を、決議が会社内部の意思決定であることに基づくとする見解と、これに訴訟に加わらない会社内部の構成員の手続保障という訴訟法的要素を加味し、会社代表者の訴訟追行の中に、株主のグループの利益が反映される（＝代表的適格理論）ことをもって会社の被告適格を敢て否定するまでもないとの考え方（岩原・前掲注（2））とに分れている。

（5）谷口安平「判決効の拡張と当事者適格」『中田還暦(下)』五一頁（『論集2』二〇一頁）以下。なお谷口説を基調としながら一般株主保護のために会社（法人）をも共同訴訟人として加えるべきであるとの見解（中島弘雅「法人の内部紛争における被告適格について（六・完）」判タ五六六号五八頁以下）や単独で訴えられることのできるのは法人のみであるが、特別利害関係人は、共同訴訟とされた場合には、合一確定の必要から片面的類似必要的共同訴訟となるとの見解（高地茂世「法人の内部紛争をめぐる訴訟における当事者適格」法律論叢五六巻五号（一九八三年）一六七頁）、決議内容につき株主一般の利害を超える重大な利害関係を有する者は会社とは別個に当事者適格が認められるとの見解（福永有利「法人の内部紛争の当事者適格」『新・実務民訴1』三三七頁（同・『民事訴訟当事者論』（有斐閣、二〇〇四年）三八四頁））もある。

（6）さしあたって、鴻・前掲注（1）参照。

（7）兼子一『体系』一五八頁、三ケ月章『民事訴訟法〔第二版〕』（弘文堂、一九八五年）二三四頁、小山昇『民事訴訟法〔四訂版〕』（青林書院新社、一九八四年）九三頁、新堂幸司『民事訴訟法〔第二版〕』（一九八一年）一八八頁など。

（8）但し、谷口教授のいう多数当事者紛争ないし集団訴訟一般につき本文で述べたことが当て嵌ると考えているわけではない。集団訴訟については多数の利害関係人の手続的利益を考慮した当事者適格（おもに原告適格）論の構築が必要であろう。その意味で谷口安平「集団訴訟における諸問題」『新・実務民訴3』一五七頁〔前掲三〇三頁〕は有益である（ただそのような当事者適格論を立てるときに実体法上の権利関係との関連を切り離せるのかは問題であろう。「座談会・クラスアクション」ジュリスト五二五号（一九七三年）一八頁以下、特に三三頁の小山発言、三五頁の新堂発言参照）。もっとも私としては前掲の法人内部の諸紛争が多数の利害関係人の存在を予定するものであるとしてもこれを多数当事者紛争の一環として捉えることに疑問を感じている。むしろ中田博士（前掲注（4））同様、これを身分訴訟との関連で捉えるべきであると考える。

（9）中田・前掲注（4）三九頁以下。中田説の依拠する松本烝治「会社法上の訴」『商法解釈の諸問題』（有斐閣、一九一三年）二五四頁、同「会社設立行為性質論」『私法論文集第二巻』（巌松堂、一九一九年）六一九頁以下。詳しくは拙稿「第一論文

（二・完）」七一頁〔本書二四九頁〕以下参照。なお西ドイツにおいては会社の被告適格が法定されている（AktG二四六条二項、二四九条一項）。会社をもって被告適格者とすることについて西ドイツでは、少なくとも現在では〔歴史的変遷については、岩原・前注(2)（七）法協九七巻三号（一九八〇年）三七四頁以下、中島・前掲注(5)（四）判タ五四四号三〇頁以下参照〕、異論はない。わずかにHueckは、決議取消訴訟の実体から見れば、株主の多数派に対する攻撃と捉えられるが、右は当事者能力を持たず、したがって会社のみが被告たり得る。このことは訴えが、会社の活動および特にその将来のために基準となる会社の決議に関するということによって是認されるとする。Die Vertretung von Kapitalgesellschaften im Prozeß, Festschrift für Bötticher, 1969, S. 197ff. (S. 203)、最判昭和三六年一一月二四日民集一五巻一〇号二五八三頁参照。霜島甲一「判批」『会社判例百選〔新版〕』一一五頁中田淳一「判批」民商法雑誌四六巻五号八九二頁、枡田「最判解」法曹時報一四巻一号六七頁。

(10) 北沢・前掲注(4)三三二頁。

(11) 鴻・前掲注(1)三九一頁。

(12) 鴻・前掲注(1)三九四頁。

(13) 谷口説の検討の対象は、谷口説の批判の対象となった中田説のそれが決議の効力を争う訴訟であったのとは異なり、法人の機関の地位をめぐる争いであった。両説は当事者適格概念に盛り込む意義を異にしたというにとどまらない。両説の検討の対象となったそれぞれの訴訟は、請求との関係で決まる原理的当事者適格の確定作業において既に別個の考慮を要するものであった。私見によれば結果的には両訴訟における被告適格者はいずれも会社である点一致を見たが、手続的保障を受ける第三者のうち取締役の位置づけにおいて両訴訟は異なる（後述）等、両訴訟は統一的理論で割り切ることのできる、本質的に同質の訴訟であるかは疑問である。拙稿「第一論文（二・完）」七四頁〔本書二五四頁〕以下参照。

(14) 中田・前掲注(4)四五頁。同旨、杉浦智紹「法人の内部紛争における正当な当事者」『民事訴訟法の争点』八六頁。

(15) 同旨、小山昇「株主総会の決議を争う訴訟の訴訟物について」鈴木竹雄先生古稀記念『現代商法学の課題㊤』（有斐閣、一九七五年）一二九〇頁。これに対する私の疑問については、拙稿「第一論文（二・完）」九二頁注(81)参照。

(16) Zöllner, Kölner Kommentar zum Aktiengesetz, S. 248. Anm. 16, なお、Godin-Wilhelmi, Aktiengesetz, 3. Aufl. § 248 Anm. 3, § 249 Anm. 4, も参照。

(17) 岩原「構造（八）」法協九七巻六号八三〇頁、八三五頁注(23)参照。

(18) 鈴木竹雄＝竹内昭夫『会社法』（有斐閣、一九八一年）三二六頁、北沢・前掲注(4)四九一頁、鴻常夫「取締役会の決議の瑕疵」『現代商法学の課題㊤』前掲注(15)七〇頁、森本滋「新株の発行と株主の地位」法学論叢一〇四巻二号一八頁等参照。

(19) 拙稿「第一論文（二・完）」七八頁〔本書二五六頁〕以下参照。本文で述べたようにこのことは会社外の第三者からの任意の参加の道を常に閉ざすことを意味するわけではない。本文のように原則論をたてたからといって会社外のすべての債権者の利益がカバーされるわけではなく、場合によっては債権者からの参加を認めるべきこともある。福岡高判昭和三〇年一〇月一二日高民集八巻七号五三五頁参照。

(20) 谷口・前掲注(5)五五頁。岩原「構造（五）」法協九六巻一一号一四四七頁、同・上柳＝鴻＝竹内編『新版注釈会社法(5)』（有斐閣、一九八六年）三四八頁。

(21) Schlosser, Gestaltungsklagen und Gestaltungsurteile, 1966, S. 216f. ただSchlosserは呼出の実際上の困難、全株主の参加による訴訟の混乱を考慮して、呼出に代えて（片面的）職権探知主義の採用、処分権主義の制限を説く。

(22) 小室直人「形成訴訟における処分権主義・弁論主義の制限」『西原追悼㊤』三六一頁〔『既判力』二〇五頁〕以下、三ケ月章「民事裁判における訴訟指揮」『研究8』（有斐閣、一九八一年）六六頁。松浦馨「通常保全処分か特殊保全処分かを区別することの意味と方法について」北沢正啓先生還暦記念『現代株式会社法の課題』（有斐閣、一九八六年）二一五頁。上柳＝鴻＝竹内編・前掲注(20)三四五頁参照。反対、中田・前掲注(4)四六頁。

(23) 滝川叡一「株主総会決議の効力を争う訴訟における訴訟参加」『会社と訴訟㊤』（前掲注(1)）三二一頁、榊原豊「独立当事者参加と共同訴訟的補助参加」法学教室（第二期）7号（一九七五年）一四四頁、井上治典『法理』所収の諸論文、就中「独立当事者参加論の位相」二六七頁、「参加『形態論』の機能とその限界」三〇七頁参照。

(24) ①松山地判昭和二六年七月九日下民集二巻七号八六二頁、②東京地判昭和二九年六月二五日下民集五巻六号九二三頁、③大阪地判昭和二九年一一月一七日下民集五巻一一号一八八六頁、④東京地判昭和三〇年七月八日下民集六巻七号一三五三頁、⑤東京地判昭和三〇年七月八日下民集六巻七号一三六一頁、⑥福岡高判昭和三〇年一〇月一二日高民集八巻七号五三五頁、⑦広島高岡山支判昭和三三年一二月二六日高民集一一巻一〇号七四三頁、⑧最判昭和三六年一一月二四日民集一五巻一〇号二五八三頁（⑦の上告審）、⑨大阪高判昭和四五年一一月九日判時六一八号七九頁（但し被告は有限会社で参加人はその社員）、⑩福岡高判昭和四九年三月一二日判タ三〇九号二八九頁など。

(25)　①東京高判昭和三四年三月三一日下民集一〇巻三号六五九頁、②山形地決昭和三八年三月一八日下民集一四巻三号四〇二頁、③大阪地判昭和三九年六月一九日判タ一六三号一九九頁、④最判昭和四五年一月二二日民集二四巻一号一頁など。なお代表取締役の職務執行停止、代行者選任の仮処分後の会社代表者につき従来争いがあったが、最判昭和五九年九月二八日民集三八巻九号一一二一頁はこれを代行者とした。東京高判昭和五六年一〇月二七日判時一〇二二号一一九頁参照。

(26)　解任の対象たる取締役に対する手続的保障の配慮の必要は言うまでもないが、これを共同被告としなければ手続権保障に欠けるとはいえないであろう。その意味でこれを共同被告とする東京高判昭和五四年五月一六日高民集三二巻二号九七頁に賛成できない。中島・前掲注(5)論文(二)判タ五三一号一六頁以下は手続権保障の観点から判旨に賛成しているが疑問である。なお宗教法人の理事等をめぐる訴訟については別稿で検討を加える予定のため本稿の対象からは除外した。

(27)　前者につき、大判昭和一六年八月六日民集二〇巻一〇四二頁、最判昭和四三年一〇月三日家裁月報二一巻三号四五頁、後者につき大判昭和九年一月二三日民集一三巻五二頁参照。岡垣『人訴法』三四頁以下参照。

(28)　山木戸『人訴法』二五頁、岡垣・前掲注(27)七二頁以下参照。なお西ドイツでは婚姻の存在・不存在確認訴訟(ZPO六三八条〔現削除〕)につき第三者は他の訴訟の前提問題として婚姻の存在・不存在の主張を許されるものの、右訴訟の提起はできないと解されている。Zöller-Philippi, ZPO 14. Aufl. 1984 § 638 I 1) S. 1568.

(29)　子が生まれるほどの関係の継続があれば無効とすべき瑕疵が存在しないとして、無効の解釈を限定したり(我妻栄『親族法』(有斐閣、一九六一年)六二頁)、民法九四条二項の類推適用により子の保護をはかる(中川善之助ほか編『注釈民法(20)』(有斐閣、一九六六年)二八七頁〔沼正也執筆〕参照)ことが提唱されている。

(30)　フランス民法二〇一条(誤想婚)。山口俊夫『概説フランス法(上)』(東京大学出版会、一九七八年)四〇三頁参照。高田裕成「身分訴訟における対世効論のゆくえ」月刊法学教室六六号(一九八六年三月)四三頁以下参照。BGB一五九一条、一七一九条〔現削除〕は婚姻が無効であると宣言される場合でも子の嫡出性は維持される旨規定している。しかしこの規定は、子の嫡出性を親の婚姻から全く独立して取り扱う旨の一般規定ではないから婚姻の不存在確認訴訟においては子の実体法上の保護に欠けるとして、この場合子の呼出(ZPO六四〇e条〔現削除〕)を認める見解がある。Zeuner, Rechtliches Gehör, materielles Recht und Urteilswirkungen, 1974, S. 42ff., Zöller-Philippi, a. a. O. 注(28) § 638 II, S. 1568.

(31)　本条項をむしろ人事訴訟の判決効に関する原則とする見解(吉村＝竹下＝谷口編『講義民事訴訟法』(青林書院、二〇〇一年)三〇〇頁)から本条項をむしろ制限的に解すべしとの見解(岡垣・前掲注(15)三六四頁)まで存する。なお奈良次郎

「検察官を当事者とする人事訴訟と手続保障㊥」ジュリスト八五七号七九頁は本条項の特殊性からこれを他の人事訴訟事件にまで普遍化することは理論上困難であるとする。私見によれば本条項をめぐる紛争実態からすれば、前婚配偶者参加の意義は、自称権限者間のそれとは異なるものであるから、本条項を後者に類推することには理論的困難があるという意味でのみ右主張に賛成である。さらに広中俊雄『合意に相当する審判』について・その二」『民法論集』（東京大学出版会、一九七一年）二六五頁以下は、人訴法一八条一項は憲法三二条に違反する無効の規定とする。この考え方は前述の審尋請求権を人間の尊厳と連結させ、第三者関与を貫徹させる西ドイツの議論の一つの流れと相通じるものであろう。

(32) Wolf, a. a. O. 三〇九頁注（8）S. 405ff. の主張するごとく当事者の迅速な裁判を受ける権利等、他の憲法上の要請との調和的解釈が必要である。

(33) 拙稿「第二論文」一八七頁〔本書二七九頁〕以下の西ドイツの法規整が参考になる。なお同・二〇四頁〔本書二九四頁〕以下も参照されたい。

(34) Stein-Jonas-Schlosser, a. a. O. 三〇九頁注（9）§ 636 a I, 3, s. 167. 参照。

(35) 最判昭和五六年六月一六日民集三五巻四号七九一頁。本判決に関し、篠田省二「判批」ジュリスト七四九号一一〇頁、住吉傳「判批」法学セミナー三二五号一三九頁、細川潔「判批」ジュリスト七六八号一三一頁、牧山市治「判批」判タ四七二号二三四頁、岡垣学「判批」民商法雑誌八六巻二号一三九頁、鍛冶良堅「判批」法律論叢五五巻五号七五頁、佐藤鉄男「判批」法協一〇一巻九号一四七四頁がある。なお原審、東京高判昭和五五年三月二四日高民集三三巻一号六一頁につき小山昇「判批」判例評論二六三号二〇〇頁がある。

(36) 岡垣・前掲注（35）三二八頁以下、加藤令造「親子関係の存否確認の訴の本質及び構造」ジュリスト二七八号四七頁、同『実務人事訴訟手続法』（判例タイムズ社、一九六四年）二〇三頁参照。なお学説における個別説の根拠づけについては前記ほか、石井敬二郎「親子関係存否確認の訴における訴訟物」『司法研修所創立十周年記念論文集㊤』（一九五八年）五一七頁参照。

(37) 大判昭和九年一月二三日民集一三巻四七頁、大判昭和一一年六月三〇日民集一五巻一二八一頁、最判昭和二五年一二月二八日民集四巻一三号七〇一頁、最判昭和四五年七月一五日民集二四巻七号八六一頁。兼子一「親子関係の確認」『研究1』（一九三七年初出）三六三頁、斉藤秀夫「身分関係不存在確認の訴」中川善之助教授還暦記念『家族法大系Ⅰ』（有斐閣、一九五九年）一八九頁、同「親子関係の当事者の死亡と親子関係存否の訴」中川善之助先生追悼『現代家族法大系3』（有斐閣、一九七九年）三二頁、山木戸克己『人事訴訟手続法』（有斐閣、一九五八年）八二頁、福永有利「嫡出否認の訴と親子関係不存在確認の訴」『現代家族法大系3』二六頁など。

(38)　吉村徳重「判決効の拡張と手続権保障――身分訴訟を中心として――」『山木戸還暦(下)』一三四頁以下〔『判決効(下)』二三〇頁〕、佐上善和「第三者提起の親子関係存否確認の訴えと被告適格」民商法雑誌創刊五十周年記念論集Ⅰ『判例における法理論の展開』（有斐閣、一九八六年）二三七頁など。

(39)　小山・前掲注(35)二〇二頁は、「Y_2はAとY_1の間の子であるとY_1が主張する機会をX対AY_2のみの訴訟を認めることによって、この訴訟において与えないことは是認されるか」と問題の所在を鋭く指摘している。佐上・前掲注(38)二三八頁も参考になる。

(40)　手続保障を加味した合一説の意義につき鈴木正裕「判批」民商法雑誌八六巻六号九五三頁、佐藤・前掲注(35)一四八一頁参照。

(41)　判例の詳細については、池尻郁夫「人事訴訟についてなされる判決の第三者に対する効力(一)」愛媛法学会雑誌一二巻一号（一九八五年）九三頁、同「身分判決の第三者に対する効力」月刊法学教室四六（一九八四年）六三頁、奈良次郎「検察官を当事者とする人事訴訟と手続保障(上)」ジュリスト八五六号（一九八六年）九四頁参照。

(42)　西ドイツでは父子間の嫡出否認の判決効を受け、その後非嫡出父子関係を子から主張され、またそれゆえに子から扶養料を請求されるおそれのある婚外の父（Erzeuger）に対する手続的保障が議論されており、BGHZ 76, 299はこれを否定している。なお学説については拙稿「第二論文」一九二頁〔本書二八四頁〕以下参照。

(43)　もっともZPO六四一k条〔現削除〕については違憲説が主張されているが、子の保護の見地からは合理的根拠があると反論されている。拙稿「第二論文」一八九頁〔本書二八一頁〕以下参照。

三　第三者の手続権保障

1　第三者参加の契機

第三者の手続的保障の前提として第三者は訴訟係属を知悉していなければならない。特に前述（二〔四〕(4)）の場合はその要請が強い。このような場合の手立てとして、⑴当事者による必要的呼出、⑵当事者による義務的訴訟告知ないし訴訟係属の通知、⑶職権による必要的呼出（Beiladung）などが提唱されている(1)。私見は第三者の手続的保障が憲法三二条を根拠とする国家に対する制度的保障であることに鑑みて⑶をもって妥当と考えている(2)。

2　第三者の手続権

職権による呼出を受けた第三者は、本稿の基本的立場からすれば、他人間の訴訟物に直接の利害関心を持つものであって、他人間の訴訟の結果、間接的に自己の権利が害されるという関係に立つわけではない。したがって第三者は他人間の訴訟物に関して独自の立場で主張、立証を行うものではあるが、それは訴訟当事者に対する自己の請求についてではなく、訴訟当事者のいずれかが立証責任を負うべき事項につき独自の主張、立証がなされるのである。株主総会の決議を争う訴訟における被選任ないし解任取締役にせよ身分訴訟における前配偶者、他親ないし自称権利者にせよ、決議の効力の維持ないし無効、身分関係の維持ないし解消という訴訟当事者のいずれかにとって有利な法的効果を導くある事実の存否に向けて主張立証を尽くすのであり、ここに第三者参加の意義がある。これはしたがって、第三者による、当事者のいずれかに対する補助関係と評価し得る。もっとも右事実ないしそれによって導かれる法的効果に関しては第三者は独自の利害関係を持つものであるから、自己の訴訟活動が当事者のそれに制約されることは好ましくない。しかし他方多岐に亘る争点について当事者の一方または他方を交互に補助、攻撃する地位を第三者に保障しなければ第三者の手続権保障に欠けるという局面は生じないのではあるまいか(3)。以上のことから考えて参加人の訴訟上の地位は共同訴訟的補助参加と捉えて構わないであろう。もっともこれでは参加人は被参加人の処分行為を阻止することはできないことになり、参加人は被参加人の処分行為を拱手傍観して敗訴に甘んじざるを得ないのではないかとの疑問が井上治典教授によって呈示され、教授はこれを共同訴訟的補助参加に嵌められた枠をとりはずすことによって解消することを提案している。(4) 本稿の立場は当事者の処分行為をそもそも制約することに与しているから右のような不利益が参加者に生じることはないが（もっとも当事者にのみ許される訴えの変更、反訴・中間確認の訴えの提起は制約される）、井上教授のように各参加形態の流動性を一般論として是認するかは別として、憲法上の要請により参加してきた者につき参加形態の厳格な枠づけによりその手続権が制約される場合には、憲法適合的解釈を行うことによってその枠組を緩めることは従来の立場からも認められてしかるべきである。(5) 第二に訴訟状態承認義務についても、第一回期日から第三者を呼出すことによって事前にこれを回避すべきである。呼出懈怠があったときにはしたがって新たな期日を指定したうえで呼出しを行い弁論のやり直しが行われるべきである。ただ第一審で呼出懈怠があった場合でもそのことのゆえに直ちに判決が取り消されるべきではなく、控訴審での審尋の回復が可能な限り、第三者の手続権保障は満足される。呼出しが初回期日のみで足るかは問題だが、第三者の参加がない場合は続行期日への呼出、訴訟当事者の書面の送達ないし裁判所による通知がない旨の警告がなされることを前提にこれを是認すべきであると考える。(6)

3　手続保障侵害の救済手段

手続保障侵害の場合の第三者の救済手段については、その場合の判決の効力がなお対世的に及ぶか、相対効かで区別されるべきである。前者については判決の効力を打ち破るために再審が存する。もっとも手続保障の侵害といっても手続的保障が全く与えられなかった場合から手続権の一部の侵害まで多様な態様が考えられる。これらに一律に四二〇条一項三号〔現三三八条一項三号〕の類推適用を認めることは妥当とは思われない。むしろ手続保障の侵害を受けたために手持ちの資料の提出等攻撃防御方法を尽くすことができず、それにより自己の権利が侵害されたことを第三者再審許容の前提とすべきであろう（行訴法三四条一項の類推をも加味すべきである）。(7) 後者については判決効による拘束を受けるわけではないから、前訴判決の確定内容を否定する新たな独立した訴えを提起することができる。

（1）　(1)につき吉村・前掲三二六頁注(38)一三四頁〔同・『判決効(下)』一三〇頁〕以下、(2)につき、吉村・前掲三二六頁注(38)一三八頁〔同・前掲一三三頁〕。なお佐上・前掲三二六頁注(38)二四〇頁はこれを一律に原告の義務とすることを提案し、奈良・前掲三二六頁注(41)論文(中)八四頁は検察官の義務とする。(3)につき鈴木正裕・前掲三二六頁注(40)九五三頁、池尻郁夫「人事訴訟についてなされる判決の第三者に対する効力（二・完）」愛媛大学法文学論集・法学科編一八号（一九八五年）一五頁参照。

（2）　拙稿「第二論文」二〇五頁〔本書二九四頁〕以下参照。なお職権による呼出の条文上の根拠が問題となろうが、本文の場合、第三者の訴訟関与が憲法上の要請であることから憲法三二条を根拠条文として挙げることは決して突飛ではない(BVerfGE21, 132, 60, 7 なお憲法規定の直接適用につき、中野貞一郎「公正な手続を求める権利」民事訴訟雑誌三一号（一九八五年）一頁以下参照）。さらに行訴法二二条一項を類推適用することも許されよう（岩原・前掲論文（九）一〇九二頁）。

（3）　Stein-Jonas-Schlosser, a. a. O. 三〇九頁注（9）§ 640 e III S. 212 は Beiladung による参加（ＺＰＯ六四〇ｅ条〔現削除〕）に際しては、当事者の「一方または他方を補助するため」の文言をとりはずし、あたかも三面関係を認めるよう主張しているが、どのような局面でそれが第三者の手続権保障にとり必須かについては説明がなく、この主張は Schlosser のみにとどまっている。

（4）　井上(治)・前掲『法理』三一八頁以下。

（5）　行訴法二二条一項による参加形態としては共同訴訟的補助参加に類するもの、準じるものと解するのが通説である（南博方編『注釈行政事件訴訟法』（有斐閣、一九七二年）二〇〇頁、室井力編『基本法コンメンタール行政救済法』（日本評論社、一九八六年）二七七頁等参照）が、その内容を柔軟に盛り込もうという趣旨であろうか。行政訴訟事例については別稿で取り扱うつもりでいる。

（6）　以上につき Stein-Jonas-Schlosser, a. a. O. 三〇九頁注（9）§ 640 e, III, S. 211. 参照。

（7）　福岡高判昭和五九年六月一九日判時一一三八号九三頁、拙稿「第二論文」二〇七頁〔本書二九八頁〕以下参照。

四 おわりに

本稿は社団関係訴訟と身分訴訟の二事例をとおして判決の対世効と第三者の手続保障との関係を検討したものである。それぞれの事例はそれぞれに特徴的であって一般論の抽出は容易ではない。まして二つの事例を見ただけで結論めいたことを言うことにはためらいを感じる。ただ本稿では他人間の訴訟による第三者の権利侵害のみならず当該訴訟物との関連における第三者関与の意義を手続保障の必要性の検討の際の視点としたこと、手続関与を第三者の権利保護の一環として位置づけることによってその意義を相対化したこと等によるある程度の一般的試論を呈示することができたと考えるがいかがなものであろうか。もっとも紙幅の制約もあってより細かな論点にわたって議論を掘り下げることができずまた取り上げた場合でも個々的には論証が足りない点も目立ちいささか羊頭狗肉のきらいがある。また手続権保障と参加形態論との関係も充分に検討することができなかった。他の対世効事例の考察をも含めて後日の課題として順次補充をはかって行くつもりでいる。ご批判、ご教示をお願いする次第である。

〔付記〕 前述のように本稿は一九八六年五月一七日(土)、大阪大学にて開催された第五六回民事訴訟法学会大会における筆者の報告にもとづいている(なお筆者の他稿との関係もあってタイトルを一部変更させていただいた)。当日司会の労をとって下さった吉村徳重教授ならびに席上大変貴重なご質問、ご意見を賜った諸先生、さらにその後の席で有意義なご示唆をいただいた小山昇教授に記して心からのお礼を申し上げたい。

6　手続保障侵害の救済について——近時の西ドイツの議論を契機として——

一　はじめに

(1)　手続保障（裁判所へのアクセスという意味での手続的保障と訴訟内における手続権保障の両者を含む）侵害については、日本においても以前から議論がある。以下に日本における議論を概観し、さらに西ドイツにおける議論の特殊性と普遍性とを検討して、その日本における解釈論的示唆を得るための準備作業としてみたい。そのさい、訴訟当事者間における手続保障侵害と当事者間の訴訟と自己固有の権利について関連を有する第三者の手続保障侵害とが区別されるべきである。

(2)　当事者間における手続保障侵害の態様はさまざまに考えられる。たとえば当事者能力、訴訟能力を欠いているにも拘らずこれを看過して判決がなされた場合、いわゆる判決の詐取（騙取）といわれるもののうち、被告の所在不明と主張して公示送達を行わしめ、被告不知のうちに確定判決を取得したり、いわゆる氏名冒用訴訟で相手方不知のうちに判決を得る場合などがそれに当たるであろう。このような場合の当事者の救済については、それぞれの事案に即して対策がはかられるべきであり、これを一律に論ずることは適当ではないであろう。現にこれらについては既に有益かつ詳細な研究が公にされている。[1] さらにこれらの場合の救済手段を考えるとき、既判力制度についての深い理解に基づく論者の態度表明が必要になる。[2] しかし本稿ではそれを論ずるに紙数も筆者の能力も不足している。ここではドイツの議論を紹介するに当たり、彼地の論者が右につきどの様な見解を持しているかに注意を払う程度にとどめる。

ところで右に挙げたいくつかのテーマは、なんらかの意味で訴訟当事者の一方の手続保障が侵害される諸場合という点で共通性を有しているが、仔細に観察すると、それが裁判所によって引き起こされる場合と他方当事者によって引き起こされる場合とが区別される。後述の西ドイツ法との関連で言えば、前者が本稿にとって重要ということになる。ただ手続保障論議の彼此の比較から言えば、西ドイツでは、論議が、当事者を訴訟の客体から解放し、判決に向けての手続過程での主体性を確保するという枠組みの中で行われているため、国家に対する個人（法人も含む）の権利として審尋請求権（Anspruch auf rechtliches Gehör）を位置づけ、したがって審尋請求権違反の主体が裁判所の側にあるという場合が想定され、救済方法もその枠組みに限定されるのに対し、日本では、現在のところ、上記の西ドイツにおける議論の枠組みを突破し、否、それを意識的に排除しつつ、紛争解決における裁判官の役割を極端なまで消極的に解して、裁判手続に訴訟前の当事者間の交渉過程との連続性を与え、従来の手続規範に替えて、当事者間に十全な訴訟活動（弁論）を行わせるための手続規律＝弁論規範はどのようなものかを探るという方向をとっていることに鑑みれば、[3] 両者をまったく分離して議論すべきかは問題である。

しかし右の学説に対しては、その核となる手続のあり方を決める弁論規範の樹立の可能性につき疑問が持たれ、[4] また裁判官の役割の後退についても批判のあるところである。[5] さらに第三の波説の志向する、個別の訴訟における具体的な行為規範の探索の方向は、一般法（制定法）の拘束性の否定を前提とするが、この点が第三の波説の最大の問題提起であり、これにどのように答えるかを批判に際して回避することはできないとの指摘もある。[6] しかしこの指摘について筆者には、もともと日本において、比較法的にみた場合、一般法がそれとしてどの程度機能しているか問題なしとしないのではないかと思われる。なぜならこれが機能するためには法（律）実証主義的な解釈実務の貫徹が一定程度必要であると思われるからである。この点はもちろん、裁判官が一般法の拘束性と具体的な事案の妥当な解決との間でどの程度アムビヴァレンスを感じるかの立ち入った検討が必要なのであるが[7]、裁判実務における一般法の拘束性の緩さを前提にすれば、それはとりもなおさず裁判官の判断枠組みの広さを表すことになり、その分だけ裁判官の判断に際しての裁量の余地が広いことになる。このような事態をもし否定的に捉えてその解消を図ろうとするならば、当事者の自律性を高めるという方向は、一つのあり得べき道をたどるものというべきであろう。第三の波説はこれを極端なまでに押し進めたとも評価できるものである。その極端さについては確かに批判が可能であろう。しかしその方向自体は理解できないものではない[8]。

「第三の波」説を民事訴訟法全般に及ぶ解釈論として全訴訟手続に推し及ぼすことについて懐疑的であるとしても、この説の提起した、当事者間といういわば水平関係における手続保障のあり方如何という問題提起はそれを真摯に受け止め、これを解釈論の中に正確に位置づける努力の必要性まで否定し去ることは妥当ではない。ましてこの説の問題提起を無視して裁判所・当事者間という垂直関係の手続保障のみを論じれば足りるとすることがもはや許される段階ではないであろう。もっとも筆者はいまのところ、右の問題提起を踏まえた上での筆者なりの解釈論を展開する用意を持ち合わせてはいない。今の段階で筆者に言えることはたかだか、それぞれについてより立ち入った議論がなされるべきであろうことぐらいである。すなわち垂直関係だけを取り上げても従来の議論が十分であったかについては反省の余地がある。その意味で右の枠組みに固執ないしは自己抑制しつつなされている西ドイツの議論を後進的として退けてしまうことは早計である。およそ法がその国の文化の一形態として位置づけられるものであれば、そこに先進・後進の観念の入りようはない。ただ法（制度）がそのようなものであるからこそ、その有する特殊性と普遍性の区別が困難であり、したがって真の意味での比較法は難しいといえるのである。

ところで裁判所と当事者間の手続保障侵害にさいしての救済方法については、判決言渡前であれば、弁論の再開が考えられるし、以後であれば上訴、ないし上訴の追完という手段が存する（民訴法一五九条〔現九七条〕）。手続保障侵害の場合の上告理由が絶対的（民訴法三九五条一項四号〔現三一二条二項四号〕）か相対的（民訴法三九四条〔現三一二条三項〕）かについての議論は未だ日本には見あたらない。上訴手段がつきた場合、民事訴訟法は再審事由がある場合に限り判決を取消すという道を用意するのみである。しかし学説にはさらに、たとえば訴訟能力の欠缺を看過してなされた裁判に対し、判決を無効とする見解が存する。(9) この見解は、判決の内容上の効力発生の根拠を手続保障におくことによる。(10) 日本の解釈論として判決の無効がどのような場合に認められるかは、比較法的な見地からみても、検討の余地がある。しかし本稿ではこの問題に立ち入ることはできない。

(3)　訴訟外の第三者の手続保障侵害の救済方法

訴訟外の第三者の手続保障については判決効の及ぶ第三者を中心に日本でも活発な議論がなされている。ことに既判力の拡張を受ける者の手続保障につき既に注目すべき諸論稿が上田教授ならびに吉村教授によって発表されている。(11) もっとも両者の議論は、民事訴訟法二〇一条一項〔現一一五条一項〕によって既判力の拡張を受ける者を中心としていたため、たとえば口頭弁論終結後の承継人、目的物の所持人など、既判力の拡張は当然のこととしてこれを認め、ただ拡張根拠をどのように捉えるかという点で、手続保障という視角の有用性が主張されているにすぎない。したがってここでは、手続保障という具体的な攻防過程との関連で遮断効の範囲に伸縮がみられるという点に手続保障の主な作用を見ることになる。これに対して、同条二項〔現一一五条一項二号〕の、訴訟担当における被担当者については些か問題がある。第三者の訴訟担当については被担当者の地位に関しその態様に相違があることが指摘されており、その地位に見合った判決効拡張論（片面的判決効拡張）が主張されていた。(12) これは担当者の管理権の強弱に見合った判決効論の構築という点で画期的意味を持つものであった。しかし他方、これは片面的にしか既判力が拡張されないことによる第三債務者の地位の弱体化という問題を宿すことになり、この点が批判の対象になった。そこで近時、管理権が弱い段階にとどまる場合には、債務者に手続的地位の強化（＝手続的保障）を施したうえでこの者に全面的に既判力拡張を認めるという見解が主張されている。その一つは、債務者に対する債権者からも権利催告ないし訴訟告知を代位訴訟の適格性取得の要件とする見解である。(13) しかしこれでは右の手段がとられなかった場合当事者間の訴訟まで不適法になるという行き過ぎが批判され、債権者ないし第三債務者による右手段の懈怠の際には単に判決は相対効になるにとどまると主張されている。(14)

なおこの場合、債務者へのノーティスはいずれかの当事者に分配されるとの主張がみられる他、裁判所の職権による通知の可能性が示唆されていることが興味深い。(15) いずれにせよ今後の議論の方向としては、債務者に訴訟関与の機会を保障したうえでこれに既判力を拡張するとの見解が有力になってきており、このような手続保障懈怠に際しては相対効が提案されているという状況にある。

判決が対世効を及ぼすとされている場合（人事訴訟、会社訴訟など）の第三者の手続保障についても近時盛んに議論が行われている。詳細は別稿にゆずるが、(16) 手続保障侵害の際の救済手段に限っていえば、特に詐害的身分訴訟の場合の判決の相対効（＝独立した後訴の可能性）、再審規定（民訴法四二〇条一項三号〔現三三八条一項三号〕、行訴法三四条）の活用などが提案されている。(17)

(4) 小　括

手続保障が誰の誰に対するどのような権利として位置づけられているか。この点の理解が日本ではいま一つ統一的なものとはなっていない。前述のように、日本においても、国家権力の担い手たる裁判所に対する当事者の権利として手続保障を位置づけ、その充実をはかる議論の線が存在している一方で、(18) その議論が十分に詰められるにいたる前に、当事者間の水平関係における手続保障論が登場、台頭し、(19) これが現在の議論の中心を占めている。そこで当事者の裁判所における手続保障侵害の救済については、活発な議論がなされている状況にあるとはいえず、既判力の根拠についての根本的な問いかけも今のところおもに同一当事者間での遮断効の範囲をめぐるものが中心となっている。その点は西ドイツにおけるのとはかなり異別の様相を呈している。判決効が第三者に拡張される場合については、救済論をめぐって多少の議論が展開されているが、その方向は、判決効の相対化という個別訴訟への解消へと進んでいるように思われる。もっとも、手続保障を憲法上の権利として正面から認め、その侵害に際しては、憲法の直接適用を肯定するという見解も存し、今後の議論が必ずしも一義的に収斂していくかは予断を許さず、手続保障侵害の存する身分判決に対し、第三者再審の道を開く判決が出るなど[20]、日本においても手続保障の位置づけ、侵害の際の救済手段につき議論を詰めていく必要があることは否定できないであろう。そのような意味で、ここで西ドイツの救済方法をめぐる議論をフォローしておき、その示唆するところを検討してみるのも今後の議論にとって有益であると考える。ただ筆者の能力もあって以下は単にスケッチ程度にとどまるものであるが、今のところは後の補充を期するしかない。

(1) 以上につき、近時の文献として、小山昇「不実の申立に基づく公示送達を受けた者の救済について―前編―」北大法学論集三八巻五＝六合併号(下)(一九八八年)一七〇五頁、同・中編、北大法学論集三九巻五＝六合併号(上)(一九八九年)一二四一頁、同・後編、北海学園大学法学研究二五巻一号(一九八九年)一頁〔『著作集10』三三五頁〕。河野正憲「詐取判決の既判力」『当事者行為の法的構造』(弘文堂、一九八八年)所収三三三頁。本間義信「公示送達と相手方の救済」民商法雑誌創刊五十周年記念論文集Ⅰ『判例における法理論の展開』(有斐閣、一九八六年)二四三頁。紺谷浩司「確定判決の無効と詐取(騙取)」『講座民訴7』三五五頁等参照。

(2) いわゆる既判力の根拠論、作用論だけではなくどのような場合に判決の効力が否定されるかについては、国によって制度が異なっている。判決の効力否定論についての比較法的な検討も必要である。さしあたり小山・前掲注(1)・後編参照。

(3) いわゆる手続保障の「第三の波」説と呼ばれる学説。さしあたっての文献として、井上治典「手続保障の第三の波(1)

（2・完）」月刊法学教室二八号、二九号（『特別講義民事訴訟法』（有斐閣、一九八八年）所収）（一九八三年）四一頁、一九頁〔『民事手続論』（有斐閣、一九九三年）二九頁〕。

(4) 新堂幸司「提出責任効論の評価」『法学協会百周年記念論文集Ⅲ』（有斐閣、一九八三年）二四九頁（特に二七九頁）〔『争点効㊦』二五九頁〕、小林秀之「『手続保障の第三の波』説への一疑問」判タ五二四号（一九八四年）二二頁。

(5) 吉野正三郎「手続保障における裁判官の役割」立命館法学一七九号（一九八五年）一頁〔『民事訴訟における裁判官の役割』（成文堂、一九九〇年）四三頁〕。

(6) 山本克己「民事訴訟におけるいわゆる"Rechtsgespräch"について(4)・完」法学論叢一二〇巻一号（一九八六年）四七頁、高橋宏志「民事訴訟の目的論について㈡・完」月刊法学教室一〇四号（一九八九年）五三頁。

(7) 草野芳郎「訴訟上の和解についての裁判官の和解観の変遷とあるべき和解運営の模索」判タ七〇四号（一九八九年）二九頁にこのアムビヴァレンスを読み取ることができるように思われるが、全体の論調としては裁判においては実定法を越えたところの正義の達成が目指されるべきであるとされていること、ならびに実定法の通りの判決をすると不当な結果になるとして積極的に和解の活用を唱える。その移行過程の柔軟さの中に、逆に、実定法に対する拘束性への緩さを感じるのは筆者の誤解であろうか。なお、オプティ「西欧社会における法の衰退の仮説」日仏法学一四号（一九八六年）五二頁、小山昇「裁判官仲裁と司法権の変容」北大法学論集三六巻一・二号（一九八六年）三一五頁〔『著作集6』四五一頁〕等がこの問題を考えるに参考になる。

(8) 一般法の持つ形式性は、従来、その予見可能性という機能と共にその存在意義を認められてきたが、裁判に当たっては、同時に、実質的な基準も採られてきたことはいうに及ばない。この点については、さしあたり、広中俊雄「裁判における形式的基準と実質的基準」『法社会学講座5』（岩波書店、一九七二年）八五頁、『法社会学論集』（東京大学出版会、一九七六年）所収五七頁参照。しかしそれぞれの基準がどの程度の機能を果たしてきたかは国によって異なる。そしてその比較法的研究は非常に興味深い。

ところで形式的基準の持つ意義が次第に薄れてきているという傾向は各国共通のものとして否めないとしても、前述のようにもともとそれぞれの基準の持つ比重に違いがなかったとはいえまい。この違いが日本では、形式的基準の機能の低さという形で現れていたということができるとすれば、日本において一般法の働く余地の相対的低さの持っていた問題点（別にいえばそのような文化的な特性）が同時に、当事者の自律性を強調する際にもネックになってくる可能性がある。この点を第三の波説はどのように受けとめ、自律性確保のためどのような方策を立てるのであろうか。そしてそれが一定程度の成功をおさめたということになれば、逆にそれは一般法の果たす役割を同時に向上させることにもつながるものと思われるが、いかがであろうか。

谷口安平教授は、本人訴訟の問題点を指摘し、弁護士訴訟に手続保障の役割を担わせるための新しい視点を提示した。「弁護士と法・事実」民訴雑誌三四号（一九八八年）三七頁〔『論集1(上)』三〇〇頁〕。これにより従来議論が欠如していた本人訴訟モデルと弁護士訴訟モデルの対比による議論が進められる基盤が作られたと評価することができよう。本人訴訟の現状を踏まえたうえで、しかし現状をやや飛び越えたところでそのあるべき姿（理念型）の模索をはかる第三の波説における弁護士の役割の位置づけについては今後の課題というべきであろうか。

(9) 新堂幸司『民事訴訟法〔第二版〕』（筑摩書房、一九八七年）九七頁、一〇四頁。

(10) 判決の効力排除の方法は、国によって異なることはいうまでもない。この点での比較法研究は重要である。フランス、イギリスにつき小山・前掲注(1)中編参照。また判決の効力は別にして損害賠償、不当利得返還請求を認めるという方法もあろう。最判昭四四・七・八民集二三巻八号一四〇七頁は損害賠償請求を認めた注目すべきものである。学説としては、上田徹一郎「騙取判決の既判力と不当利得」谷口知平教授還暦記念『不当利得・事務管理の研究(3)』（有斐閣、一九七二年）二六四頁、河野・前掲注(1)、紺谷・前掲注(1)等参照。

(11) 上田徹一郎『判決効の範囲』（有斐閣、一九八五年）所収の諸論文のうち、特に第四編「判決効の主観的範囲決定の構造と構成——第三者の手続保障要求の多様性・その法的安定要求との緊張関係と調和点」、同「判決効の範囲決定と実体関係の基準性」民商法雑誌九三巻三号（一九八五年）三一七頁、吉村徳重「既判力の第三者への拡張」『講座民訴6』（弘文堂、一九八四年）一三九頁〔『判決効(下)』一七五頁〕等。

(12) 三ケ月章「わが国の代位訴訟・取立訴訟の特異性とその判決の主観的範囲」『研究6』（有斐閣、一九七二年）一頁。

(13) 池田辰夫「債権者代位訴訟における代位の構造(1)～(6)完」判時九八六号～一〇一一号三頁〔『債権者代位訴訟の構造』（信山社、一九九五年）八一頁〕。

(14) 吉村・前掲論文一五六頁以下参照。なお債務者を被告とすべきとする説もある。坂原正夫「債権者代位訴訟における既判力の主観的範囲について」法学研究五九巻一二号（一九八六年）一八九頁〔二〇九頁以下〕。工藤祐巌「フランス法における債権者代位権の機能と構造（三・完）」民商九六巻二号（一九八七年）二二一頁も同旨か。

(15) ミニ・シンポジウム「債権者代位訴訟・取立訴訟をめぐって」民事訴訟雑誌三一号（一九八五年）一一五頁（三ケ月発言）以下参照。なお、職権による通知の場合は、誰の費用でこれを行うのかが問題になろう。一応、原告の費用でこれを行うべきと考える。

(16) 拙稿「判決の対世効と手続権保障（1）（2・完）」龍谷法学一八巻四号二四頁、一九巻一号三四頁〔本書一八九頁〕（一九八六年）同「身分訴訟の判決効と手続権保障」同一九巻二号（一九八六年）一頁〔本書二七五頁〕、同「対世的判決効拡張と手続保障」民訴雑誌三三号（一九八七年）四六頁〔本書三〇五頁〕。

(17) 会社訴訟につき、岩原「構造（九・完）」法協九七巻八号（一九八〇年）一〇九二頁、身分訴訟につき、池尻郁夫「身分判決の第三者に対する効力」月刊法学教室四六号（一九八四年）六三頁、同「人事訴訟についてなされる判決の第三者に対する効力(1)(2)」愛媛法学会雑誌一二巻一号（一九八五年）九三頁、愛媛大学法文学部論集法学科編一八号一頁。高田裕成「身分判決における対世効論のゆくえ」月刊法学教室六六号（一九八六年）四三頁。奈良次郎「検察官を当事者とする人事訴訟と手続保障(上)(中)(下)」ジュリスト八五六号九四頁、八五七号七八頁、八五八号一〇一頁（一九八六年）等参照。

(18) 山木戸克己「訴訟における当事者権」『基礎的研究』五九頁、鈴木忠一「非訟事件に於ける正当な手続の保障」『研究』二五九頁等。

(19) その嚆矢となったのが、シンポジウム「訴訟機能と手続保障」民訴雑誌二七号（一九八一年）一三三頁以下であった。

(20) 福岡高裁昭五九・六・一九判時一一三八号九三頁。

二　西ドイツにおける審尋請求権（Anspruch auf rechtliches Gehör）違反の救済方法について

1　序

審尋請求権侵害の際の処置については、種々の著書の中で適宜とりあげられているが、まとまった論述としては、まず、Wolfram Henckel 教授の "Sanktionen bei Verletzung des Anspruch auf rechtliches Gohör" *ZZP*77, 321（1964）が挙げられるべきである。この論文は、訴訟手続上での審尋請求権侵害を取り扱ったものである、以下では、本問題への導入としてこの Henckel 教授の主張を見てみよう。

審尋拒絶が行われた場合、当該裁判には手続上の瑕疵が存する。しかしそれゆえに裁判が無効とはならない。それは単に裁判手続（上訴）において取り消され得るにすぎない。上訴手段が尽くされた場合、連邦憲法裁判所法九〇条によって憲法訴願（Verfassungsbeschwerde）がなされ得る。

上訴については、これが裁判に先行する個々の手続行為に対するものではなく、裁判そのものに向けられるものであるため、上訴の適・不適は裁判に対する不服にかかってくる。したがって裁判に対する不服が存在しなければ、審尋侵害は問責され得ない。このことはたとえ審尋請求権が人間の尊厳（ＧＧ一条）に根拠をおくものであると解すべきであるとしても同様である。

審尋請求権は手続法に規定された審級を伸張することになり得るか。判決の取消しに関する限り、これは一般的には否定されているが、抗告審については些か問題が複雑である。ＳｔＰＯ三〇八条一項によれば、抗告裁判所は裁判を、相手方に反論するための抗告の通知がなされない限り、抗告人の相手方に不利益になるように変更することは許されない。そこで通知なくして不利益変更が行われた場合の救済手段が問題である。ところが同三一〇条二項は抗告に基づいてなされる裁判の再度の取消は仮収容における場合以外は認められないとする。そこでこの規定の違憲性が問題となる。判例も学説もこれについて見解が分れている。いずれにせよ憲法訴願は認められるのであるが、高等裁判所に再抗告に基づいて瑕疵ある裁判を取り消す可能性があるのに、憲法訴願のみ許されるとするのは訴訟経済に合わない。民事訴訟ならびに非訟手続では取消不可の裁判に対しても、もしそれが法律上の根拠を欠き、内容的に法律に合わないのであれば、抗告が認められなければならないと主張されており、この命題はより一般的に、法規によって終結した抗告審も、重大な瑕疵がある場合には、開かれるべきであり、審尋拒絶はこの場合に当たるとされている。ここでは審尋拒絶が審級を開くほど重要かの問題が問われている。審尋拒絶を人間の尊厳によって根拠づけるとしても、これを他の瑕疵から区別して特別扱いすべきかは問題である。ただ訴訟促進の利益のために定められる取消可能性の制限も、もし関係者に憲法訴願が認められれば、意味を失うことは指摘されるべきである。もっともこのような観点は法律の改正の際に考慮されるものであり、しかも第三審は法律上のコントロールに限定されることになる。結局のところＧＧ一〇三条一項は審級の伸張を保障するものでも、審尋拒絶のもとになされた裁判が取消可能なものでなければならないことを要求するものでもない。審級の認定はむしろ一義的で確固とした法規定を要求するのであり、判例や訴訟経済という名のもとにおける緩和によるべきでない。このことは裁判所の羈束力のために通用する確固たる限界を揺るがすすべての試みについても同じである。たとえば抗告審の裁判に対する再度の考案（Gegenvorstellung）の可能性が示唆されているが、これは憲法訴願の補充性原則から考えても、再度の考案を経ない憲法訴願を不適法なものにすることになって、立法論はともかく解釈論としては妥当性が疑われる。もっとも立法論としては審尋拒絶の場合に、同一審級内での審尋回復をはかるか、上訴審に委ねるかは問題であろう。その際、そもそも審尋拒絶に他の手続的瑕疵とは異なる特別な位置づけが与えられるべきかはより立ち入って考えてみる必要がある。

ところで審尋拒絶にＺＰＯ二九五条一項（責問権放棄、喪失）の準用があるか、あるいは審尋請求権は放棄不可能であるか（同条二項が適用になるのか）について争いがある。ここで Henckel の結論だけを述べれば、ここでの問題は審尋請求権そのものの放棄可能性というよりも、審尋をしてもらう可能性を当事者が現実に有していたのにそれを利用しなかったということの評価である。したがってまず、期日への呼び出しがまったく行われなかった場合は、およそこれが問題となることはないし、裁判所が判決の基礎とした事実について審尋がなされなかった場合も、判決があってはじめて認識可能となる事柄である。また当事者が相手方や鑑定人の陳述を何らかの方法で知っていたのであれば、裁判所からの通知がなくても、審尋をする可能性が存したといえ、したがって審尋請求権侵害はなかったのであるから二九五条一項の適用はない。問題は相手方や鑑定人の陳述が適宜に通知されなかったために、これについて当事者の態度を決することができなかった場合である。このような場合、当事者は弁論再開の申立てを行うことができてしかるべきである。しかしこのこともこの点の手続的瑕疵を知ってはじめて可能である。要するにZPO二九五条一項適用が同二項によって排除されるかの問題は、当事者が審尋を欲したにも拘らず、これがなされなかった場合にのみ生じる。このような場合には、審尋請求権は喪失しえないのである。裁判官が申し立てられた弁論再開や鑑定書の閲覧を拒絶した場合には、何等の責問ももはや必要ではない（手続的瑕疵は、責問がなくても消失しない）。

第一審裁判所で審尋拒絶があった場合でも、控訴裁判所はこれを重大な瑕疵として常に第一審に差し戻さなければならないわけではなく、控訴審で審尋の回復が可能であれば自判できる。上告審では原則として差戻しが必要であるが、当該事実の審尋が重要でない（unerheblich）と判断した場合は自判して構わない。審尋拒絶は、絶対的上告理由（ZPO五五一条五号——適法代理の欠缺）となるか。相対的上告理由と絶対的上告理由との相違は、相対的上告理由では法令違背があっても判決が実体的に正当であれば破棄されないのに対し、絶対的上告理由では判決の当・不当の審理なしに破棄されることにある。すなわち絶対的上告理由は、個々の場合にそれが不当な判決につながったかを審理するまでもなく、手続規律の特別な必要から認めたものである。これと審尋拒絶の重要な相違点は、前者の存在が他の手続上の重大な瑕疵や誤った事実認定、実体法の誤った適用へとつながることを推測させるものであるのに対し、後者はそれ自体が瑕疵であるという点にある。したがって後者では審尋の保障があれば裁判は異別になり得た旨の陳述で足りる。確かに当事者がまったく呼び出されなかった場合や、適法に代理されなかった場合は絶対的上告理由の類推が可能であるが、さもなければ審尋拒絶は相対的上告理由で足りる。一般的には審尋拒絶を特別視してこれを絶対的上告理由とする必要はなく、相対的上告理由として取り扱うことで十分である。また立法論としてこれを絶対的上告理由に引き上げる必要も存しない（なお審尋拒絶が原審の上告許可を要しない手続上の瑕疵に当たるかについては省略する）。

審尋拒絶は再審事由となるか。ここではZPO五七九条四号（当事者適法代理の欠缺）のみを取り上げる。Henkelによれば、本条項は訴訟において責任ある行為をなすことができなかった、あるいは無権代理人による行為がなされた者を保護する趣旨である。したがって訴訟能力があり有責に訴訟行為のできたもの、有権代理人による行為について本条項が適用される余地はない。個々の瑕疵ある訴訟行為ないしは懈怠については再審事由とはなり得ないからである。また Fachgericht の再審に審尋違反を委ね、連邦憲法裁判所の負担を軽減することも考えられるが、ＧＧ一〇三条一項の解釈の統一のためにも、また立法に影響を与えたことから考えても、単に負担軽減ということで憲法違反の確定判決の取消を他の管轄に委ねることは問題であるとする。

以上、Henckel に代表される上記の見解が一般的であったといえよう。そこには後の議論の萌芽が既に見られる。しかしその後の状況の変化が微妙に結論の違いとなって現れ、議論の方向も次第に変化を見せるに至ったのである。

2　問題の契機とその解決策[21]

問題の端緒は審尋請求権侵害（ＧＧ一〇三条一項）を理由とする憲法訴願（Verfassungsbeschwerde）の数が飛躍的に増大し、それにともなって連邦憲法裁判所の負担が過重になったことにある。Hübsch（文献①）によれば、憲法訴願の数が一九七五年に一五八八件であったのが、一九七八年には二六二三件、一九七九年には約三〇〇〇件にまで増大し、その七五％までが基本法一〇三条一項違反によるものである（なおその間、連邦裁判所の規模に変更はなく、一六人の裁判官の数も増えていない）。しかもそのほとんどがいわゆる故障救済（Pannenhilfe）、すなわち些細な手続上の瑕疵に関するものである。[22] したがってこのような事件では、連邦憲法裁判所が憲法問題について判断を迫られるということではなく、他の上訴審裁判所が行うのとほぼ同一の職務を遂行することになる。さらに問題なのは右の故障手続がしばしば同時に少額事件であることである。[23] そのうえいま一つの問題は、連邦憲法裁判所の取り扱う判決、決定のうち七一％が地方裁判所以下の裁判であり、これらは本来上訴という手段で取り消されるべきものであるということである。そこで連邦憲法裁判所の負担軽減もさることながら、その本来の任務のあるべき姿に戻そうとの意図のもとに、解釈論、立法論にわたるさまざまな議論が行われている。

(1)　以上の問題になんとか対応すべく連邦憲法裁判所は、ある時期、少額裁判（控訴許容額五〇〇DM――当時、現在は七〇〇DMに満たない事件）に対しては、憲法訴願を「重大な不利益」(BVerfGG 九三条 a 四項) に当たらないとして、受理しないとの方針をとった(24)。しかし、その後まもなくその方針を変更して、かような少額事件についても審尋違反を理由とする憲法訴願を認めるようになった(25)。かくしてこの問題の解消はもっぱら解釈論ないし立法論に委ねられることになったのである。

(2)　Braunの見解(26)

結論において適法代理の欠缺（ZPO五七九条一項四号）の類推による問題解決を提唱するBraunはまず歴史的考察から始める。一八七七年のCPOに先立つ各ラントの個別訴訟法では、審尋請求権侵害が、上訴 (Apellation) において主張されなかった場合には、無効訴訟 (Nichtigkeitsklage, Nichtigkeitsbeschwerde) が認められており、審尋違反が独立した無効原因になるとされていた。しかるにCPOでは、瑕疵ある代理を無効原因とすることを除いては何等の特別規定をおかず、あたかも通常の上訴手段のみが認められるだけであるかのごとくになったのである。しかしその後、控訴許容額が定められるに及び、また簡易判決 (Schiedsurteil) が裁判所の裁量で可能になるなど、審尋違反があっても第一審のみで訴訟が終了する場合が登場した。ことここに及んで問題はますます尖鋭化するに至ったのである。すなわち審尋権が今や基本権にまで高められた以上、これと合致する形でのZPOの解釈の変更が必要とされているのである。右の連邦憲法裁判所の負担過重に鑑みるとき、確定判決に対しても、通常裁判所が憲法に適合するZPOの取扱を探求する必要がある。そこでBraunはZPO三一九条の判決の更正 (Berichtigung) 規定を使えないか検討する。しかしこの規定の前提には、裁判所によって表明された意思とその形成過程との間（意思と表示との間）にそごがあるということがある。審尋権侵害に際しこの規定が使えるのはしたがって、判決主文に誤りのあることが事実関係や判決理由から一義的に明白で、修正が許されるという例外的な場合に限られ、この規定を審尋権侵害のあらゆる場合に無制限に使うことができるかは疑わしい。そこで次に Braun はたとえば再抗告（ＺＰＯ五六八条二項）や、終局判決に先立つ裁判（Vor-entscheidung）に対する上訴（ＺＰＯ五四八条〔現削除〕）規定など、上訴審での再審理を検討するが、これも裁判機構上、上級審が存在しない場合など限界が存するし、上級審での審理が連邦憲法裁判所以上に誤りの少ないものであるともいえないとしてこれに余り期待を寄せていない。

そこで最後に Braun はＺＰＯ五七九条一項四号（適法代理の欠缺）による再審の類推適用を提唱する。(27) なるほど立法者はこれを意図していなかったし、この類推については、学説上も反対が多い。しかし審尋請求権が基本権にまで高められた現在、立法者の意思に拘束される必要はなく、また類推も不可能ではないことは公示催告による送達のケースに右規定の類推が認められることからいっても明かである。(28) しかも過ちを侵した裁判所が再び審尋することは最も適した方法であるとする。

このBraun の提案に対しては、ＺＰＯ五七九条一項四号以外に審尋違反を再審事由とする立法論が論議されていること、実際には判決手続よりも決定手続における審尋違反が多いため Braun の提案では、連邦憲法裁判所の負担軽減にはならないことなどの批判がある。(29)

(3)　Seetzen の見解(30)

結論として Seetzen は法規定の存在なしにでも再度の考案（Gegenvorstellung）をもって審尋侵害の救済を当該裁判所（judex a quo）に求めることができるとしてその根拠を展開する。

近時の連邦憲法裁判所の判例を見てもわかるように、基本権の機構と手続による実現ないし保障が焦眉の課題であり、げんに連邦憲法裁判所は固有の手続基本権や公正な手続を求める憲法上の請求権の顧慮をもって満足せず、有効な基本権保護という利益のもとに、実体的基本権から効果的な権利保護を求める直接の請求権を引出し、その手続による形成を要求したのである。手続的な形成を第一次的な目的とはしていない実体的基本権からかような義務が生じるとすれば、審尋を求める手続的基本権からその貫徹への要請が従来にまして裁判所に向けられることは明白である。そこで基本法一〇三条一項違反については、その審級内でそれを除去することが裁判所の義務となる。[31] しかもその違反がしばしば単なる「故障（Panne）」であることに鑑みれば、憲法訴願という迂路を通ることなく、当該裁判所が審尋違反を除去する義務を負うべきである。たとえばＺＰＯ五六八条二項は、再抗告を新たな抗告原因が存する限り認めているが、審尋違反がその新たな抗告理由と解されている。[32] この事にみられるように連邦憲法裁判所は、基本法一〇三条一項違反の除去を通常裁判所に移行しようとしているのである。

そこでまず考えられるのは審尋違反の場合、判決が無効といえないかである。しかしこれが認められるのは、無効が判決自体から明かであって前訴手続の再審理を要しないような例外的事例に限られるから、審尋侵害につき無効は問題とはできない。さらにＺＰＯ三一九条の判決の更正（Urteilsberichtigung）の規定も、重大な手続上の瑕疵とそれに基づく裁判の取消のために用いることは適当でない。

そこで次に Braun の提案にかかるＺＰＯ五七九条一項四号を類推して再審が可能かが問題となる。しかしこれに対して Seetzen は疑問を呈示する。まずこの場合、類推による再審事由の拡張は類推の限界を越えるものである。ＺＰＯ五七九、五八〇条の再審事由は限定列挙である。かつては確かに簡易判決につき審尋違反が再審事由とされていたが、簡素化法の施行以来、この規定は削除されたのである。この立法者の決断に反して例外が認められるとすれば、平等原則との関連で、他の侵害との不平等な取扱がなされることになる。しかし Anhörungsrüge の導入が示しているように、基本法一〇三条一項違反は無効訴訟原因とは異なるものである。さらに無効原因としてＺＰＯ五七九条一項三号はいかがであろうか。まず「偏頗のおそれ」にあたるかであるが、裁判官が当事者の陳述や申立てを見過ごしたということから前述のおそれは起こり得る。そこで裁判官が当事者の陳述を完全に認識して尊重する用意を怠ったという場合がそれに当たり得るが、それ以上に単なる見過ごしまで偏頗のおそれになり得ることになって不都合なことになりはしまいか。ところで基本法一〇三条一項違反の審理が行われた結果として判決が言い渡された後に、忌避の申立てがなされれば、忌避が取消不可の判決に際し関係人の役に立つことになる。ただ従来は審理終了後の忌避の申立は許されないとするのが一般的であった。しかし今後は予断を許さない。忌避の申立と申立却下に対する即時抗告についての裁判をめぐる権利保護利益が、忌避を申立てられている裁判官が忌避についての裁判の確定前に訴訟を終了させることによって、失われることになる限りで、厳格な司法は緩和されるべきであるからである。このことが根拠づけられれば、ＺＰＯ五七九条一項二号に基づく再審事由が引き出されることになる。しかし二号ないし四号のいずれにせよ、再審は、あらたな訴訟の提起であるから、費用もかかりまた迂遠でもあって、適切な方法とはいえない。このことは控訴額や上告額に満たない場合の再審の開始についても同程度に当てはまる。

連邦憲法裁判所によれば、ＺＰＯによって許されない上訴は、審尋侵害を理由としてもやはり認められない。しかしこれにはなんらの例外も認められないわけではない。たとえばＯＬＧFrankfurtはＺＰＯ四六条二項が忌避申立てを認める決定に対しては上訴が認められていないにもかかわらず、裁判前に審尋を受けられなかった相手方当事者による即時抗告を認めた(33)。そしてその際ＯＬＧは基本法に依拠した訴訟法規の取扱によって救済可能な限り、憲法訴願を避けるべきであるとして連邦憲法裁判所の判例を明示的に引用した。このＯＬＧ判例は好意的に受けとめられ連邦憲法裁判所はかような場合、先行する即時抗告なしに憲法訴願が提起された場合、固定判例ならびに補充性原則違反で取り扱うことを認めている。またかような取扱は、欠席判決や執行文付与に対する異議についても認められている。さらに基本法一〇三条一項違反はなんらあらたな上訴を開始させないとしてきた原則も、既に崩されているのではないかと疑わせる連邦憲法裁判所の決定が存する。一九八二年三月二日と同年七月七日の決定(34)がそれである。それは、裁判所はＺＰＯ一二八条三項に基づいて職権による書面手続を訴額が五〇〇DMを越えない場合に命じることができ、この場合ZPO五一一a条一項〔現削除〕で控訴することができないにもかかわらず、それが審尋請求権を侵害する場合には控訴を認めるという趣旨を判示したものであるからである。しかし右の決定において連邦憲法裁判所は、上訴の許容を当該の手続規定の解釈がこれを可能にすることにかからせた。法創造の印象を呼び起こさせないためである。したがって立法者に委ねられるべき権限を越えるような右原則の放棄は否定されるべきであろう。そうとすれば基本法一〇三条一項違反の是正は、上訴審でのあらたな審理に委ねるよりは、当該裁判所の審理に任せることを第一に考えるべきであろう。

そこでそれを達成するためにAnhörungsrüge[35]の導入が議論されているわけであるが、あらたな名称を付するより従来から知られている再度の考案（Gegenvorstellung）をまず考慮すべきであろう。この再度の考案はZPO五六七条三項〔現削除〕による高裁の決定に対する期間の定めのない抗告を許すだけではなく、基本法一〇三条一項違反を理由とする即時抗告にもとづいてなされる高裁決定に対しても認められる。そこで取消不可となった判決に対しても審尋侵害を理由とする再度の考案が考えられないか。これがもし認められれば、当該審級における自己制御が可能になり連邦憲法裁判所の再三の要請に応えることになる。確かに確定判決に対する再度の考案を認める規定は存在していない。しかしこれは法規の欠缺であってそれを充填するのは裁判官の責務である。ＳｔＰＯ三三条、三一一ａ条はこれを認めており、これらの規定は連邦憲法裁判所によって広く解釈されている。さらにそれ以上に、裁判官による基本権侵害に際しては憲法に基づいて、前もっての審尋が行われなかったという場合、後からこれを要求するのが連邦憲法裁判所の立場である。裁判前の審尋の保障が裁判所に可能であったにも拘らず、これが怠られた場合、かような審尋はまさしく行われなければならない。

この再度の考案は既判力とどのように関係するのであろうか。既判力の機能は、裁判の内容に基準性を与えこれを法的に維持・持続させ、さらに当事者のみならず公権力をもこれに拘束させることによって、法律関係を拘束的に明らかにし、もって当事者間の法的平和に役立つことにある。既判力のこの意義は、裁判が法律関係を解明しないときには損なわれることになる。このことは特に審尋侵害があるため憲法訴願によって取り消される判決に通用することである。かような判決も形式的に確定したものであれば通常の審級では取り消すことができないが、権利関係の終局的な解明をもたらすものではないから、けっして無限定に既判力を要求するものではない。あらゆる訴訟が権利関係の終局的な解明を目指すものであり、司法はこれに対応する権利保障義務を負うものであるがゆえにそれは基本法一〇三条一項違反を取り除くことができなければならない。

Anhörungsrüge を無期限に認めるとすれば、法的安定を害することになりはしないか問題である。Anhörungsrüge が憲法訴願と内容的に類似の機能を持つことに鑑みて、これと同一の提起期間に服すると解すべきである。したがって裁判の送達から一カ月の期間これが許されることになる。

(4)　Kahlhe の見解(36)

Kahlhe の見解は、控訴額に満たない事件につき審尋侵害があった場合、ZPO五一一a条〔現削除〕とは別に審尋違反に基づく控訴を認めるべしとするものである。もっともそれは審尋違反を特別な控訴理由とするものではなく――かような控訴については法律上の根拠がない――ZPO五一三条二項〔現五一四条二項〕の準用に基づくものである。たとえば書面手続において審尋侵害があった場合はそれが可能であろう。(37)

従来は、Seetzen の Anhörungsrüge 説や Braun の再審説が主張されてきたがそれぞれに難点を持っていた。すなわち前者については、自ら侵害を引き起こした裁判官が再びこれに関わるのは、中立と距離を保って行動する裁判官を求める当事者の権利と合致しないし、後者についても、再審が費用も労力もかかる制度であって、除去されるべき手続的瑕疵からいっても重すぎる制度であり適当ではない。むしろＬＧがあたかも上告審のように侵害の有無を審査して、これが存するときには事実審の審理の再開をＡＧに委ねるべく取消しを行うような控訴制度によらしめるのが適切な解決方法であるとしている。

(5)　立法の動き

以上のような連邦憲法裁判所の負担過重の解消に関しては、右に掲げたような解釈論が提案されているが、いずれも難点ないし限界が存するため、これを立法で解決することができればそれに越したことはない。連邦憲法裁判所の要請に基づいて第五一回司法大臣会議（Justizministerkonferenz 一九八〇年五月八〜九日）がＳｔＰＯ三三ａ条と類似の Anhörungsrüge の試験的導入の検討を行った。一九八〇年六月二五日の連邦司法省の参事官草案によれば、民事裁判所が終局判決によって終了させた手続の中で審尋権を侵害し、上訴や不服申立による問責（Rüge）がもはや不可能な場合、期間を定めての Anhörungsrüge が認められるべきであるとされている。問責されている手続を行った裁判所は、Anhörungsrüge が不適法かあるいは理由無しと認めた場合、これを決定によって却下することができ、そうでない場合には、事件をあらためて弁論に付さなければならないとする。

この Anhörungsrüge に対しては弁護士会（ＤＡＶ）も裁判官連盟（ＤＲＢ）も反対の意思を表した[38]。その理由は、前者については Kahlke のところで述べた通りであり、後者については、ほとんど破産状態にあるのにこれ以上の負担過重はごめん蒙るということにある。このような具合で結局のところ連邦司法省ならびに地方司法行政庁の立法の動きはストップしており Anhörungsrüge の導入も半ば諦められた形になっている[39]。なお将来の立法を考える際には、この Anhörungsrüge に加えてあらたな再審事由としての審尋侵害も考慮に値する[40]。

(6)　小　括

審尋侵害の位置づけをめぐっては、序で紹介した Henckel 教授の論文が出された頃と現在とでは、連邦憲法裁判所の負担過重問題の出現以来、西ドイツでは議論の背景となる状況に変化がみられる。この点西ドイツの特殊性が考慮されなければならない。しかし問題をでき得る限り通常裁判所の管轄内で解決しようとする場合、どうしても審尋侵害を上訴理由として位置づけざるを得ない状況にあるように思われる。かつては相対的上告理由とされていた審尋侵害も、例えば新たな再審事由とする立法が行われたとすれば、絶対的上告理由に引き上げられることも考えられる。かくして審尋侵害の救済論は、単に連邦憲法裁判所の負担軽減策にとどまらず、審尋請求権自体の手続法上の位置づけにもはねかえってくる重要問題であり、今後ともこの議論の成行きについては無関心でいることは許されないように思われる。

(21) 以下の叙述に際して参照した主な文献を列挙しておく。
① Hübsch, Wird die Rüge der Verletzung des rechtlichen Gehörs im Zivilprozeß neu geregelt? DRiZ April 1980 S. 140.
② Braun, Verletzung des Rechts auf Gehör und Urteilskorrektur im Zivilprozeß, NJW 1981, S. 425. S. 1196.
③ Schneider, Nochmals: Verletzung des Rechts auf Gehör und Urteilskorrektur im Zivilprozeß, NJW 1981, S. 1196.
④ Seetzen, Die Anhörungsrüge kraft Verfassungsrechts, NJW, 1982, S. 2337.
⑤ Schumann, Die Wahrung des Grundsatzes des rechtlichen Gehörs – Dauerauftrag für das BVerfG. NJW 1985, S. 1134.
⑥ Deubner, Das Ende der Zurückweisung verspäteten Vorbringens im frühen ersten Termin, NJW 1985, S. 1140.
⑦ Kahlke, Zulssung der Berufung Wegen Verletzung des rechtlichen Gehörs, NJW 1985, S. 2232.
⑧ Arens, Anhörungsrüge Gegenvorstellung,「聴聞異議と再度の考案の申出」（松本博之訳）民商法雑誌九五巻五号（一九八七年）六四三頁。
⑨ Weis, Gegenvorstellungen bei der Verletzung von verfahrensgrundrechten, NJW 1987 S. 1314

なお本稿のもととなった「手続保障侵害の救済について（覚書）」龍谷大学社会科学研究年報（一九八七年）六五頁の執筆中、文献⑧のアーレンス教授の講演を聞く機会に恵まれた。教授にはその後、個人的に本稿のテーマについて御教示を受けた。ここに記して感謝する次第である。

(22) 文献①⑤参照。たとえば提出期間遵守の書面の不顧慮、BVerfGE46, 185; 47, 102ff.; 48, 394ff. 相手方に送達されなかった書面の利用、BVerfGE46, 72f. 重要な証拠申し出の見落とし、BVerfGE46, 315ff. 態度決定のための十分な期間の保障のない裁判 BVerfGE49; 212ff. など、文献⑤によれば連邦憲法裁判所の判例集掲載事件のうち約五〇%強がＧＧ一〇三条一項違反に基づくものであるが、これは受理されたものだけであり、受理されないものが全体の九七％を占めること、Berichterstatter による教示により勝訴の見込み無しとして取り下げられたものを含まないことを考慮する必要がある。もっとも受理されたものの多くは勝訴している。また民事判決に対する憲法訴願が圧倒的である。この傾向は近時のそれであって、連邦憲法裁判所の創設当初はまったく事情が異なっていた。

(23) 文献⑤一一三六頁。
(24) BVerfGE47, 102（104f.）.
(25) BVerfGE48, 394 ; 50, 32. アーレンス・前掲六四七頁。
(26) 文献②参照。
(27) 再審規定（原状回復に関する五八〇条）の類推適用の可能性については、つとに Gaul の主張するところである。Gaul, Die Grundlagen des Wiederaufnahme und Ausdehnung der Wieder aufnahmegründe, 1956.
(28) 小山・前掲注(1)前編参照。
(29) 文献③参照。
(30) 文献④参照。
(31)(32) BVerfGE49, 252.
(33) MDR 1979, 940.
(34) NJW 1982, 1454 ; 2368.
(35) 再度の考案という訳については、アーレンス・前掲六七〇頁参照。また再度の考案という制度の本来的意義ならびにその歴史的展開については、鈴木正裕「決定・命令に対する不服申立て——民事(二)」法曹時報三六巻八号一四五三頁、同「抗告の性質」『講座民訴7』、（弘文堂、一九八五年）二九一頁（特に三〇七頁）参照。
(36) 文献⑦参照。
(37) BVerfGE61, 78.
(38)(39) 以上につき文献④を参照した。
(40) アーレンス・前掲注(21)六六二頁参照。

三　西ドイツの議論の示唆するもの

ここでは西ドイツの議論（特に近時の議論）を概観してかなり大雑巴ではあるが、私の受けた印象を記すにとどめる。

第一に、右の西ドイツの議論の射程が問題である。特に手続保障という場合、前述のように、日本ではまず何を議論の対象にするのかその限定の作業が必要なのであるが、西ドイツにおいて、審尋（請求権）侵害という場合、その中味の理解については、あらためて定義する者も、とりたてて定義していない者もその観念しているところのものは一致を見ているといってよいことが指摘されよう。すなわちその意味するところは、判決の基礎となる事実関係について両当事者が自己の見解を表明する（äußen）機会が保障されること、当事者からなされる意見表明を裁判所が知見し（zur Kenntnis nehmen）、それを考慮に入れる（in Erwägung ziehen）ことであり[41]、これによって手続上の瑕疵のない正当な裁判がなされる[42]。日本においては、訴訟内で両当事者が、裁判所に対して不十分な形でしか審尋を受けられなかった場合、審理不尽として上訴されることであろうが、それ自体を憲法上保障された権利たる審尋権として構成し、その侵害の重大性が主張されることが従来はなかったことからすれば、西ドイツの議論は日本にとっても、新たな視点を提供するものと評価することができるであろう。この点は垂直関係における手続保障の問題においても、なお詰められるべき議論が十分に残っていることをも同時に意味している。また、手続保障が訴訟における両当事者の弁論規範の規律を意味するという論議においても、手続内においての弁論規範による当事者の訴訟活動の整序は裁判所が行うということであれば、ここでもやはり垂直関係における手続保障侵害を問題とせざるを得ないことになり、西ドイツの議論とのつながりが出てくるように思われるが、この点については議論の成行きがいま一つ明確ではない。

第二に、西ドイツでは憲法訴願（Verfassungsbeschwerde）という制度が存在し、憲法違反を理由として、連邦憲法裁判所による民事裁判の取消が可能であり、これが審尋請求権侵害に対する通常の救済手段とされていたため、右の制度を持たない日本の議論との断絶が存するかに思われた。しかし連邦憲法裁判所の負担過重が問題となるに及び、西ドイツにおいても通常裁判所内での救済をはからざるを得ない状況に立ち至った。このような状況のもとでなされている解釈論、立法論は、憲法裁判所を有せず、しかも手続保障が憲法上の保障として位置づけられているため、必然的に憲法違反の手続権侵害を通常裁判所で救済せざるを得ない日本の議論にとっても参考となる点は少なくない。ただ日本では控訴、上告が訴額で制限されるという制度になっていないため、これとの関連での解釈の困難は西ドイツにおけるほど深刻ではないことはいうまでもないが、逆に救済手段を考える場合に上訴との関連で西ドイツとは別途の考慮が必要になる可能性が存する。

手続保障の憲法上の保障としての位置づけとの関連で、公正な手続を求める権利に関する中野教授の次の解釈は注目に値する。曰く「裁判所の手続実施は形式上適法になされており、通常の不服申立てはもはやできないが、そのために他の事件における処理との間に実質的な不平等を生じ、これをそのまま確定させることが正義に反する結果となる場合に、特別上訴による救済の余地を認めるべきではないか(43)」として裁判官の裁量に委ねられる審理の結果の不平等を除去する具体的解釈論を、直接憲法を根拠にして展開している(44)。今後この方面、特に決定、抗告手続における手続保障侵害の救済については、西ドイツの議論に鑑みても、十全な保障の確保は必須であり、議論の簇出が期待される。

第三に、日本では手続保障侵害の救済については、再審か、独立した訴えの提起（相対効）かが議論されている。前述のように、西ドイツと必ずしも議論に際して頭の中に描いている事例が同じとはいえないので、彼地の類推がどこまで利くのか慎重であることを要するが、日本で主張されてきた救済手段としての再審については、西ドイツでは有力な主張者がいるとはいえ（Braun）、全体としてはあまり支持されていないことをどのように評価するか問題である。このことは再審事由が例外的なものであり、例外の類推は許さないとの厳格な解釈を重んじる国柄のひとつの現れともいえようが、実際には時間や労力、コスト面での不経済という配慮も働いていた。政策的判断をも要するところであろう。

しかしそれと同時に再審の存在意義、再審という救済方法を手続保障侵害に応用することの有効性を、比較法的にもより立ち入って検討する必要性を感じさせる。比較的研究の進展していないこの分野の開拓が望まれる。

以上、今後の検討課題ばかりを並べる結果になってしまったが、手続保障侵害の救済方法という問題は、西ドイツの議論を概観してもわかるように、手続保障論議の中で、単にネーベンな問題として位置づけられるべきではなく、手続保障の意義自体を問うことになる試金石かつ重要問題である。私自身、これらについて研究の緒についたばかりであり、いまだ日本の解釈論を展開するに至っていないが、今後の研究課題としてひとまずここで筆を擱くことにする。

(41) もっとも文献⑦は、本文の審尋請求権理解は、訴訟主体としての裁判所の訴訟支配的色彩が強く、結局のところ公正な手続進行と正義にかなった訴訟結果が目的とされ、権力ある国家機関たる裁判所にとっては、客体としての当事者に対する公正の要請たるにとどまる。そこでむしろ当事者支配に優位を認める審尋請求権構成を行うべきであり、それは手続を利用しての自由な私見形成の結果たる、訴訟物についての処分の自由（処分権主義）と訴訟資料の訴訟への持込みを当事者へ委譲する（弁論主義ないし提出原則）という形での、手続主権（Verfahrenssouveränität）の存在として理解すべきであるとする。この Kahlke の当事者支配の強調が、本文の審尋請求権理解と具体的にどのように違い、どのような結論の違いをもたらすのか必ずしも明確ではなく、単なる解釈指針にとどまっているようにも思われる。

(42) BVefGE6, 12 ; 89, 381 などにより確立した判例法理である。

(43) 中野貞一郎「公正な手続を求める権利」民訴雑誌三一号（一九八五年）五頁〔『現在問題』三〇頁〕。なお救済手段の不存在ないし存在する救済が他と較べて不平等な取扱を受ける場合について文献④二三四〇頁は、ある立法作業から立法者を拘束する実質的法律適合性（Sachgesetzlichkeit）を引き出し、平等原則侵害として体系違反を申し立てる試みに対して、連邦憲法裁判所は控え目であり、軌範の名宛人の様々なグループの間で不平等な取扱を是認することになるような態様や重みを持った区別が存することは許されないことのみを認めているとしている。

(44) 中野・前掲注(43)二三頁以下。

7 訴訟告知の機能について

一 はじめに

訴訟告知は係属中の訴訟の存在を一定の利害関係ある第三者に通知し、もって第三者の当該訴訟への関与を可能にすると同時に、告知した当事者と第三者間の後訴において前訴と矛盾した判断がなされることによって告知当事者が二重に敗訴する危険を回避することを目的とする制度である（民訴七八条〔現五三条〕）。しかしその目的が一見明確であるように見える訴訟告知制度も、この制度をめぐる具体的な解釈問題になるとたちまち困難に逢着するのである。いったいどのような場合に訴訟告知を許容するかでまず、その機能の射程が問われることになる。この局面では補助参加の利益に関する議論[1]の揺れ動きの波をまともに受けるばかりか、訴訟告知自体に本来制度が予定していなかった期待が寄せられ、法が訴訟告知に付与する効力（訴訟告知の効力、参加的効力）と一体であったはずのこの制度を通知機能部分と効力部分とを切り放して運用することが考えられ、また実際に行われている[2]。筆者は以前に判決の対世効と訴外の第三者の手続保障との関係を考察する機会に恵まれ、そのさい、判決の画一的確定の要請があるところでは必然的に、判決によって自己の権利領域（法律関係）に影響を受ける第三者の訴訟関与の機会が憲法上保障されなければならない場面が生じるが、その手続保障手段として訴訟告知制度を活用すべきかの検討を迫られた。(3) その時点ではこの場面での訴訟告知の活用に躊躇を感じ、第三者の訴訟関与が憲法上の要請である〔憲三二条〕ことにかんがみても職権による通知の可能性を切り開いておくことの必要から、ドイツで特に身分訴訟に規定されるにいたったBeiladungにならった手続上の措置をとることを主張してみた。その後さらに民訴法七〇条〔現四六条〕の効力の本質を考えながら、再び訴訟告知の効力について思いを及ぼすことになったが、(4) なにぶん不十分な考察にとどまっていた。そこで本稿執筆の機会を得たのを幸いに、自己の利害がかかっている訴訟への第三者の関与を保障する手段としてなにが適切かをここでもう一度検討してみたいと思いたった。ただ紙数に限りのある本稿で第三者の訴訟関与とそのための手続的保障の手段に関して全般的な検討と解答を提示することはできない。ここではただその基礎的な研究として訴訟告知と職権による通知、会社法〔株式法〕にみられる公告等と使い分けているドイツの状況をおもに検討するにとどめ、必要な限りで他の参加のための手続的手段を取り扱うものの、全体的考察については後日に譲らざるを得ない。筆者の関心はしたがって、訴訟告知の本来の〔母法におけるという意味で〕機能を確かめ、その機能からもっぱら第三者のための手続保障機能のみを切り放して使用する、すなわち訴訟告知を複線化して利用することが妥当なのか否か、妥当であるとしてその根拠はどこにあるのかを探ることにある。そこでさし当たりその問題に結論を出す準備作業として、ドイツにおける訴訟告知の要件、Beiladungとの使い分けをめぐる議論を整理しておこうというものである。

ユービラール木川教授は、近時、訴えの主観的予備的併合の許否に関して、特にその上訴審の審理での困難を指摘しながら、その存在意義について最高裁と同様、消極的な立場を表明するにさいし、訴訟告知制度の活用を説いた。(5) この説は訴訟告知制度の意義にあらためて光を向けるものとして注目に値するが、このように訴訟告知と訴えの主観的予備的併合を、択一的制度として位置づけ、一方の優越を論証して他方を排斥するという厳格な解釈態度をとるべきかはなお検討を要するように思われる。ともあれこの説の存在は、第三者を巻きこんだ訴訟形態の多様性をあらためてわれわれに知らせることになった。すなわち第三者の訴訟関与のあり方を考えるとき、第三者を訴訟における一方当事者の補助者として位置づける場合とこれを共同訴訟人として位置づけることとが考えられるが、両者の関係は歴然と区別できるものではなく、むしろ流動的な関係にある。したがって第三者の訴訟関与の一般的ありかたを考えるとき、共同訴訟と参加の関係をどのように計っていくのが適切かが問われることになるが、この問い自身は、すでにそもそも両関係を画する二当事者対立構造自体がその存在意義を保てるものなのかにつながるのである。もっとも本稿ではもとよりこれを正面から取り扱うことはできず、なおかつ訴えの主観的予備的併合にすら立ち入る余裕はない。ただ訴訟告知制度を論じるにはこのような視野の広さが必要となるのであるから、したがって訴えの主観的予備的併合という制度の持つ射程をも頭に入れておかなければならないことは当然である。

日頃、木川教授の数々の簡潔かつ鋭いご論稿から学恩を受けている者としてはまことに拙い寄稿でなおかつ教授の問題提起に正面から取り組もうというものでもなく、心苦しい限りであるが、教授のご寛容をお願いすると同時にいつもながらの教授の忌憚のない批判を得られるなら幸いに思う次第である。(6)

(1)　その代表格として、井上治典「補助参加の利益」『法理』（以下井上・法理と略記）（弘文堂、一九八一年）所収、六五頁、同「補助参加の利益・再論」『訴訟』（以下井上・訴訟と略記）（信山社、一九九二年）所収、一七五頁参照。

(2)　井上・『訴訟』（「訴訟告知論を考える――仙台高判昭和五五年一月二八日を手がかりとして――」）一三五頁は、告知する側の目的、動機を、①紛争を第三者にまで拡大することによって自己の窮状を打開ないし緩和しようとするもの、②事件に深く関与し事情を知っている者による積極的活動に期待して、事案の究明ないし訴訟資料の充足をねらうもの、③後日の第三者に対する責任追及を考えて、いわば訴訟のリスクのヘッジをかけておくもの、④後日の第三者からの責任追及をおそれて、あらかじめ関与の機会をあたえておくもの、⑤共同提訴を拒む共有者に対する訴訟告知などのように、当事者適格ないし訴訟追行資格を補充するためのものをあげる。また、中本敏嗣「訴訟告知に関する諸問題」判タ五七八号九頁（一九八六年）〔藤原弘道＝山口和男編『民事判例実務研究五巻』（判例タイムズ社、一九八九年）所収、四〇五頁〕は、現実に行われている訴訟告知をその動機、目的から①本来型（井上③④）、②付随型（訴訟告知の効力を及ぼすこと以外にその目的がある場合。井上②）、③その他に区分する。共同訴訟と参加が鋭く区別されていない法圏においては、訴訟告知の多様な使われ方がなされうることにつき、Spellenberg, 後掲注（7）（特に井上⑤との関係でS. 326）参照。なお日本における訴訟告知の要件論全般については、上田＝井上編『注釈民事訴訟法(2)』（有斐閣、一九九二年）二七四頁以下〔上原敏夫〕参照。

（3）拙稿「身分訴訟の判決効と手続権保障」龍法一九巻二号一八三頁（一九八六年）〔本書二七五頁〕、同「対世的判決効拡張と手続保障」民訴雑誌三三号四六頁（一九八七年）〔本書三〇五頁〕参照。

（4）上田＝井上編・前掲注（2）一五五頁以下参照。

（5）木川統一郎「主観的予備的併合不要論」判タ七七八号四頁（一九九二年）〔『民事訴訟法改正問題』（成文堂、一九九二年）所収、二〇七頁〕。なお後に見るように、ドイツにおける訴訟告知の人的範囲と日本における訴えの主観的予備的併合の議論とは興味深い関係にある。

（6）本稿は事情によりドイツで執筆することになり、そのため特に日本の文献についてきわめて限られた状況のもとでのものであることをお断りしなければならない。

二　ドイツにおける議論の状況

1　一　般

当事者以外の第三者の訴訟関与を論じる前提として、当事者と第三者とを区別する基準が必要である。一般的には、当事者適格の存否がその基準となる。そのためには、何をもって当事者適格を付与するかが問題となるが、訴訟物との関連で、実体法上の請求権の存否をその当然の基準とするドイツにおいては、二当事者対立構造が訴訟の基本に据えられてきたことは見易い道理である。ところが、紛争を直視するとき、右のような思考の枠組みからはずれたところにある者がこれに関係することも少なくない。これらの者を訴訟にどのように取り込むか、あるいはおよそ排除するかが問題になる。その取り込み方、あるいは排除の仕方については、国によりまたは一つの国の中でもその訴訟制度の歴史的背景から、また第三者の利害の濃淡によりそれぞれ工夫の仕方を異にする。

近時、ドイツにおいては、急速な勢いで比較法への関心、研究が進み、その影響は当然のことながら民事訴訟法の分野にも及んでいる。第三者の訴訟関係についても、すでにその成果が現れつつある。[7] ドイツ法圏内のみの比較法的研究ではもはや十分とはいえない状況を感じるが、右の成果を念頭に置きながらも、本稿では、とりあえずドイツ法の議論状況に限定して考察することにする。

2　第三者の訴訟関与手段の概況

他人間に行われている訴訟の結果たる判決によって自己の権利領域が侵害される可能性のある第三者（潜在的訴訟関係者といってよい）については、その権利保護をはかる必要がある。このような第三者の保護手段は必ずしも訴訟関与に限るものではないと思われる。しかしこのような第三者の訴訟関与がその権利保護にとって重要な意味を持つ場合も決して少なくはないであろう。他方で、第三者の訴訟関与によってすでに係属する訴訟における争点がより明確にされ、事案の迅速な解明に向かうことが考えられる。かくして第三者の訴訟関与は、第三者（ないしは当事者）の利益の問題でもあり、かつ裁判所の関心事でもある（当該訴訟における充実した審理というだけではなく、潜在的訴訟関係者たる第三者を当事者とする後の訴訟で前訴と共通する争点について、矛盾した判決をしないという裁判所の関心もあろう。もっともこの点については、矛盾判決によって二重に権利を喪失する前訴当事者の危険回避とその関心が重なる。さらに他人間の訴訟が自己の権利領域を侵害する可能性をもつ場合の潜在的第三者の審尋請求権を保障するよう配慮することも裁判所の関心事に含められよう。審尋請求権保障は第三者の憲法上の権利であるからである）。また第三者の訴訟関与は、後の当事者と第三者間の訴訟を減少させることにも役立つことが指摘されている。

ところで関与を論じる際の第三者を「自己の権利領域が他人間の訴訟によって侵害される者」と定義したとしても、なお他人間の訴訟のどのような効果がどのように第三者の権利領域に関わりを持ってくるのか、判決の内容的効果なのか、すなわち既判力、形成力、執行力が第三者に及ぶのか、それとも実体法上の効果なのかあるいは事実上の効果なのか、いかなる影響が及ぶ場合に第三者は他人間の訴訟への関与権を持つのか。またその場合、第三者の当事者との実体法上の関係が係争法律関係とどのような関係にあることが必要か（そのような考察の有効性をも含めて）。いずれにしても第三者の関与権が終局的には第三者に対する憲法上の保障（審尋請求権）に根拠をもつといわれるが、そもそも第三者はいかなる手段で自己の権利が他人間の訴訟にかけられていることを知ることができるべきなのか、そのための民事訴訟法上の手段は十全なものなのか。また第三者の権利保護のためには、第三者にどのような手続権を保障する必要があるのか等が問われなければならない。これらの問題は相互に絡み合っている。たとえば、第三者に判決の内容的効力が及ぶのであれば、第三者の関与手段を訴訟当事者に委ねることで事足りるとすべきではないのではないか、またこのような第三者には単に訴訟当事者に従属する補助者としての地位を与えるだけでは手続権保障としては不十分なのではないかが問題となる。本稿ではこれらの問題を全般的に取り扱うことはできない。(8) そこで当面、第三者の訴訟へのアクセスのための手段の問題に限定することにする。とりあえず、第三者の訴訟関与を可能にする手段としてドイツにはどのような制度が存するか概観しておこう。第三者の訴訟関与の手段としては、訴訟告知（ＺＰＯ七二〜七五条、六四一ｂ条、八四一条）と Beiladung（ＺＰＯ六四〇ｅ条、八五六条三項）がある。(9) われわれとしてはその振り分けがどのような基準で行われるのかが知りたいところである。そのためには、一般に訴訟告知がどのような目的でどのような場合に利用されるのか、それが歴史的に拡張規定された根拠はどこにあるかを探ることが先決として有効と考える。

3　訴訟告知の許容範囲（機能）

(1)　ＺＰＯ七二条の要件論一般

ＺＰＯ七二条一項は、「訴訟で敗訴した場合、第三者に対して求償もしくは損害賠償の請求を提起することができると思われる、あるいは第三者からの請求を受ける心配のある当事者は、訴訟の裁判確定にいたるまで第三者に裁判上、訴訟を告知することができる」と規定している。ドイツの民事訴訟法がこのような比較的狭い適法要件を掲げているのは、直接的な文言表現としては、ハノーヴァー草案六一条に端を発するのであるが、この狭い範囲に見える告知の要件も、当初の追奪担保責任に限っての許容から見れば、その範囲を広げる努力の結果、多少の広がりをもつものであったのである。[10]その詳細についてここで論じる余裕はないが、その歴史的経緯ないしそれをめぐる議論の経過をたどって後の議論との関係で興味深くかつ重要であると思われる要素のみ列挙すると、①訴訟告知は、訴訟制度として位置づけられるにいたったものの、求償権確保のための実体法上の要件になるのかに関する普通法における議論に見られるように、実体法上の制度（その要件は実体法が定めるもの。効果としても統一的なものはなく、故意 dolus 、過失 culpa の原則が適用されるとされていた）として機能することが当然視された時期を経てきており、[11]その影響は後に見るように今日においてもなお根強く残っていて、実体法からの訴訟告知の要件へのアプローチを行う見解が存すること、②訴訟告知制度が参加制度と結びつけられて以来、補助参加人が訴訟において当事者に対して従たる地位を与えられることになったことが、被告知者にも適用され、両制度が統一的に理解され、訴訟告知が訴訟引受や当事者交替のために使われたり、必要的共同訴訟における提訴に賛同しない当事者を相手方につけるための制度として機能させるという方向には向かなかったこと（これがドイツがフランスのように Garantieklage を結局は規定するにいたらなかったことと関連しているように思われる）、③それとの関連で訴訟告知の効力と参加の効力とが切り放されることなく論じられるようになったこと等が挙げられる。訴訟告知制度の民事訴訟法体系上の位置づけの整備に伴い、その要件・効果に関して補助参加制度との関わりを深めていく方向で立法が進められたことは、ドイツとしては当然のことであろうが、補助参加制度との関係を飛び越えた機能が訴訟告知に期待されている現在の日本の情況との比較でいうと、日本では訴訟告知の体系上の位置づけをどうすべきかの検討を欠くことができないように思われる。

右のように、歴史的には限られた事例でのみ訴訟告知が許され、現在の規定の体裁となったのであるが、それでも訴訟告知ができる範囲を規定の要件の場合にのみ限るのは窮屈になる。一九六七年の改正草案(12)では、「求償請求、損害賠償請求」という文言の削除も試みられた。しかし当時すでにこの規定は例示にすぎないとして、その範囲を広げる公定解釈がなされていたために、改正の必要なしとされたのである。その広げるべき範囲については争いがあるが、その争いも右の土俵を前提にした争いであることを知る必要がある。

(2)　判例（リーディングケースのみ掲げる）

(a)　BGH一九五二年一一月一三日判決（BGHZ八、七二）

〔事案〕　原告は自動車の所有権者であった。戦争中彼はこの自動車をR市のあるホテルに持っていった。そこに彼の事業の営業活動は移された。当該自動車は占領後の時点でもそこにあり、彼の社員の管理下にあった。一九四五年そのホテルは、軍の統治目的のために急遽明け渡されることになった。その自動車は、その社員によって確保されなかった。明け渡し期間中、それは市の作業場に持ち行かれ、はじめのうちは使用されないままおかれたが、その後それはRの交通会社に保管された。一九四六年はじめ、交通会社の駐車場が移転したとき、その自動車は交通局（SVA）の社員によって運び出された。自動車はSVAの駐車場におかれた後、一九四六年の終わり頃、査定のうえ、技師Schに売られた。Schはそれをさらに SVAの当時の局長であったBに売った。Bは後ザール地方に移動し、そのさいその自動車を持っていった。原告は、ホテルの明け渡しにさいして彼の社員がその自動車を確保するなんらの可能性も持たなかったのは、市の公務員の職務違反に当たるとし、さらに市が明け渡しの時に自己のものにしたことを主張して、所有権者たる彼に通知せずに自動車を自己のものにしたことは市自身の職務違反であるとした。結局彼は、市の職務違反、公法上の保管契約違反があると主張した。彼によれば自動車の運び出しは一九四六年四月一日以後のことである。ところでこの時点以降に行われた官庁統合により、ＳＶＡはラントの機関に所属することとなり、ラントがＳＶＡに属する者の職務違反について責任を負うと主張した。これにより、原告は、一九四六年四月一日以前の責任は、ＳＶＡが郡（Kreis）の官庁であったことに鑑みて被告たる郡が、そして同年四月一日から一九四七年四月一日ないしは五日までのＳＶＡの所属者の職務違反についての責任についても、郡が、ＳＶＡがこの時点でも郡に属していたかあるいは少なくとも一九四六年四月一日ないしは五日に行われたＳＶＡの郡の官庁機構への組み込みによって、当該庁の権利承継人になったことを理由にこれを負うとした。Ｒ市は、急遽の明け渡しの結果については責任がない、そのさい自動車を市の作業場に移動したのは、自動車を強奪や持ち去りから保護するためである、Ｂ（ＰとあるがＢの間違いか――筆者）は当時局長ではなく、軍政下の通訳であって、市の代表権者は市長であったが市長は自動車の作業場への運び出しを命じなかった、Ｂはその後、市作業場の責任者になったが、自動車の保管につき原告に対して契約上の義務を負うような権限を持ってはいなかった、したがって彼は市作業場におかれていた原告の自動車の面倒を見る義務はなかった、と主張した。

ラントはまず、ＳＶＡの所属者の職務違反について、一九四七年以降も責任を負わない。けだし、ＳＶＡがラントの官庁であったことはなかったのだからと主張した。原告は当初、市とラントとを連帯債務者として、七〇〇〇マルクの損害賠償の支払いを求めた。その訴訟の係属中、原告は本件被告たる郡に訴訟告知をした。その後、彼は別訴で本件被告（郡）に対して同一事実関係に基づいて生じた連帯債務者として本件訴訟を提起した。両請求は地裁の決定により併合された。第一審は、市とラントに対する請求を棄却し、被告郡に対する請求を基本的に認容した。棄却判決は確定。その後の被告郡の控訴、上告とも棄却された。

〔判決理由〕　控訴審は、原告の自動車所有権が、SVA所属者の有責な職務違反により失われたことから出発した。SVA事務員による自動車の持ち去りは一九四六年四月一日（一九四六年三月二八日の占領軍の通知による交通機関の機構改革が行われた日）より後に行われた。控訴審はしたがってこれが行われたのが、この機構改革後、一九四七年四月一日ないしは五日の郡への再編成時なのかを審理し、これを認めて郡の権利承継人としての責任を肯定した。郡はこれに対して、責任の所在は連邦ないしはラントにあると主張しているが、被上告人が反論しているように、郡に対する訴え提起以前に市とラントに対する訴訟において郡に対して訴訟告知がなされたが、これが適法な訴訟告知であれば、その手続における事実上の確定事項を郡はもはや争うことができない。すなわち自動車は一九四六年四月一日より前にSVA所属者によって持ち去られ、その当時SVAは郡に属していたことはもはや不可争になる（控訴審はこれと異なる認定をしてしまった）。そこで問題は訴訟告知が適法か否かである。これは後訴での判断事項である。問題はまず訴訟告知が第三者に対して行われるものであるのに、郡はその後訴訟当事者とされたことである。しかしこれは訴訟告知の適法性の妨げにはならない。告知時点で第三者であればよいからである。市とラントに対する訴訟ではこれに対して別途訴訟が提起されたとしても、一貫して郡は、第三者であった。後の請求の併合もこれを妨げるものではない。併合後も両者は完全に独立の訴訟であるからである。さて次の問題は、共同訴訟の一方の被告が、訴訟告知者たる他方の原告に参加できるかである。RGはこれを不適法とした。しかしそれは説得的ではない。参加人の主張が矛盾するとしてもこれを当事者がコントロールすることが法律上認められているからである。したがって原告の複数の共同被告の一人に対する訴訟告知は、他の要件のある限り、適法である。そこで七二条の規定が問題となるのであるが、これに関しては、その規定の文言よりも広く解すべきで、損害の惹起者として現被告と選択的に考慮される第三者に対する訴訟告知を適法とすべきである。本件で市と郡との間にはまさにこの関係が存する。これに対して最初から連帯責任を請求できる場合はこの関係はない。しかし本件では三者の連帯責任を追及するという関係にはなく、むしろ一方に対する敗訴が他方の保証責任を生じさせる関係にある。その限りで択一的債務関係が存在する。（本判決における告知の要件たる択一関係をどこまでの広がりで読むかについては不明であった。しかし次に掲げる判例でその範囲が広げられこれが判例の立場とされることになった。）

(b)　ＢＧＨ一九七五年一〇月九日判決（ＢＧＨＺ六五、一二七）

〔事案〕　一九六四年四月一〇日の書面で原告は被告に家屋の石積作業を委任した（ＶＯＢ／Ｂ約款を使用）。その家屋のある土地は水はけの悪い地域にあったので、原告は同時に密閉工事を依頼した。被告とＤはさっそく工事にとりかかったが、家屋の地下部分が浸水したので、原告はまずＤに対して密閉工事の失敗とそれによって生じた損害賠償請求の訴えを提起した（前訴）。この訴訟において原告は本件被告に訴訟告知をした。原告と第二審でこれに参加した被告は、Ｄが三三七五五、四八マルクとその利息の支払いについて有責判決を受けるべきこと、さらにその他に家屋の密閉と湿気によって生じた諸事項の除去に必要な費用ならびに湿気によってさらに生じるすべての損害の賠償義務を負うことの確認を申し立てた。高裁は、一九七〇年四月二九日判決で基本的に支払請求が是認されること、原告が求めた確認は正当である旨を判示した。被告の上告棄却。その判決理由の中で上告裁判所は、Ｄは確かに密閉とそれに付属する工事について責任を負うが、密閉のために適切な基礎の補修のためには責任を負わない。どの程度まで支払請求訴訟が棄却されるかは金額決定手続（Betragsverfahren）に委ねられる。さらに高裁によって正当とされた確認も、Ｄはたんに原告との契約によって課された義務の範囲内で補修と損害前払いの義務を負うと理解すべきであるとした（一九七一年一一月二九日ＮＪＷ一九七二、四四七）。原告はこれに従い支払請求をし、Ｄも異議なくこれに応じた。前訴はなお金額決定手続の控訴審係属中である。一九七二年六月二一日原告は被告に対してまず、新たに頑強な、水圧に耐えられる鉄筋コンクリートの床部の工事を請求し、さらに被告に一九七二年九月一三日に送達された書面で右工事の代わりに一〇四四九、六六マルクならびに利息の支払いを請求した。その根拠づけのために原告は、前訴における訴訟告知の効力を援用し、さらに補完的にこの金額は補修のための費用前払いとして必要であると主張した。被告はことに訴訟告知の効力を争い、時効（VOB一三条四号で保証請求権の時効は二年）の抗弁を主張した。地裁は鉄筋コンクリートに関してのみ告知の拘束力を認め、五九九二、六六マルクとその利息の支払いとを認めた。そしてその他基礎工事に関する前払い請求を棄却した。両当事者とも控訴。高裁は、利息の利率を引き下げたほか原告の請求を認容、被告の控訴棄却。被告上告。棄却。

〔判決理由〕　一九六六年一一月二三日被告に送達された訴訟告知が有効でない限り、時効は中断されない（BGB二〇九条二項四号、同二一五号）。正当にも控訴審はここから出発し、時効の中断を認めた。問題は、本件において訴訟告知が適法になされたかである。それは後訴の審理事項である。その要件は、訴訟が敗訴の結果に終わった場合に、第三者に保証ないしは損害賠償請求ができるケースかであり、実際には後に勝訴したということは重要ではない。すなわちその場合でも訴訟告知は有効である。これに対して訴訟告知は次の場合には不適法である。すなわち事態の状況から判断して当初から前訴の被告と並んで第三者に対しても主張がなされ得るような場合、つまり告知の時点ですでに被告と第三者の間に連帯責任が存する場合がそれである。このような場合には告知の時点で告知者を害する訴訟の結果に依存しない状況ができているからである。この要件を満たすのは事実関係が択一的な場合である。前訴で原告は、Dの瑕疵ある設計と密閉工事の実施により生じた損害賠償義務の確認を求めた。そして本件では前訴において功を奏さなかった相応の基礎工事を伴う鉄筋コンクリートを流す義務と同じ目的が追求されているのである。訴訟告知の時点では控訴審が誤りなく認めたように択一的関係が存したことは明らかである。すなわち家屋に生じた浸水損害は除去されるべきであり、Dとその被告のいずれがその責任を負うかは訴訟においてのみその展開の後に解明される事柄である。結局のところ有効な訴訟告知によって時効中断も有効になされたことになる（その他の論点略）。

判例は、右のように、訴訟告知ができる場合を、当事者との訴訟結果として第三者との間に何らかの請求権が発生する関係が存することを前提として、したがって最初から共同訴訟を提起することができるような場合（責任が選択的ではなく重畳的に発生する場合）は除外して、それを条文記載の保証もしくは求償請求あるいは損害賠償請求に限ることなく、択一的債務関係が存する場合、すなわち被告適格者の間に択一関係がある場合にまでこれを拡大している。すなわち被告適格者の間に択一関係がある場合に、判例は原告から他方の債務者に対して行う訴訟告知を適法とする。(13) もっとも判例のいう択一的責任は、必ずしも同一の法律的原因から生じたものであることを要せず、その責任の範囲内容が同一である必要もないとしていることを(b)判決からうかがい知ることができる。(14)

択一的被告適格関係がある場合の訴訟告知の適法性を許容する判例の見解に対して、この要件をより絞る見解が主張されている。

(3)　学　説

Bruns は、判例理論によれば、たとえば暗い夜道に駐車してあったKの自動車がAないしBの車にぶつけられ物損を生じたという事例で、KがAに対して損害賠償請求訴訟を提起し、同時にBに訴訟を告知したところ証明不十分で敗訴した。そこで今度はBに対して損害賠償請求をしたという場合、Bは敗訴判決を受けることになり不合理であるとする。これを防ぐためにはA・Bの関係がたんに事実上択一関係にあるというだけではなく、実体法上、牽連的法律関係(übergreifendes Rechtsverhältnis)にあることを要するとする。(15)

Häsemeyer も、実体法関係に照らして厳密な訴訟告知（＝参加的効力）の要件を打ち立てるという立場から、択一的関係といってもたんなる条件的依存関係では足りず、相互に排除的な条件関係にあることを要する。すなわち一方が認められると他方が排除されるという関係が必要であるとする。(16) この見解によれば、訴訟告知の目的は、実体法上、複数人間に等価値の択一関係があるとき、その一方が訴訟当事者となったことによってこの関係が崩れることを阻止することにある。これが不当訴訟の抗弁を排斥する根拠であり、第三者が他人間の訴訟で自己の利益をなにゆえ追行させられるのかの根拠でもあるとする。(17)この説は、条文に記載されている告知の許容事例以外にもその適用範囲を広げるものであるが、択一関係に一定の絞りをかける、すなわち択一関係といっても自然的（事実的）択一関係と法的択一関係が存在し後者のみが訴訟告知の要件を満たすとする。法的択一関係とは一方に対する有利な判断が同時に他方に対する不利な判断になる関係にある場合を指す。(18)この見解については、なにゆえ法律の文言との関係で拡大解釈ができるのか、さらになにゆえ判例理論に絞りをかけようとするのかが問題となるが、前者についてはそれが判例学説の認めるところであるからとの説明に止まり、後者についても実体法上の関係の訴訟による貫徹を説くに止まる点で多少の物足りなさを禁じ得ない。訴訟告知の許容を実体法のみで規律することは、訴訟告知がすでに普通法時代から実体法の問題とされてきたことから決して奇異なことではないが、実体法関係のみでは被告知者の管轄の利益という問題の位置づけがあいまいになりかねないし、前述のように第三者の訴訟関与は審理上の便宜をもその考慮に含めて議論されていることから、訴訟手続上の要件の顧慮は不可欠であるように思われる。もっとも告知者と被告知者の法律関係が同等の重要性（gleichgewichtig）を持った択一関係にあることを要することから必然的に両者の審理における同等の地位が引き出されるようにも思われる。そうするとこの見解は、訴訟告知ではなく主観的予備的併合に関してではあるが、(19)一方の当事者に対する請求の認容が同時に同一の法的視点で他方の棄却につながる場合にこれを認めるとする小山説を想起させるものがあり興味深い。今一点この説から引き出されることとして、補助参加の利益と訴訟告知の要件との間にはずれがあることが挙げられる。(20)補助参加の利益はあっても参加人と被参加人との間に右の見解によって許容される告知の要件は存在しないことがある。日本民訴七六条一項〔現五三条一項〕は、参加の利益と告知の要件とをあわせようとしている。しかし右の議論はそもそもこれが平仄の合う問題なのかを反省させる材料を提供しているように思われる。

これらの見解に対しては、たとえばどちらが不法行為者かわからないがいずれかであるところ、被害者がその一方を相手に訴訟を提起し、他方に訴訟告知したが、被告知者は原告に参加したというBrunsの提起した事例を、判例と同様に、適法な訴訟告知と認めるべきであるとする見解がある。(21)この場合もしどちらの不法行為によって損害が生じたのかが前訴で審理され、その点について判断がなされたのであれば、これについて、拘束力を生じさせる利益が当事者にある。もちろん場合によっては、被告に対する証拠の不十分から請求が棄却されることもあり、その場合には原告の意図した通りの告知の効果は生じないことになるが、それはそれで構わないのではないか（場合によっては訴訟告知が意味をなさなかったというにすぎない）との主張である。

いずれの見解も、条文に明記されている場合の他、告知者と被告知者の法律関係とが択一的（alternativ）である場合の訴訟告知を適法と認め、はじめから重畳的に責任を追う場合（kumulativ）をこれと区別する点で共通するが、前者は告知者と被告知者の訴訟における地位が実体法上排他的である場合に限る点で後者と異なる。後説のように訴訟告知を比較的広く認めて、後の処理は参加的効力に任せるというのも一つの立法政策ではあろうが、条文上、第三者の権利関係が訴訟の結果にかかるとされていること、訴訟当事者の権利関係の認定にとって被告知者の権利関係の認定が必ずしも必要ではない（あるいはその認定につながるとは限らない）ときにまで訴訟告知を認めることは、訴訟告知を被告知者に参加を促す通知機能としてのみ生かすことを意味するが、訴訟告知の効力と告知の要件を切り放さないという前提に立つのであれば、後説は理論的に矛盾を含むものになろう。

(4)　ＺＰＯ六四一ｂ条〔現削除〕

右規定は、子を原告とする非嫡出父子関係の存在ないしは不存在の確認訴訟に関して、「敗訴の場合に第三者に対して請求することができると信じる子は、訴訟の判決確定にいたるまで第三者に対して訴訟を告知することができる」とする。一般に親子関係をめぐる訴訟（そのカタログについてはＺＰＯ六四〇条〔現 FamFG 一六九条〕参照）では、他方の親に対しては、Beiladung が行われる（六四〇ｅ条〔現削除〕）。しかし非嫡出父子関係についてはこの規定の適用はない。(22)この場合にＺＰＯ七二条一項の適用があるかは疑わしい。そこでこの規定が必要となる。これをなぜ Beiladung ではなく訴訟告知で処理することにしたのかが気になるところである。おそらく六四〇e条の場合とは異なり、一方の当事者である子の利益保護が優先すること、子が勝訴した場合には父子関係の存在を確認する判決は、非嫡出父子関係を自己のために求める第三者に対しては、その者が訴訟に関与しなくても、確定判決はその者に対して効力を及ぼす（六四一k条〔現削除〕）ことになるが（その限りで第三者の、子との純粋に身分的関係に関する利益は後退を余儀なくされる）、子が敗訴した場合には、その判決効が第三者に及ばないこと、Beiladungをする人的範囲が必ずしも容易に確定できないこと等がその理由ではないかと思われる。(23)

結局、この特殊な規定における訴訟告知も第三者に対する通知機能というよりは、子の保護のために第三者を判決に拘束することを狙いとしたものであることにおいて通常の訴訟告知の機能と異なるところはない。しかしドイツでは個別的に訴訟告知規定を定める場合には、一般規定を必要に応じて変更していることに注意する必要がある（ZPO六四一b条と同七四条三項を比較されたい）。

なお訴訟告知の費用については、書面、送達の手数料、そしてドイツでは弁護士の手数料がかかるが、これらは告知者の負担となり（BRAGO五六条一項一号）、訴訟費用（Kosten des RechtsstreitZPO九一条）には含まれない。被告知者が参加した場合には、参加人として訴訟費用の規定（ZPO一〇一条、一〇〇条）が適用になる。参加しない場合に費用の問題が生じることはない。(24)ついでながらBeiladungの場合もこれと基本的には異なるところはなく（ZPO一〇一条、一〇〇条）(25)、Beiladungに関する裁判所による費用決定の必要はない。

4　Beiladungと訴訟告知

(1)　一　般

一八七七年のCPOの立法者は、民事訴訟へのBeiladungの一般的な導入に好意を示さなかった。(26)フランスの強制参加にみられるような、第三者の、係属訴訟への、強制的引き込みはドイツにおいては一般に不適法と考えたためである。Hellwig によれば、Beiladung は、訴訟告知と交換可能なものではない。当事者は、Beiladung を、自己の訴訟行為の補助を求めてするのではなく、むしろ対立する利益を持つ第三者に対して、訴訟を通知しかつ口頭弁論へ呼び出し、これを相手方に加えることによって、第三者に呼出人と訴訟上争う機会を与えるものである。(27) また Beiladung は職権で行われる点でも訴訟告知とは異なる。これが立法当初から認められたのは、差押債権者の一部と第三債務者の訴訟で、第三債務者が他の差押債権者に対して行う Beiladung のケース（ZPO八五六条三項）のみであった。この場合は、もし訴訟に他の差押債権者が加わらなかったならば、それらに対して、前訴判決の効力が及ばないことが（同四項）、第三債務者をして Beiladung を行う動機となり、またこれによってその後の訴訟を省略することができることがもくろまれていた。

これに対してその後、ドイツでは Beiladung の積極的活用を説く見解が続出することになる。(28) そのきっかけは、（特に形成訴訟の）判決効の拡張を受ける第三者の審尋請求権保障にあった。そのさい、すでに Beiladung の規定を持っていたＶｗＧＯ六五条二項の必要的呼出の類推適用が主張されていたが、(29) のちに連邦憲法裁判所によって、一般規定を持たないにもかかわらず、判決効によって自己の権利が害される第三者への職権による Beiladung が認められ、これが怠られた場合には、ＧＧ一〇三条一項の審尋請求権違反があったものとされ、判決が取り消されるにいたる(30) ことはすでに周知の通りである。

こういった経緯の中で、一九六九年、ＺＰＯ六四〇ｅ条〔現削除〕で Beiladung が規定された。これにより親子関係をめぐる訴訟において、当事者ではない他方の親（嫡出否認の訴えのおける母）ならびに子（母の提起する認知取消訴訟への Beiladung が義務化された。この規定の類推適用の可能性（たとえば婚姻の存在あるいは不存在確認訴訟における子）をめぐっては争いのあるところである。(31)

(2)　若干の考察

現在、Beiladung の規定として、ＺＰＯに見られるのは、六四〇ｅ条〔現削除〕と八五六条三項ということになる。両者は、その目的と Beiladung を受けた者の訴訟上の地位を異にする。(32) Beiladung のもともとの意味からすれば、後者を基準とすべきかもしれないが、判決効を受けることによって自己の権利領域に侵害を被る第三者の保護手段という本稿の関心からいえば、前者が基準となることになる。もっとも日本では訴訟告知の複線化の議論があるが、ドイツでは両規定を含めて Beiladung の概念が規定されるとすれば、これによって多様な関与者が訴訟において多様な役割を果たすことが可能になる。すなわち Beiladung には、当事者型と参加型があることを認め、身分訴訟のような請求権概念で割り切れない多面的な関係にはむしろ当事者型が親しむと考えることもできる。(33) 日本でも身分訴訟について、ドイツでは Beiladung で保障される第三者の地位につき、当事者の地位につけるべきであるとの見解も存するのである。いずれにしてもドイツでは訴訟告知がきわめて限られた局面でのみその役割を果たすとされてきたこととの関係で、その拡大利用については一般に否定的にならざるを得ない分、Beiladung においては比較的柔軟な利用が可能であるとされていることになる。

なお純粋に第三者への訴訟の通知機能という点では、公告（たとえばＡｋｔＧ二四六条四項）もそれが実効的である場合には、当事者の訴訟にかかる利益と判決効を受ける第三者の利益さらに通知の人的範囲との関係で手続保障の正当化手段としての地位が与えられるとすることができよう。(34)

(7)　その現れを我々は端的に、Spellenberg, Drittbeteiligung im Zivilprozeß in rechtsvergleichender Sicht, ZZP 106Bd. S. 283 ff. に見ることができる。これは一九九二年にボンで開かれた民事訴訟法担当者会議での報告に基づいたものであるが、特にその報告後の討論（a. a. O., S. 341ff.）ではアメリカ法研究の影響もあってか、従来の二当事者対立構造に対する疑問、修正意見が相次いでみられたことはまことに興味深い。もっともあらゆる訴訟上の請求が実体法上の請求権概念を基礎として成り立っている（また成り立たせる思考の非常に強い）ドイツにおいて二当事者対立構造が近い将来崩されることになるかはおおいに疑問ではあるが。

Rechberger=Oberhammer, Das Recht auf Mitwirkung im österreichischen Zivilverfahren im Lichte von Art. 6 EMRK, a. a. O., S. 347ff. も同じドイツ法圏に属する隣国においてすでに、第三者の訴訟関与制度がドイツとは異なる規整に服していることを示している。さらにドイツ法内部からの二当事者対立構造に対する疑問の提示として、特に人的会社の内部紛争に関して論じた、K.Schmidt, Mehrseitige Gestaltungsprozesse bei Personengesellschaften, 1992 が注目に値する。なお後者については、法人の内部紛争に関する別稿で詳しく取り上げるつもりでいる。

（8）民事訴訟における第三者の利益を広範に取り扱うものとして、Häsemeyer, Drittinteressen im Zivilprozeß, ZZP 101Bd. S. 385ff. 参照。特にこの論稿は実体法を基準にして、実体的権利関係が分離する限りでは判決効の主観的範囲の種々の相違はさほど重要ではないとする。実体法上分離できる権利関係か否かを基準とする点で従来の見解になかった視点を提供している。

（9）その他、§ 65 Ⅱ VwGO, § 60 Ⅲ FGO, § 75 Ⅱ SGG 等に Beiladung の規定がある。ＺＰＯにこれが導入される以前には§ 65 Ⅱ VwGO の規定の類推適用が主張されていたことは周知の通りである。さしあたり Schlosser, Gestaltungsklagen und Gestaltungsurteile, 1966, S. 213 参照。なお Beiladung の制度を民事訴訟法に持たないオーストリアにおいては、現在でもこの制度を持つ他法の類推を認める見解が有力であることにつき、Rechberger=Oberhammer, a. a. O. 注(7) S. 358 参照。

（10）ローマ法から現行法にいたるまでの経緯の詳細については、佐野裕志「訴訟告知制度（一）（二・完）」民商八七巻一号三〇頁、同八七巻二号一六六頁以下（一九八二年）、Schäfer, Nebenintervention und Streitverkündigung, 1990. 参照。前者は追奪担保請求の確保というごく限られた事例から出発した訴訟告知が次第にその適用範囲を広げていく過程に鑑みて、被告知者の手続保障にどのような位置付けが与えられてきたかまた今後与えられるべきかを論じる。

（11）Schäfer, a. a. O. 注(10) S. 59ff., S. 99f.

（12）Entwurf eines Gesetzes zur Ändernug der Zivilprozeßordnung（Beschleunigungsnovelle）Fassung November 1967, Art. 1 Abs. 2. 後掲の Bruns 論文（注15）はこれに対する反応である。

（13）原告の連帯債務者を被告とする訴訟で、他の連帯債務者に対する訴訟告知は不適法である（ＢＧＨＺ一〇〇、二五九）。

(14)　択一関係に関して訴訟告知を認める他の判例として、ＲＧＺ七七、三六〇（凍った路上で転んでけがをした者からの隣家の占有者への損害賠償請求訴訟における、道路管理責任を負う市への訴訟告知）、ＢＧＨＺ一六、二一七（売買目的物の運送契約から生じた数量不足をめぐる訴訟における、計量に関して保証責任を負う鉄道会社に対する訴訟告知）、ＢＧＨＺ七〇、一八七（家屋建設の注文主と建設請負人間の訴訟における建設世話人＝土地の購入から建設のための交渉、官庁の承認一切を任された者に対する訴訟告知）、ＢＧＨＺ八五、二五二（運送料請求に関する契約交渉の相手方が明確でない場合に一方を相手に訴訟を提起し他方に訴訟告知をした事例。被告知者は相手方に参加した。原告の請求は契約の成立についての証明がないとして棄却された。原告の被告に対する訴訟において、前訴ではなんら拘束すべき確定事項もないとしたもの。告知の適法性については問題とされず、参加的効力のレベルの議論に移っている）。第三者から損害賠償請求される場合に関して、ＢＧＨＺ一一六、九五（運送人と運送下請け人間の訴訟における荷送り人に対する訴訟告知）。なお七二条一項の要件としては、敗訴の場合に第三者に対してまたは第三者からの請求権が発生することをもって足り、実際には勝訴したためその必要がなくなった場合においても、訴訟告知の適法性の認定に支障はないとするのが一般である（ＢＧＨＺ三六、二一二）。

(15)　Bruns, Die Erweiterung der Streitverkündung in den Gesetzgebungsarbeiten zur Novelle der deutschen Zivilprozeßordnung, Festschrift für Schima, S. 111. Bruns のいう übergreifendes Rechtsverhältnis（oder Zusammenhang）の意味は、今一つ明確ではないが、告知の効力が問題となる前提と後訴とを媒介する要素を構成要件的徴表に見る彼の見解によれば、たとえば建築された家屋に瑕疵があった場合、設計に問題があったか建設に問題があったかいずれかである場合には、この関係が存するということになるのであろうか。なお本文の事例については、後述の Häsemeyer によれば、証明不十分で敗訴した場合ではなくても、Ｂに対する訴訟でＡの責任を肯定するとしても、その審理はＢに対する責任を否定するためのものであるから、その認定はただちにＡに対する訴訟でそのまま通用することにはならないとする。

(16)　Häsemeyer, Die Interventionswirkung im Zivilprozeß, *ZZP*84Bd. S. 179（S. 184）. Häsemeyer が挙げるのは次のような場合である。①ⓐの判例に見られるように、加害者の所属によっていずれかが責任を負う場合には他の責任が排除される場合（positiv gleichgerichtete Alternativität）、②債務引き受けの効力について争いがある場合、前債務者と引受人のいずれかを被告とし、他方に訴訟告知をする場合（negativ gleichgerichtete Alternativität）、③遺言によって相続人とされたものが遺言書の効力を争われて公証人に訴訟告知する場合等、求償請求の場合（positiv kompensierende Alternativität）、④問屋が仕入先に対して仕入物に瑕疵がないために解除できない場合には、委託者も瑕疵担保責任を問屋に対して問えなくする必要がある場合（negativ kompensierende Alternativität）. Eibner, Möglichkeiten und Grenzen der Streitverkündung, 1986, S. 53ff. Zoller=Vollkommer, Zivilprozessordunnug, 18.Aufl. 1993, § 72, Rdnr9 も同旨。

(17) Häsemeyer, a. a. O. 注(16) S. 187.

(18) Häsemeyer, a. a. O. 注(16) S. 195f. 自然的択一関係すなわち訴訟告知の要件なしとされるのはたとえば次の場合である。一方あるいは他方のいずれかの公法人の公務員が職務違反を行いそのいずれかが損害賠償義務を負うことになった。しかし損害賠償義務の証明負担は被害者が負う。そこでいずれを相手とする訴訟においても証明不十分で敗訴する可能性がある。しかしこれを避けるために訴訟告知を使うことはできない。訴訟告知が被害者の証明責任を転換することはないからである。このような場合が自然的択一関係である。

(19) 小山昇「訴えの主観的予備的併合」『多数当事者訴訟の研究』（信山社、一九九三年）二九三頁参照。

(20) Häsemeyer, a. a. O. 注(16) S. 190f. によれば、合名会社の積極訴訟に社員が参加する場合、破産管財人の追行する破産財団に関する訴訟に破産者が参加する場合などは、参加が許されるケースではあっても参加人・被参加人間に後に請求権が発生することは考えられず、したがって告知の要件を欠くことになる。

(21) 択一関係を判例と同様に広く認める見解。Lammenett, Nebenintervention. Streitverkündung und Beiladung, 1976, S. 56ff. Stein=Jonas=Bork, ZPO, 21. Aufl., 1993, § 72 III Rdnr14, S. 854.

(22) Stein=Jonas=Schlosser, ZPO, 20. Aufl., 1977, § 641b Rdnrl, S. 228 によれば、旧法（本規定の成立は、一九七〇年七月一日）父子関係の通用性ならびに扶養料の確定をめぐる訴訟のみならず、血縁上の関係（Abstammung）の確定においても、きわめて厄介な状況であった。この場合七二条の訴訟告知の可能性は存在しなかったからである。Zöller=Phlippi, ZPO, 14. Aufl., 1984, S. 1530 も七二条の適用を危ぶむ。

(23) Stein=Jonas=Schlosser, a. a. O. 注(22) S. 229 は、子が訴訟告知をしない場合には、第三者の審尋請求権保障のために告知を促すべきとする。制限的枠の中で最大限に第三者の手続保障をはかろうとの意図のあらわれと思われる。

(24) Stein=Jonas=Bork, a. a. O. 注(21) S. 857.

(25) Münchner Kommentar ZPO（Coester-Waltjen）§ 640e Ⅶ S. 1244.

(26) Hahn=Mugdan. Die gesamten Materialien zu den Reichsjustizgesetzen. 2 ZPO Abt. 1 1881. S. 184.

(27) Hellwig. Lehrbuch des deutschen Zivilprozeßrechts 2. Aufl., 1907, S. 525. ders, System des deutschen Zivilprozeßrechts 1, 1912, S. 233.

(28) 詳細は省略する。拙稿「判決の対世効と手続権保障㈠」龍法一八巻四号六七五頁（一九八五年）〔本書二〇二頁〕参照。

(29) さしあたり、Schlosser, a. a. O. 注（9）S. 210ff. 参照。

(30) BVerfGE 21, 132, BVerfGE 60, 7. なお K.Schmidt, Grundfälle zum Gestaltungsprozeß, JuS 1986, S. 35ff（S. 40）参照。

(31) Calavros, Urteilswirkungen zu Lasten Dritter,（1976）, S. 152f. は類推適用を認める。

(32) 六四〇ｅ条によってBeiladungを受けた者が訴訟に関与する場合の地位は、共同訴訟的補助参加人のそれであると解されている。BGHZ89, 121.

(33) Häsemeyer, a. a. O. 注（8）S. 408 の指摘するところである。なおオーストリアも第三者の関与手段として職権による呼び出し（訴訟の送達等）を認める。しかしこれは労働条件に関するものを唯一の例外としてその他民事訴訟法では現在のところ存在していない。その他の方法として義務的訴訟告知があり、これが規定のないところで類推適用されるとされる。さらに公告による職権でのBeiladungがある（ただし第三者が実際上も訴訟の存在について知ることができる場合でなければならない。すなわちたいていの第三者が訪れる場所での掲示）。Ballon, Drittinteressen im Zivilprozeß nach österreichischem Recht, ZZP101Bd. S. 417.

(34) K.Schmidt, Rechtsschütz des Minderheitsgesellschafters gegen rechtswidrige ablehende Beschlüsse. NJW 1986, 2021. Häsemeyer, a. a. O. 注（8）S. 391.

三 日本法への示唆

ドイツの議論を概観して思うことをいくつか述べてみたい。

(1) ドイツでもプロイセンＡＧＯ以来、民事訴訟法体系上、訴訟告知を補助参加と結びつけて規定されるにいたった。なるほど訴訟告知は第三者に訴訟の存在を通知し、もって自己の訴訟活動を援助する力として第三者に補助参加を促す制度であり、補助参加と対応する面がある。しかし訴訟告知は同時に、第三者への参加的効力をねらいとして告知者の二重の敗訴危険を回避するためのものである。このように少なくともドイツでは訴訟告知が第三者の訴訟へのなかば強制的引き込み、すなわち告知を受けた第三者は自己の権利が他人間の訴訟の結果にかけられるものであるだけに、補助参加の利益よりはその要件が絞られるのが通常である。そしてそのように制度が形造られている。(35) これに対して日本では、訴訟告知の要件を補助参加の利益と合わせる趣旨の立法が行われたために、訴訟告知の要件論が補助参加の利益論に吸収されることになった。そのため補助参加の利益が広げられる傾向にあると同時に訴訟告知もその制度の位置づけならびにその要件について十分に検討されることなく、様々な形で利用されていることは前述の通りである。しかし当事者の利害で当事者の主導により行われる訴訟告知と第三者の意思にかかる補助参加とは、利益状況が異なり、これを区別するのが適切なのではあるまいか。特にドイツでは補助参加の多くのきっかけとなるのが訴訟告知であるとされながら両者を区別するのが通常であるのに対して、日本では参加の多くは訴訟告知によるものではないという状況に鑑みても、日本では特に両者の要件の切り放しが両制度を生かすことになりはしないか、再考の余地がある。

(2)　第三者に他人間の訴訟を認識させる手段として、訴訟告知、Beiladung、公告等があるいずれの場合に何を使うのが適切かは容易に答えることのできない問題である。ドイツでは、訴訟告知については一般規定を持つが、Beiladung、公告については個別的規定に委ねている。すなわちBeiladungについては、一般的法理として自己の権利が他人間の訴訟にかけられる第三者の審尋請求権保障としてこれが行われるべきことを認めながらも、民事訴訟法においては、個別規定に委ねる方向をたどっている。訴訟告知については、本来は民法（実体法）で個々別々に規定されるべき性質を持つものとされていたところ、これを民事訴訟法に組み込むにあたり、一般化した規定をおかなければならなかったという経緯があるとともに、その許容範囲について議論があるものの、告知を受ける第三者の範囲が比較的狭いものであったために一般規定が可能であったことによる。これに対して、特に身分訴訟におけるBeiladungを見てもわかるように、個別規定の方向は、様々な政策的考慮が必要であって、判決効の及び方も一様ではなく、裁判所の義務としてその範囲を特定することを要求することが困難である場合があるための必然的結果であった。これを日本に導入する場合にも、同様の問題が生じると考えられる。したがって日本でも個別規定の方向をとるのが適当と思われる。さて問題は、この制度の持つ機能を訴訟告知に一本化して訴訟告知に複数の機能を持たせるのが適当かである。ドイツではBeiladungのメリットは、これを受けて訴訟に関与する第三者の手続上の地位を比較的フリーに決めることができることにあった。しかしこのことはさほど重要な違いとは考えられず、両者の区別は境界を越えがたい厳格なものであるとは思われない。特に義務的訴訟告知（ZPO八四一条）を認めると、Beiladungと訴訟告知とは質的に異なるものではなくなる。もっともこれは個別的に第三者関与の手段を定める場合に、Beiladungとするか（義務的）訴訟告知とするかの問題であり、後者としても場合によっては第三者が当事者として訴訟に関与する道を開いておく必要がある。しかし、個別規定ではなく、日本の民事訴訟法七六条〔現五三条〕にこれらの職責を負わせることにはその訴訟告知の要件からして、また参加的効力との関係をどうするのかを考えても、問題が残る。敢えていえば、訴訟告知が基本的には当事者の任意に委ねられる制度であることなどに鑑みると、訴訟告知一本での多様化にはやはり限界があり、立法論としては職権による第三者の呼び出しの制度を用意しておくことが望ましいのではなかろうか。(36)

(3)　本稿では十分な考察ができなかったが、第三者の訴訟関与に関する制度設計をするにさいして、少なくとも従来のドイツでは広い意味での判決効が議論の定点をなしている。そこから出発して、様々な変数を決めていくにあたり、まず第三者の当事者との実体法関係を分析する。そのうえで、当該第三者に関与の機会を与えるか否か、与えるとすれば、関与する者の訴訟上の地位、そしてそれに応じた通知手段をどのように講じるかの議論が一体をなして行われているという印象を受ける。これに対して日本においては出発点をどこにおくのかがすでに議論の対象となっており、必ずしも議論の共通の基盤が存在しない。しかし第三者にどのような訴訟関与がふさわしいかについて、考えるべき要素にドイツとそれほどの隔たりあるとは思えない。判決効が及ぶのか否か、及ぶとして第三者の権利領域にどの程度の侵害を与えるのか、その保護のために第三者は実際に訴訟において主張立証の機会を与えられるべきかあるいは実体法での保護を考えるべきか、第三者の範囲は見通し可能なものか、第三者への通知は当事者の任意に委ねられるべきものか（訴訟告知）、あるいは当事者に委ねられるべきものとしても義務的なものか（義務的訴訟告知）、職権によるべきものか（Beiladung）、実効的な公告によるべきか、それらによりどれくらいの費用を当事者に強いることになるのか。それらは相関関係の中で組み合わせを考えるべきものである。そのために全面的な法の改正の必要があるとは思われないが、個別事例の検討とそれによる判決効の多様化は少なくとも必要であろう。これについてはすでにドイツ法が一つのモデルを提供してくれている。

すでに紙数がつきたのに、多くの問題が残された。本稿で検討した結果の具体的事例への適用、関与手段を尽くされた第三者の訴訟における地位、そして何よりも訴訟告知の効力という必須の問題について本稿で見解を示すことができなかった。後日を期したい。

(35)　もっとも訴訟告知の要件が存するかの審理は、後訴において行われるから、後訴が提起されない限り、その要件が欠ける場合でも、当該訴訟告知はそのまま通ってしまうことになる。そしてそれが参加のきっかけとなることになるから、その限りで訴訟告知は通知機能のみを持つことになる。しかしこれは事実上の問題にすぎない。

(36)　ドイツでも第三者の訴訟関与に関する諸制度の融合をはかる試みは存在する。Lammenett, a. a. O. 注(21)参照。

＊　脱稿直前に、Lüke, Wolfgang, Die Beteiligung Dritter im Zivilprozeß, 1993 ならびに Götze, Cornelius, Vouching in und Third-Party Practice : Formen unfreiwilliger Drittbeteiligung im amerikanischen Zivilprozeß und ihre Anerkennung in Deutschland, 1993 を、Stürner 教授のご厚意で、見ることができた。いずれもアメリカ法との比較でドイツ法を検討すると

いう近時のドイツにおける一つの傾向をあらわすものである。時間の関係でこれらの諸業績を本稿に活かすことができなかったが、これらの著書の位置づけはドイツ法の将来を見定めるうえ重要と思われる。いずれ別稿で検討することにする。

8　人証の取調べにおける直接主義と書面の利用

一　はじめに

判決の基礎となる資料を提供する証拠方法のうち、人証とは、当事者本人、鑑定人、証人を指す。これらの取調べは、証人尋問（一九〇～二〇六条・二一七条）と当事者尋問（二〇七～二一一条）による。すなわち、裁判所はこれらの人証の供述を通して判決の基礎となる資料を得る。ところで近時、これらの人証が自己の陳述内容を記載した書面をあらかじめ作成し、書証として裁判所に提出することが実務慣行として定着しつつある。このいわゆる陳述書[1]をめぐって意見が対立していることは周知のところである。さらに新法は、あらかじめ作成した書面を公証人の面前で、証書の記載が真実であることを宣誓のうえ認証を受ける制度を新設した（公証五八条ノ二）。このように人証の取調べに書面を利用することが実務において慣行ないしは法律上の根拠をもって行われることになったが、はたしてこれらは、民訴法上どのような問題をはらむものか。たとえば口頭による供述という人証調べにおける口頭主義や直接主義（二四九条）とどのように整合するのであろうか。以下では、おもに陳述書を念頭に置いて右の問題を検討する。

陳述書は、当初は、離婚訴訟など人事事件における経過説明や計算関係、帳簿、通帳の関連性の説明などに用いられていたが、迅速な裁判の見地から交互尋問の問題点が指摘され[2]、主尋問の簡略化をねらいとする制度として一般の事件に導入されるようになった[3]。このような証拠調べの効率化への努力、そのあらわれとしての書面の利用は何も日本に限った現象ではない。フランスはいち早く、一九七六年施行の新民訴法（二〇〇～二〇三条）において、証人尋問にかわる供述書の制度を、それまでの実務慣行を受けて法定し、書面の利用に踏み切った。ドイツにおいてもフランスの書面利用の制度をみながら、一九九〇年の司法簡素化法において書面尋問の制度（三七七条三項）を拡張するに至った。さらにイギリスは、一九六〇年代以降の改革努力の結果、いわゆるcards on the tableが中心的課題になり、八〇年代後半には、陳述書の交換の制度が確立するが、これが近時における民事訴訟の最も重要な改革として評価されている。これらは一様に、「訴訟にかかる時間とコスト」の節減という共通目的をもってなされた改革であり、直接主義や口頭主義を緩和してでも、その必要にこたえるという意気込みのあらわれである。日本における書面利用の普及も、証拠調べの効率化による迅速な裁判を目指すものであることからすると、この動きはひとり日本にとどまるものではなく、時期を同じくする一連の世界的な動向の一つと位置づけることができよう。もっとも右にあげたそれぞれの国においても、このような改革が問題なく受け入れられているわけではなく、この書面化をめぐる各国の議論は、日本の陳述書や宣誓認証私書証書を考える際に、重要な示唆を与えてくれるように思われる。

陳述書をめぐってはここ十年来、議論のあるところであるが、新法ではこれを正面から規定するには至らなかった。しかし前述の公証人法をはじめ、新法の中にも陳述書の法的性質ないしは法的根拠を考えるよすがとなる条文が散在している。新法はいわば周辺部分を固めることにより陳述書の法的性質を浮き彫りにしているともいえ、またこれを理論的に詰めることは、陳述書の限界を設定するうえでも不可欠の作業と思われる。以下ではまず、陳述書をめぐる従来の議論を総括し、各見解の対立点を明らかにする。その後若干の比較法的検討を加えたうえで、直接主義、口頭主義といった民訴法の原理原則との関係、さらに新法における根拠の有無を考察することにする。

（1）　実務慣行で次第に定着してきた陳述書には、法律上の定義も直接的な根拠もない。陳述書に関する観念も各論者によって異なる可能性がある。高橋宏志『新民事訴訟法論考』（信山社、一九九八年）一〇七頁参照。ここでは以下の叙述のために、一応の定義として、「訴え提起後または訴え提起に際して、当事者本人、準当事者または第三者の供述を記載したもので、書証の形式で裁判所に提出されるもの」（坂本倫城「陳述書をめぐる諸問題」判タ九五四号（一九九八年）四頁）をそのまま使わせていただく。

（2）　木川統一郎『民事訴訟法改正問題』（成文堂、一九九二年）六三頁以下参照。

（3）　司法研修所編『民事訴訟のプラクティスに関する研究』（法曹会、一九八八年）一二三頁以下〔岩佐善巳ほか〕、第一東京弁護士会「新民事訴訟手続試案（迅速訴訟手続要領）」ジュリスト九一四号（一九八八年）五五頁など参照。

二　陳述書の機能

陳述書は訴訟のいかなる段階で提出するかにより、これに付与される機能が異なる。[4]したがって、訴訟の段階を追ってその機能を考察すべきであるが、ここでは便宜上、従来陳述書に付与されると考えられてきた機能を並列的に列挙する。

1　主尋問代用機能

陳述書の利用が拡大されるきっかけとなったのがこの機能である。これは交互尋問制を維持しつつも、形式的争点については陳述書をもって主尋問の代用をさせ、尋問を実質的争点に絞って行うことにより、時間の節約を図るというものである。

2　証拠開示機能

この機能自体の意味が多義的である。第一に、おもに当事者の手元にある情報を早期に開示することによって、裁判所は間接事実や背景事情まで含めた事件の概要（ストーリー）を容易に把握することが可能となり、争点整理に資するという意味での証拠開示機能を指す。このために提出される陳述書は事案提示型陳述書と呼ばれる(5)。第二に、当事者、準当事者を含む第三者が証拠調べを目前にして提出する陳述書は、相手方（補充尋問に関しては裁判所）の反対尋問の準備を容易にすることをねらいとしている。後述するように、イギリスの陳述書が日本での参考とされるが、これは第二の機能に着眼してのことである(6)。

3　事前準備促進機能

早期に陳述書を提出することになると、これが書証であることから、不利な心証につながらないように、代理人は当事者と綿密な事前の打ち合わせを要することになる。これが弁護士業務のあり方に影響を与え、また当事者の参加意識を高めることになる。

4　主張固定機能

当事者は陳述書で時系列的に事案の概要を記述するため、事実に関する主張を早期に固定化することになり、同時に争点が固定される。これにより早期の争点整理が可能になる。

5　調書作成補助機能

裁判所書記官、速記官が供述調書を作成するにさいして、陳述書を参考とすることによって調書の正確性が増し、また書記官、速記官の負担軽減にもつながる。

6　小括

前述のように、陳述書が特殊な事件を超えて一般に用いられるようになったのは、1の機能に着眼してのことであった。しかし近時は、争点整理段階における2の機能に焦点が当てられている。これは、争点整理のためには早期の情報収集が必要であるが、ディスカヴァリーのような広範な情報収集手段をもたない日本においては、陳述書が一定の役割を果たすことが自覚されてきたことに基づく。これに伴って陳述書の提出時期についても、2の機能を強調すればするほど、早期の提出が要求されることになる。もっとも新法では、当事者照会（一六三条）や文書提出義務の一般義務化（二二〇条）などの証拠収集手段が拡充されたうえ、訴状、答弁書、準備書面の記載が詳細になった（規五三条・七九条・八〇条・八一条）。これによってこれまで陳述書が果たしてきた役割に変容が生じたのかが問題である。後にみるように、陳述書がもっていたマイナスの側面を消去することが望ましいとすると、他の法定書面でこの機能を代替できるのであれば、陳述書は利用すべきではないということになるはずであるが、はたして右の書面で完全に代替されうるものであるのかの検討が必要である。3の機能については、新法は訴訟の初期の段階、訴状、答弁書、準備書面の作成にあたり、事前の打ち合わせを要求していると考えてよい。これらは主張のための書面であるが、書証としての陳述書の証拠価値が低いのであれば、陳述書についてことさら事前準備機能を強調する必要はないのではないか。また4の機能についても、陳述書は事前の情報収集に意味があるのであって、主張を固定させること自体に格別意味をもたせるような表現は誤解を招くおそれがある。5の機能は、まったくの付随的機能であろう。そうすると問題は、1と2の機能、とくに後者すなわち争点整理段階での証拠開示のための陳述書をどのように評価するかに集約される。(7)

(4)　陳述書に関する多くの論考は、陳述書の機能に触れている。その中でここではさしあたり、西口元「陳述書をめぐる諸問題」判タ九一九号（一九九八年）三六頁、司法研修所編『民事訴訟の新しい審理方法に関する研究』（法曹会、一九九六年）一五五頁以下［篠原勝美ほか］、伊藤眞『民事訴訟法』（有斐閣、一九九八年）三三六頁などをあげておく。

(5)　用語は司法研修所編・前掲注(4)七六頁［篠原ほか］による。なお同書三六頁は、この段階での陳述書は、争点についての認識や議論を深めると同時に、弾劾証拠の準備や効率的な反対尋問を可能にするとして、第二の機能との時期的区別を意識していない。たしかに早期に提出された陳述書は、来たるべき証拠調べの準備にも資する。しかし後者のためであれば、争点整理終了後、証拠調べの前に提出することで足りるのであるから、早期の陳述書の証拠開示機能はおもに争点整理のためのものであろう。なお同書は、第二の機能に関して、予告機能、理解補完機能のほか、尋問補完機能をあげる。これは尋問の実施段階で陳述書を活用することにより、尋問を効果的なものにしようとのことである。しかしこのやり方は二〇三条（二一〇条で当事者尋問にも準用される）に触れる可能性がある。同条但書が予定している例外に陳述書が含まれるかも疑わしい。新堂幸司ほか編『注釈民事訴訟法(7)』（有斐閣、一九九五年）三九一頁［太田幸夫］、河野信夫「民事訴訟における証人及び当事者尋問に関する二、三の問題」司法研修所論集七九号（一九八七年）二一二頁参照。さらに証人尋問に対する回答を書証で補完するのも証人尋問の本質に照らして疑問がある。もっとも陳述書の実務での用いられ方については、裁判官によりさまざまであるようである。北尾哲郎「書証その他」『新民訴法大系3』六八頁参照。なお争点整理段階における陳述書の意義については、那須弘平「争点整理における陳述書の機能」判タ九一九号（一九九六年）一九頁、笠井正俊「民事訴訟における争点及び証拠の早期整理とディスクロージャー」法学論叢一四二巻五・六号（一九九八年）一五四頁以下参照。

(6)　日本の証人尋問では、純粋な第三者証人について証人尋問が行われることは非常に少ないといわれている。坂本・前掲注(1)一三頁。そのせいか陳述書も当事者、準当事者から提出されるものがほとんどであって、それ以外の第三者証人の作成に係る陳述書は少ないとされる。西口・前掲注(4)三七頁参照。このことは証人尋問に書面を用いることを認める他の国が基本的に第三者証人を前提にしていることにかんがみて、比較法的考察に際して注意を要する点である。

(7)　シンポジウム「新民事訴訟法のもとでの審理のあり方」判タ九三八号（一九九七年）一七頁［坂本倫城発言］は、陳述書を「副作用のある薬」とする。問題は副作用があっても薬効は捨てがたいと評価するか、副作用のない他の薬で代替できるのに何ゆえ副作用があるとわかっていてその薬を使用するのかであるが、これは代替手段の効能による。

三　陳述書をめぐる見解の対立状況

陳述書をめぐっては大きく分けて、その活用に積極的な見解と消極的な見解とが対立している。大まかにいうと裁判所側は積極的であり、消極的意見は弁護士側から多く出されている[8]。消極的見解がもし従来の実務に対する固執を意味するのであれば、新法の基本的立場とは適合しない（とくに規八五条参照）。したがって、問題は新法の立場と整合する消極説に限られる。まずは消極説の見解からみてみる。

1　消極説[9]

① 作為の入る可能性がある。もともと曖昧な記憶に一定の方向性が与えられ、理路整然としたものに作り替えられるおそれがある。さらに弁護士の指導が加わると一定部分が強調され、記憶に変容を来しかねない[10]。

② 反対尋問を経ない文書は証拠価値が低いはずであるが、それがどのように使われるのか（あるいは使われないのか）明確ではない。

③ ストーリー性の把握であれば、詳細な準備書面や尋問事項書などの法定書面で十分にカヴァーできる。

④ 裁判官に予断を抱かせるおそれがあり、反対尋問にとって重要なシュリンク効果も期待できず、これによる心証形成もできないことになって、反対尋問そのものが困難になる。

⑤ 陳述書により、主尋問をはじめ、尋問が省略されることがあれば、直接主義、口頭主義に反する。

2　積極説

① 陳述書により、早期に主張や証拠が開示されることによって、間接事実や補助事実、背景事情にまで踏み込んだ

争点整理が可能になる。このことは準備書面では困難である。法的に構成された文書では、ストーリー性を欠く。時系列的に事件の経過を記述する陳述書が事件の概要を把握するためには手助けとなる。

② 陳述書自体の証拠価値（実質的証拠力、証明力）が低いことは、いわば常識であり、裁判所がその取扱いを誤ることは考えにくい。

③ 作為の可能性を強調しても、弁護士が事前に証人に接触することが禁じられていない日本においては、事前の教示ができることにかんがみてあまり意味がない。

④ 裁判官は証人尋問に際しては仮説をもって臨むのが通常であって、予断を抱くわけではなく、これが判決の正当性をゆがめることにはならない。また反対尋問については、弁護士の尋問技術を磨くことにより解決可能であるし、その方向がむしろ望ましい。

⑤ 陳述書を提出しても、実質的争点については後に尋問することが前提であるので、直接主義にも口頭主義にも反しない。当該人証の取調べがなされない場合には②が当てはまる。

3　小　括

右にあげた積極説、消極説の対立状況は、これらの見解を対比していずれが解釈論として優っているかという類の学説の対立とは異なる問題を提示していると思われる。これは実務の運用に依存する問題であり、実際には、当該裁判所の事件負担の軽重や提出された準備書面等の内容、質、さらには裁判官の個性や裁判運営の手法によって微妙に差が出てくるものと思われる。そのようなフレキシビリティは基本的に法律の許容するところであろう。もっとも新法の目的とする早期の争点整理のための情報収集や、そのための証拠開示の必要は否定できないところであり、そのために陳述書を活用する場合があることも否定できないのではないか（ただし、その性格についての私見は後述する）。ただ陳述書が書証として取り扱われるところに日本の実務の特徴があり、その取扱いには慎重を要するところ、これに対する、とくに代理人の側からの不安や懸念が消極説につながっているものと思われる。これに対しては、裁判所の側から2②のような反論がなされているが、そのような取扱いが実務全体を支配しているという保障はない。そこで、陳述書の意義は認めながら、これを書証とはせずにたとえば準備書面の添付書類（規五五条）と位置づける学説が存するのも宜なるかなと思わせるものがある。[11] しかしこの見解では、代理人が準備書面（添付書類）を選択せずに陳述書を書証として提出してくることをどのようにくいとめるかが問題となる。論者は書証としての証拠能力を否定するかのようであるが、すでにその許容が固定的に確立している判例の立場[12]との関係が問題となる。ところで、陳述書には以上の問題があるとしても、それ自体をまったく否定することができないとして、その利用について一定の枠を設けるためのガイドラインが提案されている。[13] これらの提案に共通しているのは、集中証拠調べ前の陳述書の交換が有効であるという点、そして訴訟の初期の段階での陳述書についても早期の情報収集の一手段、ないしは一つの選択肢として位置づけられているという点である。この当事者等のもつ情報の早期の収集、人証取調べ前の人証のもつ情報の開示については、諸外国においてもその必要性は否定できないと推測されるが、実際にはどのようにそれが行われているのであろうか。いくつかの国の情報収集のあり方を一瞥することには意味があると考える。

(8)　シンポジウム・前掲注(7)四頁以下で、滝井繁男、中本和洋、増田勝久の各パネラーからさまざまな懸念や消極的意見が相次いだことが象徴的である。シンポジウム「新民事訴訟法の運用」判タ九五六号（一九九八年）三二頁以下［中本和洋・松森彬発言］、坂本和夫「新法下の口頭弁論とその準備」自正四八巻六号（一九九七年）三八頁も参照。

(9)　これも枚挙にいとまはないが、さしあたり北尾・前掲注(5)六九頁、坂本倫城・前掲注(1)九頁を参照。

(10)　菅原郁夫『民事裁判心理学序説』（信山社、一九九八年）二三一頁以下では、陳述書によるものではないが、弁護士との事前面接によって記憶に変容を来すことが検証されているとする。安西祐一郎『問題解決の心理学』（中央公論社、一九八五年）四二頁以下に記憶の歪曲ないしは再構成のメカニズムが示されている。

(11)　山本克己「陳述書問題について」判タ九三八号（一九九七年）六九頁。なお、同「人証の取調べの書面化」自正四六巻八号（一九八五年）五八頁も参照。なお、木川統一郎発言（シンポジウム・前掲注(7)二五頁）も陳述書は本人作成準備書面であり、だからこそこれを期日間釈明で提出させることも可能なのであって、これを書証とするのは民事訴訟法の基本原則に反するとする。

(12)　大判昭和一四年一一月二一日民集一八巻一五四五頁、最判昭和二四年二月一日民集三巻二号二一頁など。判例については坂本・前掲注(1)六頁参照。

(13)　中本和洋「陳述書のガイドライン」判タ九三七号（一九九七年）五四頁、北尾哲郎「陳述書の運用準則」判タ九三七号（一九九七年）五七頁、同・前掲注(5)七五頁。前者（中本）はどちらかというと陳述書の活用に、基本的に、消極的な立場から、後者（北尾）は積極的な立場から提案されている。前者は、①陳述書を準備書面や尋問事項書と並ぶ選択肢の一つと位置づける。②集中証拠調べでは陳述書の利用を認める。③証人として予定していない者の陳述書は、相手方の同意がある場合に限って認める。④尋問における陳述書の用い方として、ⓐ陳述書を示しての尋問は許さない。ⓑ主たる争点についての主尋問は省略しない。後者は、①陳述書は訴状、答弁書と同時またはできるだけ早期に出す。②早期に出さない場合には、裁判所と協議のうえ双方同時に交換的に出す。③相手方の陳述書に対する反論としての陳述書は原則的に認めない。④争点整理後の陳述書の提出時期は尋問の少なくとも三〇日前とする。⑤陳述書が出ている場合でも主尋問は省略しない。⑥陳述書を見ながらの供述は認めない。

四　若干の比較法的考察

1　フランス

フランスには証人尋問を公開法廷（弁論）で行う方法（enquête）と供述書をもってこれを行う方法（attestation）とが存する。後者は、遠隔地に証人が住む場合の時間とコストの節約に基づいて以前から実務慣行として行われていたものを、一九七六年一月一日施行の新民訴法によって立法化したものである（二〇〇条〜二〇三条）。書証が優先するフランスにおいては、供述証拠の価値は低く、証人尋問が行われる頻度は低いとされるが、供述証拠である供述書についても同様の取扱いである。[14] 供述書が比較的多く用いられるのは、離婚事件、特許事件、交通事故事件であるといわれている。[15] 日本の陳述書とフランスの供述書を比較した場合、以下のような違いが存する。①供述書は書面による尋問であって、書証ではない。②供述書は通常、当事者の依頼を受けて証人が自ら任意に作成し自署する（二〇二条）ものであって、弁護士は事前に証人に面接することを禁じられる。なお裁判官の要求により供述書を提出する場合には、当事者の同意は必要とされない（二〇〇条）。③フランスには、反対尋問という観念がなく、反対尋問の保障のために供述書の作成者を証人尋問することはない。④供述書の提出があった後に重ねて証人尋問が行われることは、法律上は可能であるが（二〇三条）、実際にはほとんどこれが行われることはない。[16] 以上は第三者証人に限る規定であって、当事者本人には適用にならない。当事者本人については、本人出頭の規定（一八四条以下）があるが、これも供述証拠の価値の低さから利用される頻度は低い。結局、当事者、第三者からの供述情報に頼ることなく、書証を中心に裁判がなされるというのがフランスの特徴である。[17]

2　ドイツ

ドイツにおいては一九九〇年の司法簡素化法によって直接主義が大幅に緩和されたが、[18] その一環として、書面尋問の規定（ZPO三七七条三項）が改正された。[19] 日本の新民訴法二〇五条とは異なり、書面尋問に（宣誓にかわる正当性の保証を含め、煩わしくかつ時間がかかる）当事者の同意を要しないとしたことが主たる改正点である。もっとも、これによって当事者の質問権（ZPO三九七条）が害されることはなく、たとえ書面尋問に当事者が明確に同意したとしても、質問の必要に基づいて呼び出しを要求することは妨げられない。しかし、これに頼って気軽に書面尋問に切り替えることは考えられていない。直接主義を重視する観点から、むしろその適用を制限しようとの解釈が一般的である。すなわち証人の書面による回答が利用されるのは、情報が帳簿類に即して提供される場合や単純な事件で訴額が低く、証人の出頭が費用倒れになるような場合に限られる。したがって事実関係が複雑な事案や広範囲にわたるないしは複雑な質問を要する場合には書面による回答は適さない。[20] また、裁判所の負担軽減の必要から書面回答を要求することは許されないとするのが一般である。もっとも、ドイツにおいても比較法的見地に基づいて、弁論準備として、書面尋問を用いるべきであるとする見解が存することは興味深い。すなわち単純な事件においては、時間の節約の観点から、後からの質問を留保したうえ書面による回答で済ませ、複雑な事件においては、弁論の準備のために、あらかじめ証人に書面の提出を命じることが提案されている。[21] これによれば日本の書面尋問[22]（二〇五条、規一二四条）と陳述書を重ね合わせ、証人尋問の準備とすると同様の運用となり、陳述書の法的根拠を二〇五条とする解釈へとつながる。ただ、ドイツにおける書面尋問は、人証の簡略化された形態であるとされ、回答書面を書証とするものではない点、[23] さらに書面尋問は第三者証人にかぎって行われるものである点をどのように評価するが問題となる。すなわちドイツにおいては、人証は第三者についてのみ行われ、当事者尋問については、規定は存するものの（ZPO四四五～四五五条）、実際にはあまり行われていないようである。[24] この点は、日本とほぼ逆になっている。そうすると、ドイツでは争点整理段階での当事者からの情報収集をどのように行っているであろうか。この点で大きな役割を果たしているのが当事者聴聞（Parteianhörung）である。これはZPO一四一条の本人出頭命令の規定を根拠とする、当事者等[25]からの生の情報収集手段であり、日本の当事者本人からの事情聴取にほぼ匹敵する。[26] ドイツには以前から当事者尋問と当事者聴聞の併存を解消すべきであるとの議論が盛んであるが、[27] 実際には、裁判所が当事者と直接コンタクトをとり、当事者のもつ知見を事実関係の解明に利用することがむしろ重要視されている。なおこの制度は釈明ないしは弁論準備処分（一三九条・二七三条）に属し、これによって得られた資料は、証拠資料ではなく、訴訟資料であり、弁論内容の一部分として自由心証によってその価値

が評価される。(28)

3 イギリス

伝統的に当事者主導主義（アドヴァーサリーシステム）で行われていたイギリスの民事訴訟に変容が生じている。すなわち、当事者主導的訴訟追行と口頭原則が裁判所の事件管理（case management）と陳述書（witness statements）等の書面の交換により浸食されつつある。(29) このような変容を推進したのは、従来のやり方では費用と時間がかかりすぎるという認識のもと、より効率的な訴訟運営を目指す立法や裁判所側の努力である。陳述書に関していえば、以前は、伝聞証拠の禁止の原則もあり、トライアルの準備のために裁判外で作成された書面を相手方に開示することなどは考えられなかったところ、一九八六年の最高裁規則（RSC）の改正により、専門家証人について陳述書の交換を裁判所が命ずる規定が置かれ、ついで一九八八年の修正により、これが一般化された。そこで裁判所は、公正、迅速、費用の節減の観点から必要であると認めたときは、陳述書の交換を命ずることになった(30)（RSC 38 r 2A(2), CCR 20 r 12A）。そして、現在ではほとんどすべてのケースで、これが命じられるに至っている。また陳述書の交換に際しては、同時交換が命じられるのが通常である。(31) この一連の改正を推進した思想は、自己の手の内をトライアル前に示すという、それまでのアドヴァーサリアルな考え方にはなかった思想（'cards on the table' approach）であった。(32) この陳述書の機能としては、相手方当事者や裁判所にプリトライアル段階での情報を提供するにとどまらず、裁判所の命令により、トライアルにおける主尋問の全部または一部として、証拠として働く可能性をもつものである（RSC 38 r 2A(5)b）。すなわち主尋問代用機能をもちうることが規定されている。(33) もっとも、この陳述書は必ずしも満足のいくかたちで機能しているわけではない。ズッカーマンによれば、弁護士が長たらしくかつ複雑な陳述書を作成することによって、争点が曖昧になりかつ作成費用が高額になる。さらに主尋問を省略することによる節約がふいになりかねない状況がある。(34) ところで、以上は第三者証人に関する問題であった。当事者のもっている情報をイギリスではどのように収集するのであろうか。当事者は、プリーディングズにおいては請求や防御のために「重要な事実（material facts）」のみを主張し、法律や証拠の提出はしない[35]（RSC 18 r 7）。もともと「重要な事実」に関しては、日本でいう主要事実や具体的な社会的事実を歴史的順序に従って記載することが徹底されているといわれている[36]。すなわち、日本の準備書面が法的に構成されるのに対して、イギリスにおいては事実のみが時系列的に記載されることによって、日本の陳述書が争点整理段階で果たしている役割をプリーディングズにみることができる。これによって、相手方や裁判所に対して事件に関する情報が提供されることになる。かくしてイギリスにおいても、早期に当事者から事件に関する情報が提供されることに日本との懸隔はない。

4　アメリカ

アメリカの制度で右に比肩すべきは、ディスカヴァリーにおける証言録取書（depositions）であろう。これには書面による場合と口頭による場合とがあるが、後者が主流である。これは当事者の代理人の事務所などに双方代理人、速記者、当事者本人、証人が集まり、公証人等の宣誓管理者[37]（Rule 28(a)）の前で、当事者、証人が順次尋問を受け、これを速記者が記録し、反訳して作成された書面である。裁判官の立会いがない点を除けば、証人尋問と同様である[38]。この証言録取書は、トライアルで提出する証拠を作成する意図もさることながら、トライアル前の段階で、事件に関する情報を獲得することを主たる目的とする[39]。日本における陳述書との関係では、この証言録取書とトライアルにおける証人尋問との関係、ならびに当該証人について尋問がなされなかった場合の証言録取書の取扱いが問題となる。ところで一九九三年に連邦民事訴訟規則が改正され、従来ディスカヴァリーによっていた情報収集の一部について開示義務が課せられることになった[40]。トライアルでの証人尋問に関しては、争いある事実に関する情報を有する者（証人）の氏名、可能であれば住所、電話番号が初期開示の対象とされ（Rule 26(a)(1)(A)）、さらに当事者はトライアルにおいて申請を予定する証人の氏名、すでに提出されている場合を除いて住所、電話番号を開示する義務を負う（Rule 26(a)(3)(A)）。これによると通常は証人となる可能性のある者について証言録取を行っておき、トライアルにおける証言内容を予測したうえで、実際にこれを用いて尋問を行う（書面による回答の禁止規定はない）。またディスカヴァリーで得た証拠はトライアルにおいて証拠となる。[41] この証言録取書は反対尋問の材料として当事者によって使用されるほか、一定の場合には、どのような目的であれ、当事者によって使用されうる（Rule 32(a)(3)）。証言録取書は反対尋問を経ている証拠であるので、日本の陳述書におけるような問題はない。結局のところ、アメリカにおいてはディスカヴァリーの段階で、当事者ないしは第三者のもつ情報が双方に交換され、証拠調べ前に事件に関する情報の共通認識が得られるしくみになっている。さらにディスカヴァリーにおける裁判所の管理を考えあわせると、[42] イギリスと同様、ここでも伝統的なアドヴァーサリーシステムの変容の傾向がみられることが興味深い。

5　小　括

以上を見てわかることとしては、①いずれの国においても段階審理方式がとられていること、②証拠調べの段階においては、口頭主義が支配していること、③しかし、その前段階においてすでに人証から情報を取得する手段が講じられていること、④そのために英米では書面が用いられ、ドイツにおいても書面尋問を情報収集手段として用いることが考えられていること等である。当事者や準当事者から早期に情報収集すること自体の価値は、もはや比較法的にも否定できないし、日本の新法がすでにそれをねらいとしていることは明らかである。問題はそれを（反対尋問を経ない）陳述書という書証形式で行うべきかであるが、これ自体はきわめて日本的であり、それだけにその使用は慎重にとの見解が有力であることは故なしとしない。

(14)　司法研修所編『フランスにおける民事訴訟の運営』(法曹会、一九九三年)八九頁［山下郁夫ほか］参照。本章は多くをこれに負う。
(15)　Solus/Perrot, Droit Judiciare Privé, Tome 3, 1991, p.751. 供述書の要件については、Vincent/Guinchard, Procédure civile, 1996, p.673 参照。
(16)　供述書の実際の運用については、司法研修所編・前掲注(14)一〇九頁以下［山下ほか］にくわしい叙述がある。
(17)　司法研修所編・前掲注(14)八七頁［山下ほか］によれば、フランスにおいては、証人は嘘をつくもので信用できないという考え方が非常に強いとされ、その結果、本文のような取扱いになっているようである。日本においてもおそらく証言の信用性に関する裁判官の意識はフランスとそれほど懸隔のあるものではないであろう（位野木益雄「民事裁判の思い出」判時一六二六号（一九九八年）六頁参照）。それにもかかわらず、証人に頼らざるをえないというのが現状である。この点で日本は、証拠調べにおける直接主義を重視する立場から、証人尋問を書面で行うことに消極的で、したがって証人尋問をなんとか工夫しながら行おうとするドイツの行き方と似た面がある。なお、フランスの供述書はドイツの司法簡素化法制定に際して参考とされたが、これに対してかなり批判的にみる見解として、Reinecke, Die schriftliche Zeugenaussage im deutschen Zivil-und Arbeitsgerichtsprozeß, ZRP 1989, S. 404. がある。また、Solus/Perrot, op. cit. も供述書の成立に際して相手方の立会いもなく、内容についてチェックが働かないことが供述書の難点であるとする。
(18)　司法簡素化法については、司法簡素化法研究会（ウルフ・ベルスティンクハウス）「ドイツ『司法簡素化法』について」判タ七六八号（一九九一年）一〇頁参照。なお、書面尋問の規定自体は一九二四年のZPO改正により導入されたものである。その成立ならびに司法簡素化法に至るまでの議論については、高田昌宏「民事訴訟における証人尋問の書面化の限界㈠」早法七二巻四号（一九九七年）二〇三頁以下に詳しく紹介されている。同「ドイツ民事訴訟法における公の報告（amtliche Auskunft）」『中村古稀』七五五頁以下もこの問題の考察に有益である。
(19)　現行ZPO三七七条三項は「①裁判所は、立証事項の内容と証人の適格性からそれで十分であると考える場合には、立証事項につき書面による回答を命じることができる。②証人には、後に尋問のために呼び出しがありうることが告げられなければならない。③裁判所は、立証事項のより以上の解明が必要であるとみなす場合に、証人の呼び出しを命じる」と規定する。改正前は、三項「証人があらかじめ書類や帳簿類に基づいて証言するような情報が尋問の対象をなす場合、裁判所は、証人が前もって立証事項の書面による回答を宣誓にかわる正当性保証をして提出する場合には、期日に出頭する必要がないことを命じることができる」、四項「同様のことは、裁判所が事案の状況によって、とくに立証事項の内容に鑑みて、書面による説明で十分であると考え、かつ当事者がそれに同意した場合に限って、他の事例においても行われうる」と規定していた。このような改正による規定の変更の、とくに当事者の同意にかからせないという部分を見て、これを当事者の処分権を奪うことにより直接主義のいっそうの貫徹を図ったものと解すべきであるとの見解がある。Koukouselis, Die Unmittelbarkeit der Beweisaufnahme im Zivilprozeß, insbesondere bei der Zeugenvernehmung, 1989, S. 88. しかし一般には、そうではなく当事者の同意を取り付ける煩わしさから解放することによって、時間の節約を図るのが目的であるとされる（Koukouselis, a. a. O., S. 176）。なおそのさい同時にＺＰＯ三七八条も改正され、証人は、それが自己の知覚についての陳述を容易にする場合には、帳簿その他の書類を期日に持参し、それを参照しなければならない旨の規定が設けられた。日本の二〇三条に対応する規定と考えてよい。なお、坂田宏「新民事訴訟法・新民事訴訟規則に関する一所見」横浜国際経済法学六巻二号（一九九八年）一五九頁（注31）参照。

(20)　Damrau, in : Münchner Kommentar, 1992, § 377 Rdnr 7, S. 134. なお、筆者は刊行前の Stein/Jonas/Berger, ZPO, 21. Aufl. § 377 Ⅲの草稿に、Berger 教授のご厚意により、接することができた。そこでも同様の叙述がみられる。

(21)　Stadler, Schriftliche Zeugenaussage und pre-trial discovery, ZZP 110, 163ff. もっとも、今のところこの説が大方の支持を得ているわけではない。

(22)　日本は、ドイツのＺＰＯ旧三七七条四項に似て、当事者に異議がないことを書面尋問の要件とする立場を選択した。しかし、異議がなかったことからその後の反対尋問を認めないという趣旨かは問題である。私見によれば、書面尋問をするか否かの判断に当事者の意見を反映させ慎重を期すると同時に、提出された書面の内容いかんによっては、反対尋問の余地を残しておくべきである。

(23)　ドイツにおける通説である。Stein/Jonas/Berger, a. a. O. 注(20)は、証言を書証によって代替することは、証拠調べと証拠決定による特別な証拠調べ手続の命令は、法律の定めるところに従うとするＺＰＯ二八四条に抵触して不適法とする。

(24)　司法研修所編『ドイツにおける簡素化法施行後の民事訴訟の運営』（法曹会、一九九五年）一一〇頁［大喜多啓光ほか］参照。

(25)　出頭命令の対象としては両当事者、その法定代理人、共同訴訟的補助参加人などがあげられる。Rosenberg/Schwab/Gottwald, Zivilprozeßrecht, 15. Aufl. 1993, S. 431. 参照。

(26)　司法研修所編・前掲注(4)七九頁［篠原ほか］参照。ここでは企業の業務担当者等の準当事者が含まれる（一五一条一項二号）。その分ドイツよりもその対象の範囲が広い。

(27)　Polyzogopoulos, Parteianhörung und Parteivernehmung in ihrem gegenseitigen Verhältnis, 1976. に、この議論が詳しく紹介され、その一四三頁以下で、立法論として、当事者尋問の補充性を放棄したうえでの両者の統合が提案されている。Wittschier, Die Parteivernehmung in der zivilprozessualen Praxis, 1989, S. 5ff. に要領よく両者の対比がなされている。

(28)　Rosenberg/Schwab/Gottwald, a. a. O. 注(25) S. 431.

(29)　Zuckerman, English Civil Procedure : The Shift away from Partycontrol and Orality, ZZP international, 1996, S. 65. それ以前のイギリスの訴訟システムの状況をあらわすものとしては、さしあたりJacob, The Fablic of English Civil Justice, 1987. 参照（口頭原則については一九頁以下）。なお、陳述書については、長谷部由起子『変革の中の民事裁判』（東京大学出版会、一九九八年）一〇八頁以下、司法研修所編『イギリスにおける民事訴訟の運営』（法曹会、一九九六年）とくに一七四頁以下［菅野博之ほか］、菅野博之「イギリスにおける訴訟改革と我が国の実務についての雑感」判時一六二四号（一九九八年）二三頁以下参照。

(30)　人によってはこの改正を近時における最重要の改正とみている。Glasser, "Civil Procedure and the Lawyers : The Adversary System and the Decline of the Orality Principle", Modern Law Review, vol 56, 1993, p.314. 参照。なお、カウンティコートについてもほぼ対応する規定が存するが、本章では便宜上最高裁規則のみを掲げる。

(31)　以上につき、Zuckerman, a. a. O. 注(29) S. 68. 参照。

(32)　こういった思想による開示は、同時に和解を促進する機能を有することから、トライアルまで開示しないことを裁判所が認めることは非常に稀であるとされる。Khan v Armguard Ltd ［1994］ 3All ER 545, Zuckerman, a. a. O. 注(29) S. 69. 参照。

(33)　Zuckerman, a. a. O. 注(29) S. 70. によれば、陳述書の効用として次のことが考えられている。①トライアルにおける surprise の要素を排除し、各当事者が証言内容を事前に知ること、②トライアル前に真の争点の識別を容易にすること、③勝訴の見込みをはかりやすくし、それによって和解を促進すること、④争点を絞り込み、争いのない事実に関しての自白を促すこと、⑤プリトライアル段階での申立ての必要性を少なくすること、⑥主尋問の必要性を排除することによって時間を節約すること、⑦より効果的で節約的な反対尋問を容易にすること等である。要するに効率性を増進させ、コストと遅延を減少させることにある。
(34) Zuckerman, a. a. O. 注(29) S. 70.
(35) 事実を基礎づける法的根拠や証拠はトライアルにおいて初めて提出されるとされてきた。しかしここにおいても著しい変化がみられる。すなわち当事者は聴聞の少なくとも二日以上前に主張の要約書面（skelton arguments）を提出することが裁判所によって要求される。さらにこれには争点に関する事件の概要の時系列表ならびに争点表の付加が求められる。Zuckerman, a. a. O. 注(29) S. 72. ここにおいても訴訟の重点がトライアル段階からプリーディングズ段階へとシフトしつつある現象をみることができる。
(36) 司法研修所編・前掲注(29)八四頁［菅野ほか］参照。イギリスでは以前はトライアルにおける冒頭陳述（opening adress）が弁護士にとって腕の見せ所であり、そこで事件の明確かつ論理的で時系列的な論述、法律論の展開がなされた。すなわちそこで初めて当事者側のストーリーの展開が行われた。Jacob, op. cit., p. 162. 参照。ところが現在ではそれらがすべてプリーディングズの段階に移され、同時に、口頭主義が削減され、書面によるそれが行われている。これらは事件のスピードアップによる費用の節減、早期の開示による和解の促進のためである。そしてそれが裁判所の役割の変化（事件管理、司法積極主義）、法曹の再編を促しているのである。Glasser, op. cit., p.318. 参照。
(37) アメリカ連邦民事訴訟規則については、Federal Rules of Civil Procedure, 1997. による。
(38) James/Hazard/Leubsdorf, Civil Procedure, 1992, p.238, 高橋宏志「米国ディスカバリー法序説」『法学協会百周年記念論文集第三巻』（有斐閣、一九八三年）五二九頁、司法研修所編『アメリカにおける民事訴訟の運営』（法曹会、一九九四年）一六頁以下、森英明「アメリカ連邦地方裁判所における民事訴訟運営の実情」『アメリカにおける民事訴訟の実情』（法曹会、一九九七年）一七〇頁、Hazard, JR/Taruffo, American Civil Procedure, 1993, p.118, ハザード＝タルッフォ（谷口安平監修・田邊誠訳）『アメリカ民事訴訟法入門』（信山社、一九九七年）一三〇頁参照。
(39) 高橋・前掲注(38)五三五頁によれば、一九三八年の改正によるディスカヴァリーの範囲拡張の背後にあったアイデアは、情報をディスカヴァリーにより獲得する権利とそれをトライアルで証拠として使用する権利とを完全に分離することにあったとする。
(40) 伊藤眞「開示手続の理念と意義(下)」判タ七八七号（一九九二年）一六頁、大村雅彦「アメリカにおける事件情報の早期開示の動向」『木川古稀(下)』一二三八頁〔同・『比較民事司法研究』（中央大学出版部、二〇一三年）三頁〕、小林秀之『アメリ

カ民事訴訟法新版』（弘文堂、一九九六年）一四八頁以下参照。

(41) ハザードータルッフォ・前掲注(38)二二九頁、森・前掲注(38)二二九頁参照。なお後者によれば、これに際しては、録取書が法廷で朗読される形で証拠調べが行われる。法廷で証人が一部を朗読した場合にはその部分のみが証拠となる。なお、証言録取書の法廷での使用については、規則三二条が規定するところである。

(42) 森・前掲注(38)一七一頁以下参照。

五　陳述書の法的根拠

陳述書の法的根拠を考える場合、陳述書がどの段階で提出され、どのような者の陳述を対象とするかを一応区分して論じる必要があるのではないかと思われる。裁判の初期の段階で当事者や準当事者から提出される陳述書と証人尋問の前にその準備のために提出される陳述書とでは、法的根拠を必ずしも同じくはしないと思われるからである。ところで、アメリカを除けば、比較法的に検討した国では、陳述書に見合うものとして後者を対象とし、しかも第三者証人を念頭に置いたものが存在していた。日本においても当事者尋問と証人尋問とは規定を一応異にする。まず後者（証拠調べ段階）からその法的根拠を考えてみよう。二〇三条（二一〇条で当事者尋問に準用）は、「証人は、書類に基づいて陳述することができない。ただし、裁判長の許可を受けたときは、この限りでない」と規定する。本来記憶に基づいた自由な発言としての証言が、あらかじめ作成されたメモ等の書面によって他人の影響を受けて歪められたり、ひいては偽証を誘発することになることを防ぐ趣旨である(43)。したがって偽証のおそれのない場合、たとえば計算書や帳簿等によって陳述をする場合は、例外的に裁判長が書類に基づく陳述を許可することができる。さらにそうとすれば、そのような種類の陳述については、全面的に書類にかえてしまうことが考えられてよい。二〇五条は、裁判所が相当と認め、当事者に異議がないときは、尋問にかえて書面による回答を認める規定を新設した(44)。この規定は右の理由によるかぎりは限定的に適用されるものであって、より一般的に用いられる陳述書の根拠を提供するものではないといえそうである。(45)しかし、立法過程の議論ですでに、これで不十分なときはあらためて証人を呼び出したうえで尋問する余地があることが指摘されていた。(46)ここにこの規定が複線的に、すなわち後の尋問を予定しての書面の提出を規定したものと位置づける契機が存していたのである。(47)そしてこのように使うかぎりは、当事者尋問をはずす理由もないことは明らかであろう。(48)

次に、争点整理段階では、釈明処分としての当事者（準当事者）本人出頭（一五一条一項一号二号・一七〇条六項）を陳述書の根拠条文として認められないかを検討する。(49)当事者（準当事者）を実際に呼び出して事情聴取し、その結果を陳述書として提出させる実務は普通に行われていると仄聞している。問題はその順序を逆転させたり、事情聴取にかえて陳述書で肩がわりさせることが適法かである。私見によれば陳述書を釈明処分と結びつけるのであれば、提出された書面は主張書面ととるのが理論的には正当である。(50)前述のように陳述書を準備書面の添付書類（規五五条）と位置づける見解がある。(51)しかし、時系列的に展開された叙述書面を添付書類とすることには、添付書類としてかなり異色のものをもち込むことになることから無理があるのではないかと思われ、躊躇を感じる。(52)むしろイギリスにおいてプリーディングズが、重要な事実を歴史的順序に従って叙述する方式をとっていることを参考にして、主張書面（準備書面）そのものととることができるのではないかと考える。(53)すなわち、準備書面が法的構成をとることを特徴とする日本においても、事実経過を時系列的に叙述する書面をこれに付加して一体として主張書面とすると考えることができるのではないか。以上を要するに、まず、争点整理段階での当事者（準当事者）からの情報収集が必要であることは否定できないことである。このことは比較法的にみても通常行われていることである。しかし、そのやり方についてはさまざまであって、書証としてこれを求めることはむしろ非常に特異であるといってよい。しかも、これに問題がないわけではないとすると、むしろ事件の概要把握に関して、準備書面や本人事情聴取でできることはそちらで賄うべきであって、補完的（代替的）に陳述書を提出させる場合でも、これをあくまでも主張書面とするのが理論的であり、かつ実際上の疑念も

少ないと考える。(54)

(43)　菊井＝村松『全訂民事訴訟法Ⅱ』（日本評論社、一九八九年）三三九頁、兼子一＝松浦馨＝新堂幸司＝竹下守夫『条解民事訴訟法』（弘文堂、一九八六年）一〇一八頁［松浦馨］参照。

(44)　坂本・前掲注(1)六頁によれば、簡裁では旧法時代から書面尋問が認められていたが、その趣旨は、心証の見通しがあり当該人証が補完的なとき、証明事項が付随的派生的なとき、立証事項の性質上や人証の立場上反対尋問が実施されなくても虚偽陳述の危険が少ないとき、人証の出頭が病気等の関係で困難なときに、裁判所の裁量で書面尋問を許容するところにあるとする。このような根拠づけは何も簡裁にかぎり認められるというものではなく、一般化する要素をはらんでいた。もっとも、当事者については、これが重要な情報源であることや参加意識を高めるという政策的判断もあって、その対象からはずれることになった。なお、この制度については、中野哲弘「証人尋問②——書面尋問」『新民訴法大系3』三七頁参照。

(45)　シンポジウム・前掲注(7)二三頁［鈴木正裕発言］参照。

(46)　法務省民事局参事官室「民事訴訟手続に関する改正要綱試案補足説明」（別冊NBL二七号）（商事法務研究会、一九九四年）四二頁参照。

(47)　規定の体裁はドイツのZPO旧三七七条三項四項を合わせた形になっているが、その適用は現行同条規定と同様ということになる。これにStadler説を重ね合わせると、日本とドイツの議論が整合し、陳述書の根拠規定になる。なお規則一二四条は相手方の反対尋問権に配慮した尋問事項書の提出を予定し、なおかつ書面尋問は当事者に異議のないときに限って認められるとして、後の尋問を予定していないように規定されているが、そして原則はそうなのであろうが、提出された書面を見て、内容が不十分であったり、証人の信頼性テストが必要であることが判明した場合には、尋問の申出が認められると解する。

(48)　もっとも、このように使うかぎりは、予告機能を正当化するのみであって、ここから主尋問代用機能はストレートに引き出されえない。ここはイギリスとまったく同様に、問題との関係で時間の短縮を顧慮することが許される事項かの解釈問題となる。

(49)　これはドイツではParteianhörungとして認められる事情聴取を書面で行う方式といえる。なお、ドイツでこれが認められているかについては、筆者としては調査中である。
(50)　シンポジウム・前掲注(7)二六頁［木川統一郎発言］参照。
(51)　山本「陳述書問題について」前掲注(11)七一頁。
(52)　イギリスのプリーディングズにおいては、法や証拠は語らず、事実のみを主張するという特徴を看過できない。しかし後述のように、日本における準備書面を前者のみに限るという理由もないように思われる。両方の要素を含ませることは可能と考える。
(53)　シンポジウム・前掲注(7)二六頁［木川発言］、矢吹徹雄「証人尋問③――証人尋問の仕方」『新民訴法大系3』五七頁などに賛同する。なお、釈明処分が、弁論の領域に属するものか、証拠調べの性格を有するものかについて議論がある。しかし、ここではこれに立ち入らず、前者とする見解に従う。なお、新法は釈明処分が証拠調べの性格をもたないことを前提にしていることを指摘する見解として、山本・前掲注(11)七三頁（注10）参照。
(54)　高橋・前掲注(1)一一五頁以下も争点整理段階での陳述書については、やや批判的に見ている。

六　直接主義・口頭主義・書面主義

1　直接主義と陳述書

陳述書は直接主義に反するとの批判があった。ここでは人証調べにおける直接主義の意味が問題となる。直接主義を受訴裁判所において証拠調べが行われることとすると、書面を介しての人証調べも直接主義に反するものではない。しかし、これはいわば形式的直接主義であって、人証調べにおける個人的な印象、証人の信頼性テストの要素を重視するとき、陳述書はベストエヴィデンスではないというべきである。したがって、人証調べにおいては実質的直接主義[55]によるのが原則である。そのような意味で陳述書のみで済ませる（後の人証調べを省略する）ことはたしかに直接主義の原則

からは問題である。したがって、陳述書の提出で終わる場合は、ごく限定的に解すべきである。(56)

2　口頭主義・書面主義と陳述書

イギリスにおいては、時間と費用の節約の必要から、伝統的に行われてきたトライアルでの口頭主義が次第に崩され、それとともに公開の意味が減殺されるという現象が起きている。これに対して、日本では口頭主義が従来から必ずしも本来の形で貫徹されてこなかった関係で、人証調べにおける書面利用が口頭主義からの訣別、書面主義への移行と明確に評価できるわけではない。(57)さらに厳格な意味での書面主義は書面の作成や提出に何らかの法的効果が結びつく場合を指すことからすると、日本の陳述書を書面主義と評価するのは正確ではない。(58)

(55)　用語についてはドイツでの議論を参照した。なお、Kip, Das sogennante Müindlichkeitsprinzip, 1952, S. 65. によれば、本来、直接主義の意味は人証と裁判所との間に第三者を介在させないということであり、書面によることも可能ではあるが、書面では内容の誤りを含みうることから、直接主義は口頭主義とよく結びつくものである（レオンハルトは両者を同一視した）。なお、河野・前掲注(5)一九五頁は、言葉以外にあらわれる人格の「表現徴候」が証言の真否に関する徴表になるとする。

(56)　周辺的な事項に関する尋問であることや大量の人証の中から選択せざるをえない状況があり、しかもその選択につき当事者の確認をとっている場合がそれにあたる。

(57)　小山昇「口頭主義と書面主義について」『西原追悼(下)』四一三頁以下（とくに四二七頁）参照。なお、竹下守夫「『口頭弁論』の歴史的意義と将来の展望」『講座民訴4』一頁以下に口頭主義（口頭で陳述されたもののみが判決資料となる）への変遷過程ならびに現代的意味が解明されている。

(58)　イギリスの陳述書は、トライアルにおける陳述内容を制約する法的効果を伴うことから、この作成提出を義務づけることは、書面主義への移行と評価することができる。

七　宣誓認証私書証書（宣誓供述書）

これは私書証書につき公証人の面前でその記載の真実であることを宣誓して証書に署名したものである（公証五八条ノ二）。このメリットは、供述書が作成者の意思に基づいて作成されたことが公証人により認証されることから、文書の成立が推定規定によらずに直接公文書によって認定される点にある。[59] この制度は、訴訟において利用することのできる証拠を拡充することや紛争の発生の予防や証拠保全に役立てることをねらいとしている。[60] この制度はまた、英米法の宣誓供述書（Affidavit）にならったものであるが、イギリスにおけるそれとは異なり、[61] 記載内容の真実推定は働かず、この点は裁判所の自由心証に委ねられるが、宣誓と偽証罪による制裁が真実性を担保するというものである。[62] しかし、この有用性についていては率直にいって疑問である。記載内容の真実推定もなく、偽証罪による制裁も期待薄であるとすると、これに証拠保全的意味をもたせる場合を除けば、費用をかけてこれを作成するインセンティブは働かないように思われる。

(59) シンポジウム「民事訴訟法改正と公証制度」公証法学二五号（一九九六年）三〇頁［柳田幸三報告］、小林久起「新民事訴訟法の施行に伴う公証制度の改正」ＮＢＬ六三三号（一九九八年）一七頁、二七頁参照。
(60) 法務省民事局参事官室・前掲注(46)四四頁。
(61) O'Hare and Hill, Civil Litigation, 1995, p.382.
(62) シンポジウム・前掲注(59)三一頁［柳田報告］。もっとも、その真実性担保のための宣誓・偽証罪というシステムがどれほど有効かは疑わしい。このことから、宣誓供述書の証明力は証人尋問や本人尋問と同等とはいえないといわれている。山下孝之＝阿多博文「宣誓供述書・陳述録取書」判タ八七三号（一九九五年）二一頁、シンポジウム・前掲注(59)五二頁［梅本吉彦報告］、北尾・前掲注(5)八三頁。

八　おわりに

まず、争点整理段階における陳述書と証拠調べ段階における陳述書とを区別する必要があるように思われる[63]。前者の段階においてすでに当事者からの情報収集の必要があることは疑いない。しかし、これを陳述書で行う必然性は存在しない。このための書面の利用の例は、アメリカのディスカヴァリーで作成される証言録取書に見ることができるが、これは後に証拠として提出されるとしても、完全に人証調べの形式を踏んで行われるもので、反対尋問の保障もあり、日本におけるような問題はない。争点整理段階では準備書面を充実させるか、相手方の立会いのもと、本人事情聴取で情報収集すべきであるし[64]、やむなく書面によってこれにかえる場合でも、これを書証とする必要はない。準備書面を補完する役割を果たすことで足りよう。これに対して証拠調べ前の陳述書については、反対尋問の準備に有用であり、場合によっては、主尋問の代用という機能を果たさせてよい。これを尋問事項書で代替させることには限界がある。またそのような機能を陳述書にもたせることは、ドイツの近時の議論やイギリスの陳述書の役割から見て決して奇異ではない。まして集中証拠調べが行われる新法（一八二条）においては、相手方の事前準備は不可欠となる。そのために陳述書は有用である。ただ、陳述書が提出されたが、証人尋問が実際には行われなかったという場合の陳述書の取扱いには注意を払う必要がある。ドイツではこれが許される場合をごく限定的に解釈するのが一般である。人証調べにおける実質的直接主義の立場からすると、このような陳述書はベストエヴィデンスではないことは明確である。したがってこの場合、原則的には、当該陳述書は伝聞証拠として低い証拠価値しかもたないことを確認してその旨調書に記載するか、場合によっては当事者と協議のうえ証拠から排除するのが妥当である。なお、イギリスでは陳述書の義務化による口頭主義ないし、それと結びつく公開主義の衰退を疑問視する見解も存するが、日本においても、この点、形骸化した弁論を追認する方向で陳述書を利用するのではなく、むしろ活発な弁論へ向けての材料提供手段としての位置づけを明確にすべきである。

(63) 高橋・前掲注(1)一〇九頁以下に従う。

(64) この点でNコートの第一回期日におけるフリーディスカッション方式は興味深い。西口元＝太田朝陽＝河野一郎「チームワークによる汎用的訴訟運営を目指して(2)」判タ八四七号(一九九四年)二二頁。園尾隆司「集中証拠調べ②」『新民訴法大系3』二三頁も参照。

9　秘密保護手続について——チューリッヒの民事裁判を手がかりとして——

一　はじめに

民事訴訟において、営業秘密やプライバシーをどのように保護すべきかが、新法制定にあたって、検討課題とされた。しかし後にみるように、そのための秘密保護手続ともいうべき手続を定めることは結局見送られた。今後の課題として、このような手続を定める方向で立法論を展開すべきなのか、それとも当事者公開（審尋請求権）との関係で、立法の見送りをむしろ慶賀すべきなのか。これについて、筆者として、基本的なスタンスを模索してみたいとの気持ちから、本稿執筆を思い立った。そしてそのための準備として、チューリッヒの上級裁判所（Obergericht）と同一建物にある商事裁判所（Handelsgericht）を訪ねてみた。周知のように、スイスでは連邦、ならびに多くのカントンにおいて、秘密保護のための手続に関する規定をおいている。チューリッヒもその例外ではない（チューリッヒ民訴法一四五条）。しかもこのスイス最大のカントンであり、スイスの商業、金融の中心地であるチューリッヒの民事実務は、ひとり筆者にとってだけではなく、多くの方にとっても興味をそそるものと推測する。この問題については既に多くの有益な諸論考が公刊されているにもかかわらず、そして結論としては何も目新しいことを付け加えるものにはならないであろうにもかかわらず、本稿がなにがしかの寄与をなすものであれば幸いである。なお本稿では、営業秘密を中心に論じ、プライバシー保護については、適宜言及するにとどめる。

白川和雄教授には、筆者が教授と同様に、ドイツ・ヴュルツブルク大学・ハープシャイト教授（当時）のもとで学んだ縁で常日頃親しくお教えを受けている。本稿執筆にあたっては、何人かのドイツ、スイスの教授のお世話になったが、ハープシャイト教授はその筆頭であった。白川教授、ハープシャイト教授そして筆者とつなぐ線は、筆者の研究にとって汲めど尽きせぬ源泉となっている。白川教授に感謝の意味を込めて、きわめて拙く、かつ本格的な論文とは言い難い本稿で恐縮ではあるが、おささげしたい。

二　新民事訴訟法における秘密保護

1　新法成立の経緯

検討事項では、まず秘密保護の手続として、プライバシー、営業秘密（不正競争防止法第一条第三項に規定する営業秘密）等の秘密が訴訟審理を介して漏洩することを防ぐために、①審理の一般公開を制限する可能性、②非公開とした場合の当事者、証人等に対する秘密保持命令、違反に反する刑事罰を含む制裁、さらに③訴訟記録の閲覧・謄写を当事者に限り、④秘密を知った当事者証人等が秘密保持義務に違反した場合には、刑事罰を含む制裁が可能かが問われた。次に文書提出命令に関して、秘密が漏洩しないようにしながら、プライバシー、営業秘密にかかわる文書であるかどうかを判断するために、⑤当事者公開を制限して、a受訴裁判所、b受訴裁判所を構成する裁判官以外の裁判官、さらにc弁護士、公認会計士、弁理士等の検査人が文書の提出を受けてこれを閲読し、右の文書にあたるかの判断をする可能性が問われた。また⑥プライバシー、営業秘密にかかわる部分を秘した文書の一部の提出命令の可能性、さらに⑦文書提出命令に付随する秘密保護措置として、文書提出命令の申立人や代理人等に秘密保持義務を課し、証人尋問のさいに、提示を受けた証人その他の関係人にも、秘密保持を命じる措置を講じる可能性が問われた。(1)立案担当者の補足説明によれば、②⑦はアメリカのプロテクティブ・オーダーの規定（ならびに②についてはドイツＧＶＧ一七四条三項も）を取り入れることの是非を問うものであった。(2)

改正試案では、右のうち③、⑤ａｂ、⑥のみが残り、他は注ないし後注にまわされた。

新法では、③が九二条、(3)⑤の一部は二二三条三項、⑥は二二三条一項に含まれるものとして残った。(4)結局、審理の非公開は見送られ、訴訟記録の閲覧に関する制限のみが新設されるにとどまった。前者については、周知のように一般公開の制限をどこまで認めるか、その根拠をどこに見いだすかをめぐって議論がある。(5)これが新法下でもそのまま残存することになった。さらに当事者公開の制限については結局見送られた結果、これを否定するのが新法の立場ということになろう。

2　営業秘密の保護に関する新法の立場

新法が営業秘密をどこまで保護しているかは、(6)①訴状、答弁書、準備書面の交換段階、②争点整理段階、③証拠調べ段階、④判決言い渡し（判決書）、⑤それぞれについての記録閲覧権との関係などいくつかの局面に分けて考察すべきである。(7)これらが問題となるのは口頭弁論の公開原則（憲法八二条）に基づくことはいうまでもない。公開原則については、一般公開と当事者公開（審尋請求権）とを区別する必要がある。特に①そして②のうち書面による準備手続については、⑤の問題を除けば、当事者公開の制限が可能かが問題となる。（弁論準備手続についても半ば同様のことがいえる）。また文書提出命令（二二〇条）との関係では、四号イ、ロで同様に一般義務とされる証言義務の除外事由との関係で「技術又は職業の秘密に関する事項」が記載された文書について提出命令の対象除外とされ得ることが法定された。(8)

この文書に該当するかどうかはいわゆるイン・カメラ手続（二二三条三項）で審理されるが、その限りにおいて一種の秘密保護のための手続が導入されたことになる。問題は、これで文書所持者の秘密は保護されるが、申立人との関係においては、申立↓ロの事項の該当性判断↓不奏功で終わることではたして手続として最適であるのか、その間に申立人と相手方・裁判所の三者による、当該文書の不使用に関する検討の機会が保障される必要はないかである（この点についてはスイスに学ぶ部分があるのではないか。後述）。③については一般公開ならびに当事者公開による秘密の開示が問われる。書面については、審理の現状からすると、第三者に対して秘密が漏洩する心配は、おもに記録の閲覧権との関係において生じることになる。これに関しては、九二条によって一応の手当を見た。しかしこの関係においても、相手方当事者には秘密を漏洩せざるを得ず、これが当事者にダメージを与えることが考えられるが、これを防ぐ手だては法定されなかった。東京地判平成三年九月二四日の事案に接して、(9) はたして立法論としてこれが正しかったのかは問題であり、現にいわゆる秘密保護手続の導入の必要を説く見解が存する。(10)

(1)　法務省民局参事官室『民事訴訟手続に関する検討事項』「第四　口頭弁論及びその準備　七　秘密保護の手続」二四頁。柳田幸三「民事訴訟手続に関する検討事項の概要(3)」金法一三二三号（一九九二年）一三頁参照。なお検討事項に関する各界からの意見については、柳田幸三＝始関正光＝小川秀樹「『民事訴訟手続に関する検討事項』に対する各界意見の概要(5)」NBL五一六号（一九九六年）四八頁、同・別冊NBL二七号二七頁参照。

(2)　法務省民局参事官室『民事訴訟手続に関する検討事項補足説明』二五頁、三一頁。⑤⑥もこれに含まれよう。プロテクティブ・オーダーは、連邦民訴規則二六条cの規定するところで、広範なディスカバリーに対処するためのコントロール機能をもつ制度で裁判所の命令によるものである。取引上の秘密や研究開発上の秘密、商業上の情報などをディスカバリーやそれに伴う開示から抑制する機能を持つ。James/Hazard/Leubsdorf, Civil Procedure, 1992, § 5. 13. p.264, 浜野惺ほか『アメリカにおける民事訴訟の運営』（法曹会、一九九四年）二九〇頁以下参照。

(3) 保護すべき秘密の範囲ついては、営業秘密とプライバシーが規定された。範囲に関しては、森脇純夫「秘密保護のための訴訟記録の閲覧等の制限」三宅省三＝塩崎勤＝小林秀之編『新民事訴訟法大系1』（青林書院、一九九七年）二五三頁、なお柴田純子「証拠収集手続における秘密保護の範囲」早稲田法学七二巻一号（一九九六年）二三頁参照。

(4) 法務省民事局参事官室編『一問一答新民事訴訟法』（商事法務研究会、一九九六年）二六五頁、小室＝賀集＝松本＝加藤編『基本法コンメンタール新民事訴訟法2』（日本評論社、一九九八年）［高田昌宏］二〇一頁、立法の経緯については、森脇・前掲注(3)二五三頁、加藤新太郎「民事訴訟における秘密保護の手続」塚原朋一＝柳田幸三＝園尾隆司＝加藤新太郎編『新民事訴訟法の理論と実務(上)』（ぎょうせい、一九九七年）三六七頁参照。なお第三者の営業秘密の閲覧からの保護については、証言拒絶権（一九七条一項三号）ならびにこれを受けての一般的文書提出義務の例外規定（二二〇条四号イ以下）との関係で、閲覧に関する配慮の必要はないと説かれている。前掲参事官室編『一問一答』八五頁参照。これに対しては異論が出されている。森脇・前掲注(3)二七五頁、佐上善和「秘密保護と訴訟記録の閲覧の制限」竹下守夫＝今井功編『講座新民訴法1』三四六頁（この異論に対する反論として加藤・前掲三七六頁参照）。文書の一部の提出と秘密の関係については、出水順「文書提出命令(二)―四号文書と証言拒絶権の関係」滝井繁男＝田原睦夫＝清水正憲編『論点新民事訴訟法』（判例タイムズ社、一九九八年）二七六頁参照。

(5) この点については後述するが、さしあたり、伊藤眞「民事訴訟における秘密保護」『民事訴訟法の争点〔第三版〕』（一九九八年）一六一頁参照。

(6) 本稿では、新法九二条一項三号、不正競争防止法二条の用語に合わせて「営業秘密」という用語を使用する。営業秘密とは、「秘密として管理されている生産方法、販売方法その他の事業活動に有用な技術上または営業上の情報であって、公然と知られていないものをいう」（不正競争防止法二条四項）。日本では他に、「企業秘密」という用語が使われるが、中身に重要な違いはないと思われる（もっともこれを厳密に区別する見解も存する）。松井秀樹「新民事訴訟法における文書提出命令と企業秘密(1)」ＮＢＬ六〇四号（一九九六年）七頁、同(4)六〇九号（一九九七年）六四頁、Stürner, 注14、JZ, S. 453 参照）。技術または職業の秘密（民訴一九七条一項三号）は第三者証人に関するものではあるが（第三者証人自身の秘密に限るかについては周知の通り議論がある。これについてはさしあたり、滝井繁男「証言拒絶権」滝井他・前掲注(4)三四六頁、小室ほか・前掲注(4)［小林秀之＝山本浩美］一六八頁参照）、これに含まれる範囲には営業秘密とさほど逕庭はないであろう。後の比較法との関係では、ドイツ、スイスでも① Betriebs-und Geschäftsgeheimnis, ② Fabrikationsgeheimnis, ③

Beruflichesgeheimnis, ④Unternehmensgeheimnisなどが使われており、①が営業秘密、②が生産方法（技術上）の秘密、③が職業の秘密、④が企業秘密と訳出でき、それぞれニュアンスがあるが、言葉の使い分けによって論じる対象の意図的限定はなされていない。アメリカにおいてはノウハウ、トレード・シークレット、財産的情報などの用語が使われ、それぞれ厳密には異なった意義があるが、本稿ではこれらの使い分けはしない。なお営業秘密その他の用語に関しては、通産省知的財産政策室監修『営業秘密（逐条解説改正不正競争防止法）』（有斐閣、一九九〇年）三頁以下参照。

(7)　木川統一郎＝生田美弥子「秘密民事訴訟手続と鑑定」判タ八六〇号（一九九五年）八頁、原竹裕「民事訴訟における情報財の保全と審理公開原則」一橋論叢一二〇巻一号（一九九八年）一八頁、伊藤眞・前掲（争点）一六〇頁参照。

(8)　松井・前掲注(6)(1)一〇頁、一二頁以下、同(4)五八頁以下参照。

(9)　東京地判平成三・九・二四判時一四二九号八〇頁（損害賠償債務等不存在確認請求事件）は、Y（米国法人）が有していた秘密情報をXが違法に入手したものであるとして、アメリカ（オハイオ州）においてノウハウ侵害の差止、不当利得返還及び損害賠償を請求したのに対抗して、XがYを相手に日本において、これらの債務不存在確認訴訟を提起したものである。論点は複数にわたるが、本稿の関心に限定すると、Yが主張する各請求権については、Yが主張立証すべきであり、そのためには損害及び利得の基礎となる被侵害利益であるノウハウの内容についてYが主張立証しなければならず、Xが入手した情報のうち、どの部分がYの営業秘密に属するのか、少なくともXにおいてその秘密性の有無につき十分に防御を尽くすことができる程度にまで特定することが要求されるが、Yの主張立証にはこれを欠くとして、Xの請求を認容した。

(10)　田辺誠「民事訴訟における企業秘密の保護(下)」判タ七七七号（一九九二年）四一頁（以下では、同(上)判タ七七五号二五頁と合わせて、田辺と略す）同「民事訴訟における秘密保護」ジュリ一〇二八号（一九九三年）九六頁、木川＝生田・前掲注(7)一四頁、伊藤眞「民事訴訟法改正に関する秘密保護手続」自正四三巻一二号（一九九二年）六〇頁、出口雅久「民事訴訟における秘密保護手続」立命館法学二四九号（一九九六年）一一八六頁、同「訴訟における秘密保護」ジュリ一〇九八号（一九九六年）七二頁、森脇・前掲注(3)二七六頁、山下孝之「秘密保護のための閲覧等の制限」滝井繁男＝田原睦夫＝清水正憲編『論点新民事訴訟法』（判例タイムズ社、一九九八年）所収の「非公開審理」の意味が当事者公開の制限を含むのか必ずしも明確ではないがこの方向と思われる。加藤・前掲注(4)三九一頁注(38)は、当事者公開の制限を検討の必要性を示唆する。

三　比較法的検討――スイス・チューリッヒを中心に――

1　ドイツの状況

スイスの状況を考察するにあたり、これと対照的な議論をしているように思われる、ドイツの状況を概観しておきたい。ドイツにおいては、審理の公開は憲法上の要請ではなく、裁判所構成法（ＧＶＧ）の規定するところである（一七二条）。そこでは重要な営業上、経営上の秘密が語られるがゆえに公開の討論によって、保護に値する重大な利益が侵害される場合には、弁論ないしはその一部が非公開とされると規定されている（二号）(11)。しかしこれは一般公開の制限であり、これにより当事者公開も制限可能とは考えられていない。営業秘密の保護を理由とする当事者公開の制限可能性については、民事訴訟法（ＺＰＯ三五七条）が当事者に証拠調べへの立会権を保障していることや、とりわけ審尋請求権の憲法による保障（ＧＧ一〇三条一項）との関係で議論があることは周知の通りであるが(12)、結論からいうと消極的な見解が支配的である(13)。ここでは、すでにかなりの部分が紹介されているこの議論の詳細に立ち入る必要はないと考える。ただこの問題のドイツにおける議論の基本的な部分のみを概観することが後のスイスを理解するうえで役に立つと思われる。まず秘密保護手続の導入を提唱したシュトゥルナー説を見ておく(14)。これによれば、営業秘密も訴訟の場面ではその開示から絶対的に保護されるということはなく、訴訟ではその相対的な保護のみがはかられるべきであるところ、それすら従来は十分ではなかったといわざるを得ないとする。これを前提として、まず当事者間に競争関係が存在しないときには、秘密保持義務を伴う非公開審理（ＧＶＧ一七二条、一七四条三項）で足りる。競争関係にある当事者に関しては、どのような秘密が真に相手方当事者を害するのかの検討を行い、さらに秘密の保持を主張する者の違法行為が先行するような場合には、秘密保護の必要はないことを説く。権利侵害者に対する損害賠償請求で賠償額を証明するために秘密である販売額の開示を迫られる様な場合である。すなわちシュトゥルナー説は、各秘密事項ごとに訴訟において開示から守られるべきかを詳細に吟味し、さらに相手方の行為との比較で秘密として保持されるべきかを考察する。このような相対化説をとった場合、たとえば第一審では秘密を開示すべしとされ開示したが、控訴審ではその必要なしと判断された場合に困難が生じるが、これに対処するためには、損害賠償請求権の原因が不可争となるか既判力ある原因判決によることを提案する。また担保提供と引き替えに秘密を開示すべしとする判例があるが[15]、担保提供がいつまで続くのか、担保額をどのように見積もるのかなど、このやり方では満足の行く解決とはいえないとする。結局、一方では秘密を開示させ、他方では秘密保護を尊重するという方法が必要であるとし、そのためには書類、帳簿の閲覧、検証、鑑定などを他方当事者を排除して行う手続が必要であるとする。またその場合には、判決書から秘密が推論できないような工夫も同時に必要であるとする。このシュトゥルナー説に対して必ず主張されるであろう批判、すなわち、相手方の審尋請求権、立会権違反に対しては、証明責任を負う当事者の秘密を保護するために相手方の審尋請求権を抑制することは、効果的な権利保護を犠牲にする限界があまりにも高いところに設定され、これが実際上は挫折するようなことは認められないとの思想によって正当化されるとする。審尋請求権の前にこれが保護されないとすると、実体法上は完全に保護されるべき権利が、手続上は危殆に瀕せられることになり適切ではないからである[18]。このシュトゥルナー説は民事訴訟法学説の中ではほぼ孤立した状況にある[19]。これに対する反論の骨子は、相手方の審尋請求権の不可侵ともいえる重視である[20]。ドイツにおいては、この憲法上の価値も相対的なものであり、当事者の実体法上保護されるべき営業秘密という価値との関係で制限される場合もあるという方向に踏み切れない状況を見て取ることができる。

このような議論の状況を見ていると一種の閉塞感を感じざるを得ない。ドイツ法を検討した文献がいずれもこのドイツの状況に満足していないことも十分に頷ける[21]。しかしその議論を概観してみて、注意を要することがあるように思われる。たとえばシュトゥルナー論文でも重要な位置を占めていると思われるのが特許事件である。ドイツ特許法では、特許権の侵害による差止、損害賠償請求にさいしては、新たな製品の製造者に、原告の特許権とは異なる製造過程によることの証明責任を課すことによって、証明責任の転換がはかられている（PatentG 一三九条三項）。これは証明責任を負う当事者を秘密の開示から保護するための一つの解決方法といえよう。[22] シュトゥルナー説は、これによっても今度は被告の側で製法についての秘密を開示する必要に迫られることになり、解決にはならないとする。[23] しかしこれに対しては、特許権者とは異別の製法による新製品であるというのであれば、被告としても特許権を取得することができるのであるから、それなしに類似の製品を製造した者の秘密を保護する必要はないともいえる。つまりこの規定は、訴訟における一種の秘密保護の規定と読むこともできる。これをもう少し一般化して主張、証明レベルで問題の解決をはかることはできないのであろうか。筆者には憲法レベルでの議論に終始していても、打開策はでてこないように思われる。

さて、それでは、秘密保護手続の規定を持つスイスではどのような運用が行われているのであろうか。そしてそれをめぐってはどのような議論の成り行きになっているのであろうか。これが本稿の課題である。

2　チューリッヒの秘密保護手続[24]

(1)　スイスにおいては連邦民事訴訟法をはじめ各カントンの民事訴訟法に秘密保護のための規定がおかれている。[25] たとえば連邦民事訴訟法三八条二文は営業秘密を保護する必要がある場合には、一方または双方の当事者を排除して証拠方法を取り調べることができる旨を規定しており、同様にベルン民事訴訟法二六一条二項も、裁判所は、営業秘密の保護のため、秘密を知る権利を有しない当事者を排除する措置をとることができるとしている。[26] これに対してチューリッヒ民事訴訟法一四五条は、営業秘密に限定することなく、「証拠調べによって当事者の一方ないしは第三者の保護すべき利益が危殆に瀕する場合、裁判所はその保護のために適切な措置を命じる」と規定している。この規定の特徴は、営業秘密に限らず、あらゆる種類の秘密とおよそすべての保護に値する私的、公的利益が保護対象とされていることである。[27] ところで保護のための「適切な措置（Geeignete）」とはどのようなものであろうか。これについては、①証拠調べに際して一方または両方の当事者、代理人、第三者の排除、②公開の制限（裁判所法一三五条三項）、③記録閲覧権の制限（相手方代理人にのみ閲覧を認めるという制限を含む）[28]、④鑑定書（Gutachten）の当事者への部分的な開示、⑤第三者（証人を含む）のために専門家鑑定（Expertise）の一部分を留保して当事者に示すなど[29]が考えられている[30]。

適切な保護措置は手続の段階に依存することなく必要があれば命じられる。当事者が主たる手続（Hauptverfahren）で彼によって封をして提出された書証を相手方に公開すること拒んだ場合には、その書証は記録からはずされて、別に保管される[31]。その場合裁判所もこれを顧慮することはできない。その拒絶が証拠調べ手続においても維持される場合、裁判所は自由心証で裁判を行う[32]。第三者（特に銀行）の文書提出義務は、保護措置を命じた上で肯定されるべきである。当事者が、彼の提出した書証に関して、一四五条による保護措置を申し立てた場合、それがどの程度事件と密接な関わりを持つのかが書証から直ちに明らかである限り、その根拠付けが欠けているという理由でその要求を拒絶することはできない。審尋や記録閲覧権の制限は慎重な利益衡量により、比例原則を守った上で許される。保護措置が命じられるべきかどうか、どの範囲でそうすべきかについては、破毀院が審理する。

証拠決定に際して尋問を受ける証人の身上（住所、氏名、年齢、職業などPersonalien）を当事者が知ることは重要である。証人の保護のためにその身上を秘密にしておくべき場合、その具体的な根拠付けを必要とする。こういった保護措置は必要を超えるものであってはならず、できる限り、当事者権は保障されなければならない。

尋問で秘密に関する陳述がなされる場合には、記録上も秘密保持が必要となる。しかし上訴審の審理との関係で記録そのものを欠落させることはできない。秘密保持と一致する限りにおいて、証拠結果ならびに記録の内容は、当事者の態度決定のための基礎として要約的に当事者に知らされなければならない。この保護目的の範囲で、判決理由もまた秘密にすべき個別的な叙述は断念されなければならない。発せられた命令が記録の中に記載され、根拠づけられるべきことは、明示的に要求されてはいないが、記録や判決内容の一般原則から明らかである[33]。

(2)　以上が文献から伺われる限りでのチューリッヒにおける秘密保護手続であるが、実務での実際の運用はどのようであるのか、気になるところである。[34]

そこで筆者は、一九九七年九月二九日（月）、チューリッヒの上級裁判所内にある商事裁判所を訪ねた。[35] 事前にチューリッヒ大学フォーゲル教授（Prof. Dr. Oscar Vogel）に連絡し、フォーゲル教授に一時間ほどこの問題について尋ねたうえで、フォーゲル教授同道のもと、商事裁判所の長官マイヤー判事（Dr. Armand Meyer）と面談した。なおフォーゲル教授は、Grundriss des Zivilprozessrechts（最新版である第五版は一九九七年）の著者で一九九三年末まで上級裁判所ならびに商事裁判所長官を歴任していた経歴を持つ。[36] したがって筆者は二人の商事裁判所長官経験者に秘密保護手続の実際を尋ねる幸運を得たことになる。まずマイヤー長官の話から紹介しよう。

マイヤー長官は冒頭、Ｂ４版の太い赤線入りの封筒を差し出し、これが私たちの秘密保護手続ですと述べた。これは前述の書面を封をして別保管しておくためのものである。当事者は、立ち入った審査を受けることなく秘密にしておきたい書証等をこれに入れ、封をして、その他の記録とは別に保管してもらう（筆者が見たものは、長官の秘書の机の引出しの中に別保管されていた）。そのような措置をとったものについては、相手方当事者のみならず裁判官も見ない。したがってできる限り、これを除いて審理を進めるが、相手方がそれを見ないと防御ができないと主張したときに初めて、裁判官が場合によっては鑑定を依頼しながら秘密にすることができる事項かを決めるというものである。[37] そのような主張がない限り、封筒入りの書類を使わずに他の証拠方法を駆使して裁判を行うわけである。筆者が訪問したときにはそのような封筒は三通あった。マイヤー長官はそれらをすべて筆者のために開封してくれたが、一通は、消費貸借契約上の書類で、長官の推測によれば、何かのリストが含まれているのであろうとのことであった。[38] もちろん中身を詳しく見たわけではない。他の二通は判決提案（exposé）であった。すなわち当事者の秘密にかかわるものは一通のみであった。

ところでこれは、一四五条のSchutzmassnahmeとは考えられていない。以下、マイヤー長官の語るところには非常に興味深いものがあった。長官によれば、長官は一四五条の秘密手続を一度も使ったことがない。秘密手続（Geheim-verfahren）という用語の使用すら抵抗を感じる。[39]したがってこれを使わずに、秘密にすべき記録（Geheimakten）という言葉遣いをしている。当事者の武器平等原則からは、できるだけ一方当事者を排除するような手続を採用すべきではなく、攻撃防御方法はこれを開示したうえで訴訟を進めるべきである。[40]もし当事者の一方に秘密にすべき事項がある場合でも、両当事者とその点について十分に話をし、同意を取り付けながら手続を進めるようにしているため、裁判という形でわざわざ秘密手続にすることは無用である。今まで一件もその必要を感じたことはない。一四五条のテキストはあまりにも概括的であり、適切な措置（Geeignete）の中身が不明確である。むしろその概括性に起因する柔軟性を有していることから、これを使用しない方向で運用することもできるし、現にそうしている。すなわち通常の事件においてもたとえば医学鑑定などは結果の一部を相手方に見せないで裁判を行う場合があり、このような運用は一般に認められている。

フォーゲル教授もだいたいこれと同様の意見であった。もっとも教授の意見を補足的に紹介すると、ドイツで批判の強い秘密手続については、何の違和感ももたない。実はスイスにおいてすでに議会を通過し、現在国民投票をまつばかりの状況にある憲法草案二五条二項（二五条は一般的手続保障を定めたもの）には、審尋請求権の規定があり、同二六条三項には、「弁論及び裁判の言渡しは、公開で行う。法律は例外を定めることができる」との規定が新設されようとしているが、秘密手続は審尋請求権にも公開原則にも抵触しないと考える。なぜならこれらも結局は他にかけられている利益との相関で決まる事柄であるからである。たとえば家族関係訴訟（Familienprozess）では、子の福祉のために、両当事者を排除して子供のみを法廷に残し、尋問を行うことは普通であるが、これが審尋請求権に反するとは考えられていない。また血統（父子関係）訴訟（Abstammungsprozess）においても血液検査の結果の検証を当事者に認めず、鑑定人の判断を信頼することは通常である。秘密手続において鑑定人の方式を採用した場合、同様にその判断に委ねることに問題はない。一般公開との関係でも離婚訴訟は常に非公開である。[41] プライバシーの保護は公開に優先する。ことほどさように憲法上の権利は絶対ではない、とのことであった。もっともフォーゲル教授も、上級裁判所、商事裁判所判事時代を通して、秘密保護手続（一四五条）を行った経験はないとのことであった。結局、商事裁判所の二代の長官を通じて、一四五条の秘密保護手続は行われておらず、二人とも一九八三年に上級裁判所が行ったもの[42]以外は知らないとのことであった。[43]

(11) プライバシー保護のための非公開については、同法一七一b条に規定されている。またこれらの場合、裁判所は、弁論出席者に、秘密保持義務が課すことができる（一七四条三項）。

(12) 田辺・前掲注(10)㊦三一頁、出口雅久「ドイツ訴訟法における秘密手続の動向」『木川古稀㊦』五八頁、二羽和彦「民事訴訟における営業秘密の取扱いについて」同八〇頁参照。

(13) 比較的近時の主な文献を掲げると、Baumgärtel, "Geheimverfahren" im Zivilprozess zur Wahrungvon Geschäftsgeheimnissen nach schweizer Vorbild? Festschrift für Habscheid, S. 1ff., Habscheid, Zur Frage des Schutzes von Geschäftsgeheimnissen im Zivilprozessrecht, Festschrift für Kigawa, 1994, S. 1ff., Prütting, Geheimnisschutz im Zivilprozeß, Festschrift für Kigawa, S. 88ff.

(14) Stürner, Die gewerbliche Geheimsphäre im Zivilprozeß, JZ 40, Jahrgang, 1985, S. 453ff. insb. S. 455ff., ders., Die Aufklärungspflicht der Parteien des Zivilprozesses, 1976, S. 208ff.

(15) RGZ 69, 401（ニーチェ書簡事件）。この判決については、二羽・前掲注(12)九五頁参照。

(16) 相手方当事者の代理人の立会を保障すべきとの見解に対しては、代理人と本人との密接な関係を考えると適切とはいえないとする。Stürner, a. a. O. 注(14) S. 458f.

(17) シュトゥルナーは、証明責任を負う当事者の秘密保護の場合には、相手方の審尋請求権の抑制が問題となるのに対して、証明責任を負わない当事者の秘密保護が問題となる場合には、彼固有の審尋が問題となるとして両者を区別する。先鋭に問題となるのは前者である。

(18) Stürner, a. a. O. 注(14) S. 459.

(19) Stadler, NJW 1989, 1204, dies, Der Schutz des Unternehmensgeheimnisses im deutschen und U. S.-amerikanischen Zivilprozeß und im Rechtshilfeverfahren, 1989. insb. S. 233ff.

(20) 注(12)に掲げた文献はいずれも最終的にはこれを理由に秘密保護手続を否定する。また近時、ＢＧＨは秘密保護手続を否定する判決を積み重ねた。BGH, JZ 1996, 736. この事件は、不当な宣伝行為の差止めを求めるものであるが、ドイツ不正競争防止法によれば、原告として訴訟追行権を持つ団体は、被告たる競争者と同一の市場で同一のまたは同様の製品を販売している事業者の相当数が所属する団体に限られていることから、被告が原告団体に所属する事業者リストの開示を求めたものである。ＢＧＨは、当事者が原告団体の構成を争っているとき、裁判所が一方的に原告の陳述のみによって訴訟追行権の有無を判断することは禁じられるとした。この判決を評釈したAhrensは、ＢＧＨの結論自体には無条件で賛成している。JZ 1996, 738.

(21) 田辺・前掲注(10)、出口・前掲注(10)など。

(22) 木川＝生田・前掲注(7)一四頁に詳しい経過が叙述されている。

(23) Stürner, a. a. O. 注(14) S. 457.

(24) スイスの秘密保護手続については、すでに松村和徳「スイスにおける秘密保護手続」法政論叢（山形大学）三号（一九九五年）一三三章がある。そこではスイスの立法状況が概観され、これを批判的に考察するBaumgärtel, Habscheid 論文が詳しく紹介されている。なおスイスの民事裁判実務については、林道晴「スイスの民事訴訟㊤㊥㊦」曹時四六巻一二号（一九九四年）二四六三頁、四七巻一号二七頁、四七巻二号（一九九五年）二七頁（『ヨーロッパにおける民事訴訟の実情㊦』所収、法曹会、一九九八年、一五一頁。以下引用はこれによる）が主なカントンならびに連邦の民事訴訟手続を知るうえで大変有益である。また各秘密保護手続についても触れられている（一八三頁、二〇六頁、二三一頁、二四四頁、二三三頁）。

(25) 各カントンの規定の詳細は、Habscheid, Schweizerisches Zivilprozess-und Gerichtsorganisationsrecht, 1986, S. 325. 参照。

(26) 民事訴訟法改正研究会『改正民事訴訟法研究1』別冊判タ一三号（一九九四年）二五頁に春日偉知郎訳がある。

(27) Frank/Sträuli/Messmer, Kommentar zur zürcherischen Zivilprozessordnung, 3. Aufl., 1997, S. 467.

(28) 審尋請求権、ならびに記録閲覧権は今のところ、民事訴訟法に規定されている（五六条）。前者については憲法化が予定されていることについては後述する。

(29) SJZ 1985, S. 269. これは、チューリッヒ上級裁判所の一九八三年一二月九日決定で、鑑定人が第三者のために民訴一四五条に基づいて必要な保護措置をとることを申し立てたものである。これに基づいて上級裁判所（控訴審）は、補充鑑定書（鑑定人の使用人に対する尋問）のうち何頁かを両当事者に見せないという措置を講じたものである。

(30) Frank/Sträuli/Messmer, a. a. O. 注(27) § 145, Rn. 3, S. 467, Vogel, Grundriss des Zivilprozessrechts, 5. Aufl., 1997, S. 263., Guldener, Schweizerisches Zivilprozessrecht, 3. Aufl., 1979, S. 177f., S. 335, S. 344, S. 354.

(31) 合議体構成員による争点整理手続である Referentenaudienz（一一八条）ではない、主たる手続を指す。林・前掲注(24)一九九頁では Referentenaudienz は「主任裁判官手続」、Hauptverfahren は、「弁論手続」と訳されている。

(32) "aus dem Recht zu weisen" といわれる。この実務については後述する。

(33) 以上は、Frank/Sträuli/Messmer, a. a. O. 注(27) § 145, Rn. 4, SS. 467-8 を要約したものである。

(34) 木川＝生田・前掲注(7)一六頁は、「スイス法では、ディスカバリーがないので、我が民訴の体系の枠内で秘密訴訟を工夫するには、スイスの秘密手続の実態を知ることが是非とも必要であると思う」とする。

(35) 林・前掲注(24)一九四頁参照。

(36) 林・前掲注(24)一九〇頁参照。

(37) マイヤー長官は、これを実務慣行にもとづくとみて、一四五条を一方あるいは双方当事者の排除の措置と狭く解しているようである。ところでなにゆえそのようにしてまでそのような書類を裁判所に提出しておかなければならないかについては、筆者なりに次のように推測している。すなわち商事裁判所では口頭弁論が開かれず、審理はすべて書面によって行われること、訴状や答弁書には証拠として提出する証拠方法の一覧を添付しなければならないこと、証拠調べに移行する前の主張段階は二回までと厳格に制限されていること、広範な文書提出義務があるため、どのみち証拠書類は提出しなければならないこと、上訴審（商事裁判所の場合には上告審）との関係でこのような書類も記録に含めておく必要があること等である。なお林・前掲注(24)一九七頁以下参照。

(38) 公開合議の前に主任裁判官が作成する判決原案。林・前掲注(24)一八五頁、二〇九頁参照。

(39) シュトゥルナー教授も、この言葉遣いの提唱は、いらぬ誤解を生み、適切ではなかったと筆者に述懐していた。

(40) Huber, Praxishandbuch Zivilprozessrecht, S. 211. も一四五条のような例外規定の類推は、厳に慎むべきであるとする。

(41)　林・前掲注(24)一八五頁参照。なお一九九五年一一月一五日に出されたスイス民法（身分、婚姻、離婚、子供の権利、親族扶養義務、Heimstätte，後見、婚姻仲介）の改正草案（一四五条）には、「裁判所は事実関係を職権で探知し、自由な心証によって証拠を評価する。必要な場合には鑑定人が選任されなければならない。連邦評議会（Bundesrat）は鑑定人によるデータの取り調べ、記録の閲覧、情報提供者の保護などに関する措置を発令することができる」との規定が新設されているが、フォーゲル教授によれば、これらは事件の訴訟での取扱いと同一の思想に基づくものである。

家族親子関係事件が非公開で行われることは、ヨーロッパではむしろ一般的であるといってよいのではないであろうか。ドイツGVG一七〇条、オーストリア民訴一七二条二項（家族生活上の事実が審理ないしは証明の対象になる場合：当事者の申立による）、フランス民訴二二条、四三三条と離婚、私生活の秘密に関する事件の非公開を定める四三四条以下参照。なお法務大臣官房司法法制調査部編『注釈フランス新民事訴訟法典』（法曹会、一九七八年）五九頁以下、二六六頁以下参照。

(42)　注(29)参照。

(43)　筆者は、その他いくつかの質問をしたが、ここでは二点のみ紹介すると、①秘密保護の手続は、もともと銀行の秘密保護を念頭に置いて規定されたものかについては、別に主たる保護の対象として銀行の秘密を考えたわけではないとのことであり（フォーゲル教授）、②もし仮に秘密保護手続に入るとして、相手方または当事者双方をなだめるために同意を取り付けるかの質問に対しては、そうなった場合には、法規定があるので当事者はこれに従わざるを得ないとのことであった（マイヤー判事）。③今後ともこの規定を使わないで複雑化していく社会での適切な訴訟が可能かについては、今までそれでやってきたのであるから、今後ともこれでやっていけると思うとのことであった（マイヤー判事）。

なお気になるのは、特許事件である。スイス特許法六八条は「当事者の製造ならびに営業秘密は保護されるべきである。かような秘密を開示することになる証拠方法は秘密保護と調和する限りでのみ、相手方に知らされる」と規定する。特許事件はについては、商事裁判所の管轄に属するが、これについても一四五条を利用した秘密保護手続は行われていないということになる。これについて、どのような形で紛争が解決されているのか今のところ調査不足である。

なお訴訟における銀行の秘密保護については、Walder, Zur Berücksichtigung des Bankgeheimnisses im Zivilprozess, Festschrift für Guldener, 1973, S. 351ff. これは、銀行法が連邦法の管轄に属し、訴訟法がカントン法の管轄に属することから生じる齟齬、すなわちせっかく銀行法が秘密保持義務を規定していても、カントンごとに証言拒絶に関する取扱いが異なるという問題を、特別裁判所の設置によって解消しようという提案を行うものである。これによるとフォーゲル教授の指摘のように、銀行の秘密保護はスイスにおいてすら厳格には貫徹されていないようである。

四　秘密保護手続と公開原則——一般公開の制限について——

公開原則は憲法の規定するところであり（憲八二条）、その例外にあたる場合でない限り、その制限は認められず、その例外的制限については厳格に解するのが一般である。特に憲法学者からは、民訴学者が当事者の利害にのみ焦点を合わせて議論する傾向があるが、公開制限は一般公衆の知る権利（憲二一条）ないしは個人の自律的判断を可能にする権利という一般公衆のもつ権利という意味をも持つのであり、その制限には慎重な配慮が必要との指摘がなされている。(44)

しかし民事訴訟に関していえば、憲法八二条を文言どおり厳格に解すべきかは疑問である。すでにスイスで見たように、ヨーロッパのいくつかの主要な国においては、婚姻関係や親子関係事件は非公開で行われることが保障されているところが多い。広い意味での個人的利益保護のために、一般公開を制限することにはさしたる抵抗はないとする傾向があるといってよいのではなかろうか。(45)スイス（チューリッヒ）にいたっては、前述のように、一般公開の原則が、憲法上明記されようとしているにもかかわらず、日本のような厳格な考え方がなされる方向に転換されようとしているわけではないというのが、フォーゲル教授とのインタヴューから得た印象である。殊に商事事件では、弁論は基本的に書面主義で行われるから、(46)公開はされず、これに憲法違反の疑いがかけられることはないと考えているようである。(47)

日本においても、刑事裁判とは異なり、民事裁判に関して、一般公開をどこまで貫徹すべきかについては、憲法規定にもかかわらず、柔軟に対応すべきであるとの見解が有力である。(48)これを受けて営業秘密がかかわる訴訟についても、非公開審理を認める見解が存する。(49) その場合、憲法八二条二項の「公の秩序または善良の風俗」の解釈としてこれを含ませる見解と、(50) 公開されると訴訟の道を断念せざるを得ない当事者の裁判を受ける権利（憲法三二条）の八二条に対する優位を認める見解とに分かれる。(51) スイスの実務を見て感じることは、どのような価値も絶対的な意味をもつものではなく、他の価値との関連で判断すべき相対的位置づけがなされるものであるということである。解釈論としては前者が無理のないものと思えるが、考え方の基本としては後者に傾く。なお一般公開から秘密を保護するためには、弁論の非公開という大上段の議論ではなく、証拠調べを工夫することによって達成できるとして、争点整理手続（弁論準備手続）や裁判外における証拠調べ（民訴一八五条、一九五条）によるべきとの見解が存する。(52) 筆者は、後述するように、主張、立証の工夫により、当事者公開の制限を含めて秘密の保護をはかるような審理が可能ではないかと考えている。したがってこのような提案には耳を傾けるべきであると考えるが、しかしその前提として、一般公開の制限には困難があるとしてこれを断念したうえでの主張であれば、賛成しがたい。一般公開の制限については、個人的利益の保護の見地から何とかこれを達成しようとの解釈論が提唱されてすでに久しい。そろそろ他の憲法価値との調整による憲法八二条の規定の相対化の方向に踏み切ってよいのではないだろうか。

なお一般公開の制限が可能とすると、その関係で訴訟記録の閲覧の制限も必要になる。新法は、記録の閲覧を制限する道を開いた（九二条）。しかし閲覧制限の申立は、訴状、答弁書や準備書面の提出前に行うことはできない。(53) 提出して後、この申立が認められるのみである。その間に第三者との関係で秘密の漏洩が問題となることはないのであろうか。この点、スイス（チューリッヒ）の赤線入りの封筒を使う秘密保護の方法は、まずは、秘密にしたい部分を秘して書面を提出することができ、相手方当事者を含め、当面の秘密保護を確保することができるというものであることは、少なくとも立法論として、なんらかの参考にならないであろうか。

(44)　松井茂記『裁判を受ける権利』(日本評論社、一九九三年) 二五〇頁以下、長谷部由起子『変革の中の民事裁判』(東京大学出版会、一九九八年) 一三四頁参照。

(45)　筆者は、ドイツ・フライブルクで第一審の民事手続を見る機会を与えられたが、単独裁判官による審理は、裁判官の執務室で行われ、特に非公開と決めているわけではないにしろ、実質は非公開であった。私の見せてもらった事件においては、裁判官がわざわざ私の身分と立会の理由を当事者に告げていちいち了解を取っていたのが印象的であった。それらの全件が財産事件であり、公開原則との関係で問題はないのかとの私の質問に対して、問題にはされていないとの解答であった(それが単に事実上の問題として許されるのか、法律上の問題としてかは、気になるところであるが、前者であろう)。

(46)　チューリッヒ民訴一三五条。林・前掲注(24)一九八頁参照。

(47)　ベルギーも、公開原則が憲法上規定されているが、営業秘密に関しても、一般公開の制限が可能であるとの見解があり、現に商事裁判所で弁論の一部を非公開審理で行ったとの報告がある。林道晴「ベルギーの民事訴訟―審理の公開を中心として―」前掲注(24)四一三頁、四一五頁参照。

(48)　鈴木重勝教授は、憲法八二条の沿革を詳細にたどり、日本の憲法規定を、個人領域における秘密保護に対応できないかたちで貫徹すべきではなく、むしろ合理的根拠のある公開制限は、認めるべきであるとの見解を展開している。鈴木重勝「わが国における裁判公開原則の成立過程」早稲田法学五七巻三号(一九八二年)八三頁以下(特に一三五頁以下)、同「国際人権規約と民事裁判の公開制限」小林孝輔教授還暦記念論集『現代法の諸領域と憲法理念』(学陽書房、一九八三年)五〇二頁以下参照。なお鈴木教授によって展開されたこの見解は、すでに指摘のあったところであり、その後も支持を増やしているところである。さしあたり、三ケ月章『民事訴訟法』(有斐閣、一九五九年)三三三頁、鈴木『研究』二八一頁、伊東乾「弁論と公開」伊東乾教授古稀記念論文集『民事訴訟の理論と実践』(慶應通信、一九九一年)三頁、中野『現在問題』三頁など参照。

(49)　鈴木『研究』二七八頁は、すでにドイツＧＶＧ一七二条との関係で、この場合を非公開の可能性を検討する必要あることを示唆していた。

(50)　伊藤眞「営業秘密の保護と審理の公開原則㈦」ジュリ一〇三一号(一九九三年)八〇頁以下に代表される。伊藤眞教授は、公序概念の再検討の結果、本文の結論を採る。

(51)　松井・前掲注(44)二五〇頁以下、田辺・前掲①三九頁、中野貞一郎『民事訴訟法の論点Ⅰ』(判例タイムズ社、一九九四年）一二一頁、納谷廣美「民事訴訟における『公開の原則』」『中村古稀』一二二頁など参照。

(52)　小橋馨「営業秘密の保護と裁判公開の原則」ジュリ九六二号（一九九〇年）四四頁、田辺・前掲注(10)(上)三一頁、梅本吉彦「営業秘密の法的保護と民事訴訟手続」法とコンピュータ一〇号（一九九二年）九六頁。

(53)　森脇・前掲注(3)二六三頁参照。

五　当事者公開の制限について

1　スイス

秘密保護手続を立法化しているスイス（チューリッヒ）においても、秘密保護のための適切な措置（民訴一四五）をとることはほとんどない(54)。これはいったい何を意味しているのであろうか。やはりまず当事者の一方または双方を排除しての審理の異常であることからくる心理的抵抗があると推測される。マイヤー現長官が、当事者間の武器平等を強調していたのが、印象的であった。次に実際には、当事者が秘密にしておきたいと思う事柄について、簡易に、とりあえず秘密にしておく手だてが存することである。そのうえでそれなしに審理を進めることを、当事者と話し合いながら試みることができることである(55)。マイヤー長官、フォーゲル教授とも、これで今まで足りたし、今後もこれで十分やっていけると自信を持っていた。そうすると秘密保護のための適切な措置をとることを可能とする一四五条の規定は、実際には必要がないことになる。このような規定をもつことにさしたる抵抗はないが、これを使うことは、差し控える。他方、当事者が秘密にしておきたい事柄については、その部分を漏洩せずに審理を行う手だてが用意されている、というのがチューリッヒ流と私は見た。なるほど肩肘張ったドイツの議論（憲法論）とは違う、かなり柔軟な思考をスイス人はする。しかし、実際には、秘密保護手続を導入することをかたくなに排除するドイツとさほど違う審理をしているわけではないのではないか。ドイツでも主張、立証レベルでの工夫は、当然考えられるからである。

2　日　本

以上のような目で日本の状況を見た場合、「私ども実務をやっていて、秘密が開示されるということについて、立証のやり方次第で必ずしも秘密が開示されないで、かつ企業秘密の保護を実現できると思っております。……ある程度のノウ・ハウというのは開示しながら、本質的な部分を開示しないで裁判をやっています。最終的には原告が勝っているケースがかなりあるわけでして……」との発言が、[56]実に新鮮にうつる。すなわち主張、立証レベルの問題として、秘密保護をはかる審理方法が工夫されれば、当事者公開の制限というややグロテスクな方法を用いることなく、秘密が保護されることになるからである。

このような審理のやり方に対しては、秘密の核心的部分を明らかにしないままの審理は相手方の防御権や適正な審理という視点から問題があると指摘されている。[57]たしかに秘密の核心部分が明らかにされず、そのために相手方の防御ができないままに、隠された秘密に基づいて裁判がなされるということがあれば、それは、相手方当事者の手続保障侵害に当たるといわざるを得ない。ドイツでの議論は、そこまでして秘密の保護をはかるために、何らかの秘密保護手続を制度化することの是非をめぐって展開されていた。そしてスイスの秘密保護手続に対して、ドイツでは、ハープシャイト、バウムゲルテル、プリュッティングをはじめとして立法論的批判が圧倒的である。したがって右の批判は、ドイツの多数説に通じるのである。しかし、法規定は別にして、スイス（チューリッヒ）の実務をみる限り、この議論は決してかみ合ったものではない。そこでは審理の工夫によって、いわば当事者の手続保障ないしは武器平等原則に悖る、秘密保護のための「適切な措置」は避けられると考えられているからである。

思うに立法論としては、当事者公開の制限につながるような秘密保護手続を設けることは、適切ではないのであろう。しかし秘密保護を達成するための審理の工夫はなお追求されなければならないのであろう。実際、日本でもそのための提唱が、たとえば、推認という手法や、[58]審理のカプセル化構想というかたちで、[59]提案されている。[60]また、その意味で、東京地決平成九・七・二二判時一六二七号一四一頁は注目に値する。この事件は、特許権侵害に基づく損害賠償請求事件（差止請求は特許期間満了により取り下げ）である。原告が損害の計算に必要として相手方の帳簿類について、特許法一〇五条に基づき、文書提出命令を申し立て、これが認められたものの、被告による即時抗告の抗告審が、営業秘密の不必要な開示を避けるために、訴訟指揮等による「適切な措置」を示唆していたものである。[61] 本決定は、四項目にわたって営業秘密に配慮した措置を講じた。その中で特に第四項が興味深い。そこでは、原告訴訟代理人は、書証として提出予定の本件文書の部分の写しを被告訴訟代理人に交付する。被告は、原告訴訟代理人が証拠として提出するのであれば、本件文書による証明事項に関連のない部分として秘匿を希望する部分をマスクまたは黒塗りした本件文書の写しを原告訴訟代理人に交付する。原告訴訟代理人は、秘匿を求める被告の希望を尊重するものとするが、被告の希望する箇所をそのまま秘匿すると被告らの争う事項を証明できないと思料する場合は、その旨文書により主張して秘匿のない文書のページを書証とすることができる、とされている。この部分はスイスの方法と近似しており、しかも、彼地においても、秘密保護手続としての「適切な措置」（民訴一四五条）ではない、訴訟運営としての措置と性格づけられるものであったことに鑑みても無理のない措置と評価できそうである。[62]

もっとも審理上の工夫、すなわち訴訟の運用に営業秘密の保護を任せることに対しては、これでは、秘密保護の保障がなく、訴え提起を促す起因とはならないとの懸念が出され得るが、スイスのように、当事者間の合意を取り付けることを前提にしながら、ぎりぎりのところまでそのための工夫が行われる実務が定着すれば、ある程度この懸念が解消されるものと思われる。さらに、訴訟運営の問題として解決を図るという場合、裁判官の裁定権限に委ねるというのは、審理をスムーズに進めるに十分ではない。その場合、当事者との協議、合意を得るようにし、当事者の納得ずくで事を進めるのがより適切であろう。[63] もっとも当事者が不誠実に引き延ばしをはかるような態度に出た場合には、裁判所の裁定権限の発動が必要になることも否定できない。すなわち裁判所は、手続の節目を締めくくる、訴訟指揮上の権限を行使することを前提に、営業秘密等がかかわる主張、立証については当事者との協議によって適切な措置をとっていくというあり方も検討に値するのではないか。(64)

(54)　少なくとも、チューリッヒの商事裁判所の長官二代にわたってこれが行われることはなかったことは事実である。
(55)　アメリカにおいても、ディスカヴァリーにおけるプロティクティブ・オーダーの発令に際して、当事者の合意がなされるのが通常であることは興味深い。日本弁護士連合会情報問題対策委員会『アメリカ合衆国における裁判の公開と秘密保護』（一九九七年）一〇五頁以下参照。
(56)　新春座談会「トレード・シークレット保護の現状と課題(下)」ＮＢＬ四四二号（一九九〇年）三五頁［内田晴康］。
(57)　伊藤眞・前掲注(13)(上)八六頁。
(58)　松井・前掲注(44)二五八頁によれば、秘密が問題となる文書を提出せずに、文書の作成者を証人として出席させ、その文書の概要、それを秘密指定した基準、手続などを証言させることによって秘密性の立証を行うなどの方法による。
(59)　前掲注(7)と同・原竹裕「民事訴訟における情報財の保全と審理公開原則」一橋論叢一二〇巻一号（一九九八年）一八頁、二四頁。原説はアメリカの影響を受けているものと思われる。そこでは、審理の非公開によって司法に対する信頼を害しないかという観点から、容器とその中身の区別を進めるとする。スイスでは公開に対する要求がそれほど強くなく、むしろ当事者が資料の一部を秘しての審理に応じるかを、最終的には、法廷アクセス権と情報を比較衡量することによって判断するということになろうか。
(60)　秘密保護手続をもつアメリカでは、かなり柔軟な手法で、事案の個性に応じた秘密保護手段がとられるようであるが、当事者を排除しない限りで、日本にも導入可能なものがあるのではないか。もっとも出口論文(注10)や原論文(注59)などに見られる代理人のみの関与については、疑問である。
(61)　相手方は、即時抗告したが、抗告審では、一部を除き、文書提出命令を維持した。抗告審決定については、東京高決平成九・五・二〇判時一六〇一号一四三頁参照。評釈として、染野啓子「判批」判時一六一八号（判評四六七号、一九九八年）五九頁。この決定においては、営業秘密を含む文書の提出につき、「仮にそのような情報を含んでいたとしても、それが相手方において特許権侵害と主張する薬品の製造販売行為により抗告人が得た利益計算をするために必要な事項を記載した文書と一体をなしている以上、少なくとも相手方との関係においては、営業秘密を理由に当該文書の提出命令を拒む正当な理由とはなり得ない。本件文書提出命令に基づいて提出された場合に営業秘密が不必要に開示されることを避けることは、訴訟当事者の申出との関係において原審裁判所において訴訟指揮等により適切に措置すべき事柄である」と判示していた。

(62) ただし、本決定の第一項で、本件文書の閲覧に関して、通常の閲覧請求手続による閲覧を原告訴訟代理人に限って認め、輔佐人は原告訴訟代理人と同時に閲覧する場合に限り閲覧することができる。原告代理人は、本件文書の記載内容を理解する等のため、原告の従業員一名を閲覧場所に入室させ、本件文書の必要部分を示してその意見を聴くことができる、としたのは、当事者公開を排除する形を取りながら、当事者公開の実質を何とか確保しようとの苦心の表れと見ることができるが、形の上であれ当事者公開を排除したことについては、法的根拠が問われ得よう。ここまで行くと、スイス（チューリッヒ）でも民訴一四五条による秘密保護のための特別な措置ということになるものと思われる。東京地決平成一〇・七・三一判時一六五八号一七八頁も参照。

(63) この点で、山本和彦『民事訴訟審理構造論』（信山社、一九九五年）三三四頁以下の審理契約論が、論じる対象は異なるが、参考になる（山本論文では、審理全体を見通すプランの作成を問題としているのに対し、本稿の問題はその秘密保護という断面での審理規律にすぎない）。ただ、たしかに、当事者の関与権（参加権）、ないしはそれに基づく裁判所との契約関係（権利関係）として規律することが理論的に可能であれば、それが望ましいといえるが、そこまで行かなくても、運用面（訴訟指揮）での工夫によってかなりの部分カヴァーできるとすれば、その追求には意味があると考える。当事者の協同主義は、場面によることではあろうが、よき実務慣行としての方が機能する面があるのでないか、というのがスイスを見ての、現段階での、筆者の意見である。竹下守夫「新民事訴訟法制定の意義と将来の課題」『講座新民訴法Ⅰ』二九頁参照。

(64) 本文は、スイスの実務をほんの少しだけ垣間見た筆者の感想程度でしかないが、なおスイスの民事訴訟手続のもつマイナス面も同時に考慮しなければならない。すなわち、スイスは基本的にカントンごとに民事訴訟手続が異なっているため、たとえば、①審級制がカントンによって異なっていたり（破毀院をもっているところともっていないところがある）、②上訴期間もカントンによって異なっている、③訴え取り下げに既判力があるため、再訴ができないところもあり、既判力がないため再訴可能なところもある等である。Habscheid, a. a. O. 注(25) S. 91, 365ff., 219f. 参照。それに加えて、地方により裁判所の慣行が異なっているため、スイスの弁護士は、法律上はスイス全国での代理が可能であるが、事実上は、他のカントンでの活動が妨げられる状況にある。林・前掲注(24)一八八頁参照。

六　おわりに

以上、スイス（チューリッヒ）を参考に日本の秘密保護手続のあり方を考えてきた。立法論として、検討事項にあったような秘密保護のための当事者公開を制限する特別な措置が必要かについては、筆者は今のところ否定的である。そのようなやり方は、審尋請求権違反ということもいえるが、それ以上にエレガントなやり方ではないというべきではないか。しかしその代わりに、秘密保護のための審理は、今後とも、開発されることが望ましいと考える。実務ではすでにそのような工夫がなされているようである。ただその内容は必ずしもすべて公表されているわけではなく、裁判所外にいる者にとって、その把握が困難な状況にあるのが残念である。おそらく、秘密保護のための規定を持つ持たないにかかわらず、各国とも、営業秘密等を保護するための審理上の工夫は、なんらかの形で行っているものと推測される。筆者としては、学界、実務界とも以上の方向性を確認した上で、各国の実務を参照しながら、秘密保護のための適切な審理を探る作業が是非とも必要であると考える。

10 家事審判と手続保障

一 はじめに

家事審判手続において当事者にどのような手続保障がなされるべきか。[1] 吉村徳重教授はかつて、「民事事件の非訟化傾向と当事者権の保障」[2]（吉村①と略す）で、借地法の改正（昭和四一年六月三〇日公布）[3] に伴う非訟手続の導入（一四条の二以下）にあたって、特にドイツの議論を比較の対象として、当事者権の保障という観点から、その不備を指摘した。そこでは弁論権ならびに立会権の保障が、法治国家という手続法にも普遍的価値を有する原則から日本においても根拠づけられることを前提とし、[4] 全体として、当事者権の保障はドイツ法におけるほど十全ではないとする。すなわち弁論権については、同法一四条の六（借地借家四五条）で、裁判所は審問期日で当事者の陳述を聴くことを要することになっているが、立案者の解説によれば、「一般的に非訟事件について当事者の審問のための審問期日を開くことを必ずしも必要としていないので、借地法一四条の二の事件については、少なくとも一回は必ず審問期日を開いて当事者を審問することを必要とするとしたものである」[5] とされるが、これでは当事者権を十分に保障したことにはならず、手続の過程であらたに事実や資料が集められた場合には、終始陳述の機会が与えられなくてはならない。また相手方の立会権についても、出席した相手方に陳述権や反対尋問権が保障されるかどうか規定からは不明確で、特に第三者を尋問する場合に立会権が保障されるかが明記されていない。さらに証拠調べが行われず、事実の検知方法として審問がなされる場合には（一四条の七）、立会権の保障はなく、証拠調べによるか事実の探知によるかは、結局、裁判官の裁量に委ねられるとされるのは、立法として不徹底であるし、訴訟促進のための融通性の確保という理由では、当事者権の制限を正当化することはできないとする。(6) 非訟事件における当事者権の保障のあり方が、訴訟事件におけるそれとは異なるものであることは、前者では職権主義が通用し、自由な証明が認められることからすると当然であろう。しかし当事者権の保障は実質的なものでなければならず、それと職権主義とは矛盾するものではないというのが吉村説である。後述するように筆者はこの見解に賛成するものである。もっとも非訟手続においても立会権を保障する以上は、反対尋問権も保障しなければ、当事者権の保障にならないかは検討の余地があると考える。(7)

吉村教授は次に「判決効の拡張と手続権保障――身分訴訟を中心として――」(8)（吉村②と略す）で、人事訴訟における判決の対世効（人訴一八条〔現二四条〕）によって影響を受ける第三者の手続保障のあり方を論じた。この論考もその後の議論をリードする重要な位置を占めていることに異論はないであろう。吉村教授はさらに「家事審判手続の当事者主義的運用？――争訟的家事審判事件と付帯申立ての審理手続」（吉村③と略す）で、いわば縦の関係における手続保障にとどまらず、当事者間の水平関係を基軸にした手続のあり方を乙類審判事件に即して考察している。(9) 本稿は、考察の対象を吉村②で論じられた家事事件に限定し、しかも手続を家事審判手続という非訟手続にしぼって、吉村①で論じられた手続関係人の当事者権問題の現状が当時と比べてどのような情況にあり、どこに改善の余地があるのかを、吉村③にまで発展すべきかを留保しつつ、検討するものである。そのさい吉村教授にならってドイツ法を本稿でも主たる比較の対象にすることをお許し戴きたい。(10)

（1） 家審一三条三項、二一条一項、二一条の二、二三条一項、二四条一項、家審規四条の二、一一条、五九条、九七条、一〇三条の四一項、一三八条、一三八条の二、一三八条の三、一三九条、一四〇条の二、一四一条では、「当事者」という言葉が使われている。また、家審一二条、家審規一四条、四二条一項、四三条一項・二項、五九条、九七条、一〇三条の五一項、一〇四条、一〇五条条一項、一一一条、一二一条、一二七条、一二八条一項、一三九条では「利害関係人」、家審規五条一項、七条の三、七条の五、八条、一二条では「事件の関係人」ないし「関係人」、家審規一七条、二七条二項、四〇条一項一号、七四条、七七条二項、一〇三条の五二項、一〇六条一項、一一九条一項一号、一一九条の七一項・三項、一二三条一号、一二四条では「申立人」ないしは「申立をした者」、家審規二二条、二三条、二四条、四二条一項、七三条、七四条、七七条一項、八〇条二項、一四三条では「本人」ないしは「事件本人」という言葉遣いをしている。家事審判を含む非訟事件手続においては、民事訴訟手続と同一の当事者概念を当てはめることはできない。非訟事件においては、原則として、当事者対立構造はとられないからである。したがって本稿では、家事審判手続における当事者の手続保障を論じるが、その周縁は、厳密な意味での当事者に限らず、利害関係人や事件本人をも包含するものである。もっとも本稿では当事者概念にはこれ以上立ち入らない。鈴木忠一「非訟事件に於ける当事者」曹時一二巻四号（一九六〇年）『非訟事件の裁判の既判力』（弘文堂、一九六一年）所収一八七頁、飯塚重男「非訟事件の当事者」『実務民訴講座7』六三頁参照。〔現家事事件手続法との個別の規定の対照は省略するが、現行法では事件本人を除く呼称が引き続き使われている〕

（2） 『日弁連特別研修叢書昭和四一年㊦』一三五頁。

（3） 改正の経緯ならびに立案者の逐条解説として、香川保一＝井口牧郎編『借地法等改正関係法規の解説』（法曹会、一九七〇年）参照。

（4） 吉村①一四八頁〔『紛争』九〇頁〕。

（5） 香川＝井口編・前掲注(3)二二三頁。

（6） 吉村①一五四頁〔『紛争』一一五頁〕。

（7） 香川＝井口編・前掲注(3)二二六頁によれば、裁判所が職権でした事実の探知の結果のうち、裁判資料として意義のあるものについては、これを調書に記載して事件の記録に編綴されるから、この記録の閲覧を通じて当事者が了知することができるわけであるとする。非訟事件における当事者権の保障にとって重要なのは、裁判所に顕出された資料を当事者が知り、これについて自己の意見を表明する機会を保障することである。証拠調べが行われる場合も基本的に同様である。反対尋問権は、意見の形成にとって必須な場合にのみ保障されるべきものではないかと考える。

(8) 『山木戸還暦(下)』一一八頁〔『判決効(下)』二一三頁〕。
(9) 民訴雑誌三五号(一九八九年)一四一頁〔『紛争』一四六頁〕。
(10) 以下に述べるように、この議論は、山木戸説、鈴木(忠)説をはじめ、学説上は、圧倒的にドイツの議論が参照されて展開されてきたものである。

二 家事審判と手続保障に関する従来の議論

家事審判手続における当事者権の保障をめぐって前記吉村説の前後でどのような議論がなされてきたか、まず振り返ってみたい。そのうえで学説の現状を総括する。

1 山木戸克己説、鈴木忠一説

この問題の先駆的業績として、山木戸説を挙げることには異論はないであろう。山木戸教授の「訴訟における当事者権」が発表されたのは、一九五九年=昭和三四年(もちろんその前からいくつかの家事審判に関する論考を出され、早いものは一九四九年=昭和二四年、一九五八年=昭和三三年には法律学全集の人訴・家事審判法が出されている)である。[11] この論考で、教授が訴訟手続と非訟手続とを比較するために立てた柱立て、すなわち弁論権、立会権、記録閲覧権、異議権等は、いまだに有用性を保っている。それだけではなく、この論文で山木戸教授はすでに非訟手続における関係人の審尋請求権を認める方向を示していることも見逃すことができない。

鈴木忠一元判事の「非訟事件に於ける正当な手続の保障」が法曹時報に載ったのは一九六九年=昭和四四年である。[12] 山木戸論文との間に一〇年の開きがあるが、この論考がこの分野においてその後の議論をリードする役割をもったことは疑いない。鈴木(忠)説は、当時のドイツの議論を正確に理解し、これを基準として日本の非訟法を仔細に検証したものので、ドイツの議論に全面的には依拠せず、裁判官としての中庸を示した論文であるといえよう。そこではこの問題について非常に具体的かつ詳細な議論が展開されているのであるが、その内容をあえて簡単に要約すれば、非訟事件手続における当事者の手続主体性を正面から認め、職権主義が妥当する非訟事件手続においても、審問請求権(鈴木の言葉遣い)の保障は当然とすること、しかしいかなる程度でこれを保障すべきかは、事件の性質、目的、対立当事者の有無等で段階があってよく、一面では立法政策の問題(たとえば借地法一四条の六、借地借家四五条は審問期日を開いて当事者の陳述を聴くことを裁判所に義務づけ、同時に二項で相手方の立会権を認めている)であり、他面では裁判官の裁量の問題であるとする。鈴木(忠)説は、そもそも非訟事件と訴訟事件の区分けにさいして立法者の判断を基準に据えるわけであるが、この点は、鈴木正裕教授による批判のあるところである。(13) さらに審尋請求権が憲法上の権利であるとすれば、下位法の憲法適合性が問われ、また裁判官の裁量に委ねる点も、ドイツ流にいえば憲法を基準とした審査を要するところである。かくして誰にどのような権利を与えるかは、立法者の判断であり、そこにどのような内容の手続保障を盛り込むかは、裁判所の裁量とする鈴木(忠)説には、当事者の手続保障の観点からは限界もあるといわざるを得ない。

2　その後の学説

上記の先駆的業績を受けて、その後学説がどのように展開されたか、ここでは紙数の関係で、いくつかの見解を、おもに筆者の関心にしたがって紹介し、コメントを付け加えるかたちで叙述を進める。

(1)　有紀説——手続協力義務の評価(14)

有紀説は、非訟事件における当事者の手続主体的地位、積極的関与権を認める反面として当事者に手続協力義務を課すべきであるとの議論を展開する。この議論は実践的には、手続に協力しようとしない当事者に対する対策としての機能を目指している。手続関与権のあるところに手続協力義務があるとの指摘は重要であり、利害関係の対立するところでは、手続が民事訴訟に近づくことは確かであろう。そこでは当事者の手続への非協力が当事者の不利益へとつながることが正当化される。有紀説は、紛争型のみならず非紛争型においても自己責任の原則、手続経済、制度の効率的運用の要請が働くことから職権探知主義と手続協力義務は矛盾しないとする。なるほど職権探知と手続保障とは矛盾するものではない。そして手続保障が自己責任と結びつくものであることからすると、手続保障を強調することからは、当事者の役割分担に相対的により重い比重がかけられることも否めない。しかし、この議論の前提である当事者の関与権が、ドイツとは異なり、未だに手薄であるという日本の現状を前提とすると、手続協力義務を強調することは、有紀説の本来の趣旨から離れて、手続の客体であり資料収集手段としての当事者の義務と構成されかねないという危険を伴う見解であるように思われる。この見解は、ドイツのコルホッサーの見解（注⒇参照）に依拠しているように思われるが、ドイツとは前提となっている議論状況が異なることを忘れてはならない。むしろ手続協力義務を主張するための前提としての手続関与権（手続保障）を詰めることが先決であるように思われる。

⑵ 新　堂　説

新堂説は、公開原則と対審原則がセットになって議論されがちであった従来の議論の仕方を批判し、個々の非訟事件ごとに、これを裁量性を縦軸、対審的性格を横軸にした座標軸の中に位置づけて、それぞれの位置に見合った手続原則の適用を行うという意欲的議論を展開するものである[15]。その議論の成果の一つとして、裁量的判断をするにしてもその材料は当事者の提供にかかるわけであるから、弁論権の保障がなされるべきであって、むしろ裁量の幅が大きくなればなるほど、当事者からいうと予測可能性がなくなることからすると、そこでこそ自己の利益主張の機会がより強く要請されるとすることが挙げられる。（一般）公開原則と対審原則とは直結するものではなく、一般公開の制限が必要な場面でも、当事者公開は制限すべきでない事例はあり得る。これを切り離したうえで、対審原則と裁判所の裁量との関係を論じる点で、それ自体有用な議論ではあるが、手続保障の観点から、少し気になるのは、裁量の幅の大小という実体的基準と対審的性格という手続法上の基準とを同一平面におくことである。裁量の幅の問題とどのような手続保障を与えるかは別個の問題ではあるまいか。裁量の幅が大きくても裁量の幅の小さい場合と同様に十分な手続保障が必要であるということではないであろうか。手続保障にとって重要なのは、むしろ、対審性を制限する要因、たとえばプライバシー、当事者の福祉ないしは健康上の問題などと、それでも手続保障を与えるためにどのような手続が適切かの問題であろう。(16)

(3)　佐　上　説

佐上教授は、(17)一九八〇年代に非訟事件と当事者権をめぐる一連の論文を精力的に発表した。これらを通観して、佐上説の全貌を明らかにすることは難しい。しかしここであえてその骨子を抽出すれば、職権探知主義の枠の中で、裁判所の責任を前提にしたうえで、非訟手続において当事者にどのような役割分担が可能かを追求するところにある。つまり手続保障は、たんに弁論権、立会権、記録閲覧権を保障するにとどまらず（それだけでは裁判官の判断の正当化に使われるおそれがある）、利益調整紛争（＝おもに乙類審判事項を指すものと思われる）の手続過程において、相手方への問いかけに対する応答責任という具体的な内容を持った責任として構成されるべきであるとする。そこでまず当事者の責任内容の把握、理論化が必要であることから、第一に、当事者の自主的・主体的判断による解決の重要性を見逃すことは許されないこと、第二に、誰が誰に対していかなる要求を提示してよいのか、またいかなる内容の争いであるのか判然としない場合でも解決案はまず当事者の合意によって発見されうること、第三に、合意に関与する当事者は互いに平等であり、自主的な判断が可能であることが前提であると指摘する。第三の指摘は、特に調停との関係で重要と思われる。しかし、審尋請求権の通常の理解によれば、それは当事者が裁判の基礎となる資料の内容を知り、そのうえでこれに対する自己の意見を表明する機会が与えられ、表明された当事者の意見を裁判所は顧慮する義務を負うという、いわば裁判所と当事者の間の縦の関係に関するものであるのに対し、佐上教授の手続保障論はこれとは質的に異なる、「問いかけ」と「応答」という当事者間の関係を責任論として構成するというものである。これに対してはすでに鈴木正裕教授からの批判ないしは疑問の提示があるが(18)、この一連の佐上教授の業績には、いわゆる手続保障の第三の波説の影響が見られるように思われる。当事者間の役割分担という概念が佐上説の鍵を握ることになるが、非訟事件においては、少なくとも主観的証明責任が通用しないため、主張証明に関する当事者間の手続規律が曖昧なまま手続が進められることが許される反面、佐上教授が意図する当事者間の手続規律が、判決手続の場合以上に、その内容を詰められないままに終ってしまうという危険を伴っているように思われる(19)。

(11)　山木戸克己「家事審判の効力」（一九四九年）「訴訟と家事審判」（一九五一年）「審判」（一九五七年）などいずれも『民事訴訟理論の基礎的研究』（有斐閣、一九六一年）所収。なお「訴訟における当事者権」は同書五九頁以下。

(12)　鈴木(忠)『研究』所収二五九頁。

(13)　鈴木正裕「非訟事件と形成の裁判」『新・実務民訴8』二九頁。

(14)　有紀新「非訟事件における手続関係人の手続協力義務（事案解明義務）」青山法学論集一四巻四号（一九七三年）一頁、同「非訟手続における審問請求権」民訴雑誌二一号（一九七五年）一六二頁。これについては吉村③一四三頁で批判的評価がなされている。

(15)　新堂幸司「訴訟と非訟」三ケ月章＝青山善充編『民事訴訟法の争点』（有斐閣、一九七九年）同『民事訴訟法学の基礎』（有斐閣、一九九八年）所収二〇九頁。

(16)　新堂教授自身、前掲書二一〇頁の補注後段で挙げられるイン・カメラ手続の例がまさにこれにあたる。これは裁量の幅の大小と手続保障という問題ではない。

(17)　佐上善和「利益調整紛争における手続権保障とその限界」法時五二巻七号（一九八〇年）二七頁、同「非訟事件における手続権保障と関係人の事案解明義務」『吉川追悼㊦』二二一頁、同「家事審判における当事者権」『新・実務民訴8』（前出）

七三頁、同「利益調整紛争における当事者責任とその限界㈠㈡」家月三七巻四号（一九八五年）一頁、三九巻三号（一九八七年）一頁、同「訴訟と非訟」『講座家審法1』（日本評論社、一九八九年）二五頁など。その後佐上教授は、ドイツの監護権法ならびに世話法改正に伴う改正非訟事件手続法（FGG）とそれによる関係人（事件本人）の手続保障問題を取り扱う論考を発表している。同「保護者選任審判手続の問題点」立命館法学二五八号（一九九八年）二三七頁、同「ドイツ非訟事件手続法における収容事件の審理」大河純夫＝二宮周平＝鹿野菜穂子編『高齢者の生活と法』（有斐閣、一九九九年）一四五頁所収、同「世話事件および収容事件の手続㈠－㈢」立命館法学二五九号、二六〇号、二六二号（一九九八年）、同「ドイツの世話事件における事件本人の手続能力と手続監護人について」原井龍一郎先生古稀祝賀『改革期の民事手続法』（法律文化社、二〇〇〇年）二〇四頁。

(18)　鈴木(正)・前掲注(13)一七頁。

(19)　佐上教授自身の模索しながらの研究の展開には、そのせいか各論考に微妙な差異が見られる。

三　ドイツにおける議論状況

ドイツの議論は、鈴木忠一元判事が前記論考を発表した、一九六〇年代にすでに完成していたといってよい。[20] そこではすでに、当事者の審尋が必要的であるか否かは、裁判官の義務的裁量に属するとのかつての通説、判例を克服して、当事者の審尋権の十全な保障が説かれていた。ドイツの議論についてはすでに詳細な紹介がなされていることでもあるので、[21] 本稿では、日本の議論にとって参考になる結論的部分のみを概括的に叙述することにする。

基本法（GG）が施行される一九四九年までは、非訟事件において当事者（自己の身分的、人格的、財産的領域に侵害を受ける可能性のある者）に対する審尋請求権の保障はなかった。[22] むしろ職権主義との関係で、当事者にどこまで意見陳述の機会が与えられるかは、裁判官の裁量に委ねられていた。非訟事件手続法（FGG）の Denkschrift には、個別に見て重要な場合には、裁判の前に当事者を審問する義務が裁判官に課せられるとの叙述があるだけである。[23] その場合も当事者の手続保障の観点というよりは、真実の探求がその目的であった。つまり当事者の審問は、職権探知を規定するFGG一二条〔現FamFG二六条〕の一環と位置づけられていたのである。(24)

しかし基本法が施行され、その一〇三条一項は、同一条一項の人間の尊厳条項を基本にもつ規定として、あらゆる裁判手続に通用する原則とされた。(25) すなわち非訟事件手続においても、この原則の適用があるとされた。しかも個別の手続規定に当事者の審尋権を満足する規定がない場合には、一〇三条一項が直接適用になるとされる。そこでこの原則が非訟事件手続においてどのように発現するかであるが、その際の議論の出発点は、事実関係の解明を目的とする審問と審尋権の保障のための審問とを理念として明確に区別することである（この区別をないがしろにすると、審尋が義務的裁量の範囲に埋没してしまうおそれがある）。GG一〇三条一項が非訟事件にも通用するということは、事実関係の解明とは関係なく、非訟手続の結果によって自己の権利領域に侵害を受ける者に審尋請求権を保障することを意味する。たとえば裁判官がすでに事実関係の解明がなされたと判断する場合でも、当事者に意見表明の機会を保障するというかたちで右の区別が機能する。しかも事件が争訟的であるか、非争訟的であるかにかかわらず通用する。もっとも個別の審問規定をいずれの機能を持つか特定する必要はないわけで、両方の要求を満足する場合があることは当然とされている。

ところで審尋請求権は制限することのできない原則であるから、一般事件と同様の諸原則が、非訟事件においても妥当する。すなわち、①すべての当事者に裁判の前に裁判の基礎となるすべての事実、証拠調べの結果に関して意見を述べる機会を保障すること、②そのために裁判所は当事者に収集された資料を開示する義務を負う、③当事者に態度決定をする機会が与えられなかった事実、証拠調べの結果を利用することの禁止、④裁判所は、裁判にとって重要な当事者の陳述を聞きかつこれを顧慮する義務を負う等である。(26)

職権探知原則との関係については、弁論主義、口頭主義が妥当する民事訴訟においては審尋権が軽視されることは考えにくいが、職権探知主義による非訟事件手続においては、その危険性が高い。事実関係の探求が裁判所の責任とされるため、当事者の関与の度合いが薄れるからである。そこで当事者には裁判所が探知した事実の開示を受け、それについて自己の意見を表明する機会が保障されなければならない。しかも審尋原則は、裁判所の後見的職務の遂行を容易にすることにかんがみて、職権探知主義と矛盾するものではない。

非訟法には証拠調べ手続における当事者の立会権を認める規定がないことから（非訟一五条〔現 FamFG 三〇条〕には、ZPO三五七条の準用はない）、証拠調べへの関与権はないとの見解があったが、これはすでに克服された。正式の証拠調べ手続が行われる限り、当事者にはこれに関与する権利（当事者公開）が保障され、結局ZPO三五七条を準用するのと変わらない取扱いがなされる。

記録閲覧権については、非訟法（FGG）三四条〔現 FamFG 一三条に相当する〕に「正当な利益を疎明する限り、裁判記録の閲覧が許され得る」と規定されているが、GG一〇三条一項との適合的解釈上、当事者には、原則として、記録の閲覧謄写の権利が付与されると解されている。

口頭弁論は事案の解明に資すると同時に審尋請求権の直接的、包括的な保障になるため、一定の事件ではこれを通常としている。当事者公開が困難な場合（無制限の記録閲覧や包括的な事実資料の通知が他人の秘密保持と対立する場合）、裁判所がそれでもこの事実資料や証拠調べの結果を利用しようとする場合は、その大まかな内容や記録の概要を口頭で説明し、討論する必要がある。尋問する証人や情報提供者の名前を隠しておくことは許されない。鑑定結果や医師の診断書を当事者に見せることがその者の福祉や健康に害を与えるような場合には、それでも裁判所が裁判の基礎にそれを使いたい場合、その重要な（wesentlich）内容を通知する必要がある。公的利益を優先して秘密を保持する場合には、裁判所はその利用を差し控えるべきである。ただし、世話事件や強制収容事件においては、手続監護人が選任されるため、これが事件本人に代わって開示を受けることになる。このように、手続保障に関する立法上の整備という意味では、一九九二年の世話法において、事件本人の手続能力（FGG六六条〔現 FamFG 二七五条〕）や手続監護人の制度の導

入により事件本人の手続的地位の強化が図られたことが特筆に値する。(27)

結局のところ、ドイツにおいては、当事者の手続保障の強化が常に目指されてきたといえるが、それは職権探知原則に取って代わるものとはまったく考えられておらず、むしろそれを前提とし、その枠の中で、審尋請求権の貫徹を図ろうとするものであることということができる。

(20) Keidel, Helmut, Der Grundsatz des rechtlichen Gehörs im Verfahren der freiwilligen Gerichtsbarkeit, 1964, Jansen, Paul, Wandlungen im Verfahren der freiwilligen Gerichtsbarkeit, 1966によって議論の方向は定められたといってよいように思われる。それ以前では、Baur, Fritz, Freiwillige Gerichtsbarkeit I, 1955, が非訟事件における審尋請求権を、それまでの関係人の審尋は裁判官の義務的裁量に属するとしていた通説を批判し、これを必要的とする（関係人の審尋を受ける権利を肯定する）見解を表明していた（insb. S. 189ff. フリッツ・バウアー「ドイツ法における審尋請求権の発展」神戸法学雑誌一八巻三＝四号五一二頁も参照。基本法制定前にも審尋権を肯定する見解がなかったわけではない。特にLent, Freiwillige Gerichtsbarkeit, § 13.）。こういった傾向がむしろその後の学説を方向付けることになる。近時のコンメンタールによれば、非訟事件における関係人の審尋権の保障は、当然のこととして引き継がれている。たとえば、Keidel/Kunze/Winkler, FG, 14. Aufl. (Kayser), 1999, § 12, S. 256ff., Jansen FGG 参照。Kollhosser, Helmut, Zur Stellung und zum Begriff der Verfahrensbeteiligten im Erkenntnisverfahren der Freiwilligen Gerichtsbarkeit, 1970, ders, Zur Problematik eines »Allgemeinen Teils« einer Verfahrensordnung für die Freiwillige Gerichtsbarkeit, ZZP 93, 265, 1980.

(21) 紺谷浩司「民事手続における審問請求権について」広島大学政経論叢一八巻一＝二号、三＝四号（一九六八年）、同「審問請求権（Anspruch auf rechtliches Gehör）の保障とその問題点」民訴雑誌一八号（一九七二年）一四三頁参照。

(22) Schleicher, Klaus, Rechtliches Gehör und (personlich-) mündliche Anhörung im familienrechtlichen Angelegenheiten und im Freiheitentziehungsverfahren der Freiwilligen Gercitsbarkeit, 1988, S. 15ff. にこの間の状況が詳しく紹介されている。

(23) Denkschrift zu dem Entwurf eines Gesetzes über die Angelegenheiten der freiwilligen Gerichtsbarkeit, 1987, S. 37.

(24) Schlegelberger, Franz, Gesetz über die Angelegenheiten der Freiwilligen Gerichtsbarkeit für das Reich und Preußen 5.

Auflage, 1937, § 12, Rn 19, 20.

(25)　以下の叙述は、注(20)記載の論文、コンメンタールによる。

(26)　BverfGE 6, 12 ; 69, 145 ; 89, 381 などによって確立された原則である。

(27)　佐上・前掲注(17)「ドイツの世話事件における事件本人の手続能力と手続監護人について」参照。

四　家事審判における手続保障

1　非訟事件と訴訟事件との相違

非訟事件と訴訟事件との違いに着目すれば、非訟事件における当事者権の保障はできるだけ押し進めるべきであるとしても、「そこには一定の制約もあることを承認しなければならない。なるほど、戦前におけるように非訟事件手続の職権主義的性格を強調し、なにごとも裁判所が職権でやるのだから当事者の地位をそれほど心配することはないなどという、超官憲主義的な（反面、恩恵主義的なといってもよい）発想は今日ではとうていとることはできない。しかし、だからといって非訟事件手続における当事者権をあまりに強調することは、民事訴訟との差異を見失わせることになり、非訟事件手続の独自の存在意義を危うくさせることにもなる。非訟事件手続は、民事訴訟にくらべて簡易、迅速、低廉などにその特徴が見られ、この特色から当事者権に一定の制約が及ぶことも、（それが合理的な範囲にとどまるかぎり）やむをえないこととして承認しなければならないのである」との見解がある。[28]職権探知の結果について、常に当事者に意見表明の機会を保障すべきであるとすると、手続保障には、時間がかかることは否めず、前記の主張は、正当な批判を含んでいることは疑いない。しかし職権探知と手続保障とが両立するものであることからすると、非訟事件において当事者権を十全に保障することが、訴訟と非訟との区別を見失わせることになるかは疑問である。加えて、家事審判手続における当事者の役割に、自己決定の側面を付加することが否定できなくなっている現在においては、簡易・迅速・

低廉のもつ価値が相対的に減殺される結果を伴うことが社会的に承認されているとはいえないであろうか。そうとすれば非訟事件の当事者にも十全の手続保障がなされるべきである。

2　職権主義対当事者主義の図式

ところで日本においては未だに、職権主義と当事者主義を対立させ、当事者の手続上の主体性は後者において保障されるのであって、前者においてはむしろ裁判所の裁量すなわち運用上の措置に委ねるという考え方が根強いように思われる(29)。すでに述べたところから明らかなように、このような見解はもはや維持できるものではない。また調停では合意が前提となる以上、弁論権の保障があるものと考えることができるし、これに代わる審判でも異議により訴訟への移行が可能であることから、その成立前に弁論権の保障がなくても、憲法違反の問題は生じない。他方、特に乙類審判事件においては、訴訟事件性が認められる範囲内で、特段の事情がない限り、弁論権を認めないと憲法違反の疑いが生じるとする見解がある(30)。前者については、非訟手続において弁論権を保障しなくても、移行後の訴訟でこれが保障されれば、結局のところ弁論権の保障があったとするものであるとの理解、後者については、訴訟事件性が強いものについては弁論権の保障が必要であるとすることにこの見解の特徴がある。しかしそうであろうか。前者については、調停（これに代わる審判）と訴訟との連続性を認めるのであればともかく、別々の手続であることを前提とすると、まさに非訟事件手続限りの弁論権のあり方が問題であるように思われるし、後者についても非訟事件手続における手続保障は、どのような種類の事件であっても、その発現の仕方は異なることがあれ、それなりになされるべきものであるとの疑問が、特にドイツに議論を見た後では、生じる。家事審判事件においては、むしろ甲類、乙類を問わず、審判手続の過程で、随時、当事者ないし関係人が判断資料に対して自己の意見を表明する機会が保障されるべきであると考える(31)。結局、職権主義が強く働くということと当事者の手続保障とは相関関係にあるわけではなく、手続保障自体に独自に意義を認めたうえ、職権主義と手続保障とは対立するものではなく、家事審判にあっては両者相俟って適正な判断へとつながるものであると考える。

家裁で取り扱う事件においては、職権主義のゆえ、当事者がときとして裁判所への寄りかかりを示すことが指摘されるが、これを職権探知の一環としての当事者の手続協力義務という構成ではなく、当事者の手続主体性を正面から承認することによって解決することこそが望ましい。近時、成年後見法で当事者の自己決定権の尊重を基本に据える立法が行われたが、同時に手続面での主体性もこれと同じ思想に基づいて肯定されるべきであろう。また児童の権利保護条約においてはその一二条でそのことが明確に規定されているが、それに見合った手続内容の充実があってしかるべきであるし、このことは児童に限らず、いかなる当事者にも普遍的に通用する手続原則と受けとめるべきである(32)。その意味で、満一五歳以上の子の陳述聴取義務を規定する家事審判規則のいくつかの条文は、個別列挙ではなく、一般的な手続原則の個別表示と考えるべきである(33)。

3　手続保障の具体的内容

当事者は、家事審判の判断材料となる資料や証拠調べの結果にアクセスでき、あるいはその手続に関与する権利を有すると考える(34)。すなわち審判における判断要素を知り、それについて自己の意見を表明する権利を保障されるという点に関しては、訴訟と同程度の手続権が家事審判手続においても保障されると考えて差し支えないのではないかと考える。もちろん家事事件の多様性や家庭裁判所を利用することからくる当然の変容も考慮に入れる必要がある。たとえば家事調停を経ないで提起される家事審判では、当事者の主体性確保のための環境調整措置（家審規七条の五〔現家事五九条三項〕）をまず行う必要がある場合が考えられるが、これに関して作成された資料は開示の必要がない場合が多いであろう。これらは審判のための判断材料というよりは、それを収集するための前提条件の整備の問題だからである。同様に、調査官の調整活動中に行われたカウンセリング等の報告書については、当事者との信頼関係に依拠するものであることに鑑みて、当該当事者の承諾なしに相手方に開示することまで要求されるものではないと考える。ところでこれとの関連で、一般的に家裁調査官によって作成される調査報告書の取扱いが問題となっている。[35] 私見によれば、これに関して原則は開示であって、例外的に不開示が認められるのは、開示について当事者や事件本人の能力上の問題がある場合や子どもの福祉、精神、健康への影響が懸念される場合である。もっともその場合でも代理人がいる場合には秘密厳守を確認の上、代理人に開示されるという方法もあるであろうし、代理人がいない場合にもドイツの手続監護人になってもらった工夫があってしかるべきである（児童の権利条約一二条二項参照）。また調査活動に属するものでも場合によっては、情報の秘匿を前提として初めて取得できるものがあることも否定できない。しかしこれについては、ケースを見ながら家事審判官が口頭で当事者に審判のために本質的と考える部分のみを上手に開示する方法を採るべきである。どうしても当事者や第三者との関係で開示できなければ、それは審判の判断材料から排除する取扱いをすべきである。なお手続保障が調査官の調査自体に当事者が立ち会う権利まで肯定するところまで行くかが問題となるが、専門職の職務遂行に当事者の立会権があるとはいえないのではないであろうか。このことはたとえば家事審判規則七条〔現家事六四条〕による鑑定の嘱託に基づく調査や同七条の六〔現家事六〇条一項〕の裁判所技官たる医師の診断行為などの場合も調査自体への立会は認める必要はないのと同様と考える。

記録の閲覧は、基本的に裁判所の裁量に任されている（家審規一二条〔現家事四七条〕）。しかしだからといって、当事者がアクセスできなかった資料を裁判所が用いて審判を下すのは、不意打ちであろう。相手方や第三者の秘密保護のために閲覧を認めないことがあり得たとしても、何らかのかたちでこれを開示すべきであり、当事者に重要な内容を把握させずに審判を行うことは許されるものではない。開示のタイミングや方法を工夫してその内容を理解させるべきであるし、それもできないというのであれば当該資料を裁判所は利用すべきではない。[36]

(28)　鈴木正裕「訴訟と非訟」小山昇＝中野貞一郎＝松浦馨＝竹下守夫編『演習民事訴訟法』（青林書院、一九八七年）四五頁。

(29)　井上哲夫「乙類審判事件における職権探知と適正手続の具体的運用」『講座家審法1』一二七頁。判例も当事者の弁論権（必要的審問）に関し、否定例が目立つ。仙台高決昭和二八・一・三〇家月五巻四号七七頁、東京高決昭和四〇・九・一〇家月一八巻三号五五頁、高松高決昭和四〇・一一・二九家月一八巻三号五八頁、名古屋高決昭和四八・五・四家月二五巻一一号九二頁、大阪高決昭和四九・九・五家月二七巻八号七〇頁（調停手続においてすでに家裁調査官が関係者やその代理人に争いの実情および事件についての希望、意見等を聴取していることを理由に審判での審問の必要性を否定したもの）、高松高決昭和五〇・一二・一〇家月二八巻九号五〇頁、東京高決昭和五二・八・一七家月三〇巻四号一〇一頁、東京高決昭和五三・七・一一東高裁民事判決時報二九巻七号一三九頁、大阪高決昭和五八・五・二判タ五〇二号一八四頁、東京高決昭和六〇・六・一三家月三七巻一一号五一頁など。これらに対して、東京高決昭和四二・二・七家月一九巻六号六一頁は、遺産分割審判事件において、裁判所は、調停のさいの態度にかかわらず、審判においては、最大の利害関係を有する相続人を審問すべきであるとした。なお最決昭和二九・一二・二一民集八巻一二号二二二二頁は、相続放棄の申述を受理するには、その申述が本人の真意に基づくことを認めたうえですべきであって、そのために必要な手続を行うことを原則とするが申述書自体から右の趣旨が認められる限り、必ずしも常に本人の審問を行う必要はないとした。審尋権の保障が、審判にさいして当事者の意思を表明し、これが裁判所に顧慮されることを意味することからすると、必ずしも口頭での審問を要求するものではないから、一般論としてはこの最決は妥当であろう。同様のことは、婚姻費用の分担に関する即時抗告事件について、口頭弁論を経ないで審理判断しても違憲ではないとする、最決昭和三七・一〇・三一家月一五巻二号八七頁についてもいえる。大阪高決昭和四〇・四・八家月一七巻五号六九頁は、裁判所からの呼び出しにに医師の診断書を提出して欠席した当事者に再度呼び出しをしなくても違憲ではないとしているが、その前提として、家裁の包括調査にさいして調査官が抗告人を面接し、各自の陳述を受けていることがあった。このようなかたちで審尋権の保護があったといえるかは問題であろう。

審尋請求権の保障を裁判所の運用上の問題に解消することに対する批判として、吉岡進「家事審判の抗告審における諸問題」『新・実務民訴8』（前出）二七五頁参照。吉岡は、運用上の問題とするのは裁判所の論理であり、しかもその根拠とされる職権主義、裁量主義による審理が、真実発見、当事者の権利保障から見て絶対の信頼をおくことができないのであるから、そのような運用がなされなかった場合を違法とするのでなければ、これによって現実に不利益を受けた当事者は助からないとする（二八八頁）。

(30) 石川明「家事調停及び家事審判（特に乙類審判事件）の非訟性と当事者権の保障」家月三一巻六号。

(31) 甲類事件に属するものでも、たとえば成年後開始の審判（家審九条甲類一号）は後の遺産分割（乙類）の前哨戦的意味合いをもつことがあるといわれているが、そうとすると本人ならびに利害関係人の手続保障が必要であることは否めないであろう。訴訟事件性が単純に弁論権の保障の度合いを決めることにならないように思われる。

(32) 子どもの権利をどのように保障すべきか。子どもの主体的地位を承認することから出発すべきことは疑いない。特に親の権利と子どもの権利が抵触するような場合、子どもの保護は独自にはかられるべきである。そこで児童の権利条約をうけ、子どもの福祉のために親とは異なる調査官を選任するとの提案もなされている。若林昌子「家事事件における子の意思」石川稔＝中川淳＝米倉明編『家族法改正への課題』（日本加除出版、一九九三年）二九五頁（三〇七頁）参照。調査官の活用は今のところもっとも現実的な方法といえる。ただ、場合によっては、子をめぐる法律関係が複雑であったり、財産関係が絡んでいたりすることも考えられ、弁護士が子の代理人となることが望ましいこともあり得る。しかしそれでは費用の問題もあるので、ドイツのように手続監護人のような制度を考えるべきではないであろうか。

なお児童の権利条約におけるこの意見表明権については、二宮周平「家族法と子どもの意見表明権」立命館法学二五六号（一九九七年）一三九〇頁、石川稔「児童の意見表明権」石川稔＝森田明編『児童の権利条約』（一粒社、一九九五年）二二六頁、波多野里望『逐条解説児童の権利条約』（有斐閣、一九九四年）八一頁。

(33) 子の意見陳述の機会の保障は、子供の意見を「子の最善の利益」をはかるための「一切の事情」の一要素と位置づけることから次第に、子の主体性の尊重として核心的地位を占めるようになってきた。子供に意思能力がある限り、一種の手続能力を認めるべきであり、その下限は一〇歳くらいといわれていることを受けて、大阪弁護士会の「家事事件審理改善に関する意見書」（判タ一〇四五号、二〇〇一年、一三頁）は、一〇歳以上の子供の意向調査を義務的にすべきであると提案している。「子供の最善の利益」を保護する方法として、人身保護法（一四条）のような代理人方式がいいのか、調査官がもっともそれにふさわしいのか議論のあるところであり、現状からすると後者の方が適切との見解がある多数であるように思われる。もっとも前注でのべたような問題がある。

(34) 民事訴訟法に従って証拠調べが行われる場合（家審規七条三項〔現家事六四条〕）、当事者には証拠調べへの立会権が認められるべきである。ただ、その場での意見陳述権や反対尋問権まで保障する必要はない。この場合も職権探知の一環で行われるわけであるが、職権探知の結果を知って、自己の意見形成に役立てるのが目的であるからである。

(35) 青柳周一「調査報告書の『開示』を巡って」ケース研究二四三号（一九九五年）四四頁、菊地和典「家事事件の処理に関し家庭裁判所調査官が当面する諸問題」法の支配七三号（一九八八年）一七頁。

(36) 吉岡・前掲二八六頁は、「審判における事実認定について家裁調査官の作成した調査報告書を唯一ないしは主要の実質的証拠として用いているのに、その調査報告書の閲覧謄写が当事者に許されていないことがあり、その場合、当事者にとって知る由もなく、反駁しようもない調査報告書が認定の資料として使われることに対する不満を表明する趣旨の抗告理由書を見ることが稀ではない。このような審判には、闇討ち的・切り捨て御免的な裁判との感じを禁じ得ない」とする。

五　家事調停と手続保障

家事調停と手続保障の関係を簡単に見ておきたい。(37) 合意を目標とする家事調停においてもあるべき正義の探求が前提となるとすれば、事実の調査が十分に行われるべきである。(38) そしてそのための調査機構を家裁は持っている。そこで、ここでも調査官の調査過程に当事者が関与する権利があるか、調査報告書が開示されるべきかが問題となる。周知のようにこれらについて多くは否定的である。合意をするかしないかの選択権を当事者が持っている以上、手続保障はそれほど深刻には問題とならないことが根拠とされている。基本的には私見もそのように解する。しかし合意に到達するためには、当事者が調査結果を知り、判断の前提となる認識を裁判所や相手方と共通にしておく必要がある場合があるのではないか。その意味では、事実調査の一環として行われる証拠調べ（家審規七条〔現家事五六条〕）などに当然のこととして関与できないとすることは疑問である。少なくともその結果について、その内容を知ることは保障すべきである。調停といえども当事者の合意形成の基礎をなす重要資料にはやはりアクセスできてしかるべきであろう。記録閲覧権についても、調書や事件経過表への重要事項の記載は必要である。その際もしプライバシーの問題があれば、審判で述べたと同様に、開示の範囲なり開示の仕方を工夫することによってできるだけこれを保障することが望ましい。
ところで近時、人事訴訟の家裁への移管が司法制度改革審議会の意見書に唱われるにいたっている。もしこれが実現した場合、調停と人事訴訟の連携が問題となる。両者を手続として切り離す前提であったとしても、その結果としての影響は否定しがたくなる以上、調停における当事者への手続的配慮は必要となるであろうことは予測に難くない。ただ私見によれば調停手続が人訴の影響を受けて、変容を見るとしても、調停のもつ人間関係調整というポジティブな評価がなされている部分が浸食されて家庭裁判所が、近づきにくいものになるとは考えられない。むしろ創設以来五〇年を経た蓄積のうえに、家事事件を包括的に取り扱うフォーラムとしての家庭裁判所の存在意義は増すものと考える。

以上、十分に論じ尽くせなかった部分が多く存在するが、最初に述べた吉村教授の問題提起は、現在でも新鮮なものとして受け取ることができるし、全体としてはそのような方向に向かっているように思われる。教授の慧眼にあらためて敬意を表して古稀を迎えられた教授に文字通りの拙稿ではあるが献呈させていただく次第である。

(37)　この問題一般については、竹下守夫「調停制度における非訟的処理をめぐる課題」法律のひろば二七巻八号（一九七四年）一一頁が有益である。
(38)　高野耕一「家庭裁判所の事実調査」『実務民訴7』（日本評論社、一九六九年）二三五頁〔同『家事調停論〔増補版〕』（信山社、二〇〇二年）五九頁〕参照。

11　人事訴訟手続法改正の制度論的側面

一　はじめに

司法制度改革審議会意見書にうたわれている人事訴訟の家庭裁判所への移管の狙いは、一つの家庭関係事件に関して、調停手続は家庭裁判所、訴訟手続は地方裁判所と分断されていた不便を、家庭裁判所に管轄を集中することによって解消し、国民にわかりやすく利用しやすい紛争解決の場を提供することにある。これは同時に、調停手続と訴訟手続の連携をはかることや、家庭裁判所調査官等の専門的知見を活かした調査の結果を利用することを可能にする。これによって、人間関係の微妙な感情や心情に配慮したきめ細かな紛争解決がなされることが期待される。さらに今回の改正では、従来、家事審判手続において一定の役割を果たしていた参与員（家審三条一項、一〇条（現家事四〇条））を人事訴訟に関与させ、もって一般国民の良識をより反映させた人事訴訟のあり方を提案するものでもある。[1] したがって今回の改正で達成されることになる家庭裁判所に一元化された家庭関係事件の紛争解決方式は、その制度を支える人的機構の充実に依存するところが大きいといえるのである。本稿は、「人事訴訟手続法の見直し等に関する要綱中間試案」（以下では中間試案と略する）を中心に、調停手続と人事訴訟の連携、家庭裁判所調査官の関与の範囲やそのあり方、調査報告書等の記録の開示問題、参与員制度の導入の意義、さらに人事訴訟で果たすべき検察官の役割といった制度を支える手続関与主体とその機能を考察し、同時にこれら主体の関与する手続のあり方として人事訴訟手続を非公開とすべきか等を検討するものである。(2)

二　調停手続と人事訴訟の連携

人事訴訟（準人訴も含む）が家庭裁判所に移管されたとしても、現行家審法一八条一項（現家事二五七条一項）の調停前置主義は維持されることになる。そこで先行する調停手続とそれが不成立に終わった場合に提起される人事訴訟の連携をどのようにとるべきかが問題となる。まず調停から訴訟への当然移行も一つのやり方として考えられるが、調停と訴訟とは目的もスキルも異なるものであり、かつ訴えの提起はやはり別個の決断によるべきであるからあらためて訴えを提起する手続をとるべきである。しかしその場合でも、調停で出された書証などは、いったん返してあらためて訴訟で提出すべきなのか、そこは効率よく使えるようにすべきなのか、なかなか一律に判断するのが難しい。同様に調査官の報告書の取扱もすべて当然引き継がれるとすることは適切でない場合が考えられる。また調停期日経過票は、訴訟に引き継がれることはないというのが現在の扱いであるが、紛争にいたるまでの経過等が上手にまとめてあるものは訴訟でも役に立つのではないかとも思われる。さらに問題なのは、調停に関与した裁判官が訴訟を担当すべきか、あるいは意識的にこれは避けるべきなのかである。(3) 基本的には、家庭裁判所の五〇年で培ってきた調停の機能が、訴訟と接続されることによって崩れさることになってはならないことに鑑みて、できる限り調停主任たる裁判官と訴訟を担当する裁判官を別にするのが、無難なのであろう。ただ裁判所によっては、そこまでの人的資源が整っていない場合もあることから、まさに「できる限り」にとどまることはやむを得ないであろう。

三　人事訴訟における家庭裁判所調査官の関与

1　調査官の活動領域と事実の調査の手続

家庭裁判所調査官の人事訴訟への関与は、まさに家裁への移管の狙いともいえる事柄である。しかし調査官によって調査されるべき事実の範囲はどこまで及ぶのであろうか。考えられる項目としては、①離婚や婚姻取消の訴えにおける親権者の指定やいわゆる同時解決の中立事項等の審判事項、②民法七七〇条二項や同八一四条二項の規定による婚姻又は縁組の継続を相当と認めるに足りる事情を基礎づける事実、③有責配偶者の離婚請求に関する最高裁大法廷判決（昭和六二・九・二民集四一巻六号一四二三頁）で言及された、いわゆる過酷条項を基礎づける事実、④離婚原因等、人事訴訟の判決の基礎となる事実一般などである。これについては、職権探知主義のもとでの実務の現状を踏まえた必要性からいって、①で足りるとの意見が法制審では多数を占めている。中間試案もこれを前提にして調査官による事実の調査の範囲を①に限定することを前提にしたものとなっている（第二・一㈠、二㈠）。調査官調査には、専門知識の活用（家審規七条の三）と機動性という二面があるが、前者を主たる領域とするとの理解が一般であることを示すものである。なお、高等裁判所においても、親権者の指定や同時解決の申立てに関して調査官が事実の調査をすることができてしかるべきであろう（第二・二㈠（注））。また、いわゆる自由な証明によって行われる事実の調査の結果は、厳格な証明の要求される婚姻の取消または離婚訴訟の成否についての審理の訴訟資料や証拠資料としては、原則として、利用できないと解される（中間試案第二・一㈠（注1））。(4)

調査官による調査は、裁判所の職権探知の一環として行われるが、職権探知主義の妥当する領域においても、当事者の審尋請求権は及ぶと理解される。そうすると調査官調査を含め、調査の嘱託（家審規八条〔現六二条〕）、職権による証拠調べ等の結果を当事者は当然に知る権利を持つことになる。今、調査官調査に限っていえば、調査結果について通知を受け、これについて意見を陳述する機会が保障されなければならない。中間試案も第二・一（注2）で、事実の調査における手続保障のあり方を問うている。民事訴訟の例による証拠調べ〔家審規七条六号〔現家事六四条一項〕〕において当事者の立会権が原則として保障されるべきことと思われるが、調査官の調査過程の立会がどの程度保障されるべきか、その指針は明確にしておく必要があるように思われる。中間試案〔第二・一(二)〕は、事実の調査手続は公開しないが、裁判所は相当と認める者の傍聴を許すことができるとしている。これを許さない場合として、たとえば子の福祉の見地から、当事者の立会が制限されることが考えられる。

2　調査報告書の閲覧、謄写等

事実の調査手続における当事者の手続保障が重要であることは共通の認識といってよいであろう。そして手続保障の一環として記録の閲覧、謄写が含まれることも否定する者はいないであろう。問題は、閲覧や謄写が、子の福祉や第三者の秘密保持の利益に反する場合をどう調整するかである。私見によれば、その際、開示が原則であり、不開示は例外であることをまずもって明確にすることを出発点とすべきである。不開示のまま審判の資料として用いられることは、不利益を受ける当事者にとって不意打ちになる。その意味で開示・不開示が裁判官の裁量に委ねられ、ただ規定の運用として、当事者の手続保障に配慮するというだけでは足りない。当事者にとっては審尋請求権という憲法にその根拠をもつ権利がかけられているからである。もっとも前述の当事者以外の者の利益保護は蔑ろにできない。そこで開示は原則だが、開示のタイミングや方法については工夫が必要ということになる。ドイツでは、そのままのかたちでは開示できない内容が記録に含まれている場合、重要部分の口頭による開示と当事者との討論という方法が用いられたり、代理人や手続監護人にのみ開示する等その工夫がなされているのが参考になる(5)。中間試案では、家事審判規則一二条一項〔現家事四七条等〕を参照して、「裁判所は、申立てにより、相当と認めるときは、家庭裁判所調査官が作成した調査報告書その他の事実の調査のために収集された資料の閲覧・謄写を許可する……ものとする。」との本文のもと、注に「当事者又は事件本人の申立てによる調査報告書の閲覧・謄写等の在り方に関し、ア　閲覧・謄写等により子の福祉を害するおそれがあると認めることにつき相当の理由がある場合など一定の場合を除き、これを許可しなければならないものとする考え方　イ　申立てを許可しなかった場合における不服申立てを認めるものとする考え方」が検討の対象とされている（第二・二(二)注）。これは、不開示資料を審判の基礎にする場合もあるとの前提に立つものと思われるが、そうすると当事者の利益との衝突が先鋭化されることになるから、不服申立ても必要ということになる。筆者としては、前述の開示方法の開発は開示をめぐる紛争の大部分を解消するように思われることから、規定ぶりの議論と同時に利益調整のための審理技術の開発がなされるべきものと考える。(6) なお当事者や事件本人以外の第三者については前記一二条の適用で問題はないと考える。

(1) 司法制度改革審議会意見書（平成一三年六月一二日）二四頁参照。なお人事訴訟における一般社会人の常識を反映させることの重要性につき、牧山市治「最近の人事訴訟の実情」ケース研究一七六号五八頁参照。
(2) 地裁の管轄事件を家庭裁判所へ移管する範囲については、周知のように議論がある。本稿は、全面改正が予定されている人事訴訟手続法に限って論じるものであることをおことわりする。
(3) 大阪弁護士会「家事事件審理改善に関する意見書」判タ一〇四五号一〇頁以下参照。
(4) 自由な証明に関する近時の文献として、髙田昌宏「非訟事件手続における『自由な証明』研究序説」石川明先生古稀祝賀『現代社会における民事手続法の展開(上)』（商事法務、二〇〇二年）一二一頁参照。
(5) 以上について、拙稿「家事審判と手続保障」『吉村古稀』一一八頁〔本書四三七頁〕参照。
(6) 拙稿・前掲注(5)一二一頁以下、青柳周一「調査報告書の『開示』を巡って」ケース研究二四三号四四頁、菊地和典「家事事件の処理に関し家庭裁判所調査官が当面する諸問題」法の支配七三号一七頁等参照。

四 参与員制度の導入

参与員制度はすでに家事審判手続で採用されている。これは家庭裁判所によって前もって選任された候補者の中から、個別の審判事件において指定を受け、家事審判に立ち会い、または意見を述べる機関を指す（家審三条・一〇条〔現家事四〇条〕）。そしてこのような参与員を審判手続に関与させる趣旨は、世故人情にたけた民間人を関与させることにより、社会の実情を踏まえた妥当な判断を行うことにある。この場合、参与員を関与させるか、関与の形態として立会いのみか、意見陳述のみか、両方かの判断は裁判官の裁量による。もっとも現実には関与がなされない場合が多いといわれている。(7) 今回の改正は、司法制度改革審議会の意見書を踏まえて、このような参与員制度を拡充し、審判での関与の趣旨を国民の司法参加の観点から拡大し、人事訴訟にも活かそうというものである。ところで参与員の訴訟における関与の範型としては、司法委員が考えられるが、そのさい通常の訴訟と人事訴訟との違いを考慮しなければならないのは当然である。そこで、中間試案において、参与員の権限については、「家庭裁判所は、必要があると認めるときは、参与員を審理又は和解の試みに立ち会わせて事件につきその意見を聴くことができるものとする」として審理はもちろん、和解においても参与員単独でこれを行うことはないとの立場を明らかにしている（第三・一）。さらに注で、「裁判長は、必要があると認めるときは、参与員が証人等に対し直接に問いを発することができる（民訴規則第一七二条参照）ものとする」として、審判では消極に解されていた直接の質問権を与えることを提案し、(8) かつ人事訴訟にその原因事実によって生じた損害賠償請求訴訟が併合して係属している場合には、これについても参与員が関与することができるものとしている（第三・一（注2））。これによって損害額等の判断について参与員が意見を述べることになると思われる。参与員制度は人事訴訟の判断に社会常識を反映させることを目的とするものであり、国民の司法参加の一形態として注目すべき制度であるといえる。

なお参与員に関しては、当該事件の家事調停に調停委員としてかかわった者が、当該事件の訴訟に参与員として関与することを排除すべきなのか、推奨すべきなのかが中間試案第三・二(二)の注において問われている。これは調停に関与した裁判官が訴訟にも関与することの是非と類似した問題である。特にこのような参与員が和解にも立ち会うとなると調停で不成立に終わったことを前提として訴訟が提起されていることとの関係で、当事者に訴訟に対する不信感を与えることにならないかが懸念される。このような不信感が実際に問題となるか否かは個別事件の事情にもよるであろうが、参与員には別の人物を指定するのが無難なのではないかと考える。

(7)　斎藤秀男＝菊池信男編『注解家審法』六六頁参照。なお法制審の席上で、平成一二年度の関与の実情が紹介されている。それによると約六万件の審判に参与員が関与しているが、これは全体の一四％にあたるとのことである。なお関与事件の類型としては、氏の変更、名の変更、祭祀承継や戸籍訂正事件、渉外事件などである。

(8)　斎藤ほか編・前掲注(7)六七頁参照。

五　人事訴訟における検察官関与

1　一般的関与

民事裁判において検察官がどのように関与するかは各国法制により違いを見せている。日本は、明治二三年の民事訴訟法のなかに一定範囲の事件において意見陳述のため検事は立会うべしとする規定を置いていた〔四二条一項〕[9]。しかしこの規定は大正一五年改正に際して削除された。このような検察官の一般的関与については、明治三一年に同時に制定された人事訴訟手続法五条・六条〔現人訴二三条〕、非訟事件手続法一五条〔現非訟四〇条〕にもみられ、基本的には、現在までその規定が維持されている[10]。これらの規定の目的は、検察官が公益的見地から意見を陳述することによって実体的真実発見を容易ならしめ、これにより適正な裁判がなされ、もって対世効を正当化することにある。しかし、人事訴訟に限ってみれば、検察官の立会・陳述が判決の要件ではないとの解釈が一般的とされたせいか、期日の通知がなされても実際に立会が行われることはないというのが、実務の現状である。[11] こういった現実を踏まえて、改正に臨む必要がある。もっとも中間試案によれば、検察官の一般的関与について、立会・意見陳述は裁判所が必要と認めるときにできるものとするとして、現行法を緩和するかたちで残すことが提案されている（第四・四(二)）。またその際、検察官は、婚姻や養子縁組を維持するために限らず、双面的に事実の主張や証拠の申出ができるとされている。このような規定に基づいて、実際上、検察官の立会・意見陳述がどの程度機能することになるのかは、実務の現状に鑑みて疑問が呈されよう。

2 当事者としての関与

人事訴訟における当事者適格一般は別にして、ここでは検察官が当事者として関与する場合に限定して論じることにする。

(1) 原告適格

検察官の原告適格については、民法七四四条一項が、婚姻取消訴訟の原告適格を付しているのが唯一の例である。[12] その趣旨は、要件違反の不適切な婚姻を維持することが社会秩序に反するため、たとえ当事者や親族から取消訴訟が提起されなくても、公益の代表である検察官がこれを行うべきであるとの理由に基づくものである。ただ実際に検察官が婚姻取消訴訟を提起したという例は聞かず、法制審議会の席上でも近時の調査によればゼロ件との報告が関係官からなされている。今回の改正は民法に及ぶものではないが、このままこの規定を維持しておくべきか、公益代表としての検察官の役割の根本に遡って再検討する必要があるように思われる。

(2)　被告適格

現行人訴法は、ⓐ婚姻事件に関しては、婚姻の無効、取消、離婚の取消、ⓑ養子縁組事件に関しては、縁組無効、取消、離縁取消、ⓒ親子関係事件に関しては、子の認知、父を定める訴えにつき、相手方死亡のため二当事者対立の構造がとれない場合に、検察官が被告となるとされている（二条・二六条・三二条二項四項〔現人訴一二条〕）。(13)そして子の認知事件を中心に、検察官を相手とする訴えが一定件数提起されている。(14)この場合、検察官が証拠収集等の実質的な訴訟追行をしているかについては、おそらく消極であるのが一般的であると思われる。多くの場合、被告検察官は不知と主張するのみで相手方の証拠のみで裁判がなされているのではないかと推測される。もっとも被告たる検察官としては、二当事者対立構造を実質化すべく、戸籍謄本等を手がかりに、なんとか利害関係人を探し出して通知をし、補助参加を促すとの対応をしているが、その把握は必ずしも容易ではない。また何とか相続人等の利害関係人を見つけだしたとしても、これが実際訴訟に補助参加して訴訟追行するとの保障もない。そこで相手方死亡の場合に、今後とも検察官を被告とする方法を維持するか、あるいは利害関係人をもって被告とするかの立法的判断が必要となる。法制審議会でもこの点をめぐって議論があったが、被告探索の負担をつねに原告に課すことは困難を強いることになるとも考えられ、そうすると裁判へのアクセスを阻むことになりかねないことから、現行の方法を維持するしかないとの意見が多数をしめている。もっとも利害関係人の探索については、原告の協力を要請すべく、訴状には、当該訴訟の結果によって相続権を害されるべき一定の者（三三条本文〔現人訴二八条〕）の有無ならびにその氏名及び住所又は居所を明らかにするために必要な戸籍謄本その他の書類を添付しなければならないものとすることが後注に掲げられ、また同じく後注で、裁判所が当事者の申立てにより又は職権で、一定の利害関係人を訴訟に参加させることができるものとする考え方も検討の対象とされた（第四・二(一)）。筆者としては、いずれも正当な考え方と評価するが、後者については、利害関係人の範囲を確定することが困難な場合もあり、立法論的には難しい面も残っている。なお中間試案では、訴訟係属中に被告がいずれも死亡した場合の検察官による受継制度の新設が提案されているが（第四・二(二)イ(ウ)）、妥当である。

(3)　費用負担

現行人訴法一七条〔現人訴一六条〕は、検察官が敗訴した場合、訴訟費用は国庫の負担とすると規定している。原告から訴訟費用の確定処分の申立てがあると、結局は検察官が確定請求額を支払うことになるが、特にＤＮＡ鑑定などが行われるとその額が多額になることがあり、検察官の訴訟追行の実態からして本当にこれでいいのか疑問な面もある。中間試案は、第四・二(一)（後注３）（同４）で一七条の見直しと一定の利害関係人が検察官に補助参加した場合、裁判所は、当該（共同訴訟的）補助参加人に対して訴訟費用の負担について裁判を行うにあたり、訴訟費用の負担に関する共同訴訟人についての規定（民訴法六一条から六五条まで）によることができる旨の明文規定を設けることの適否について検討するとしてこの問題の解消を模索している。検察官には、今後とも現状と同様の訴訟追行しか望めないとすれば、できる限り利害関係人との実質的な対立構造で訴訟が行われるべきことは、前述のとおりであるが、その場合は利害関係人が費用負担をするべきであろう。しかし検察官自らの訴訟追行に任される場合には、勝訴原告に訴訟費用を負担させることは理論的に難しいのではなかろうか。

(9)　この規定がフランス法を模範としたものであることについて、ルドルフ「裁判所構成法註釈」司法資料二五九号（一九三九年）三二頁、鈴木忠一「非訟事件に於ける検察官の地位」『研究』（初出一九六六年）一〇二頁、岡垣学「人事訴訟に於ける検察官の地位(二)」『研究』（初出一九七三年）一一二頁など参照。人訴法の規定はドイツ法を参考にしたものといえるが、ドイツにおいては一般的関与が検察官の権能とされた（当時の六〇七条）に対し、日本では規定の体裁が義務的となっている。もっとも検察官の立会、陳述は判決の要件ではないとされるにいたり、ドイツと同様の実務となっていた。鈴木・同一〇五頁参照。なおドイツにおける検察官の関与規定（六三四条、ただし婚姻の無効、存否確認訴訟）は一九九八年（施行）改正で削除され、州政府の定める管轄官庁がこれに代わり関与する権限を有するとあらためられている（六三一条、ただし婚姻の取消、存否確認訴訟)。

(10)　民事訴訟法と同年に制定された、「婚姻事件養子縁組事件及び禁治産事件に関する訴訟規則」二条がすでに検察官の一般的関与を規定していたが、民法典論争による旧民法の廃止に伴って廃止された。岡垣学＝吉村徳重編『注解人事訴訟手続法』(青林書院、一九八七年)九三頁参照。これらに関しては検察庁法四条も参照。

(11)　かつての判例には、「立会検事何某は意見を陳述したり」との叙述が見られる(大判明治三九・五・一五民録一二輯八二八頁〔私生子認知請求〕、大判明治四〇・五・二四民録一三輯五八〇頁〔離婚請求〕)。当初は立会陳述がなされていたもののそれがいつしか立ち消えになってしまったものと思われる。鈴木・前掲注(9)一一三頁、岡垣・前掲注(9)一五二頁以下参照。

(12)　その他、どのような場合に検察官の原告適格を認めるべきかの議論については、岡垣・前掲注(9)六一頁以下参照。

(13)　いわゆる準人事訴訟も今回の改正で組み込まれることになった関係で、中間試案では、親子関係存否等の訴訟においても、被告とすべき者が死亡した場合に訴えを提起する場合には検察官を被告とすることが提案されている。

(14)　平成一三年四月一日から九月三〇日までの間に検察官を被告とする訴訟が一五二件提起されたが、そのうち親子関係事件が一二六件あったことが、法制審議会の議事録に掲載されている。

六　人事訴訟の公開・非公開

ヨーロッパの大陸法国を中心に諸外国では、家庭事件の審理を非公開とする国が多く見られる(ドイツ、オーストリア、ベルギー、スイス等)。たしかに日本と異なって、公開原則が憲法に規定されている国は少ない(15)。しかし欧州人権条約は六条で裁判の公開をうたっているし、ヨーロッパにおけるこの条約の位置づけからして、決して公開原則の価値は低いものではないにもかかわらずである。また日本も批准しているいわゆる人権B規約の一四条で「法律で設置された、権限のある、独立の、かつ公平な裁判所による公正な公開審理を受ける権利」を保障する一方で、「当事者の私生活の利益のため必要な場合において」は、「裁判の全部又は一部を公開しないことができる」と定めている。

実際、実務の現場からも、「非公開の家庭裁判所での調停であれば格別、地方裁判所の公開の手続のもとでは訴訟提起は困難であるということで、やむを得ず調停で妥協せざるを得なかった」という例や「審理が公開される関係で認知訴訟の提起を躊躇せざるを得なかった」例などが紹介されている。(16) 憲法八二条の価値もさることながら、三二条にもとる結果が生じていることになる。そこでここでは対立する憲法価値の調整という難しい問題があるにしろ、この問題に正面から向き合い議論すべきことについては異論がないであろう。(17) 中間試案は、第四・四（審理の方式・手続等）の後注で、「憲法八二条の下における人事訴訟の口頭弁論の公開のあり方については、なお検討する」としているが、これに関する多くの議論が待たれるところである。

(15) スイスは、一九九九年の憲法改正にさいし、「弁論及び判決の言渡は公開で行う」との規定を新設したが、同時に「法律で例外を定めることができる」（三〇条）として公開原則の価値を相対化しており、家庭事件は依然として非公開とされているようである。

(16) ミニ・シンポ「人事訴訟・家事審判の手続的諸問題」民訴雑誌四七号一二九頁［西岡清一郎］参照。

(17) この点に関する先駆的業績として、中野貞一郎「憲法と民事訴訟」『民事訴訟法の論点Ⅰ』（判例タイムズ社、一九九四年、初出一九九三年）一一頁以下参照。筆者は、人事訴訟の非公開を可能とする方向に踏み切るべきであると考えている。

12 人事訴訟法制定と理論的課題

一 はじめに

二〇〇四年四月一日から新人事訴訟法（平成一五年七月一六日法律第一〇九号、以下では新法と略す）が施行されている。これは、明治三一年に制定された人事訴訟手続法（以下旧法と略す）を、新法の制定という形で全面改正し、二〇〇一年六月一二日付で公表された司法制度改革審議会の意見書に掲げられている提言を実現しようとしたものである。そこでは、人事訴訟等の家庭関係事件の管轄を家庭裁判所に移管する手だてを整えることと、そのために旧法を全面的に見直すことが挙げられていた。したがって新法は、司法制度改革の一端を担うものである。この新法については、漸進主義と評価される一方で、いくつかの注目すべき法規整がなされている。(1) たとえば訴訟手続と非訟手続の融合をはかる附帯申立ては、旧法（旧一五条）でも存在していたのであるが、新法では、人事訴訟等の家裁への職分管轄の移管により、家庭裁判所調査官による調査を含む事実の調査という非訟事件手続の手法が導入された（三三条以下）。また検察官を被告とする訴訟に利害関係人の強制参加の制度が加わったことも注目に値する（一五条）。さらに人事訴訟という訴訟手続に当事者尋問等に公開の停止による審理を行いうることになったことは、明らかに新展開と表することができよう（二一二条）。加えて平成八年の新民事訴訟法の制定にさいし議論の俎上にのぼったものの、規定が見送られた共同訴訟的補助参加も正面から認められるに至ったことも忘れてはならない（一五条三項、四項）。司法制度面では、人事訴訟に参与員の関与が認められることになったことも（九条以下）、国民の司法参加の一環として、刑事事件における裁判員制度と並んで見逃すことができない改革である。このように新法には数々の新機軸とも評すべき制度がちりばめられている。以下では、紙幅の関係もあり、新法に理論的課題として残されている問題に焦点を当てて、若干の考察を行う。

（1）　高橋宏志「人事訴訟法の制定において」家月五六巻四号七五頁、高橋宏志＝高田裕成編『新しい人事訴訟法と家庭裁判所実務』ジュリ臨時増刊一二五九号六頁参照。そこでは、本文に掲げた新機軸がうち出されたものの、離婚、離縁事件について、弁論主義を採らずに職権探知主義を残したこと、検察官の一般関与の制度が維持されたこと等が漸進主義と評するゆえんであるとされている。

二　移管の範囲

訴訟事件として家庭裁判所の管轄に属すべき家事事件の範囲をどのように設定するかが問題となる。今回の改正は、人事訴訟等、すなわち身分関係の形成または存否の確認を目的とする訴え（人事に関する訴え、二条）ならびにその請求の原因である事実によって生じた損害賠償（第三者たとえば不貞の相手方に対する損害賠償を含む、一七条）、さらに人事訴訟を本案とする保全命令事件の管轄を家庭裁判所に移管するものとした。これに関しては、家事調停が、上記の事件の他「その他一般に家庭に関する事件」を守備範囲とし、かつ調停前置主義をとっていることと相まって（家審一七条〔現家事二四四条〕、一八条〔現家事二五七条〕）、そのすべてを移管の範囲とすることには無理があるものの、人事訴訟に限定することなく、より広い範囲で管轄移管すべきとの見解が主張されていた(2)。国民にわかりやすく利用しやすい司法制度という観点からは、この提言は十分に理解できるところである。特に遺産分割調停において、遺言無効や遺産の範囲をめぐる前提問題に関して争いが生じている場合には、結局、地裁に訴えが提起されることになり、地裁の判決に既判力がある関係で、その判断が優先すると一般に考えられていることから、調停は取り下げになることが多いことを考えると、当事者にはわかりにくさと不便を感じさせる原因になる。そこで一元化が望ましいと主張される。家事調停の現場では、遺産分割事件が長期化していることは周知の通りであり、それが前提問題に関する訴えの提起に起因することも多い。こういった処理の前提となっているのが最大決昭和四〇・六・三〇民集一九巻四号一〇八九頁、同昭和四一・三・二民集二〇巻三号三六〇頁などの判示にあるものと思われる。この決定の理論には批判のあるところであるが(3)、これを前提にして考えてみると、たしかに遺産分割関連事件を一元的に処理することは、当事者にとってわかりやすく利便性も否定できない。しかし家庭裁判所にこれを持ち込んだとしても、訴訟事件の解決を待って調停が進められることに変わりはなく、現在の体制のもとでは、必ずしも効率的かつ迅速な審理を保障することにつながらないとの認識が多数を占めている(4)。これらの訴訟については、家事調査官の専門的知見によるきめ細かな審理という点でも、人事訴訟とは質的に異なることも考慮しなければならない。もっともこのまま分断の状況が続くことが正当化されたわけではなく、移管の範囲をこれで固定しようとの趣旨でもあるまい。家裁の体制の進展を待って、将来的には、範囲を拡大していく方向をたどるべきと考える。なお、人事訴訟に該当する訴訟は、二条に列挙されているが、この他の身分関係、たとえば姻族関係や叔父甥関係の確認などがこれに含まれるのかが問題となる。身分関係といっても濃淡があり、すべてが人事訴訟手続で進められる必要はない。個別問題に即して、この手続に乗せるべき性質の事件かどうか、間に立つ他の身分関係者の手続保障や確認の利益等を勘案して判断するしかないと思われる。

(2)　たとえば、大阪弁護士会「家事事件審理改善に関する意見書――家事審判法・人事訴訟法改正へ向けての立法提言」判タ一〇四五号八頁（二〇〇一年）は、人事訴訟の他、①内縁解消または婚約不履行に伴う慰謝料請求事件、離婚後の慰謝料請求事件、結納金返還請求事件、②遺産分割の前提問題（相続回復請求、遺留分減殺請求、遺言無効確認、遺産分割協議無効確認、相続の承認・放棄無効確認、遺産の範囲確定等の各事件、③遺産から生じた果実の共有物分割請求事件などの遺産分割関連事件を移管の対象とすべきとしていた。

(3)　さしあたり青山善充・『民訴百選（第三版）』四頁（二〇〇三年）。なお最高裁の法理自体に対する疑問は別として、結論については賛意が表されている。鈴木正裕「非訟事件と形成の裁判」『新・実務民訴8』二二頁参照。

(4)　小野瀬＝岡『一問一答』一二頁、野田愛子＝安倍嘉人『人事訴訟法概説』〔岡部喜代子〕四〇頁（日本加除出版、二〇〇四年）参照。なお遺産事件の一元化については、地方裁判所に一元化するとの見解もある。徳田和幸「家事審判の効力と関連紛争」民訴雑誌四七号一五五頁（二〇〇一年）参照。

三　家事調停と人事訴訟の連携

もともと人事訴訟の家裁への移管をめぐっては、消極論もあったところであり、その理由の筆頭に家事調停の変質や軽視、ひいては平和の裁判所として築かれてきた家庭裁判所そのものの性格の変化のおそれが挙げられていた。(5)しかし他方で両者の連携が人訴の家裁移管のメリットでもあり、司法制度改革審議会の意見書でもその必要が謳われていたところである。今回の改正では、調停前置主義（家審一八条一項（現家事二五七条一項））は維持されることになったが、調停と訴訟は連動せず、切り離しが原則となった。すなわち当事者は、調停が不成立になった場合、あらためて訴えを提起することになり、家事調停の記録や収集された資料が当然には訴訟に引き継がれることなく、当事者が証拠として口頭弁論に上程する必要がある。(6)家事調停委員が作成する経過記録などは、非公開資料となり、訴訟では使われないことが明確にされた。さらに当該事件を担当した調停委員が人事訴訟に参与員として関与することは、予断排除の考慮から、原則としてしないこととなった。(7)他方、調停を担当した家事裁判官が訴訟にあたることについては、裁判官が事実認定（予断排除）の訓練を受けたプロフェッションであることから、特にこれを制限する必要はなく、(8)地方の家裁では裁判官の数が限られていることから、実際上もそれが不可能である場合があるとして、規定を設けることはされなかった。さて、調停と訴訟が切り離されるとすると、調停での調査官調査（家審規七条の二〔現家事五八条、二六〇条一項六号〕）と訴訟での調査官調査（三四条）が、別々に行われることが原則となる。調停での調査と訴訟での調査は、その趣旨や手法が異なる場合があることに鑑みて、それはそれとして理解できるのであるが、調査を受ける者の負担の重さも考慮しなければならない。特に、子の意向調査などでは、二度の調査に応じなければならない子どもの負担は考えておかなければならない問題である。両者は報告書の開示の点で異なる規律（家審規一二条〔現家事四七条、二五四条等〕、新法三五条）に服するのではあるが、調停で行われた調査報告書を利用することにより、訴訟での調査を省略できるのであれば、そのような取り扱いをするというなど運用上の工夫が期待される。(9)

家事調停では、双方の言い分が十分に主張され、争いのある部分とない部分が切り分けられる。いわば主張に関する争点整理が行われるわけであるが、前者について合意が得られなければ、訴訟に移行することになる。そこで調停での主張の整理をもし訴訟に活かすことができるのであれば、訴訟の効率上望ましいといえる。もちろん調停を争点整理として訴訟の前段階と位置づけることは、法の建前から困難であるとしても、調停が不成立となった段階で、調書を上手に作れば、これを訴訟に活かすことができる。調書作成は裁判所書記官の職務であるが、調停委員の協力を得てその整理案を利用することなどは理論的にも実際的にも可能ではないかと考える。調停に変質をもたらさない一方で、調停を訴訟に活かす工夫も模索されるべきではないであろうか。

（5） さしあたり岡垣学『研究』二二頁参照。
（6） 小野瀬＝岡・前掲注（4）一四頁参照。
（7） 人事訴訟規則六条によれば、家庭裁判所が参与員を指定するにあたっては、「家事調停委員として関与していない者を指定するように意を用いなければならない」とする。例外としては、たとえば家事調停事件が相手方不出頭のまま不成立となったような場合等、予断の排除や公正らしさの確保からいって弊害の考えられない場合が挙げられている。小野瀬＝岡・前掲注（4）四六頁参照。
（8） 野田＝安倍編・前掲注（4）一八頁参照。
（9） 大阪弁護士会「人事訴訟の家裁移管に関するシンポジウム」判タ一一四三号四九頁以下（二〇〇四年）参照。なお、調停や審判と人事訴訟の有機的連携を説くものとして、三ケ月章「家庭裁判所の今後の課題」『研究8』二八八頁（一九八一年）参照。

四 参与員制度

参与員は、すでに家事審判で用いられていたところである（家審三条、一〇条〔現家事四〇条〕）。これを人事訴訟にも活用して、一般人の良識を訴訟に反映させ、妥当な結論を引き出すと同時に、広く国民が民事訴訟に参加することによって、司法制度に関する理解を深める機会とすることを目指したものであるといえる。この使命を果たすため参与員は、審理や和解の場において、裁判長の許可を得て、証人、当事者本人または鑑定人に対し発問することができる（規八条）。参与員が関与する事件の範囲には、関連請求として併合される損害賠償事件を含む。しかし参与員は、司法委員とは異なり、和解を試みるさい、裁判官の同席を必要とする。司法委員に関する「補助をさせ」（民訴二七九条）という表現を使わずに、「和解の試みに立ち会わせて」（九条）としたのはその趣旨である。(10) 参与員制度は、厳密な意味での参審制とは異なる。一般国民の良識を人事訴訟等に反映させるために、家庭裁判所が「必要と認めるとき」に「意見を聞く」という制度である。参与員関与の意義としては、家族的人間関係の深い理解に基づき、たとえば離婚事件において、夫婦関係破綻の有無、裁量的棄却事由や過酷条項の適用の妥当性、慰謝料の額、附帯処分事項に関する助言などが考えられる[11]。参与員が関与することによって、家族関係を取り扱う訴訟としての機微をわきまえたうえで法的判断がなされることが期待される。参与員が当事者と一定の身分関係にあったり、発問等から公正な裁判を疑わしめることが窺われる場合には、除斥、忌避の対象となる（一〇条）。

参与員はどの審理段階で関与すべきかが問題となる。争点整理段階か証拠調べ段階かである。現状からいうと証拠調べ段階からの関与が多いようであるが、それで制度の趣旨が十分に活かされているのかが問われる。国民の司法参加の理念、一般良識の人事訴訟等への反映、参与員の負担等を勘案しながら、個別事件ごとに妥当な関与時期を決めることになると思われるが、主張や証拠が整理された段階で裁判官から説明を聞き、和解の試みや証拠調べ段階で関与するという現在の状況は、制度の趣旨を十分に汲むことになるかが問われる[12]。これと関連して参与員の給源をどこに求めるかが問題である。参与員は「徳望良識のある者」から選出されることになっているが、実際には調停委員から選出されることが多いと思われる。しかし調停委員とは異なり、年齢制限がないことから、より広い範囲で選出されることが望まれる。もし給源との関係で参与員が高年齢化するとすると参与員制度の理念が実現されないことになる。給源確保のため何らかの工夫が要求されるところである。

(10)　小野瀬＝岡・前掲注(4)四四頁参照。参与員のみの和解は、調停を経てきた当事者にまたぞろ調停の続きが行われるとの違和感をもたせることになる。
(11)　法制審議会民事・人事訴訟法部会（人事訴訟分科会）第六回会議議事録参照。
(12)　筆者はかつてドイツで書面による争点・証拠整理が行われた後の口頭弁論（証拠調べ）を何日かにわたって傍聴したこ

とがあるが、事前の裁判官による説明で事案の把握は十分にできたし、証拠調べに立ち会って、裁判官から意見を聴かれた経験を持つが、その段階からの関与で十分との認識を持った。もちろんこの経験がただちに日本における人事訴訟に適用できるものではなく、なお経験の積み重ねが必要と思われる。〔現在では訴訟の初期の段階からの関与が制度の趣旨に鑑みてベターであると考えている。〕

五 職権探知主義

旧法は、「裁判所ハ婚姻ヲ維持スル為メ職権ヲ以テ証拠調ヲ為且当事者カ提出セサル事実ヲ斟酌スルコトヲ得但其事実及ヒ証拠調ノ結果ニ付キ当事者ヲ訊問スヘシ」と規定し（旧一四条、同二六条、検察官の権限に関する旧六条も参照）、いわゆる片面的職権探知主義を採用していた。この規定はドイツ旧民訴五八一条を継受したものとされる。(13) 思想的には、キリスト教とくにカトリシズムの伝統を色濃く残した規定であって、協議離婚を認める日本の法制とは合致しないことが早くから指摘されていたところである。(14) また職権による証拠調べの前にその結果が婚姻を維持する方向を示すかは、事前の判断が困難であるから、解釈論としても、この文言を無視して職権証拠調べを行うことができるとする見解が有力であった。(15) 今回の改正により、この片面的職権探知主義は廃止され、双面的職権探知主義が採用された。二〇条は、「裁判所は、当事者が主張しない事実をしん酌し、かつ、職権で証拠調べをすることができる」と規定する。ところで協議により身分関係を解消することができる婚姻関係や養子縁組に関しては、立法論としてむしろ弁論主義によるものとすべきとの見解が存した。(16) 真実発見に努めるべき人事訴訟の中で、この両者に関する限り、当事者支配を認めるべきかは問題である。たしかに後述のように、たとえば離婚訴訟において、離婚原因の存在を認定するにあたり、当事者が意識的に主張しなかった事実を根拠にすることは問題である。自己の私的生活に深く係わる事実について、これを裁判所の認定の対象とするかどうかは、当事者（原告）の判断に委ねるべきであろう。その限りにおいて、当事者の自己決定権を尊重すべきである。しかし離婚訴訟といえども、公益的見地が入り込む余地のないものであるとはいえない。裁量的棄却事由の存在や子どもの利益を考慮の対象とする過酷条項の適用などは、これに属すると考えられる。したがって、この種の人事訴訟に、ただちに弁論主義を妥当させることには躊躇を感じる。むしろ基本は、他の人事訴訟と同様に、職権探知主義でよいのであろう。しかしこの種の訴訟に、条文通り「当事者の主張しない事実をしん酌」したり、離婚原因の認定のために当事者が望まない人証を取り調べたりすることは、差し控えるべきである。[17]この間をどのように立法で調整すべきか、悩ましい問題であった。今回の改正では、片面的職権探知主義は、その沿革的意義は別として、この間を調整する役割を象徴的に示していたといえる。[18]今回の改正では、片面的職権探知主義をやめ、双面的職権探知主義を採用したが、右のような配慮は必要との見地から、立案者側から次のように説明されている。「なお、裁判所の職権発動は、常に求められているわけではなく、職権証拠調べについてもその限度は裁判所が既に得た心証の程度により自由に定め得るものと解されています（最判昭和二九・一・二一民集八巻一号八七頁）ので、本条は、裁判所が審理の状況に応じて適切に釈明権を行使することによって当事者に主張立証を促し、あくまで当事者主義の下、当事者が主体的に主張立証活動を行うことを前提としています」[19]。二〇条の規定はあくまでも一般的な職権探知主義の規定になっているにもかかわらず、離婚、離縁に関する訴訟では、弁論主義的運用を行うとの趣旨と受け取ることができる。実は、片面的職権探知主義はこのことを表す象徴的な用語であった（少なくとも母法国ドイツにおけるその現代的意味はそこにある）ことに鑑みると、実質的改正はなかったということになろうか。立法の難しさを感じると同時に、しかしできる限り、手続のあり方に係わる問題であるから、法律上の文言として表現すべきであったのではないかと考える。

(13)　本条の沿革については、岡垣学『人事訴訟手続法』（第一法規、一九八一年）一三八頁、一三三頁参照。なおドイツ法の沿革ならびに変遷については、畑瑞穂「人事訴訟における職権探知主義について」家月五六巻三号五頁以下（二〇〇四年）参照。

(14) 平賀健太「人事訴訟」『民事訴訟法講座第五巻』一三〇八頁(有斐閣、一九五六年)、岡垣・前掲注(13)一四四頁など参照。
(15) 岡垣・前掲注(13)一四六頁、二三六頁参照。学説の状況については、吉村徳重=牧山市治編『注解人事訴訟手続法〔改訂〕』(青林書院、一九九三年)〔佐々木吉男〕一七三頁参照。
(16) 山木戸克己『人事訴訟手続法』(有斐閣、一九五八年)一二一頁参照。
(17) 三木浩一「人事訴訟手続に関する最近の立法をめぐる諸問題」家月五六巻八号一八頁(二〇〇四年)参照。
(18) ドイツでは現在に至るまで片面的職権探知主義が通用しているが、その現代的意味は、裁判所が必要以上に当事者の私的生活に入り込まないことにある。畑・前掲注(13)二二頁、拙稿「大阪弁護士会『家事事件審理改善に関する意見書――家事審判法・人事訴訟法改正へ向けての立法提言』について」判タ一〇四五号一九頁(二〇〇一年)参照。
(19) 小野瀬=岡・前掲注(4)八八頁。

六　人事訴訟における検察官の役割

1　被告適格者としての検察官と利害関係人の強制参加制度

人事訴訟において被告とすべき者が死亡し、被告とすべき者がないときは、検察官を被告とする(一二条三項)。この規定は、旧法三条二項を引き継いだものである。被告が死亡している場合にも、人事訴訟を提起する必要があることは、たとえば相手方死亡後も三年間は死後認知が認められていることを見ても明らかである(民七八七条但し書き、新法四二条)。その場合でも、死後認知のように訴えを提起することを認める限り(立法論としては、対立関係がないとして、非訟事件にすることも考えられるが、ここでは立ち入らない)、二当事者対立構造をとるかたちにせざるをない。そこで被告とすべき者を設定する必要があることになる。[20] 検察官をこれにあてることは、日本の伝統的手法であり、元々はドイツ、そしてフランスにさかのぼる沿革を持つ。ところが母法国ではそのままのかたちでは存続していない法制を日本も全面改正にさいして見直すことは十分に考えられたところである。しかし結論としては、これを維持することにしたことは前述の通りである。検察官を被告とすることは、便宜に過ぎない。実質的な二当事者対立構造を採ろうとすれば、死後認知訴訟であれば、死亡した父の相続人を被告とすべきである。しかしそうすると相続人探索の負担を原告に負わせることになるが、それが困難な場合、原告に訴訟の道を閉ざしてしまうことになる。また相続人が複数いるときは、そのうち誰を被告とすべきか、全員なのか、原告の選択に任されることになるのか、そうするとまた弊害が起きる可能性があるなど、実質的な二当事者対立構造を被告適格のレベルで達成することには難しい問題がある。そこで新法は、検察官を被告適格者（職務上の当事者）[22]とする法制を維持したわけである。[21]しかしそれにとどまろうとしているわけではない。被告たる検察官は、利害関係人を探し訴訟告知をするなどして、利害関係人に共同訴訟的補助参加人（二四条を前提とする）として訴訟追行させることが望ましい。しかしこれでは相続人が実質的に訴訟を追行する保障はない。そこで利害関係人たる者に訴訟を共同訴訟的補助参加人（一五条三項・四項）として実質的に引き継がせる方途を用意することにした。これが、利害関係人の訴訟参加（参加命令）の制度である（一五条）。補助参加人としてであれ、利害関係人を訴訟に引き込む道が開かれたことは、特筆に値する。[23]しかもこの場合、参加命令を受けた利害関係人は、共同訴訟人の費用負担について定めた民訴六一条から六六条までの規定が準用されるため、利害関係人は、検察官と等しい割合で訴訟費用を負担することになる（一六条）[24]。

2　検察官の一般的関与

検察官の民事訴訟への一般的関与はそれなりの歴史をもった制度である。[25]旧法にも同様の規定があった（旧五条）。しかし立法当初はともかく、現在では、検察官の立会が行われることはないといわれている。それにもかかわらず、任意的とされたとはいえ、検察官の一般的関与の規定が残された（二三条）。これは「公益の代表者として、当事者の立場にかかわらず真実発見のために主張立証活動を行うという点で、裁判所の職権探知を補充する」ために存置が相当とされたことによる。[26] 今後この制度が機能するかは、従来の実績に鑑みると疑わしい。他方で「公益」の分析が必要であると思われるが、たとえば婚姻関係訴訟における子の福祉をどのようにはかり、またその手続的権利をどのように保障するかは、重要な問題である。ただそのために検察官の関与に期待することができるであろうか。むしろ当事者以外の第三者の利益を具体的に特定し、その保護をはかる機関として、どこがどのように関与すべきなのかを突っ込んで議論すべきであったように思われる。つまり、ドイツにおける青少年局（Jugendamt）の役割のように行政的、福祉的見地から人事訴訟への関係官庁の関与が考えられてしかるべきであったと思われる。もっとも検察官の一般的関与をそのようにも機能させることも不可能ではなく、公益の具体化、実質化の議論と相まって今後の議論の進展が期待されるところである。

(20) 岡垣・前掲注(5)五七頁以下参照。

(21) 被告を国とする立法も考えられるが、法務大臣（法務省民事局）が担当するとしても、検察官が被告である場合と同じ問題が生じる。

(22) 人事訴訟の審級に応じて検事正、検事長、検事総長が被告となるが、いわゆる検察官一体の原則により、所属検察庁の検察官が訴訟追行することができる。岡垣・前掲注(5)五六頁参照。

(23) ドイツでは、一八七七年民事訴訟法制定に際してフランスの強制参加制度を導入するかを議論したが、訴訟告知制度を採ることから、その趣旨が達成できるとしてこれを容れなかった。日本では、訴訟告知の制度をもっているが（民訴五三条）、ドイツとはその機能が異なり、被告知者に必ずしも参加的効力が及ぶとは限らない、いわば緩やかな訴訟告知になっている。そこで強制参加の制度導入となったのである。拙稿「訴訟告知の機能について」『木川古稀(上)』（判例タイムズ社、一九九四年）三七二頁以下〔本書三五七頁〕参照。なお本条と二八条の利害関係人への通知の関係については、高橋＝高田編・前掲注(1)七二二頁参照。

(24) 野田＝安倍編・前掲注(4)〔石黒清子〕九七頁参照。
(25) 岡垣・前掲注(5)一一一頁、鈴木正裕『近代民事訴訟法史・日本』二頁、一八頁、三七頁、四七頁、一六七頁、二二二頁（有斐閣、二〇〇四年）など参照。
(26) 小野瀬＝岡・前掲注(4)一〇三頁。

七　当事者尋問等の公開停止

憲法八二条一項は、訴訟の対審、判決の公開を定めている。人事訴訟といえどもその適用を受ける関係で、従来、公開法廷で審理がなされてきた。しかし他方で、公開法定で審理がなされるため、家庭における私的領域の詳細にわたる主張や証言がはばかられ、それがひいては、訴え提起の断念につながる場合があることが指摘されていた(27)。審理の公開に関する憲法価値はもちろん尊重することが要求されるが、他方で公開の故に裁判を受ける権利が保障されないという事態も解消の必要がある。この一見相矛盾する憲法価値の間の調整をどのようにつけるべきか、人事訴訟の審理の一部の公開を制限することは、八二条のもとで可能かが問題となった。法制審議会でも相当の時間を割き、かつ、憲法学者に対するヒヤリングも経て、当事者尋問等の公開を停止する規定を定めることになった（二二条）。考え方としては、憲法三二条を直接の根拠とするのではなく、公開審理がなされることによって「当該事項について十分な陳述をすることができず、かつ、当該陳述を欠くことにより他の証拠のみによっては当該身分関係の形成又は存否の確認のための適正な裁判をすることができない」と認められてはじめて公開が停止されるというものである。すなわち公開審理により誤った身分関係の形成がなされることになれば、憲法八二条二項の定める公の秩序を害する虞が生じることを公開停止の根拠とするものである(28)。現在までどの程度この規定が使われているのか詳らかでないが、「人事訴訟の目的である身分関係の形成又は存否の確認の基礎となる事項であって自己の私生活上の重大な秘密に係るもの」、具体的な例としては、離婚原因が夫婦間の著しく異常な性生活にあたる場合等であることからすれば、公開停止事案はきわめて限定されることになる。たしかに公開停止は軽く認められるべきものではない。しかし右のように極めて限定された部分に限って停止されるというのも、はたしてこの種の訴訟の審理のあり方として妥当であろうか。ヨーロッパの多くの国において、家事事件は非公開で行われる。もちろん憲法に公開原則が規定されている国は多くない。(29) しかしヨーロッパ人権条約六条は、公開原則を定めており、これを憲法と同視する国でも、家事事件は非公開で行われている。そうすると右の憲法上の根拠付けは、裁判の公開をめぐる日本の特殊事情をふまえてのことということになろうか。いずれにせよ、家事事件に限っていえば、二二条の運用の実態と国民の要求をふまえたうえで、弁論の非公開をめぐる議論を続けていく必要があると考える。(30)

(27) 西岡清一郎「最近の地方裁判所における離婚訴訟の実情と家庭裁判所への移管について」判タ一〇三一号九頁（二〇〇〇年）参照。
(28) 小野瀬＝岡・前掲注(4)九六頁以下、高橋＝高田編・前掲注(1)六二頁参照。
(29) スイス憲法三〇条三項は公開原則を掲げているが、家事事件の非公開については、問題視されていない。なおドイツにおいては、家事事件の審理非公開は裁判所構成法一七〇条の定めるところである。それによれば、扶養義務等の金銭請求を除く家事事件の弁論は、ほぼ非公開とされる。
(30) 当事者尋問等の公開の停止は、営業の秘密の保持に関して、不正競争防止法六条の七でも採り入れられている。これについては、伊藤眞ほか「司法制度改革における知的財産訴訟の充実・迅速化を図るための法改正について(下)」判タ一一六二号一八頁以下（二〇〇四年）参照。本稿ではこの問題に立ち入ることはできないが、このような公開停止の広がりの是非については、個別の問題の検討のみならず、広義の民事訴訟全体の問題としての議論が必要となる。

13 人事訴訟手続の審理構造——附帯処分を中心に——

一　はじめに

二〇〇四年四月一日から新人事訴訟法が施行されている（平成一五年七月一六日法律第一〇九号）。これは、二〇〇一年六月一二日付けで公表された司法制度改革審議会の意見書を受けた成果の一つある。すなわち意見書の中に、家庭裁判所の機能の充実があげられ、人事訴訟等の家庭裁判所への一本化、具体的には、離婚など家庭関係事件（人事訴訟等）の管轄を家庭裁判所に移管し、離婚訴訟等への参与員制度の導入など体制を整備すべきであるとされた。そしてこの意見書では、①家裁の調停手続と地裁での人事訴訟手続が分断されその間の連携がはかられていないこと、②訴訟事項は地裁、審判事項は家裁という管轄の配分が著しく煩雑で利用者たる国民にわかりにくいものとなっていること、③家裁には家裁調査官が配置され専門的知見を生かした調査の結果が調停や審判を適切なものとするのに貢献しているが、地裁にはその種の機関がないこと等を考えると準人訴事件を含めた人事訴訟事件を家庭裁判所の管轄に移管すべきである、そのさい人事訴訟事件に適用される明治三一年制定の人事訴訟手続法を口語、平仮名にあらためることを含め全面的に見直すべきであるとされていた。これにより、旧人事訴訟手続法は全面改正されることになったわけである。途中、さまざまな手直しを経てきたとはいえ、旧人事訴訟手続法は、実に一〇〇年以上も通用してきたことになる。[1] この間、特に家庭裁判所が創設された当初（一九四九年一月一日創設）から、前記意見書が取り上げた問題が繰り返し指摘され、人事訴訟を中心とする訴訟事件の家裁への職分管轄の移管が提唱されてきた。[2] それが今回の改正で実現したわけである（裁判所法三一条の三第一項第二号、同三一四条一号参照）。前述のように、そのねらいの一つが、家裁における家事調査官による科学的調査を人事訴訟で利用できることにあった。家事調査官の専門的知見ないし機動性を人事訴訟でどのように使うべきかについては、法制審議会でも議論があり、たとえば離婚訴訟において、職権探知で行われる離婚原因の調査、裁量的棄却事由の存否の調査、いわゆる過酷条項の適用の有無に関する調査などにもこれを利用できるのではないかが問われたが、結局のところ、これらに調査官調査を利用するニーズは低いとされ、離婚訴訟（または婚姻取消しの訴え）と同時に解決することが求められる審判事項、すなわち子の監護者の指定その他子の監護に関する処分、財産分与に関する処分（附帯処分）、さらに親権者の指定に限って事実の調査が行われうることになり（人訴三三条）、そのさい家裁調査官にこれをさせることができるとされた（同三四条）。[3] そこで家裁に管轄が移管された人事訴訟と附帯処分事項とで審理に関する原則ならびに審理方法に違いが生じることになるわけである。本稿では、両者を同時に進行させるさいの審理構造に関して、若干の考察を行いたい。なお、本稿は、たんなるスケッチ程度にとどまるものであり、さまざまな論考を通してつねに斬新なアイデアを学界に提供してこられた谷口安平教授に捧げるにはあまりに拙いものではあるが、公私にわたってご厚意を賜ってきた教授に多少なりとも感謝の意を表したいと思い、拙稿にもかかわらず本論文集に連ならせて頂いた次第である。

(1)　人事訴訟手続法の制定の経緯ならびに改正状況については、岡垣『人訴法』五頁以下、『注解人訴法〔改訂〕』（以下では、吉村＝牧山編と略す）九頁以下参照。

(2)　岡垣学「人事事件の管轄権」『研究』所収（初出一九七七年、以下では、岡垣・研究と略す）一頁以下、三ケ月章「家庭裁判所の今後の課題」『研究8』所収（初出一九七九年）二七七頁以下、沼辺愛一「人事訴訟の家庭裁判所への移管」家族〈社会と法〉八号一頁（一九九二年）、同「家事調停制度の回顧と課題」『家事事件の理論と実務』所収（日本評論社、一九九〇年、初出一九八九年）二九六頁以下など参照。

(3)　野田愛子「人事訴訟の家庭裁判所移管と家庭裁判所の独自性」家月五六巻四号四〇頁（二〇〇四年四月）は、家裁調査官制度の存在意義は、職権探知の補佐にあるのではなく、人間行動科学の知見によって、当事者の性格、子のニーズ、未成年の子の健全育成のために必要な環境はどこがよいか、子と非監護親との接触はどのようにすべきか等について、事実の調査に基づく意見を裁判官に報告する専門調査にあるとする。

二　旧人事訴訟手続法一五条の附帯申立の審理構造

1　旧法においても、婚姻取消訴訟、離婚訴訟に附帯して「子ノ監護ヲナスヘキ者」「其他子ノ監護ニ必要ナル事項」ならびに「財産分与」等の審判事項について、訴訟と同時に解決する申立を認めていた（旧法一五条）。民法七六六条一項は、「父母が協議上の離婚をするときは、子の監護をすべき者その他監護について必要な事項は、その協議でこれを定める。協議が整わないとき、又は協議をすることができないときは、家庭裁判所が、これを定める」と規定し、また同七六八条一項は、「協議上の離婚をした者の一方は、相手方に対して財産の分与を請求することができる」とし、同二項本文で「前項の規定による財産分与について、当事者間に協議が整わないとき、又は協議をすることができないときは、当事者は、家庭裁判所に対して協議に代わる処分を請求することができる」と定めており、これらの規定は婚姻取消及び裁判離婚に準用されている（民七四九条、七七一条）。親権者の指定が離婚や婚姻取消にさいして必須のものであるのとは異なり（民八一九条、七六五条、七四九条参照）[4]、子の監護や財産分与に関する処分は、同時になすことを法律が要求しているわけではない。むしろ婚姻解消の効果が生じたことを前提とする後始末の問題ともいえる（民七六八条一項参照)。しかし、離婚や婚姻取消による婚姻解消(以下では離婚訴訟を中心に論じる)にさいして、これらが本体たる離婚等の請求と密接な関連を有することから、これらを併合して審理し、本体たる請求と同時に解決することは当事者にとって便宜であることは疑いない。(5) そこで両者の手続が、一方は訴訟手続、他方は審判(非訟)手続という違いがあるものの、後者を前者に附帯的に申し立てることを認めて、当事者の便宜のために併合審理し、同時解決の道を開いたわけである。(6)

2　上記の附帯申立事項は、すべて非訟事件(家事審判事項)に属する。この附帯申立がなされた離婚訴訟等はどのような審理手続で行われるべきかについては、見解が分かれていた。訴訟手続と非訟手続の併存を認める併存説、附帯申立事項についても人事訴訟手続によって審理されるとする人訴説、さらに折衷説である。(7) 折衷説は、基本的には併存説に立ちながらこれに修正を加えるものである(修正併存説)。すなわち附帯申立事項は、訴訟手続とともに審判されるとしても、その法的性格が訴訟事件に変ずるものではなく、依然として非訟事件であり、ただその形成の主体が通常裁判所となり、形成の準則が人事訴訟手続によるものとされるだけであることから、附帯申立事項が非訟事件として審理される場合の保障は、人事訴訟手続の枠からくるやむをえない制約―たとえば非公開主義の原則、家庭裁判所調査官の期日における出席および意見陳述、参与員の関与等―を除き、原則として同様に与えられねばならないとする。(8) この折衷説が有力であった。附帯申立は、訴訟費用の裁判のように、本来的請求にたんに付随する申立てというにとどまらず、形式上は訴訟物に準じるものとして取り扱われる。そこで両請求はいわば訴えの客観的併合の一種、すなわち離婚請求とこれが認容された場合の監護権者並びに監護に関する事項、財産分与等の請求とが単純併合されているとみることになる。(9) そのさい、訴えの客観的併合の要件である「同種の訴訟手続」(民訴一三六条)が問われることになる。しかしこれについては、すでに離婚に関連する損害賠償請求の併合が認められているところであり(旧七条二項但書、現一七条一項参照)、最判昭和三三・一・二三家月一〇巻一号一一頁も「人事訴訟法七条二項本文が人事訴訟と通常訴訟との併合提起を禁止しているのは、右併合訴訟を無制限に許すときは両訴訟が性質、手続を異にする関係上審理のさくそう遅延を来すのおそれあるが為めに外ならない処、前示のような損害賠償の請求と離婚の訴とを併合提起しても、立証その他について便宜こそあれ、これが為めに特に審理のさくそう遅延を来すおそれはなく、従つてこのような訴の併合提起は、右規定の趣旨に毫末も牴触するものとは認め難いからである」と判示して、第三者に対する損害賠償請求の併合を認めた。前記附帯申立事項についても同様の論理が成り立つことであるし、附帯申立、本来的請求とも職権探知主義に基づくことに鑑みて[10]、併合の要件に問題があるとは思われない。ところで併存説を基本としながら、本来的請求が訴訟手続で行われることからくる制約を受けるといっても、実際には、どのように審理が進められることになるのか。かつて、財産分与に関し、「財産分与の中核である夫婦共同財産の清算の場面が離婚請求の審理と必ずしも相伴わないことから「審理は、通常どうしても離婚請求の当否が主題として先行し、その結末が付いた時点で、それまでいわば伴走していた財産分与請求に立ち入って吟味するいとまもなく、急速に結審に向かう傾向が一般的ではなかろうか。いうならば、なし崩し型審理である」と指摘され、財産分与の審理の充実をはかり、裁判所の後見的合目的的な自由な裁量権の行使を活発化させるために、「まず離婚の審理に専念し、離婚認容の心証を得たときは、その段階でその心証(もとより確定的終局的なものではない旨の留保をつけて)を当事者に示し、爾後の審理対象を財産分与の問題に限局する」段階型の審理が提唱されていた[11]。子の監護をめぐる諸事項に関してもほぼ同様の審理になるべきものと思われる。

3　子の監護に関する処分と子の意見陳述

附帯申立事項のうち、特に、子の監護に関する処分について、家事審判でこれを行う場合には、「子が一五歳以上であるときは、家庭裁判所は、子の監護者の指定その他子の監護に関する審判をする前に、その子の意見を聴かなければならない」とされる（家審規五四条）。人事訴訟における附帯申立事項については、訴訟手続に乗って審理されるとしても、前述のように、家事審判事件として審理されるのと同様の保障をする必要があることから、子の意見陳述についても、これを行わなければならない。その旨の規定はなかったのであるが、これを肯定するのが一般であった。(12) また子が一五歳未満であってもできる限りその意見を聴きこれを審判に反映させるべきであるとされていた。(13) もっとも子の陳述を聞く方法としては、公開法廷で子の証人尋問を行うという手続を践む必要はなく、家裁でのこの種の事実調査に長けた家裁調査官に鑑定を依頼するなど、子の意見が率直に引き出されるような手だてを講じるべきものとされていた。(14)

4　本来的請求の終了と附帯申立の帰趨

本来的請求に審判事項について附帯申立がある場合、前者の終了は後者にどのような影響を与えることになっていたのか。まず、離婚等の本来的請求が終了することによって、附帯申立の利益が失われる場合、たとえば離婚訴訟が取り下げられたときには、子の監護に関する事項や財産分与に関する処分の必要もなくなるから、附帯申立は、本来的請求の終了とともに当然に終了するとされる。(15) これに対して、離婚訴訟が終了しても附帯申立に関する利益が残存する場合、たとえば離婚訴訟の係属中に当該夫婦間で協議離婚の届け出でがなされたが、子の監護に関する事項や財産分与についてては未解決であるとき、附帯申立の帰趨がどのようになるかが問題であった。本来的請求が終了した時点で、附帯申立について審理がなされていないか、あまり進んでいないときには、家裁に申立をすべく、申立の取り下げを促すべきであるが、申立人が審理の続行を望むのであれば、附帯申立が適法に係属した以上、離婚訴訟が協議離婚の成立等により終了したとしても、裁判所の附帯申立に対する審判権は失われることはないとの見解が有力であった。(16)

離婚訴訟で、離婚請求が認容され、附帯申立に関する処分がなされたところ、当事者が離婚について不服はないが、附帯事項の裁判に不服があるというとき、どのような上訴が認められるのかが問題とされた。これについては三つの見解が主張されていた。第一に、附帯申立事項が審判事項であることに忠実に、上記の場合の不服申立方法は、即時抗告(家審一四条、家審規五五条、五六条)であるとする見解(即時抗告説)、第二に、附帯申立であることから、独立した上訴の対象とはならず、本来的請求と一括してのみ上訴可能とする見解(一括上訴説)、第三に、附帯申立事項は、必ず本来的請求と同時に確定しなければならないものではなく、単独で上訴できないとすると家事審判による場合に較べて不利になる等から附帯部分のみの上訴ができるとする見解(単独上訴説)である。単独上訴説が有力であったといえる(17)。もっとも単独上訴説によっても、附帯申立部分は、訴訟物に準じるものとして、離婚請求との形式的には併合訴訟と類似の関係にあることから、離婚訴訟が取り下げ等により、訴訟係属を失わない限り、たとえ附帯処分のみを上訴の対象としても、離婚訴訟につき移審の効果が生じ、確定が遮断されることは、通常訴訟における客観的併合の場合と同様であるとされている(18)。

附帯申立の処分について上訴がなされた場合、不利益変更の禁止の原則が適用になるかも議論の対象となっていた。通常の民事訴訟であれば、控訴審や抗告審で不利益変更禁止の原則がはたらき、上訴人に不利益になる取消・変更は認められない。これに対し、審判事項は非訟事項であって、裁判所の後見的介入を許す領域であることから、不利益変更も許されるとするのが一般である。したがって、理論的には、附帯部分について上訴がなされた場合も同様に不利益変更が可能であるとされる(19)。もっとも、「家事審判事項につき抗告審で即時抗告が理由あるものと認めるときは、原審判を取消して、事件を家庭裁判所に差戻すことを建前としているため(家審規一九)、判決による附帯部分についても、右と同じく控訴人につき不利益な内容に処分を変更するのを相当とする場合には、事件につきなお弁論する必要がある場合に準じて、当該事件を第一審裁判所に差し戻すのが適当なことが少なくないであろう」とされていた。[20]

6　控訴審段階での附帯申立の提起と審級の利益

控訴審段階で附帯申立を認めると相手方の審級の利益が害されるのではないかが、問題となる。しかしこれについては、控訴審の口頭弁論終結時まで、相手方の同意を要することなく、附帯申立を認めるとするのが一般であった。[21]旧法八条が、「婚姻事件ニ付テハ第一審又ハ控訴審ニ於ケル弁論ノ終結ニ至ルマテ訴若クハ其事由ヲ変更シ、之ヲ併合シ又ハ反訴ヲ提起スルコトヲ得」と規定していることが参考とされた。たしかに理論的には、審級の利益の問題はあるが、差し戻して審理することには時間的問題があるうえ、実際問題として、控訴審で附帯申立について同時に解決することに意味がありかつ当事者からの不満がないということであったのではないであろうか。

7　附帯申立と既判力

旧法一五条四項が、附帯申立に関する裁判は、主文に掲げてなすべきとされながら（三項）、「前項ノ規定ハ家庭裁判所カ子ノ監護ヲ為スヘキ者ヲ変更シ其他子ノ監護ニ付キ相当ノ処分ヲ為スコトヲ妨ケス」と規定していたことから、子の監護に関する処分については、既判力は生じないとされていた。財産分与に関する処分については見解が分かれていたが、これを消極的に解する見解が多数であった。財産分与に関する処分が主文に掲げられたとしても、その非訟事件としての性格が変更されるわけではなく、主文に掲げられることによって財産分与請求権というような実体的権利が確定するわけではないから、審判などの非訟事件一般の原則がここでも通用し、既判力は、たとえ真正争訟事件という概念を肯定するとしても、生じないと解されたからである。[22]

8　親権者の指定

親権者の指定は、附帯申立事項ではなく、裁判離婚を認容するさいの職権事項である。親権者指定にさいしては、「子ノ引渡、金銭ノ支払、物ノ引渡其他ノ給付ヲ命スル」付随的処分ができるが（旧一五条五項）、処分のために必要な判断材料を職権で収集することができるものの、実際には、そのための補助機関がなかったため、職権事項とはいえ、当事者の具体的申立に頼ることが多かったといわれている。[23]この点は、後述のように今回の改正により補正された。裁判離婚の場合の親権者の指定については、審判事項とはなっていないが（家審九条乙類六、六の二参照）、これが実質的には非訟事件に属することはいうをまたず、非訟事件手続の審理になじむ事柄であることから、前述の附帯申立事項と同様の手続になることが望ましく、また子の意見陳述の機会も保障されるべきことも同じである。この点も、後述のように、今回の改正で明確にされたことは注目に値する。

離婚について認容判決がなされ、これにつき不服はないが、親権者の指定（ないしは付随処分）についてのみ不服のある当事者が、この部分に対してのみ控訴することが許されるか。附帯申立事項とは異なり、親権者の指定は、離婚の認容と密接不可分の関係にあることに鑑みると、親権者の指定についてのみ不服があって控訴した場合でも、離婚に関する判断も移審し、確定遮断の効果が生じると解すべきであるとされていた。[24]

（4）　立法の過誤といわれていた婚姻取消にさいしての親権者の指定について、平成一五年の改正により手当がなされた。

（5）　離婚に関していえば、近時は破綻主義的な傾向を示しており、むしろ子の監護や財産分与に主要な争点がシフトしていることに鑑みて、同時解決の必要はますます高まっているといえる。

（6）　昭和二二年公布（二三年一月一日施行）の民法の改正ならびに家事審判法の制定にさいしての改正である。岡垣『人訴法』二四〇頁、同『研究』二〇五頁、吉村＝牧山編一七八頁参照。

（7）　吉村＝牧山編二〇九頁、高野耕一「財産分与をめぐる諸問題」『新実務民訴8』三三三頁参照。

(8)　鈴木忠一「非訟事件の裁判と執行の諸問題」『研究』所収（初出一九六一年）三七頁、岡垣『人訴法』二六四頁、同『研究』二二一頁、高野・前掲注(7)三三四頁。申立の手数料も、民事訴訟費用等に関する法律三条一項別表第一、一五の二に掲げる額である。

(9)　高野・前掲三三三頁。なお岡垣『人訴法』二六四頁は、附帯申立と本来的請求とは訴えの併合の関係になく、附帯申立の全部又は一部を排斥するとき、その旨を判決主文に掲げて言い渡す必要はないとするが、他方で、附帯申立は訴訟物に準ずるものとして、本来的請求たる婚姻事件訴訟と形式的には併合訴訟と類似の関係にあるため、後者が取り下げその他の事由によって訴訟係属の状態を失えば格別、そのような事情がなければ、たとえ附帯処分のみを不服とし、これを対象とする上訴が提起されても、それと同時に不服の対象とならなかった本来的請求も上訴審に移審し、確定遮断の効果を生ずることは通常訴訟における客観的併合の場合と同様であるとする（同二八五頁）。附帯申立と本来的請求は、厳密な意味での訴えの客観的併合の関係に立たないが、これに準じた取り扱いをすべきことについては、高野説と径庭はない。

(10)　旧人事訴訟手続法においては、いわゆる片面的職権探知主義が採用されていたが（一四条）、「婚姻を維持するため」の制約については、実際にこれによることの困難から、これを無視すべしとの解釈が有力であった。岡垣『人訴法』一四二頁、二三六頁参照。

(11)　高野・前掲注(7)三三五頁。

(12)　岡垣『人訴法』二六五頁参照。なお家事審判におけるこの意見陳述は義務的なであり、これが可能であるにもかかわらず、これを聞かないで審判することは違法として許されず、審判の効力にも消長（取消・失効）を来すとされる（熊本家山鹿支審昭和四〇・一二・一五家月一八巻八号六二頁）。

(13)　岡垣『人訴法』二六五頁参照。東京高決昭和三一・九・二一家月八巻一一号三七頁は、一一歳余の子についてこの旨を説いている。

(14)　岡垣『人訴法』二六五頁参照。子供の権利条約一二条による、子供の意見陳述の機会の保障の要請を充たす必要がある。

(15)　岡垣『人訴法』二六六頁参照。

(16)　岡垣『人訴法』二六七頁、札幌地判昭和四六・一二・一九日家月二四巻一号一二一頁（協議離婚成立後に訴え取り下げた後の財産分与を認めた事例）等参照。反対、小山昇「離婚慰藉料と財産分与」『家事事件の研究』（信山社、一九九二年、初出一九七三年）所収二七頁。

(17) 岡垣『人訴法』二八四頁、鈴木(忠)・前掲注(8)研究三八頁、大阪高判昭和四二・一・二七家月二〇巻五号一一五頁。
(18) 岡垣『人訴法』二八五頁参照。
(19) 鈴木(忠)・前掲注(8)『研究』三四五頁、岡垣『人訴法』二八六頁参照。
(20) 岡垣『人訴法』二八七頁。
(21) 岡垣『研究』二一二頁参照。札幌高判昭和五一・一〇・二七家月二九巻一〇号一三六頁は、控訴人の本件控訴申立によって、被控訴人の控訴人に対する本訴請求としての離婚請求も当審（札幌高裁＝筆者）に係属するに至ったものであり、本判決が確定すれば原判決中の右離婚請求を認容した部分が確定するものであることは明らかである。右のとおりであるから、人事訴訟法第一五条一項の前叙の法意に鑑み、控訴人が当審において新らたになした被控訴人からの財産分与の申立はこれを許容するを相当と認める、と判示している。
(22) 岡垣『人訴法』二八七頁、鈴木忠一『非訟事件の裁判の既判力』（弘文堂、一九六一年）一頁以下（四一頁）参照。
(23) 岡垣『人訴法』二九四頁参照。
(24) 岡垣『人訴法』三一〇頁参照。最判昭和六一・一・二一判時一一八四号六七頁参照。さらに最判昭和五六・一一・一三判時一〇二六号八九頁は、離婚請求を認容する判決において親権者指定を脱漏した事案について、追加判決によるものとして、離婚認容の原判決を確定させた。

三　新法における人事訴訟と附帯処分の審理構造

1　人事訴訟の管轄の家裁移管と附帯処分

人事訴訟の職分管轄が家庭裁判所に移管され、家裁に配置されている調査機構によるきめ細かな審理が可能になった。旧法下においては、附帯申立事項が非訟事件であることに変わりはないにもかかわらず、地方裁判所で人事訴訟の手続に乗って審理が進められることからくる制約を受けていたため、家裁調査官の期日への出席や意見陳述、あるいは非公開主義の保障などがえられない難点があった。前述のように、人事訴訟の管轄を家裁に移管することにより、家裁の持つ調査機構を活用できるというのが、司法制度改革審議会の意見書が人事訴訟の家裁への管轄移管を提唱する理由の一つになっていた。そこでこの調査機構をどの範囲で活用すべきかが議論された結果、離婚訴訟における裁量的棄却事由や過酷条項の適用を含めた訴訟事項への関与は否定され、親権者の指定を含め離婚訴訟に附帯される審判事項に限って、事実の調査が可能とされ（三三条一項）、そのさい裁判所は、家庭裁判所調査官に事実の調査をさせることができることで落着した（三四条一項）。本来民事訴訟法の証拠調べによるべき、訴訟事項に事実の調査という厳格さを欠いた手続を組み込むことが躊躇され、かつ従来からこれらの審理を訴訟手続で行うことで不便を感じてこなかったという経験に基づいてのことである。そこで家裁調査官の専門能力による知見を活かした科学的調査、別にいえば、調査官の機動性というよりは専門性を活かすことのできる領域に限って調査官を活用することになったわけである（規二〇条）。

2 離婚訴訟等の本来的請求と附帯処分との関係

旧法下における離婚訴訟と附帯申立との関係については、前述のように、折衷説（修正併存説）が有力であった。すなわち附帯申立事項は、訴訟手続とともに審判されるとしても、非訟事件（家事審判）としての法的性質を維持するものであるから、非訟事件として審理される場合の保障は、人事訴訟に基づく制約はあるものの、原則として同様に与えられねばならないとするものであった。附帯申立は、訴訟費用の裁判のように、本来的請求にたんに付随する申立てというにとどまらず、形式上は訴訟物に準じるものとして取り扱われる(25)。そこで両請求はいわば訴えの客観的併合の一種、すなわち離婚請求とこれが認容された場合の監護権者並びに監護に関する事項、財産分与等の請求とが単純併合されているとみることになる。新法においては、人事訴訟の家庭裁判所への移管に伴い、上記の制約がはずれることになる関係で、純粋な併存説つまり訴訟手続と審判手続の併行審理が本来の意味で可能になったことになる。そこで新法は、人訴説と併存説のどちらを採用したと見るべきかが問われる。人訴説は、審判事項である附帯処分事項についても、人事訴訟手続に乗せることを前提に、事実の調査手続をこれにかませるとのコンセプトを基本とするものである。これに対して、併存説は、訴訟事項は、訴訟手続で審理し、審判事項は審判手続で審理する。附帯処分の対象は、離婚請求が認容されるとの一応の心証を前提にして、附帯事項について審判手続で審理し、離婚請求と同時に、判決にその結論を掲げるものである。ドイツの結合手続と相通じる審理手続といえよう。(26) これに対して、人訴説によれば、審判事項についても訴訟手続で審理することを基本とし、これに家裁調査官の調査を含む事実の調査を組み込むというものである。(27) 結論からいうと新法は、人訴説を採用したといえる。すなわち附帯処分に関して、家事審判手続をそのまま用いるというのではなく、訴訟手続の中に必要な限りで部分的にその手法を導入するというやり方をとっている。その手法としては、方法を無限定として裁判官の裁量にゆだねる事実の調査であり（三三条）、家裁調査官の調査もこれに含むとした（三四条）。厳格な訴訟手続の中に、柔軟な事実の調査を組み込んで、審判事項につききめ細かな審理を可能にすることを狙っているわけである。家裁での訴訟事項と非訟事項の審理をこのような手続として仕組むことには、せっかくの人訴の家裁移管の目的がこれで十全に達せられるかの批判がありえないわけではない。しかし筆者としては、このような立法に落ち着いたことにまずは賛意を表したい。というのは、現在の家事審判手続には、さまざまな問題があるが、そのなかでもとりわけ当事者ならびに事件本人の手続保障（立会権、記録閲覧権等）に改善の余地が大いにあると思われるからである。(28) 今回の改正においては、当事者の手続保障と両親の離婚によって不利益を強いられることが容易に予想される子供の利益に配慮がなされたことが特徴的である。その意味では、附帯処分に関して現段階で手続保障にあつい手続を形作ることを考えた場合には、今回の立法がベターであったと考えるからである。

3　附帯処分の範囲

附帯処分の範囲としては、子の監護者の指定その他子の監護に関する処分又は財産の分与に関する処分が含まれる

（三二条一項）。そしてこの場合、裁判所は、当事者に対し、子の引渡し、又は金銭の支払その他の財産上の給付その他の給付を命ずることができる（同二項）。これが職権事項である親権者の指定にさいして準用される。これらの点は旧法と同様である。その他、婚姻費用の分担、認知の訴えに係る訴訟における子の監護に関する処分が旧法時代から議論の対象になっていたが[29]、離婚と同時に解決を図る必要があるもので、裁判の基礎資料との関係で訴訟遅延につながらないものに限定する意図のもとにこれらは含まれないことになった[30]。前述のように、親権者の指定は、その性質上、審判事項である。しかし離婚訴訟におけるそれは、家事審判法上の審判事項とはなっていない関係で、離婚に付随した訴訟事項と考えられていたが、今回の改正では、親権者の指定に関しても、事実の調査や家裁調査官の調査が及ぶ事項とされた。これについて異論はないであろう。なお平成一六年度の第一五九国会に離婚に伴う年金分割制度の導入が盛り込まれていたが、その成立により（平成一六年法一〇四、平成一九年四月一日施行）、三二条が改正され附帯処分の中に年金分割の項目が加えられることになった[31]。

4　附帯処分の審理と子の意見陳述

旧法のもとにおいても、離婚訴訟で、子の監護に関する事項や親権者の指定にさいして、規定はないが、家事審判におけると同様（家審規五四条参照）、当事者間に未成年の子がいるときは、子の意見陳述の機会を保障すべきであるとの見解が主張されていたことは前述した。今回の改正においては、この点を、家事審判規則に倣い、一五歳以上の子の陳述を聴取しなければならないとして、立法により明確にした（三二条四項）。このことは、子供の人権条約一二条の要請をも充たすことになる。もっとも子が一五歳未満の場合でも可能な限り、子の意見を聴くことを要するものと解する[32]。このような規定を新設したことは評価に値する。しかしこれで十分であろうか。人事訴訟手続において、子の権利をどのように保護すべきか、特に親の権利と子供の権利が抵触する関係にある場合には、子の権利を独自に保護する必要がある。そのために子の手続上の権利を保護するための手だてを講じておくことが有効なのではないかと考える。たとえばドイツは、子供の手続上の権利保護のために手続監護人の制度を創設したが、日本においてもこの種の制度を整えることを要するのではなかろうか(33)。新法では、子供の陳述を聴取する義務を定めたが、さらに一歩踏み込んだ制度改革がはかられるべきである。

5　附帯処分と事実の調査

人事訴訟の管轄を家裁へ移管することのメリットの一つは、家裁での柔軟な審理により、附帯申立の対象である審判事項について、きめの細かな審理が可能になることにあった。そのもっとも典型的な現れが、人事訴訟に事実の調査を導入したことである（三三条）。訴訟手続においては、厳格な証明が要求されるが、事実の調査により柔軟な手続で裁判資料が得られることになる。もっとも権利義務関係の確定には、厳格な証明が要求されることはいうまでもない。したがって事実の調査が、離婚原因等の訴訟事項に及ぶことは許されない。その対象となるのは、附帯処分事項や親権者の指定に限られる。そして、事実の調査による後者の審理で得られた心証を訴訟事項の認定に使うことは、厳に禁じられる。逆に、厳格な証明手続で得られた心証を審判事項の判断に使うことは妨げられない。

6　事実の調査の方法

事実の調査の方法を、たとえば裁判官による審問と調査官調査に限定することも考えられる。しかし新法は、これに特に限定を加えることはしなかった（三三条、規二〇条以下参照）。そこでこの事実の調査がブラックボックスになって手続の透明性が失われるようなことにならないための配慮が必要である。前述のように今回の改正では、反論権の保障という見地から手続の透明性を高めることが目指されたが、ともすると不透明になる可能性をもつ事実の調査においてこそそれが貫徹されねばならない。そのためにまず、裁判所が審問期日を開いて当事者の意見を聴くことにより事実の調査を行うときには、他の当事者の立会権が保障される（三三条四項、規二二条、二三条、二四条）。日本では、一般に、非訟事項を判断するための資料を収集するために行われる事実の調査では、当事者の立会権は認められないとする解釈、運用が行われている。このこと自体すでに問題なのであるが、(34)それはさておくとしても、離婚訴訟においては、近時、争点が離婚原因の存否から、附帯処分事項（たとえば親権者の指定）にシフトしている場合が多いことが知られている。そこで、原則的には、相手方の主張に十分な反論の機会を保障されないまま親権者の指定を受けられないということがあってはならない。もっともDV事件に典型的に見られるように、相手方と裁判所で同席することが、当事者に危険を及ぼす可能性がある場合等、立会権を制限すべき特別な理由がある場合は、これを制限することが正当化される。新法は、立会権を認めながらも、但し書きで、「当該他の当事者が当該期日に立ち会うことにより事実の調査に支障を生ずるおそれがあると認められるときは、この限りでない」としたのは先ほどのような事例を想定してのことである。また、この立会権が認められるのは、相手方当事者の審問が行われる場合である。当事者以外の第三者に対する審問では、これが認められていない。それは当事者以外の第三者として、おもに想定されているのが子供だからである。親の立ち会いの下に行われる審問が子供に与える心理的影響を考えると、これを制限する必要がある。但し書きはこのことをも配慮したものである。

事実の調査の過程を公開すべきかが、手続保障との関係で、問題となる。たとえば子供の意向調査の現場に訴訟当事者たる親が立会権を持つべきかである。これも微妙な問題であるが、調査結果の開示を前提とすれば、立会権まで保障することを原則とする必要はないのではないか。そこで三三条五項は、「事実の調査の手続は、公開しない。ただし、裁判所は相当と認める者の傍聴を許すことができる」としたと考えられる。

7　家庭裁判所調査官による事実の調査

附帯処分事項の適切な判断のために、家庭裁判所調査官を活用することができるというのが、移管の狙いの一つであった。司法制度改革審議会の指摘にかかるところである。それだけにこれにかけられる期待には大きなものがある。ただ、実際にどのような場面で、家裁調査官が関与することになるのかが問題である。これについて、人事訴訟規則二〇条は、「婚姻の取消し又は離婚の訴えに係る訴訟において、事実の調査は、審理の経過、証拠調べの結果その他の事情を考慮して必要があると認められるときは、医学、心理学、社会学、経済学その他の専門的知識を活用して行うように努めなければならない。裁判所は、前項の場合において、家庭裁判所調査官に同項の専門的知識を活用した事実の調査をさせるときは、その事実の調査を要する事項を特定するものとする」と規定している。これは、人事訴訟で行う家裁調査官による事実の調査が、その専門性に係る場合に限定されることと、調査事項が、包括的なものではなく（家審規七条の三との相違を示す）、常に特定の事項に関するものであることを明らかにしたものである。(35)このことは同時に、まずは訴訟手続により訴訟資料、証拠資料をえることが先決となり、家裁調査官による事実の調査がかなり限定された場面でのみ行われることを意味する。(36)子の監護に関する事項のうち、従来調査官が関与することの多かった養育費の算定が近時の算定表の充実により、調査官の仕事の軽減につながることが期待されていることを考えると、親権者（監護権者）の指定という事項に限って、しかも前述の状況の下でのみ家裁調査官の関与があることが一般になる。(37)また、調査時期としては、調査事項の特定に鑑みて、争点整理手続が終了した後ということになろう。(38)このことについては、司法制度改革審議会の意見書に見られた調査官の関与によるきめ細かな審理に対する期待からして多少後退の感がないではない。しかし、手続の透明性確保のほか、調査官の数や仕事量の問題をも考慮すると妥当なところとすべきか。(39)

家裁調査官の仕事の効率性や被調査者の負担等を考えると、同一事件の家事調停で行われた調査ないしは調査官が、人事訴訟において行われる調査に活用されるべきかも問題となる。家事調停と人事訴訟との関係をどのように規律すべきかについては、連携させるべきか、分離させるべきか見解が分かれていたが[40]、新法では後者の方向を採ることになった。したがって調査対象にかける負担の問題は残るにせよ、調査の方法や範囲の相違もあり、両者で調査官による調査が必要になったときでも、別々に調査が行われるというのが原則となる。もっとも調査対象者の負担にも配慮が必要である。そこは、場合によっては、例外的に、同一調査官が調査にあたる等の運用上の工夫を要するところであろう。

8 調査報告書の開示と手続保障

家事審判における記録の閲覧、謄写については、家庭裁判所が相当であると認めるときに閲覧謄写を許可する（家審規一二条（現家事四七条参照））。人事訴訟で事実の調査が行われるのは、附帯処分事項すなわち親権者指定を含む審判事項についてであることから、家裁調査官の調査報告書の開示について、どのように規整するかが問題であった。人事訴訟が地裁の管轄に属していたときには、附帯申立事項（審判事項）についても訴訟手続に乗せて審理されていた関係で、当事者権の一つである記録閲覧権が保障されていた。他方で、そのようなやり方が附帯申立事項の特質に見合ったものであるのかが問題とされ、むしろ家裁調査官によるきめ細かな調査が可能になるというのが、人事訴訟の管轄の家裁への移管の根拠ともなっていた。そこで家裁で行われる調査官調査のやりやすさからすると、審判におけると同様に、記録の閲覧謄写を許可するかは裁判所の裁量にゆだねられるとするのが適当のように思われるが、そうすると訴訟手続で行っていたときの透明性が希薄にされることになりかねない。このあたりをどのように規律すべきかは悩ましい問題である。新法は、まず、一般第三者に関して、訴訟記録中、事実の調査に係る部分（事実調査部分という）の民訴九一条に基づく閲覧謄写、正本の交付又はその複製（閲覧等という）の請求を裁判所の許可にかからせる旨を規定した（三五条一項、規則二五条）。次に、当事者による閲覧等の許可の申立てがなされた場合については、閲覧等の許可を裁判所に義務づけたうえ、例外的に次に掲げるおそれがある場合には、相当と認める場合に限り、その閲覧等を許可するとして、これを制限する規定をおいた。すなわち、①当事者間に成年に達しない子がある場合におけるその子の利益を害するおそれ、②当事者又は第三者の私生活又は業務の平穏を害するおそれ、③当事者又は第三者の私生活についての重大な秘密が明らかにされることにより、その者が社会生活を営むのに著しい支障を生じ、又はその者の名誉を著しく害するおそれ、である（同二項）。さらに、利害関係を疎明した第三者からの閲覧等の申立てについては、裁判所が相当と認めるときに、閲覧等を許可することができるとした（同三項）。当事者以外については、家事審判と同様の規整をしたことになる。(41) 当事者からの閲覧等の申立てについて、許可することを原則としたのは、訴訟事項と附帯処分事項とが実際の紛争では切り放ちがたく結びついていて、附帯処分事項の帰結如何によって、訴訟事項に関する当事者の態度が変わる可能性もあることから、原則としては、附帯処分事項に関する裁判所の判断材料に当事者がアクセスして、反論する機会が保障されるべきであるからであろう。(42) 地裁で訴訟手続に乗せて附帯申立の審理が行われていたときの手続の透明性を職分管轄の家裁移管後も維持すべきことが望ましいことはいうまでもない。しかし同時に、この種の訴訟では、子供の福祉や家庭内における秘密、プライバシーが報告書や資料に盛り込まれていることが考えられるため、当事者の訴訟上の権利とこれらの利益との調整が必要な場面が起こりうる。本条は、その調整をきわめて例外的な場面で非開示を認めることによってとるものである。したがって家裁調査官も調停、審判手続における事実の調査とは異なり、調査対象に報告書の開示を原則とする調査を行っている旨を明らかにしたうえで、調査に協力を求めることになる。例外規定の適用に際しても、たんに子の福祉というだけでは、非開示とはならず、訴訟当事者の手続上の権利を上回る相当の理由がある場合に限定されると考えるべきであるし、②③の適用にさいしても、これを証する客観的資料がある場合に限られると解すべきである。(43) 例外規定の安易な適用は、慎むべきであろう。このように非開示が正当化されるのは、きわめて限られた場面で、なおかつ当事者の手続上の権利に制約を加えるものであることから、その申立が却下された場合、即時抗告が認められる（三五条四項、規則二六条、二七条）。もっとも法は、訴訟遅延のために即時抗告を濫用することに対する措置として即時抗告の却下を規定し（三五条五項、六項、規則二八条）、第三者の申立てを却下した場合には、不服申立てを認めていない（同七項）。

事実の調査の結果である調査官の報告書は、非開示の決定がなされない限り、記録に綴じられ、附帯処分事項に関する判断に証拠として利用される。これを離婚等、訴訟事項の判断に使うことは認められない。後者は厳格な手続によることを要するからである。ただし当事者がこれを訴訟事項の立証のために書証として利用することは認められるであろう。

9　上訴の方法と審級の利益

附帯処分事項に関する裁判についてのみ不服がある当事者が上訴する場合の上訴の方法および移審の範囲が問題となる。前述のように、旧法一五条の附帯申立においては、非訟事件たる性格を有する附帯申立事項についても、非訟事件としての性格が変ずるものではないにせよ、その審理は訴訟手続に乗せられ、訴訟物に準じて審判の対象となり、判決によって裁判がなされるものであった。新法では、同じく、附帯処分の審理が訴訟手続で行われるものの、事実の調査という審判手続の手法を使うことができるようになった。しかしだからといって、附帯処分の審理を審判手続で行うというわけではない。非訟事項である審判事項が訴訟事件と合わせて、審理の対象となるさい、訴訟手続の中に、審判手続の手法を一部組み込むことにより、きめ細かな判断を可能にしたにすぎない。旧法と同様に、審判事項に関する裁判は判決で行われる。

旧法当時には、親権者の指定を除いて、子の監護に関する処分や財産分与といった附帯申立事項に関しては、学説上は単独上訴説が有力であった。もっともこれによっても附帯申立は訴訟物に準じるものとして、本来的請求たる離婚等の訴訟と形式的には併合関係にあるから、前者のみの控訴であっても、後者の請求も確定が遮断され、控訴審への移審効が生じるとされていた。[44] この関係は、基本的に、新法になっても同じである。審判事項たる附帯処分にのみ不服があっても、上訴方法は控訴であり、これにより本来的請求も不服のあるなしにかかわらず確定が遮断され、ともに控訴審に移審する。そして附帯処分事項に関する控訴審の判断に不服がある場合には、上告（受理）の申立もできることになる。[45]

第一審では離婚請求が棄却されたため、附帯処分についての裁判がなされなかったが、控訴審では離婚請求が認容されることになった場合や控訴審ではじめて附帯処分の申立がなされるとき、審級の利益が奪われるため、事件を第一審に差し戻すべきではないかの問題について、新法は、旧法同様、これを否定して、控訴審段階ではじめて附帯処分を取り上げたり、申立がなされることを許容する立場に立った（三二条一項は申立時期を限定していない）。旧法下においても実際上は、これで異議が出されることはなかったという経験に支えられてのことである。必要的に差し戻すとなれば、本来的請求の審理を引き延ばすことに使われかねないし、控訴審においても調査官が配置されて、細やかでかつ充実した審理がなされることが可能になったこと（裁六一条の二）、さらに控訴裁判所は場合によっては、差戻しもできること（民訴三〇八条一項）からすれば、[46] このような立法的決断は理解できる。[47] これと関連して、新法が、本来的請求と附帯処分事項との同時解決にシフトした規定ぶりになっていることから（三二条一項は、附帯処分「についての裁判をしなければならない」と規定している。三七条一項但し書きも参照）、本来的請求の審理を引き延ばすために附帯処分の申立をする場合、これを切り離すことができるかが問題となる。この点に関しては、切り離しはできず同時解決を原則としつつも、一般条項の適用を認め、申立権を濫用する場合には、却下もできると解すべきである。[48]

(24)　岡垣『人訴法』三一〇頁参照。

(25)　野田愛子＝安倍嘉人編『人事訴訟法概説』（日本加除出版、二〇〇四年）〔松原正明〕一九四頁参照。

(26) ドイツの結合手続については、さしあたり、山口純夫「西ドイツ家庭裁判所制度(一)(二)(三)」甲南法学二二巻一〜四号合併号(二)：二三巻一号、(三)：二三巻二号四一頁、同「西ドイツの家庭裁判所」家月三四巻一〇号一頁、吉村＝牧山編〔森〕四一七頁、森勇「西ドイツの家庭裁判所制度(一)(二)(三)」判タ四五三号二五頁、四五四号四九頁、四五五号二五頁、同「西ドイツ家庭裁判所制度のその後」家月三八巻一二号一頁、コンツェン「西ドイツ家庭裁判所における結合審判の問題点と動向」家月三四巻一二号三三頁、宮井忠夫「西ドイツ家族法の改正について(上)(下)」ジュリ六三九号一〇二頁、六四〇号一二五頁、比較的近時の運用状況については、菊池絵理「ドイツにおける離婚関係訴訟の実務(上)(下)」家月五四巻三号一頁、五四巻四号一頁参照。ドイツの結合手続においては、相手方配偶者や子の扶養義務といった訴訟事項から監護に関する事項、年金分割といった非訟事項まで比較的幅広く結合される。Zöller=Philippi, Zivilprozessordnung, 23. Aufl, 2002, Rdnr. 5, S. 1545ff. 参照。

(27) 岡部喜代子「人事訴訟事件等の家庭裁判所への移管について」判タ一〇九五号七一頁以下に具体的なイメージの叙述と各説のメリット・デメリットの考察があり参考になる。

(28) 拙稿「家事審判と手続保障」『吉村古稀』一一〇頁〔本書四三七頁〕参照。なお本稿脱稿後、遠藤賢治「人事訴訟における事実の調査と手続保障」曹時五六巻一二号一頁（二〇〇四年）に接した。これを本稿に活かすことはできなかったが、これに対する筆者の見解は後日を期したい。

(29) 岡垣『人訴法』二五七頁以下参照。

(30) 小野瀬＝岡『一問一答』一三六頁参照。

(31) 小野瀬＝岡・前掲注(30)一三七頁参照。

(32) これに関しては、大阪弁護士会「家事事件審理改善に関する意見書」判タ一〇四五号一三頁が一〇歳を基準にしていたことが注目に値する。なお子の意見聴取としては裁判官による審問、調査官による調査等が一般的であろう。野田＝安倍編・前掲注(25)二〇五頁参照。

(33) ドイツの手続監護人については、さしあたり、佐上善和「ドイツの世話事件における事件本人の手続能力と手続監護人について」『改革期の民事手続法』（法律文化社、二〇〇〇年）二〇四頁参照。またオーストラリアの監護者決定審理における、子供のための独立代理人を紹介するものとして、ジョン・ブレナン（野田愛子訳）「子どもの権利の擁護――子の監護者決定の審理における子どもの意思（希望）――」判タ一一五一号四五頁以下（二〇〇四年）参照。

(34) 拙稿・前掲注(28)一一〇頁参照。非訟事件における手続保障を考察した論考として、鈴木忠一「非訟事件に於ける正当な手続の保障」『研究』二五九頁以下、山木戸克己「訴訟における当事者権」『基礎的研究』（初出一九五九年）五九頁参照。

(35) 岡健太郎＝上拂大作「人事訴訟規則の解説」家月五六巻六号八一頁（二〇〇四年）参照。

(36) 東京・大阪養育費研究会「簡易迅速な養育費の算定を目指して―養育費・婚姻費用の算定方式と算定表の提案」判タ一一一一号二八五頁以下参照。

(37) 安倍嘉人「人事訴訟事件の家裁への移管について」判タ一一三九号四五頁（二〇〇四年）、石田敏明「人事訴訟法と家事調停」ケース研究二七九号一七頁（二〇〇四年）、野田＝安倍編・前掲注(25)［石井葉子］一二五二頁など参照。

(38) 岡＝上拂・前掲注(35)八三頁参照。

(39) 野田＝安倍編・前掲注(25)一九七頁以下参照。

(40) 前掲・大阪弁護士会意見書（注32）六頁参照。

(41) 家事審判と同一の規律ということになる（家審規一二条一項参照）。小野瀬＝岡・前掲注(30)一五〇頁。

(42) 吉岡進「家事審判の抗告審における諸問題」『新・実務民訴8』（前掲注(7)）二八六頁は、家事審判における調査報告書の開示について「審判における事実認定について家裁調査官の作成した調査報告書を唯一ないしは主要の実質的証拠として用いるのに、その調査報告書の閲覧謄写が当事者に許されていないことがあり、その場合、当事者にとって知る由もなく、反駁のしようもない調査報告書が認定の資料として使われることに対する不満を表明する趣旨の抗告理由を見ることが稀ではない。このような審判には、闇討ち的・切り捨て御免的な裁判との感じを禁じえない」とする。

(43) ②に関しては、貸金業の規制等に関する法律二一条一項の「私生活若しくは業務の平穏を害する」と同じ言葉遣いがなされ、両者は同義と解される。小野瀬＝岡・前掲注(30)一五二頁参照。

(44) 岡垣『人訴法』二八五頁参照。

(45) 高橋＝高田編八四頁参照。

(46) 高橋＝高田編八五頁、三木浩一「人事訴訟手続に関する最近の立法をめぐる諸問題」家月五六巻八号二六頁参照。

(47) 旧法事件であるが最判平成一六・六・三判時一八六九号三三頁は、原審の口頭弁論集結に至るまでに離婚請求に附帯して財産分与の申立がなされた場合、上訴審が後者についての判断を違法として原判決を破棄、差し戻すときは、離婚請求にかかる部分に違法がない場合であっても、これも破棄してともに原審に差し戻すべきであるとした。

(48) 高橋＝高田編八七頁［高橋発言］参照。

四　おわりに

裁判上の離婚に関する手続について、どのような手続のあり方が適切かは、従来から議論のあったところである。訴訟手続説や非訟手続説さらには我妻博士の提唱に係る第三の手続が考えられるところである。新法は、前述のように訴訟手続説を基本的に採用しつつも、附帯処分事項に関して事実の調査を導入し、それなりにユニークな手続を採用した。これは人訴の管轄の家裁移管の一つの成果といえる。しかし、これで離婚に関する手続が完成したわけではない。離婚訴訟にふさわしい第三の手続のあり方はまだまだ模索する余地を残している[49]。さしあたり切り離しが徹底されすぎた感のある、調停手続と人事訴訟手続の連携のあり方について工夫の余地がないか、なお検討する必要があろう[50]。また新法では、子の福祉への配慮が相当程度なされ、子の意見陳述の機会を保障する規定が新設された。しかし子の手続保障を考えるならば、子のための手続を遂行する者を制度的に確保することはできないかは、なお課題として残っている。ドイツにおける手続監護人の制度が参考になろう。その意味で公益を代表する立場にある検察官の手続への関わり方も再検討を要するところである。当事者のみならず、子に代表される第三者の利益を保護するため、行政庁による福祉的支援のための訴訟介入も検討の余地がある。家裁における人事訴訟は、始まったばかりであるが、右に掲げた問題などをめぐる審理改善のための工夫や努力は、これからも続けられるべきと考えるし、実際、これがなされていくものと思われる。アクセスしやすく、使いよい裁判所として家裁がますます進化を遂げていくことを期待したい。

(49)　我妻栄「離婚と裁判手続」『民法研究Ⅶ－2』所収一五三頁（有斐閣、一九六九年、初出一九五九年）で問題提起がなされ、山木戸克己「裁判手続の多様性－第三の裁判手続論に関連して」『論集』所収二〇〇頁（初出一九八四年）でこれを敷衍する議論が展開されたが、完成に至っていない。人事訴訟の家裁への管轄移管により実務の工夫が積み重ねられ、離婚訴訟にふさわしい審理が開発されていくことが期待される。

(50)　木内道祥「人事訴訟の家庭裁判所移管を生かすための審理改善」家月五六巻四号九五頁以下（二〇〇四年）、青山善充「家事調停と人事訴訟の関係」ケース研究二八一号一頁（二〇〇四年）等参照。

14 民事手続法分野における実務と学説

一　はじめに

「民事手続法分野における実務と学説」は、多くの先達が取り組み、優れた論考を著してきたテーマである。そのうちのいくつかを挙げると、①三ケ月章「民事訴訟の理論と実務——理論家の立場から」（『民事訴訟法研究9』二五頁（有斐閣）一九八四年、初出一九八三年）、②中野貞一郎「手続法の継受と実務の継受」（『民事手続の現在問題』五七頁（判例タイムズ社）一九八九年、初出一九八三年）、③同「民事執行における実務と学説」（『民事訴訟法の論点Ⅱ』二三九頁（判例タイムズ社）二〇〇一年、初出一九九七年）、④新堂幸司「民事訴訟法をめぐる学説と判例の交錯」（『民事訴訟法学の基礎』（有斐閣、一九九八年）二二一頁、初出一九八一年）、⑤竹下守夫「民事訴訟法における学説と実務」（民訴雑誌四六号一頁、二〇〇〇年）、⑥井上治典「民事訴訟における学説と実務」（ジュリ七五六号九一頁、一九八二年）などがある。これに加えて、練達の実務家の側から民事手続法に関する学説と実務の関係に触れたものも多い。⑦松田二郎「大学における法律学と裁判」（『私の少数意見』（商事法務研究会、一九七一年）四〇一頁、初出一九六七年）、⑧同「裁判回顧」（『私における裁判と理論』（商事法務研究会、一九八一年）一頁、初出一九七九年）、⑨藤原弘道「思うて学ばざれば則ち殆し——民事裁判における学説・判例との係わりについて」（『民事裁判と証明』（有信堂、二〇〇一年）一九九頁、初出一九九七年）、⑩山田二郎「実務家からみた学説」（ジュリ七五六号一一八頁、一九八二年）、⑪石井一正「学説と実務――裁判官からみて」（ジュリ七五六号一二〇頁、一九八二年）などが屈指のものである。さらに、⑫研究者と実務家による「研究会民事法における学説と実務」（ジュリ七五六号三〇頁、一九八二年）において本テーマに関する興味深いやりとりを見ることができる。本稿では、まずこれらの諸論考によって提起された問題が、現在の私の視点から見て、どのように評価できるのか振り返ってみたい。次に、理論と実務の架橋のもと、二〇〇四年からスタートした法科大学院では、従来、司法研修所で扱われていた実務科目（要件事実、事実認定、民事弁護、模擬裁判等）を法科大学院のカリキュラムの中に取り込み、実務家教員が教員スタッフに配置されて研究者教員との共同による法曹養成が行われている。このことが実務と学説の距離を縮める役割を果たすことが期待されるが、現段階におけるこの点の検証も試みてみたい。さらに法科大学院以後の学説と実務の関係について、今後の方向を検討することにする。

二　実務から見た民事手続法学説

民事手続法に限ったことではないが、実務家の学説に対する評価には厳しいものがある。今やすっかり有名になった実務家の言として、上記の石井⑪では、「かくして、学生や司法修習生時代を〝学説の子〟と呼ぶならば、〝学説の子〟は実務家として成長するにつれて徐々に〝学説離れ〟を起こし、やがては〝判例の友〟となる。この現象が極端に進むと、〝学説嫌いの実務家〟が誕生する」とされる。古代ローマでは、紀元前一世紀頃から、名望家の中で「法律学者」（jurisconsultus）が政務官や私人の求めに応じて、法律問題について「回答」（responsum）を与えていたとされている[1]が、現代日本では、学説は、実務から乖離し、「実務上必要としている分野についてあまり有益な学説がない」⑫四〇頁林発言)、「実務上の問題で、少しこまかな問題になってくると、参考とすべき学説がないということが多いのも実情である。とくに訴訟上手続上の問題でハタと当惑する場合は学説でも議論されていないというのが実感である」(⑪一二〇頁)と批判される。それは実務家から見ると、実務経験を経ずに学者になることが原因の一つと考えられることから、何年か実務を経験することが、このような乖離を解消する手立てになると提唱されている(⑫四三頁武藤発言)。このように実務家から不満が出される状況について、三ケ月①は、次のような理由を挙げている。すなわち、第一に、研究活動の多くが一般法学生向けの啓蒙的記述とか、国家試験の受験生向けの記事の生産とかに多く割かれ、実務家が苦闘している問題に参考になりうるものが寥々たるものにすぎないこと、第二に、外国の制度の超絶的な紹介のみにとどまるものが多く、いわば国籍不明といってもよい研究の集積が目につくこと、第三に、日本の制度の分析を行う際にも、日本の現実的な地盤の顧慮が不足していて、現実離れの議論が多いことなどが指摘されている(四八頁)。研究者の一員としてまさに耳が痛いところである。もっとも三ケ月①は、実務家から見てこのような不満が漏れる事態を必ずしも否定的にばかり捉えるべきではなく、研究者の活動の成果は、むしろ停滞しがちな実務の批判の学として今後自らを形成していくべきではないのかという、民事訴訟理論のあり方についての新しい模索の姿がこのような形をとっていると評価することも可能とする(四九頁)。三ケ月教授自身、このようなスタンスで理論家として実務の改善のために奮闘を続けてきた一人であることは間違いない。

学説の実務に対する役割については時代的な変遷を経ている。[2] 民事訴訟法に関していえば、兼子説が実務に多大な影響を与えたことは周知の通りである。すなわち、兼子一博士の訴訟承継論は、[3] 最判昭和三二・九・一七民集一一巻九号一五四〇頁で判例に受け入れられ、その後、この理論が立法化されたところである(民訴五一条)。またその当否については議論があるものの、同じく兼子博士の境界確定の訴えを形式的形成訴訟とする理論も判例のとるところとなった。[4] これは、戦後の判例停滞の時代にあたり、兼子理論(民法では我妻理論)が判例の参考にされたことによると指摘されている。[5] また学説の判例に与える影響という点で、時代は少し遡るが、大正一〇年から始まった判例民法（判例民事法）の存在は大きく、松田⑦四〇三頁は、「裁判官、ことに若い裁判官などは、判例民事法を実によく読んでおりまして、ある問題が起こりますと、それは判例民事法の何巻に書いてあるといいます。そして、その判例批評によって支持された判例は、多くの裁判官に対して信用を獲得いたしますが、反対に、判旨失当というような批評がされていますと、その判例は、忽ちにして権威を失墜するというような傾向すら見られたのであります」と指摘している。しかしこのような学説優位の時代も次第に過ぎ去るようになる。判例民事法の出現は、同時に、判例の意義の見直し、すなわち判例優位の時代の始まりを意味するものであった（⑨二一四頁）。前述の前後の一時期を除けば、再び判例優位に立ち戻ることになる。それは、最高裁調査官の「最高裁判例解説」が出るようになると、判例民事法は、これに取って代わられ、こちらの方が実務の新たな指針となったことに端的に表れている（⑩一一九頁参照）。その後は、学説の位置づけが再び学説優位に変わることなしに、現在に至っている。藤原⑨（二二〇頁）によれば、「現在学説はどうなっているのかというとになりますが、明治の初期から大正の中頃までの間、先程らい説明いたしましたように、実務に対してあれほど大きな影響力を持ち、実務を支配していたと思われる学説ではありますが、判例の力が強くなっていくのに反比例して、どんどんその力を失っていき、いまや民事裁判の現場ではほとんどその力を失ってしまっているように感じられる」とされる。[6]

それでは、学説はもはや判例に対する影響力を失ってしまったのかといえば、そうとも言い切れまい。たしかに実務は実務なりに力を蓄え、実務が築き上げてきた理論によって実務を運営していく叡智を蓄積してきたことは疑いない。竹下⑤（二一頁）のいう「実務的知の体系」が存在し、これによる実務の安定的運営が可能となっている。他方、学説の目指すところが、今現在の実務に資する理論とは限らないことから、両者は乖離しているように見える。また、実経験として実務を体験している研究者が限られているという状況がこの現象を増幅しているという面もあろう。しかし、実務における具体的な事件の根底にあるものの考え方やこれとかかわる大きな潮流を作り上げるにあたって、学説の果たしてきた役割は決して軽視できないものがあるように思われる。たとえば、ドイツにおいて行われた、審尋請求権をめぐる議論は、日本でもかなり丹念にフォローされてきた。ドイツにおいては、基本法一条の「人間の尊厳」条項との係わりで、これが論じられることがあるが、その影響である当事者権論や手続保障論は、いまや日本においても欠くことのできない価値基準となっているのではないか。その視点から各手続過程を検証する学説の作業は、実務のあり方を左右する重要事項であることについて、すでに両者の間で了解があるといって過言ではないように思われる。もっとも具体的な問題における意識の違いは厳然として存在し、それが意見の違いにつながることは否定できない。たとえば、非訟事件手続における当事者の位置づけや手続保障論は、かねてより山木戸克己博士や鈴木忠一元判事などにより、問題提起がなされてきたところである。[7]これなども今後の実務の運営や立法などに際して基本的なスタンスにかかわるものとして学説と実務の協働を必要とするところであろう。非訟事件法をめぐるヨーロッパ諸国における近時の立法の動きなども、実務上も目を離せないところであろう。[8]そのような潮流の問題としては、訴訟物論や争点効論の果たしてきた役割も大きなものがある。周知のように実務では、変わらず旧訴訟物理論が採られ、争点効は、最高裁判例によって否定されている。[9]なるほど実務にとっては、法的安定性が重要であり、「昨日と今日では既判力の範囲が違うなどということとあってはならない」(⑫三三頁野崎発言）とされる。とくに手続法の分野では、その意識が強く働くであろう。実務家の共通言語といわれる要件事実論もこれを前提にして成り立っている。これはもはや崩しがたいものとして今や公理の域にまで高められているといってよい。しかし思考の既存の枠組みで複雑化する紛争類型のすべてに対処できるものではない。プロクルステスの寝台のたとえもある。そのとき従来の枠組みを外して自由に実質論を考える柔軟な思考能力と枠組みとの整合性をとるための法律構成力とは、実務家にとって重要な資質であろうし、そのための思考材料として学説が提示するさまざまな理論が果たした役割は、無視することができない。げんに最高裁も、落ち着きの良さを求めるときには、信義則を使って、従来の枠組みでは出せない結論を引き出しているのである。[10] 争点効と信義則との関係については、それ自体議論が存するところである。ここではこれに立ち入ることができないが、争点効を排除して信義則を適用する、つまり両者の適用場面を明確に区別した上、信義則の適用を認めるのであれば格別、争点効論者が争点効によるところを信義則の適用によって判断するというのであれば、両者の適用場面が重なり合うことになる。[11] 争点効を用いることによって事案の落ち着きがよくなる場面が肯定されることになる。あとは法律上の根拠も含め、どちらの理論が法理論として優れているかの問題ということになる。こういった争点効の実務に対するインパクトは相当大きなものであったといってよいのではないか。さらに個別の問題における学説の影響も動かしがたいものがある。そのことは、兼子理論以後においても学説が民事訴訟法、民事執行法、倒産法の領域で果たしてきた役割は決して小さなものではないことを示している（竹下⑤二四頁以下、井上⑥九二頁以下参照）。

もっとも学説の目指すところは一様ではない。兼子理論は、民事訴訟法学の精緻な理論体系を著すものであったが、近時はこのような体系思考が影を潜め、個別問題の妥当な解決を目指す問題思考をとるものがほとんどとなっている。それにしても目の前にある問題をどのように解決すべきかとの問題意識から、長期的な見通しのもと、場合によっては立法論として展開されるものまでさまざまな内容のものがある。また個別問題の背後にある社会的な背景の把握や先において起きる変化を予測した上での提言など、問題を深いところから理解するための材料を提供したり、解釈者の経験を豊かにするための、いわば基礎法学的な関心に基づいてなされる研究も少なくはない。研究者のそれぞれの関心のありかは、各研究者ごとに異なる。したがってその成果の利用の仕方もさまざまであるというのが、本来の学説の姿といってよいのではないか。

(1)　碧海純一『法学における理論と実践』（学陽書房、一九七五年）一一頁、原田慶吉『ローマ法』（有斐閣、一九五五年）

一四頁。

（2）日本において近代的な法典が編纂される前の実務の判断基準がどのようなものであったのか、また判断基準としての法典編纂（とくに民法典）は、どのような経緯で行われたのか等は、興味深いテーマである。それを知る手がかりとして、加太邦憲『自歴譜』（岩波文庫、一九八二年）がある。またこれに関する研究としては、藤原⑨二〇一頁以下参照。理論の担い手であった初期の司法官達の経歴等をたどった、鈴木正裕『近代民事訴訟法史・日本2』（有斐閣、二〇〇六年）は貴重な労作である。さらに坂本慶一『民法編纂と明治維新』（悠々社、二〇〇四年）も同様の問題意識から民法典の編纂過程を丹念に研究したものである。なお、中野②でなされた、法典、学説の継受はあったものの実務の継受はなかったため、日本固有の裁判実務の形成について消極的に過ぎたとの指摘は重要であるが、本稿では、この問題を取り上げることができなかった。これについて、「二〇〇六年国際訴訟法学会（IAPL）京都大会」での統一テーマ「グローバル社会における民事訴訟法の継受と伝播——訴訟法における諸外国に対する立法及び法整備支援」での諸報告はきわめて興味深いものがあった。いずれまたこの問題について考察を深めたい。

（3）兼子一「訴訟承継論」『研究Ⅰ』（酒井書店、一九七七年）一頁。初出は一九三一年であるので、一九五七年に判例になるまで二六年かかったことになる。

（4）兼子一『判例民事訴訟法』（弘文堂、一九五〇年）七七頁。最判昭和三八・一〇・一五民集一七巻九号一二二〇頁、最判昭和四二・一二・二六民集二一巻一〇号二六二七頁、最判昭和四三・二・二二民集二二巻二号二七〇頁など。なお、新堂③二二八頁は、これらの判例が境界確定の訴えを形式的形成訴訟という型に当てはめてしまい、本来この訴訟の持っていた紛争解決機能を結果的に殺いでしまうことにつながりかねない、いわゆるモデル志向の例として挙げる。

（5）藤原⑧がこの変遷について詳細である。兼子理論の影響については、二一五頁参照。

（6）もっとも藤原教授（⑧二三二頁以下）は、実務家が学説を尊重して実務に生かそうという姿勢が重要であることを説いている。

（7）山木戸克己「訴訟における当事者権——訴訟と非訟の手続構造の差異に関する一考察」『基礎的研究』五九頁、鈴木忠一「非訟事件に於ける正当な手続の保障」『研究』二五九頁。

（8）ZZP. 117Bd. Heft4.（2004）S. 399ff. に掲載されている諸論文参照。

（9）最判昭和四四・六・二四判時五六九号四八頁参照。

(10) 最判昭和五一・九・三〇民集三〇巻八号七九九頁参照。
(11) そのような事例が存することについて、小山昇「既判力か争点効か信義則か」『著作集2』(信山社、一九九〇年)一九頁以下、高橋宏志『重点講義民事訴訟法(上)』(有斐閣、二〇〇五年)五八五頁参照。

三　法科大学院の設置後における実務と学説

法科大学院の設置により、大学は裁判官、検察官、弁護士、企業法務担当者などの実務家を迎え入れることになった。そしてすでに三年が経とうとしている。これが学説と実務の関係にどのような変化をもたらすことになるのか、現段階ではまだ確定的なことをいうことはできない。理論教育と実務教育とを明確に切り離して考えることは難しいことから、実務教育が理論教育に及ぼす影響を懸念する向きがあった。たとえば、民事訴訟法の講義で取り上げる訴訟物理論において、従来のように、受講生が議論に基づいて自由に自分の立場を選択するというようなことが、旧訴訟物理論を前提として展開される、民事実務基礎科目によってもはや意味がないことと誤解されるのではないかが心配された。しかし今のところこの心配は杞憂に終わっている。民事訴訟法の講義では、訴訟物論を初め、既判力の客観的範囲と争点効論、場合によっては証明責任論など従来学説が論争をしてきた問題が、限られた時間の中ではあるが、それなりに取り上げられ、双方向による議論の対象となっている。しかも受講生には、自由な立場をとらせずに、その場で指定された立場にたって議論をすることを要求している。理論的な思考訓練という意味では、従来の論争は貴重な議論の素材を提供してくれている。もちろん民事実務基礎では、要件事実を中心とした一種の技能の修得を行う。その場合はそれで旧訴訟物理論を前提にするわけであるが、これもまた思考訓練に属する。受講生はその間の切り替えを上手に行っているという印象を持つ。ただ悩ましいことがないわけではない。実務においても見解の対立があって、どちらが妥当なのかを検討する必要がある場合がある（たとえば相続の要件事実に関する「のみ説」と「非のみ説」）。その場合にどちらの説がなぜ正しいと考えるか、通常の学説の対立と同じ思考訓練をすることになる。ところが、たとえば移転登記手続請求において仮執行宣言を付することができるかについては、判例が確立していて、[12]「実務では仮執行宣言をつけないということになっています」との説明がなされる。しかしこの点について、学説上は争いがあり、通説は判例と同じ消極説であるといわれているが、積極説も有力に主張されている。[13]固定判例があるため実務でルーティーンとして行われている事柄については、そこに理論を差し挟んで拘るべきではないし、その時間的余裕もないとの思考が支配していて、それがそのまま大学でも通用しているというのが現状であろう。まさに「昨日までやっていたことを今日から変える」ことはよほどのことがない限りしないのである。仮執行宣言は、実務教育の内容としては付随的なことに属するであろうから、あまり拘泥する必要はないのかもしれないが、研究者教員として気になることではある。次に、研究者の実務知らずには、前述のように、実務家からみると決定的にマイナス評価が与えられるべきこととなっている。真にそうであるのかはなお検討を要するように思われるが、たしかに実務感覚なしに机上の論議をすることは、思わぬ誤解を産むことにつながる。その意味では、今は過渡期とはいえ、研究者教員も実務を知る機会が与えられることに越したことはない。筆者の所属する大学においては、教員向けのエクスターンシップも試みられているが、弁護士事務所に数回詰める程度にとどまっている。もう少しシステマティックに実務を知る機会があることが望ましい。裁判官・検察官の交流があり、近時は弁護士任官の道も開かれている。しかも実務家が大学の専任教授となって法科大学院を支える一角を担っているのであるから、大学教授も非常勤で裁判官や検察官を務める道が開かれてもよいのではないか。[14]かくして研究者側の実務経験の不足が学説と実務の乖離をもたらしているとの批判に応えることになろう。さらに、法科大学院は、研究者の割拠主義を打ち崩す契機となる可能性を持っている。アメリカでもドイツでも一人の教員のレパートリーはかなり広いものがあるのに、日本においては、これが極端に狭くなっている。その弊害が学説の実務に対する理解不足につながっているとの指摘が実務家からなされ、学説が実務に受け入れられない一因となっている（⑦四〇七頁参照）。ドイツでは民事訴訟法学者は同時に民法学者（あるいは他の専門科目）であることが一般である。日本でも、法科大学院を卒業し、ある程度実務を経験した者が、次代の法科大学院の担い手となれば、実定法科目に限ってのことになるが、将来的には、部分的ではあるにせよ、この狭い割拠主義も次第に解消されていくことが予想される。

最後に付言すると、筆者の所属する名古屋大学法科大学院では、実務家と研究者教員とがチームを組んで展開される科目がいくつかある。これは法科大学院で開講するすべての科目に関する大学の責任を明確にするため、実務家教員に丸投げする科目を作らないという基本方針に基づいている。これに従い筆者も、いくつかの科目を実務家教員（裁判官、弁護士）とともに担当している。筆者は、それらの科目が始まるまでは、学部や大学院で開講される担当科目において、一人でその内容や展開の順序などを考え、決めてきた。しかし法科大学院の実務科目については、準備段階の初めから担当者全員による合議でその内容や順序を決め、小テストなどの結果をふまえての個別指導を誰を対象にどのように行うかもすべて合議している。これは筆者にとっては新鮮な変化であり、また同時に実務家のことの進め方や決め方を学ぶという意味でも有益である。テーマに関する研究者と実務家との間の乗り降り自由の合議は、きわめて刺激的かつ有意義なものであることを日々実感している。このようなことは他の法科大学院でも行われているであろう。筆者の経験はごく小さなものにすぎないが、実務家と研究者がそれぞれの知や業績を持ち寄っての共同研究に発展すれば、そこからまた新たな知が発見され、学説が生まれる契機となりうる。[15] このように法科大学院の発足以来、教育の中身もさることながら、その方法に質的な変化の兆しがみられる。この教育の変化の持つ研究への影響は、研究の成果である学説にもその思考に広さと深さを増す作用をもたらすことであろう。

(12) 最判昭和四一・六・二判時四六四号二五頁参照。

(13) 中野貞一郎「登記手続を命ずる判決と仮執行宣言」『現在問題』二四八頁、新堂幸司『新民事訴訟法〔第三版補正版〕』（弘文堂、二〇〇五年）六七七頁。

(14) ⑫（四三頁）武藤発言、小山昇「判・検事、弁護士、大学教授間の交流を」『著作集12』三頁など参照。筆者の知る何人かのドイツの教授は、同時に高裁の裁判官を兼ねている。ある教授の言によると、これは経済的にはあまり意味はないが、実務において生の事件に接することにより、学問的な刺激が与えられることが忙しい中でも裁判官を続ける動機となっているとのことであった。これを日本において、実現するための条件を整えることは難しいであろうが、有意義なことであると考える。

(15) すでにそのような業績の一つとして、大江忠＝加藤新太郎＝山本和彦編『手続裁量とその規律』（有斐閣、二〇〇五年）がある。

四　おわりに

以上、研究者という立場から実務と学説との関係について検討してきた。多くはすでに先行する先達の業績と重なる。法科大学院の設置による研究者と実務家との教育研究面での交流は、研究者の実務への理解を深め、従来実務家からいわれてきた学説に対する批判にある程度応えるものとなることにつながりうる。もっともこれで研究の手法自体が根本的に変質するというものではない[16]。研究やその成果である学説がどのような意味を持つのかは、そう簡単には評価できないことは当然であろう。したがって実務と学説の乖離が今後とも続くことは推測に難くない。これは互いの宿命というべきであろうか。

(16) 星野英一編『民法講座1』（有斐閣、一九八四年）はしがき参照。

15 職権探知主義について――人事訴訟手続を中心に――

一　はじめに

職権探知主義は、弁論主義と対極にある審理方式とされ、人事訴訟（人訴法二〇条）、非訟事件手続（非訟法一一条〔現非訟四九条、家事五六条〕）、行政事件訴訟（行訴法二四条、職権証拠調べ）等において採用されている。(1) これらの手続が職権探知主義によるのは、公益性の強さから実体的真実の発見に努める必要があるからであるとされる。(2) たとえば人事訴訟手続においては、身分関係が社会の基盤をなす性質を持つものであることから公益性を有することと、身分関係の画一的確定の必要に基づいて判決効が広く第三者に及ぶとされることから、当事者処分に委ねることなく、裁判所が自ら訴訟資料、証拠資料の収集を行い、もって真実発見に努め、適切な裁判へとつなげることが要求されるものと考えられている。(3) そのため、人事訴訟法は、民事訴訟法の特例を定めるものであるが（一条）、その一九条で実体的真実発見のために当事者主義に基づく規定の適用を排除し、二〇条で、「人事訴訟においては、裁判所は、当事者が主張しない事実をしん酌し、かつ職権で証拠調べをすることができる。この場合においては、裁判所は、その事実及び証拠調べの結果について、当事者の意見を聴かなければならない」としている。すなわち人事訴訟手続においては、通常の民事

訴訟の審理原則である弁論主義を排除して、職権探知主義を採用しているのである。(4)

しかし弁論主義によらない職権探知主義の審理とは実際どのように行われるものであろうか。そこでは裁判所による積極的な資料収集が期待されるということになろうが、裁判所だけで訴訟資料や証拠資料の調達ができるとは思えず、当然のこととして、当事者による資料の提供が必要であることは考えるに容易い。そうすると、職権探知主義での審理においても、当事者がこの面で一定の役割を果たすことが要求されるように思われるが、その際、当事者の果たす役割やその行為の法的性質は、弁論主義で審理がなされる場合と同じものなのか、異なるものなのか。裁判所との役割分担は法的にどのように規律されることになるのであろうか。振り返ってみると、従来、職権探知主義下で行われる審理の具体的なあり方について、十分な議論がなされてきたとはいえない状況であった。しかし近時、松本博之教授がこれについて、本質的な考察を行い、従来の議論や実務の現実の運用をめぐっての裁判所の考え方に根底から疑問を呈するにいたり、(5)この問題についてあらためて考えてみる必要が生じている。またこの問題提起を受けた議論も出始めている。(6)このような状況に接し、本稿は、職権探知主義はどのような審理方式なのかを、おもに人事訴訟手続に即して検討するものである。

本稿は、まことに拙いものではあるが、常に斬新な視点と問題への鋭い切り込みで学界に新風を吹き込み続けてこられた故井上治典博士に、謹んで哀悼の意を表しつつ献げるものである。

（1）　他に、家事審判（家審七条、家審規七条）、借地借家法による借地条件の変更等の裁判手続（借地借家四二条、四六条）、倒産手続における職権調査（破八条二項、民再八条二項、会更八条二項）などが職権探知主義を採用している。労働審判（労審一七条は職権による事実の調査や証拠調べの規定をおいている）が職権探知主義によるべきかについて、門口正人編『民事証拠法大系第一巻総論1』（青林書院、二〇〇七年）〔笠井正俊〕三四頁は否定的である。

（2）中野貞一郎＝鈴木正裕＝松浦馨編『新民事訴訟法講義〔第二版補訂版〕』（有斐閣、二〇〇六年）二〇七頁参照。なお、新堂幸司『新民事訴訟法〔第三版補正版〕』（弘文堂、二〇〇五年）四一五頁は、判決効の第三者への拡張のみを職権探知主義が採用される理由として挙げている。

（3）非訟事件においても同様に、公益に関する事柄を扱うものであることから、絶対的真実発見が要求されることが職権探知主義による理由であるとされる。伊東乾＝三井哲夫編『注解非訟事件手続法〔改訂〕』（青林書院、一九九五年）一八〇頁。行政事件訴訟においても、「その結果については、国または公共団体などの行政主体が利害関係を持ち、公益に影響するところが少なくないので、その裁判の適性を期するためには民事訴訟のように、審理のすべてを弁論主義に委ねることなく、多少とも職権審理主義を加味する必要があるとする見地から、特例法九条の規定を承継したものである」とされる。杉本良吉『行政事件訴訟法の解説』（法曹会、一九六三年）八三頁。

（4）この点で行政事件訴訟二四条が、「裁判所は、必要があると認めるときは、職権で証拠調べをすることができる」と規定して、補充的に職権探知主義を採用する体裁をとっているのとは異なる。もっとも人事訴訟法二〇条も「……することができる」として、いわゆる権限規定の形をとっている点をどのように評価するかが問題となるが、これについては後述する。

（5）松本博之『人事訴訟法』（弘文堂、二〇〇六年）五七頁以下（同書〔第二版〕（二〇〇七年）五七頁以下）。

（6）後掲注(7)文献参照。

二　職権探知主義についての従来の学説の理解と実務の現状

職権探知主義は弁論主義の対立概念をなすものである。一般には、訴訟資料や証拠資料の収集に関し、職権探知主義はこれを裁判所の負担（ないしは責任）とするものであり、弁論主義は当事者の負担（ないしは責任）とするものであると解されている[7]。しかしながら、他方で、職権探知主義の内容については、次のように説明される。①裁判所は、当事者の主張しない事実でも裁判の資料として採用できる。②裁判所は、当事者間に争いのない事実（自白された事実）でも、裁判の資料として採用しないことができる。③裁判所は、証拠調べをする際に、当事者の申し出た証拠の他にも、職権で他の証拠を取り調べることができる。[8] これによれば、職権探知主義は、裁判所に、職権による事実の探知や証拠調べを行う権限（権能）を与えたものと解されている。この考え方の違いをどのように評価すべきかが問われる。[9] さらに、このような職権探知主義のもとでの審理に際しても、当事者は、弁論主義による場合と同様に、訴訟資料たる事実を主張し、証拠の申し出をすることが妨げられるわけではない。いずれの審理方式においても当事者に弁論権が保障されることは間違いない。換言すれば、当事者が事実を主張し、証拠の申し出をする権限を有することは、弁論主義とは直接関係しない事柄である。[10] ところで、事実を主張し、証拠を提出することが、審理方式に拘わらない当事者の訴訟主体としての権能であるとしても、職権探知主義の下では、裁判所はそれ以外の事実をも斟酌し、職権により証拠調べをすることができる（したがって職権探知主義のもとにおける審理においては、当事者は主張責任ならびに証拠提出責任を負わない）。このことは、実体的真実の発見に必要である場合には、裁判所の権能であると同時に裁判所の責務（義務）でもあるというべきではないであろうか。[11] そのあたりを実際の実務では、どのように考えているのかを検討する必要がある。

この点については、人事訴訟法制定後の東京家裁の実務の運用状況がいくつか報告されているので、これを見てみると、「事実に関してもっともよく知るのは、当事者であり、原告と被告との対立構造をとる訴訟手続である以上、第一次的には、当事者が主張・立証すべきことは、当事者の責任でこれを行うべきである。裁判所の職権探知は例外的かつ補充的なものと位置づけられているに過ぎない。このような職権主義の位置づけを十分理解いただきたい」とされる。[12] また、「当事者の中には、人事訴訟事件の職分管轄が家庭裁判所に移管されたことから、家庭裁判所の職権探知に過度に依存するのか、自らは積極的に主張・立証活動をしない者もないではない。実際に訴状に財産分与を申し立てるとしか記載せず、全く主張・立証をしようとしない代理人もいる。しかし、当事者の主張立証を基調とする訴訟手続における職権探知はあくまで補充的なものであるから、争点整理手続においても、必要な資料等は当事者から提出させることにしている」[13]と報告されている。このような理解は、実務に一般的といってよいであろう。[14]その際、職権探知主義の補充性という場合の理論的な意味合いが問題である。裁判所による事実の探知や職権証拠調べが補充的、例外的であるというとき、何を原則として審理がなされているという意識なのであろうか。おそらく通常の民事訴訟と同じ方式で審理されると考えられているのではなかろうか。とはいえ、人訴法一九条により、弁論主義は排除されることが前提なので、前述の当事者の弁論権を最大限に活かすという意味で同じ審理方式といわれていることが考えられる。

ここで判例を確認しておきたい。人事訴訟における職権探知主義の審理方式をめぐる判例としては左のものが挙げられる。

①大判昭和一〇・一・二二法学四巻六号一一六頁（離婚請求事件）は、上告人が、原審において、請求原因とする重大なる侮辱に当たる具体的な事実として第一審で主張した事実のほか四つの事実を主張したにも拘らず、原審がこれらを採用せず、ただ一回の口頭弁論を開いたのみで直ちに審理を終結したことについて、「人事訴訟においてはその取扱うところ、人の最重大なる身分関係なるがゆえに、裁判所たるもの一層これに留意してもって万が一にもその誤認なかるべきことを期せざるべからず。法律がこの種訴訟において、一般民事訴訟の原則たる当事者主義を捨てて職権主義をとり当事者の中立あると否とに拘らず必要なる証拠は裁判所自ら進んでこれが調査をなし、よって明らかとなりたる事項は当事者の主張せざるものと雖もこれを採りて裁判の資料となすべきものとなしたることとまた一にこの趣旨に出でたるに外ならず」として書証の他は証拠調べをせずに請求を棄却した原審は、不当に真実探求の義務を怠ったとして破棄した。

これに対し、②最判昭和二九・一・二一民集八巻一号八七頁（認知請求事件）は、Xの母AとYが昭和二二年四月二九日に結婚式を挙げて、Aが同年八月二三日に実家に帰るまで、内縁の夫婦としてY方に同棲していたところ、昭和二三年一月一六日にXが出生したので、Aを法定代理人として、Yに対して認知の訴えを提起したというものである。第一審では、Xの請求棄却。控訴審では、逆に、Xの請求認容。上告理由では、Yの他にXの父と目されるBについて、職権をもって血液型その他の鑑定がなされるべきであった等が主張された。最高裁は、「人事訴訟においても、裁判所がいかなる証拠調べをするかは、すでに得た証拠の程度により、自由にこれを決することを得るものであって、人訴三一条もこの点に関し、何ら制限または変更を加える趣旨を含むものと解すべき理由はない。そして原判決の挙げている各証拠を総合すれば、原判決のような認定をすることはできるわけであるから、原審がこれらの証拠によって得た心証をもって十分なものとし、所論のごとき諸点につき更に証拠調べをしなかったことを捉えて所論の違法があるということはできない」と判示した。これがリーディングケースとなり、その後の判例はこれに従っている。③最判昭和三五・二・二民集一四巻一号四八頁（離婚ならびに慰謝料請求事件）、④最判昭和三六・六・二〇家月一三巻一一号八三頁（検察官を相手とする認知請求事件）等参照。

①は当事者の弁論権の取り扱いがまず問題になる。職権探知主義のもとでの審理においても、当事者が主張、証拠提出権を持つことは間違いない。本件原審は、当事者の主張を基礎づける証拠（人証）を採用せずに、当事者の請求を棄却したのであるが、当事者の手続保障に配慮していれば、事実認定が異なったかもしれない事例で、裁判所の解明義務に反する判断であったことが破棄の理由となっている。正当な判断であろう。

②は、松本教授が指摘するように[15]、職権探知原則からするとややミスリーディングな判例である。職権探知主義は、裁判所に、事案解明の可能性を尽くすことを要求する審理原則であることを意識しなければならない。これが背後にあって、しかし実際には、当事者の弁論権の行使によりながら審理を進めていくのである。本件で、裁判所が証明度に達するまでの審理を終え、心証がもはや動かないところまで来ているため、当事者の証拠調べの要求に応える必要がないと考えたのであれば、その旨を示すべきであろう[16]。またそのような事案解明度に達したとしても、なお人訴二〇条後段（旧一四条但書）は、当事者に結果について反論の機会を保障することを認めているのであるから、これに応えてい

るかも明らかにすべきであった。もっとも、一般論としては、後に述べるように、当事者の手続協力義務との関係で、裁判所の探知義務の範囲が緩和（変更）されるという議論があることから、本件とこの議論との関係はなお検討の余地があろう。

(7)　門口編・前掲注(1)二〇頁は、「裁判の資料となる事実や証拠の収集について、裁判所が権限を有し、責任を負うという原則」とする。そのうえで「『訴訟の種類や対象事項に応じて弁論主義と職権探知主義とのいずれかが妥当する』との前提を維持しつつ、『職権探知主義が妥当する場合には職権行使の必要性等の要素によって実際に裁判所が職権で探知すべき範囲を画していく』という理論的枠組みを確立した上で議論をする必要がある」として、弁論主義との相対化の強調は、規律なき裁判所の自由裁量に結びつく可能性があることからこの方向を批判的に見る。

(8)　中野＝鈴木＝松浦編・前掲注(2)二〇七頁。

(9)　門口編・前掲注(1)二〇頁は、職権探知主義を資料収集に関する裁判所の単なる権限と解することに反対し、それが裁判所の義務であることを明言し、後述の松本説と同様に解する。なお「権限」のみとする見解と「権限・義務（責任）」とする学説の分布状況については、同書二一頁注(2)参照。

(10)　山木戸克己「弁論主義の法構造」同『民事訴訟法論集』（有斐閣、一九九〇年）四頁以下が既に指摘していたところである。これによれば、弁論主義と職権探知主義のいずれにおいても、当事者は事実、証拠の提出権能を持つことに変わりはない（弁論権の積極的効果）。両者の違いは、弁論主義にあっては、裁判所は当事者の提出した事実及び証拠のみを判決の基礎にしなければならず、また裁判上自白された主要事実はそのまま判決の基礎にしなければならないのに対して、職権探知主義では、裁判所はさらに必要な事実を斟酌しまた証拠の取り調べをすることができ、かつ当事者の自白に拘束されないところにあるとする。

(11)　南博方＝高橋滋編『条解行政事件訴訟法〔第三版〕』（弘文堂、二〇〇六年）四五四頁以下によれば、裁判所が十分な知識経験を持たず、人員も不十分である現状では、職権証拠調べは補充的なものにとどまらざるを得ないが、その体勢が整えられた場合には、裁判所は、より積極的に職権証拠調べを行うべきことになり、当該事案の性質上、当然に存在すると思われる証拠について職権証拠調べもしないまま判決をすることは違法なものと解する余地が生じるとする。職権証拠調べをしないことが違法になるか否かを裁判所の体勢に依存させることには異論もあろうが、行訴法二四条の「必要性」判断が裁判所の裁量に委ねられるものではないとの考えは興味深い。

(12) 「東京家庭裁判所における人事訴訟事件実務の運用について」ジュリ一三〇一号(二〇〇五年)四二頁。

(13) 東京家庭裁判所家事第6部編著『東京家庭裁判所における人事訴訟の審理の実情』(判例タイムズ社、二〇〇六年)二三頁。

(14) 井上哲夫「人事訴訟と要件事実」伊藤滋夫総括編集『民事要件事実講座2』(青林書院、二〇〇五年)八二頁も「人事訴訟においては、職権探知主義が採用されてはいるものの、その審理の実態から見れば、主張、立証活動は、通常の民事訴訟とほとんど変わりはないといってよい(井上はこれを弁論主義的運用という。七九頁参照)。その事案に関する諸事情や証拠の存否等は、当事者にしか分からないことが多く、当然のことながら、裁判所の職権探知主義には限界があるといわなければならない。したがって、裁判所の職権発動は、常に求められるわけではなく、職権証拠調べについても、その限度は裁判所が既に得た心証により自由に定め得るものと解されており(最判昭和二九・一・二一民集八巻一号八七頁)、人事訴訟法二〇条は、裁判所が審理の状況に応じて適切に釈明権を行使することによって当事者に主張・立証を促し、あくまで当事者主義の下、当事者が主体的に主張・立証活動を行うことを前提としているというべきである。……以上のとおり、人事訴訟においても、それぞれの当事者が、お互いに主張、立証を尽くすのが本来の姿であり、実態でもある。したがって、人事訴訟においては、主張責任はないとはいっても、当事者が、主張すべき事実を十分に主張しない場合には、不利益が生じる可能性があるから、当事者は主張事実について、事実上の主張責任(主張しない場合の危険負担)を負っているというべきである」。ここでいわれている、「弁論主義的運用」とか「事実上の主張責任」といわれているものの理論的分析が必要である。なお、人事訴訟における当事者の主体的活動をめぐる上記のような理解は、小野瀬＝岡『一問一答』八八頁、石田敏明編『新人事訴訟法』(新日本法規、二〇〇四年)九二頁以下にも同様に見られる。大阪の実情については、小野木等「大阪家庭裁判所での人事訴訟事件の審理状況について」自正五八巻二号(二〇〇七年)五四頁参照。

(15) 松本・前掲注(5)六二頁(同書〔第二版〕六二頁)。

(16) 職権探知主義下の審理においては、通常の民事訴訟におけるよりも高い証明度が要求されるかの問題があるが、ここでは立ち入らない。倉田卓次「父子関係の証明」『新実務民訴8』三七七頁は、通常事件と同じとする。東原清彦「認知訴訟における父子関係の立証」『実務民訴6』二〇〇頁は、要証事実の訴訟的立証困難性のゆえに、推認の過程において通常よりもかなり低い蓋然性を認めざるをえないとする。

三　職権探知主義をめぐる近時の学説の展開

職権探知主義のもとにおける審理方式と弁論主義下での審理方式との関係について、右に見た実務は、これを絶対的な違いとは見ず、たんに相対的な違い、すなわちその境界領域は接しているものと考えていることを見た。弁論主義と職権探知主義とは、いわば同一直線上にある審理原則で、両極にそれぞれの理念型が存在するものの中間領域においては、それぞれの典型的な特徴が薄れ、職権探知主義といっても弁論主義的な運用がなされ、また逆も考えられ、弁論主義といっても釈明権の積極的な行使により、実体的真実の探求が行われる審理方式が存在する——釈明権行使の限界については議論があろうが——と一般に考えられてきたのではないであろうか。(17) さらに近時、学説において、これを積極的に理論化する試みが行われている。まず、山本和彦教授は、公序良俗や権利濫用・信義則といった一般条項と弁論主義の関係を分析し、たとえば弁論主義の適用がないとされる公序良俗といっても、社会規範と抵触する行為に適用される公益に関する公序と当事者の保護を目的とする保護的公序は区別して論じられるべきであるとする。前者については弁論主義の適用は排除されるべきであるが、後者については、原則排除されるものの、具体的な状況に応じて弁論主義の適用があってもよいとする。問題は、弁論主義が排除されるときの審理原則であるが、裁判所の権限及び義務の認め方として、①権限の否定（「できない」）、②権限の肯定・義務の否定（「できる」または「しなくてもよい」）、③義務の肯定（「しなければならない」）があり得るとし、公益的公序に関わる問題については、③のアプローチを、保護的公序に問題に関しては、原則として②を認めれば足りる、すなわち裁判所は、当該事実について主張がないかまたは反対の自白がある場合には、積極的に事実探知の行動に出る必要はないが、当事者主導の証拠調べの結果、公序良俗違反の事実が認定できれば、その主張がなくまたはそれに反する自白があってもその事実を認定できるとする（これを職権顧慮主義と名付けている）。かくして弁論主義と職権探知主義を相対化し、より柔軟な審理方式を模索することによって、従来境界線上に位置づけられてきた問題に新たな視点を提供することができるとする(18)。次に、山田文教授は、職権探知と呼ばれていても、その基礎を支える手続的な価値は異なっており、職権探知主義の規律内容もこれに対応して多様化すべきであるという方向性を肯定して、その理論化を試みている。そこでは、まずドイツ民事訴訟法が、職権探知主義を採用する婚姻事件においても基本的に時機に後れた攻撃防御方法を維持していることから（六一五条一項〔現FamFG一一五条〕）、実体関係の解明と迅速性のバランスをとっている点に着目し、職権探知主義のもつ裁判所の真実発見目的と当事者の協力義務との組み合せの中に職権探知主義の相対化傾向を見いだす。そして日本においても職権探知義務を認めた上で、その範囲を合理的に限定し、当事者の役割分担を明確化するための規律を定立する必要があるとして、公益性の中身を①第三者に対する影響、②当事者対等化の要請、③弱者保護の三つの保護法益に分析して、それぞれのもとでの審理規律を考えるべきであるとする(19)。

このように、職権探知主義による審理とはどのようなものであるべきかという、従来、必ずしも十分に解明されてこなかった問題について、学説は、弁論主義との関係を相対化しながら、審理規律にバリエーションを設ける方向で議論が進んでいたといえよう(20)。

(17)　たとえば、奈良次郎「資料収集に関する裁判所の権限と責任」『講座民訴4』一二五頁以下は、弁論主義と職権探知主義は、対立概念ではあるが、理論通りの審理が行われているわけではなく、職権探知主義といっても裁判実務上は裁判所の釈明ないし示唆等により結果的には当事者の責任において、資料の収集提出が行われているという意味で、通常民事訴訟と変わるところはなく、これと離れて裁判所が職権で主張整理をし、証拠調べをすることはほとんどない、とする。

(18) 山本和彦「狭義の一般条項と弁論主義の適用」広中俊雄先生古稀祝賀論集『民事法秩序の生成と展開』(創文社、一九九六年)八六頁以下。

(19) 山田文「職権探知主義における手続規律・序論」法学論叢一五七巻三号(二〇〇五年)一頁以下。

(20) 高橋宏志=高田裕成編「新しい人事訴訟法と家庭裁判所実務」ジュリ一二五九号(二〇〇三年)六一頁は、従来の民事訴訟法理論が、非常にラフな二項対立で議論してきたことを指摘し、その間にさまざまなバリエーションがあり得たことを示唆している。

四　松本教授による批判

以上が職権探知主義に関する従来の基本的な理解と職権探知主義のもとにおける実務の運用の状況である。これに対して、近時、松本博之教授から根本的な批判がなされていることは、注目すべきである。(21) 松本教授によれば、人事訴訟の本質的な特徴である職権探知主義の具体的内容は、必ずしも明らかにされてこなかった。通常の場合は、当事者の主張、立証に任され、職権探知主義はその特色を露わにすることはない。しかし、訴訟資料や証拠の収集困難その他の事情により、当事者が十分に資料を提出せず、裁判長による釈明権の行使の後にも事実陳述を行わない場合にこそ、職権探知主義は本領を発揮するとして、このとき、裁判所は、裁判上重要な事実を職権により確定し、適法かつ入手可能な証拠方法を取り調べなければならない。また裁判上重要な事実の証明の必要性を判断するのは裁判所であり、裁判所が事実につき完全に心証を形成していない限り、証明が必要であるとする。そして職権探知主義を裁判所の権限のみを定めたものとする前述の学説を批判し、職権探知主義の下では、事実の確定に責任を負う裁判所の職責として、必要な場合に職権探知を行う義務を負うのであって、裁量的な形態の職権探知主義は自己矛盾であるとする。このように職権探知主義と弁論主義との違いは明確であって、両者を相対化する近時の学説の傾向は厳しく批判されなければならないとする。また前掲判例②を先例とする最高裁の判例が、いかなる限度まで証拠調べをするかは、すでに得た心証の程度によって自由に決することができるとしていることに対しても、職権探知の要否を裁判所の自由な裁量に委ねているとすれば、職権探知主義を正解しないものと批判している。(22)もっとも、職権探知主義の下では主張責任、証拠提出責任が存在しないとはいえ、当事者には詳しい事実陳述によって事案解明に協力し、また相手方の陳述の重要な点について正確かつ包括的に意見を述べるべき義務を免除していないのであるから、裁判所の解明義務もこの当事者の協力義務との関係で制限を受けるものであるとする。そこで両者の関係が問題となるのであるが、この関係にはバリエーションがあることを認め、その際の考慮要素として、事実の蓋然性度、事件の意味と比較して事案解明が困難で、かつそのための費用が重いこと、当事者が自己の利益を擁護する能力を有しているかどうかという事情を挙げる。具体例として、離婚訴訟や離縁訴訟において、訴訟物が具体的な離婚原因または離縁原因によって個別化されないという見解にたった場合でも、裁判所は当事者の主張しない具体的離婚原因の存否について解明義務を負わず、当事者は特定の具体的な離婚原因を裁判所の審理から排除することができると解すべきであるとする。しかもこのことは職権探知主義の謙抑的な運用で説明されるべきではなく、職権探知主義の本来の限界であるとする。

松本教授の主張する職権探知主義と弁論主義との区別は明快であり、教授の提起された問題は重要で、従来必ずしも十分に行われてこなかった職権探知主義のもとでの審理の理論的な解明に寄与するものであることは間違いない。この点は重く受け止めるべきであろう。ただ、職権探知主義の審理方式においても当然認められる当事者の弁論権との関係で、職権探知主義が本来の機能を発揮するのは、教授も指摘するように、(23)当事者が主張や証拠提出を十分に行わない場面、まさに「病理的」な事案においてであることに鑑みて、当事者の主張や証拠の提出により審理が進められていく、病理的ではない、通常の訴訟では、これを意識せずにすんでいたために、前述の実務のような補充的と考えれば足りていた面は否定できない。まして釈明権の積極的行使が通常の訴訟でも要求されることを考えると、これにより主張や証拠の調達が満足され、事案の解明に関して行き詰まることがなかったのが一般であったといえるのではないか。松本教授の見解と主に実務家の手による論述とが真っ向から対立しているように見えても、その実、理論的考察と実態的考察の違いとでも言うべき、理論対実務の運用という土俵の違いが反映されたものであると思われる[24]。しかしそうだからといって、職権探知主義の理論的解明が実務と無縁とは到底いえないことは確かであろう。これに関連して、松本教授は、たとえば嫡出子の否認訴訟において、当事者において原告たる母の夫が被告たる子の父でないことについて意見が一致している場合や、他の事情により夫が子の父であることの蓋然性が非常に低い場合でも、裁判所は血液型鑑定やDNA鑑定を命じるなどして血縁関係の有無を調べなければならない。裁判所は、証明を要する事実の存否について完全な心証が得られるか、または解明可能性がないため、証明責任判決を行うまでは、探知を続けなければならないとする[25]。このような考えに立って実務を運用するということであれば、実務のあり方について再考を要することになろう。しかし職権探知主義は、このように遍く完全なものでなければならないものであろうか。これは職権探知主義の背後にある公益と関わり合う事柄である。なるほど公益の一義性は、職権探知主義の一律性につながるであろうが、公益にバラエティーがあることを前提にすれば、訴訟にかけられる私益に基づく当事者の役割との関係からいっても、職権探知主義の審理のあり方が多様であってよいということになろう。前述の弁論主義との相対化を志向する学説もこのような前提に立っていたが、このような前提とされていた公益といわれてきたものが多様な内容を持つこと自体は正当な考えではないであろうか。

さらに松本教授の批判の対象となっている、職権探知主義の謙抑性について検討してみたい。周知のように、人事訴訟法の制定にあたり、旧人事訴訟手続法が採っていた片面的職権探知主義が廃されて、双面的職権探知主義を採るに至った。すなわち旧法一四条で、「裁判所ハ婚姻ヲ維持スル為職権ヲ以テ証拠調ヲ為シ且当事者カ提出セサル事実ヲ斟酌スルコトヲ得但事実及ヒ証拠調ノ結果ニ付当事者ヲ尋問スヘシ」と規定していた（養子縁組にも準用されていた。同二六条、また検察官の事実証拠方法の提出に関する、同六条も参照）のを改め[26]、人事訴訟全般に通用する規定として、人訴法二〇条で、「人事訴訟においては、裁判所は、当事者が主張しない事実をしん酌し、且つ職権で証拠調べをすることができる。この場合においては、裁判所はその事実及び証拠調べの結果について当事者の意見を聴かなければならない」と定めた。この改正の理由としては、旧法の片面的職権探知主義が、合意による離婚が認められていなかったドイツの法制度のもとで、その潜脱を防止するために採用されていたものをそのまま継受したものであるから、協議離婚を認める日本の法制度とそもそも齟齬を来していたこと、また、人証調べの前にどのような供述がなされるかが予想できない場合が多いこと、さらに近親婚や重婚を理由とする婚姻取消しの訴えが提起された場合にも、婚姻を維持する方向で職権探知を発動させることが妥当か疑問であることなどが挙げられる[27]。しかし母法国であるドイツにおいて現在でも維持されている片面的職権探知主義の規定（ドイツ民事訴訟法六一六条二項（現FamFG 一二七条二項））は、離婚ないしは婚姻取消の訴えにおいて、婚姻の解消を求める者の異議がある場合でも、当事者が主張しなかった事実を斟酌できるのは、婚姻を維持するのに役立つものに限るとして、いわば、婚姻の解消を求める者の意思に反して職権で事実を斟酌することを認めないとするものである[28]。これは当事者の自己決定権を保障したものと評価することができる。ところが人事訴訟法が双面的職権探知主義を採用したため、当事者の私生活に深く関わる問題について、当事者に自己決定権を与える根拠が奪われたのではないかが危惧される。これをめぐって立法過程で、当事者の意向を反映させるような規定が必要なのではないか、その関係では片面的職権探知主義もシンボリックな意味を持つのではないか等、さまざまな議論がなされた[29]。その結果、片面的職権探知主義は、前述のような問題もあり、自己決定に関するその他の規定の仕方についても技術的な困難があることから、規定としては、双面的職権探知主義をとることにしたが、これは裁判所が、規定の文言どおり積極的に事実探知に動くというのではなく、実務の運用はあくまでも従来どおり謙抑的にこれを使うことを前提としたうえでのことであった[30]。しかし、松本教授の指摘するように、規定の体裁からすると、当事者が当該事実を斟酌することに異議を述べたとしても、これに反しての斟酌は違法とはならない。謙抑的に運用することが立法者の意思であるといっても解釈の際の一つの考慮要素にすぎないからである。そこで松本教授は、現行二〇条における職権探知の結果についての当事者の意見聴取に関する規定の解釈として、ドイツの片面的職権探知主義に関する規定（ZPO六一六条二項）を参考にして、離婚、離縁訴訟においては、当事者の自己決定権の確保のために婚姻の存続に敵対的な事実を判決の基礎にすることについて当事者が異議を述べる場合には、裁判所はこれを判決の基礎にすることはできないと解すべきであるとする。もとより基本的にこの方向での解釈の必要について異論はない。ただ、裁量的棄却事由や子供の利益を考慮しての過酷条項の適用[31]などを考えると、当事者の自己決定権にのみ配慮するだけでは足りないのではないかと考える。したがって、人事訴訟（特に離婚訴訟、離縁訴訟）においては全体としてはやはり裁判所の職権探知に委ねながら、事実や証拠方法の選択において、当事者の意向に配慮するという繊細な審理が要求されているものと考える[32]。

(21) 以下は、松本・前掲注(5)五八頁〔同書〔第二版〕五八頁〕以下による。
(22) 証拠の採否が、裁判所の自由裁量に委ねられているものかについては、弁論主義により審理が行われる場合も含めて、疑問であろう。門口編・前掲注(1)二四頁参照。松本教授の主張は、当事者が証拠を提出しなくても、心証が事案の解明に至らない場合には、裁判所の職権による証拠調べの必要があるのであって、これを裁判所の裁量に委ねているかのような判示を疑問視するものであろう。
(23) 松本・前掲注(5)六〇頁〔同書〔第二版〕六〇頁〕。奈良・前掲注(17)一二六頁では、裁判所が職権で主張を整理し、証拠調べをすることを「異常な事態」としている。
(24) 実務家の報告によれば、「当事者の中には、人事訴訟の職分管轄が家庭裁判所に移管されたことから、家庭裁判所の職権探知に過度に依存するのか、自らは積極的に主張、立証活動をしない者もないではない。実際に訴状に財産分与を申し立てるとしか記載せず、全く主張立証をしようとしない代理人もいる。しかし、当事者の主張、立証を基調とする訴訟手続における職権探知はあくまで補充的なものであるから前掲注(13)、争点整理手続においても、必要な資料は当事者から提出させることにしている……」とある（別冊判タ『東京家庭裁判所における人事訴訟の審理の実情』一三頁）。釈明権の行使により、このような事態も解消されていることになる。もっとも釈明権の行使にどこまで事案解明が期待できるのかは突き詰めると、その裁量性との関係で問題は残る。大江忠＝加藤新太郎＝山本和彦編『手続裁量とその規律』（有斐閣、二〇〇五年）一二五頁、門口編・前掲注(1)一三頁参照。

(25)　松本・前掲注(5)五八頁（同書〔第二版〕五八頁）。

(26)　但し、旧法の解釈については意見が分かれていたところであった。各見解については、岡垣『人訴法』一四二頁以下、注解人訴法一七四頁、松本・前掲注(5)六七頁参照。

(27)　小野瀬＝岡・前掲注(14)八七頁参照。

(28)　畑瑞穂「人事訴訟における職権探知主義について」家月五六巻三号（二〇〇四年）一頁にこの条文の沿革ならびに現在の議論が詳しく紹介されている。徳田和幸＝梶村太一編『家事事件手続法〔第二版〕』（有斐閣、二〇〇七年）〔本間靖規〕一六六頁以下も参照。

(29)　詳細は、畑・前掲注(28)四一頁以下参照。

(30)　高橋＝高田編・前掲注(20)六〇頁は「職権探知を採用するといっても、それは、謙抑的な職権探知であるべきだという理解は、その程度は別としまして、審議会の出席者の間では広く共有されていた」とする。他に、畑・前掲注(28)五二頁、三木浩一「人事訴訟手続に関する最近の立法をめぐる諸問題」家月五六巻八号（二〇〇四年）一八頁、徳田＝梶村編・前掲注(28)〔若林昌子〕二五〇頁、同書〔本間靖規〕一六七頁など参照。これらの著者は、いずれも法制審議会のメンバーであった。

(31)　昭和六三・一二・一二家月四〇巻五号一一三頁、最判昭和六三・四・七家月四〇巻一七一頁、最判平成一六・一一・一八家月五七巻五号四〇頁など参照。なお、ドイツ民事訴訟法六一六条三項は、裁判所が過酷条項に関する過酷な事情を斟酌できるのは、それが離婚を拒絶する配偶者によって主張された場合のみであるとしてここでも当事者の自己決定権に配慮している。

(32) 徳田＝梶村編・前掲注(28)一六七頁参照。証拠方法に関しては、三木・前掲注(30)一九頁参照。

五　職権探知主義と当事者の協力義務

1　ドイツにおける議論

職権探知主義と当事者の協力義務の関係については、ドイツの議論に触発されて日本でも検討されてきたところである。そこで本稿でも、手始めに、ドイツにおける議論を参考にしてこの問題を考えてみたい[33]。ドイツにおいては、婚姻事件の手続原則として、職権探知主義が採られている（ZPO六一六条〔現FamFG一二七条〕）。これは、同六一七条〔現FamFG一一三条〕で、認諾の効果、事実ないしは書証の真正に関する説明がなされなかったあるいは拒絶された場合の効果に関する規定、相手方当事者、証人、鑑定人の宣誓を当事者が放棄することに関する規定[34]、裁判上の自白の効果に関する規定の適用を排除しているが、当事者が不争の態度を示したり（擬制自白）、自白をしても事実の探知や証拠調べが必要となる関係で、この空白を埋めるのが六一六条の職権探知規定の役割であると解されている[35]。職権探知主義のもとにおいて、裁判所はどのような認識手段を用いることもできる。当事者に対する聴聞や尋問ができ（六一三条〔現FamFG一二八条〕）、当事者の陳述を調査するために、証人を尋問したり、私的にあるいは職務上得られた知識を利用することもできる。その目的は十分な心証を形成することにあり、これを不十分なままで満足することは許されず、その程度を満たすことが要求されているのにこれが怠られた場合、その判決は瑕疵ある判決として取消しの対象となる。これが職権探知主義の一般原則である[36]。なおZPO六一六条は、権限規定（Kann-Vorschrift）の体裁を採っているが、注釈の中には、「裁判所の職権探知義務（Verpflichtung des Gerichts zur Amtsermittelung）」「職権で探知されなければならない（Von Amts wegen ist zu ermitteln, Das Gericht muss von Amts wegen ermitteln）」などの表現が見られることから、義務規定と解されていると考えられるが、必ずしも明確ではない面もある。[37] 職権探知主義のもとでは、当事者の主張、証拠提出責任は排除されるが、客観的証明責任は、一般原則通り通用する。たとえば、離婚訴訟において長期の別居が真偽不明であれば、離婚を申し立てる側の負担になり、離婚請求は棄却される。職権探知による手続においても表見証明は適用になる余地があるし、当事者の一方が証明妨害をするときには、証明責任が転換されうる。[38]

2 当事者の協力権（Mitwirkungsrecht）、協力義務（Mitwirkungspflicht）をめぐる議論

職権探知主義のもとにおける審理においても、当事者が事件に関する重要な情報源であり、その情報が子の福祉等の公益を達成するための認識源として欠くことができないことが多い。[39] この当事者の手続に関する協力権ないしは協力義務の議論は、行政訴訟において活発に行われてきたところである。そこでドイツの行政訴訟における議論状況に触れてみたい。ドイツ行政裁判所法（ＶｗＧＯ）八六条一項は、「裁判所は、事実関係を職権で探知する。その際関係人は立ち会う権利を有する。裁判所は、関係人の主張や証拠の申出に拘束されない」と規定し、弁論主義の排除の下、厳しい職権探知原則を定めている。これについて、ドイツにおいては、行政訴訟が憲法価値の実現に寄与するものであることから、たとえば、基本法一九条四項（公権力によって権利を侵害された場合の訴訟による回復を保障する規定）や二〇条三項（行政、司法の法律拘束性）、九二条（司法権の担当者としての裁判官）、九七条一項（裁判官の独立）などが憲法上の根拠として挙げられている。[40] すなわち裁判所による強力な職権主義審理の下、裁判官は実体的真実の探求に務めるべきであるとされている。ドイツの行政訴訟を支配する手続上の基本原則としては、処分権主義、職権探知主義、職権運営主義（Amtsbetrieb）、口頭主義、直接主義、公開主義、審尋請求権、自由心証主義等と並んで、公正（Fairness）、武器平等などが挙げられる。[41] 特に、ドイツ行政訴訟においては、原告と被告の間の事案解明能力に関する力の差が圧倒的であることから、審理にあたっては当事者の指示（Weisung）を受けずに、独立した裁判官の職権による事実探知が行われ

なければならないとの意識が強い。このような思想的背景の下、行政訴訟においては、客観的証明責任も存在しないとまで考えられていたのである。(42) しかし、今日では職権探知主義が支配する審理においても客観的証明責任が通用することについてはすでに一致を見ている。(43) これに対して、職権探知主義が支配する行政訴訟においては、関係人の主張、証拠提出責任はないと考えられてきた。しかしそれが、関係人の協力義務の議論の登場により、揺らぎを見せるようになったのである。この関係人の協力義務と主張責任、証拠提出責任（ひいては弁論主義）とはどのような関係にあるのか興味深いところである。

関係人の協力義務の出発点は、関係人の手続主体としての地位である。関係人は手続の主体であって、裁判の客体ではない。関係人は手続に積極的に関与して、主張や証拠提出を行うことを妨げられない。このような手続における主体たる地位は、同時に責任ある地位でもある。この手続的地位には権利と同時に義務が課せられる。(44) この協力義務の法的根拠がどこにあるのかについては、見解が分かれている。ドイツ行政裁判所法一七三条は、民事訴訟法の準用規定をおいているが、これに基づいて、ＺＰＯ一三八条一項（完全陳述義務）や同一三九条（釈明権――周知のように二〇〇二年に規定が大幅に改正された）にその根拠を見いだす見解に対しては、この規定が弁論主義に基づくものであることから、行政訴訟の審理原則と整合しないと批判されている。そこで行政裁判所法八六条一項の関係人の立会権（その裏返しとしての義務）や裁判官の釈明権に関する同条三項などにその根拠が求められている。(45) 弁論主義を前提とする民事訴訟法の規定に協力義務の根拠を見いだそうとする見解と、これを意識的に否定して、行政裁判所法の職権探知主義の規定の解釈からこれを導き出そうとする見解があることは興味深い。そこでは、行政訴訟と民事訴訟とでは、職権探知主義と弁論主義といった審理原則の違いがあるものの、民事訴訟法の補充的な準用規定の意義をどのように見るかにより、協力義務の位置づけをめぐって、その違いを際だたせる方向を採るか、主張、証拠提出責任は排除されないと考えるか、いずれの解釈もあり得ることが示されている。

弁論主義の下でのみ認められるとされてきた、主張、証拠提出責任と協力義務との関係については、(46)職権探知主義では、これを排除するとの紋切り型の命題は、結局のところ放棄されることになるとの見解（Baur）や協力義務の範囲の中で主張、証拠提出責任が通用するとの見解（Redeker）がある。(47)この問題は、主張、証拠提出責任と結びつけるかどうかは別にしても、当事者の領域に関する問題について、裁判所が職権で事実を探知するとしても、当事者の主張や協力がなければ実際には、事実関係へのアクセスは困難であることから、当事者の主張、証拠提出に頼らざるを得ないことは否定できないことを表している。そうすると裁判所の職権探知もこれにより制約されることになるから、当事者（関係人）の協力義務との関連で、裁判所の職権探知義務の限界を定めることが考えられていることは容易に見て取ることができる。すなわち当事者の領域に属する事柄については、当事者から提出される主張や証拠を探知の手段とせざるを得ないが、当事者が、これを提出せず、釈明にも応じないという場合、それにもかかわらず裁判所が、広範な職権探知を行う義務はないとされる。(48)このことは、審理が直ちに弁論主義によることを意味するのではない。そこで、職権探知主義を規定する八六条が意味するのは、これが手続規定であって、協力義務の違反やそれと結びつく手続的な遮断（八七b条三項――時機に後れた主張の却下）が実体的な請求権の喪失へとつながるわけではなく、たんに裁判所の解明義務が緩和されるにすぎないと考えられている。(49)連邦行政裁判所の判例も、関係人の協力義務が関わるところでは、裁判所の探知義務に限界が存するとする。(50)これは、関係人が、裁判所によって命じられた証拠調べの完全な実施を妨げる場合に通用する。また判例によれば、協力義務は関係人に弁護士が代理人としてついている場合は、より強い協力が要請されるとする。職権探知主義は請求を基礎づける事実を弁護士の手助けによって裁判所が見いだすものではないがゆえに、弁護士によって代理された当事者が自ら申し立てない証拠調べを、たとえそのための証拠方法（証人、文書等）が存在したとしても、行わないことは、裁判所の解明義務に反するものではない。(51)すなわち証拠調べに際して当事者の協力がどうしても必要な場合や当事者の領域に属する事柄については、具体的かつ詳細な主張や証拠の申出をするなど、当事者の積極的な協力義務を認めている。これを主張、証拠提出責任と同じ基盤に立ってみるか、逆に、これは、主張責任や証拠提出責任から生じるのではなく、職権探知の限界として、結果的に当事者が不利益を負うとみるか、ドイツでは考え方が分かれている。(52)後者の方が多数といえようか。連邦行政裁判所の近時の判例の傾向は、以前に見られた厳格な職権探知主義の適用を緩和し、柔軟化に向かっているといわれているが、これに対しては、批判もあるところである。(53)なお関係人の主張が首尾一貫性を欠いていたり、不十分である場合に、裁判所は、釈明してそれを補完することを促す義務があるとされ（八六条三項の釈明、指摘義務）、関係人の審尋請求権の保障を十全に行うことが憲法上要求される（GG一〇三条一項）。

3　小　括

以上、ドイツの行政訴訟を中心に関係人（当事者）の手続協力義務の理論的位置づけを見てきた。協力義務の存在については、もはや確固たるものがある。これと職権探知主義の関係については、協力義務が職権探知を緩和するものと解する立場がある一方（判例はこの立場）、職権探知義務は裁判所がそれ以上の探知を期待できないあるいはそれが不可能であるところまで行われるべきものであり、協力義務がこれを緩和するものではないとの見解が対立している。したがって、あらゆる解明可能性を尽くしての探知がまだなされていない場合やそれが十分ではない場合には、職権探知義務違反があることになる。ただこの立場でも、それ以上の探知が期待できない、あるいはそれが不可能であることが、関係人の訴訟態度から生じることもあり得るのであって、その限りで、八六条一項に基づく関係人の協力義務の密度がこれと深く関係することは否めない。(54)

協力義務の入り込むところ、職権探知主義が停止すると考える場合でも、その範囲で、主張、証拠提出責任が生じるとする見解とこれを職権探知主義と矛盾するとして否定し、関係人が協力義務を履行しないことが職権探知の限界につながり、客観的証明責任で処理されることになるとの見解が対立している。この議論は、前述の日本の人事訴訟における職権探知主義の議論に鑑みて興味深いものがある。

(33) 以下のドイツの学説状況の考察は、筆者の時間的、能力的な問題から網羅的なものではない。非訟事件手続の審理に関する別稿でもう少し立ち入った検討を行う予定である。判タ一二三七号（二〇〇七年）四頁以下の興味深い諸論考についての評価も別稿で行う。

(34) 裁判所が証言の証拠価値を宣誓によって高めようとするとき、当事者はこれを妨げることができないことを明らかにする趣旨である。

(35) Münch. Komm, ZPO 2. Aufl. 2000 § 616（Bernreuther）S. 989.

(36) Bernreuther, a. a. O. 注(35) S. 991.

(37) Zöller=Philippi, ZPO Aufl. § 616, Anm. 2. S. 1422, Stein=Jonas=Schlosser, ZPO 21 Aufl., 1993, § 616, Anm. 2. S. 141 など参照。後者においては、「裁判所は……を探知することができる（Das Gericht kann ermitteln）」の表現（S. 142）や「裁判所の権限（Befugnis）」の表現も見られると同時に、「裁判所の職権探知義務（Amtsermittelungspflicht）」という言葉遣いも見られる。

(38) Schlosser, a. a. O. 注(37) S. 148.

(39) これを肯定する判例として、BVerwGE 19, 87, BVerwGE 46, 29 参照。

(40) 新山一雄「西ドイツにおける職権探知原則」成田頼明ほか編『行政法の諸問題㊦』（有斐閣、一九九〇年）二四五頁以下（二五一頁）参照。以下の叙述にあたっては、この論文に負うところが大きい。

(41) Berg, Grundsätze des verwaltungsgerichtlichen Verfahrens, FS für Christian-Friedlich Menger, 1985, S. 538.

(42) 新山・前掲注(40)二四九頁参照。

(43) Baur, Fritz, Einige Bemerkungen zur Beweisverteilung im Verwaltungsprozeß, FS für Bachof, 1984, S. 285.

(44) Redeker, Untersuchungsgrundsatz und Mitwirkung der Beteiligten im Verwaltungsprozeß, DVBl. 15, Januar 1981, S. 85.

(45) Baur, a. a. O. 注(43) S. 287.

(46) Baur, a. a. O. 注(43) S. 287.

(47) Redeker/von Oertzen, Verwaltungsgerichtsordnung, 13. Aufl., 2000, § 108, Anm 11, S. 795., Baur, a. a. O. 注(43) S. 287. Eyermann/Geiger, Verwaltungsgerichtsordnung, 11. Aufl. S. 713は、「職権探知義務は、訴訟関係人の協力義務が始まるとともに終わる。確かに、協力義務違反は、裁判所を原則として固有の解明義務から解放するものではないが、その範囲を狭め、個別事案によってはそれをゼロにまで引き下げる」とする。判例では、BVerwGE 67, 39, 42, BGH NJW 1990, S. 3151も証拠提出責任を認める。なお、ドイツにおいては当事者のこのような協力権、協力義務の問題を弁論主義と関係づけ、非訟事件においても、関係人に詳細な陳述によって事実関係の解明に協力する義務（弁論主義原則）を免除しているわけではないとする見解があるなど、職権探知審理の中に弁論主義が取り込まれているとの見方があることは、日本における議論との関係で興味深い。Kahl, Reformbestrebungen Amtsermittelungsgrundsatz statt Parteimaxime im familienrechtlichen Verfahren? FGPrax 2004, SS. 160ff.

(48) Redeker/von Oertzen, a. a. O. 注(47) S. 657. § 86, Anm. 17.

(49) Bader/Kaiser/Kunze/Albedyll, Verwaltungsgerichtsordnung, 2. Aufl. 2002, § 86, Anm 20, S. 837.

(50) BVerwG NJW 1964, 786.

(51) BVerwG vom 8. 7. 1964, NJW 1964, S. 786, Redeker/von Oertzen, a. a. O. 注(47) S. 659, Anm. 18.

(52) Sodan/Ziekow, Verwaltungsgerichtsordnung, 2. Aufl., 2006, S. 1576の次の叙述はこの議論の参考になるので、ここに掲げておく。（職権主義と処分権主義をめぐる）「以上の、八六条によって規定された行政訴訟の訴訟原則体系上の位置づけは、決して『原理ドグマ』（Maximen-Dogmatismus）を擁護しようというものではない。原則を類型化することの意味は、分析的、体系的な方向づけ機能（Orientierungsfunktion）にある。しかしながら、常に気をつけなければならないのは、手続諸原則が、決して、それが例外なく従うべき命令として一定の訴訟法規を「モノカルチュア（Reinkultur）」に型押しするという意味で、直接的な法準則をなすものではないという点である。すでに『弁論主義と職権探知主義』の対概念の定式化、抽象化の創始者であるターデウス・フォン・ゲンナーが手続諸原則の交錯の可能性を指摘していたのである。手続諸原則はとりわけ立法者の『武器庫の中の材料』であり、立法者は個別の手続規定を作成するにあたり、これを組み合わせて用いることもできるのである。このことは、手続法の継続的発展ならびに裁判所によるその具体的な適用によって確かめられることである」。

(53)　Sodan/Ziekow, a. a. O. 注(52) S. 1578., Ule, Verwaltungsprozessrecht 9. Aufl., 1987, § 26, S. 133ff., Grunsky, Grundlagen des Verfahrensrechts, 2. Aufl. 1974, S. 173ff. 判例については、新山・前掲注(40)二七〇頁以下も参照。
(54)　Sodan/Ziekow, a. a. O. 注(52) S. 1578.

六　人事訴訟における職権探知主義

以上の考察に基づいて、人事訴訟における職権探知主義について検討する。前述のように、従来、人事訴訟において職権探知主義は、補充性あるいは謙抑性を持つといわれていた。職権探知による審理が補充性をもつというとき、当該手続における主たる審理原則はいったい何なのかは、必ずしも明らかではなかった。二当事者対立構造で審理が行われることは間違いなく、その際まずは、当事者の弁論権に依存して審理が進められていくことが考えられているし、当事者も通常は積極的に自己の勝訴判決に向けて主張をし、証拠を提出するであろう。ところでその審理の背後に、主張、証拠提出責任を想定するか（弁論主義的運用といわれる。法律上の根拠としては、人訴法一条による民訴法の諸原則の適用が考えられる。協力義務の用語をこの趣旨で使うことも考えられる）、弁論主義とは切り離された協力義務を想定するか（ドイツ行政裁判所法八六条一項二文の趣旨を人訴法二〇条に読み込むことになろう）、いずれも議論としてはあり得るものと考える。しかし理論的にいずれが明快かといえば、当事者支配に関するいくつかの民事訴訟法の適用排除の規定との整合性などからして、後者であろう。このことは、例外的に、当事者が積極的に弁論を行わず、裁判所が職権探知の端緒を求めて、釈明権を行使するなどして、自らの義務を果たさなければならない（病理的といわれる）場面を想定しても、二〇条を根拠として直ちに引き出されることである。これを弁論主義的に理解された協力義務と釈明権で説明することもできなくはないが、人事訴訟法のもとでは多少無理があろう。

当事者の意向（自己決定権）尊重の必要からくる謙抑性については、片面的職権探知が双面的職権探知に取って代わられたことにより、その根拠の一つを失ったことになる。人訴法二〇条後段を根拠とする見解（松本説）があるが、この規定は、認定の対象になる事実関係や証拠についての反論権を保障するための規定であるから、事実や証拠方法の採用制限を直接根拠づけるものではない。当面は、立法者意思を汲んでの職権探知主義の謙抑的運用に期待するしかないのではないか。人事訴訟法の制定が漸進主義で行われたことからすると、[55] いずれ立法的解決が望まれるところである。

(55) 高橋宏志「人事訴訟法の制定において」家月五六巻四号（二〇〇四年）七五頁参照。

七　おわりに

本稿は、人事訴訟における職権探知主義をテーマに掲げながら、職権探知主義と当事者の訴訟における役割との関係に関する基礎的な問題について若干検討したにすぎない。しかも、ドイツの行政訴訟における議論との比較で職権探知と協力義務の関係を見るだけではおそらく十分とはいえないであろう。人事訴訟における職権探知主義はかくあるべきという確たる結論を出すためには、審理原則一般についての考察をすることと、職権探知主義の採用の背景にある公的利益の内容の分析と私的領域における当事者の自己決定権の関係の分析をする必要がある。また非訟事件における職権探知との比較も欠くことができない。筆者は、離婚訴訟における職権探知主義を支える公的利益は、裁量的棄却事由や過酷条項の適用に際して、子の福祉等の当事者利益を超える利益があることを想定していたが、[56] これとてもドイツでは職権探知主義が片面的であることを考えると探知のあり方はなお検討を要するように思われる（ちなみに親子関係事件も片面的である）。そのうえで、近時のいわゆる弁論主義と職権探知主義の相対化の意味するところを理論的に究明する必要もある。やり残したことが多いがひとまずここで筆を擱く。

(56)　徳田＝梶村編・前掲注(28)一六八頁。

16 非訟事件手続における職権探知主義に関する覚書――ドイツ法を中心に――

一　はじめに

私的財産に関する通常の民事訴訟においては、弁論主義が審理原則として通用している。弁論主義のもとでは、次のいわゆる三つの命題が手続のあり方を規定している。すなわち、①裁判所は、当事者の主張しない事実を裁判の資料として採用してはならない、②裁判所は、当事者間に争いのない事実（自白された事実）を裁判の資料にしなければならない、③当事者間に争いのある事実を証拠によって認定するときは、当事者の申し出た証拠によらなければならない。(1) 各命題の内包、外延について論ずべきことが多々存するが、本稿ではこれに立ち入らない。本稿の関心は、この弁論主義と対極にあるとされる職権探知主義のもとではどのような審理が行われるべきかである。これについては、職権探知主義について、これを裁判に必要な事実や証拠の収集を、訴訟当事者にまかせず、むしろ裁判所が責任をもって収集にあたる建前としたうえ、具体的には、④裁判所は当事者の主張しない事実でも裁判の資料として採用することができる、⑤裁判所は当事者間に争いのない事実（自白された事実）でも、裁判の資料として採用しないことができる、⑥裁判所は証拠調べをする際に、当事者の申し出た証拠のほかにも職権で他の証拠を取り調べることができる、と説明される[2]。もっともこのように職権探知主義を裁判所の権限と見る立場に対しては、これを裁判所の事実の確定に関する責任として、裁判所は当事者の主張しない事実を斟酌し、職権で証拠調べをすることができ、かつ必要に応じてこれをしなければならない、当事者の主張しない事実および証拠調べの結果について、当事者に意見を述べる機会を与えたうえで、当事者の主張のない事実も判決の基礎としなければならない。当事者に争いのない事実は、不要証事実ではない。事実の証明の要否を決するのは、裁判所が当該事実についての心証を得ているかどうかであり、弁論主義のもとでのように当事者の態度ではない、とする見解がある[3]。前者をもって、弁論主義と職権探知主義との境界を緩やかに解する立場と理解することが許されよう。これに対して、後者については、弁論主義と職権探知主義の違いを意識的に鋭く際だたせることを意図していると受け取ることができる[4]。

ところでこの議論は、主として人事訴訟を念頭に置いた訴訟における審理原則に関するものである[5]。これに対して、本稿は、訴訟との対比で、非訟事件手続における職権探知原則について考察するものである。訴訟手続で職権探知主義のもと審理がなされる場合でも、事件類型の多様性がそこに反映するものと考えられるが、一口に非訟事件といってもなおのこと、争訟的、非争訟的な事件類型があることから、包括的に審理原則としての職権探知主義を論じることには、慎重さが必要となることは当然であろう。非訟事件手続における職権探知を論じる難しさがそこに潜んでいる。非訟事件においては、比較法的にも（主としてドイツ法系を念頭に置いている）、職権探知主義を審理原則とする法制がとられるのが一般であるが、その具体的な使われ方、特に当事者（手続関係人）の役割は事件類型ごとに異なることがわかる。ここではそのことを意識しつつも、職権探知主義のもとにおける審理のあり方の大枠での原則といったものを考察することにする。もっともあらかじめお断りしておかなければならないのは、筆者が非訟事件手続に関する研究の途上にあって、その審理原則である職権探知主義についても、非訟事件の諸類型に鑑みて、いまだなお確たる定見に達しているわけではないということである。本稿は、そのための準備段階での中間報告にすぎない。このようなものをもって敬愛する河野正憲教授に献呈するのは、はなはだ気が引けるのであるが、つねに細心の歴史的研究ならびに比較法的研究に基づいたご論考を公にされてきた河野教授のアドヴァイスを得て、完成に向けて歩を進めて行きたいと考えている。

（1）どの教科書においてもほぼ同様の叙述がみられるが、さしあたり、中野貞一郎＝松浦馨＝鈴木正裕編『新民事訴訟法講義〔第二版補訂版〕』（有斐閣、二〇〇六年）一八八頁〔鈴木正裕〕参照。
（2）中野＝松浦＝鈴木、前掲注（1）書二〇七頁参照。
（3）松本博之＝上野泰男『民事訴訟法〔第五版〕』（弘文堂、二〇〇八年）三九頁、松本博之『人事訴訟法〔第二版〕』（弘文堂、二〇〇七年）五七頁参照。
（4）以上の議論について、門口正人編『民事証拠法大系①』（青林書院、二〇〇七年）二七頁〔笠井正俊〕参照。
（5）人事訴訟を中心とした、訴訟における職権探知主義原則のあり方について、畑瑞穂「人事訴訟における職権探知主義について」家月五六巻三号一頁（二〇〇四年）、拙稿「職権探知主義について―人事訴訟手続を中心に」井上治典先生追悼論文集『民事紛争と手続理論の現在』（法律文化社、二〇〇八年）など参照。

二　現行非訟事件手続法における職権探知原則

現行非訟事件手続法一一条は、「裁判所ハ職権ヲ以テ事実ノ探知及ヒ必要ト認ムル証拠調ヲ為スヘシ」と規定していて、職権探知主義を審理原則としている。[6]これは、非訟事件手続法の原案起草の段階で、当時のドイツの帝国議会提出法案（一八八七年）を参考にして制定されたものといわれている。[7]その際、同法案の一二条が現行非訟事件手続法一一条につながった。そのときに、非訟事件の手続原則として、「職権審理ト云フ主義」が採用されたが、[8]ここでドイツの非訟事件法（ＦＧＧ）一二条を参照して職権探知主義がとられたわけである。その際、立法趣旨として説明があったのは、職権による証拠方法の調達がなされるという点であった(9)。この規定は、その後の相次ぐ非訟事件手続法の改正に際しても変更を受けることなく、現在に至っている。逆に、その間、この規定をめぐる立法論もさして行われることがない状態が続いたことになる。

もっとも今後ともこの状態でいいかは問題である。たとえば、現在非訟事件法に関する改正案が議会に提出されているドイツにおいては、後に述べるように、職権探知の審理原則を維持しながら、当事者の役割を明確に規定する方向をとっている。すなわち、ドイツ新非訟手続法案（FGG-RG のうち FamFG）によれば(10)、二六条（職権探知）裁判所は職権で裁判に重要な事実の認定に必要な探知を行なわなければならない。二七条（関係人の協力義務）①関係人は事実関係の探知に際して協力すべきである。②関係人は事実に関する事情の説明を、完全かつ真実に見合ったかたちで行わなければならない(11)。

このような規定ぶりに至るには、二つの議論の流れがあったということができる。第一に、ドイツ憲法（ＧＧ）一〇三条一項の審尋請求権は、非訟事件手続においても保障されるとの憲法裁判所の立場ならびにこれを支持する学説の蓄積である。第二には、事実解明のための手続協力義務が非訟事件手続の関係人にも課せられるとの議論の蓄積である。非訟手続における協力義務（Mitwirkungspflicht）はこの議論の延長と考えてよいであろう。このような議論は、すでに日本においても、ドイツの議論の影響を受けて、行われてきたところである。非訟事件手続における関係人の手続保障については、山木戸克己「訴訟における当事者権―訴訟と非訟の手続構造の差異に関する一試論」が草分け的な役割を果たし、その後、鈴木忠一「非訟事件における正当な手続の保障」が当時のドイツの議論を踏まえたうえでこの問題を展開して、これまた学説史上の重要な位置づけをかちえた。ただその後のフォローが十分に行われてきたかというと、必ずしもそうとはいえない状況であった。もっとも近時この問題への関心は高まりつつある(12)。しかしなお詰める必要はあるであろうし、その際、ドイツを中心とした比較法的な研究は不可避のものといってよい。非訟事件手続における事実解明義務ないしは手続関係人の協力義務についてもすでに一定の議論状況が示されているところであり[13]、また遺産分割審判手続を主として、審判手続の当事者主義的運用が提唱されてきたところである[14]。これらの議論は、言葉を換えていえば、行き着くところ、非訟事件手続における当事者（手続関係人）の役割の思想的な転換を迫るものであった。しかしながら、日本においては、裁判手続における当事者、非訟事件手続でいえば手続関係人の裁判主体性が叫ばれて久しいにもかかわらず、非訟事件手続における職権探知原則とこれらの議論との係わりについて、いまだその関係が明確に実務に示されているとはいえない状況にあると思われる。そこで、非訟事件手続法の母法国であるドイツにおけるその議論の蓄積の膨大さとその影響の強さに鑑みて、裁判所と当事者の役割分担に関し、そろそろ、日本も、その方向転換を明確にした審理のあり方を探るべき時期に来ているのではないかと考える。その意味では、母法国やその周辺国々、たとえばすでに新しい非訟事件手続法（Außerstreitgesetz）が二〇〇五年一月一日から施行されているオーストリアなどの議論状況をここで再び顧みることには意義があるものと考える[15]。

（6）　明治三一年法律第一四号（明治三一年七月一六日施行）。それ以前に、いわゆる旧非訟事件手続法（明治二三年法律第九五号、明治二六年一月一日施行の予定であったが、旧民法の付属法典としての位置づけから、旧民法と同様、施行されないまま廃止された）が制定されていたが、その立法過程の経緯の詳細を知る手がかりとなる資料が見あたらないようである。岡垣学「非訟事件手続法の制定と改正―第一編総則と過料に関する審議を中心として―㈠」民商七二巻四号一三五頁（一九七五年）、伊東乾＝三井哲夫編『注解非訟事件手続法〔改訂〕』〔栗田陸雄〕（青林書院、一九九五年）一〇三頁参照。現行法はその改正として総則を設け、手続規定を加えることとしたものである。岡垣・前掲一三六頁、一三八頁、伊東＝三井編・前掲書一一二頁参照。

（7）　鈴木『研究』二七二頁（注一二）、岡垣・前掲注（6）一四一頁（注一）参照。なおドイツの一八九八年五月一七日制定（一九〇〇年一月一日施行）の非訟事件法については、飯倉一郎「非訴事件の変遷とその分析」國學院法学五巻四号一九〇

頁（一九六八年）、佐上善和「古典的非訟事件研究の序説・(二・完)」民商六七巻五号二八頁（一九七三年）、伊東＝三井編・前掲注(6)五九頁など参照。

(8)　岡垣・前掲注(6)民商七二巻五号一六七頁、伊東＝三井編・前掲注(6)一一二頁。

(9)　立法趣旨は、河村譲三郎により以下のように説明されている。「十条ハ期日、期間、疎明ノ方法、人証及ヒ鑑定ニ関スル民事訴訟法ノ規定ハ非訟事件ニ之ヲ準用スルト云フコトニ致シマシタ　其他ノ証拠調ノ方法ハ之ヲ準用致シマセヌ考ヘテアリマスソレハ十一条ノ規定ニ依リマシテ裁判所カ総テ職権ヲ以テ調査ヲシナケレバナラヌコトニ致シタノデアリマスソレデ此人証、鑑定外ニ或ハ書類ノ取寄セヲ命スルトカ何トカ云フ必要ノアル場合ニハ職権ヲ以テソレダケノ手続ヲスルコトガ出来ルト云フコトニ致シマシタ別ニ他ノ証拠方法ヲ此処ヘ準用スルト云フ必要ハアリマセヌ其手続ハモウ便宜ニヤツテ宜シカラウト云フ考ヘデアリマス」。岡垣・前掲注(6)一四九頁参照。

(10)　筆者が参照したのは、Entwurf eines Gesetzes zur Reform des Verfahrens in Familiensachen und in den Angelegenheiten der freiwilligen Gerichtsbarkeit（FGG-Reformgesetz FGG-RG）BT Drucksache 16/6308 17. 19. 2007である。なお、改正法については、いずれ別稿で紹介するつもりでいるが、現段階ではまだ修正の可能性があるので、今しばらく静観する必要がある。なお改正の趣旨及び概要については、参事官草案を基にしたものであるが、立案担当者の解説が有益である。Meyer-Seitz/Kröger/Heiter, Auf dem Weg zu einem modernen Familienverfahrensrecht—die familienverfahrensrechtlichen Regelungen im Entwurf eines FamFG, FamRZ 2005, 1430-1437.

(11)　ちなみにオーストリア非訟事件法も、一六条一項で「裁判所は職権で、すべての裁判の基礎となる事実が解明されるよう配慮しなければならず、またかような事実の指示するところをすべて斟酌しなければならない」、同二項で、「当事者は、完全かつ真実に見合った形で、彼らが知っている、裁判の基礎となる事実と証拠を主張ないしは提供しなければならず、かつ裁判所の求釈明に答えなければならない」として、ドイツの法案と同趣旨の規定をおいている。特に、第二項により、当事者の主張が指示するところを探知のきっかけにするという意味で、職権探知主義は当事者の協力義務の保障を前提として成り立つものであり、訴訟促進義務とも関連する当事者のこの義務は、職権探知を補完するものとされる。Rechberger, AußStrG, Kommentar, 2006, S. 87f., Klicka/Oberhammer/Domej, Außerstreitverfahren, 4. Aufl., 2006, S. 33ff., Mayr/Fucik, Das neue Verfahren außer Streitsachen, 3. Aufl. 2006, S. 62.

(12)　拙稿「家事審判と手続保障」『吉村古稀』一一〇頁〔本書四三七頁〕、遠藤賢治「人事訴訟における事実の調査と手続保障」曹時五六巻一二号一頁（二〇〇四年）、さらに、判例タイムズ一二三七号（二〇〇七年）に掲載された、家事審判手続における職権探知主義と手続保障に関する以下の一連の論考は、まさに本稿の問題意識と重なるものであって興味深くかつ示唆的である。平田厚「乙類審判事件に関する当事者主義的運用の意義と問題点」五頁、若林昌子「手続的透明性の視点から」一五頁、古谷健二郎「実務の視点からの整理及び実感」二三頁、高田裕成「家事審判事件における手続保障論の輪郭」三三頁。

(13)　有紀新「非訟事件における手続関係人の手続協力義務（事案解明義務）」青山法学論集一四巻四号一頁（一九七三年）、佐上善和「非訟事件における手続権保障と関係人の事案解明義務—ドイツにおける非訟事件手続法改正草案を契機として—」『吉川追悼㊦』二二頁など参照。有紀論文は、非訟事件における手続関係人を手続の客体（たんなる情報源）と見ることと手続協力義務（事案解明義務）を関係づけることを否定し、これを手続主体としての地位（ならびにそこから帰結される責任）と結びつけることを議論の前提に据える。そのうえで、非訟事件における職権探知主義の内容、すなわち事案の審理、解明に関する裁判所と手続関係人間の権能、義務の分配に関して、三つのタイプが考えられるが、そのうち、裁判資料の提出、立証等は第一次的には手続関係人の権能かつ義務であって、裁判所はただ資料収集の方向、範囲、限度を決定し、これに基づいて提出された資料の取捨、選択、立証の指示等をなすことをその任務とするものであるが、公益の維持、手続関係人の後見、保護等の必要がある場合または資料に欠缺がある場合は、裁判所も手続関係人と相ならんでまたは二次的、補完的に職権探知ないし職権証拠調べをなすことができるし、またしなければならないとの注目すべき見解を主張している（一五頁）。職権探知が補完的というのは、人事訴訟における実務の通常の意識につながるものがあるが、これについては、批判のあることについて、拙稿・前掲注(5)参照。

(14)　吉村徳重「家事審判手続の当事者主義的運用?」民訴雑誌三五号一四一頁（一九八九年）〔『紛争』一四六頁〕、池尻郁夫「遺産分割審判手続における事実・証拠の提出責任」愛媛法学会雑誌一七巻一号六八頁（一九九〇年）、同「遺産分割審判手続の当事者主義的運用に関する一考察」民訴雑誌三七号一二四頁（一九九一年）、東京家庭裁判所家事第5部編著『遺産分割事件処理の実情と課題』三四頁（判タ一二三七号・二〇〇四年）など参照。

(15)　オーストリア非訟法については、現在ドイツと併行して調査を進めているところであるが、本稿では、紙数の関係から、主としてドイツを取り上げ、オーストリアの状況については、適宜引用するにとどめ、包括的な紹介は別の機会に譲ることにする。

三　ドイツ非訟事件手続法における職権探知主義（ＦＧＧ一二条）[16]

1　職権探知主義の根拠

非訟事件といっても、裁判所が後見的に監護作用（Rechtsfürsorge）を発揮する古典的な領域から真正争訟事件（echtes Streitverfahren）までかなり幅広い事件類型が存在する。その審理原則をひとまとめに職権探知主義で行う場合でも、裁判所と当事者の役割分担が多様になることは、容易に見て取ることができよう。ただ、共通していえることは、手続開始について、申立による場合と職権による場合とがあるとはいえ、前者であっても直ちに処分権主義が貫徹されるわけではないことである。なぜならその場合でも手続関係人の処分権が手続対象全般にわたって及ぶ財産訴訟事件とは異なるからである。すなわち非訟事件においては、実体権の処分が制限を受けているのであり、それゆえ、議論はあるが、真正争訟事件のような訴訟事件に近い類型の非訟事件においても、請求を放棄、認諾することや欠席裁判によって手続を終了させることは排除されるのである。[17]このような性質は、弁論主義とは相容れないものをもつ。裁判所が事実資料の調達について権限ないしは責任を負う、職権探知主義が審理原則として採用される所以である。[18]

2　職権探知の具体的な顕現

非訟手続においては、裁判所が、裁判の基礎となる客観的事実を解明しなければならない。[19]すなわちここでは実体的真実の原則が通用する。それゆえ裁判所は、裁判の基礎となる事実の認定に際して、関係人の主張や証拠の申し出に拘束されることはなく、またその指示を受けることもない。関係人間で自白された事実についても、それが正当であるかの審理をすることなく裁判の基礎とすることは許されない。まして関係人の矛盾する陳述については、事実関係の解明が必要となる。もっとも非訟手続においても、真実義務に関するＺＰＯ一三八条一項は類推適用されるのであり、関係人の真実義務に違反する主張を裁判所は排除しなければならない。裁判にとって重要な事実の認定の手段は、必要な探知を行うことと適切な証拠を取り調べることである。裁判所は、こういった措置を、個別事例の状況に合わせて、義務的裁量で行わなければならない。[20]探知の方向は、手続の具体的な目的と適用法規範によって決まる。それゆえ、裁判所の職権による解明義務は、たとえば時効といった抗弁権を基礎づけるのに役立つ事実については、それが主張されていない限り、それに及ぶことはない。[21]抗告審や再抗告審においても職権探知主義が通用することは当然としても、探知の範囲が、本案の基礎となる事実のみならず、抗告（再抗告）の適法性の要件となる事実にまで及ぶかについては、争いがある。[22]しかし、職権探知に関して、本案に関する実体法上の要件となる事実と訴訟要件に関する手続法上の要件となる事実とを区別する根拠に乏しいことから、一二条の適用を制限する必要があるかは疑わしいとされる。[23]この見解によれば、裁判所は、関係人の主張する抗告理由に拘束されることなく、抗告を理由づける事実について必要な探知を行うべきであるし、第一審の事実関係からすると抗告に理由があるように思われる場合であっても、探知によって明らかとなった新たな事実に基づいて抗告を棄却することも可能である。

職権探知の態様として、裁判所は、方式に従った証拠調べをするのか、無方式で行うのかを義務的裁量で判断する。一二条は、いわゆる自由な証明（①証拠方法が無制限、②証拠調べのための方式が自由）を許している。[24]問題は、むしろ無方式な探知が適正な裁判のためのより確実な資料を獲得できるかである。[25]自由な証明が用いられた場合、証拠調べの直接主義の原則は通用しないが（但し、自由証明手続でも、口頭で審問が行われる場合には、必要に応じて、関係人が手続に関与する権利を有する）、[26]その場合でも、その実施の結果認められる事実については、関係人の審尋が保障されなければならないことには注意が必要とされる。[27]

3　他裁判所の裁判ないしは行政機関の判断と非訟手続の拘束関係

非訟手続の手続要件としては、一般的に、事物管轄、土地管轄、機能管轄、国際管轄などの管轄関係、関係人能力や手続能力、申立事件については、方式に則った期限内での申立の存在や申立権限やその権利保護の必要性、手続担当については第三者の権利主張のための授権、管轄が競合する際の多重的な手続係属を避けるための最初の事件が係属した裁判所の優先性、外国で係属した事件については、外国判決の承認が予測されることなどが挙げられる。また真正争訟事件では、仲裁廷の管轄が合意されている限りで、仲裁合意の抗弁について、訴え提起を不適法とするZPO一〇三二条が類推適用される。また、手続障害（Verfahrenshindernis）が存在する場合、申立手続、特に真正争訟事件において、申立は不適法として却下される。民事訴訟においてすべての訴訟要件が、遅くとも上告審における口頭弁論の終結時までに存在しなければならないのと同様に、非訟手続のためにも、再抗告審における裁判の言い渡しまでに手続要件が揃っていなければならない[28]。

非訟事件の裁判が、争いある権利関係の判断を前提とする場合、非訟裁判所は、必要な探知を自ら行い、かつこの前提問題に関して固有の判断を行わなければならない。このことは特に、たとえば、国際管轄の審理の際や国際私法における連結点として国籍といった公法上の前提問題が問われる場合でも通用する。法形成的な行政行為は、どのような場合でも、非訟裁判所を拘束する。これに対して、給付を命じたり、確認的な行政行為は例外的にのみ非訟裁判所を拘束する。すなわち、それらに斟酌されなければならない法律要件的効果が付される場合である。行政裁判所の確定判決に、非訟裁判所は、既判力の範囲内で拘束される[29]。これに対して、行政裁判所の形成判決はただちに拘束力を有する。非訟裁判所が、公法上の前提問題が行政行為によって判断されているとみなす場合でも、それらが法適合的になされ、撤回や取消ができない状態になっている（bestandskräftig）かどうかの審理をしなければならない。これに対してその実体的な正当性は審理の必要なく、その無効の場合に拘束力が欠落するのみである。私法上の領域から生じる前提問題の判断もまた、非訟裁判所が自らこれを行わなければならない。しかしながら、形成判決が問題となる場合には、民事裁判の判決に拘束される。[30]その他については、非訟裁判所は、ZPO三二五条以下の顧慮のもと、その既判力の範囲でのみ民事判決に拘束される。したがって関係人が前訴訟の当事者ないしは権利承継人と同一人である限りで、拘束力が働く。非訟手続に前訴訟の当事者や承継人とは異なる関係人がいる限り、拘束力は全体として働かない。[31]

非訟手続の中止（Aussetzung）について、FGGは何ら規定していない。これは、中止すべき手続における裁判が、他の、すでに係属している手続における裁判に依存しており（ZPO一四八条の意味における先決性を有する）、かつ中止による裁判の遅延を関係人に要求できるときに正当化される。これに対して、中止される裁判に対して、他の裁判手続において、そこで行われる証拠の評価が、こちらの手続に意味を持つという趣旨で依存関係があるなど、一定の重要な影響を持つというだけでは、これを正当化するに十分ではない。中止は抗告手続においても行われうる。裁判所には、義務的裁量による中止権限があるのであって、一般的には、中止する義務はない。その際、個別の手続の特殊な性格と関係人の利益が、中止が合目的的であるかの審理に際して、斟酌されなければならない。自由剥奪手続（Freiheitentziehungsverfahren）等の緊急性を要する手続では、一般的に、中止はおよそ問題とならない。その場合には、仮の命令（六九条以下）による適切な措置で対応することになる。この中止に関する原則は、他の、すでに係属する手続において、前提問題に関し、非訟裁判所に対しても拘束力を持って裁判がなされる場合にも通用する。たしかに、右の場合において、中止がなされるべきかどうかの裁量判断に際して、訴訟経済の観点や複数の異なる手続における統一的判断の達成努力が前面に置かれることはふさわしいことである。しかし、中止が、最初に係属した手続における関係人による先決的権利関係の解明を目的とする場合には、適法とはいえない。前提問題について、係属裁判所がむしろ自ら裁判しなければならないからである。民事訴訟におけると同様に、非訟手続においても、中止は、ZPO一四八条の準用のもと、手続関係人の審尋の後に、訴訟指揮上の命令によって行われる。その法的効果は、手続の中断、中止の効果に関するZPO二四九条により生じる。中止は、中立事件では中立人の同意に依存しない。非訟事件においても、手続の中止は、民事訴訟におけると同じように、併行して行われる手続における同じ法律問題の裁判による負担加重の回避ならびに矛盾する裁判を阻止することに資するものである。それは公的利益に関することであるから、手続関係人の同意とは無関係に行われる。このことは民事訴訟よりもなお非訟手続に通用することである。けだし、非訟事件手続において、裁判官は、比較的合目的的な手続形成の余地を広くもっているからである。その際、手続関係人の利益は、手続関係人に、通常、中止決定に対して、期限の定めのない上訴が認められていることによって十分に保護されている。さらに手続を中止する訴訟指揮上の命令は、いつでも、それがもはや正当ではないことがわかった時点で職権によって変更されうることが関係人の利益につながる。(32)

4　職権探知の範囲と手続関係人の協力義務(33)

探知の範囲に関して、FGG一二条は、「事実の認定のために『必要な』探知」という言葉を使っている。したがって職権によって開始と実施がなされる探知は、事案に必要な範囲（広さ）で行われることになる。しかし具体的な範囲と密度がどれほど要求されるのかについて、一二条は一般的抽象的にしか規定していない。裁判所の義務的裁量によってそれは判断されることになる。その際、適用される実体法規定の法律要件が探知の方向と範囲を決め、これを限界づける。ということは、個別事例の状況に即して決められることを意味する。裁判所は、職権探知原則だからといって考えられる限りのあらゆる可能性を追求しなければならないというわけではない。探知義務ないしは解明義務は、関係人の主張やすでに確定された事実関係がそのためのきっかけを提供する限りでのみ存するのである。裁判所は関係人の証拠の申し出に拘束されることはない。法的根拠に基づいてそれは重要ではないと考えるときは、それを採用しないことができるのみならず、申し出られた証拠がその他の探知の結果から、不必要ないしは有用ではないと考えるときは、これを斟酌する義務はない。しかしまた関係人の主張にはないものにまでこれが及ぶことがあり得る。それは関係人によって摘示された事実以外の事実を、解明の必要があると見て、自らその他の証拠方法を持ち込むことによって、関係人の主張を超えることも許される。事実関係が完全に解明された結果、それ以上証拠調べをしてももはや有用かつ裁判に影響を与える結果が期待され得ない事態になったとき、探知は終了する。したがって関係人が申し出た証拠をすべて取り調べなければならないというわけではない。逆に、裁判に重要な事実の探知を、事実の詳細が関係人によって主張されないことを理由に、行わないことは許されない。裁判所はむしろ完全な陳述（主張）に向けて適切な指摘をしなければならない。実体的訴訟指揮に関するＺＰＯ一三九条一項から三項が規定する釈明、解明義務は、非訟手続においても、職権による解明義務から直ちに引き出される。裁判にとって重要な事実の探知は、ある証拠を調べても有用なことが引き出される可能性が全く排除されるとき、それをせずに済ませることが許される。裁判所は、重要な主張や意味のある証拠資料が、関係人に定められた釈明のための期間を徒過した後に提出された場合、また裁判のための合議や裁判書が作成された後であっても、言い渡し前に提出されたものであれば、これを斟酌する義務を負う。それどころか裁判所の処分の変更に関するＦＧＧ一八条〔現 FamFG 四八条〕に鑑みて、裁判の言い渡しの後あるいは抗告の提起の後であっても、これを斟酌しなければならない。ただし二九条三項（第一審裁判所と地方裁判所は再抗告を取り扱う権限を有しないとする規定〔現 FamFG 七四条参照〕）に鑑みて、原則として、再抗告の提起の後は、斟酌する義務を負わない。(34)

関係人の協力義務についていえば、特に真正争訟事件やすべての申立事件においては、職権探知主義をとったからといって、関係人が、詳細な事実の主張によって事実関係の解明に協力する義務（証拠提出原則、陳述・情報提供責任）、さらに相手方関係人の主張の重要な点について、正確かつ包括的に自らの意見を表明する義務を免れることにはならない。関係人は、自らがこの義務を怠る場合、裁判所が事実関係の解明のために、職権で、あらゆる可能性を追求してくれるものと期待することはできない。職権探知原則の通用にもかかわらず、しばしば関係人の摘示や示唆が、裁判所にとって、具体的な探知を行うきっかけとなるのである。解明義務や探知義務が裁判所に課せられるのは、一般的に、事実関係それ自体や関係人の主張ないしは適用される法条の要件事実が、慎重に審理するに際して、そのためのきっかけを与えてくれる場合だけである。関係人の陳述責任（Darlegungslast）は、裁判所が、事案の解明に際して、関係人の協力を要求する程度で要請される。そのことは特に、関係人のきわめて個人的な生活領域での出来事が探知の対象になるような事例で通用する。(35)

非訟事件手続においても、裁判所は、関係人がその有利な事情を自ら主張することを要求できる場合や関係人がそういった事情を知っていることが認められる場合には、裁判所に課せられた解明義務に違反しない。事実関係をさらに解明する裁判所の義務は、関係人が、有利な裁判を獲得するために、必要な説明を行い、証拠方法を摘示するかまたは提出することができるところでは、制限される。関係人に有利な例外的要件の存在については、それを援用する関係人がその事実を主張しなければならない。これらのことは、手続関係人の役割が、民事訴訟における当事者に似る、私法上の争訟手続において特に通用する。それゆえ裁判所は、関係人が争わない旨の主張をする場合には、通常は、それ以上の探知を行う必要はない。しかしだからといってこの場合に、相手方関係人の主張について、その違反が擬制自白に結びつくような、ＺＰＯ一三八条の意味での釈明義務が存在するものではない。職権開始手続において、また相続証書手続のように裁判所の監護義務が前面に出るような申立手続において、関係人が相手方の主張を争わない態度を示したり、すべての関係人の一致した申立があったとしても、原則としてこれに裁判所が拘束されることはない。主張された事実の正当性に疑いがあるときには、裁判所はこれを究明しなければならないし、場合によっては、何ら意見表明をしなかった関係人を審問しなければならない。

関係人により証拠の申し出がなされたとき、裁判所は、すでに心証ができあがっていること理由にこれを拒むことは許されない。但し、主張された事実の真実性について確信を持っている場合は別である。証拠方法の却下が、証拠評価の不適切な先取りにつながることは許されない。裁判所が、遺言の補充的な解釈に際して、その明確な文言から離れようとするとき、被相続人の最後の意思は遺言の文言に示されている旨の証言をする証人を尋問しなければ、それは法律上の瑕疵ある判断である。証言の証拠価値が疑わしい場合であっても、それは証拠評価の問題であって、尋問すべきかどうかの問題ではない(36)。

この関係人の協力義務が履行されなかった場合の制裁は、制限的である(37)。関係人が協力義務を拒み、なおかつ他に探知のきっかけが存在しないときには、裁判所は、それ以上の探知行為をしなくても、職権探知義務を十分に尽したことになる。

5　手続関係人の審尋請求権

ＦＧＧには、裁判所が関係人を審尋する義務を負うとの一般的な規定はない。今日のドイツでは、事案の解明のための関係人の審問とＧＧ一〇三条一項の審尋保障のための審問とは区別されるべきであるといわれている(38)。事実関係解明のための関係人の審問については、一二条の原則が通用する。すなわち事実関係解明のために審問という手段を使うかどうか、使うとしてどの範囲でかは、裁判所の義務的裁量によって決まる。もっとも、適切な探知との関係では、通常は審問が必要である。審問は事実審裁判官の重要な認識源である。これに対して、ＧＧ一〇三条一項（ないしはバイエルン憲法九一条一項）の定める審尋を求める権利の保障は、まず第一に、裁判手続に関係する者の、ＧＧ一条一項の尊厳を守るものである。すなわち関係人の頭越しに権威主義的に処分がなされることを防ぐものである。むしろ関係人には、場合によっては彼の権利が侵害されることになるような裁判の前に、自ら手続に関与し、意見を表明し、申立や主張をすることによって裁判に影響を及ぼす機会が与えられるべきである。たとえ手続の基礎となる事実関係の心証が関係人の審問なしに形成可能であるとしてもである(39)。ＧＧ一〇三条一項は、直接妥当する手続法を含むものである。このことは、法律に規定があるか否かとは関係なく、職権探知主義のもとでの手続のためにも通用することである。この憲法の規定は、それゆえ非訟手続においても顧慮されなければならない。非訟手続もGG九二条の意味での司法に属することから、審尋は非訟事件のあらゆる手続態様で保障されなければばらない。これは真正争訟事件のような実体的な意味での司法か、実質的には裁判上の行政行為か、司法監護上の行為（Rechtspflegeakte）かの区別に関わりなく妥当する。審尋保障の義務は、司法補助官（Rechtspfleger）による手続でも通用することであるが、連邦憲法裁判所によれば、GG一〇三条一項は、もっぱら憲法ならびに裁判所構成法の意味での裁判官によるものであるから、司法補助官の前の手続については、GG二〇条三項の法治国家原理を根拠とするとする。この原理から公正手続請求権と審尋請求権が引き出されるとする。(40) もっともこの判例は、学説の批判の対象となっているところであるが、司法補助官による手続における関係人の審尋保障に関する憲法上の根拠をどこに置くかは、実務の取扱の違いをもたらさない関係で、議論の実益が疑わしいとされる。(41) 関係人の審問が特別に規定されている限り、GG一〇三条一項の審尋保障のための審問も、特別規定を根拠として行われることになるが、場合によってはその規定の憲法適合性の審査が必要となる。その場合でもできる限り、憲法適合的解釈が行われるべきである。GG一〇三条一項の審尋請求権は、基本法上の権利であると同時に法律上の原理でもある。それは法治国家原理を保障し、かつ裁判手続における人間の尊厳の保護に資するものである。基本法によって保護される手続関係人の人格権が広範囲に侵害を受ける非訟手続において、判例によって定着した、「GG一〇三条一項は、審尋の最小限を保障するものである」との定式が、この規定から生じる個人の権利と手続法上の義務の制限的な解釈につながることは許されない。GG一〇三条一項による審尋保障は、関係人が固有の権利を追求するのかどうか、その権利が憲法上の地位を持つものかどうかとは関わりのないことである。GG一〇三条一項は、裁判手続の質を保証することになる一般的な権利保護標準を示しているのである。

審尋請求権は「何人も（jedermann）」持つ権利であるが、具体的な手続においては、この権利は、当該手続でなされる裁判によって直接法的に関わりを持つ者に保障されるものである。実体的な利益の保護のために手続に関与するすべての者が形式的関係人であり、その実体的な法的地位がすでに言い渡された、或いは言い渡しが待たれる裁判によって侵害を受けるかもしくはその可能性がある者が実質的関係人である。現行手続法からは、実質的関係人に、形式的関係人としても手続に関与することを可能にするような確たる規律は引き出されない。この欠缺は、GG一〇三条一項によって埋められるものである。裁判が、それが言い渡されたないしは言い渡されることになる手続への形式的関係人だけではなく、その事件に実質的に関係するすべての者に対して効力を有することに鑑みて、実質的関係人は審尋請求権を持つ。それは、実質的関係人に、彼らが形式的関係人として手続に引き込まれることによって与えられる。そのことは、連邦憲法裁判所も含めて、裁判所が繰り返し判示してきたところである(42)。手続の相手方であるがゆえに、あるいは裁判によって固有の法的地位に関係させられるがゆえに、手続に引き込まれる官庁は、形式的にも実質的にも手続関係人である。官庁は、GG一〇三条一項により審尋請求権を持ち、その侵害に際しては憲法訴願を提起することができる。それ以外に、公益を維持するため、或いは裁判所の探知の一助として官庁が手続に引き込まれる場合がある。たとえば青少年庁（Jugendamt）が後見事件においては四九条〔現FamFG一九四条、一九五条〕により、家事事件においては四九a条〔現FamFG一六二条〕により審問を受ける場合がそれにあたる。こういったことは他官庁についても起こりうるのであるが、この場合でも官庁は、裁判所に対する援助義務を果たすことにより、また必要な場合には、鑑定によって意見を述べるからといって、手続関係人になるわけではない。裁判所がその援助を利用しない場合、FGG一二条〔現FamFG二六条〕に抵触することはあるとしても、GG一〇三条一項に違反することはない。しかしながら、当該官庁が、実質的に関係することはないとしても、申立をしたり、上訴の提起をすることによって手続に関与する権利が明示的に与えられている場合には、別の判断になる。たとえば、FGG五七条一項九号〔現FamFG五九条〕によって青少年庁が、子供または被後見人の監護に関する第一審の裁判に対して抗告を提起する権利を持つ場合がそれにあたる。この抗告権の行使により、青少年庁は形式的に手続関係人になり、その後は、GG一〇三条一項によって審尋請求権をも持つことになる。この抗告権が、青少年庁に、審尋請求権を携えて第一審手続に形式的に関与する権限を与えるのである。(43)

GG一〇三条一項の審尋の内容と範囲に関連して、まず、連邦憲法裁判所は、裁判所が、手続関係人の不利益に事実や証拠結果を裁判の基礎にする場合には、それについて手続関係人が事前に意見表明の機会を与える義務を引き出している。(44)その可能性は、手続関係人が、その手続の開始を知らされることによって、その手続に（形式的、実質的）関係人として関与することによって開かれる。個別的には、関係人の審尋請求権は、次の措置によって保障される。第一に、関係人は手続資料について知らされることである。第二に、関係人が事前に態度を表明することができなかった事実や証拠結果を利用することは許されないことである。第三に、裁判所が関係人の主張を受け、それを裁判に際して斟酌しなければならないことである。それぞれについて多少コメントすれば、第一については、相手方関係人の主張内容や提出書類について知らされ、ないしは閲覧する権利が保障されることである。このことは、第三者が提供した手続情報についても同じく通用する。問題は、たとえば関係人が提出した書類を相手方関係人に開示することを認めない旨の主張をする場合である。この場合、原則として、全く相手方に開示されなかった資料を裁判の基礎に使うことは許されないとされる。この点で難しいのは、手続関係人による無制限の記録閲覧や手続資料の包括的な開示が、一定の事実や証拠方法に関する個人の秘密保持の利益と対立する場合である。裁判所が、それにもかかわらず例外的にこの資料を使おうとする限り、手続関係人には少なくとも、その重要な、特に関係人に不利益が及ぶ内容を、口頭であるいは記録の抜粋を与えることによって知らせる必要がある。裁判所は、手続関係人に情報提供者や証人の名前を秘匿することは許されず、手続関係人がそれについて問い合わせをすることを妨げることは許されない。しかしそれでもなお、関係人の福祉やとりわけ健康についての配慮から、探知された事実や証拠方法を完全に開示することを禁ずることはあり得る。

このような視点のもとで、特に、世話手続や強制収容手続において提出された鑑定人の鑑定を開示することには疑念が生じる。青少年に対する医者や心理学者の鑑定を公表するに際しても、それがその成長に好ましくない効果を生じる虞れがある場合には、謙抑が要請される。このような場合には、裁判所は、手続関係人を期日に立ち会わせるかも含めて、丸ごとの公表をすることは控え、その重要な点や探知結果の内容を上手に工夫して知らせる方法をとるべきである。この場合、審尋の制限がなされることになるが、関係人の福祉を考えると、審尋保障の権利と国家の後見行為とのバランスが問われるのであるから、その措置は正当化される。また証拠調べ手続における当事者公開の原則は、たとえば親の行為に関する子供の証言の事例を考えると、手続関係人の不在の場合にのみ公正な証言が期待できるときには、真実探求の利益において、例外的に制限を受けるとすべきである。その場合でも、不在の期日に行われた審問と証言の内容の重要部分は同じように手続関係人に知らされなければならないのは自明である(45)。

第二の態度表明の権利についてであるが、関係人には、裁判にとって重要な手続資料を知った上で、審尋請求権の実現のために態度を決める可能性が与えられる必要がある。審尋原則は、確かに、関係人に態度決定の機会が与えられることを要求するだけであって、これを行使することまで要求するものではない。関係人には、申立をし、事実や法的見解の主張や証拠方法を提出することによって、これを詳細に根拠づける可能性が与えられなければならない。しかしGG一〇三条一項は、裁判所に、関係人が釈明によって適切な申立や証拠の申し出をすることまで義務づけているわけではない。非訟事件のように、特に職権探知原則のもとで行われる手続において、能力に欠けた、法律的に十分な代理をされていない手続関係人について、かような義務が存するが、それは釈明権に関するZPO一三九条から生じるのである。ZPO一三九条の釈明義務違反が、例外的にGG一〇三条一項違反となるのは、手続関係人が裁判所の釈明を受けることなしに、一定の事実について態度表明をし、一定の手続法上のイニシャティブをとったと思っているのに実はそうではなかったという場合である(46)。

第三に、関係人の主張を斟酌する義務についてであるが、審尋原則は、裁判所に、関係人の申立や主張を斟酌すること、すなわち関係人の主張を受けて、これを裁判に際して考慮することを義務づけるものである[47]。そのことはなにも関係人の主張の一つ一つに裁判理由で応答しなければならないことを意味するわけではない。裁判所にそのような義務はない。しかし関係人の主張する事実や提出された証拠のうち重要な攻撃防御方法で、裁判所が裁判の基礎になる実体法上の観点から重要であるとみる限りで、これに言及する義務を負う。ただその際、非訟裁判所は、民事訴訟におけるとは異なり、職権探知原則に鑑みて、その他の探知結果からそれが有用ではないと考えるとき、関係人の証拠申出に応じる義務は負わない。もっとも関係人の主張がおよそ受け取られなかったかあるいは少なくとも十分に考慮に入れられなかった場合には、GG一〇三条違反となる。裁判所が、裁判理由の中で、手続の結果に重要な意味を持つ問題に関する、関係人の事実陳述の中核となる部分に立ち入った言及をしなければ、裁判所の立場からは直ちに不要であり、その後の事案解明のきっかけにもならないことが明らかな場合は別として、その主張は斟酌されなかったと帰結される。有効な審尋の保障を求める請求権は、裁判所が、関係人の提出書面を本案に関する陳述に基づいて審理する十分な時間をとらなかったことによっても違反となりうる[48]。

一〇三条一項の意味するところが、自らの権利の侵害になるかもしれない裁判の前に、関係人が、その手続と結果に影響を及ぼすことができるために、意見を表明するということであれば、それは何も事実に関する陳述だけではなく、法的な見解を表明する権利をも含むものである。それにもかかわらず、一〇三条一項からは、包括的な裁判所の釈明、解明、情報提供義務は出てこないのである。裁判所に対する憲法上の要請は、ただ、そうしなければ審尋請求権が空虚なものになるという場合に、裁判所が裁判の基礎にしようとしている法的見解を関係人に伝える義務を負うということである。考えられる法的観点が複数存在するときに、裁判所の法的見解がわからなければ、関係人にとってそれが審尋請求権の拒絶に等しいことになりかねないからである。裁判所の採用する法的観点を変更する場合も、同じように、これを関係人に伝えて不意打ちを防ぐことが審尋請求権の保障から要請される。もっとも一〇三条一項は、裁判所にさまざまな法的観点の可能性があるときに、なんとしても関係人とこれについて詳細に議論するという意味での法的討論（Rechtsgespräch）を行うことを要求しているわけではない。それにもかかわらず、法的観点指摘義務に関するＺＰＯ一三九条二項を類推して、関係人が、職権探知義務の枠の中で、適切な申立をし、手続に関与（協力）する契機とするために、関係人と法律状態について討論をすることがしばしば要請される。(49)

関係人が、手続法上ないしは事実上の可能性を行使することによって、審尋に応じることを怠った場合、一般的には、審尋を求める権利の放棄となる。一〇三条一項の単なる不行使とならんで明示的な放棄もまた適法である。しかしそれが有効なのは、放棄する手続関係人が、それから生じる法的効果について見通しを持ちうる場合である。それゆえ審尋の一般的な、事前の放棄の表明は、彼が特定の手続を指し示している場合でも無効である。(50)

審尋保障違反の効果としては、裁判所が、それについて有責であるか否かに関わりなく、手続上の瑕疵となることが挙げられる。審尋の事前保障なしになされた裁判は、直ちに無効なのではなく、取り消しうるものにすぎない。非訟手続において、かような違反に対しては、ＦＧＧ一九条〔現 FamFG 五八条〕の抗告ないし二七条〔現 FamFG 七〇条参照〕の再抗告をもって取消を求めることになる。審級が尽くされるか、あるいは一審級しか存在しない場合には、審尋違反に基づいて憲法訴願が可能となる。(51)

6　事案解明のための審問（Anhöurng）

一二条による手続の基礎となる事実関係の解明という枠組みでの関係人の審問は、ＧＧ一〇三条一項から生じる審尋保障の義務を留保すれば、裁判所の義務的裁量により行われる。それはしかし適切な探知という観点からは、原則として必要なことである。事実の解明のために手続関係人の審問は、不可避である。関係人の協力があってはじめて、事実の解明ができ、真実が発見されることになるからである。かような場合において、審問は、手続関係人に事案解明に際しての協力義務とそれを怠った場合には不利益な効果が及ぶことを指摘する格好の機会を提供することにもなる。審問に際して、裁判所は、実体的訴訟指揮のもとでの釈明権に関するＺＰＯ一三九条一項から三項までの規定に見いだされる一般的法思想を使って、関係人から裁判に重要な事実に関する完全な釈明と必要に応じて適切な申立をするよう指摘する義務を負う。非訟事件においても、かような指摘は、手続を遅滞なく実施するという利益において、できる限り早期に行われなければならず、上訴手続、とりわけ再抗告手続において解明義務違反が抗告理由となることを回避するために、釈明権の行使が行われたことが記録上明確にされなければならない。もっともこの釈明が行われたことの証明方法を制限するＺＰＯ一三九条四項二文、三文の規定は、非訟事件手続には、類推されないと解すべきである。事実関係の解明のための関係人の審問に関する諸原則は、抗告審においても通用する。(52)

関係人の審問をどのように行うかは、裁判所の義務的裁量による。審問は、口頭でも書面によっても行われうるし、個人的尋問も相当に合目的的である。審問の結果は、記録に綴じられるか、少なくとも裁判書の事実部分に記載されるべきである。これによって上訴裁判所は、裁判に重要な問題が検討されたか、それはどの程度行われたかを審査することができる。非訟事件のいくつかの手続においては、特に真正争訟事件では、口頭弁論が法律上定められている。それは審尋保障と並んで、事案解明のためにも、また場合によっては、手続関係人間の和解の試みのためにも役に立つものである。さらに手続関係人の出頭確保のための措置として、強制金や勾引が命じられることがある（ＦＧＧ一三条二文〔現FamFG三三条〕に裁判所の出頭命令に関する規定がある。強制金については三三条〔現FamFG三五条〕参照）。

(16)　以下で使った一般的文献をあらかじめ掲げておく。
Keide/Kunze/Winkler, Freiwillige Gerichtsbarkeit, Kommentar zum Gesetz über die Angelegenheiten der freiwilligen

Gerichtsbarkeit, 15. Aufl., 2003, § 12, Karldieter Schmidt, S. 277ff. Jansen, FGG, 3. Aufl. Bdl, 2006, § 12, Lothar Briesenmeister, S. 290ff., Bassenge/Roth, Gesetz über die Angelegenheiten der freiwilligen Gerichtsbarkeit, 11.Aufl., 2007., S. 71ff., Bärmann, Freiwillige Gerichtsbarkeit und Notarrecht, 1968, Habscheid, Freiwillige Gerichtsbarkeit, 7. Aufl., 1983. なお説明にあたっては、基本的に、叙述がもっとも詳しい Keidel/Kunze/Winkler に依拠し、適宜他の教科書、注釈書を引用する形で叙述を進める。〔なお本条は現 FamFG 二六条、二九条に引き継がれている〕

(17) 非訟事件において、法律上の規定に基づいて和解を認める一連の事例があることにつき、Bärmann, a. a. O. 注(16) § 18, Ⅲ. S. 132, Habscheid, a. a. O. 注(16) § 22, S. 167f. 新法案三六条では、明文で和解の規定をおいている。

(18) Keidel/Kunze/Winkler, a. a. O. 注(16) § 12, Rn. 4, S. 282, Jansen, a. a. O. 注(16) § 12, Rn1-3, S. 292.

(19) 関係人の概念については、周知のように議論のあるところであるが、本稿ではこれに立ち入ることはできない。

(20) 以下では、pflichtgemäßes Ermessen をすべて義務的裁量と訳している（ゲッツェ『独和法律用語辞典』（成文堂、二〇〇六年）九四頁はこれを羈束裁量と訳しているが、適切ではないように思われる）。これは自由裁量（freies Ermessen）に対する言葉遣いである。しかし中身としては、according to one's best judgement を意味するから(Romain/Byrd/Thielecke, Wörterbuch der Rechts-und Wirtschaftssprache, 4.Aufl, 2002, S. 286 を参照した)、むしろ最適裁量ないしは合目的的裁量と訳すべきかもしれない。ドイツでは、これと gebundenes Ermessen（前掲辞典ではこれも羈束裁量と訳されている）とは区別して使われている（注10法案理由書参照）。いずれも自由裁量に対立するものではあるが、pflichtgemäßes Ermessen と gebundenes Ermessen の違いを気にしながらも、従来通りの訳語を当てている。読者のご教示をいただければ幸いである。

(21) Keidel/Kunze/Winkler, a. a. O. 注(16) § 12, Rn. 54, S. 305.

(22) 議論については、Keidel/Kunze/Winkler, a. a. O. 注(16) § 12 Rn64, S. 309f. 参照。

(23) Keidel/Kunze/Winkler, a. a. O. 注(16) § 12 Rn. 64, S. 310., Jansen, a. a. O. 注(16) § 12 Rn48, S. 309.

(24) ドイツ非訟手続における自由な証明については、高田昌宏『自由証明の研究』一九一頁（有斐閣、二〇〇八年）参照。

(25) ドイツ新法案の立法理由書（注10、一八六頁）によれば、新法二六条は、ＦＧＧ一二条の職権探知原則を受け継ぐものである。裁判所に、裁判に重要な事実を職権で認定することが課せられる。裁判所は、義務的裁量により（nach pflichtgemäßem, teilweise gebundenem Ermessen）、裁判に重要な事実の収集を無方式の探知で十分と考えるか、民事訴訟法の規定によって行うかを決める、とする。

(26) Bassenge/Roth, a. a. O. 注(16) § 12, Rn. 6, S. 74.

(27) Keidel/Kunze/Winkler, a. a. O. 注(16) § 12, Rn. 81, S. 319.

(28) Keidel/Kunze/Winkler, a. a. O. 注(16) § 12, Rn. 84-86., S. 320ff., Jansen, a. a. O. 注(16) § 31. Rn. 14, S. 952.

(29) Jansen, a. a. O. 注(16) § 12, Rn. 31-33. S. 303. によれば、非訟事件では、当事者の利益を超えた公的利益の存在に基づいて、職権主義により、前提問題の事実関係も含めて裁判所は、事実や証拠方法の探知に努めなければならないとされることから、訴訟裁判所や行政庁の給付命令や確認行為は、たとえそれが既判力を持つものであっても、直ちに拘束することはないのが原則である。しかし、ＦＧの審判対象の前提をなす問題について、訴訟判決があり、しかも当事者（関係人）が同一である場合には、その私的利益が判断対象である限り、当事者は互いに既判力ある判断を尊重すべきであるとの要請がＦＧ手続にも及ぶことから、既判力の客観的範囲において拘束力を持つと解すべきであるとする。

(30) Jansen, a. a. O. 注(16) § 12, Rn. 27 S. 302. によれば、裁判の形成力は、そこに含まれる国家の意思表示によって法律関係の変動（創設、変更、法律関係の消滅）がもたらされることに存する。有効な形成裁判や行政行為にＦＧ裁判所は拘束されるのであるが、その拘束力は、裁判所が法への拘束に基づいて（ＧＧ二〇条三項、九七条一項、ＧＶＧ一条）、法秩序によって形成行為に結びつけられる法的効果を裁判の基礎にしなければならないことによって生じるとする。

(31) Keidel/Kunze/Winkler, a. a. O. 注(16) § 12, Rn. 89-90, S. 323f., Jansen, a. a. O. 注(16) § 12. Rn14., Bassenge/Roth, a. a. O. 注(16) § 12, Rn20, S. 77f.

(32) Keidel/Kunze/Winkler, a. a. O. 注(16) § 12, Rn. 98-101., S. 329ff., Bassenge/Roth, a. a. O. 注(16) § 12, Rn. 23, S. 79, Habscheid, a. a. O. 注(16) § 22 Ⅲ S. 170f.

(33) 職権探知主義のもとでの審理においても従来からこの義務が認められるとされてきたところ、ドイツ新法案二七条はこれを法定した。

(34) Keidel/Kunze/Winkler, a. a. O. 注(16) 12, Rn. 118-120., S. 343f.

(35) Jansen, a. a. O. 注(16) § 12, Rn. 9, S. 295.

(36) Keidel/Kunze/Winkler, a. a. O. 注(16) § 12, Rn. 121-123., S. 344ff.

(37) 新法案三三条三項によれば、裁判所から出頭を命じられた関係人が理由なくこれを怠った場合、過料（秩序罰）の制裁を課せられる、とする。さらに協力行為が三五条によって、強制金を課する形で強制されうる。

(38) BverfGE75, 201, 215, Keidel/Kunze/Winkler, a. a. O. 注（16）§ 12, Rn. 138., S. 358.
(39) これは連邦憲法裁判所の固定判例である。BverfGE7, 95., 9, 89（但し刑事手続）., 21, 132, 62, 320
(40) BverfGE101, 397.
(41) Keidel/Kunze/Winkler, a. a. O. 注（16）§ 12, Rn. 139., S. 358.
(42) BverfGE89, 381.
(43) Keidel/Kunze/Winkler, a. a. O. 注（16）§ 12, Rn138–142., S. 358ff.
(44) BverfGE, 6, 12., 60, 175.
(45) Keidel/Kunze/Winkler, a. a. O. 注（16）§ 12, Rn. 148–155., S. 366ff., Jansen, a. a. O. 注（16）§ 12, Rn. 131, S. 335.
(46) Keidel/Kunze/Winkler, a. a. O. 注（16）§ 12, Rn. 156–160., S. 371ff.
(47) BverfGE60, 1., 67, 39., 83, 24など連邦憲法裁判所の一貫して判示するところである。
(48) Keidel/Kunze/Winkler, a. a. O. 注（16）§ 12, Rn. 161., S. 374f.
(49) Keidel/Kunze/Winkler, a. a. O. 注（16）§ 12, Rn. 162., S. 376f., Jansen, a. a. O. 注（16）§ 12, Rn. 10–12., S. 295f.
(50) Keidel/Kunze/Winkler, a. a. O. 注（16）§ 12, Rn. 163., S. 377f.
(51) Keidel/Kunze/Winkler, a. a. O. 注（16）§ 12, Rn. 173., S. 384.
(52) Keidel/Kunze/Winkler, a. a. O. 注（16）§ 12, Rn. 185., S. 394f., Jansen, a. a. O. 注（16）§ 12, Rn. 74-75. S. 318f.

四　結語にかえて

以上、非訟事件手続に関する職権探知主義を規定するＦＧＧ一二条の内容を文献に即して見てきた。特に、職権探知主義をとる際の裁判所に課せられる事実関係の解明義務と当事者の協力義務の理論的関係、ならびに当事者の審尋請求権に基づく関与権のあり方との関係は興味深い。ドイツの議論に特徴的なことを挙げると、手続関係人の関与の態様には、大きく分けて二種類あることである。すなわち第一に、ＦＧＧ一二条に基づく裁判所の職権探知のための手続協力義務を履行するための関与である。職権探知といえども、裁判所が、考えられる限りのあらゆる可能性を追求しなければならないものではない。すでに確定した事実関係や関係人の主張からその端緒が伺われる限りで、不明確な事実関係の解明を行わなければならないにすぎない。そのために釈明権を行使し、またその義務を負う。その根拠を提供するのがＺＰＯ一三九条ならびにこれと関連する当事者（関係人）の訴訟促進義務である。非訟事件における関係人としても、ＺＰＯ一三八条一項の完全陳述義務と真実義務を負うと解されてきたが(53)（すでにみたように、争わない態度が擬制自白につながるとする、一三八条三項の適用はない）、それが新法案二七条に結実し明示的に規定されようとしている。(54)すなわち職権探知主義のもとにおける手続に、弁論主義のもとにおけると類似の役割を当事者（関係人）に求めているのである。またそれは審問という形で行われる。その態様はさまざまである。こうして得られた関係人の主張や証拠方法の提供は事実関係の解明のための重要な手がかりとなることは間違いないが、探知の範囲はそれを超えて、裁判所による情報の調達を義務づける場合があることになる。しかしそのような場合でも、第二に、関係人の手続関与のもう一つの形態、すなわち審尋請求権に基づく意見表明の機会の保障がここで関わりを持つことになる。裁判所が職権探知によって取得した情報は、ＧＧ一〇三条一項に基づいて関係人に意見表明の機会を与えるため伝達されなければならない。その機会が保障されないままこれが裁判の基礎に利用された場合は、手続上の瑕疵となって、裁判の取消しの原因となる。ドイツの非訟事件手続における審理は、職権探知と当事者の協力義務ならびに当事者の審尋請求権に基づく意見表明の機会保障という大きく分けて二つの審理原則をうまく使い分けながら進めていくというイメージで行われるようである。(55)さて、日本の一一条に基づく審理はこれと比べてどのように進められているのか、これについて蓄積されてきた議論をドイツと比較しながら分析する重要な作業を残してしまった。すでに紙数も尽きた今、これを次の仕事とするしかない。

(53) Jansen, a. a. O. 注(16) § 12, Rn. 7, S. 294. によれば、関係人は、裁判所が事実関係を解明する際に、事実や証拠方法の提供を行うのが通常である。そのための義務は原則として存在しないが、関係人が事実関係について主張や反論を行う場合には、真実義務を負う。これは公正な訴訟追行という手続に共通して支配する原則に基づくものであるから、非訟手続においても通用する。これは真実義務と切り離すことのできない完全陳述義務についてもいえることである。

(54) Jansen, a. a. O. 注(16) § 12. Rn. 146, S. 340.

(55) Jansen, a. a. O. 注(16) § 12. Rn. 77–78. S. 319f. ちなみにドイツ新非訟事件法法の立法草案（注10）には、その目標を、個人のもっとも内部にある生活領域に関するところで、近代的でわかりやすい手続法を作り上げること、そしてそこでは実体的な権利が迅速かつ効果的に実現されること、それと同時に個人の権利とりわけ審尋請求権が保障されることが掲げられている。

17 非訟手続・家事審判手続における当事者・関係人の地位

一　非訟手続における当事者論の意義

訴訟手続と比較して、非訟手続は、職権による手続開始事件の存在や職権探知主義の採用など職権主義的な色彩の強い手続である。しかしだからといって当事者、関係人は、手続の単なる客体ないしは情報提供手段たる地位にとどまるべきではない。むしろ自ら手続形成に主体的に関与し、意見陳述や証拠申し出を行う地位をもつべきである。非訟手続においても当事者、関係人の手続的保障ならびに手続権保障、すなわち自己の権利や身分に影響を与える手続係属の存在を知り、手続のみならずその裁判内容を積極的に形成する地位が保障されるべきである。いわゆる当事者権は非訟手続においても当事者、関係人に保障されるべきものである。(1)

しかし非訟事件に関わる者のうち、どの範囲の者にどの程度の手続保障を施すべきかを確定することは、簡単なことではない。家事審判、家事調停などの家事非訟事件を含む広い意味での非訟事件手続に関係する者は実に多様である。現行法が規定する手続関係人として、当事者（非訟二二条・七八条・家審三条三項・二一条・二一条の二・二四条、家審規四条の二・一一条など）、事件の関係人ないし関係人（非訟六条一項・二八条・家審規五条一項・七条の三・七条の五・八条など）、利害関係人（家審一二条、家審規一四条など）、申立人ないし申立てをした者（非訟九条一項・二〇条二項、家審規一七条・二七条二項・七四条など）、申請人（非訟七四条二号・七八条など）、事件本人ないし本人（民七条・三二条一項、家審規二三条〜二四条など）(2)。これらを整序して、手続関係者のうち、誰に、どのような内容の手続保障をするかを明らかにすることが、今回の非訟事件手続法、家事審判法の改正の重要項目であることは間違いない(3)。

（1） 山木戸克己「訴訟における当事者権」同『基礎的研究』五九頁（六〇頁）参照。もっともその法的根拠をどこに置くかについては、議論がある。ドイツにおいては、非訟手続にも、基本法（特に一〇三条一項）の適用があるとすることに疑いがなく、その違反は憲法訴願の対象となるとするのが憲法裁判所の立場である（BverfGE 6, 12, 60, 175, 69, 145, 89, 381 など）。拙稿「家事審判と手続保障」『吉村古稀』一一〇頁（一一六頁以下）〔本書四三七頁〕、同「非訟事件手続における職権探知主義に関する覚書――ドイツ法を中心に」名古屋大学法政論集二二三号（二〇〇八年）三三七頁〔本書五四七頁〕参照。筆者はこのドイツの判例、通説の立場を支持する。しかし、日本においては、周知のように最高裁は、非訟手続における憲法三二条の適用を否定している。近時の判例として、最決平成二〇・五・八家月六〇巻八号五一頁（婚姻費用の分担事件）、最決平成二一・一二・一家月六二巻三号五一頁（遺産分割事件）など。

（2） 鈴木忠一「非訟事件に於ける当事者」『非訟事件の裁判の既判力――非訟事件の基礎的諸問題』（弘文堂、一九六一年）一八九頁、飯塚重男「非訟事件の当事者」鈴木忠一＝三ケ月章監修『実務民訴7』六四頁参照。

（3） 竹下守夫「家事審判法改正の課題」家月六一巻一号（二〇〇九年）四四頁参照。

二 当事者、関係人の規整の態様

1 当事者か関係人かの議論

民事訴訟における当事者概念として一般に、形式的当事者概念が採用されているのに対して、非訟手続においては、ドイツに倣い実質的な当事者概念に当たる関係人概念を用いる見解（関係人説）が主張されている。これを職権により手続が開始される事件を含めて、非訟事件に関わる多様な人的範囲（手続に主体的に関与する者もあれば、手続には関与しないが、手続対象との関係でこれと直接の法律関係を持つような者も含める）を民事訴訟の当事者と区別して論じることを可能にするための議論と理解することができる。(4) これに対して、民事訴訟における当事者概念をそのまま適用することはできないにしても、少なくともある程度ないし範囲で民事訴訟の当事者概念が変容を受けながらも非訟手続に適用できるとする見解（当事者説）がある。(5) 手続に関わる者の手続主体性を重視する考え方に立てば、手続保障の問題を民事訴訟の当事者と殊更区別して、もしそれを弱めることにでもなれば適切ではないであろう。しかし他方で、当事者といっても手続保障の程度は一律ではなく、その適切な配分を考える必要があると思われる。また、関係人概念を用いる場合でも、手続への関わり方の濃淡に応じた手続保障をするためには、その分類がどうしても必要になる。この点は後述のドイツの法規整が参考になろう。したがってこの用語の問題が実質的な意味で手続保障の問題に違いをもたらすわけではないと考える。さらに当事者説を採るとしても、当事者には当たらないが、手続結果によって自己の法律関係や身分関係が直接影響を受ける者の手続保障は当然考えなければならない。そのような意味で当事者ではないが、手続保障の配慮を要する人的範囲が存在することも確かであり、これらの者に手続関与の機会を保障する必要はある。ただ、これらの者が当事者としてすべての手続権を保障される必要はなく、意見陳述権が保障されるべき主要な内容になる。

2　ドイツ家事非訟法の関係人規定（七条）

日本よりも一足先に非訟手続の全面改正を行ったドイツにおいては（非訟事件手続法改正法FGG-RGは、二〇〇九年九月一日から施行されている）、(6) 非訟事件手続において重要な位置を占める家事非訟法（FamFG）の中に関係人規定を置いた。(7) すなわち同法七条は、必要的関係人（Muss-Beteiligte）としては、①申立手続における申立人（一項）、②手続によりその者の権利が直接影響を受ける者（二項一号）、③法律の規定上、申立て又は職権により参加させることが必要な者（二項二号）がそれに当たる。必要的関係人とは、申立てないし強制参加によって関係人となる者を指す。(8) 任意的関係人（Kann-Beteiligte）については、二項に掲げられている者以外で、法律の定めがある場合に、裁判所が参加をさせることができる者を指す。このうち②で考えられているのは、手続の対象が関係人の権利と関わりを持つ場合の参加であるが、関わりの直接性が要求されるため、間接的な効力が及ぶだけであったり、単なる事実上の先決性を有するというだけでは足りない。また手続結果が単に観念的、社会的、経済的な影響を有するに過ぎない場合もこれには含まれない。(9) そうするとこの規定により必要的関係人になる者は、かなり狭い範囲に限定されることになる。(10) さらに任意的関係人についても、法律の定めによる限定列挙主義をとる。ここでも二つのグループに分けられる。第一に、その権利がたしかに手続と直接の関係を持つのであるが、手続開始の通知を受けた後に（四項）、手続参加の申立てをすることが求められる者のグループである。この場合、この者から参加の申立てがなされれば、裁判所は、裁量の余地なく、二条二号により参加させなければならない。これらの者が手続参加への利益を表明した場合には、これらの者を手続に参加させることが適切であることが通常である。これに対して参加の申立てをしない場合には、これらの者を手続に参加させることは、手続が彼らに不利益をもたらす可能性があるというだけであり、それが確実というわけではないから、合目的的ではない。この第一のグループは選択的関係人（Optionsbeteiligte）と呼ばれる。任意的関係人の第二グループは、手続の結果に観念的利益を有する者である。たとえば世話、収容手続における近親者がそれに当たる。これについても限定列挙主義がとられるが、申立てがあっても必ず参加することが認められるのではなく、裁判所は参加が適切で手続を促進するものかを個別に判断するものである。(11) 参加を認める場合には、特別の裁判形式は必要ではない。書面の送付や期日への呼出しをもって行うのが通常である。しかし参加申立てを却下する場合には、決定による裁判を要する。これに対しては即時抗告ができる（五項）。これら任意的関係人には、申立書に記載される関係人リスト（二三条）

に基づいて手続開始の通知がなされる（四項一文）。またこれらの者は申立権について教示を受けなければならない（同二文）。この裁判所の通知義務は、裁判所に知られた者に行うものであり、もしその住所に書面が届かなかった場合、裁判所は自らその住所を探し出すことはできるが、手続協力義務の範囲内で（二七条）、手続促進義務を負う申立人に探索を課すことができる。したがって通知義務があるからといって、その探知行為に手間がかかったり、それによって手続が遅延することはない(12)。二項三項の要件には当たらないが審問を受けるべき者あるいは情報提供をしなければならない者は、そのことによって関係人となるわけではない（六項）。

誰がどのような種類の関係人であるかは、早期に確定されなければならない。関係人には審尋請求権が保障されるべきであるし、関係人は事件に関する情報を有する者であるから、その参加によって初期の段階で情報を収集することができる。本法が制定される以前は、関係人に関する法規定はなく、そのため抗告権者から抗告がなされてはじめて関係人としての地位を取得することもあった。これではあらゆる審級における関係人の審尋請求権は害されることになるし、この者からの情報提供も遅れることになって、事実関係の解明に不足が生じる結果を放置することになり、手続経済にもそぐわない(13)。このように非訟手続における十全たる手続保障と早期の事案解明のための手立てを整えておくことは、総則の課題とされ、その中心に関係人概念が据えられていることは、単に立法に当たっての基本理念の明確な表明という意味だけではなく、実践的な意味合いをも兼ね備えるものであり(14)、日本の立法のあり方を考える上で参考となる。

3　日本における改正審議の状況

法制審議会非訟事件手続法・家事審判法部会に提出された資料のうち、「非訟事件手続に関する検討事項(1)」では、「第三　当事者及び関係人概念（手続の主体）」で申立人及び相手方を当事者とし、「裁判の結果により直接影響を受ける者であって、申立人又は相手方以外の者を関係人とする」との分類方法が提案された。そして、当事者となる資格を有する者は当事者として参加することができるとし（権利参加）、裁判所は、相当と認めるときは、〔申立てにより又は〕職権で、当事者となる資格を有する者を、当事者として当該非訟事件手続に参加させることができる（強制参加）。当事者となる資格を有しない者のうち、当該非訟事件の裁判の結果について利害関係を有する者は、裁判所の許可を受けて、当該非訟事件の手続に参加することができるものとする（許可参加）（以上は第四　任意参加（権利参加、許可参加）」、「第五　強制参加」参照）。ドイツと比較してみた場合、当事者概念は明確であるが、関係人概念については、やや明確性を欠く。当事者となる資格を有しない者であることを前提にすると、権利参加、強制参加等によって手続に関与することはできないから、手続関与の方法が問われることになる。前記資料に関係人として挙げられている例は、検査役の報酬付与決定における当該会社である。当該会社は、検査役の報酬額の決定に際して陳述の聴取を受ける（会社八七〇条二号）。さらにこの裁判に対して即時抗告をすることができる（同八七二条四号）。単に陳述聴取を受ける者であれば、関係人とする必要はない（FamFG 七条六項参照）。しかし資料の補足説明によれば、関係人には当事者と同程度の手続保障を与えるべきかが検討対象であるとされているので、これが肯定される場合には、関係人に、（表現の問題はあるが）手続関与権と事案解明協力義務が付与されることになる。[15] この時点では、許可参加の場合も参加により、当事者が有する権能と同様の権能を有するものとするとされていたこととの関係でいえば、関係人も参加の手続をとることになるかが検討された。[16]

その後の議論の推移の中で、当事者概念については、申立人と相手方で固定することを前提としつつも、関係人概念について、これを詰めて概念規定に落とす方向をたどることはなかった。現段階では、狭義の当事者以外の者については、手続への「参加」の問題として取り扱われることになる。「非訟事件手続に関する中間とりまとめのためのたたき台」及び「非訟事件手続法の見直しに関する中間試案（案）」によれば、それまでは、任意参加（権利参加、許可参加）

と強制参加という分類がなされていたものが、参加した者の地位の違いにより分けた方がより簡明であることから[17]、後者についてはその中身に多少の修正が加えられて、当事者参加と利害関係参加に分類されることになった。すなわち、当事者参加については、①当事者となる資格を有する者は、当事者として非訟事件の手続に参加することができるものとする。②裁判所は、当事者の申立てにより又は職権で、他の当事者となる資格を有する者であって裁判を受けるべき者を、当事者として非訟事件の手続に参加させることができるものとする。③①による参加の申出及び②による参加の申立ては、参加の趣旨及び原因を記載した書面でしなければならないものとする。④裁判は、①による参加の申出又は②による参加の申立てに理由がないと認めるときは、これを却下しなければならないものとする。①による参加の申出を却下する裁判に対しては、即時抗告をすることができるものとする。また、利害関係参加については、「ア　参加の要件及び方式等」として、①裁判を受けるべき者は、利害関係人として非訟事件の手続に参加することができるものとする。②裁判を受けるべき者以外の者で非訟事件の裁判の結果について重大な利害を有する者は[18]、裁判所の許可を受けて、利害関係人としてその非訟事件の手続に参加することができるものとする。③①による参加の申出及び②による許可の申立ては、参加の趣旨及び理由を記載した書面でしなければならないものとする。④裁判所は、①による参加の申出又は②による許可の申立てに理由がないと認めるときは、これを却下しなければならないものとする。①による参加の申出を却下する裁判に対しては、即時抗告をすることができるものとする、とされ「イ　利害関係参加人の地位」については、表現の修正が加えられ、ア①又は②により参加した者（利害関係参加人）は、非訟事件について、当事者としてすることができる手続行為をすることができるものとする、とされている[19]。

＊　本稿脱稿後、法務省民事局参事官室より「非訟事件手続法及び家事審判法の見直しに関する中間試案」及び「非訟事件手続法及び家事審判法の見直しに関する中間試案の補足説明」が公表された。本稿との関係において内容上の変更はみられず、記述は脱稿時のままとした。

(4)　山木戸克己『人事訴訟手続法・家事審判法』(有斐閣、一九五八年)二九頁、佐上善和『家事審判法』(信山社、二〇〇七年)六九頁は、関係人(当事者)として項立てをしているが、山木戸説の流れを汲むものと捉えることができる。篠清「関係人及び審判手続の受継」小山昇ほか編『遺産分割の研究』(判例タイムズ社、一九七三年)四六七頁は、関係人概念を使うが、当事者概念を排除する意図はなく、単に申立人、相手方、利害関係人など非訟手続に現れる人的範囲を総称する用語法であるとしている。

(5)　鈴木(忠)・前掲注(2)一九八頁、山口幸雄「当事者」『講座家審法1』八五頁、『注解家事審判法』一一一頁［林屋礼二］、梶村太市『実務講座家事事件法』(日本加除出版、二〇一〇年)四六頁、飯塚・前掲注(2)六三頁もこれに属すると思われる。

(6)　ドイツ家事事件・非訟事件手続法の改正については、垣内秀介「ドイツにおける新たな家事事件・非訟事件手続法の制定」法の支配一五五号(二〇〇九年)三五頁、荻原佐織「ドイツ家事非訟事件手続法(FamFG)の研究(1)」摂南法学三九号(二〇〇九年)七三頁(特に九五頁以下)参照。

(7)　FamFG 七条、関係人(訳は、非訟事件手続法・家事審判法部会資料七による)

(1)　申立てにより開始される手続においては、申立人は、関係人となる。

(2)　次の者は、関係人として参加させられなければならない。

1　手続によりそのものの権利が直接影響を受ける者

2　この法律又は他の法律に従い、職権で、又は申立てにより参加させることが必要な者

(3)　裁判所は、この法律又は他の法律に定めるときは、職権で、又は申立てにより、前項に掲げる者以外の者を関係人として参加させることができる。

(4)　その申立てにより関係人として手続に参加させなければならない者又は参加させられることができる者は、その者が裁判所に知られている場合には、手続の開始について通知を受けなければならない。これらの者は、申立権について、教示を受けなければならない。

(5)　裁判所は、第二項又は第三項による参加の申立てを認めない場合には、決定で、裁判しなければならない。この決定に対しては、即時抗告をすることができる。この場合においては、民事訴訟法第五六七条から五七二条までの規定を準用する。

(6) 第二項又は第三項に掲げる者以外の者は、審尋されるべき者又は情報を提供すべき者であっても、関係人となることはない。

付言すると、参加と訳されている言葉は、hinzuziehen で呼び入れる、引き入れることを意味する。二項では引き入れが強制される者の範囲を定め、三項では、引き入れを裁判所の判断にゆだねる者の範囲について規定している。これを強制参加と任意参加と訳すことができよう。第六項は、単に審問を受けるべき者（Wer anzuhören ist）や情報を提供すべき者は、関係人ではないことを定めている。

(8) 一項は、申立開始事件において、法律により申立てが認められる関係人、二項と三項は、参加による関係人で、この中で参加が必要的とされる者（二項）と裁判所の判断による者（三項）とが区別される。一項の法律による関係人は、従来支配的であった分類概念である実質的関係人と形式的関係人とを併せ持ち、一項に含まれる関係人に共通していえることは、いかなる場合にも、裁判が自己の権利領域に関係することである。参加による関係人は、その実質的関係性によって二つのグループに分けられる。この区別は一九七七年の委員会草案においてすでに採用されていたものであったが、これにより実質的に関係する者をできる限り手続に取り込むと同時に、裁判所の過度の負担を回避することになる。関連性の薄い者まで探知し、個別事案によっては、手続に興味のない者までこれに参加させる必要がなくなるからである。この分類方法は、非訟手続を取り巻くさまざまな人的範囲を実体法的利害関係によって規律をするのではなく（そうすると規律が非常に複雑になって、個別化せざるをえなくなり、個別規定間の整合性を欠くことになる）、より手続的な観点から規律することによって法的明確性を打ち出そうとするものである。Meyer-Seitz/Frantzioch/Ziegler, Die FGG-Reform : Das neue Verfahrensrecht, Bundesanzeiger Verlag, 2009, S. 53. なお、必要的関係人に対する通知が行われず、その者が参加できなかった場合の効果を FamFG は規定していない。これによって審尋権が侵害されることになるが、裁判自体は無効ではなく、五八条以下の要件があれば上訴により取り消される。上訴手段がない場合には、審問異議（四四条）が考えられる。さらに相手方は当然に必要的関係人になるわけではない。相手方の地位は、七条二項一号に基づいて関係人となるか、三項によって参加させられる者となるか、あるいは手続上何らの地位をも与えられないかのいずれかである。Keidel/Zimmermann, FamFG, 16. Aufl., 2009, SS. 115–117.

(9) Meyer-Seitz/Frantzioch/Ziegler, a. a. O. 注(8) S. 53. Keidel/Zimmermann, a. a. O. 注(8) S. 116.

(10) しかも手続が直接自己の権利関係に関わりを持つ場合でも、強制的参加は絶対のものではない。たとえば、相続証明書の付与手続において申立人は関係人であるが、法定相続人や遺言相続人は、疑いもなく直接その権利関係に影響を受ける者であるにもかかわらず、その参加は、申立てと裁判所の裁量にかかる任意的関係人にすぎないとされていることにこれを見ることができる（FamFG 三四五条一項一号）。Meyer-Seitz/Frantzioch/Ziegler, a. a. O. 注（8）S. 53.

(11) Meyer-Seitz/Frantzioch/Ziegler, a. a. O. 注（8）S. 54f.

(12) Meyer-Seitz/Frantzioch/Ziegler, a. a. O. 注（8）S. 55. もっとも二項の必要的関係人については、記録から住所がわからないというだけで、参加のための通知を見合わせることは許されず、その存在と住所は、原則として職権探知の枠の中で確定されなければならないとされる（二六条）。Keidel/Zimmermann, a. a. O. 注（8）S. 115.

(13) Meyer-Seitz/Frantzioch/Ziegler, a. a. O. 注（8）S. 57.

(14) 個別のカタログのみでは、本条二項一号の規定がしばしば見落とされ、カタログに規定された関係人の互いの関係が不明確になることにつながる点が指摘されている。Keidel/Zimmermann, a. a. O. 注（8）S. 115.

(15) 関係人概念については、ドイツの必要的関係人（FamFG7 II ①）とほぼ同様の定義をしていた。ドイツにおいては、前述のようにそこでの人的範囲をかなり狭く限定した上で十全の手続権保障を図ることとしていたのに対して、日本の場合は、この関係人概念の外延、内包ともかなりの広がりを持つ者ととらえていたように思われる。法制審議会非訟事件手続法・家事審判法部会第二回議事録一一頁以下の各発言参照（もっとも、一三頁の高田昌宏発言には、ドイツに近い発想が見られる）。

(16) 資料三頁の注によれば、裁判の結果により直接影響を受ける者について権利参加を認めることの是非を聞いている。第二回議事録一五頁高田裕成発言も参加という手続を踏むかが鍵を握るとする。その存在をどのように探知するかが前提問題となるが（申立書に関係人リストを添付させる等の工夫が必要である）、手続係属の通知（と同時に申立権の教示）→権利参加→当事者と同一の権能ということであれば、ドイツ法とほぼ同一の取扱いということになる。これを許可参加にゆだねる場合には、ドイツ法と異なる道をたどることになるが、裁判所の通知義務（教示義務）を設けるのであれば、実質は異ならないことになろう。ただし、許可参加にゆだねるとしても、裁判の結果に直接影響を受ける者については、参加申立てを却下する裁判に対して、抗告権を付与すべきである（前掲第二回議事録二一頁［三木浩一発言］参照）。そもそも単なる利害関係人と異なり、その権利が手続の結果に直接かけられている者については、審級ごとの手続保障が必要であるからである。

なお、当事者概念及び関係人概念については、部会資料七（三七頁）第三〇（その二）に検討事項として残っていたが、その後は、この項目で審議の対象になることはなかった模様である。

(17)　部会資料一八―二「非訟事件手続に関する中間とりまとめのためのたたき台の補足説明」一二頁、法制審議会非訟事件手続法・家事審判法部会第一八回議事録七頁参照。

(18)　たたき台では「裁判の結果について利害関係を有する者（当事者となる資格を有する者を含む）は、裁判所の許可を受けて利害関係人として……」といったところを本文のように改めている。利害関係参加についても民事訴訟における補助参加の利益程度では足りないことを鮮明にしているものと思われる。法制審議会非訟事件手続法・家事審判法部会第九回議事録三一頁［脇村関係官発言］参照。

(19)　当事者参加のうち①の参加は、当事者となる資格を有する者が参加する場合である。たとえば清算人選任申立事件（会社四七八条二項）において申立人以外の申立権者が自らも申立人として参加する場合が想定されている。②では、賃貸人を相手方とする借地条件変更申立事件（借地借家一七条一項）において、賃貸人の地位が当初の相手方から別の者に移転した場合、移転を受けた者を手続に参加させるものである。利害関係参加については、ア①では、成年後見開始事件における成年被後見人とされる者が自らの事理弁識能力の有無を争うために参加する場合が想定されており、②では、借地条件変更申立事件において、借地人から借地上の建物を借りている者が参加する場合、会社の解散命令申立事件（会社八二四条）において他の申立権者が申立人とは反対の立場で解散命令の要件を欠くことを主張するために参加する場合が想定されている。以上について、法制審議会非訟事件手続法・家事審判法部会第一八回議事録七頁参照。

三　中間試案（案）に対する若干のコメント

1　当事者、関係人概念の意義

ドイツにおいて、関係人概念（誰に手続関与を認めるべきか）が改正法の中核をなすとされたのは、非訟手続における手続関与主体に対する審尋請求権の保障と適正な裁判のための情報提供への期待によるものであった。そのために多様な実体法上の利害関係から派生する関係人の複雑な関与システムから一応切り離して、これを手続法的に概念構成している。これにより、簡易、迅速、費用節減を狙いとする、関係人概念の明確化が達成され、関係人の早期の関与が可能になると考えられている。また総則に関係人概念の規定を置いたのも、各論における関係人カタログに任せることによる複雑化や整合性の欠如を引き締めるという目的を持っている。そのためにできあがった総則における関係人規定は、任意的関係人を含め、その範囲をかなり絞り込んだものになっている。このように明確な理念と目的の下に関係人概念を規定したドイツと比較して、日本の状況はどうであろうか。当事者を申立人と相手方に限定する場合、それ以外の第三者が手続に関与する方法は参加ということになる。参加の形態は前述の通りである。日本においても参加することができる者の範囲が絞り込まれ、その明確化がはかられていることは評価すべきである。問題は当事者と利害関係人に分けての上記の分類が成功しているかである。当初の議論にあった関係人すなわち「裁判の結果により直接影響を受ける者であって、申立人又は相手方以外の者」は利害関係参加をすることになるが、そのうち②の類型に属する者については、重大性がどの程度のものかがまず問題となる。参加人の明確化の見地からこれを明らかにする必要があろう（形式的には重大な利害関係人であっても、参加を許可にかからせることは考えられてよいと考える）。さらに、②参加人には、参加の申立てを却下する裁判に対する即時抗告は認められず、抗告審における陳述聴取も必要的ではないとされるが、この点は問題である。前述の検査役の報酬額の決定手続における当該会社は②に属するであろう。この場合、当該会社の利益は単に経済的なものにとどまるのではなく、法的利益といえるものであり、かつ裁判の影響の直接性からすると、ドイツにおいてはこのような会社は必要的関係人の地位を与えられることが容易に推測される。したがって当事者としての手続権を保障されるべき存在ということになる。そのような者が、日本では、第一審においては参加が否定され、裁判に対する抗告のみが認められる（会社八七二条四号）だけで足りるのかが問題となる。同様のことは、成年後見人・後見監督人の解任の審判における成年被後見人（家審規八六条・九二条・七六条）など、本人、事件本人といわれる者についても問題となる[20]。これらの者については陳述（意見）聴取（会社八七〇条二号、家審規八三条二項）義務があるものの、他の手続権を含めて第一審段階からの関与を保障する必要があるのではないか[21]。他方で、利害関係という点では、さほど手続対象と深い関係にあるわけではない者も申立人とされる限りは、手厚い手続保障を受けることになる（民七条参照）。そうすると果たして、この分類方法で、手続を取り巻く者の間において、その手続にかけられる権利義務との関係で、バランスのとれた手続権の保障となっているのか、なお検討を要するように思われる。

2　当事者、参加人の手続権

前記分類の当事者参加人と利害関係参加人の手続上の地位については、前者では申立ての変更など当事者にしかできない行為を行うことが許されるが、後者ではそれができないとされ、その他、当事者の手続権とされる証拠申立権を含む資料の提出権、記録の閲覧、謄写権等については差異はないとされる[22]。しかし問題はその中身である。たとえば当事者の審問（意見聴取）の充実をはかることを考えるとき、職権探知（事案解明）の一環としての審問にとどまらず、審尋請求権保障としての意味合いを持たせるという観点から、審問はつねに二義性を有することに注意を払う必要がある[23]。もっとも訴訟とは異なり、簡易、迅速、機動性の確保、プライバシー保護等から手続権保障のあり方については、工夫を要する必要がある。たとえば立会権については、原則これを認めつつも、場合によっては主張や証拠調べの結果を後に適切な方法で知らせ、これに書面や口頭で反論する機会を与える等で手続権の保障をすることも考えられる。

(20)　子の監護者の指定等の審判における子の地位を手続権保障の見地から、どのように仕組むかも問題となるが、これについては本特集別稿参照。

(21)　ドイツにおいては、審尋請求権を侵害されたが、上訴手段が存在しないという場合には、審問異議（Anhörungsrüge, FamFG44）の道が開かれており（Bumiller/Harders, FamFG, 9. Aufl., S. 67）、その先には、憲法訴願が用意されている。

(22)　法制審議会非訟事件手続法・家事審判法部会第一八回議事録七頁。

(23)　拙稿・前掲注(1)「覚書」三四九頁〔本書五六一頁〕以下参照。

四　結びにかえて

非訟手続に関わる者の範囲は、当事者、裁判を受けるべき利害関係人、重大な利害関係人にとどまるものではない。利害関係人の範囲を絞る関係で、当事者、参加人の地位は与えられないとしても、手続の対象との関係でさまざまな利害を有する者が存在する。これらの者に対しては、たとえば記録閲覧など手続権の一部が認められるが、手続権の保障のあり方一般はどのように考えるべきかなど、他の利害関係人の主体的な関わり方を探ることも重要であろうし、またそれが適正な裁判につながることでもある。今回の立法では、手続主体については、利害関係人の中からかなりの切り分けをする方向をとっているように思われるが、当事者、参加人以外の関係人の手続上の位置づけもなお理論的実践的課題といえよう。

18

非訟事件手続・家事事件手続における裁判所の役割

一　はじめに

本稿は、平成二三年五月二五日に公布された[1]、非訟手続に関する三つの法律、すなわち非訟事件手続法（法律第五一号）、家事事件手続法（法律第五二号）、非訟事件手続法及び家事事件手続法の施行に伴う関係法律の整備等に関する法律（法律第五三号）により、非訟手続における裁判所の役割はどのようになるのかを考察するものである。非訟事件における手続思想のどの部分に考え方の転換が図られ、それは具体的な手続においてどのように現れるのかである。ところで非訟事件に属する類型は多様であり、同じ審理原則に服するといっても自ずから精粗に違いが存する。そのすべてを網羅的に考察することは本小稿のよくするところではない。そこで主として家事審判事件に照準を合わせ（他類型についても適宜参照する）、審理原則を中心に、上記の考察を行うことにしたい。

（1）　施行は、公布の日から起算して二年を超えない範囲内において政令で定める日とされている（法律第五一号附則一、各附則参照）〔平成二五・一・一施行〕。

二　非訟事件における裁判所の役割と当事者の手続主体性の確保

1　当事者の手続保障

いずれの法律の改正に関しても、その基本となる考え方は、当事者（申立人、相手方のほか裁判や審判を受ける者）[2]の主体性確保、すなわち手続保障である。[3]これはいくつかの角度から議論が可能な問題であるが、当面、二つの点を指摘しておきたい。第一に、日本におけるこの議論の嚆矢は、山木戸克己の当事者権論であった。[4]この論考は、弁論権、立会権、記録閲覧権、異議権を柱に立て、非訟事件の職権による便宜的裁量的手続からくる制約を認めつつも、非訟事件における当事者権のあり方を考察した点で画期的な業績であった。しかし山木戸の議論の背景にあった当時のドイツ法における審尋請求権論の未成熟もあって、本格的な展開は、その後のドイツの議論に啓発された、鈴木忠一「非訟事件に於ける正当な手続の保障」に待つことになる。[5]そこでは訴訟と非訟の審理原則や手続構造上の差異にかかわらず、手続上の基本的権利と位置づけられ、憲法にその根拠を有する審尋請求権に基づく手続主体としての当事者の地位が打ち出されることになる。[6]その後の学説は、ドイツにおけるこの議論の発展とともに、この基本線に沿って展開されてきた。[7]すなわち非訟事件に関する手続においても、当事者は、職権探知の一手段（客体）にとどまることは、憲法を頂点とする現行法システム上もはや許されず、主体性の発現の仕方は訴訟とは自ずから異なる面があるとしても、これを否定することは許されないがゆえに、基本的には当事者権を認めるべきであるとの方向で議論がなされてきた。また、当事者権の根拠である審尋請求権、当事者平等の原則、公正な手続を求める権利等は憲法に根拠を有する権利であると考えるのが有力説である。[8]これに対して実務は、裁判所の後見的役割に基づく職権主義、非公開主義、簡易迅速主義、家事非訟手続が持つ公益性などを強調する立場から、当事者権の承認について否定的な態度をとってきたといえる。たとえば比較的近時の裁判例として、東京高決平成一五・七・一五判タ一一三一号二二八頁では、離婚調停中、子の母を監護者に指定し、父に対して子の引き渡しを命じる審判（この件に関する調停は行われていない）がなされたところ、父から即時抗告がなされたものであるが、その際、本件審判手続において全く審問の機会が与えられなかったのは、審判手続上、重大な瑕疵があると主張された。東京高裁は、審問がなされなかった事実ならびに原審判が依拠した調査官報告書に問題があることを認めた上で、なお、これらの事情のみでは、原審判を取り消し、これを原審に差し戻すべき手続上の瑕疵があるとはいえないとした(9)。また最三決平成二〇・五・八家月六〇巻八号五一頁は、婚姻費用分担の審判において、申立人が分担額の増額を求めて即時抗告したところ、抗告状も抗告理由書も相手方に送達されなかったため、反論の機会が与えられることなく、相手方に不利益（増額を認める）な決定がなされたため、これを憲法三二条に違反するとして特別抗告がなされたものである。最高裁の多数意見は、憲法規定の適用は純然たる訴訟事件に限って認められるとして、特別抗告を退けた（補足意見と反対意見がある）。これをみてわかるように、実務では、学説が展開してきた当事者権に消極的な立場がとられ、ドイツにおいては憲法上の権利である審尋請求権の侵害を憲法違反とすることをも否定している(10)。ここではまさに学説と実務の間に乖離が存在することになる(11)。

第二に、乙類審判事件（とりわけ遺産分割事件）を当事者主義的に運用（弁論主義的運用ともいわれる(12)）する実務のあり方に注目しなければならないことである(13)。ここでは争訟性の強い乙類審判事項においては、裁判所の後見的任務が後景に退き、裁量主義や職権探知主義が弱まる分だけ、弁論主義下での審理に近づいた運用がなされる結果、当事者責任が強まり、当事者に協力義務、事案解明義務が課されるとされる。しかしこれがもし手続協力義務（事案解明義務）を弁論主義とのみ結びつく義務と考えているとすれば、誤解というほかない(14)。協力義務は手続保障、具体的にいえば、弁論権の保障の裏返しとしての義務と考えるべきである。そして弁論権は、弁論主義、職権探知主義を問わず当事者に認められる手続基本権と理解すべきである(15)。当事者は事案に関して、情報を有していることが多く、これに基づき非訟手続においては、陳述という形で裁判のためにこの情報を提供することが保障される。それと同時に公正、迅速な手続に協力する義務（手続促進義務ということもできる）を負うことから、情報提供に協力する義務が引き出されると考えるべきである。その限りで弁論権及び手続協力義務は弁論主義とは切り離されるものであり、職権探知主義の下においても通用するものである。しかもこれは甲類、乙類といった類型の区別を問わずに通用する原則である。相手方がいる事件とそうでない事件とで手続の進め方が異なるのは当然としても、当事者（形式的当事者である申立人、相手方のほか、裁判、審判を受ける者）への手続保障の必要は、いずれの類型でも否定されることはない。この点、乙類に限定して当事者に協力義務を認めてきた従来の議論は、手続保障論に関する行き届いた理解を欠いたいびつな議論であったように思われる。(16)

2　立会権、記録閲覧権、異議権

前述のように、立会権、記録閲覧権、異議権（不服申立権）も弁論権とならんで当事者権の柱をなすものである。弁論権の実質的な保障を考えると、これらの権利の保障は重要な意味を持つ。もっとも訴訟とは異なり、家事非訟手続においては、ＤＶが絡んでいたり、安易に披瀝すべきではない第三者等の秘密が記載されていることも考えられるのであるから、そのため配慮がなされる必要があることは当然であろう。(17)

3　新法の立場

弁論権は、当事者が事実の主張をし、証拠の申し出をする権利である。裁判手続における当事者の主体性を確保するために欠くことのできない権利である。新法は、これについてどのように対処しようとしているであろうか。家事事件手続法五六条は、「一　家庭裁判所は、職権で事実の調査をし、かつ、申立てにより又は職権で、必要と認める証拠調べをしなければならない。二　当事者は、適切かつ迅速な審理及び審判の実現のため、事実の調査及び証拠調べに協力するものとする」と規定している（非訟四九条も参照）。また六四条（非訟五三条）で証拠の申出に関する民訴一八〇条が準用されているので、証拠の申出権は認められたということになる。[18]他方、陳述聴取については、相手方のある事件すなわち、第六款　家事調停をすることができる事項についての家事審判の手続の特則において、六八条は、「一　家庭裁判所は、別表第二に掲げる事項についての家事審判の手続においては、申立てが不適法であるとき又は申立てに理由がないことが明らかなときを除き、当事者の陳述を聴かなければならない。二　前項の規定による陳述の聴取は、当事者の申出があるときは、審問の期日においてしなければならない」として、当事者の事実主張の機会を保障したほか（他に八九条、一〇七条）、各家事審判事件において個別に規定している（一二〇条、一三〇条、一三九条、一五二条、一五七条二項、一六一条三項、一六四条三項、一六五条三項、四項、一六九条、一七八条、一八四条、二一〇条、二二〇条、二二九条、二三六条、二四〇条四号、二四一条など）。陳述の聴取は、審問の期日で行うほか、書面によるものでもよい。また同法六九条は、この場合において、相手方の立会権を認める規定を置いている。記録の閲覧については、裁判所の許可に係らせているものの、当事者からの閲覧要求については、許可しなければならないとしている（四七条一項、三項。非訟三二条一項、三項参照）。また、職権探知の結果としての事実の調査の通知（七〇条、六三条）がなされることも情報の流通を促進することに役立つ。さらに審理の終結（七一条）、審判日の定め（七二条）も資料の提出時機など、手続について当事者の見通しを立てやすくすることになる。なお別表一に掲げる事項についての審判手続においても当事者等に対する手続保障上の配慮を要することは前述のとおりである。また、不服申立については、従来と同様、即時抗告が認められるが、抗告権者が個別に定められ、抗告状の写しの送付等の規定が設けられ、前記最判平成二〇年の前提問題が解消されることになった（八八条、八九条、非訟六九条、七〇条）。総じて、子の意見表明や意思の把握（六五条、児童の権利条約一二条参照）を含め、当事者権の確保がなされ、当事者が職権探知の客体であるにとどまらず、手続の主体でもあることが新法によって認められている。また当事者による事実の陳述は、裁判資料の収集（事案解明）のほか、当事者権（審尋請求権）の保障という意味をも持つことになる点（審問の二義性）に注意すべきである。

（2）　非訟事件における主体概念については、関係人概念の導入を巡って一定の議論があったところである。ここではこの問題に立ち入らない。さしあたり、拙稿「非訟手続・家事審判手続における当事者・関係人の地位」ジュリ一四〇七号（二〇一〇年）一八頁〔本書五七五頁〕参照。

（3）　手続保障が今回改正の当初からの重要課題であったことについて、岡部喜代子「家事審判手続の歴史と将来」ケース研究三〇〇号（二〇〇九年）五三頁、竹下守夫「家事審判法改正の課題」家月六一巻一号（二〇〇九年）四三頁、三木浩一「非訟事件手続法・家事審判法改正の課題」ジュリ一四〇七号（二〇一〇年）一〇頁など参照。

（4）　山木戸克己「訴訟における当事者権――訴訟と非訟の手続構造の差異に関する一考察」『基礎的研究』（有斐閣、一九六一年、初出一九五九年）五九頁

（5）　鈴木『研究』（初出一九六九年）二五九頁

（6）　鈴木（忠）・前掲注（5）は、審問請求権という訳を使っている。しかしすでに指摘されているように、非訟事件の手続で当事者の口頭による陳述聴取のために行われる審問を求める権利を意味するものではない。言葉遣いとして、特に非訟手続においては紛らわしいこと、双方審尋主義でいう審尋との結びつきに鑑みるとむしろ審尋請求権の訳の方が妥当である。中野貞一郎「憲法と民事訴訟」『現在問題』二一頁注20、高田裕成「家事審判手続における手続保障論の輪郭」判タ一二三七号（二〇〇七年）三五頁参照。

（7）　近時のものとして、高田（裕）・前掲注（6）三五頁。学説の展開については、岡部・前掲注（3）六五頁、拙稿「家事審判と手続保障」『吉村古稀』一一〇頁〔本書四三七頁〕参照。なお、ドイツにおける議論の成果として、非訟事件関係法の全面改正が行われ、二〇〇九年九月一日から施行されている（家事事件に関しては、FamFG に結実している。立案担当者の解説として、Meyerseitz/Frantzioch/Ziegler, Die FGG-Reform : Das neue Verfahrensrecht, Bundesanzelger Verlag, 2009, がある）。その紹介として、垣内秀介「ドイツにおける新たな家事事件・非訟事件手続法の制定」法の支配一五五号（二〇〇九年）三五頁参照。

（8）　鈴木（忠）・前掲注（5）三一一頁は、憲法三二条を根拠とする。竹下・前掲注（3）七五頁は同じく憲法三二条ないしは三

一条にその根拠を求めることができるとする。同旨の見解として、中野貞一郎「民事裁判と憲法」「公正な手続を求める権利」前掲注(6)一頁、二七頁。これに対し、疑問を呈する見解として、鈴木正裕「新民事訴訟法における裁判所と当事者」『講座新民訴法1』三五頁（四六頁注5）。なお、審尋請求権の具体的な中身としては、①相手方の主張内容や提出証拠を知ること（情報を求める権利）、②それに反論して自己の言い分を主張し、これを根拠づける証拠を提出する機会が保障されること、③裁判所は、裁判をするに当たり、両当事者の主張や提出証拠を斟酌することが挙げられ、その機能は不意打ちを防止することにある。弁論権はこのうち②部分に相当することになる。

(9)　若林昌子「手続的透明性の視点から」判タ一二三七号（二〇〇七年）一五頁参照。この実務の基本的な考え方は、大審院以来の実務の立場である。大決大正五・六・二二民録二二輯一二五五頁、大決昭和三・五・一四民集七巻三五七頁。最判昭和二九・一二・二一家月七巻一号二一頁、名古屋高決昭和四八・五・四家月二五巻一一号九二頁、高松高決昭和五〇・六・六家月二九巻八号四八頁、東京高決昭和五三・七・二七家月三一巻八号五〇頁、大阪高決昭和五八・五・二判タ五〇二号一八四頁など参照。

(10)　審尋請求権が憲法に碇を下ろす権利であることを認めるとしても、その違反がすべて直ちに憲法違反となることを認めるわけではない。この種の手続的な瑕疵のうち憲法価値を侵害するもののみが憲法違反となるのである。法令違反にとどまるものと憲法違反となるものとの区別は重要であるが、その区別の基準に関する議論は、日本においてはいまだ未成熟である。拙稿「手続保障論の課題」民訴雑誌五七号（二〇一一年）一二〇頁〔本書六〇一頁〕参照。

(11)　山本克己「当事者権——弁論権を中心に」鈴木正裕先生古稀祝賀『民事訴訟法の史的展開』（有斐閣、二〇〇二年）八六頁参照。

(12)　両者の違いを意識的に議論するものとして、平田厚「乙類審判事件に関する当事者主義的運用の意義と問題点」判タ一二三七号（二〇〇七年）八頁。

(13)　渡瀬勲「乙類審判手続の模索——遺産分割審判事件を中心として」家月二八巻五号（一九七六年）一一頁、井上哲夫「乙類審判事件における職権探知と適正手続の具体的運用」『講座家審法1』一二七頁、小田正二「乙類審判における当事者主義的運用」判タ一一〇〇号（二〇〇二年）五六四頁など参照。

(14)　日本におけるこの議論の草分けは、有紀新「非訟事件における手続関係人の手続協力義務」青山法学論集一四巻四号（一九七三年）一頁であるが、ドイツ法の影響の下、非訟手続における具体的な展開を模索したものであった。しかしその後の実務では、協力義務だけが乙類審判手続において一人歩きしてきたように思われる。協力義務が当事者権と結びつくものであることを正当に指摘するものとして、高田(裕)・前掲注(6)四二頁参照。もっとも実務がすべて誤解に基づいて協力義務を認めているわけではない。たとえば熊本家審平成一〇・三・一一家月五〇巻九号一三四頁は、当事者権と手続協力義務の関係を正当に考慮している。

(15)　山木戸克己「弁論主義の法構造」『論集』（初出一九七〇年）一頁は、「裁判を受ける者が、裁判前に事件について弁疎することができる地位、すなわち裁判の資料を提出する機会を法律上保障されていることを、弁論権と呼ぶことができる」とする（五頁）。この議論の理論的位置づけについては、山本克己・前掲注(11)六一頁参照。

(16)　拙稿・前掲注(7)一二〇頁、高田昌宏「非訟手続の改革」ジュリ一三一七号（二〇〇六）一三四―一三五頁参照。

(17)　具体的には、拙稿・前掲注(7)一二一頁を参照されたい。

(18)　NBL編集部編『非訟事件手続法・家事審判法の見直しに関する中間試案と解説』別冊NBL一三四号（商事法務、二〇一〇年）一三八頁は、「非訟事件の手続においては、原則として職権探知主義を採るものとすることを明らかにしつつ、当事者の手続における主体性の保障という見地から、証拠調べについては、当事者に申出権を認めるものとしている」とされる（一六八頁も参照）。

三　職権探知主義と裁判所、当事者の役割

新法においても、非訟事件においては、職権探知主義が維持されている（事実の調査五六条、非訟四九条）。家事事件においては、家庭裁判所調査官、裁判所技官等、科学的調査機構が整い（五八条―六〇条）、事実の調査の嘱託や調査嘱託の規定が置かれ（六一条、六二条）、裁判所が十全な探知をすることが要求される。このように職権探知主義は裁判資料の収集を裁判所の権能と責任とするものであるが、職権探知主義下の審理においても当事者が手続主体性を有することに変わりはない。したがって裁判所による資料収集の責任と当事者の弁論権の保障ならびに手続協力義務との関係で実際の裁判が進められることになる。職権探知の範囲は、実体法の法律要件によって方向づけられるが、家事事件にお

いては、これが厳密な事実として規定されていないことがしばしばあることから[19]、探知の範囲は裁判所の裁量によって決められることになる（但し、事案に適したものであることが要請されると考える）。実際の探知義務は、当事者等の主張や確定した事実関係に基づいて果たされることになるが、裁判所は、当事者の主張や証拠の申出に拘束されるわけではない。重要ではないと考える事実を採用する必要はなく、申出があった証拠がその他の探知の結果から不必要ないし有用ではないと判断するときにはこれを斟酌したり取り調べをする義務はない。さらには裁判所の探知が当事者の主張以外の事実に及ぶこともあるし、職権による証拠調べもできる。当事者が探知のきっかけを提供しないことが探知を限界づけることはありうるが、事実の詳細を当事者が主張しないことを理由に探知を行わないことがつねに正当化されるわけではない。その意味で適用条文の要件事実や当事者の主張を手がかりにして事案の解明に努める義務を負う。逆に当事者は、事実関係の解明に協力する義務（証拠の提出、情報提供の義務）、さらには相手方の主張の重要な点について自らの意見を表明する義務を負うのであり、裁判所が事実関係の解明のために職権であらゆる可能性を追求してくれるものと期待することは許されない[20]。

(19)　高田(裕)・前掲注(6)三八頁参照。
(20)　高田(裕)・前掲注(6)四〇頁、拙稿「非訟事件手続における職権探知主義に関する覚書――ドイツ法を中心に」名古屋大学法政論集二二三号三四六頁〔本書五五八頁〕参照。

四　手続指揮権（釈明権の行使のあり方）

家事審判の手続の期日においては、裁判長が手続を指揮する等、手続指揮権の規定が置かれた（五二条、非訟四五条)。ドイツの家事手続法(FamFG)二八条一項にも手続指揮権の規定があるが、そこでは、「裁判所は、関係人が適時に、すべての重要な事実を主張し、事実の不十分な陳述を補完するよう指示しなければならない。裁判所は、ある法的観点に基づいて裁判しようとし、かつ関係人がそれを裁判所とは異なって理解しているとき、これを指摘しなければならない」と規定している。当事者の陳述を十分なものたらしめるための釈明義務ならびに裁判所の法的観点指摘義務を定めたものである。新法の規定ぶりはそこまで及んではいない。しかし探知義務の一環として、当事者から手持ちの情報を引き出すことにつとめる義務を負うと解することができるし、当事者、裁判所間の情報の流通やこれに関する認識を共有したうえで裁判をするべきであるという点で、日独間に大きな差異はないのではないかと考える。手続保障(審尋請求権の保障)は、当事者に不意打ちを感じさせない裁判を目指すものである。しかも手続保障論の現況からいって、形式的な手続保障から、実質的な手続保障への切り替えが唱道されていることに鑑みて、これは非訟手続においても達成すべき目標であるといえるのではないであろうか。当事者が不意打ちを感じない家事審判(非訟裁判)となっているかどうかの吟味は、裁判所の裁量の範囲が広い領域であるだけに一層重要な課題であるように思われる。今後は、この観点からの手続指揮権を巡る議論の進化が望まれる。

(21)　ちなみに、FamFG二七条一項は事実関係の探知に際して、関係人の協力義務を定め、二項で、関係人の完全陳述義務、真実義務を定めている。

(22)　山本和彦「手続保障再考──実質的手続保障と迅速訴訟手続」井上治典先生追悼論文集『民事紛争と手続理論の現在』(法律文化社、二〇〇八年)一四六頁参照。この議論は、ドイツにおける近時の議論、すなわち審尋請求権の最低限保障から最適保障への移行と呼応していて興味深い。拙稿・前掲注(10)も参照。

(23)　畑瑞穂「相手方がある非訟・家事審判事件における当事者対立構造と手続規律」ジュリ一四〇七号(二〇一〇年)三八頁参照。

五　家事調停と家事審判

1　調停事項

新法では、調停事項の見直しがなされ、従来調停事項とされていた扶養義務の設定、その取消し（民八七七条二項、三項）、推定相続人の廃除、その審判の取消し等（民八九二条―八九五条）、夫婦財産契約による財産管理者の変更、共有財産の分割（民七五八条二項、三項）が除かれた。(24)

2　家事調停の申立書の写しの送付

家事調停の申立があった場合には、原則として申立書の写しを相手方に送付することが定められた（二五六条一項）。これも当事者間の情報流通をよくし、第一回調停期日を充実したものとすることに役立つことになる。もっとも申立書の内容によっては、互いの感情的な対立を激化することにもなりかねない。その場合には、申立書の写しの送付に代えて申立があったことの通知がなされる（同条項但書き）。なお、調停委員会は、交互（別席）方式で調停を行う場合でも、表現等に気をつけながらも情報の正確な流通や認識の共有につとめるべきである。

3　調停から審判への移行

周知のように家事調停と家事審判との関係については、連続か独立かを巡って議論があった。(25) 新法二七二条四項は「第一項の規定により別表第二に掲げる事項についての調停事件が終了した場合には、家事調停の申立ての時に、当該事項について家事審判の申立てがあったものとみなす」と規定したが、これについて中間試案の解説では、「家事調停手続が審判手続に移行した場合には、家事調停手続における資料が当然に審判手続における資料となるものではないこと、家事調停事件が係属した家庭裁判所が当該家事審判事件の管轄権を有していない場合においては自庁処理によらない限り管轄権が生じないものとすることをそれぞれ前提としている」とされる。前記の規定自体からは必ずしも明確ではないのであるが、合意に関する判断が当事者に委ねられている家事調停においても、手続の透明性が必要なことはいうまでもないとしても、調停での資料が当然審判に移行するとするよりも、一端切り離す方が、審判手続の透明性確保の観点から望ましいと考える。

(24)　ＮＢＬ編集部編・前掲注(18)二三一頁参照。

(25)　さしあたり、垣内秀介「家事調停と家事審判との関係」ジュリ一四〇七号（二〇一〇年）五六頁参照。

六　おわりに

本項で論じるべき問題は多いが与えられた字数の関係でこれ以上取り扱うことはできない。筆者は、新法の制定により、特に当事者権の保障を手続上の裁量の一環として実務の運用に委ねてきたことからの思想的な転換がはかられたものと理解している。今後の実務の動向を見守りたい。

19 手続保障論の課題——審尋請求権を中心に——

一　本報告の問題設定

手続保障という概念は、その外延、内包において明確に定義されて使用されているものではありません。いわゆる手続基本権に属するとされる、審尋請求権、フェアーな手続を求める権利（公正手続請求権）、当事者平等（武器対等）の原則、公開原則などを取り込んだ概念であり、憲法に根拠をもつものとされます。このうち本報告は、主として、その中心的な役割を果たす、審尋請求権に焦点を当てて論じることといたします。以下で、手続保障という言葉遣いをする際には、まずは審尋請求権のことを指していると理解していただきたい。ところでこの手続保障（審尋請求権）は、現在では、民事裁判手続のあらゆる場面（立法、解釈、実務の運用）で指導理念として働くものであることは間違いありません。本報告は、手続保障のもつ理論的課題とその実質的な保障のあり方について検討するものです。なお、本報告は、本日すでになされた報告と深いところでつながっていると考えます。すなわち、畑報告との関連でいえば、職権探知主義における不意打ち防止ならびに当事者の積極的関与の根拠として、高田報告との関連では、審尋請求権が、裁判所の積極的訴訟運営の陰に隠れた感のある当事者の本来果たすべき役割の根底にある自己責任と一体となった関係にある根源的権利であること、越山報告との関連では、当事者の事案解明義務を一般化するための議論の基本に据えられる問題を取り扱うことになるからです。

二　手続保障論の変遷

手続保障論（審尋請求権論）が日本においてどのように展開されてきたかについては、すでに周知のところですので、本報告ではその跡を辿ることは控えることにします。現在では、いわゆる垂直関係での手続保障論ないしは水平関係での手続保障論のいずれかに力点を置く議論ではなく、両者を取り込んだ議論、すなわち当事者による十分な情報や資料の提供とそれに基づく裁判所の手続運営や判断過程の透明化が手続保障論のもとに要請されます。当事者の意見陳述や不服申立ての機会保障といった形式的手続保障にとどまらず、より高度の、それらを十全なものたらしめる手続主体間での情報の流通と認識の共有が行き渡った上での機会保障、つまり実質的な手続保障が求められると考えられています（山本和彦教授の見解に代表される）。これは、審尋請求権の母法国である、ドイツにおいて、連邦憲法裁判所が、基本法一〇三条一項は、審尋請求権の最低限（Mindestmaß）の保障といっていたところ、現在では、これはもはや通用しなくなって、最適保障（optimale Gewährung）ないしは審尋請求権の最適化（Optimierung）が求められているとされる議論と呼応していて興味深いものです。裁判所と当事者間の充実したコミュニケーションに基づく情報の共有と共通認識があってこその機会の保障でなければならないというのは、今や、手続保障論（審尋請求権論）を具体的に展開する際の根底に置かれるべき前提といってもいいのではないかと考えます。

審尋請求権の具体的な中身としては、①相手方の主張内容や提出証拠を知ること、②これに反論して自己の言い分を主張し、これを根拠づける証拠を提出する機会が保障されること、③裁判所は、裁判をするにあたり、両当事者の主張や提出証拠を斟酌することであるとされます。当事者のこのような権利は、ドイツにおいては、基本法一〇三条一項の規定するところであり憲法に碇を下ろすものであることに疑いはありませんが、この手続的な権利は、そもそも憲法以前の手続上の根源的な権利（prozessuales Urrecht）とされ、人間の尊厳条項（基本法一条）と相まって、同じく憲法に根拠を置くとされる他の手続的権利の中にあって最高ランクに位置するとされています。そこからの帰結として、当事者は裁判手続の主体であって、単なる情報提供手段（客体）とする扱いは、憲法に違反するものであるとされます。

これに対して審尋請求権の根拠をめぐる日本の議論はやや微妙です。

三　審尋請求権の根拠論

1　中野説

民事訴訟法と憲法との関係については、多くの論考がありますが、ここでは中野貞一郎教授の論考を取り上げることにします。中野教授は、手続規定の基礎となるべき一定の手続諸原則が、どこまで憲法自体によって保障されているのかの問題を提起され、公正手続請求権、審尋請求権、手続上平等の原則、適時審判の原則および公開の原則を憲法上の要請とします。特に審尋請求権については、これを謳った明文規定は存在しないが、解釈上これを肯認できるとして憲法一三条・三二条・七六条三項のほか、国際人権B規約一四条一項などを根拠条文とします。そして、憲法における審尋請求権の保障は、国の裁判所の権限に属するすべての裁判手続に及ぶ。訴訟手続と非訟手続とを問わず、判決手続と決定手続とを問わず、口頭手続と書面手続とを問わず、弁論主義・職権探知主義等の手続原則の差異にも関係がないとします。また審尋請求権の侵害は、手続上の瑕疵であり、訴訟手続の内部で、通常の上訴ないし特別上告・特別抗告によってこれを主張し、裁判の取消し、変更、破棄を求めることができる。ただし、上訴や異議による主張・立証の機会が原審における審尋欠缺を補充、補完するに足りる場合には、瑕疵の治癒を認めてよいとしております。

2　鈴木(正)説

これに対しては、鈴木正裕教授から以下のような疑念が出されています。鈴木教授は、公正手続請求権に関する中野説の評価を行う際、中野説は、公正な手続の要請が、第一に手続法の中に定められている個別の制度の運用・解釈の規準として働くとしながらも、直接効果として憲法違反の主張の可能性を示しているが、個別の規定に違反する場合、例えば釈明義務違反であれば、上告受理理由にとどまるのに対し、憲法違反であれば権利上告の理由となる。この両者のインバランスを問題にするわけです。そして、民訴二条の「公正」に責務規定以上の地位を認め、公正手続請求権を想定して憲法上にまでランクすることの適切さが疑問であるとし、さらに、いくつかの手続基本権を生み出してきたドイツの議論の背景には、憲法裁判所の存在することが大きいのではないかと指摘しています。

3　山本(克)説

もう一つここでは山本克己説を挙げておきたいと思います。山本教授の議論は、中野説対鈴木説の図式について直接の解答を提示するものではなく、後に述べる、この問題についての理論と実務の乖離状況の背景を説明するものと位置づけて取り上げることにします。山本教授によれば、手続規範の「憲法化」は、理論と実務の乖離を助長させる面がある。なぜならインフォーマリズムへの志向の強い日本の裁判官にとって、手続規範の憲法化、とりわけ審理の方式に関わるそれは過度にフォーマリズムに傾斜したものと受け取られることがあり得るからであるとします。また五五年体制の左右の対立の下で、憲法ないし憲法解釈がイデオロギー的主張の道具として用いられてきたために「憲法化」は多くの裁判官にとって胡散臭いものと見られがちではないかと推測され、その意味で「憲法化」が真に改革原理としての実効性をもつためには、まだまだ時間が必要ではなかろうかとしています。

４　私　見

山本説の指摘するこの問題の実務での取扱いは、後にまた言及することとして、鈴木説の問題提起をどう受け止めるべきかを検討したいと思います。まず鈴木教授の問題提起の背後にある、日本とドイツの手続上の救済システムの違いをどう考えるかです。民事訴訟法は適用された憲法といわれるように、ドイツにおいても審尋権の侵害は、まずは民事訴訟法規定の違反として問われることになりますが、その場合は法令違反として、民事訴訟手続内部で救済が図られます。しかし上訴制限で阻まれるものを含めて、これで救済されなかったもののうち、憲法違反と評価されるものについて、憲法裁判所への憲法訴願が許されています。その際、憲法裁判所の審理の対象となるのは、憲法違反の存在の有無に限られ、通常の法令違反の審理は憲法裁判所の管轄に属さない。つまり単なる法令違反なのか、憲法違反とも評価されるのかについての区分けが必要ということになります。他方で、ドイツでは、審尋権侵害は絶対的上告理由とはされず、裁判との因果関係があってはじめて上告審の審理を発動させる相対的上告理由にすぎないと解されています。なお、ドイツでは二〇〇二年、二〇〇四年の相次ぐ民事訴訟法の改正により導入された、審問異議（Anhörungsrüge, ZPO三二一a条、FamFG四四条ほか各専門裁判所の手続法すべてに規定が整備されている）の制度に基づいて、上訴が阻まれる場合の原審（judex a quo）への異議の申立てが可能になったため、憲法訴願の補充性原則から、これを通さずに憲法裁判所に提訴することは認められないことになりました。この制度は審尋請求権違反に基づく憲法訴願のいわば代用の制度であることから、通常裁判所がこれに基づいて審理するにあたっては、審尋請求権違反を理由とするものでなければなりません。そうすると前述の区分け、単なる法令違反なのか、それとも審尋請求権という憲法価値の侵害なのかの判断が必要となるわけです。実はこの問題は、以前は、通常裁判所と憲法裁判所の管轄を分ける重要かつ困難な問題としてドイツではかなりの議論の蓄積があり、なによりも、審尋請求権違反が全憲法訴願の半数を占めるといわれてきたように連邦憲法裁判所の数多くの判例の蓄積によって規準が示されてきたところでありました。そのことがまた、審問異議の導入をスムーズに進めることができた背景でもあったわけです。

翻って、日本には独立した裁判所としての憲法裁判所が存在しないということが、このような単純法違反なのか、憲法価値の侵害にも当たるのかの区分けの問題から日本を解放していると本当にいってよいのかの疑問が残ります。むしろ憲法裁判所としての役割をも果たす日本の最高裁判所が、審尋請求権をはじめ、手続権の中で憲法的価値をもつ手続的権利の抽出、すなわち、いわゆる手続基本権によって保護される利益がどのようなものかを明らかにすることを、少なくとも十分にはしてこなかったことを率直に認め、今後この問題についてどうするのか、その方向性を明らかにする必要があるように思われます。またその点が不明確であったことが、山本克己教授が指摘するように、理論と実務との乖離すなわち、日本の裁判官の中に民事裁判手続に関する瑕疵が単なる法令違反を超えて、憲法違反になる可能性を有するという意識が醸成されてこなかった理由なのではないでしょうか。このような事態（理論と実務の乖離）についても同様に今後の方向性を定める時がきているように思われます。私見は、憲法上の価値をもつ手続的権利（審尋請求権をはじめとする手続基本権）の侵害は、どのような場合に存在することになるのかについて、学説上、判例上の取り組みが必要であると考えます。なおその際、当事者に意見陳述の機会がなかった事案において、判決確定後、三三八条一項三号の再審事由を類推適用して救済する判例（最判平成一九・三・二〇民集六一巻二号五八六頁、最判平成四・九・一〇民集四六巻六号五五三頁など）をどのように評価するかの検討も必要であるように思われます。というのは、この事由は同時に絶対的上告理由になっているので、（実際にはあまりそのような事態は生じないであろうが、少なくとも理論的には）審尋請求権侵害をその類推解釈で処理することが可能であるように思われますが、そうすると憲法違反との重畳適用が認められるのか、それとも両者の守備範囲は異なるのかについても検討の必要が生じるように思われるからです。これは、前記最高裁判例が、手続保障侵害と思われる事案について、なにゆえ三三八条一項の類推を認めたのかの根拠に関わる問題です。なお、憲法価値を侵害するほどの瑕疵があるのであれば、単なる法令違反と評価したとしても上告受理理由にはなると認められるのであるから、あえて権利上告に乗せるべきものの抽出が必要かとの疑問もありましょう。しかし何が憲法価値を侵害したことになるのかの規準提示もない以上、上告受理が認められるかどうかについて安定的な判断の保障もないのではないでしょうか。そうするとそのような方法で問題がそれですべて解消されるとは考えられないわけです。

このように手続保障（審尋請求権）の根拠を明確にして、それが侵害された場合に保護される価値が何なのかを明らかにすることは、手続保障の実質化、高度化にとって基本的な作業であるともいえ、これが手続保障論の課題として残されているものと考えます。

四　非訟手続と手続保障（審尋請求権）

1　導　入

以上に述べたことは、基本的には、非訟手続にも同時に当てはまる事柄です。手続保障の中心を占める審尋請求権は、あらゆる民事裁判手続において保護されるべき権利であることは疑いありません。前述のように、判決手続か決定手続か、弁論主義か職権探知主義かを問わず通用する基本原則です。もっともこれはどのような手続においても一律、一様に貫徹されるべき原則というわけではなく、それぞれの手続において要請される他の原則、例えば非訟事件で要請される簡易・迅速性、機動性、プライバシー保護の要請、当事者の健康に与える影響への配慮といった価値との調整は当然必要です。また手続のインフォーマリズムという点では非訟手続は訴訟手続にもましてその程度が高いといえます。しかし逆に言えば、それだけに審尋請求権は、手続のインフォーマリズムを限界づける原則として働くことになりますから、これに対する意識は、一層研ぎ澄まされたものである必要があると考えます。ドイツの連邦憲法裁判所において非訟手続における審尋請求権違反を取り扱った判例の数が七〇を超えているといわれるのも、この問題の重大性を表す証左であるように思われます。そしてドイツにおけるこのような状況に現れているように、根拠論が重要な役割を果たすことになります。ところがここでも実務と理論（の一部）との乖離が存在しております。次の判例が興味深い材料を提供しています。

2　最（三小）決平成二〇・五・八家月六〇巻八号五一頁とその問題点

事案の詳しい内容は、時間の関係で省略しますが、婚費分担の審判で第一審の決定に対し、申立人が抗告したところ、抗告状も抗告理由書（の副本）も相手方に送達されないまま、審理がなされ、相手方に不利益な変更が行われた。そこで憲法三一条・三二条に基づき、特別抗告がなされたところ、多数意見は、非訟手続への憲法の適用を否定して、本件特別抗告の申立てを棄却したというものです。婚費の額の判断に必要な資料（源泉徴収票、確定申告書、家計収支表など）は、通常は、調停の場で提出され、遅くとも第一審で揃えられるでしょうから、抗告審で新たに資料が提出されることはそれほど多くはないでしょう。また抗告審の位置づけや、実態なども考慮しなければならない事柄であることは承知しているのでありますが、しかし、原則を言えば、審尋請求権の保障は各審級ごとになされるべきものであり、抗告理由書の中身については必ず反論の機会が与えられるべきものです。抗告状や抗告理由書の副本の送達が行われなかったため、抗告審に移審していることについてすら正式な通知がない本件においては、裁判所へのアクセス保障を含む本件での審尋請求権の侵害は著しいものがあったと考えるべきであります。なお、比較法的には、ドイツにおいては、たとえ新たな事実や証拠の提出がないとしても、抗告理由書の相手方への送達は手続保障上必須のものとされており、かつ手続によって直接その権利に影響を受ける者の審尋権侵害のケースであることから、本件ではこれが憲法違反に当たるとされると考えられます。そもそも非訟手続に憲法の適用がないとの考え方を含めて再検討が必要であると考えます。八二条と三二条を一緒くたにして憲法の適用可能性についてすべてか無かで判断する必要はないのではないでしょうか。そのような見解が近時の学説の動向とも呼応しているように思われます。

3　非訟手続における手続保障（審尋請求権）の実質化

(1)　当事者（関係人）概念の確定の必要性

誰に手続保障（審尋請求権）を与えるべきかを確定することは、私見によれば憲法上の権利保障を誰に与えるかに関わる重要事項です。それと同時に、そのような関係人の積極的な関与（手続への協力義務）による真実発見のための資料の調達という面からも、関係人の関与をどの範囲や態様で認めるかを定める必要があります。なお、関係人の手続協力義務は、審尋請求権保障と一体となったものであり、また手続促進義務という当事者に課される一般的義務から生じるものであって、職権探知主義に服する手続においても肯認されるものと考えられます。

(2)　手続の柔軟性、機動性、迅速性、関係人の保護利益等との調整問題

審尋請求権が、相手方の提出した情報や裁判所の職権探知の結果を受け取り、これについて意見陳述を行う権利であるとしても、その行使の仕方を訴訟手続と同一にすることが困難であることが考えられます。場合によっては期日における審問への立会権の保障も制限すべきこともあり得ましょう。手続原則を決めるにしても、その例外を比較的広く認める必要が生じることが考えられます。その場合には、例えば関係人の健康状態への影響などに鑑みて手続を柔軟にし

て、別な形で反論の機会を保障することもあり得ることと考えます。また必ずしも口頭による意見陳述の機会を保障するという形をとるのではなく、書面の利用も考えられますし、相手方から提出された書面の伝達方法についても、黒消しや本質的な部分を口頭で伝えるなどの工夫がなされる必要もありましょう。ただこのようにフォーマルな形をとらない場合には、それがはたして審尋請求権を満たす方法であるのかについての慎重な検討が必要でしょうし、原則の例外規定を使う場合には、憲法適合的解釈かどうかの観点からの吟味が必要となる場合があるでしょう。さらにどのように工夫をしても、相手方に伝えるべきではない情報については、それを相手方に不利益な影響が及ぶ形で裁判資料に使うことを差し控えるべきではないでしょうか。

(3)　期日、期間の設定

当事者の意見陳述のための機会保障は、原則として、当事者が事件に関する情報を得るため、記録を精査し、これについて熟慮し、態度を決めるなど調査に要する時間の確保を前提とします。このような条件整備は、迅速性等との関係で比例原則（調整の必要性）が働くところでしょうが、そのような余裕のないままの単なる機会保障は、実質的手続保障にもとることになります。

(4)　実質的手続保障のための認識の共有化

非訟手続においては、職権主義が原則として採用されているのが通常ですが、手続、実体ともこれをどのように形成していくのかについては、審尋請求権をとおして当事者もこれに関与すべきものと考えます。そこで当事者が反論したり、自己の意見を表明するための前提として、何が裁判にとって重要な事実であり、法律問題であるのか、どのような観点からこれを取り上げるのかについては、手続主体間で認識を共通にしておく必要があります。当事者と裁判所の間でこれに関して認識のずれがあるときには、それを解消しておくことが実質的手続保障にとって重要です。単に提出された情報の流通、交換にとどまらず、その受け取り方、評価の仕方を含めてコミュニケーションを行い、当事者が後から不意打ちと感じないように認識を共通にしておく必要があります。このような指摘義務の存在は、非訟手続においても認められるべきでありましょう。さらに手続指揮との関係でいえば、ドイツにおいては近時の非訟法において、Hinwirkungspflicht が取り入れられたことが指摘されています。これは、例えば、「裁判所は、関係人が適時にすべての重要な事実を主張し、不十分な事実陳述を補完するよう努めなければならない（hat hinzuwirken）」との規定（FamFG 二八条）に見られます。これは職権探知の特別な形を定めたものとされるのですが、一方で裁判所が負う職権探知義務（二六条）と他方で当事者の事案解明協力義務（二七条二項）とを合わせる形でこれらの規定を補完するものとされ、どの範囲と限界で裁判所が解明に努めるべきかを定めたものです。すなわち、裁判に重要な事実については、必要な個別事実が当事者から適時に主張されるように裁判所は努める義務を負い、これが主張されなかったことを理由に解明を怠ることは許されないとすると同時に、それにもかかわらず当事者からの主張がない場合には、職権探知義務はもはや働かないとしてその限界を定めたものであると解されます。畑報告にもあったように、日本でも職権探知主義の限界を定める規定が必要か議論されているところでありますが、参考になると思われます。

五　おわりに

手続保障については、日本においても議論の対象となってすでに久しいわけですが、その実質的な保障の必要性とそれがあらゆる手続において内実をもったものとなるための立法ないしは解釈努力の余地は大きく、その達成のためにはまだ課題が残っているように思われます。本報告ではそのためのわずかな一端を取り上げることができたに過ぎませんが、取り上げた問題について、ご批判やご意見を頂戴できれば幸いです。

20 上告理由と手続保障——ドイツの議論を参考にして——

一　問題の所在

一　問題の所在

1　手続保障の中核をなす審尋請求権

手続保障は、民事訴訟法理論としてすでに認知された概念であると思われる。しかしその内容については、その外延、内包とも必ずしも明確に定められているわけではない。さしあたり、ドイツにおいていわゆる手続基本権（Verfahrensgrundrecht）に属するとされる審尋請求権、フェアーな手続を求める権利（公正手続請求権）、当事者平等（武器対等）の原則などが、手続保障の中身として考えられる。ちなみにドイツにおいてはこれらの権利は憲法に根拠を持つ権利とされるが、日本においても同様に考えられてきた。(1) このうち本稿が主として取り扱うのは審尋請求権である。審尋請求権が手続保障の中心的な位置を占めることについては、大方の支持を得ることができるであろうし、ドイツにおいては、これが憲法において保障されるものであることが明定されている（基本法一〇三条一項）(2) ことから、憲法に基礎を置く手続上の権利が侵害された場合、これを上告審に乗せる根拠について議論のあるところである。その議論は、本稿のテーマである上告理由と手続保障（厳密には手続権保障）の関係を考える際の参考になることは間違いない。すなわち本稿は、ドイツ法との比較でこの問題を解明しようとするものである。

2　審尋請求権の内容と違反の救済

ドイツにおいては、審尋請求権の内容として、①相手方の主張や提出証拠を知ること（情報を求める権利）、②これに反論して自己の言い分を主張し、これを根拠付ける証拠を提出する機会が保障されること（意見を表明する権利）、③裁判所は、裁判をするに当たり、両当事者の主張や提出証拠を斟酌すること（裁判所の斟酌義務）の三つが挙げられるのが一般である。(3) その一つでも侵害されれば審尋請求権違反とされる。これらは民事訴訟の当事者として保障されるべき当然の権利であり、この権利は憲法以前の手続上の根源的権利（prozessuales Urrecht）である。そうであるがゆえにこの権利は、憲法の保障する手続的権利の中核をなす手続基本権と位置付けられる。ただし、民事手続においてこの権利がどのように具体的に発現するかについては、直接的には民事手続法の規定するところによる。したがって審尋請求権違反は、まずもって手続法規違反（通常法＝憲法下位法上の法令違反）を構成する。しかしそれで終わるのか、手続法規違反が同時に憲法違反に当たるという場合はないのか、憲法違反に当たるとするとその救済はどのように行われるのかなどの問題にドイツはどう答えているのであろうか。

3　審尋請求権の根拠をめぐる日本の議論

審尋請求権が、日本においても、憲法に根を下ろす権利であることは認めるとしても、前述のように、その発現はまずもって各手続法に委ねられている関係で、具体的な手続過程での審尋請求権違反が、単なる法令違反にとどまらず憲法違反に当たるのかは、最高裁に対する上告に際して重要な問題である。この点学説においては、どのように考えられてきたであろうか。

(1)　中野(貞)説

民事訴訟法と憲法の関係について、積極的に発言してきた中野貞一郎教授は[4]、手続規定の基礎となるべき一定の手続諸原則が、どこまで憲法自体によって保障されているかの問題を提起し、公正手続請求権、審尋請求権の保障、手続上平等の原則、適時審判の原則および公開審判の原則を憲法上の要請とする。とくに審尋請求権についてはこれをうたった明文規定は存在しないが、解釈上これを肯認できるとして、憲法一三条・三二条・七六条三項のほか、国際人権B規約一四条一項などを根拠条文とする。そして「憲法における審尋請求権の保障は、国の裁判所の権限に属するすべての裁判手続に及ぶ。訴訟手続と非訟手続とをとわず、判決手続と決定手続とをとわず、口頭手続と書面手続をとわず、弁論主義・職権探知主義等の手続原則の差異にも関係がない」とする[5]。また審尋請求権の侵害は、手続上の瑕疵であり、訴訟手続内部で通常の上訴ないし特別上告・特別抗告によってこれを主張し、裁判の取消し・変更・破棄を求めることができる。ただし上訴や異議による主張・立証の機会が原審における審尋欠缺を補完・追完するに足りる場合には、瑕疵の治癒を求めてよいとする。公正手続請求権についてもほぼ同様の見解を主張している[6]。中野説によれば、民事訴訟法の背後にある憲法的価値の保障は、まずは民事訴訟法上の原則の適用で実現されるものであるが、権利侵害の程度によっては、憲法の適用により憲法価値の実現が図られる道が開かれているべきである。これが憲法違反を理由とする上告や特別上告、特別抗告による救済を根拠付けるとするものであろう。

(2)　鈴木(正)説

上記の中野説に対しては、鈴木正裕教授から以下のような疑念が出されている[7]。鈴木教授は、公正手続請求権に関する中野説の評価を行う際、中野説は、公正な手続の要請が、第一に手続法の中に定められている個別の制度の運用・解釈の基準として働くとしながらも、直接的効果として憲法違反の主張の可能性を示しているが、個別の規定に違反する場合、例えば釈明義務違反であれば、上告受理理由にとどまるのに対し、憲法違反であれば、権利上告の理由となる。

この両者のインバランスを問題とする。そして民事訴訟法二条の「公正」に責務規定以上の地位を認め、公正手続請求権を想定して憲法上にまでランクすることの適切さを疑い、さらにいくつかの手続基本権を生み出してきたドイツの議論の背景には、憲法裁判所の存在があるのではないかと指摘する。(8)

日本の裁判実務においては手続法上の諸原則の淵源を憲法に求めることを否定しないにしても、民事上の手続的瑕疵を憲法の適用によって救済することはしてこなかったといえよう。その意味では、むしろ鈴木説が受け入れられる下地が存在しているように思われる。そこは、後に見るように、ドイツの議論と異なる点であるが、果たして憲法裁判所の存在が決定的なのかは検討の余地がある。ところでこの日本の実務の傾向については、次の山本克己教授の見解が興味深い。

(3)　山本(克)説

山本克己教授の議論は、中野説対鈴木説の図式について直接の解答を提示するものではなく、この問題に関する「理論と実務の乖離」とも言うべき現象の背景を説明するものである。すなわち山本教授によれば、手続規範の「憲法化」は、理論と実務の乖離を助長する面がある。なぜならインフォーマリズムへの志向の強い日本の裁判官にとって、手続規範の憲法化、とりわけ審理の方式に関わるそれは、過度にフォーマリズムに傾斜したものと受け取られることがあり得るからであるとする。また五五年体制の対立の下で、憲法ないし憲法解釈がイデオロギー的主張の道具として用いられてきたために、「憲法化」は多くの裁判官にとって胡散臭いものと見られがちと推測する。その意味で、「憲法化」が真に改革原理として実効性をもつためには、まだまだ時間がかかると指摘する。(9)

(4)　小　括

審尋請求権に違反する手続的瑕疵の救済に際して、通常法（民事訴訟法を中心とする民事手続諸法）上のみの処理で済ませるのか、審尋請求権が憲法に根拠を持つ権利であることを認め、憲法違反として処理するのかの議論は、平面的に見れば、真っ向から対立関係にあるように見えるが、これを立体的に考察する必要があるように思われる。すなわち、審尋請求権が手続的瑕疵である以上、まず民事手続法の適用によって瑕疵の治癒をはかることは当然であろう。しかし瑕疵の程度により、単なる民事手続法違反にとどまらず、憲法的価値の侵害とも評価される場合においては、上告理由、特別上告、特別抗告理由にもなるとするのが中野説である。これによれば、法令違反にとどまる場合と憲法違反ともなる場合との区分けが必要であるということになる。従来、日本においてこの区別に立脚した議論の展開はなされてこなかったように思われる。他方で、ドイツにおいては、鈴木教授の指摘するように、連邦憲法裁判所が存在し、これが憲法違反の審理を管轄する。ところが上訴制限に阻まれた事件などを機縁として、基本法一〇三条一項違反を理由とする憲法訴願（Verfassungsbeschwerde）がかなりの数を占めるに至って、連邦憲法裁判所の負担加重が問題とされるようになり、通常裁判所との管轄問題を契機として、この区別をめぐる議論がなされ、これがすでに相当蓄積されていることが知られている。そこで本稿では、ドイツの制度と仕組み、問題点などをみて日本の議論の方向性を定めることを試みたい。

（1）　伊藤眞「学説史から見た手続保障」新堂幸司編著『特別講義民事訴訟法』（有斐閣、一九八八年）五二一頁は、手続保障概念の源泉は、憲法三二条・三二条あるいは八二条などに求められるとする。三ケ月章「裁判を受ける権利」『研究7』一頁も参照。なお近時は、手続保障という言葉がマジックワード化していると指摘されている。伊藤眞ほか『民事訴訟法の論争』（有斐閣、二〇〇七年）一七三頁。これも概念の不確定によるものであろう。

（2）「各人は、裁判所において、審尋を求める請求権（Anspruch auf recliches Gehör）を有する」と規定している。

（3）ドイツの判例によって確立された原則である。

（4）中野貞一郎「民事裁判と憲法」『現在問題』一頁以下、同「公正な手続を求める権利」同二七頁以下。

（5）中野・前掲注（4）一五頁。

（6）　中野・前掲注（4）一六頁。公正な手続を求める権利についても、この請求権の位置付けについては、さまざまな議論があるが、その中でライポルト教授の議論が興味深いとして、「公正手続請求権の意義は、裁判所が民訴法の規定上は裁量的に手続を形成できる局面において（期日指定、期間裁定、弁論の分離・併合、中間判決・一部判決をするかどうかなど）、特に当事者の利益を守る方向での裁量権行使を義務づける点にあり、『手続法上の裁量権行使の憲法的指導基準』なのである。公正手続請求権を認めることによって、このような裁量上のフェアネスの欠如は手続上の過誤となり、一般の上訴によっても主張できるに至る」（四一頁）。また裁判を受ける権利には、これに法の下の平等および法律による裁判の原則を反映させ、かつ、国際人権規約一四条の内容を受け入れて、「公正な手続を求める権利」が含まれるとする（四七頁）。そして公正な手続を求める権利は、原則として、制定法の枠内で、その個別的諸規定の解釈・適用に際して具体化されるべく、直接この権利から何らかの具体的結論を引き出すことは、上記の方法によっては賄いきれない例外的場合にだけ限定すべきである。公正手続請求権の侵害に際しては、特別上告・特別抗告が認められるべきであるとする（五二頁）。

（7）　鈴木正裕「新民事訴訟法における裁判所と当事者」『講座新民訴法1』三五頁。

（8）　鈴木・前掲（7）四七頁（5）。

（9）　山本克己「当事者権――弁論権を中心に」福永有利ほか編・鈴木正裕先生古稀祝賀『民事訴訟法の史的展開』（有斐閣、二〇〇二年）六一頁。

二　ドイツにおける上告理由と手続保障

1　ドイツの上告制度と上告許可要件

ドイツの上告法は、二〇〇一年民事訴訟改正法（Zivilprozessreformgesetz、二〇〇二年一月一日より施行）により、それまでの訴額による上告制限と許可上告の混合制度を廃止して、許可上告制度一本（訴額による上告から原則による上告へのパラダイム転換）[10]に切り替えた（ZPO五四二条以下）[11]。改正法における上告の目的は、一般的かつ原則的な意味を持つ法律問題を解決し、法の欠缺を埋め、実定法規範をその基本的な考え方から、常に変化してやまない社会の現実の必要に適合するように法を継続的に形成することにある。(12) すなわち上告裁判所の役割は、一方で、公的一般的な関心、つまり法令解釈（判例）の統一と法の継続的形成に、他方で、同時に判決の誤りを除去するという当事者の利益に役立つことにある。(13) このような観点から、上告許可の要件が定められた。

ＺＰＯ五四三条（許可要件）
一項　上告が認められるのは、
　一号　控訴裁判所が判決の中で、あるいは
　二号　上告裁判所が不許可に対する抗告に基づいて
　　上告を許可した場合のみである。
二項（一文）上告が許可されなければならないのは、
　一号　法的問題（Rechtssache）が原則的な意義を有する場合、又は
　二号　法の継続的形成もしくは統一的な判例の保障が、上告裁判所の裁判を要求する場合である。
（二文）上告裁判所は、控訴裁判所による許可に拘束される。

上告を許可するかどうかは、控訴裁判所が判断するのであるが、その判断は自由裁量によるのではなく、二項一文が定める要件に拘束される。また、控訴裁判所が上告不許可とした場合、不許可抗告に基づく裁判において、上告裁判所のコントロールに服する（五四四条）。二項一文の一号と二号の関係について、両者が「又は（oder）」(14) でつながれてはいるが、立法者は、二号の要件が、一号の一般的要件である「法的問題が原則的な意義を有する場合」を、許可原因をこれに限定することなしに、具体化するものであると解している。(15)

ＺＰＯ五四四条（不許可抗告）

一項（一文）控訴裁判所による上告の不許可に対しては、抗告がなされうる（不許可抗告）。（二文）抗告は完全な形式での判決の送達後一か月の不変期間内で、または遅くとも判決の言渡し後六か月が経過するまでに上告裁判所に提起されなければならない。（三文）抗告状とともに、上告の対象となる判決の正本（Ausfertigung）若しくは認証謄本（beglaubigte Abschrift）が提出されなければならない。

二項（一文）抗告は、完全な形式での判決の送達後二か月以内に、または遅くとも判決の言渡し後七か月が経過するまでに理由を付されなければならない。（二文）五五一条二項五文、六文が準用される。（三文）理由には許可事由（五四三条二項）が述べられなければならない。

三項　上告裁判所は、抗告人の相手方に意見表明の機会を与える。

四項（一文）上告裁判所は、抗告に関し、決定で裁判する。（二文）決定は、短く理由付けられなければならない。その理由付けが上告が許可されるべき要件の解明に寄与するに適しない場合、あるいは抗告が認容される場合には、付さないことができる。

五項（一文）抗告の提起は、判決の確定を遮断する。（二文）七一九条二項、三項が準用される。（三文）上告裁判所による抗告の棄却によって判決は確定する。

六項（一文）上告の不許可に対する抗告が認容される場合、抗告手続は上告手続として引き継がれる。（二文）方式ならびに期間が遵守された不許可抗告の提起は、上告の提起として通用する。（三文）裁判の送達をもって上告理由付け期間が始まる。

七項　控訴裁判所が抗告人の審尋請求権を、裁判に影響を及ぼす形で侵害した場合、上告裁判所は、六項とは別に、抗告を認容する決定の中で、問題となった判決を取消し、事件を新たな弁論と裁判のために、控訴裁判所に差し戻すことができる。

七項の要件が注目に値する。手続基本権レベルでの審尋侵害に対する上告審の措置を規定しているからである。この場合、不許可抗告の理由は、憲法違反レベルのものを要求していることになる。以下では、上告理由一般の中で、手続基本権（とくに審尋請求権違反）がどのように位置付けられているのか検討する。

2　上告理由としての審尋請求権違反

ドイツにおいては、事実審の審理に際し、憲法が保障する手続基本権の侵害があった場合、五四三条二項一文一号の原則的意義が適用されないときには、同条同項二号の規定する、判例統一の保障に当たるとされ、上告許可理由になる。この要件に当たる場合としては、①問われている裁判が、他の上級裁判所や同位の裁判所の比肩すべき判例と異なる場合（Divergenz）、②法適用上の誤り（Rechtsanwendungsfehler）がある場合、③手続的な瑕疵（Verfahrensmängel）がある場合、④控訴判決に明白な不当性がある場合である[16]。このうち審尋保障を求める基本権が侵害された場合は、②に該当するとされる。控訴判決が、判例への信頼を損なうような法的誤りに基づく場合にも、上告裁判所による修正のための裁判を期待する一般的利益が存するからである。すなわち、判決が審尋保障を求める請求権の違反に基づくとき、統一的な判例の保障のための上告が許可されるべきである[17]。しかもこの場合、許可原因は、（恣意禁止や）手続基本権違反が明白である（offenkundig）ことや過ちの反復の危険（Wiederholungsgefahr）という付加的要件には依存しない[18]。すなわち絶対的上告理由が存在する場合と同一の取扱いがなされる[19]。憲法（基本権保障）に違反する場合は、一般的にいって、判例が機能することについての一般の信頼を侵害するものであるし、その救済は、裁判にとって重要な憲法違反がある場合に、専門裁判所による救済を要求する、基本法一〇三条一項に代表される法治国家原理に合致するからである。もっとも憲法違反の明白性は要求されないとしても、憲法違反自体は明白な（offenkundig）法令違反を前提としている。端的にいえば、「どんな法律家でも民事訴訟法をそのように解釈したり、適用したりすることは許されないであろう」という場合に、明白な法令違反が存在する。[20]

3　審尋請求権違反の具体例[21]

(1)　意見陳述をする権利の侵害事例

①裁判所が自ら定めた意見陳述をする期間の終了を待たずに裁判をする場合、[22] ②意見陳述期間が不当に短く定められた場合、[23] ③口頭弁論において行われた新たな陳述について、相手方に反論の機会を与えることなしに判決を言い渡した場合、[24] ④裁判所が、理由のある期日の延期や変更の申立てを却下して、本案判決をした場合、[25] ⑤原告が申立ての変更を予告しているのに、これを行わせることなく認諾判決をした場合、[26] ⑥控訴人が、控訴額の不到達に関する指摘に応える機会が与えられない場合[27]などがこれに当たる。

(2)　裁判所の斟酌を求める権利の侵害事例

①理由ある期間延長の申立てや控訴状に書かれていた控訴理由が看過された場合、[28] ②当事者の主張が一般化できる形で誤解された場合、[29] ③裁判官の指摘に基づいてただちに提出された書面による裁判上重要な主張が斟酌されなかった場合、あるいは証拠申出が看過された場合（Pannenfälle〔事故事例：故意や意図的でないミスによる事例〕）、[30] ④控訴裁判所がZPO五六三条二項による破棄の原因となった法的問題の判断の拘束力を誤ったために主張を斟酌しなかった場合、[31] ⑤控訴裁判所の視点に立てば重要であると思われる証拠申出を容れず、これに訴訟法上の根拠がない場合、[32] ⑥⑤のように判断したのは、証拠に関する主張が、不当に、具体化されていないと見たためである場合、[33] ⑦口頭による説明のための鑑定人の召喚が拒否された場合、[34] ⑧あらためて尋問することなく、証言を前審とは異なって評価する場合、[35] ⑨方式や期間に関する規定が明白に不当に適用された場合、[36] ⑩攻撃防御方法が明白に不当にZPO五三〇条・五三一条により時機に後れたものとして却下された場合、[37] ⑪訴えの有理性（Schlüssigkeit）ないしは本案主張の特定性（Bestimmtheit des

Sachvortrages）に関して過度の要求がなされる場合[38]などがこれに当たる。

(3)　情報を求める権利（態度決定のために裁判上重要な点について情報を得る権利）

①当事者は、裁判官が回避したこと[39]、②裁判にとって重要な記載（Vermerkung）[40]、③インターネットによる検索の結果[41]、④相手方の提出した書面や図面[42]、⑤裁判所が公知として利用しようとする事情[43]を知らされる権利を有する。⑥裁判所が以前に与えた指摘（Hinweis）を覆して、逆の裁判をしようとする場合[44]、⑦裁判所が原審の確定とは異なって控訴に必要な訴額に達していないと考える場合[45]、⑧第一審で争いがないとされた事実関係を控訴判決において争いがあるものと取り扱う場合[46]、⑨誠実かつ十分な知識を持った訴訟当事者が従来の訴訟経過からして計算に入れる必要がないと考える観点に裁判所が意味を持たせる場合[47]などでは、その旨の指摘が必要である。総じて、不意打ち裁判は、審尋請求権を侵害することになる。

4　法令違反と憲法違反

民事訴訟法は適用された憲法といわれるように、立法者は憲法が保障する価値を民事訴訟法に込めているといえる。そこで憲法が保障する手続的価値は民事訴訟法の中において実現されることが目指される。したがってその違反は法令違反として処理される。しかしこれが同時に憲法価値の侵害に当たる場合には、ドイツにおいては、連邦憲法裁判所への提訴すなわち憲法訴願の道が開かれている（GG基本法九三条一項四a号、BVerfGG連邦憲法裁判所法九〇条）。連邦憲法裁判所が、憲法訴願を認容するときは、裁判を破棄して、事件を管轄裁判所に差し戻す（BVerfGG九五条二項）。連邦憲法裁判所と通常裁判所（あるいは専門裁判所Fachgericht）とは、憲法領域と通常法領域という具合に主たる管轄が区分されるが、連邦憲法裁判所においても個別事件の事案の審理が不可欠であるし、通常裁判所においても、前述のように、憲法違反が上告理由となることから、通常法（Einfaches Recht, ここでは主として民事訴訟法）上の法令違反と憲法違反の関係が問われることになる。民事訴訟法が手続基本権といわれる憲法価値を体現しているからといって、訴訟法違反が常に憲法違反となるわけではない。そこでどの程度の手続的瑕疵が憲法（本稿では主として一〇三条一項）違反となるのか、憲法価値を保護するために連邦憲法裁判所と通常裁判所はどのような役割を負っているのかが問題となる。(48)この問題は単に通常法と憲法の境界をどこに見いだすかという解釈論上の問題にとどまらず、連邦憲法裁判所の負担加重からの解放、すなわちできる限り法令違反を正す役割を負う専門裁判所の平面での解決に委ねるための努力という政策的側面を持った課題に対処するという困難さを伴っている。

まず、当事者には、民事訴訟法内で認められる救済方法を尽くすことが要求される。その中には、次項Ⅲで述べる審問異議（Anhörungsrüge）も含まれる。ここでは、憲法訴願の補充性原則（BVerfGG 九〇条二項）が働く。審尋の機会を確保するための期間の延長、弁論の再開の申立て、上訴など、民事訴訟法内部で許される審尋侵害からの救済方法を講じることが先決である。次に、憲法違反レベルの手続的瑕疵を規律するための基準として、瑕疵の明白性（Offenkundigkeit）基準(49)が立てられてきた。すなわち当事者の主張を認識し、これを斟酌して裁判をする義務を裁判所が履行しなかったことが明白である場合に憲法の保障する審尋請求権に違反するとの基準である。(50)具体例に即して考えてみると、ＺＰＯ一三九条は、裁判所の釈明権（実体的訴訟指揮権）を定めたものであるが、釈明権の不行使や不十分な行使が憲法違反のレベルにまで達することは稀であろう。しかし裁判所が重要な法的観点の指摘を怠ったために、誠実かつ細心の注意を払って訴訟追行を行っている当事者が考慮の必要なしと考えた観点により裁判を行うことがあれば、審尋請求権に違反する可能性が出てくる（Ⅱ三⑶⑨判例参照）。次に証拠調べの領域について、ＧＧ一〇三条一項は、裁判所が当事者の主張を、訴訟法、実体法上の理由に基づいて一部または全部につき斟酌しないことに対して、保護を保障するものではない。(51)それゆえ一〇三条一項は、証拠評価に対する抗弁のみにかかわる。証拠の申出に関していえば、証人の取調べが予納金の不払いのためになかったのであるが、それは裁判所が期間を定めて予納金の支払を命ずるべきところ、その命令の通知を誤って行っていなかったためであるという場合、審尋請求権が侵害されたと評価される。また会社の清算後の財産分配に際してその額が争われた訴訟において、第一審（区裁判所）が被告側の申請に係る証人Ｇの証言を容れて、原告の請求を一部棄却したため、原告が控訴した。その理由は、証人Ｇの証言は社員総会の議事録と矛盾するものであることに置かれていた。これに対して、被告が控訴審において、分配基準について明らかにするためあらためて証人Ｇの証人尋問を申請したが、控訴裁判所（地裁）は、これを採用することなく、証人Ｇの証言は証拠価値の低いものとして原告の請求を認めた。そこで憲法訴願が提起された。憲法裁判所は、控訴裁判所は、第一審でなされた証人尋問における証言の信憑性に関し、第一審裁判所と異なる評価をする場合には、あらためて証人尋問を行わなければならないとして、これを怠った手続はＧＧ一〇三条一項に違反すると判示した（前者について、BVerfG NJW-RR 2004, 1150 参照、後者についてはⅡ三⑵⑧判例）。さらに時機に後れた主張との関係で次の事例が参考になる。原告が、清算訴訟（Abrechnungsprozess）の第一審において勝訴した。被告が控訴し、そこで他の清算書類を提出した。控訴裁判所は、第二審の口頭弁論における原告の主張を不十分と見て原告の請求を棄却したが、その際、原告が口頭弁論終結後、遅滞なく提出した書面を裁判所は斟酌しなかった（ZPO 296a 条）(52)。ＢＧＨはこれを基本法一〇三条一項に違反すると見た(53)。当該当事者には、裁判所の指摘に対応して主張を補充する機会が与えられなければならないとの理由による。

上記はいずれも、法令違反と憲法違反の区別を考える際の確定の困難な中間的領域に属する問題であるが、審尋請求権が帰属する主体であるにもかかわらず、まったく関与の機会が与えられなかったという場合には、審尋請求権違反は明白であろう(54)。

以上で見たように、ドイツにおいて、法令違反と憲法違反の境界は必ずしも明確ではない。しかし憲法で保障する価値を実現するため、憲法規範が機能することの必要を否定するものではなく、まずもって民事訴訟法の規定に基づく裁判所の措置にこれを委ねているが、機能不全の場合には、憲法の出番となるのである。そしてこれは単に連邦憲法裁判所の職責として権限を固定して行われるのではなく、むしろ通常裁判所（専門裁判所）内での上訴（上告）によることが期待されている。

（10） Hannich/Meyer-Seitz, ZPO-Reform 2002, S. 237. Rimmelspacher, Zivilprozessreform 2002, S. 118ff. Wenzel, Das neue zivilprozessuale Revisionszulassungsrecht in der Bewahrung. NJW 2002, S. 3353ff. 改正法については、勅使川原和彦『民事訴訟法理論と「時間」的価値』（成文堂、二〇〇九年）一一〇頁、八田卓也「二〇〇一年ドイツ民事訴訟法改正について――概要の紹介と若干の検討を兼ねて」法政研究（九州大学）七〇巻三号（二〇〇三年）六六九頁参照。

（11） 改正以前の上告制度の問題点として、区裁判所の裁判に対しては地方裁判所の裁判止まりで上告が認められていなかった結果、全事件数の五分の四が上告の対象から外されていたこと、財産法上の請求権についての紛争では、訴額が六万マルク以上の価値を持つことが要求され、なおかつ、それに原則的な意味がない場合には、上告審は上告の受理を拒否することができた。また勝訴の十分な見込みがない場合も同様であった。さらに控訴を不適法として却下する判決、二回目の欠席判決、飛越上告などについては、許可を要しないとされていた。非財産的な紛争については、上告を控訴裁判所の許可に係らせていた。とくに民事訴訟法の規定の適用による家事事件においては、上告が控訴裁判所の許可によってのみ行われるか、あるいは控訴が不適法却下される場合にのみ、上告が許されていた。このようにかなり不合理な面や複雑な様相を呈していた。さらに加えて、連邦最高裁判所（ＢＧＨ）の負担増は目を見張るものがあり、一九八〇年には、二二四九件であった新受件数が一九九九年には四四〇八件になり、年末の未済事件数も二一七五件から四一〇一件へと増加している。ＢＧＨの負担を軽減し、判例の統一と法の継続的形成という本来の機能を果たせる状況に置くための構造的な改革が喫緊の要であった（もっとも経過措置として、二〇一一年一二月三一日までは控訴裁判所が許可せず、上告をもって主張される不服額が二万ユーロを超えない場合には上告できない。ＥＧＺＰＯ二六条八号）。Hannich/Meyer-Seitz, a. a. O. 注（10）S. 237f.

（12） BVerfG NJW 1960, 339.

（13） Hannich/Meyer-Seitz, a. a. O. 注（10）S. 240f.

（14） 「原則的な意義を有する場合」は、不特定多数の事案において問題となる、裁判にとって重要な、したがって解明の必要があり、それができるような法的問題が含まれる場合や、訴訟の持つ効果が一般に波及するか、かなりの程度において一般に影響を及ぼすため、ＢＧＨ（連邦最高裁判所）の判断が要請される場合を指す。例えば一般的な取引約款の解釈や典型的な契約条項などが問題となるような場合である。Prütting/Gehrlein/Ackermann, ZPO Kommentar, 2.Aufl., 2010, S. 1335., Wenzel, Münchner Kommentar ZPO, 2010, S. 241f.

(15) BTDrucks. 14/4722, 67. Hannich/Meyer-Seitz, a. a. O. 注(10) S. 257. これによればこの許可原因の拡大により、「法的問題の原則的な意義」を拡大して理解するとともに、将来的には、従来の意味合いでの「原則的な意義」にとどまらず、最上級審の判例として模範的な判断を示すことが要求されるような判例を作るための上告を可能にする、そして同時に、控訴判決に明らかな誤りがある場合や手続基本権が侵害されるような場合に結論を修正することが考えられるとする。もっとも明白に不当な結論を修正する要請に応えるための上告は条文の上には表されていないことにつき、Prütting/Gehrlein/Ackermann, a. a. O. 注(14) S. 1335.

(16) Prütting/Gehrlein/Ackermann, a. a. O. 注(14) S. 1335f.

(17) Prütting/Gehrlein/Ackermann, a. a. O. 注(14) S. 1336.

(18) BGH, Beschluß vom 11. Mai 2004, NJW 2004, 2222.

(19) Rosenberg/Schwab/Gottwald, Zivilprozessrecht, 17. Aufl., 2010, S. 820.

(20) Wenzel, Münchner Kommentar ZPO Bd. 2, §§ 511–945, 3. Aufl. 2007, S. 247.

(21) 以下の叙述は、Wenzel, a. a. O. 注(20) S. 247 に依拠するものである。Stein/Jonas/Leipold, ZPO 22. Aufl. Bd. 3, 2005, vor § 128. S. 30f. も参照。

(22) BVerfGH 64, 224.

(23) BVerfG, NVwZ（Neue Zeitschrift für Verwaltungsrecht）2003, 859f.

(24) BGH GRUR（Gewerblicher Rechtsschutz und Urheberrecht）2003, 903.

(25) BGH GRUR, 2004, 354.

(26) BGH NJW 2004, 2019.

(27) BGH VIZ（Zeitschrift für Vermögens und Immobilienrecht）2004, 134.

(28) 前者につき、BGH FamRZ 2004, 1189., 後者につき、BGH NJW-RR 2004, 1717f.

(29) BGH NJW 2003, 756.

(30)　BGH FamRZ 2005, 700f.
(31)　BGH BGHReport 2005, 1552.
(32)　BVerfG NJW 1990, 3259., NJW 2003, 125.
(33)　BGH NJW 2005, 2710.
(34)　BVerfG FamRZ 2001, 1285f.
(35)　BVerfG NJW 2005, 1487.
(36)　BVerfG NJW 2004, 3551.
(37)　BVerfGE 69, 145 ; 75, 302 ; 81, 264 ほかこの類型に属する事例が目立つ。失権規定の適用の誤りを指摘した連邦憲法裁判所の判例（BVerfG NJW2000, 945）を紹介しよう。自動車の売買代金の返還請求事件で、当該自動車の売主が被告であるのか、ジャマイカに居住するO氏であるのかが問題になった。原告は、被告に対して三万五〇〇〇マルクの執行命令を取得したが、地方裁判所は、被告申請に係る二人の証人の尋問の後、執行命令を取り消し本件請求を棄却した。証拠調べの結果、原告の取引の相手方が、被告であることが確定できなかったからである。その際、被告が真の売り主であると主張するO氏が反証のため証人として申請されたが、O氏の居所が不明であったため尋問は行われなかった。O氏と連絡がとれないことの確定は、証拠共助嘱託に基づくヨルダン外務省からの、被告によって挙げられた証人の住所は不完全であり、発見不能であったとの通知に基づいて判断された。この判決に対し、原告が控訴を提起した。被告は、期限内に提出された控訴答弁書の中で、「O氏の証言（ジャマイカ）」を引用した上、契約交渉に際して被告はO氏が自動車の所有者であり、売主であることを明確に指摘した旨を主張した。被告代理人は、控訴審の口頭弁論期日において、証人Oの住所は現在探知できたがゆえに、Oは出頭可能である旨を主張した。これに対して控訴審（ＯＬＧ）は、原審（ＬＧ）の判決を一部取り消し、既払分を除いた執行命令の残部分を維持する判断を下した。その際、被告によるO氏の証言を援用しつつ、Oの住所が現在では探知でき、Oは出頭可能であるとの、準備書面には記載されず、口頭弁論において初めてなされた主張を、時機に後れたものであるとして却下した。前訴被告の憲法訴願に基づき、連邦憲法裁判所は、ＯＬＧの判断を憲法違反とした。連邦憲法裁判所は、まず、被告の憲法訴願を、前訴被告の審尋請求権の貫徹が示されていることを理由に受理した。すなわち前訴被告には、本件裁判を拒絶すると重大な不利益を受けることになるため、本件では受理要件は存在する（BVerfGG93cI）。
　ＯＬＧの裁判は、被告のＧＧ一〇三条一項の権利を侵害するものである。

ＧＧ一〇三条一項は、当事者にすべての重要な争点について意見を陳述する十分な機会が与えられる限り、立法者に、失権規定によって訴訟促進をはかることを妨げるものではない。しかし審尋を制限する規定は厳格な例外的性格を有する。それゆえ、（憲法裁判所以外の専門）裁判所は、失権規定の解釈と適用に当たって、通常法の解釈に際して行う以上に、より厳格な憲法上のコントロールに服する。そこで上記裁判による通常法上の失権規定の適用が明白に不当である場合、一〇三条一項に違反することになる。不十分な手続指揮ないしは裁判所による配慮義務違反によって遅延を引き起こした場合はとくに、審尋保障を求める請求権と失権とは合致しない。こういった原則からして、ＯＬＧによる民事訴訟法上の失権規定（五二三条・二八二条一項・二九六条二項）の取扱いは、憲法上の審査に通るものではない。これらの規定を、準備書面において主張することが怠られた場合に当てはめることは許されない。第一回弁論期日における主張を却下することは、それゆえ支持され得ない。もしこれを行うのであれば、第一回弁論期日までに裁判所は、第一審において被告から申出があった住所の下で呼出しがなされ得なかった限りで、証人Ｏの証拠申出に問題がある旨の指摘をすべきであったところこれがなされていない。そうすると遅延があるとしてもそれは当事者の責任ではなく、裁判所の不十分な訴訟指揮に基づく遅延に対処しているにすぎない。かような事情の下では、この制裁は審尋の拒絶となり、法治国家上の原則に合致しないのである。

(38) BVerfG NJW 1996, 45; BGH NJW 2005, 2710.
(39) BVerfGE 86, 133.
(40) BverfG FamRZ 2003, 1448.
(41) BGH GRUR 2004. 77. 裁判所がインターネットを利用するに際しては、その頁を印刷して、それを当事者に知らせる必要がある。
(42) OLG München NJW 2005, 1130.
(43) BGH GRUR 2004, 76.
(44) BVerfG NJW 2003, 3687.
(45) BGH NJW-RR 2005, 219.
(46) BVerfG NJW 2003, 2524.
(47) BVerfG NJW 2003, 3687.
(48) 憲法訴願の半数を一〇三条一項違反が占めるまでにいたり、しかもそれが奏功する事案も多かったことから、連邦憲法裁判所が超上告審の役割を果たしているのではないかの疑念が提示されていたことにつき、Maunz/Dürig, Kommentar Grundgesetz,§103 Abs. 1 V3.

(49) 明確性（Offensichtlichkeit）とは異なる基準とされ、立法者に、訴訟促進など他の価値を実現するため、審尋制限の余地を与えていることからすると、この基準は、裁判所の措置が手続法の中に何らの根拠を持たない場合を指すとされる。Zug, Wann verletzt ein Verstoß gegen ZPO-Vorschriften zugleich den Grundsatz rechtlichen Gehörs, NJW 2005, 3753. 以下の叙述はこれに負うところが大きい。なお、Wenzel, a. a. O. 注(20) S. 247. も参照。

(50) BVerfGE 86, 133. とくに一四五頁以下参照。Ⅱ3⑶①判例。なお、この基準が透明性を欠くために、これを比較的厳しい程度で使用する例（Sofort-Evidenz）が出てきていることに対する批判と「緩やかな明白性」、あるいは「十分な明確性（Deutlichkeit）」で足りるとの見解がある。Lerche, Dunklere und hellere Seiten des Anspruch auf rechtliches Gehör, Festschrift für Heldrich, 2005, S. 1283f.

(51) 連邦憲法裁判所が繰り返し判示してきた命題である。BVerfGE 70, 288 ; 96, 205 ; 105, 279.

(52) 本条は口頭弁論終結後の攻撃防御方法の提出を認めないとする規定であるが、法律上の主張であれば、例外的に提出が認められると解されている。本件でもこれが問題となった。

(53) BGH FamRZ 2005, 700. 本件でBGHは付加的に「裁判所が、口頭弁論においてはじめて必要な指摘を行った場合、当事者がこれに基づき、遅滞なく提出された書面で、裁判上重要な主張をするとき、裁判所は、口頭弁論を再開する義務を負う」と判示している。

(54) Maunz/Dürig/Schmidt-Aßmann, Kommentar Grundgesetz, 2006, §103 Abs. 1 Lfg48. V 1. S. 37.

三　ドイツにおける審問異議（Anhörungsrüge）制度

1　制度の意義

二で述べたのは、上訴とりわけ上告の許可理由としての審尋請求権侵害の取扱いの問題であった。ドイツにおいてはこの他に、審尋請求権の侵害があるが、上訴（控訴、抗告、不許可抗告）やその他の法的救済（異議、故障申立て）が許されない場合に、通常裁判所（専門裁判所）の内部で審尋請求権違反を主張して救済を求める方法がある。審問異議（Anhörungsrüge）といわれるものである（ＺＰＯ三二一 a条）[55]。これは当該裁判所（Judex a quo）に審尋請求権違反を理由とする異議を申し立てることができるとするものである。

ＺＰＯ三二一 a条
一項（一文）以下の場合に裁判の不服のある当事者の異議に基づき、手続は継続されなければならない。
一号　裁判に対して上訴ないしは他の裁判上の救済が存在しない場合、かつ
二号　裁判所がこの当事者の審尋を求める請求権を裁判上重要な態様で侵害した場合
（二文）当該裁判に先行する裁判に対しては、異議の申立てができない。
二項　異議は審尋の侵害を知ったときから二週間の不変期間内に提起しなければならない。知るに至った時点は疎明されなければならない。裁判の公表（Bekanntgabe）から一年を経過すると、異議の提起はできなくなる。無方式で通知された裁判は、ポストへの投函後三日をもって公表されたものとする。異議は、当該裁判をした裁判所に書面で提起されなければならない。異議は、当該裁判を表示し、一項一文二号の要件の存在を記載して行わなければならない。
三項　必要である限り、相手方には、意見表明を行う機会が与えられなければならない。
四項　裁判所は、職権で、異議自体が認められるものかどうか、ならびに異議が法律に定められた方式と期間内に提起されたものかどうかを審理しなければならない。こういった要件に欠けている場合、異議は不適法として却下されなければならない。異議に理由がない場合、裁判所はこれを棄却する。裁判は、取り消すことのできない決定により行われる。決定は短く理由が付されなければならない。
五項　異議に理由がある場合、裁判所は、異議に基づいて要請される限り、手続を継続することによって救済する。手

続は、口頭弁論終結前の状態に原状回復する。三四三条（欠席判決後の故障申立て）の規定が準用される。書面手続においては、口頭弁論の終結の代わりに、それまでに書面が提出されうる時点とする。

なお、異議の提起は裁判の形式的確定を遮断するものではない（ZPO七〇五条）。もしこれによって執行を停止する必要がある場合には、強制執行の仮の停止の規定（ZPO七〇七条一項）が適用される。また憲法訴願の補充性原則からすると、審問異議を尽くしたが、これが容れられなかった後に初めて憲法訴願の提起が適法になる。

2　審問異議の理由

この制度について論じるべき点は多々存するが、本稿のテーマに限定していくつか指摘しておくにとどめる。本制度は、連邦憲法裁判所への憲法訴願の提起に代えて、通常裁判所（専門裁判所）で、審尋請求権侵害の救済を図るものであるから、[56] 単なる法令違反を理由とするだけでは不十分で、それが同時に基本法一〇三条一項に違反するものであることが必要である。したがってここでも必然的に通常法違反と憲法違反の区別がなされることになり、Ⅱで述べたのと同じ議論状況になる。これについては、Ⅱでその一端を見た数多くの連邦憲法裁判所ならびにBGHの判例の蓄積により、区別の指針が示されている。逆にその蓄積がこのような制度を仕組むことを可能にしたともいえる。それゆえ審問異議については、今のところ節度ある利用状況と異議の不奏功が大半であることが報告されているとのことであるが、それは上記の蓄積に基づく裁判所の審尋請求権の注意深い取扱いに基づくものとされている。[57]

(55)　この制度は、二〇〇一年の民事訴訟法改正の中で実現したものであるが、当時は、第一審においてのみ利用できる制度であった。しかし、連邦憲法裁判所の二〇〇三年四月三〇日合同部決定（Plenarentscheidung, BverfGE 107, 395, NJW2003

1924）をきっかけとして、これを二〇〇四年改正法（審問異議法 Anhörungsrügegesetz 二〇〇五年一月一日から施行）で全審級に広げた。判決手続のみならず、決定手続においても、また訴訟事件のみならず非訟事件においても整備されている（FamFG 四四条）。ドイツにおいては、かなり目を引く制度であったと思われる。多くの論考（博士論文を含む）が公刊されている。一部を挙げると、Polep/Rensen, Die Gehörsrüge, 2004, Schnabl, Die Anhörungsrüge nach § 321a ZPO, 2007, Kettinger, Die Verfahrensgrundrechtsrüge, 2007, Zug, Die Anhörungsrüge im Zivilprozess, 2008. など。

（56）とくに裁判所の単なるミスによる審尋侵害事例（Pannenfälle）の救済のために憲法訴願が提起されることに起因する連邦憲法裁判所の負担加重を解消することが期待される。

（57）Stein/Jonas/Leipold, ZPO 22. Aufl. 2008, S. 1149f.

四　まとめと日本法への示唆

以上、ドイツの制度を中心に本稿のテーマを考察してきた。最後にドイツ法の知見から得られた日本上告法の問題点を述べてみたい。

ドイツにおいて、法令違反と憲法違反の区別の議論がなされたのは、鈴木教授の指摘のように、憲法裁判所（連邦と州）と通常（専門）裁判所の管轄区分の問題が存在していたことによることは確かである。しかし上告理由としての法令解釈（判例）の統一には、憲法の保障する手続基本権違反が含まれるとされていることはすでに見たとおりである。さらにこれで救済されないものについて、連邦憲法裁判所に提起される憲法訴願に占める審尋請求権（基本法一〇三条一項）違反の割合が大きくなるにつれ、連邦憲法裁判所の負担軽減が喫緊の課題となった。しかも単なるミス事案（Pannenfälle）も目立ち、これについて憲法裁判所で対応しなければならない事態の解消も必要となった。他方、それまでに連邦憲法裁判所の判例において単なる法令違反にとどまらず、審尋請求権に違反すると判断すべき事例の蓄積に基づいて、この判断を通常裁判所に委ねる必要と適切さが連邦憲法裁判所の合同部決定（二〇〇三年四月三〇日）によって指示され、これに従って審問異議を全審級に拡大する立法的手当（Anhörungsrügegesetz）がなされるにいたり、通常裁判所で審尋請求権違反の審理をし、審理の継続の必要性を判断するものとされた。これと対比して日本はどうであろうか。

日本の民事訴訟法は、憲法違反を上告理由としている（三一二条一項）。しかしこれが実際にどのように使われているかといえば、この規定を主として実体法上の権利との関係で取り扱うのが一般で、手続上の権利を憲法によって基礎付け、その侵害を憲法違反とする理解は少なくとも実務においては非常に薄かったように思われる。[58] 手続保障の源泉は、憲法（三一条・三二条・八二条など）にあるとの見解を、実務においても否定はしないのであろうが、手続保障違反が憲法違反とまでは考えていないということであろう。学説においてもこの立場を支持するものがあることは、前述の通りである。しかしドイツ法を考察した今、この議論には欠けているものがあるように思われる。もっともドイツ法の上告システムの違いから単純な比較はできないことはいうまでもない。日本においてはドイツに見られたような単純ミス類型（Pannenfälle）がどれくらいあるのかが気になるところであるし、許可上告制度をとらない日本では、憲法藉口型の上告に対する濫上告対策をどのように講じるかも独自に考えなければならない。他方、日本においても、ドイツであれば審尋請求権違反とされるであろう事案でさまざまな救済方法を講じる配慮がなされていることも事実である。①最決平成一九・三・二〇（民集六一巻二号五八六頁〔補充送達と再審事由〕）[59]、②最判平成四・九・一〇（民集四六巻六号五五三頁〔公示送達の悪用と控訴の追完〕）[60]、③最判昭和五六・九・二四（民集三五巻六号一〇八八頁〔弁論の再開をしないで判決することの違法性〕）[61]、④最判昭和五三・三・二三（判時八八五号一一八頁〔唯一の証拠方法の採用〕）[62]、⑤最判昭和三九・六・二六（民集一八巻五号九五四頁〔釈明権の不行使の違法〕）[63]、⑥最判昭和五一・六・一七（民集三〇巻六号五九二頁〔釈明義務、法的観点指摘義務〕）[64]などが挙げられる。[65] これらは法令違反レベルでの議論にとどまっているが、憲法関連性に留意しながら、憲法違反との緊張関係で慎重な審理を促すことが考えられてよいように思われる。それにより、救済が必要な手続上の権利のランク付けが可能となるであろうし、それに応じた侵害に対するより緻密な救済のシステムを構築するきっかけとなる。何よりも実務家の間で、手続上の権利について、法令違反と憲法違反の区別の必要性という意識をもつことが今後は必要なのではないであろうか。以上、かなり雑ぱくな感想程度になってしまい、誠に稚拙な論考ではあるが、本稿を常に実務の議論をリードしてきた練達の裁判官である門口正人元名古屋高裁長官に献げさせていただいて、ご意見をお伺いしたいと思う次第である。

(58)　わずかに最大判昭和三七・一一・二八刑集一六巻一一号一五九三頁が、関税法一一八条一項による第三者所有物の没収を憲法三一条・二九条違反とした判例が目につく程度である。また手続が憲法に適合するかを問う場合も、手続保障の具体的な発現形態よりも、公開原則との関係がその主たる判断対象であったように思われる。最大決昭和三五・七・六民集一四巻九号一六五七頁、最大決昭和四〇・六・三〇民集一九巻四号一〇八九頁・同一一一四頁など。裁判を受ける権利を公開原則と結びつけて憲法保障の対象となるか判断する傾向は、近時も見られるところである。最決平成二〇・五・八家月六〇巻八号五一頁など。

(59)　事実上の利害対立のあるものが補充送達を受けた場合に、たとえ送達が有効であるとしても、民事訴訟法三三八条一項三号の再審事由の存否は、当事者に保障されるべき手続関与の機会が与えられていたか否かの観点からあらためて判断されなければならないとして、本条の再審事由を認めたものである。

(60)　公示送達が悪用された結果、有効に訴状の送達がされず、それゆえに被告とされた者が訴訟に関与する機会が与えられないまま判決がされた場合に三号の事由を認めたものである。

(61)　弁論再開は裁判所の裁量事項であるが、裁判所の裁量権も絶対のものではなく、弁論を再開して当事者にさらに攻撃防御の方法を提出する機会を与えることが明らかに民事訴訟における手続的正義の要求するところであると認められるような特段の事情がある場合には、裁判所は弁論を再開すべきものであり、これをしないでそのまま判決するのは違法であると判示したものである。

(62)　上告人本人尋問の申出では、本件土地につき被上告人が完全な所有権ではなく共有持分権を有するにすぎないとの上告人らの主張に関する唯一の証拠方法の申出であるから、特段の事情のない限りこれを取り調べることを要すると判示したものである。

(63)　審尋請求権のもつ不意打ち禁止機能との関係について判示したものである。

(64)　当事者が、勝敗を決するにもかかわらず、気がつかない論点（裁判所と当事者の間で決め手となる論点について認識に齟齬がある場合）を指摘し（法的観点指摘義務）、意を尽くした攻撃防御方法の提出をさせることを目的とする。当事者の弁論権を保障するための環境作りにつき裁判所は義務を負うとしたものである。

(65)　伊藤ほか前掲注(1)一八五頁以下、大江忠ほか『手続裁量とその規律』（有斐閣、二〇〇五年）二〇頁・一二三頁・三〇三頁・三四三頁、遠藤賢治『民事訴訟にみる手続保障』（成文堂、二〇〇四年）一〇一頁など参照。

【初出一覧】

1　合名会社の受けた判決の社員に及ぼす影響について
北大法学論集三一巻三・四号〜三四巻一号（一九八一年—一九八三年）

2　形成訴訟の判決効
新堂幸司編集代表『講座民事訴訟 6 裁判』（弘文堂、一九八四年）

3　判決の対世効と手続権保障——社団関係訴訟を中心として
龍谷法学一八巻四号・一九巻一号（一九八六年）

4　身分訴訟の判決効と手続権保障
龍谷法学一九巻二号（一九八六年）

5　対世的判決効拡張と手続保障——第三者関与の意義をめぐって
民事訴訟法雑誌三三号（一九八七年）

6　手続保障侵害の救済について——近時の西ドイツの議論を契機として
龍谷大学社会科学研究所叢書Ⅷ『効果的な権利保護と憲法秩序』（法律文化社、一九九〇年）

7　訴訟告知の機能について
木川統一郎博士古稀祝賀『民事裁判の充実と促進㊤』（判例タイムズ社、一九九四年）

8　人証の取調べにおける直接主義と書面の利用
松本博之・宮﨑公男編『講座　新民事訴訟法Ⅱ』（弘文堂、一九九九年）

9　秘密保護手段について——チューリッヒの民事裁判を手がかりとして
白川和雄先生古稀記念『民事紛争をめぐる法的諸問題』（信山社、一九九九年）

10　家事審判と手続保障
吉村徳重先生古稀記念論文集『弁論と証拠調べの理論と実践』（法律文化社、二〇〇二年）

11　人事訴訟手続法改正の制度論的側面　ジュリスト一二三〇号（二〇〇二年）
12　人事訴訟法制定と理論的課題　法律時報七七巻二号（二〇〇五年）
13　人事訴訟手続の審理構造――附帯処分を中心に
谷口安平先生古稀祝賀『現代民事司法の諸相』（成文堂、二〇〇五年）
14　民事手続法分野における実務と学説　法律時報七九巻一号（二〇〇七年）
15　職権探知主義について――人事訴訟手続を中心に
井上治典先生追悼論文集『民事紛争と手続理論の現在』（法律文化社、二〇〇八年）
16　非訟事件手続における職権探知主義に関する覚書――ドイツ法を中心に
法政論集二二三号（二〇〇八年）
17　非訟手続・家事審判手続における当事者・関係人の地位　ジュリスト一四〇七号（二〇一〇年）
18　非訟事件手続・家事事件手続における裁判所の役割　法律時報八三巻一一号（二〇一一年）
19　手続保障論の課題――審尋請求権を中心に　民事訴訟法雑誌五七号（二〇一一年）
20　上告理由と手続保障――ドイツの議論を参考にして
松嶋英機・伊藤眞・福田剛久編・門口正人判事退官記念『新しい時代の民事司法』（商事法務、二〇一一年）

〈著者紹介〉

本 間 靖 規（ほんま　やすのり）

1952年　北海道札幌市に生まれる
1974年　北海道大学法学部卒業
1980年　北海道大学大学院法学研究科博士後期課程修了（法学博士）
1981年　龍谷大学法学部助教授、1990年　同教授
2000年　名古屋大学大学院法学研究科教授
2012年　早稲田大学法学学術院教授（現在に至る）

（主要著作）
本論文集に収録された諸論文（2011年まで）のほか、
「判決の不当取得」『実務民事訴訟講座［第３期］第６巻』（日本評論社、2013年）
「非訟裁判の既判力に関する一考察」『民事手続法の比較法的・歴史的研究』（慈学社、2014年）
「調停と既判力」『民事手続法の現代的機能』（信山社、2014年）
『家事事件手続法（第２版）』（共著、有斐閣、2007年）
『国際民事手続法（第２版）』（共編著、有斐閣、2012年）

学術選書
111
民事訴訟法

手続保障論集

2015（平成27）年８月25日　第１版第１刷発行
6711-01011：P664　￥12000E012：035-010

著　者　本　間　靖　規
発行者　今井　貴・稲葉文子
発行所　株式会社　信　山　社
〒113-0033　東京都文京区本郷6-2-9-102
Tel 03-3818-1019　Fax 03-3818-0344
info@shinzansha.co.jp
笠間才木支店　〒309-1611　茨城県笠間市笠間515-3
Tel 0296-71-9081　Fax 0296-71-9082
笠間来栖支店　〒309-1625　茨城県笠間市来栖2345-1
Tel 0296-71-0215　Fax 0296-72-5410
出版契約2014-6711-2-01011　Printed in Japan

印刷・製本／亜細亜印刷・渋谷文泉閣
ISBN978-4-7972-6711-2 C3332 分類 327.200-a015 民事訴訟法